统治史

The History of Government

S.E. Finer

　　本卷思考了"宫廷式"政治类型，述及世界文明中最为古老的苏美尔城邦、埃及、亚述、波斯、中国的汉朝、罗马，也解释了其中的例外，即犹太人的王国和罗马共和国。

THE HISTORY OF
GOVERNMENT
FROM THE EARLIEST TIMES I

统治史

卷一（修订版）

Ancient Monarchies and Empires
古代的王权和帝国——从苏美尔到罗马

[英] 塞缪尔·E·芬纳　著
王震　马百亮　译

华东师范大学出版社
上海

华东师范大学出版社六点分社　策划

目　　录

第一部分　苏美尔、埃及、亚述、犹太

第二部分　波斯、希腊、罗马、华夏

中　译　序

赵鼎新

　　芬纳(Samuel E. Finer)的《统治史》共 3 卷 34 章(Finer,1997),英文版长达 1701 页,是 20 世纪西方政治学中有重大影响的巨著。《统治史》的主要关注点是世界历史中政府形态的发展。《统治史》以各个国家的政府形态、统治方式和国家社会关系为核心,大致依照时间顺序,先把我们带入世界文明中最为古老的苏美尔城邦,述及萨尔贡、埃及、亚述、犹太、波斯、希腊、中国、罗马、印度、拜占庭、阿拉伯、中世纪欧洲、日本、奥斯曼帝国等地区和国家的政治史,然后把焦点转入文艺复兴和新教运动后的欧洲各国和美洲殖民地政治制度的突破性发展,最后,集中讨论影响当代世界的三大革命(美国革命、法国革命及工业革命)以及这些革命给世界政治、政府形态和国家社会关系所带来的前所未有的变化。

　　芬纳长期以来一直是政治学界特别是英国政治学界的一个领军人物。他不少早期著作皆是政治学和政治社会学领域的经典,特别是《马背上的人:军事力量在政治中的作用》(Finer ,1962)。芬纳在1982 年开始撰写《统治史》时已经退休,1987 年,芬纳在一场心肌梗塞后幸免于难，此后，他在健康状况不断恶化的情况下坚持写作，且进展迅速，直到1993年去世。去世前《统治史》已完成计划中36章的34章。《统治史》由芬纳的夫人凯瑟琳·芬纳及杰克·海沃（Jack Hayward）进行编辑后出版。作者的去世使得《统治史》终止在工业革命。如果假以时日，想必芬纳会对整个20世纪的政治发展，特别是苏联解体和全球化对国家政治发展的影响有所涉及，并且会在书末提供一个总结和展望，使读者能对全书有个更完整的了解。虽然《统治史》的不完整性给我们带来了遗憾，但读过《统治史》的人都承认，全书34章有一气呵成之感。直到最后几章，作者仍能广征博引，并以他所特有的睿智，为我们展现近代政治的关键发展及其背后的逻辑，锋芒丝毫不减。

《统治史》一书没有涉及黑非洲，没有讨论欧洲殖民前的美洲，也没有分析任何东南亚的国家。甚至像日本这样的国家芬纳的讨论也仅限于幕府时代以后的政治发展。在导论中，芬纳开门见山地说明了他选择案例的四个取舍原则，其中最主要的是政府的大小和规模，以及该政府在组织技术和统治理念上对后世所产生影响的大小。人类社会技术的发展可以分为两大类：集约性技术和延展性技术（intensive and extensive technology）（Mann，1986）。所谓集约性技术，是指那些能提高人类的生产效率、增强对自然资源的汲取和利用能力的技术，而延展性技术则指的是那些能提高人类（特别是国家）的组织和协调能力的技术。就古代中国而言，科层制、法治、常规军及科举制等等的发明都可以被看作是重要的延展性技术的发展。在工业革命前（特别是在18世纪前），推动文明进展的主要是延展性技术。因此，世界各地各个历史时期的政府对延展性技术发展的贡献就成了芬纳写作的主轴之一。在导论的最后部分，芬纳专门总结了在以后章节中还会深入分析的各个国家和地区在这方面最为重要的贡献（Finer，1997：87—94）：亚述发明了帝国，波斯创造了世俗帝国，犹太王国发展了有限君主模式，中国贡献了科层制、常规军及科举制、等等，希腊发明了公民概念和民主制，罗马共和国和罗马帝国发展了制衡机制（checks and balances）和法制，中世纪欧洲产生了无头封建制和教会与世俗政权的冲突性依存状态,①复兴了希腊罗马政治的一些关键传统,并创造了代议制。英国创造了君主立宪,法国发明了民族主义和民主国家,美国则贡献了成文宪法、宪法对公民权的保护、司法审查以及联邦制。

在导论的其他部分,芬纳集中讨论了书中常用的概念和社会机制。在定义了国家概念后,芬纳讨论了历史上存在的不同国家形态,军事组织及军事技术和国家之间的关系,以及不同宗教与国家之间的不同关系。芬纳的导论没有对经济组织及生产力与国家及国家形态之间的相互影响进行讨论,这是比较奇怪的。因为在讨论具体的国家和地区统治史的时候,特别是在讨论中世纪后欧洲的发展时,芬纳对经济组织形态、生产技术的发展以及生产力对国家政治的影响作了很深入的分析。《统治史》的分析框架强调国家组织和军事、宗教、经济的互动关系,有着很深的韦伯思想的痕迹。但是,《统治史》却不是一本典型的历史社会学著作。当代大多数历史社会学著作一般都从一个或数个问题出发,然后针对这些问题提出因果式的或者是互动关系式的解释框架。比如,在《民主与专制的社会起源》中(Moore,1966),摩尔提出了 20 世纪国家的现代化过程主要有三条路径:民主道路(如英国、法国、美国)、政治革命或法西斯道路(如日本、德国)和社会革命道路(如俄国、中国)。摩尔的问题是为什么不同的国家在现代化过程中会走向不同的道路。同样,在《强制、资本和欧洲国家,公元 990—1992 年》中(Tilly,1992),蒂利所想解答的是为什么欧洲国际政治在第二个千禧年会有如下的变化:第二千禧年伊始,地域广阔、商品经济不发达、政治上比较专制的内地农业国家(如波兰)能主导欧洲政治;第二千禧年中期,主导欧洲政治的则成了那些经济发达、资本密集、政治自由而地域有限的城邦国家(如威尼斯、比利时);17 世纪后,欧洲政治转而由那些既拥有大城市又占有很大周边地区的国家主导(如法国、英国);18 世纪后,欧洲各国则都先后走上了民族国家的道路。但是,正如笔者在评论许田波《古

---

① 与中世纪欧洲的无头封建制相对的是中国西周或日本幕府政治前的那种在封建贵族和领主之上还有国君统师的有头封建制。

代中国和近现代欧洲的战争及国家形成》(Hui，2005)一书时所指出的，为了让不同时空不同历史背景下的案例有可比性，比较历史社会学家所提出的问题就必须相对单一，而问题越是单一，我们就越能提出许多在逻辑上是合理的却与经验事实毫不相干的解答(赵鼎新，2007)。芬纳的《统治史》三卷所涉及的国家如此之多，要解答的问题和比较的视角也在各章节之间不断变化，因此那种在社会学中盛行的具有清晰问题意识的、分析型的、对称性比较方法对于芬纳来说显然无法采用。

芬纳整个分析框架的核心是一个简单的分类系统。他认为一个国家的性质(如组织形式、执政能力、合法性基础、所受到的制约等等)在很大程度上取决于以下四种力量在国家政治中的地位：宫廷、教会、贵族和广场。这四个词汇都是转喻。最为简单地说，宫廷指的是专制政治，教会指的是神权政治，贵族指的是精英政治，而广场指的是大众政治。在当代社会，宫廷与广场的组合就形成了集权国家，而贵族与广场结合则形成了代议制政府。在人类历史中，这四种力量中的任何一个都很难完全排斥其他力量而全面控制政府，实施统治，因此，大多数政府或多或少都是混合型的。混合型政府共有六种可能：宫廷/教会、宫廷/贵族、宫廷/广场、广场/教会、广场/贵族、教会/贵族。其中，广场/教会和教会/贵族类型的政体在历史上非常少，宫廷/教会和宫廷/贵族类型的政体非常普遍，宫廷/广场和广场/贵族型政体在古代时有出现，但是它们的普遍程度远不如现代。

芬纳的这种机械的静态分类方法连亚里士多德时代的哲人都应该会接受。可在现代政治学和社会学中，这种把静态分类当作理论的做法早已过时。但是，芬纳的智慧正体现在这一点上——他深深懂得，如果要想分析一个极其复杂的现象，并且在分析过程中不像当代许多比较历史社会学家一样对复杂现象进行过度简约，简约到让历史学家笑话，那么这个分析框架就必须不能与根据具体经验案例而作出的种种不同分析和解释产生逻辑矛盾。有鉴于此，一个缺乏特定理论支持的分类框架反而有着更大的灵活性和普适性，或者说不会迫使作者为了证明其理论的正确性而忽视所面对的经验现象的复杂性。正是在这样的一个简单的分类系统下，芬纳才能够对从苏美尔和萨尔贡发端的历史上的各类政府的组织形式、执政能力、合法性基础、所受到的制约，以及在与其他类似政府相比所具有的优缺点和历史地位，作出具有洞察力的、深入的分析和评论。芬纳并不是任何一个特定地区或国家历史的专家，他对于各个地区和国家统治史的具体描述与分析也不可能万无一失，史学专家们当然能指出芬纳在描述与分析某一个地区和国家时所出现的各种错误和纰漏。但是我敢肯定地说，史学专家们所指出的相当一部分错误和纰漏很可能是出于专家们在视野和知识面上的局限而产生的误解，并且大多数专家在通读全书后一定会为芬纳的知识面、历史感、睿智，以及许多分析和论点的精到程度所折服。

《统治史》涉及的内容虽然庞杂，但芬纳在描述和分析上下五千年来世界各国政治史时所达到的深度，以及所体现出的对各国历史卓越的把握能力，绝对不亚于不同国家和地区的专业历史学家。笔者才疏学浅，对芬纳笔下的不少国家和地区的历史了解有限，难以对芬纳的历史描述和分析质量作出准确的判断，但是就笔者有一定了解的历史，比如希腊、罗马、中世纪欧洲、日本、近代欧洲和美洲的历史来说，我能感到芬纳对这些历史案例的总体把握能力甚至超过了大量专家。当然，笔者最为之心折的还是芬纳对中国历史的描述和分析。我阅读过大量西方学者所写的比较历史著作，一个普遍的感觉就是当一个国家或地区越接近远东，该国家或地区的文化就与西方文化差别越大，西方学者就对该国家或地区的历史越发难以把握，他们对该国家或地区的历史所进行的描述和分析也就可能越来越离谱。因此，即使是一些很优秀的学者，比如摩尔、斯考契波、豪·迈可·曼恩、麦克尼尔、琼斯、郎德思、古德斯通，等等，他们虽然在分析中国历史形态时不乏真知灼见，但在对具体中国历史的描述和引证上却会时空倒错，并在历史背景不清的情况下犯有低级错误（如 Goldstone, 1991; Hall, 1986; Jones, 1981; Landes, 1998; Mann, 1986; McNeill, 1982; Moore, 1966; Skocpol, 1979）。但是芬纳的《统治史》却不是这样。《统治史》专讲中国历史的有五个章节：先秦、汉朝、唐朝、明朝和清朝，其总长度达 236 页，①足够

---

① 本文中引用《统治史》内容时所用的页码均为英文版页码。

单独成书。芬纳不懂中文，他在写作时所能利用的仅仅是在西方来说本身就欠发达的中国历史研究的成果。但是，就是在这样的条件下，除了先秦一章流于简单之外（西方先秦史研究可供芬纳参考的文献太少了），其余四章在时空和历史背景上都是十分清晰且罕见低级错误。作者对于儒家学说在中国历史上的重要性及其在不同朝代的变化，以及儒学怎么在宋朝开始从一个官方意识形态逐渐发展成为一个深入到民间的准宗教的分析，对于中国科层制的特性（比如它在功能上有与西方教会相类似的一面）、历代科层与皇权关系的紧张和变化、各朝代前期的皇帝在"内朝"与"外朝"权力分配时的两难选择、以及"内朝"与"外朝"关系一经定型后对整个朝代政治发展重大影响的分析，对于中国各个朝代对社会的渗透和控制能力及中国古代国家社会关系本质的分析，对于中国军事力量在政治中的边缘化和中国对各类宗教的宽容性的分析，对于康乾盛世的成就和局限以及大清帝国特殊的边疆策略及其背景和成果的分析，以及其他众多的分析视角，处处体现出宽广的学识和比较方法给作者带来的中国史专家无法企及的分析视角和真知灼见。

芬纳反对文化相对主义。在他的眼里，不同的政府形态在政府形态发展中的地位以及在统治史上的地位的重要性完全不同。比如，他认为，城邦政府对于统治史来说很重要，但在政府形态的发展中它却是一个死胡同；神权政府与完全政教合一的政府对统治史和政府形态发展来说都不具有重大意义。**芬纳特别强调现代国家（以民族国家为主要特点）完全是西方的产物**。《统治史》虽然没有专门讨论各个国家和地区自发产生工业资本主义的可能性，但是书中的信息十分明确：**工业资本主义也完全是西方世界的产物**。芬纳认为，在 18 世纪时，世界上的其他文明都已经"发展到了一种相当自我满足的状态，不愿意做出改变。实际上，这些国家的政府竭力抵制任何他们认为会打破其宝贵的平衡状态的影响"，而欧洲却从西罗马帝国以来似乎始终感到浑身不自在且躁动不安。到了 18 世纪，欧洲社会的躁动不安从国家到经济到思想界更达到了全面的、无以复加的程度（Finer，1997：1473—1475）。芬纳认为，现代国家和工业资本主义正是在这样一种躁动状态下跌跌撞撞地到来的(Finer,1997:1473—1651)。

芬纳《统治史》的最后四五百页主要讲述的是近代西方政治的躁动不安和不断更新,但他的描述和分析方法十分清楚地告诉我们:政治发展并不是西方近代发展的唯一主轴。芬纳为我们展现的是西方世界在政治、思想、军事、经济各个方面全面性的躁动不安,以及政治、思想、军事、经济力量之间在这全面性的躁动状态下相互依存、相互冲突和对历史发展的促进景象,其中许多可能已为大家熟悉:中世纪的独立城市促进了欧洲经济、复兴了罗马的共和政治、保证了城市阶层在欧洲政治过程中的重要作用(Finer,1997:950—1051);文艺复兴和新教运动引进了世俗政治和科层制、破坏了主导欧洲世界达1300年之久的基督教世界及其世界观(Finer,1997:1261—1263)、促进了不同的世俗理论和世俗性的历史终极理论的涌现和竞争(Finer,1997:1473);欧洲的战争促进了国家在组织和税收等多方面的变化、促进了技术和生产能力的发展以及用暴力征服世界其他文明的能力;欧洲及整个西方的政府则不断在被动和主动的统治方法的更新过程中东跌西撞,既是在适应又是在推进西方世界在各个方面的不断变化。芬纳认为,**西方社会的这种多元的躁动不安的互动正是现代国家和工业资本主义兴起的源泉**。

芬纳书中对历史的分析方法在今天的西方世界已被视为老派。在文化相对主义和后现代理论盛行的西方历史学界,特别是在研究非西方历史的学者中,芬纳所代表的观点被广泛地批判为**"欧洲中心主义"**、**被视为"政治不正确"**。在当前美国,一个盛行的理论(所谓的"加州学派")认为世界各个文明在许多方面(特别是在经济上)直到18世纪仍然是在同一起跑线上。就中国而言,这些学者强调了帝制中国在悠久历史中的变化和更新能力,强调了在城市化与商业化水平、人均卡路里摄量、技术的成熟水平等等方面,直到18世纪仍然在世界上处于领先地位或与西方同时期处于同等的发展水平(有些学者甚至认为直到19世纪中叶欧洲的发展水平也没有超过中国)。他们认为只是因为一些特殊的原因,比如幸运地获得并吸收了先进的东方技术(Hobson,2004),幸运地发明了关键性技术(蒸汽机)(Goldstone,2000),或幸运地能在其发展的关键时期利用美洲的大量资源和向美洲新大陆移民而减轻其社会由于人口负担而产生的种种压力（Pomeranz，2000），等等，西方世界才能在 19 世纪脱颖而出，首先走向现代化。已经被译成了中文的彭慕兰的《大分流》一书就是这类研究中的一个典型（Pomeranz，2000）。

上世纪 80 年代芬纳开始写作《统治史》时，文化相对主义思想和后现代的学术和理论尚未在历史学界甚嚣尘上。但芬纳似乎已经预料到这一颓废时代学术的到来。芬纳在书中再三强调帝制中国在经济、农业和手工业生产技术等等多方面的发展，并分析了中国在明代的辉煌。他甚至强调直到大清帝国康乾盛世时，中国在许多方面，包括政治改良和政府行政能力、教育的扩展和对士绅阶层的整合能力、对边疆的控制手段和能力等等，都有着重大的提高，并且中国的经济能力和百姓生活水平直到 18 世纪在世界上并不落后。对于这些基本事实，芬纳与那些持有文化相对主义学者的认识相去不远。但是，芬纳马上指出："汉学家们正确地指出事实上中国也在不断发生相当大的变化。虽然如此，一边是两千年来虽然不断丰富但是基本维持不变的帝王统治模式，另一边是欧洲国家从蛮族人的日耳曼王国到封建主义、新君主制、专制主义，再到议会制、民主和代议制政府的快速变化，两者之间根本就没有可比性。"（Finer，1997：1303）芬纳进而指出："当社会结构、政治结构和盛行的信仰系统互相强化时，社会就会趋于稳定，但是如果其中有一个或几个因素和其他因素脱节，社会就会发生变革。"（Finer，1997：1303—1304）在芬纳的眼里，中国就是该句子中前半部分所指的那种社会，而欧洲和整个西方社会则是该句子后半部分所指的那种社会。现代国家和工业资本主义的到来并不是一个单一的技术问题、经济问题或生活质量指标、政治发展和思想"进步"等问题，它们跌跌撞撞的到来是西方社会政治、思想、经济和军事等因素相互冲突的结果。芬纳的分析虽然没有专门针对所谓的"加州学派"，但是他明确地告诉了我们，"加州学派"的学者们为了强调中国在 18 世纪与西方世界的相似性而列举的一些经济指标和社会发展指标只能说明帝制中国仍然有着很大的改良能力，但决不能证明 18 世纪的中国与西方有着同样地把世界带到现代国家和工业资本主义的可能。

其实,西方的文化相对主义和后现代学者甚至在政治上也不见得比芬纳这样的"欧洲中心主义"者要来得正确。芬纳丝毫不隐瞒西方世界在"现代化"过程中的野蛮,但是他深切地知道现代国家和工业资本主义一旦在西方兴起后,其他国家的人民要么在强权下过着悲惨的生活,要么就必须走向建立现代国家和发展工业资本主义的现代化道路。因此,在芬纳的字里行间,我们至少能感到他为现代化在一部分发展中国家的率先成功而高兴。但是,那些当前盛行的文化相对主义者们却对发展中国家中的任何传统似乎都保有激情,往往有一种身处西方优越生活而把发展中国家当作香格里拉来欣赏的虚伪。幸亏中国在20世纪初就禁止缠小脚了,如果推迟到文化相对主义盛行的今天的话,西方的文化相对主义学者肯定会因为有一些已经缠了小脚的妇女不愿放脚而出来谴责中国无视妇女缠小脚的权利,并热情宣扬"步步金莲"文化中的优美成分。

西方文化相对主义者在政治上的虚伪还在于,他们中许多人(比如彭慕兰)仍然把在西方兴起的工业资本主义看作是一个进步现象。正因为如此,他们决定从所谓的非欧洲中心主义的视角出发,认定在18世纪工业资本主义兴起前夕世界上大多数国家和地区都有一定的走向现代化的可能,并在历史资料中断章取义来支持他们的学术观点。但是,工业资本主义只不过是西方社会给世界带来的一个现实,并不是什么一定值得庆祝的历史现象。在其一百多年的发展史中(比中国的一个朝代还短许多),工业资本主义虽然为人类社会带来了许多值得夸耀的变化,但同时也为我们带来了可以摧毁人类社会多次的核武器,正在耗尽地球上的不可再生资源,造成大规模的环境污染。中国的以儒家思想为核心的帝国模式在东亚的土地上延续了两千多年,而工业资本主义这种正反馈文化能否维持这么长时间很值得怀疑。如果我们假设不远的将来,工业资本主义统治下的人类为了争夺日益稀缺的不可再生资源而进行了一场全球性的战争,其中一小部分在这场浩劫中奇迹般地幸存了下来,那么,这些幸存下来的人将会怎么看待工业资本主义历史?那时候,人们可能就会把芬纳的《统治史》的第三卷看作是一部分析为什么一个躁动不安的、缺乏负反馈机制的社会在西方而不是在其他地方率先实现的著作。在那时候，如果有人问及芬纳的《统治史》和持有文化相对主义的"加州学派"的工作在政治上哪个更正确，有的学者就可能会说是芬纳的《统治史》。这是因为，一旦工业资本主义被看作是负面现象后，"加州学派"的学者就犯了两次政治错误：他们错误地赋予工业资本主义正面的价值，同时错误地认为工业资本主义在18世纪的西方和同期世界其他重要文明中几乎有着同等的发生可能性，言下之意，就是世界所有文明在工业资本主义所带来的灾难这一问题上与西方负有同等责任。但是芬纳《统治史》的观点却只犯了一次政治错误：错误地对西方社会在政治和经济上的现代化赋予正面的价值，但他却正确地指出了现代化是西方的产物，亦即世界其他文明不能为西方社会现代化中最为重要的一面（即工业资本主义）所带来的灾难，承担与西方同样的责任。依据政治正确性来作的学问从来就不牢靠。

任何伟大的社会科学著作都会有自己的弱点，《统治史》也不例外。为了能包容世界政治发展过程中所产生的众多的、极其复杂的经验现象，芬纳在《统治史》写作过程中所依据的理论仅仅是一个静态分类框架。但是，正是这一分类框架使得芬纳能清楚地区分所要讨论的国家和地区政府的类型，并针对这一政府类型建立有效的比较视角。因此在读了《统治史》后，细心的读者可能会发现芬纳书中各章节的比较视角众多且在不断变化，但他的比较却几乎总是来得恰到好处。问题是，静态分类框架不能用来解释动态变化，这就给芬纳的分析带来了不少困难。为什么一个国家会在某一时期内兴起然后走向鼎盛和消亡？为什么某一政府形态会在某一地区和时期内兴起然后消亡？对于这样的动态性问题，《统治史》就不能提供像曼恩《社会权力的源泉》这类著作所提供的洞见（Mann，1986，1993）。特别是，当《统治史》的第三卷进入近代西方社会的现代化进程后，芬纳的笔触充满激情，分析流畅，对西方文明成就的骄傲跃然纸上。芬纳认为现代国家和工业资本主义在西方的兴起绝非偶然，而是欧洲社会在政治、经济、思想和军事权力之间的相互依存和冲突的结果。因而，他为我们提供的是一个典型韦伯式的关于现代国家和工业资本主义在西方率先兴起原因的社会学分析。但正是在这样一个静态分类框架的限制下，芬纳没有能把他超人的动态分析和宏观把握能力通过明确的理论展现出来。

其实，即使在芬纳的分类框架下，作进一步理论探讨也是有益的。比如说，现代西方民主国家的政体接近于芬纳分类框架的哪一种理想类型？芬纳没有加以讨论。但是，对这一问题的明确说明应该是十分重要的。依愚见，现代西方民主国家的政体接近于芬纳分类框架中的贵族/广场型政体而不是广场型政体。真正广场型政体是卢梭所提倡的那种大民主。这类政体人类梦想过也曾经试图付诸实践过，但却从来没有真正实现过。又如，芬纳指出在六种混合型政体中，宫廷/广场政体和贵族/广场型政体在现代社会中越来越普遍，而其他类型的政体却逐渐成了历史。政府形式的发展为什么会呈现这样的规律呢？芬纳在其分类框架的局限下未能作出回答。但如果我们在芬纳的分类框架中加入他本人也十分强调的政府合法性这一概念后，问题就变得清晰了：不同的政体有着不同的合法性基础。简单说，脱魅之后现代社会的权威结构已经越来越难以运用神秘的和传统的合法性技术来加以维持，而正是程序合法性在现代社会政治过程中地位的大大提升，才导致贵族/广场型这种政府形式（如代议制政府）在世界上的地位大大上升。而现代型的宫廷/广场政体（极权政府）其实只不过是现代政府发展过程中的一个不稳定变异。这是因为，虽然在现代宫廷/广场政体形成初期，其寡头（宫廷）一定会由于多种原因而享有来自大众（即广场）的广泛支持，但由于这种政体继承了宫廷政体的强大专制性并有着无限政府的性质，因此它一旦形成后肯定会利用其专制性去控制广场，而不会像贵族/广场型政体一样朝着政治精英（即贵族）竞争和百姓（即广场）定期选举的程序政治发展。宫廷/广场政体不能很好地与程序合法性相匹配，是其在现代社会中难以达成稳定状态的关键因素。

《统治史》的写作因芬纳的去世而戛然终止。此书因为没有一个具有洞察力的结论而给读者带来很多遗憾。特别是在通读《统治史》洋洋三卷之后，笔者得到两个相反的印象。第一，在分析古代社会各个国家和地区的政府发展史时，芬纳的一个隐含定理是：决定一个政治建构成功的条件随着时间的推移会不复存在；人们会利用某一政治建构的一些特性去为自己或者自己所代表的某一群体去谋取特殊利益，从而使一个本来运转良好的制度走向低效和腐败。因此，任何政府建构，即使是在一个时期内被看作是很完美的建构，都会走向衰败。第二，在分析近代西方的政治发展中，芬纳虽然没有忽略其过程的野蛮性，但在其对法国革命，特别是美国革命为世界所带来的新的政治制度的描述中，他那种在分析传统政治制度时所采用的对不同政治制度的历史地位和各种弱点进行评价的手法突然消失了。难道历史就终结在一种民主政治和资本主义相结合的体制上吗？难道芬纳在分析古代社会时所运用的那个隐含定理在现代社会中突然就不发生作用了吗？如果芬纳的那个隐含定理在现代社会中依然有效，那么现代民主政治和资本主义相结合的这种体制的历史地位、弱点和发展方向是什么？芬纳不是一个历史终极论者，他毫不幼稚，但其巨著通过精彩的描述和分析把我们从文明的起源一步步带到现代社会，却没有为我们留下一个智者对未来社会的猜想。

芬纳的《统治史》发表后好评如潮。《经济学家》杂志说："没有一本在20世纪发表的政治学专著……能超过芬纳的工作。"(Economist，1997)Luttwak(1997)说："芬纳的工作是'政治科学'的最卓著者。"(Luttwak，1997)Paterson说："芬纳的《统治史》是几代学术的结晶。"(Paterson，1999：112)Power说：芬纳的工作"丰富之极，以至于任何一个比较理论框架都无法对它进行概括"(Power，1999)。但是，芬纳在80年代为了写作《统治史》而申请社会科学研究协会(Social Science Research Council)的科研经费时却被拒。其实，还是Brisbin对《统治史》的态度比较客观地反映了西方主流政治学的现状(Brisbin，1999)。他批评芬纳无视所有坚持新制度主义和理性选择理论的学者在国家形成方面所做的工作，批评芬纳未能把《统治史》中所提出的不同政府类别转化为能解释各种不同假说的真正的变量。新制度主义和理性选择理论是西方政治学的主导理论，而以博弈论和统计学为核心的定量方法则是西方政治学的主导方法。芬纳显然对这些理论和方法持保留意见。西方主流政治学非常现实，因而也是十分短视的学科。他们普遍轻视历史，有一种"只有当历史能为现实服务时我们才会服务于历史"的劲头（尼采语）。因此，像《统治史》这样一部以上下五千年政治为研

究对象的，实际上采用历史社会学方法的巨著，就成为西方 20 世纪政
治学领域的一个绝唱。

《经济学家》杂志说如果政治学有诺贝尔奖的话，芬纳的三部曲就
肯定会赢得此殊荣（Economist，1997）。我个人认为这一评价仍然低估
了芬纳的卓越工作。芬纳的《统治史》三部曲所需要的知识面、想象力、
对历史现象的综合能力以及智慧，远非目前早已技术化了的物理学、化
学和经济学的诺贝尔奖获奖工作所能比拟。

参考文献

赵鼎新，2007，《在西方比较历史方法的阴影下——评许田波《古代中国和近
现代欧洲的战争及国家形成》》，《社会学研究》第 5 期。

Brisbin，Richard A. 1997，"*The History of Government from the Earliest
Times*(Review). "*Perspectives on Political Science* 28.

Economist，1997，"*Review of The History of Government from the Earliest
Times.* "Economist 345(Oct. 16).

Finer，Samuel E. 1962，*The Man on Horseback：The Role of the Military in
Politics*. London：Pall Mall.

—— 1997，*The History of Government from the Earliest Times* (Vol. 1—3).
Oxford：Oxford University Press.

Goldstone，Jack A. 1991，*Revolution and Rebellion in the Early Modern
World*. Berkeley：University of California Press.

—— 2000，"The Rise of the West—or Not？A Revision to Socio-economic
History. "*Sociological Theory* 18.

Hall，John A. 1986，*Powers and Liberties*. London：Penguin Books.

Hobson，John M. 2004，*The Eastern Origins of Western Civilization*. New
York：Cambridge University Press.

Hui，Victoria Tin-bor 2005，*War and State Formation in Ancient China and
Early Modern Europe*. Cambridge：Cambridge University Press.

Jones，Eric L. 1981，*The European Miracle：Environments，Economics and Ge-
opolitics in the History of Europe andAsia*. Cambridge：Cambridge University
Press.

Landes，David S. 1998，*The Wealth and Poverty of Nations*. New York：W.
W. Noeton.

Luttwak Edward. 1997，"*Review of The History of Government from the
Earliest Times.* " Times Lit. Suppl. Aug 29.

Mann，Michael. 1986，*The Sources of Social Power，vol.* 1：*A History of*

Power from the Beginning to A. D. 1760. Cambridge：Cambridge University Press.

—— 1993，*The Sources of Social Power* (*Vol. 2*)：*The Rise of Classes and Nation-states*,1760—1914. Cambridge：Cambridge University Press.

McNeill，William H. 1982，*The Pursuit of Power*：*Technology，Armed Forces*,*and Society since A. D.* 1000. Chicago：The University of Chicago Press.

Moore，Barrington. 1966，*Social Origins of Dictatorship and Democracy*. Boston：Beacon Press.

Paterson，John. 1999，"*Review of The History of Government from the Earliest Times.*"*Australian Journal of Public Administration* 58.

Power，J. 1999，"*Review of The History of Government from the Earliest Times.*"*Australian Journal of Political Science*34.

Skocpol，Theda. 1979，*States and Revolutions*：*A Comparative Analysis of France*,*Russia*,*and China*. Cambridge：Cambridge University Press.

Tilly，Charles. 1992，*Coercion*,*Capital*,*and European States*,*AD* 990—1992. Cambridge，Mass. ：Basil Blackwell.

前　　言

　　本书是芬纳最雄心勃勃、涵盖面也最为广阔的著作，他一直希望能够将其以单卷本，而不是多卷本的形式出版。他的这种想法是可以理解的。虽然本书卷帙浩繁，写作也历时多年，但它显然是一部跨越时空、一以贯之的比较式分析的成果。同样，这也是芬纳退休之后一以贯之地研究、切磋和写作的宏伟结晶。他对此的热情和勇气从来没有丝毫减弱。即便如此，在他人生的最后阶段，芬纳承认虽然他曾一再努力缩减文稿的长度，但由于其体积庞大，以单卷本的形式出版是行不通的。事实证明的确如此，正是因此，本书以三卷的形式同时面世。

　　由于心脏病不断恶化，使他写作速度放慢下来，并最终没能如愿以偿地圆满完成任务。但是如果反过来，从芬纳本人的角度来看的话，他活过了 1987 年"本可以致命的心脏病发作"，从死神那里争取了 6 年多的时间成就这部杰作，他人生最后的、也是最大的计划。没能完全完工，虽为憾事，但他已经完成原计划 36 章中的 34 章，还有每一卷的引言部分，包括没能完成的最后一卷，即第五卷，此外还有对每卷内容和主旨起到预告和总结作用的综述部分。所有这些，已足以让我们心怀感恩。

　　退休后写作统治史的想法是他一贯泰然自若的天才一笔。在短短几天的时间里，他就确定下来，急不可耐地开始了。在他看来，就像事实最终证明的那样，这部著作是他终生心血和抱负的总结和巅峰。作为一个政治科学家和历史学家，他的想象力天马行空，他的创造性不知疲倦。他孜孜不倦地以个人特有的风格将学者的渊博学识和街头的现实主义集于一身。

当然，在当时，其他人不一定对这种宏伟的计划感兴趣。例如，那时的社会科学研究委员会考虑到这个计划要"将历史叙述和理论分析结合起来"（而这正是芬纳写作这部完美之作的精华之所在），认为他提出的历史时期划分有问题，认为不同时期之间政体的选择不够充分①，因而对整个计划的可行性持一种彬彬有礼的怀疑态度。因此，这个委员会拒绝为他的研究提供经费。最后多亏纽菲尔德基金会（The Nuffield Foundation）慷慨解囊，支持他的努力，多次出资提供聘用秘书和打印文稿的费用。

虽然芬纳是一位一丝不苟、兢兢业业的学者和作家，但他最后留下的依然是未竟之作。这种可能性他已经预料到了，并已经有所准备。他计算机硬盘上的"卷首语"从1987年起不断被更新，正是为了整理他未竟文稿者的方便而留的。这部分内容经过稍微修改，形成对整部著作的"概念性序言"。

原作的广度、深度和复杂性，再加上不同章节的不同完成程度，意味着文稿最后全部发表需要集体的努力。为了校正事实和日期，尤其是脚注，对于芬纳本人曾经就某一主题和时期请教过的所有专家，我们都尽可能多地再次向他们请教。此外我们还请教了许多其他被推荐的或相关的学者。校正过程中一个主要的实际问题就是芬纳对参考文献过于雄心勃勃，这让他的电脑无法应付。本前言后面附有请教过的许多专家的名字，他们的热情回应很好地说明学术界共同体依然存在。芬纳本人能够与其共事交往，他一定既自豪又高兴。当然，没有人试图要干预芬纳本人对事件和发展的解释。专家很容易会对一个国家或大陆统治经验的某一特定历史片断（如果不是某一历史时代）有自己的看

---

① 1981年11月19日和凯瑟琳·琼斯·芬纳（Catherine Jones Finer）的通信。

法,尤其是在面对芬纳这样全面的比较者时,因此他们这次的克制精神实在是堪为表率。

芬纳是英国学会政治分部的杰出成员,该学会为整理大量手稿的编辑工作提供了2500英镑的资助,对此我们深表感激。尤其要感谢韦农·波格丹诺(Vernon Bogdanor),他通读全书,并提出了详细的评论。感谢让·布隆代尔(Jean Blondel)、吉塔·艾尼斯丘(Ghita Ionescu)和伊莎贝尔·德马达里亚加(Isabel De Madariaga)仔细通读了未竟的第五卷。胡迈拉·阿迈德(Humaira Ahmed)从头至尾负责全书从准备到出版的每一个步骤,真正做到了"超越了使命的召唤"。西萨·奥尼斯提尼(Cesare Onestini)从计算机上找回很多零碎的参考文献资料。对我们在参考文献方面的请教,牛津大学和伯明翰大学图书馆的很多馆员给予耐心而热情的帮助,他们的技术专长和创造性让我们受益匪浅。本书的出版还要感谢牛津大学出版社,尤其是托尼·莫里斯(Tony Morris)和文字编辑杰夫·纽(Jeff New)的细心、创意和热情。对于实际的编辑团队,杰克·海沃负责总体策划工作,将专家提供的许多通常是非常详细的修正包括进来,而凯瑟琳·琼斯·芬纳负责将文稿最后版本组成一体的艰巨任务。

对于约翰·瑞德克里夫医院和博蒙特大街十九号外科诊所的医务人员,我们要表达另外一种感激之情,是他们想方设法让芬纳能够活下来,保持敏锐的思维,让他能够快乐而有趣,能够以饱满的热情完成他所完成的一切。这种支持是无法估价的,我们只能说能够得到如此的照顾、关怀和友谊,他和妻子都认为无比的幸运。

专家顾问名单:

贝恩斯(J. R. Baines)教授,牛津大学东方学院

杰里米·布莱克(Jeremy Black)博士,牛津大学东方学院

布朗特(P. Brunt)教授,已退休

乔治·考克威尔(George Cawkwell)先生,已退休

帕特里夏·克陇(Patricia Crone)博士,剑桥大学康韦尔科斯学院

约翰·埃利奥特(John Elliott)爵士、教授,牛津大学奥瑞尔学院

科大卫(David Faure)博士,牛津大学圣·安东尼学院

彼得·弗雷泽(Peter Fraser)先生,牛津大学万灵学院

霍姆斯(G. Holmes)教授,已退休

霍华德·约翰逊(J. Howard-Johnson)博士,牛津大学现代历史学系

彼得·路易斯(Peter Lewis)先生,万灵学院

里布舒伊茨(J. H. W. G. Liebeschuetz)教授,已退休

麦大维(D. L. McMullen)教授,剑桥大学东方学院

米拉(F. G. B. Millar)教授,牛津大学布拉斯诺斯学院

尼科尔森(E. W. Nicholson)博士、院长,牛津大学奥瑞尔学院

塔潘·瑞朝杜里(Tapan Raychaudhuri)教授,已退休

约翰·罗伯逊(John Robertson)博士,牛津大学圣休学院

安瓦斯沃(Ann Waswo)博士,牛津大学圣·安东尼学院

> 凯瑟琳·琼斯·芬纳
> 杰克·海沃
> 1995 年 11 月于牛津大学

概 念 性 序 言

　　[1]* 本书旨在描述世界范围内从古至今历朝历代的统治史,但不求面面俱到,因为无此必要。对所讨论的政体有所选择,选择标准依然和我 1983 年就提到过的一模一样,即"首先是历史上重要而强大的政体,其次是具有原型意义的政体,再其次是或多或少有所革新的政体,最后是具有明显变异的政体"。①

　　因此,本部《统治史》重点关注以下问题:

1. 确定所选政体在时间和空间上的分布,将每种政体置于具体历史和地理环境之中,按照常规模式对每一种政体进行分析,根据一套标准化的评价准则,评定其总体特征、优势和弊端。

2. 根据标准化的类型,寻找不同政体之间的异同;确定反复出现的主题;借助这些类型,确定不同政体中可以称得上是发明创造的因素。

　　为了方便介绍,我们将首先探讨重复出现的主题,然后对各个类型展开分析,最后确定发明创造的因素。

---

* 　中括号内的数字,系原书页码。

① 　芬纳(S. E. Finer):《世界统治史之视角:绪论》,《政府与反对党》,第 18 卷第 1 期,1983年,冬季号,第 8 页。

1. 反复出现的主题

《统治史》系政体之历史，政体可以定义为"人们生活于其下的统治结构，以及与这种统治结构之关系"。① 这个概念不仅包括国家，还可以包括部落，但前者是我们的主要关注对象。值得注意的是，就此而言，伊斯顿（David Easton）和其他功能主义者，如阿尔蒙德（G. A. Almond），并不使用"国家"这个词语和概念。[2]在伊斯顿《政治生活的系统分析》（*Systems Analysis of Political life*）的索引中，这个词语甚至一次都没有出现。② 鼓舞人心的是，在和 20 世纪 60 年代功能主义学派逆流而动的时候，我实际上正在未来之大海上乘风破浪。现在，在每一个地方，"国家"一词重新流行起来，所有对政体及其演进的讨论都绕不开这个词语。③

1.1　国家之建立

就像本部《统治史》明确表明的那样，国家在书写出现之前就出现了。在我看来，这一点不容置疑。无论怎样，国家和最早的书写记录是同时期出现的，不管出现地点是在美索不达米亚，还是在埃及。因此，国家和我们所理解的"历史"也是同时期开始的。毫无疑问，部落也有政府，也是政体。历史上多次上演部落征服国家的一幕，例如在中国，这种事情就发生过多次。北方的部落民族，如匈奴人、蒙古人、鞑靼人和满族人，都曾经入侵中原，夺取中华帝国的很多地方，有时甚至将整个帝国一并征服。但是在所有这些情况下，部落民族要么是为了在定

---

① 芬纳（S. E. Finer）：《世界统治史之视角：绪论》，《政府与反对党》，第 18 卷第 1 期，1983 年，冬季号，第 4 页。

② 见我对阿尔蒙德的评论。S. E. Finer，《阿尔蒙德的"政治系统"概念—文本批评》，《政府与反对党》，第 5 卷第 1 期，1970 年，冬季号，第 3—21。

③ 参见 M. Mann，《国家自治权》，in J. A. Hall（ed.），《历史上的国家》（Blackwell, Oxford, 1986）；A. Giddens，《历史唯物主义的当代批判》第二卷《民族国家与暴力》（Polity, Cambridge, 1985；repr. 1987）；R. M. MacIver，《政府之网》（Macmillan, New York, 1947；repr. 1965）；K. Lowenstein，《政府过程中的政治权力》，2nd Edn. （University of Chicago Press, 1965）等等。

居人口之间保留其部落特征而分解,要么就为了适应统治阶级的角色而被其政体所同化。作为一种政体形式,部落是"历史演进的死胡同",①帕特里夏·克陇这句话可谓一针见血。

那么我们应该怎样定义"国家"呢? 现代国家拥有五大特征,但前现代国家通常只拥有这五大特征中的前三个,即使是许多现代国家也没有第四个和第五个特征,或者即使有,也不明显。这五大特征分别是:

1. 他们是特定地域之上的人口,承认共同的最高统治机构。

2. 这个机构有专门人员为其服务,其中包括执行决策的文官和必要时对其提供武力支持的武官,武官的另外一个作用是保护这个联合体不受其他类似联合体的侵犯。

3. 有上述特征的国家得到其他类似国家的承认,承认其对特定地域内的人民采取行动的独立性。[3]这种承认构成我们今天所说的国家"主权"。

就像我们将要看到的那样,许多前现代国家只是接近了这三个条件。例如,许多国家的疆界是不固定的,还有许多国家的统治机构划分得很笼统,对相互"主权"的承认也缺少一贯性,时断时续,为之服务的手段也很落后。

最后两个特点的问题更多,它们是:

4. 一个国家的人口共同组成一种情感化的礼俗社会(Gemein-schaft),这种社会建立在对共同民族性的自觉意识基础之上,至少在理想状态下如此,但在现实中很大程度上也是如此。

5. 这个国家的人口组成一个共同体,其成员共同参与责任和义务的分配和共享,至少理想状态下如此,同样在现实中很大程度上也是如此。

关于第四个特点,在古代,只有为数不多的一些人口可以说是有这种独立身份意识。古代埃及人就是如此,犹太人也是如此,就像他们所自称的那样,他们是"分开的民族"。很难看出最早的中国人是怎样符合"民族"这个定义的。"中国性"(Chinese-ness)本来是一个文明更加

---

① P. Crone,《部落和国家》,in Hall(ed.),《历史上的国家》,第73页。

优越的民族武力征服的结果，这个民族的来源我们无法确定，但由于某些与众不同的标志，特别是服饰、举止和象形文字，又生活在有围墙的村落或城镇里，他们将自己视为"中国人"。如果只考虑欧洲的话，在罗马帝国时期，并没有民族的自我意识。到了公元五世纪，其公民才开始将帝国看成是"罗马人的国家"，将自己看成为"罗马人"，但这些只是模糊的概念，意味着他们承认自己是一个政治共同体的成员，而不属于共同的民族，也就是说他们承认同一"法理社会"（Gesellschaft），但不承认同一"礼俗社会"。在罗马时代之后的欧洲，好几个世纪之后才出现共同民族的意识，但即使在当时，这最早也是从边缘地区开始的。英国最早，大概是 13 和 14 世纪，然后是法国，大概在 15 至 16 世纪。西班牙人的民族意识形成很晚，这是因为不同地区之间差异太大。加泰罗尼亚地区使用的是与卡斯蒂里亚语完全不同的语言，无论是从地理上，还是从民族情感上，比利牛斯山都是其分界线。巴斯克人的情况也是如此，此外还有其他的民族。直到 1713 年之后，西班牙国王才将其王国称为"西班牙"。[4]我们所说的"民族情感"在 18 世纪开始发展，在法国大革命之后，开始在欧洲和其他大陆广泛形成。

最后一个特点也是最近的现象，一个国家完全可能有民族认同感，如 18 世纪的法国，但却被一个统治家族以一种专制的方式进行统治，这种统治通常以"君权神授"的神话获得合法性。从某种意义上讲，这样的王朝国家（Hausstaaten）被认为是君主的财产。国家命运至少是最终要由人口中的重要政治人物来决定——国家属于国民，而不属于统治者，在英国之外这个观点很久之后才出现；明确承认"主权属于国民"是在法国大革命之后，西耶斯在《第三等级是什么？》一书中阐明了这个原则。①

这里就出现了一个重要的术语问题。许多学者使用"国民国家"（nation-state），虽然主权并不在人民（即"国民"）手中，我认为这是很容易误导的。当我谈论 14 世纪的英国和 18 世纪的法国时，我将称

---

① 参见 Finer，《世界统治史之视角》和《欧洲的国家和民族建设：军队的角色》，in C. Tilly（ed.），《西欧民族国家的形成》（普林斯顿大学出版社，Princeton，1975），第 88 页。

其为"民族"国家（national state）。只有当这些民族国家被民族成员所统治时，即当主权是由国民民主行使的时候，我才称其为国民国家。

关于国家的定义就说到这里，这里的问题是，这些国家怎样建立起来的。之所以关注这个问题，是因为国家的建立方式通常对国家的统治方式有十分重要的影响。尤其在20世纪60年代，随着欧洲殖民帝国的瓦解，许多新生国家出现。很多学者，主要是美国学者，对他们所谓的"发展"和"现代化"在这些新生国家的表现非常感兴趣，于是，"国家建设"成为十分时髦的研究课题。在几乎所有的情况下，这些术语都隐含这样一种设想，即为了自己的好处，这些新生国家应该沿着欧洲和大西洋国家模式的道路前进。今天所说的"现代欧洲国家"，即完全拥有上述全部五大特征的国家，或含蓄或直露地成为"发达"或者"现代"政体的典范。越来越多的注意力被转向西罗马帝国崩溃之后西欧国家的建立方式，它们怎样从封建制度发展到君主专制，又怎样从君主专制发展到民主的民族国家，即国民国家。

这样的整个研究思路都是错误的，[5]因为它默认国家的源头只出现在中世纪结束之时的欧洲。这种认识完全错误。实际上，从世界历史的视角来看，国家在欧洲的发展是十分独特的。封建制度代表了一种瓦解，一个曾经高度组织化的国家被分解。此外，即使对罗马时代之后的欧洲来说，也存在一个主要的问题，那就是疆域问题。就像本书第三部分第五章"封建制度"部分所表明的那样，西方封建制度最突出的特点就是政治上的忠诚和疆域是分开的。决定应该对谁服从的不是"你是哪个国家的？"而是"你的领主是谁？"——封建关系是跨区域的。这种情况在其他地方几乎不存在，虽然据说从某种程度上讲中国的周朝（约公元前1100—前772年）也有过，从某种意义上讲，日本也有过。但无论如何，"现代欧洲国家"的形成实际上开始于已知边界的建立，是围绕边界的建立而形成的。现在很多人都喜欢嘲笑前现代国家，说它们的边界太模糊，通常只有边境，而不是像现在这样界线分明。这些人还将这一点作为区分前现代国家和现代国家的严格标准。的确，我们现在所理解的国际法意义上的领土主权概念直到1815年维也纳会议上才最终确定下来。① 但是，无论前现代国家的边界线是多么不确定，它们之所以是国家正是因为有一个核心区域，并且这个核心区域的边界不会发生变动，还有就是这个国家的人民承认一个共同的统治者。有一种观点认为中国的皇帝不清楚自己的疆域有多大，也不知道到什么地方才需要使用通关文书，这样的观点相当可笑。从公元前 722 年开始，中国进入了一个多国并存阶段，这个阶段包括春秋时期和其后的战国时期。到了战国时期，原有的 180 来个小国只剩下 7 个，一种结盟的模式出现了。这种结盟建立在"水平"（东西）联盟和"垂直"（南北）联盟对抗的基础之上。在《战国策》一书中，支配国与国之间行为的原则得到了详细的描述，其中包括大量带有历史性质的细节。②

因此，我们应该绕过欧洲的经历，从过去的所有政体出发来概括，还可以忘记 20 世纪 60 年代对发展和现代化的过分关注。[6]我们之所以对国家的建立感兴趣，只是因为它影响一个政体的统治方式。这就要求我们区分不同国家的领土模式，可以将其分为四类，分别是：城邦、一般性国家、民族国家和帝国。

城邦是由城市和其周围面积不大的附属区域共同构成的独立统治单位。美索不达米亚地区最早的国家就属于这种城邦，当然，希腊的城邦和欧洲中世纪的城市共和国也属于这个范畴。从这一术语在英语里的用法来看，第一次出现似乎是在 1893 年出版的《希腊和罗马的城邦》，作者为华德-佛勒（Warde-Fowler）。③ 但是在《欧洲政体的发展》一书中，西季维克已经在很随意地使用这个词。虽然他的这本书直到 1903 年才出版，但该书是以他从 1885—1886 年至 1898—1899 年之间每年的讲课记录为基础的。因此，从这个意义上讲，"城邦国家"这个词的首创者也许应该是西季维克。④ 有时这种

---

① 参见 S. E. Finer，《国家建设、国家疆界和边境控制》，《社会科学信息》，第 13 期（1974 年），第 79—126 页。

② 《战国策》，J. I. Crump 译，第二修订版（中国资料中心，1949）。

③ P. Burke，《城邦国家》，in Hall（ed. ），《历史上的国家》，第 139 页。

④ H. Sidgwick，《欧洲政体的发展》（Macmillan，London，1903）。

城邦国家会扩展自己的领土,这方面比较突出的例子是罗马和威尼斯。城邦国家有自己的机构统治城邦本身,这个机构通常实行共和制,但其隶属区域被作为附庸来统治。这样,它们就成为帝国,下文我们将界定"帝国"一词。

但对于下面这种更为常见的政体应该如何命名呢? 这种政体很少实行共和制,几乎总是被国王或王公所统治,他们统治着广大的、通常是相邻的区域。人们曾提出不同的命名。如果称其为"王国"或"公国",可以省去很多麻烦,因为这样就不用问国王或王公统治的是什么样的国家。王国和公国实际上是这里所说的国家的子类。已经有三种命名方式被提出。一个是将其和城邦国家对比,称其为"疆域国家"。彼得·伯克就是这样做的,他问道:"佛罗伦萨是什么时候由(控制着托斯卡纳地区大片区域的)城邦国家变成(母城在许多方面依然处于主导地位的)疆域国家的呢?"[①]对此问题,很难有合理的答案,因为这两个术语分属不同的层面。马耳他是一个"疆域"国家,虽然其领土面积并不广大。"疆域国家"这个词和领土面积大小没有关系,只是和非疆域国家相对而言的。本部《统治史》提到的唯一一种非疆域国家是最纯粹意义上的封建国家,就像相关章节所表明的那样,在这种国家,忠诚是跨地域的、个人与个人之间的关系,而在疆域国家,臣民的忠诚来自其生于斯长于斯这一事实。

[7]这样只剩下两个被广泛使用的术语。一个是民族国家,西季维克用的是"country-state",现在我们更常用的是"national-state",或者就像我们已经提到的那样,错误地用"nation-state"。西季维克指出通常使用的"country"一词既表达了特定疆域的概念,又表达了生活其上的具体民族的概念,这有点敷衍塞责。实际上,我们只有三种选择,要么用"country",要么用"national",要么就用"ethnic"。最后一个术语是新生词语,虽然它准确表达了古代埃及和希伯来国家,在这些国家疆域和种族是紧密联系的。这个术语的好处在于它可以避免使用"national"(民族的)一词,因此也不用使用"nation"(民族)一词,

① P. Burke,《城邦国家》,《历史上的国家》,第 143 页。

因为按照现代的理论，民族国家和民族主义是过去两三个世纪的产物，即使当时也只是出现在欧洲。这个术语的另外一个好处就是其新奇性，我们的确可以说过去的"民族"就是我们现代意义上的民族国家，但更为重要的是这样一个事实，即我们现在所探讨的许多国家都是由多个种族组成。

我们可以新造一个词语，"地名国家"，这样就可以根据国家的地理名称对其命名，也就是说其边界之内的具体疆域有特定的名称，但这个名称并不表明生活于此的人民属于共同的种族，说共同的语言，有共同的信仰，等等，也不表明这里的人民拥有属于同一共同体的自我意识，他们只是在同一个统治者的统治之下。特兰西瓦尼亚（Transylvania）就是一个很好的例子，这个名字很奇怪，居住在这里的既有马扎尔人，也有罗马尼亚人。在16和17世纪的很长时间里，这里都是一个独立的公国。它当然不是一个民族国家，但却可以被称为是地名国家。①但"地名的"这个说法如果通用于文本，也许有点过于怪异。毕竟，我们的用意在于区分由某一民族构成的"民族"国家和其他不能被这样称呼的国家。这种称呼是一种历史遗留。经过这么多的深思熟虑，我最终确定使用一个无明显特征的术语，即"一般性国家"。如果一个地区的人民没有共同体自我意识，并且这个事实非常明显，这样的国家就可以被称为一般性国家。[8]另一方面，如果有这样的自我意识，就像14世纪的英国那样，我们就可以称其为民族国家。

最后我们讨论一个经常被滥用的词语，即"帝国"。这个词的第一层含义就是面积广大。帝国是一个疆域非常辽阔的国家，但如果将这个词用于所有的大国，有时会和通常的用法相背离。例如，美国面积广大，人口众多，但我们并不称其为"美利坚帝国"。即使使用这个说法，就像有人使用"苏联帝国"的说法时那样，我们所说的不仅仅是领土的大小，而是第二层含义，即主导地位。

"帝国"一词源自罗马术语"统治权"（imperium），后者即使在具体

---

① "马其顿"是更为典型的例子，参见法语里对混合水果沙拉的表达，"macedoine de fruits"，意思是"马其顿式沙拉"。20世纪90年代，南斯拉夫解体之后，围绕"马其顿"这个名字展开的斗争，突出了历史名称专属权的重要性。

的罗马背景中也很难翻译,但它总是带有支配和控制的含义。通常认为帝国是通过征服形成的,这很有道理,因为这个词本身就有某个种族、集体或核心区域单位支配其他的种族、集体或区域单位的含义。这里的核心区域单位可能是一般性国家,可能是民族国家,也可能是城邦国家。

如果我们探讨的是卡拉卡拉敕令(公元 212 年)和戴克里先改革(284—305 年)之后的罗马帝国,就会出现一个问题。首先,当帝国之内的每一个人都获得了公民身份,我们就不能再说有某个种族支配其他种族,甚至不能将这个多民族的国家视为由一个特权区域所统治。晚期的罗马帝国正在成为一个多民族国家,就像"罗马人"这个词的使用所表明的那样。拜占庭帝国也有类似的情况,这里的问题变成是安纳托利亚核心区域统治巴尔干地区,还是安纳托利亚和巴尔干地区共同构成核心区域。按理说第一种解释应该更盛行,因为拜占庭帝国亚洲部分的地位一直就比欧洲部分要高。如果我们接受这样一种看法,认为这一阶段我们进入"二号帝国",也许就可以跳过这个问题。在这一阶段,由于我们刚刚描述过的情况,一种共同的帝国文化形成了,对于任何想要进入统治阶层的人来说,这种文化成为一种"入场券"。这样延伸后的定义可能适用于罗马和拜占庭,就像我们在后面的章节里会看到的那样,也适用于中国。伊斯兰主义者承认,实际上是强调,建立在地方支配基础之上的大国和共同的伊斯兰文化占主导地位的大国之间的区别,他们称前者为阿拉伯"王国",将"帝国"一词用于 750 年以后的阿拔斯王朝时期。我们这里根本没有必要沿袭他们的用法。[9]我们宁愿称其为哈里发一号帝国和二号帝国,前者包括四位"正统"哈里发和倭马亚王朝,后者是指阿拔斯王朝。

中国仍然被看作由两部分构成,即中土和边疆,后者包括新疆、西藏和蒙古。在历史上,当中国只包括中原地区时,却依然被称为是帝国。起初这种叫法还算合情合理,因为长江以南的文化受到长江以北文化的殖民。这就是中华一号帝国。帝国文化是加入统治阶级的通行证。来自北方的一波又一波游牧征服者发现了这一点,除非他们接受中国的帝国文化,否则就无法使自己的统治合法化,更无法使江山永固。

这里我们要顺便提一下，"帝国"一词还有一个大材小用的用法。有些一般性国家和民族国家也被称为帝国，如俾斯麦的"日耳曼帝国"，还有曾自封的"中非帝国"，这仅仅是因为其统治者想自称为"皇帝"。这样的"帝国"完全是一种尊称。

说了这么多，现在该触及核心问题了，即国家是怎样变成今天的样子的？这里要撇开国家是怎样从原始部落社会发展而来的问题，因为这个问题极其模糊不清、又容易引发争议。

最为明显的一点是，我们今天所理解的国家要么是由较小的区域单位合并而成，要么是由较大的区域单位分解而成。现在的国家中有超过三分之二建立于1945年以后，多数是1960年以后，是伴随着那些面积广大的多民族国家的终结而出现的。这些大国包括英国、法国、比利时、荷兰和葡萄牙，它们被名副其实地称为殖民帝国。这不过是一个古老而又反复发生的现象的最新显现。随着西罗马帝国的解体，出现了一些新的国家，后来这些新生国家又分解成多以百计的公国和城邦国家，它们都是原来的多民族大国的碎片。同样，公元前772年之后，中国北方出现的众多小国也是周帝国的碎片。据估计，这样的小国有130至180个之多。阿拉伯哈里发帝国解体之后出现了一系列的国家，如伊朗和奥斯曼帝国，还有非洲马格里布地区的各个国家。

另一方面，许多延续至今的国家，如英国、法国和西班牙，都是通过较小的区域单位合并而形成的。我们不知道这个过程始于何处，如果仅仅将美索不达米亚的经验作为起点的话（因为它比埃及要早），那么这个过程开始于城邦国家的形成，后来这些城邦国家合并成更大的政治单位，合并的方式我们后面将会展开讨论。[10]但没有证据可以表明法老时期的埃及也是这样形成的。它并没有城市化，在长达几千年的时间里，它都没有固定的首都。王朝决定将坟墓修建在哪里，就从那里实施统治。我们只知道所有证据都表明埃及是两个地区合并的结果，这两个地区就是南方的上埃及和北方的下埃及。至于究竟是北方征了南方，还是南方征服了北方，这个问题颇有争议。

但是无论何种情况,我们设想这种合并开始于某个地区。这样的地区通常被称为"征服中心",虽然很多情况下合并的方式完全可能是和平的,虽然很多事实证明,兼并其他地区的小国往往位于边缘,而不是位于中心。这样的例子如法兰西亚地区对于法兰克王国,威塞克斯地区对于英格兰王国,还有就是公元前 221 年统一中国的秦国。我认为我们可以识别出"中心"扩展并构成更大区域的两条途径。在第一种情况下,周边的邻邦软弱无力,"中心"可以相对轻松地扩张。罗马先是扩张到伊比利亚和普罗旺斯,最后扩张到高卢和不列颠,就属于这样的例子。这样的模式是中心"强硬",边缘"软弱"。在这种情况下,限制扩张的主要障碍只是距离所带来的后勤问题,有时边境战事的失利也会使情况更加糟糕,如在奥古斯都时期的罗马,瓦卢斯几个兵团的损失,而边境战事失利又常常是由于物资流动不畅造成的。中国古代供给驻守在长城之外的官兵(实际上包括供给驻守在长城之上的官兵)时所遇到的问题就是又一个很突出的例子。新疆和中亚地区难得而易失。在这些事例中,扩张的步伐并不是终止于国家间约定的边界线,这只是最近两个世纪的产物,而是止于边境。在英国,我们将标示出主权领土的实线称为边界线,将不明确的、有波动的、有争议的区域称为边境,而美国人的用法恰恰相反。

统治者扩张的步伐想在哪里停止,那里就是边境。条顿堡森林战役的灾难性失败之后,奥古斯都命令帝国不能再继续扩张。总的说来,此后罗马帝国就是这样做的。当然,它并没有扩张到德国本土。同样,中国向西方的扩张之所以会停止,这部分上是因为后勤问题,同样也是由于儒生们一再的批评,说商队之路有百害而无一利。到了 18 世纪,法国人发明了"自然边界"的原则,不是为了继续向东征服,而恰恰是为了将征服限制于莱茵河以西。

但是有时将来的合并"中心"会发现其前进的步伐受到另外一个类似"中心"的阻碍。古代美索不达米亚和古典希腊的情况就是如此。[11]有时,就像我们已经指出的那样,巨大的多民族政治单位瓦解,产生许多实力相当的小政治单位。这两种情况都可以称为"均势"。神圣罗马帝国解体后在意大利出现的许多小国之间关系如此,18 世纪之前欧洲出现的更大的民族国家之间关系也是如此。这种情况下，结果可能会使国家系统长期延续下去，欧洲在这方面尤其突出。还有另外一种可能，那就是一个地方国家征服其他国家。英国的情况就是这样，威塞克斯吞并了其他的撒克逊人王国和丹麦人王国。法国的情况也是如此，法兰西岛（即法兰西亚地区）通过征服、联姻、继承和充公等各种方式获得了其他行省。

这就会出现三种可能的情况。第一种情况是，将要成为"中心"的国家资源和动员能力都要远远超过边缘国家，不但能够将其征服，还能对其实行集中统治（也就是说剥夺其自由裁量权），并最终从文化上将其同化。公元前 221 年，秦国统一其他六国就是这种情况。"始皇帝"秦始皇为统一而采取的措施影响深远。第二种情况是，在资源和动员能力方面，边缘国家和将要成为"中心"的国家之间势均力敌。这样的结果要么是民族国家系统得以长久延续，就像欧洲各个民族国家那样，要么是大大减缓统一的进度，边缘地区会保留其地方主义。在这种情况下，"中心"和边缘之间就会展开竞争，因此最终的统一会很漫长。威塞克斯对英国的统一要远远早于法国，丹麦人的征服只是强化了这种统一，而诺曼人的征服则使整个国家成为由 3000 名身着盔甲的诺曼领主严格控制的"国王领地"，这最终实现了英国的统一。法国的统一发源自巴黎，13 世纪初才开始，可能直到 16 世纪、甚至 17 世纪才得以完成。不仅如此，法国的君主统治直到大革命时期都有明显的地方主义和某种"马赛克"国家的特征。最后一种情况是，边缘国家比将要成为"中心"的国家更加强大。在这种情况下，这些边缘国家会继续存在下去，统一不会发生。

到现在为止，我们已经讨论了国家产生的两种方式，它们分别是小政治单位的合并和大政治单位的瓦解。两者都预设了某个特定地理区域的统一，这个区域我们称其为"中心"。但是从历史上看，国家和帝国还有另外一种形成方式与这两种方式大相径庭，[12]那就是部落征服：原有的国家被外来势力占领。这方面有两个最重要的例子，一个是成吉思汗缔造的蒙古帝国和其后继国家，另外一个是阿拉伯人通过征服建立的哈里发帝国，其疆域从西班牙一直延伸到印度北部地区。当然，后者影响深远,有重要的历史意义。这些阿拉伯人在历史上是独一无二的,他们是"唯一一支以自己的部落传统重塑高度文明的民族传统的部落征服者"。① 而蒙古人则要么接过原有的国家结构及其价值观,要么就因为固守自己原有的部落传统和特征,很快就瓦解消亡。这些蒙古人对中国的征服,最为突出的一点就是其统治阶层解体之快,其军事传统丧失之速。随着华夏民族势力的复兴,没多久他们就被驱逐到沙漠地区,历史上再也听不到他们的声音。从公元 440 年左右由拓跋氏创立的北魏帝国,我们可以看到北方游牧民族占领中国本土部分地区的一种范式。这次的情况是,一部分拓跋氏部落民将自己融入汉人之中,接受了儒家价值观,而还有一部分却想要保持原有的部落结构和价值观。结果,拓跋氏的帝国分解为"宗族型"的北周和信奉儒教的北齐。双方经过几十年的战争,北齐战败,政权先是落入倾向汉人的人手中,后来又落入汉人手中,而北魏的部落民也"永远消失了"。② 原本是部落民的阿拉伯征服者的命运与此类似,大约一个世纪之后,他们也失去了对广袤帝国的统治地位,被其他部落民族取而代之,这些民族通常具有突厥血统。和亚洲北部的游牧民族不同之处在于,他们创造了一个崭新的文明和传统。这个传统覆盖了他们征服的所有地区,甚至直到有些地区渐渐地从哈里发中央脱离出去,实际上获得独立(有的是正式宣布独立)之后,依然遵循这个传统。

我们可以通过考虑两组变量,来总结一下这些不同的建国方式对政体的不同影响。第一组变量是统治者是否建立了遍布全国的统一的中央行政,如果建立了,其程度如何。第二组变量是在此过程中他们对文化、语言和法律进行统一的程度。对于这些情况是否得以出现,其不同模式要具体问题具体分析,这里我们只考虑可能出现的结果。

[13]这两组变量会产生四种情况。

1. 有中央集权的、统一的行政机构,有统一的文化、语言和法律。

这样的例子包括晚期罗马帝国、拜占庭帝国、中华帝国和英国

---

① Crone,《部落和国家》,《历史上的国家》,第 74 页。

② W. Eberhard,《中国史》,第四版(Routledge & Kegan Paul,London,1977),第 152—154页。

的各个王国，还有后来的法兰西帝国。

2. 有统一的中央行政机构，文化、语言和法律没有统一，或统一很少。例如波斯帝国和奥斯曼帝国。

3. 没有中央集权的、统一的行政机构，有统一的文化。例如中世纪的日耳曼帝国和意大利。

4. 没有中央集权的、统一的行政机构，没有统一的文化、语言和法律。例如查理曼帝国和蒙古帝国。

这些宽泛的划分没有考虑到具体情况的细微差异，例如在英国就没有地方势力，而法国的地方势力却非常强大。再例如，在罗马帝国扩张的最初阶段，罗马城邦将意大利的部落和城邦联盟团结在一起的方式是独一无二的。本部《统治史》将具体情况具体分析，找到它们之间的细微差异。

还有最后一组差异，这组差异和政治系统的"稳定性"有关。例如，如果我们考察一下拜占庭帝国皇帝的频繁更替，可能会得出这样的结论，即拜占庭帝国很不稳定。但这样就无法区分出三种可能的注意对象。第一个注意对象是伊斯顿所说的"政治共同体"。① 他用这个词并不是指分享共同传统的"礼俗社会"意义上的共同体，这里根本就没有涉及到情感问题。政治共同体仅仅是指人类的集合，"他们被放到一起，是因为他们参与共同的结构和过程，无论这种关系可能多么紧密，或者多么松散"。② 这样的政治共同体实际上完全可以由不同文化、传统和民族的群体构成，例如奥匈帝国。同样，这个共同体也可能会消失，有时是分解成更小的政治共同体。有时，就像尼尼微城被毁灭之后亚述人的情况那样，他们干脆从历史上消失了。历史上这样的事例比比皆是。公元前 772 年，中国的周帝国分解成大约 130 至 180 个不同的政治共同体。后来通过征服，只剩下 7 个。最后，公元前 221 年，秦始皇征服了其他六个国家，统一中国。[14]据估计，在公元 1500 年左右，欧洲有将近 300 个不同的政治共同体，到现在只剩下 30 个。

---

① D. Easton，《政治系统：政治学现状研究》(Knopf，New York，1953)，第 172 页。
② 同上，第 177 页。

但是我们要将政治共同体的稳定和崩溃与一个政体的稳定和崩溃区分开来。政体是指政治秩序，"组织政治关系的规范化的方法，它绝不仅仅包括一部'宪法'，还包含下面几个概念，分别是宽容的目标和极限，规范和公认的程序，正式和非正式的权力结构，是所有这些概念的集合"。[①] 显然，一个政治共同体有可能会崩溃，分成三个或四个政治共同体，但是其中每个共同体都会长期延续与原来的统一共同体相同或类似的政体。1776 年，北美 13 个殖民地从大英帝国这个更大的政治共同体分离出去，就属于这种情况。我有时将"政体"一词作为"统治形式"、"政治体制形式"，甚至是"政治体制"的同义词使用，但最后一个同义使用有点危险，因为政体既是政治体制本身，也是执行方针政策的方式方法。在这样使用的时候，必须通过上下文来确定其准确含义。

政体也可能会迅速发生变化，但也许没有政治共同体的变化那样迅速。在这方面，欧洲的经历尤其容易让人误解。欧洲比世界上其他任何地方都要多变易变，都要富有创新。从罗马帝国的独裁统治和法律，经由黑暗时代，到封建制度，又到专制主义的疆域国家，最后到代议制民主，后来东欧地区又出现了一直延续到 1989 年的社会主义集体专制体制。我们可以将其与中国的情况作一个比较，在中国，也许从公元前 8 世纪起，如果认为这个时间作为这个政体传统的起点过早，那至少是从公元前 221 年开始，直到 20 世纪，政体基本上没有发生什么变化。中国历史上曾爆发过数不清的农民起义，有时是全国范围的，有时会推翻一个王朝，但是在 19 世纪的太平天国运动之前，没有一次农民起义想要改变政体，他们只是想要改换当权者。

说到当权者，我们要开始对"政治稳定"第三个主题的讨论。"当权者"只是指在某一时间掌握权威的人。实际上我们可以进一步区分制定方针政策的当权者和官僚机构，但这样做不值得，后者相对持久，更为稳定，是政体中更为固定的部分。[15]但是，当我们转向制定决策的当权者时，会发现其变换常常十分频繁，但这种变换却丝毫没有改变政

---

① 参见 Easton，《政治系统：政治学现状研究》，第 193 页。

体的核心特征。罗马、拜占庭和马穆鲁克王朝的国王、皇帝和苏丹们频频被推翻，给人一种动荡不安的印象。在政府的最高层，动荡是有的，但在宫廷阶层的骚动之下，政体本身几个世纪都不会发生变化。中国可以和这三个例子构成对照，因为除了周期性的中断之外，帝位的继承像政体一样稳定。

1.2 军事模式和政体

这里不打算详细阐述这个重要的话题，因为我已经有专文探讨有关欧洲的部分，本部《统治史》里的主要概念和主题在那篇文章里都有详细讲解。[①] 对这个题目长话短说的困难在于必须要依次提出一些命题，而这些命题之间是同时存在、相互独立的。这里能够做的只是简单陈述每一个命题，给出其适用事例，然后陈述下一个命题，并表明它们之间的联系。

1. 军事组织对于政治共同体、政体和当权者的确立和延续至关紧要。
2. 军事力量在社会不同阶层的分配对政体形式起决定作用。
3. 军队的模式是临时的还是永久性的，是有报酬的还是没有报酬的，等等，和第二个命题的内容互相交叉，对政治共同体、政体和当权者的延续和稳定有关键性的影响。
4. 军队的模式决定统治者能否向人民征用资源和征用多少资源，但征用的资源也反过来决定所采用的军队模式。我在其他地方称两者之间这种互相依赖的关系为"强制—征用"循环。[②]
5. 整个统治史，用于战争的支出，[16]也就是军队的开销是对国家财政和经济资源最大也是最持久的消耗。这方面也许只有古埃及帝国是个例外。[③]

---

① Finer，《欧洲的国家和民族建设：军队的角色》，in Tilly(ed.)，《西欧民族国家的形成》，第84—163页。
② 同上。
③ 考虑到修建金字塔和神殿所耗费的大量人力和物力，这些例外也成问题。

6. 因此,再加上第四个命题里的"强制—征用"循环,军队(尤其是常备军)的征集和供给是官僚制度产生的最主要原因。

7. 军事技术的变革有时和国内经济与社会有关,但有时是从外部引进的,因此是一个独立变量。但军事技术上的有些变革对上面的前三个命题有决定性的影响。

命题1:军队对政治共同体的存续起到保障作用,可以防止其分裂,避免被外来势力征服或吞并。同样,它还保障政体形式不因叛乱和起义而被颠覆。即使面对小规模的叛乱,当权者也要依靠军队的力量捍卫自己的权力。在后两种情况下,军队实际上起着维护治安的作用。就像已经正确指出的那样,①和现代国家比起来,对于前现代国家来说,这个作用要显著得多,因为当今的国家对广大人民有更为广泛的监视和控制。在前现代国家,例如在罗马帝国,军队扮演着宪兵的角色,帮助税吏征税,镇压土匪路霸,还从事许多其他工作,其中包括修筑道路,而现在这些工作是由警察和行政部门来完成的。在中华帝国,情况基本上也是如此。

此外,面对外来攻击,现在的国家可以利用各种社会团结因素,尤其是民族主义,而前现代国家却没有这些。

命题2:军事力量在社会不同阶层的分配和军事技术密切相关,如是青铜武器还是铁制武器,是战车还是骑兵,等等,也和原有的社会阶层结构密切相关。实际上后者形成一种"阶级分层—支配"循环,例如贵族会坚持只有贵族成员才能骑战马或佩剑,只要成功做到这一点,他们就可以继续支配社会其他阶层。

[17]游牧民族本来是高度民主、奉行平等主义的,直到一些战争首领建立了国家。出于和游牧民族同样的原因,城邦国家在其早期也倾向于共和主义,这是因为军队是由所有身强力壮的男人构成的。但这并不意味着权力的平等分配,即并不是民主。因为不是所有人的武器都同样致命,而武器越致命就往往越昂贵,于是政治权力的分配常常由财富的分配而决定。亚里士多德将这一点说得非常明白,他讲述了骑

---

① 例如 Giddens,《民族国家和暴力》。

兵在寡头制共和国的显赫地位，以及重装备骑兵在自耕农共和国的显赫地位，而在民主政体之下，海军的地位与其相当。① 在罗马共和国，根据武器，其人口被分成许多等级，最上面的是骑士等级，最下面的是无产者（proletarii），因为他们只能为共和国提供孩子（proles）。这种区别在各自的选举权上也有反映。在封建和封建性的政体，根据谁拥有最致命，因此也最昂贵的武器来分配政治权力的倾向更为突出。中世纪的欧洲就提供了这样一种范式。身着盔甲的骑兵在军事上占主导地位，因此在政治上也占主导地位。但是当人口被解除武装之后（即使是其中的特权阶层，如贵族），军事装备就被国家垄断了。一方面是被解除武装的人民大众，另一方面是固定的职业化军队，这就为专制政体铺平了道路，就像在罗马帝国、拜占庭帝国和中华帝国那样。但是自相矛盾的是，恰恰是国家对武器的垄断威胁到当权者的执政时间。军队对于其领导者的忠诚要超过军事领导者对当权者的忠诚，因此，政府和军队的关系永远处于紧张状态：军队长期置政府于被"取代"的威胁之下。军队将原来的统治者赶下台，让新的统治者取而代之，历史上这样的例子不胜枚举。在这方面，罗马的禁卫军尤其臭名昭著，但他们的确不过是许多中的一个。在现代国家，政府和军队的紧张关系并没有消失，只不过由于形势的不同而有所变化，我在《马背上的人》一书中曾经探讨过这个问题。②

命题 3：军队的形式虽然要受到技术进步的影响，但并不仅仅由其决定，[18]也并非仅仅由原有的社会分层等因素决定，这根本上还是当权者经过深思熟虑后作出的选择。就像我在其他地方指出的那样，③统治者必须要在三个关键因素中做出选择，或者将三者综合，它们分别是作战效率、军费和忠诚。三者重要性的不同决定了军队形式上的差异。从马基雅维利的《战争之艺术》中，我们可以看到这种关系。到了马基雅维利的时代，意大利的城市共和国已经放弃了原有的民兵制度，开始使用雇佣兵。人们一致认为（当然必须承认，马基雅维利本人并不

---

① E. Barker 编译，《亚里士多德的政治学》（Clarendon Press, Oxford, 1980），1321a。

② 第四版（Praeger, Boulder, Col., 1988）。

③ Finer，《欧洲的国家和民族建设：军队的角色》。

这样想)雇佣兵更有效,但是他们不可靠,甚至很不忠诚。因此,作为一个共和派,马基雅维利十分坚定地倾向于民兵制,这就是他写作该书的目的所在。

总体说来,领薪酬的专业队伍在战场上最有效,但同时也最昂贵。同理,民兵或封建式征兵虽然最便宜,却不是最有效的。从忠诚上讲,民兵、封建式征兵和领薪酬的国民士兵往往会比外国的雇佣兵更加忠诚,但是他们忠诚的是政治共同体,或者是政体,而不一定是统治者。另一方面,如果周围是一帮完全依赖其酬金和好感的外国雇佣兵,如拜占庭皇帝身边的瓦兰吉亚卫兵(Varangian Guard),统治者可能会认为自己更加安全,而不是当他要依赖于自己国民军队的将领时。

在历史上的一些政体,如蒙古人和阿拉伯人的游牧国家,希腊、罗马共和国和意大利早期城市共和国的共和制国家,军队几乎全部甚至全部是临时征用大量身强力壮的成人。在另外一个极端,我们可以看到由领受薪酬的专业志愿者构成的常备军,如在罗马帝国、拜占庭帝国和 18 世纪的欧洲。这些人可能是国民,但在欧洲,国民军队出现得相当晚。直到法国大革命,他们中往往既有国民,又有外国雇佣兵。拿破仑本人也曾大量使用外国军队为其作战。在此之前,当欧洲走出中世纪时,统治者更愿意使用雇佣兵。换句话说,雇佣训练有素的外国士兵,如瑞士的长枪手,比训练自己的士兵更为省事。

但是,就像本部《统治史》所表明的那样,很少有国家只采用一种军事模式。更多的是多种模式的混合,最常见的是以正规常备军为核心,这支常备军既是宫廷卫队,又是都城的卫戍部队,同时还作为骨干,[19]和平民士兵共同构成国民队伍。这可以是临时性的,如希罗多德描述的向马拉松进发的波斯军队,也可以是永久性的,如中国的大多数朝代(不是所有的)。

命题 4:征用—强制循环十分明显,实在不必详细阐述。军队需要人力和物资,货币化出现之后,还需要金钱。对于统治者来说,要从百姓中榨取这些总是很不容易,尤其是在农业经济的条件下,这部分上是由于他们的净税基很难确定,还有部分原因是由于征税方法很原始,而最重要的原因是在最基本的生存线上挣扎的农民顽强抵制。和法兰西与西班牙的国王比起来，像佛罗伦萨和威尼斯这样的城邦国家税收相对容易。统治者只有两种选择，要么就强制，要么就劝说。在14世纪和其后的欧洲，为了继续费用日益高昂的战争，统治者亟须大量金钱，于是就召集可能的纳税人举行会议，代议制的概念就这样被"发明"出来。①由于这些集会从来没能给统治者提供他所要求的那么多金钱，统治者也会采取另外一种选择，那就是强制。这种过渡的标志是统治者和其议会之间的斗争，无论这种议会是叫"三级会议"，还是其他什么名称。在此过程中，欧洲大部分国家的统治者都能够削弱或者废除议会，建立自己的财政专制。但是要想这样做，就需要一支军队，而这一切活动的最初目标就是为了筹措维系军队的费用。在惨烈的百年战争期间，法国国王路易七世开始不经任何人的同意就征税，然后又用获得的金钱建立一支常备军，这是罗马时代之后欧洲第一支常备军。从此之后，法国的财政专制就和常备军的压制力量密切相关。在普鲁士，"大选帝侯"不顾议会的反对，强制征税，用征来的税款扩军，接着又迫使位于勃兰登堡的议会作出妥协，哥尼斯堡（Koenigsberg）人民的反抗也被强行镇压下去。从1669年开始，霍亨索伦王朝的军队继续扩张，牢牢控制了整个国家的行政和财政，以至于诙谐之士打趣说普鲁士不是一个有军队的国家，而是一个有国家的军队。

[20]欧洲的这些例子在古代世界的其他地方都有类似情况。统治者利用军队强制征税，然后扩大军队，接着再用扩大的军队征收更多的税。财政专制和常备军之间有一种固定联系。但是到了19世纪，这种关系发生了变化，首先是在欧洲，接着是世界上的其他许多地方。引起这种变化的是一种新兴的民族主义意识。个人愿意为民族抛头颅，洒热血，这是以前不曾有过的。愿意为国捐躯的人也同样愿意为国纳税。这种意识在哪里扎根，那个地方的人口就会满腔热情地支持国家的事业，对强制的需求就相应减少。过去被认为是敲诈勒索的现在被默许，这是现代国家不同于前现代国家的最突出特征之一。这里我们要顺便提一句，这种情况和当权者的监督以及行政技术的改进密切相关，因为

---

① 参见本书第三部分，第八章，"代议制"。

这样就可以更容易发现逃税现象,使更为公平的累进税制成为可能。

命题 5 和 6:

> 没有军队,就没有和平;没有军饷,就没有军队;没有税收,就
> 没有军饷。

塔西佗,《历史》第四卷,第 74 章

这里并不是说行政官僚体制源自于维持军队的需要,已知最早的官僚体制出现于苏美尔城邦和埃及古王国,而它们显然否定了这一点。在自然经济情况下,这些官僚中的很多人都负责对财富进行重新分配,也就是对无数各种物品进行统计,征收上来,再发放下去。这就是马克斯·韦伯所说的庄园经济。在重新分配的过程中,有些物品到了神殿,有些物品被用于耗资巨大的宫殿建设,金字塔就是其中最为突出的代表,有的被用作殉葬品,还有的用于支付工作人员的薪水。但是在苏美尔城邦,收集上来的物质大部分都以补贴的形式,回到了生产这些物质的农民手中。无论是在苏美尔城邦,还是在埃及古王国,我们都无法确定有多少物质到了军队,但是有一点是相当清楚的,那就是大部分财政收入被用于满足军事之外的需求。

[21]但是一旦跨过古老的重新分配式的家庭式经济,到了其后的开放经济,尤其是公元前 800 年左右开始货币化之后,要想建立一支正规的常备军,而不是临时征募武装民兵,就必须要有财政机构,也就是官僚机构。司法方面的花费并不多,直至今天依然如此。公共建设的规模相对不大,在许多社会是以徭役的形式来完成的,如在中国和古埃及。除了供给军队和举行国家祭奠,国家的另外一个原始功能是防御。战争需要更多的士兵,更长的战役,更专业化的队伍,包括雇佣兵,所有这些因素都使军费开支的比重越来越大。结果,到了我们可以确定官僚数量的时候,如不同时期的晚期罗马帝国和中华帝国,官僚中的绝大多数都在财政部门。我们不妨考虑一下公元前 140 年左右中国所需要的行政力量,在穷兵黩武的汉武帝统治之下,"征募"的士兵人数在 25 万至 130 多万之间,而汉朝的总人口约 6000 万,也就是占总人口的

5‰和2%之间。根据琼斯的估计，在晚期罗马帝国，军队总人数为60万，而帝国的总人口为6000万左右。①

我们可以追溯一下中世纪欧洲国家中央官僚机构（在有些国家，如法国，是地方官僚机构）的发展，虽然其规模要小很多，但我们有更多的相关信息。在那里，先是临时组织的队伍取代了封建骑士的服务，后来又发展到利用外国雇佣兵和国民构成的常备军。

军队的这种发展所产生的官僚制度绝不仅仅涉及我们今天所说的财政机构。在那些拥有高度组织化的常备军的国家，如中国、罗马和拜占庭，还包括高度发展的后勤部门，这些部门从国家经营的兵工厂和军火库为军队提供武器装备和服装，从国家仓库提供实物配给。

命题7：这个命题和军事技术的发展有关，我称其为不确定因素，因为现代之前的军事创新常常要么是意外发现的结果，如刺刀，要么是对敌方创新所做出的应对，如长弓和长矛，而不是有意研究发明的结果。[22]这种技术创新常常十分简单，几乎可以称其为雕虫小技，铁马镫和环刺刀就属于这样的创新，但它们曾经在几个世纪的时间里完全改变战争的艺术。

这样的军事创新与命题1、命题2和命题3的内容各有不同的联系。例如，它们对国家的防御与攻击能力有明显的影响。英国和法国比起来曾经相形见绌，但是却能够猛烈地攻击并征服后者，因为前者使用了建立在长弓和装甲骑兵基础之上的军事模式，而后者依靠的是重装甲骑兵的冲刺。

军事技术对命题2的影响更为有趣，即军事力量在社会不同阶层的分配。这方面最为突出的例子是琳恩·怀特（Lynn White）对铁马镫的出现所导致结果的大胆假设。他认为铁马镫取代皮马镫让身披重甲的骑兵可以在马上发起冲击，这种战术十分有效，主导战场直到14世纪。要想以这种昂贵的方式将自己武装起来，装甲骑兵首先要足够富有，还要从小就接受这种战术的训练。中世纪骑士的社会和政治支

---

① A. H. M. Jones，《晚期罗马帝国》，第284—602页，两卷本（Blackwell，Oxford，1964）。

配地位就是这样形成的,随之而来的封建主义也是这样形成的。所有这些都是铁马镫取代了皮马镫的结果。① 这个假设颇具争议,虽然它本身很简单,却解释了很多问题,但毫无疑问,从作战效果上讲,装甲骑兵拥有绝对优势,这就保证了欧洲中世纪贵族在社会和政治上的优势地位。

最后,军事技术还对命题 3 的内容有十分显著的影响,即统治者对军事模式的选择,这是因为作战效率正是统治者必须时刻关注的三个考虑因素之一。因此,在公元 5、6 世纪,从瑞士雇佣长矛方阵成为君主、尤其是法国君主的惯常做法。在大约一个半世纪的时间里,这些雇佣兵队伍主导了欧洲大陆的战场。他们骁勇善战,但是否忠诚呢? 只要统治者给他们钱,他们就是忠诚的,没钱就没人。如果另外一方提供的待遇更为诱人,他们还可能会倒戈。1638 年至 1653 年的法国投石党运动期间就发生了这种情况。意大利的城邦从 14 世纪开始使用雇佣兵,也出现过类似的情况。②

因此,本部《统治史》尤其要说明下面这些因素是怎样和某一特定国家军事制度的本质交织在一起的,[23]它们分别是国内秩序、社会各阶层之间的权力分配、当者的任期权、官僚化程度和政体的本质(如是民主的,还是专制的)。

1.3 宗教和宗教机构

无论怎样定义,宗教都属于"信仰系统"的范畴。我们将在下一部分对这个大的范畴展开讨论。

要将宗教和政治体制联系起来,我起初采用的是贝拉的五阶段分类法。③ 第一个阶段被他称为"原始宗教",存在于非常简单的社会,如非洲的布须曼人(Bushmen)和丁卡人,因此与我们的讨论无关。后面两个阶段分别是"古代宗教"和"历史宗教",这两者和我们的讨论关系

---

① L. White, Jr.,《中世纪的技术和社会变化》(Oxford, 1962)。
② 1432 年,雇佣兵首领卡尔马尼约拉(Carmagnola)在威尼斯以背叛者被处决。
③ R. N. Bellah,《宗教的演化》,in R. Robertson(ed.),《宗教社会学》(Penguin, Harmondsworth, 1969),第 262—294 页。

密切。贝拉称第四个阶段为"现代早期宗教"，就像他本人承认的那样，这一阶段建立在一个重大事件之上，那就是欧洲的宗教改革。这个阶段和我们对"信仰系统"的讨论关系更大，因此也将其留到下一部分进行讲解。第五阶段即"现代宗教"，这一阶段的划分是有问题的，因此我没有采用。

按照这种划分，在古代宗教时期，宗教象征系统已经超越了原始宗教。在这一阶段，大自然的力量被神化，它们通过某种方式和活着的人相联系。它们不是神，但可以说是半神半人。这些神化的存在已经被具体化，它们被认为积极控制着世界。它们之间的关系构成一种复杂的支配层次，与其相应的是一种浩瀚的宇宙论，世间万物都可以在其中找到自己的位置。在文字盛行的地方，有时其内部逻辑会将宗教导向思辨并将其主题化，而这样宗教就走出了古代阶段。

古代宗教的典型行为是崇拜。这一阶段的人和神是区分开来的，因此就需要某种互动系统，这种互动是通过崇拜和献祭来实现的。这种宗教组织的最大特征就是教派的增多。原因在于古代社会的每一个群体都有自己的崇拜，和原始社会相比，这些群体已经蔓延分化。此外，和古代宗教相应的是由两个"阶级"构成的社会系统，[24]上层阶级在垄断军事和政治权力的同时，通常还要求获得更高的宗教地位。这方面最为典型的例子就是作为神和人之间、宇宙和世界之间纽带的"神圣君主"，如埃及的法老。君主从来就没有完全放弃过宗教上的领导权。虽然祭司阶层出现了，有时获得显著发展，但信徒却没有随之发展。光顾神殿的都是匆匆过客，他们是旁观者，而不是参与者，并没有组织成一个团体。

贝拉最后描述了这一阶段宗教的社会和政治影响，并得出我们可以赞同的结论。他指出在这一阶段社会和个人都融入一个自然的、神性的宇宙。传统的结构和社会行为都植根于这种神性的宇宙秩序之中。就这样，社会整合的每一次强化都得到了宗教的支持。

宗教演进的下一阶段是历史宗教，始于公元前1000年，延续了2000年左右。贝拉之所以称其为"历史宗教"，是因为其年代相对不太久远，文字已经出现，因此其研究者是历史学家，而不是考古学家和人类学家。历史宗教和古代宗教的不同之处在于前者总是具有某种超验色彩。古代宗教时期的宇宙一元论消失了,取而代之的是此岸与超自然的彼岸世界构成的二元论。这就牵涉到要为了更加真实的彼岸世界而弃绝此生今世。

因此,这两个阶段的象征系统是不同的。所有的历史宗教都是二元的。和古代宗教一样,历史宗教也将现实安排成等级秩序,但这里的等级只有两个,即上面的超自然世界和下面的自然世界。信众最关心的是身后的世界,也就是救赎,无论这个词究竟是何意义。古代宗教的众多神灵只剩下一个,那就是至高无上的造物主。与此同时,救赎之门向每一个人都是敞开的。这种宗教是普世的,而不是地方性的,也没有分化成各种不同的信仰。

宗教活动的最高目标就是为了获得救赎。虔诚生活的理想就是与此世相隔绝。对于普通信众来说,虔诚就是要模仿宗教人士的行为。我们提到的二元论在典型的宗教组织中也有体现,宗教组织被分成两个实际上是互相独立的等级集团,一个是政治的,一个是宗教的。君主再也不能垄断宗教的领导权,因此使权力合法化的问题也发生了变化。这个问题向下延伸到了广大的世俗信众那里,于是,信众的角色和臣属的角色开始分道扬镳,虽然只是事实上如此,而不是法律上如此。[25]这样一来,影响重大,政治权力和宗教权力之间,即国王和先知之间,乌勒玛(ulema)和苏丹之间,教皇和皇帝之间,出现了一种新的紧张关系。此时的宗教在像古时那样强化社会秩序并使其合法化的同时,也为叛乱和改革运动提供了一种意识形态和社会凝聚力。

最后一点是本部《统治史》所重点强调的,但我的表述方式有所不同。历史宗教中最重要的是犹太教、基督教、伊斯兰教、佛教和印度教。我之所以把印度教放在最后,后面会给出原因。这些宗教和古代宗教有四个不同之处:第一,它们是救赎宗教,宣扬某种特定的行为准则。第二,它们是普世宗教,被认为适用于一切人。第三,它们是独断的宗教。印度教的独断性要差很多,这就是为什么从社会和政治重要性上讲,它落在其他几种宗教之后。此处使用"独断"一词,我是说它们认为只有自己的宗教才是走向救赎的唯一正道。对于其他的宗教,它们至多是很不情愿地容忍，糟糕时则是最为可怕的迫害。最后一点差异最为重要，贝拉已经指出这一点，但强调得还不够，那就是它们都是我所说的会众宗教。《旧约》里用"卡哈尔"（kahal）和"埃达赫"（edah）两个词指代"会众"。在《新约》里，被翻译成"教会"（ekklesia），因此就有了拉丁语里的"教会"（ecclesia）和其所有的衍生词。伊斯兰教里和这个词意义最为接近的是"乌玛"（umma），意为"穆斯林共同体"。在古代宗教里，没有信众的集会。在埃及和中东，除了祭司，个人不允许到神殿祈祷。普通信众的确可以将祭品送到神殿，但是当神灵的神圣塑像被抬出神殿，在田野中行进时，他们聚在一起，充满敬畏地退避，但他们并不参与其中。在希腊和罗马的宗教里，普通信众也可以进入神殿祈祷，但就像贝拉正确指出的那样，他们只是匆匆过客，而没有形成团体。在会众宗教里，个人拥有不可剥夺的直通至高神灵的权力，可以直接对其祭拜。与此同时，他还是一个有组织的团体的一部分，是一个由教友构成的稳定社区的一部分。在这个团体和社区，统治者并不比其他人更优越。在遵守神圣律法方面，他和其他教友是一样的，无论后者多么贫贱，多么卑微。统治者本人无法参与这种法则的制定，它是神圣的，外来的，是宗教启示的结果，不可逃避，不可更改，不可或缺。贝拉说宗教信徒的地位和政治臣属的地位截然分开了，正是这个意思。他指出两种互相对立的角色之间会发生冲突，并进而引发一种紧张关系，这也是正确的。

[26]重要的是有史以来第一次君主不再是无所不能，而是要受到神圣规约的限制。犹太人发明了这一教义，并由此发明了"有限君主制"的概念。有些领域国王本人是不可干涉、不可修改的。他的存在仅仅是为了执行神圣律法，因为律法面前，人人平等。因此，对于统治者对律法的理解是否正确，甚至是否可以将其废除，每个人都可以有自己的看法。在犹太历史上，这个问题曾导致先知和国王之间、会众和祭司统治之间的紧张关系。直到流散时期之后，宗教落到了被会众公认为导师的圣人手中。在基督教里，这种紧张关系削弱了拜占庭帝国，并加速了它的瓦解。这是因为埃及人是基督一性论者，他们无法容忍中东的景教，同样也无法容忍拜占庭的东正教。到了拜占庭帝国晚期，圣像

破坏运动再次加速它的分裂。此后,会众和当权者的关系才基本上真正缓和下来。但是在西方,教皇和教会对国王和皇帝的斗争众所周知,在伊斯兰世界也存在类似的紧张关系。伊斯兰教分为什叶派和逊尼派,两个敌对教派之间的斗争使以先知的名义发动的叛乱成为可能并使其合法化,如阿拔斯王朝发起的政治和宗教叛乱灭亡了叙利亚的倭马亚王朝。对于佛教来说,冲突不一定有这么激烈,因为佛教的会众没有前面三种宗教那么广泛。真正的会众是僧侣,即僧伽。他们有时的确会和当权者斗争,如在中国、朝鲜和日本,但是广大信众的参与并没有像在其他三个宗教那样积极。印度教没有那么大的分裂性影响,它不像其他宗教那样排外,也没有像其他宗教那样形成单一的会众团体。印度教是一种祭祀性的宗教,成群的信徒跟随在一位圣人的周围。此外,它还是一种调和式的宗教。

[27]宗教组织越是死板,就越可能会和政治组织或国家产生冲突。罗坎(R. Rokkan)总结了一个模式,对我们的讨论很有价值。[①] 这个模式叫"世俗—宗教分化",内容如下:

1. 冲突最小:只是地方性的宗教,如传统的热带非洲。
2. 冲突中等:地方宗教和政治系统紧密融合。包括两种情况:
    (1) 没有组织化的教会,如信奉印度教的印度。
    (2) 教会的组织化程度薄弱,如穆斯林帝国。
3. 冲突最大:教会被分化,高度组织化。包括五种情况:
    (1) 教会和社会相分离,如佛教的政治系统。
    (2) 教会和政治系统紧密融合,但超越地域限制,如希腊正统教会。
    (3) 教会超越地域限制,有可能会和政治权威对抗,如中世纪的天主教会。
    (4) 教会和国家融为一体,如新教的国家教会。
    (5) 教会和国家政治系统相分离,如新教的教派。

----

① 《城市,国家和民族》,in S. N. Eisenstadt and R. Rokkan(eds.),《国家和民族建设》(Sage, London,1973),第 1 卷,第 88 页。

　　我们并不被罗坎提供的例子所约束，一方面，他对古代宗教并不感兴趣，这些古代宗教比他所说的"教会"（我所说的"会众宗教"）要早很多。按照他的分类，在"冲突最小"的主题下面，我还应该再加上埃及和美索不达米亚的宗教，这些宗教本质上是宫廷宗教或者是宫廷所许可的宗教，还有希腊和罗马的宗教，也同样是地方性的宗教。会众宗教始于印度教。在"教会的组织化程度薄弱"这个主题下面，我们可以加上希伯来王国时期和第二共和国时期的犹太教。但是此后，犹太教发展到了拉比—教会堂阶段，和任何地方的政治系统都脱离了关系，这时它就应该和上面模式中的新教教派归于一类。犹太教的宗教机构和国王时期国家之间的斗争极其激烈，虽然在本模式里将其描述为"教会的组织化程度薄弱"，或者是将其归在"没有组织化的教会"，因为这一范畴非常广泛。同样的说法也适用于穆斯林的宗教机构和苏丹及其他地方统治者之间的冲突。由于这个宗教机构总是一种潜在的反对势力，它对统治者形成约束，但是由于其组织要么不存在，要么就很软弱，因此无法像中世纪处于权力巅峰时期的罗马天主教会那样，拥有持续性的强制指导力量。就像本部《统治史》所表明的那样，13 世纪时宗教权力和世俗权力之间的对抗是绝无仅有的。罗马教皇可以命令并操控欧洲的世俗统治者，这一点应该会让我们感到震惊。但我们并没有感到震惊，唯一的解释就是我们大部分欧洲人是听着这样的故事长大的，因此将其当成理所当然的了。但是，历史上任何其他地方都没有出现过这样的情况。

　　对于宗教问题最后再补充一点，那就是儒家思想的独特地位。[28]未受通俗佛教和道教因素影响的纯粹意义上的儒家思想并不重视超自然因素。它是一种道德规范，一种哲学和宇宙观，但它不是宗教，因为它并不相信此世之外的更加美好的超自然世界。此外，也没有统一的儒家组织，只有学校、书院和私人组织。儒家思想塑造了文人学者，正因为这一事实，这些人成为政治家和公务员。儒家经典有点像基督教的《圣经》，因为它们集历史、诗歌、哲学、宇宙观和伦理系统于一体。儒家思想不应该被称为宗教，而应该被称为是儒家"信仰"。在中华帝国的早期，这种思想只限于统治阶层，但即使在当时，它也经常会导致统治阶层和皇帝之间的冲突。到了宋朝（976—1279年），理学的发展使儒家思想经历了一次大复兴。到了 1644 年之后的清朝，儒学成为地方士绅的信仰，而中央政府则为普通百姓编订了一种关于儒家原则的问答手册。这样一来，儒家思想就蔓延到了整个社会。因此，虽然儒家思想从来就不是一种宗教，也没有任何意义上的教会，但是从功能上讲，它和西欧的教会是同样的，其影响遍及整个社会。就像欧洲信奉基督教一样，中国信奉的是儒家思想。虽然这种思想不是建立在对来生的信念之上，但是为了坚持儒家原则，反对皇帝个人意志，坚定的儒生会毫无惧色地面对最为残酷的折磨，这是它最让人惊奇之处，这方面最著名的例子就是明朝末期东林党人所遭受的迫害。

1.4　信仰系统、社会分层和政治制度

学者似乎一致认为政体稳定甚至政治共同体本身的延续都需要一个前提条件，那就是社会分层和政治制度之间的某种一致。问题更多的是两者和社会信仰系统之间的关系。"信仰系统"通常要比宗教的范畴更广，虽然有些宗教或多或少包括了信仰系统的全部，如中世纪欧洲的天主教会就完全可以说做到了这一点。但是对于儒家思想来说，我们已经表明它不是宗教，但毫无疑问，它是一个和中世纪时罗马天主教一样无所不包的信仰系统。

统治者如果不能使自己的统治合法化，就无法维持自己的权威，而这种合法化是通过信仰系统来实现的，我认为这一点毫无疑问。［29］如果今天的英国君主以君权神授为理由，想要拥有绝对权力，这是毫无用处的，但是在古埃及和美索不达米亚，这被当成是毋庸置疑的。如果统治者对权威的要求和社会上盛行的信仰系统不一致，他要么做出改变，让自己可以为信仰系统所接受，要么就变得不合法而下台。信仰系统比当权者更强大，因为统治者之所以能够实施统治，正是借助于信仰系统。

信仰系统和社会分层的关系基本上也是如此。如果一个信仰系统将宇宙想象为井井有条，等级森严，而将人类看成是这个宇宙的一部

分，那么它就会将社会不平等看成是理所当然的。反之，如果一个信仰系统的出发点是"人人生来平等，造物主赋予其某些不可分割的权利……"这个未被证明且无法证明的原则，那么它当然不乐意接受社会的不平等，甚至根本就无法接受这样的不平等。

信仰系统、社会分层和共同体的政治机构之间是一种三位一体的关系。我这里提出的假设是在有些社会，这三者十分契合，在这种情况之下，虽然当权者也许会频繁变换，但政体和政治共同体却可以获得很长时期的稳定。相比之下，如果这些因素中有一个和其他因素不协调，就会局不稳，动荡不安。

对于这种"不易拆解的三股绳"，有两个例子可以说明问题。第一个是古埃及，实际上还可以包括整个中东地区。这里的统治者是人和宇宙之间的纽带，因此这里从来没有出现过共和国，只有君主制。人间的秩序反映了神灵之间的秩序。取悦神灵是必需的，于是祭司必须以中间人的身份举行祭拜仪式，供奉必要的祭品。国王本人高于祭司，或者是作为神，"不朽的太阳神荷鲁斯（Horus）"，或者是作为神的代理"艾沙库"（ishakku）。对于普通百姓来说，他们没有形成会众，只是祭司举行祭拜仪式时的观察者和崇拜者。就这样，宗教的每一个细节都使社会整合合法化，并加强这种整合。对社会的其他方面面，也是如此，如王权、建筑、艺术、文字、数学公式、历法、等等，所有这些都披上了纯粹的神圣色彩。直到公元前500年中期，埃及和中东的各个社会都是如此（就像上文已经表明的那样，只有犹太人例外）。

另外一个例子是儒家思想，它使皇帝作为宇宙和人间纽带的角色合法化。同时，由于儒家学说主张人与人之间是不平等的，[30]从这个意义上讲，它也使中国自古以来就存在的复杂社会分层合法化。它提出的"五伦"是所有社会互动的基础，而这五伦都是从属关系，分别是夫妻关系、父子关系、兄弟关系、朋友关系和君臣关系，而所有的人都要服从皇帝。

如果我们要为儒家思想寻找一个对应物的话，那就是贝拉所说的"早期现代宗教"。就像他不无遗憾地承认的那样，早期现代宗教不过是欧洲宗教改革的另外一种说法。从 14 世纪开始的社会批判趋势是以宗教的形式表现出来的,但是教会十分擅长和这些趋势相适应。这样就形成了一种新的统一,虽然这种统一更加多变,多样性却得到了保留,因为虽然千变万化,基督教会的核心信条从来就没有受到质疑,这个信条就是教会和牧师是人与上帝之间的中介。但是路德提出了一种异端思想,宣称每个人都是自己的牧师。从政治上讲,这就相当于打开了潘多拉的盒子。因为如果每一个人都是自己的牧师,合乎逻辑的结果就是每一个人都能够以自己的方式理解基督教的《圣经》。这样一来,盛行的罗马天主教信仰系统就会失去其统一性。现有的多变的各种信仰系统和政治体制之间出现了鸿沟。宗教改革引发了一种矛盾,这种矛盾一直延续到今天。西方政治机构典型的积极进取和灵活多变是中国和伊斯兰世界所缺少的,直到100 年后,两者的体制受到西方观念的侵蚀。这种积极进取和灵活多变是欧洲信仰系统和政治机构之间,还有两者和社会分层之间的矛盾造成的。

1.5　时间跨度

我们必须时刻记住所述历史的时间跨度,否则就会很容易被误导。这里最大的挑战就是传达一种时光流逝的意味。我们需要一些单位,可以帮助我们想象出很久很久以前的感觉。为了提供一些比较时间跨度的标准,我们可以考虑一下下面的数字:

有记载的历史,也是发达政体的记录,始于公元前 3200 年,如果截止到公元 2000 年,时间总跨度为 5200 年。

我们所说的和前现代的国家相对的"现代"国家约始于公元 1776年,至今 224 年。

所有成年男子获得选举权,也就是大众民主,约始于 1870 年,至今130 年。

第一次世界大战,开始于 1914 年,结束于 1918 年,也就是 82 年以前。

[31]第二次世界大战,开始于 1939 年,结束于 1945 年,即 55 年

以前。

下面我将记录两种时间跨度，一是政体从开始到消亡的整个寿命，二是让我们保持适当的谦卑感，感受到世事之无常，认识到这些政体的发展过程并非总是进步的累积，而是有很多崩溃和黑暗时代。

1.5.1　总体寿命

计算一个政体总寿命时所遇到的问题就是这个政体的定义，以罗马"政体"为例，显然这是一个几乎不断扩张的过程，从罗马建城开始，直到图拉真时代整个"鼎盛时期的帝国"。那么该怎样定义这个政体呢？

在我看来，虽然边界波动时常会发生，但总是会有一个面积保持稳定的核心区域，既使会发生非常短暂的入侵，但是很快就可以将入侵者驱逐出去，要么就将其吸收。我所说的"政体"正是这个边界稳定的核心区域。这样做虽然差强人意，但为了便于比较，还是十分有用的。

就像前面提到的那样，到现在为止有记载的国家历史为5200年左右。有四个政体非常长寿，我们可以看一下在如此长的时间跨度中，其中三个占据了多长时间。

埃及：按照传统的说法，起源于公元前2850年，结束于公元前30年，被更大的政治单位罗马帝国兼并，寿命为2820年。

中国：从公元前221年秦朝统一，到1912年资产阶级共和国的建立，寿命为2133年。如果从最早的源头（即公元前1100年左右的周帝国）算起，当然还要大大延长，到现在为止已经有3087年的历史。将秦朝统一作为开端，不但符合惯例，在我看来也是正确的。

罗马：不从公元前753年罗马建城算起，而是从公元前509年罗马共和国的建立算起，直到西罗马帝国灭亡，传统上将其时间定于公元476年，共985年。如果从公元前753年罗慕路斯（Romulus）建立罗马城算起，其总寿命就会延长到1229年。即使我们将定义缩小，从罗马帝国的开端，即公元前241年夺取西西里开始算起，其总寿命依然有717年。

亚述帝国：传统上将亚述帝国的开端定在公元前1356年，经历种种兴衰变迁（见下文）之后，最终于公元前612年被消灭，寿命为744年。

[32]拜占庭帝国：根据不同的认识，对时间也会有不同的取舍。有人可能会将拜占庭看成是罗马共和国和罗马帝国的延续，从君士坦丁堡的建立开始算起。同样，有人认为它终结于1204年十字军的占领，或者是如此认为，但是也有人认为它终结于1453年突厥人的占领。根据这些不同的认识，其寿命会出现如下几种情况：

（1）从公元前509年罗马共和国至

　　① 1204年被十字军占领，寿命为1713年。

　　② 1453年被突厥人占领，寿命为1962年。

（2）从330年君士坦丁堡建立到1204年被十字军占领，寿命为874年。

威尼斯共和国：从687年第一次总督选举到1799年被拿破仑消灭，寿命为1112年。

哈里发帝国：从632年建立至943年被白益王朝（Buyid）取代，寿命为312年。

奥斯曼帝国：从1350年前后建立，至1918年解体（但此后仍然是安纳托利亚心脏地带），寿命为568年。

阿契美尼德波斯帝国：公元前550年至公元前330年，寿命为220年。

萨珊波斯帝国：224年至651年，寿命为427年。

大英帝国在印度的统治：1757年至1947年，寿命为190年。

1.5.2 崩溃和黑暗时代

两者并不是一回事。崩溃是指一个原本统一的国家的分解，不一定牵涉到技术、教育、文化或政体的变化，虽然它有可能会导致这些特征的退化和粗俗化。大部分情况下，它都会涉及到面对外敌丧失军事力量，这是因为以前的中央政权积累的财富总量过少。此外，后继国家之间往往会自相残杀，因此，在面对外敌时就会更加软弱。"黑暗时代"

是指以前的文明不再以可以辨识的形式存在，以前的技术、文化和统治形式都消失了，社会明显更加贫困。

崩溃

埃及

从公元前 2850 年起源到公元前 2175 年古王国结束，675 年。

第一中间时期：公元前 2175—前 1991 年，184 年。

中王国时期：公元前 1991—前 1785 年，206 年。

[33]第二中间时期：公元前 1785—前 1570 年，215 年。

新王国至被亚历山大征服：公元前 1570—前 332 年，1238 年。

中国

西周：公元前 1172—前 722 年，400 年。

分裂时期：公元前 722—前 221 年，500 年。

秦汉时期：公元前 221—公元 581 年，360 年。

隋唐时期：581—907 年，326 年。

分裂时期：907—976 年，69 年。

宋元明清时期：976—1912 年，936 年。

亚述

帝国的兴起：公元前 1356—前 1199 年，157 年。

分裂时期：公元前 1199—前 1117 年，82 年。

帝国时期：公元前 1117—前 1078 年，38 年。

分裂时期：公元前 1078—前 935 年，143 年。

新帝国时期：公元前 935—前 612 年，312 年。

黑暗时代

统治史上最为突出的黑暗时代如下：

希腊：公元前 1200 年左右，希腊的迈锡尼文明被灭亡，这就是过去人们常说的"多利安人南下"。在此后的岁月里，这个伟大文明的所有痕迹消失得无影无踪，典型的从宫殿进行统治的小王国也不见了。直到公元前 800 年左右，文明才表现出复苏的迹象。复苏的发生非常迅速，全新的技术被引入，其中包括字母表、文字、铸币和城市共和国，即城邦。

欧洲：西罗马帝国不是灭亡，而是瓦解了，但是如果我们按照常规将其时间定在476年，此后不久就是一个黑暗时代，到了600年左右，黑暗达到了顶点。这个时代野蛮而迷信，人们几乎全部丧失了识字能力，商业活动和货币几乎全部被废除，取而代之的是一种贫困的农村自然经济、非城市化、外来侵略、瘟疫和无休止的战争。只要翻一翻都尔主教格雷戈里的《法兰克人史》，就可以看到这个时代是多么的贫瘠和萧条。[1]

[34]西罗马帝国的农民并没有奋起抵抗蛮族入侵者，因为苛捐杂税过于繁重，他们已经不在乎是受蛮族统治还是由罗马统治，这一点已经成为历史学家们的老生常谈。实际上从短期看来，在很多情况之下这一改变使税务负担减轻了很多，因为不用再养活庞大的罗马正规军了。对于在舒适的书房里闭门造车的历史学家来说，这是好事，但是在我看来（当然这只是个人看法），如果高卢，或西班牙，或意大利北部的农民能够预料到在此后的500年里，他们的子子孙孙要承受多少苦难和剥削，他们就会争先恐后地助帝国一臂之力，否则那就是不折不扣的愚蠢无知。比起罗马，即使是公元1000年后出现的王国也是一片贫瘠的沼泽。直到16世纪文艺复兴充分发展的时候，欧洲人才敢于将自己的文明与罗马时代相比，而直到18世纪的"奥古斯都时代"，他们才敢于将自己的文明与罗马时代相提并论。

2. 政体类型

本部《统治史》并不仅仅按照时间先后讲述不同的统治方式，而是对其进行比较。这种比较通常是共时性的，也就是说考察同一时间点上不同政体之间的异同。同时也是历时性的，即寻找各个时期内不同

---

[1]　Gegory of Tours，《法兰克人史》，约写作于576—591年之间，O. M. Dalton翻译（Clarendon Press，Oxford，1927）。

政体之间的异同。

要比较就要分类，否则每一个研究单位就会自成一格。关键在于找到一个中庸之道，将单位的数目减少，但又不可太过。这点告诫是必要的，因为随着这部分讨论的展开，我们会发现政体判断标准的数量几乎可以无限地增多。即便如此，我所采用的类型中变量也可能似乎有点过多。

我在1983年初次提出这种类型的雏形，[①]其本质就是根据政体中处于主导地位的决策制定者，即有些人所说的"政治精英"，将政体分类。由于这样产生的分类只有几个，因此过于宽泛，就有必要进一步细化。总的说来，这种分类的主要根据就是通过统治者的本质了解最高层决策制定过程的本质，[35]而通过进一步限定，我们可以对所谓的"执行系统"有更多的了解，这里的执行系统是指让这些决策"渗透"到基层的机构。

2.1 类型概要

地域维度：

（1）城邦

（2）一般性国家或民族国家

（3）帝国

政体类型：

（1）决策制定者

　　① 精英

　　② 大众

（2）决策执行者

　　① 官僚

　　② 军队

下面我们继续深入探讨，首先从决策制定者着手，看看由其产生的宽泛类型必须怎样加以限定，这样就会产生如下几种情况：

---

① Finer，《世界统治史之视角》，第16—17页。

2.1.1 决策制定者:主要政体类型

这些类型政治过程的特征

政体类型和典型的决策过程之间有一种大致的一一照应关系,具体包括:涉及到的人员;程序,是有序还是混乱;统治者所理解的职责。

这些类型的合法化

政体类型和其合法化诉求(即原来所谓的政治模式)之间也存在一种大致的一一照应关系。这些模式有时作用于不止一种类型的政体,因此这种照应比前面的更加宽泛。

总的说来,利用这三套标准就可以完成对主要政体类型的描述,但这还不够,因为在每一种政体"家族"中,其成员之间互不相同,这些差异体现在统治活动的范围和授予其权威的程序方面。这里的问题是政府是否受到实质性的或程序上的约束,其程度如何,[36]我们可以称其为约束的维度,于是就有了如下分类:

(1) 约束关系的层次

  ① 中央政府层次("水平"层)

  ② 中央到地方层次("垂直"层)

(2) 约束关系的本质

  根据活动范围:

  ① 不受约束

  ② 受约束

  根据活动程序:

  ① 不受约束

  ② 受约束

利用这套变量可以对主要的政体类型加以限定。

但到现在为止,我们所有的分析都只是根据决策制定者的,我们还可以根据政策执行者的不同对其加以细化。这样,对于已经划分的政体类型,就又多了一个分析的标准。

2.1.2　决策执行者

决策执行者包括行政官僚和军队，我们将在后面对其不同类型加以区分。两者是否存在，以及它们各自的形式，都会影响当权者的"渗透"能力，尤其是在"垂直"维度，也就是中央对地方部门和一线工作部门的控制。

从逻辑上讲，我们可以设想如下几种情况：一、没有官僚机构，但是有全民武装的国家；二、有官僚机构，也有全民武装的国家；三、有官僚机构，也有常备军的国家；最后一种是没有官僚机构，但是有常备军的国家。实际上，至少是个人经验告诉我，最后一种情况并不存在。原因很简单，有常备军就要有官僚机构，只有这样才能获得维系军队的人力、财力和物力。[①] 因此我们将不再考虑最后一种情况。调查还表明有官僚机构但没有常备军的情况是极其特殊的。据我所知，这仅存在于美索不达米亚和埃及文明的早期阶段。这样一来，就有了两种标准的形式：一种是没有或很少有官僚机构，但有全民武装，另外一种是既有官僚机构，也有常备军。

军队和官僚机构与当权者之间的正常关系是从属关系，但是从本部《统治史》和当代历史经验还可以看到一种病态关系的存在，[37]那就是官僚机构或军队事实上将决策制定过程从当权者手中夺了过来，当权者只起一种象征作用，虽然这种作用是必要的，它可以使这一切合法化。实际上这种病态关系会产生两种类型的政体，分别是官僚政体和军事政体。但是这两种类型不会被纳入到主要政体类型之中，而是会被视为主要类型的反常情况，本书会对其展开专门讲解。

2.2　主要政体类型

主要政体类型的确定和辨别首先是根据统治者的本质而进行的。我找出了四种纯粹的形式，可以利用一个菱形将它们形象地表现出来。最上面的我称其为宫廷式政体，底部的我称其为广场式政体，两侧分别

---

① 见原书第 20 页。

被称为教会式政体和贵族式政体(图1)。

图 1　政体的主要类型

对于其中任何一种模式来说,将其他人全部排除出去而单独行使权力的情况是很少见的,虽然有时确有发生。更多情况下,政体的统治者是由几种力量混合组成的。菱形之间的连线表明它们之间合乎逻辑的主要组合方式,但这并不一定意味着现实中这些组合形式都存在。这些逻辑组合产生混合类型的政体。

这些混合类型可以表达如下:

宫廷/教会式

宫廷/贵族式

宫廷/广场式

广场/贵族式

广场/教会式

教会/贵族式

[38]一共有十种可能的政体类型,但是其中有些很少出现,而其他的却十分常见。

3. 政体类型概述

3.1　宫廷式政体

3.1.1　"宫廷式"政体的构成

"宫廷"是一个换喻词,指代居住其中的人。这个换喻非常有用,因为它还描述了这些人工作的地点。有时我们不称其为宫廷,而称其为宫殿,同样也是一种换喻,指代频繁出入其间的朝臣。

宫廷总是君主之所在，至于是哪一种君主无关紧要，可以是皇帝和国王，也可以是公侯、僭主和独裁者，重要的是宫廷式政体的最高决策权掌握在一个人手中。因此，除其他特征外，它还是专制、独裁的。

宫廷归君主所有，因此从某种意义上讲，在此工作的人也归君主所有，他们都是其仆人。他们中可能包括祭司和贵族，但在纯粹形式下的宫廷式政体中，两者是没有独立权的。祭司要由君主任命，或者要经过其批准，他也可以将祭司罢免，对于宫廷贵族也是如此。可能在一些偏远之地有些贵族生活在自己的庄园上，自己做主，但这些不是宫廷上为君主服务的贵族。实际上地方性的独立贵族和宫廷贵族之间常常会发生对抗，而这种对抗促使统治者进行变革。

古埃及帝国、美索不达米亚的王国和帝国、波斯帝国、罗马帝国、拜占庭帝国、中华帝国和伊斯兰帝国，这些都是宫廷式政体。18 世纪欧洲的一些专制统治也是宫廷政体，例如路易十四的宫廷。

3.1.2　合法性的基础

韦伯的理论对我们这里的讨论很有帮助，我们会对他的一些分类做出修改。总的说来，君主合法性的源泉可以分为两种，一种是超凡的个人魅力（charisma），另外一种是传统，而前者往往会不知不觉地变成后者。

魅力合法化

"charisma"这个词本来是神学术语，指"神的恩泽"。从社会学上讲，它是指一种个人所具备的超凡的力量和特征。[39]这种力量可以是军事上的，也可以是宗教上的，也可以两者兼之。这种魅力表现的是一种打破所有常规的人格。从字面意义来看，它是超凡脱俗的。在其纯粹状态之下，这种魅力是个人化的，很不稳定，其来也快，其去也速。在莎士比亚的《安东尼和克里奥佩特拉》一剧的第四幕第三场，晚上，安东尼正躺在军帐里，他的卫兵听到神秘的音乐。一个问道："这是什么意思？"另外一个士兵回答说："这是安东尼所崇拜的赫拉克勒斯，现在离他而去。"

在《旧约》里，扫罗就是一位超凡魅力型的国王。《撒母耳记上》第二章第六节讲到扫罗在耕地时上帝附到他身上,遂召集以色列人和亚扪人作斗争。战争胜利之后,撒母耳膏扫罗为王,但是在同一本书的第十五至二十六章则讲到扫罗违背上帝的命令,于是撒母耳告诉他说:"耶和华厌弃你做以色列的王。"可见,这种神灵的恩泽得来突然,失去也很突然。①

传统合法化

魅力是直接的,个人化的,神恩会随着时间的推移而逐渐消失,这种魅力开始和传统融为一体。应该由谁继承魅力超凡的领导者呢?怎样寻找这个继承人呢?这样就发生了韦伯所谓的"魅力的常规化"。有时统治者本人指定继承人,有时继承人是由人们拥护上台的。后面一种情况有时被称作"选举",但这不是我们现代意义上的选举。因为这里不是一种选择,而是一种显现。统治者只是被承认,而不是被选举出来。还有些时候魅力是从最初魅力超凡的领导者那里直系相传下来的,因此日本的天皇从一开始就被称为是天照大神的后裔。

在魅力常规化阶段,统治者的合法性建立在某种神性的、至少是超自然的基础之上。君主本人可以被称为神,就像埃及的法老和阿兹特克的皇帝,也有可能像古代美索不达米亚那样,君主被称为神灵的代理,"王权乃上天所赐",②这是一种代理神性。欧洲的例子众所周知,那就是"君权神授",这个概念有很多表现形式,但它们都建立在一个观念之上,那就是君主的权威来自上帝。中国的情况很奇特,也很有趣,中国人相信一种非常模糊的超自然实体,即"天"。[40]皇帝合法性的一个依据就是他拥有"天命"。天命说被儒家所接受,用来为遵从儒家思想的皇帝辩护。与天命说密切相连,但是更加直接更加突出的是这样一种信念,即皇帝是连接人与宇宙的纽带,只有当他正确执行十分繁复并且数量惊人的仪式,才能确保天地人之间必不可少的和谐。③

对于上述的各种合法化,最后要补充一点。它们无一例外都是威

---

① 《撒母耳记上》15∶26(钦定版)。

② 《伊坦纳(Etana)的神话》,in J. B. Pritchard(ed.),《古代近东文献》,第 3 版。(Princeton,1969),114(后文简称 ANET)。

③ 见 M. Granet,《中国人的思想》(Albin Michel,Paris,1934)。

权主义的。主权在民是不可能的。君主的权威从神灵那里传下来，这种权威使其高高在上。这就是乌尔曼所说的"神授理论"。①

民众合法化

有人会反对说有些（今天有很多）独裁者是通过人民选举而获得合法性的。事实的确如此，但是最好将这种情况看成是十分重要的混合类型的政体，而不是单一类型的政体，原因在下文会讲得很清楚。实际上，他们是宫廷/广场式政体。②

虽然如此，还有两个例证，似乎表明独裁者在表面上是通过民众选举而实现合法化的，由于这两个例证分别是罗马帝国和拜占庭帝国的皇帝，因此不可小觑。当然这些皇帝本来应该由民众选举，但是这完全是虚构的。此外，民众选举的概念已经失去了它早期可能曾经拥有过的合法化力量。

在罗马帝国，这种虚构源自于奥古斯都对政体的改革。奥古斯都伪称元老院和罗马人民按照法律将最高行政官的职位授予他本人，因此，他自称为"元首"。这种皇帝乃由元老院选举产生的虚构一直持续到西罗马帝国的终结，但是继承通常是由军队拥护其将领为"统帅"而决定的，有时是由在位的皇帝指定一位"共治帝"而决定的。在所有这些情况下，元老院只是认可一下其他地方已经作出的决定。到了公元3世纪，这种伪称也逐渐消失，取而代之的是乌尔比安的观点，即皇帝的合法性源自君王法，他声称按照君王法，元老院和罗马人民将统治权永远授予皇帝。[41]在中世纪，这个概念将发挥了十分重要的作用，当时有些法学家以人民主权的名义诉诸君王法，而在晚期罗马帝国，它只是使统治者得到法律的认可，而不是使其合法化。实际上皇帝越来越依赖于宗教合法化。自从第一位被尊奉为神的恺撒在位时起，罗马就半心半意地尝试建立国教，但直到公元3世纪早期才真正严格执行。到了戴克里先时代，皇帝自称神灵后裔的做法已经成为常规。像东方的皇帝那样，他为极其繁复的仪式和排场所环绕，所有的人都要向他鞠

---

① W. Ullmann，《中世纪的法律和政治》(Holder & Stoughton, London, 1975)，第77,92页。
② 见原书第55页。

躬行礼,所有的人都要称其为"圣"。基督教成为罗马帝国的国教之后,这种宗教合法化并没有被削弱,而是成为整个基督教会的信条。对整个基督教共同体来说,神圣的基督教皇帝是受基督恩典,为了维护其教会而实行统治的,作为"同使徒",他和圣徒们是平等的。

拜占庭帝国皇帝的"民众选举"更加荒唐可笑,因为君士坦丁堡从来就没有过像罗马那样的元老院。本来应该由专门组成的元老院进行的"选举"被欢呼通过所取代,而那些"欢呼"的人都是以朝廷为中心的贵族和官员。这里也是通过基督教完成合法化的,其象征就是加冕仪式。说实话,皇帝并不强大,多数皇帝的统治都不长久。伴随圣像破坏运动而来的内部纷争,战争失利,以及其他类似事件很容易让皇帝无力应付。

3.1.3 政治过程的特征

现存的有关宫廷政体的历史几乎全部和人际关系、家族仇杀、派系斗争和勾心斗角有关,例如《圣经》,塔西佗的《历史》和中国大历史学家司马迁的《史记》。正因为如此,这些作品才如此的扣人心弦,引人入胜,但与此同时,也很容易让人产生误解。统治者,或者至少是他们的代理者,是实行统治的。至于他们是怎样统治的,这只会出现在档案里,而不是这些历史著作里,我们对其统治的了解来自于近世学者的耐心重构。因此我们必须要区分宫廷之内人际关系和宫廷实施统治的有序过程,前者就是我们所谓的宫廷政治,其本质上是病态的。

当然,无论是哪一种情况,只要经过必要的修改,宫廷政体的代表性人物基本上是相同的。这些人包括统治者和其家庭成员,后宫嫔妃,要么出身贵族,要么被授予贵族身份的朝臣,[42]高级教士,高级军事将领,还有统治者的随身侍从,如大臣、文员、奴隶、太监和卫士。这些随身侍从可以起到保护、建议、告知和代理的作用。宫廷历史学家感兴趣的,主要就是这些人,当然,只有当他们的行为饶有趣味时才如此,换句话说,这也就意味着其行为是病态的。这种病态基本上包括两种情况,要么是两者之一,要么两者兼具。第一种是朝臣、统治者随身侍从、后宫及其他人员之间的勾心斗角,其目的在于争夺甚至垄断皇帝视听,起到一种"守门人"的作用。还有一种则更为极端，还是这些人，还是这样的阴谋，但其目的却在于除掉当前的统治者，让其他人取而代之，要么就先发制人，干预皇位继承，这种情况常常发生在皇位出现空缺时。后一种情况的另外一个变体就是当执行者是军事将领而不是朝臣时，杰出将领将原来的统治者赶下台，要么自己上台，要么另立新主。朝廷上的文武官员常常联合起来，促成这种结果。对于说英语的民族来说，对宫廷政治之病态的最生动描述是莎士比亚的历史剧。

但是在宫廷政体中还有一种更加理性、更加系统化的统治过程。如果一个政体已经被适当地官僚化，也就是说已经有了专门的机构负责统治的主要任务，我们常常会看到类似下面的情况。统治者要么独自决定，要么和人协商决定，要么先协商，然后再独自决定。他所作的决定建立在外来信息的基础之上，这些外来信息首先经过专门机构的加工，直到最后到达大臣那里，然后大臣再将这些信息和可供选择的政策上交到皇帝那里。但是有时统治者感受到这些大臣和顾问的压力，就会建立自己的反情报机构，也就是由私人顾问组成的随身侍从，通常这些人的出身和教养都不如那些垄断国家高级职位的人那么高。

筛选信息，接受建议，然后作出决定，这个过程可以运作得非常好，图拉真和哈德良的统治，还有后来的路易十四和腓特烈二世的统治都是这方面的例子。但这个过程也会变得非常糟糕，这种行政过程也有一种病态。以历史学家的事后之明，我们知道很多情况下提供给统治者的信息被压制或者被歪曲；原有的官僚机构和统治者的亲信之间会发生不和；统治者的最终决定会受到其亲信或嫔妃的影响；最糟糕的情况是统治者本人的缺陷。[43]有的统治者对国事毫无兴趣，还有些兴趣是有的，但只是为了满足一时的突发奇想，还有的智力低下，甚至是疯子。

我认为对于宫廷政体的政治过程还要补充一点，那就是仪式的问题。这个问题也必须要经过现代历史学家的重构，因为同时代的人将其视为理所当然。统治者究竟在多大程度上致力于仪式活动，取决于具体社会在宗教上的差异。如果统治者被看作是人类和宇宙之间的纽带,仪式就会十分重要,统治者要投入大量的时间。埃及和美索不达米亚的古老君主政体就是如此,中华帝国也是如此。但是在罗马帝国,情况就并非这样,在其后由蛮族人建立的国家,统治者投入仪式活动的时间就更少了。

3.2 广场式政体

"广场"也是一个换喻词,这里是用辩论和选举的地点指代那些参与这个过程的人。纯粹形式的广场式政体和前面的宫廷式政体恰恰相反。宫廷体制是一个封闭的小世界,而广场体制是开放而广泛的。宫廷体制是威权主义的,统治权力由上向下授予,而广场体制虽然不一定是民主的,但是却是"民众的",也就是说权力由下向上授予统治者。宫廷体制是一人统治,而广场体制是多头政治。

这里必须十分明确地强调一个关键点,在后面的所有讲述中我们将用到这一点,但不再明确说明,那就是要想成为广场式政体,仅仅由民众授予统治权这一点是不够的。如果这一点就够了,那么这样产生的政府就可以按照上文所述的宫廷模式无限期地统治下去。实际上,就像我们会看到的那样,这正是乍一看仿佛是矛盾混合体的宫廷/广场式政体的特征。① 要符合广场式政体的标准,政府必须要对授予其统治权的人民负责。在实践中,这意味着其授权要通过选举和类似过程定期更新。

广场式政体和其他三种主要政体类型的核心差异就在这里。宫廷式、教会式和贵族式政体的权威都来自于民众之外的来源,因此他们要对这些来源负责,如上帝,但是他们并不对人民负责。一种君权神授理论认为君主不但权力来自上帝,[44]而且只对上帝负责。简而言之,所有这三种政体类型都是威权主义的。在四种纯粹形式的政体之中,只有广场式政体不是威权主义的。大部分情况下这个区别都很明显,但是在下面描述的宫廷/广场式政体中,这个区别并不明显,但是至关重要。

---

① 见原书第 56 页。

3. 2. 1 广场式政体的构成

从定义上讲,这种政体是由"人民"构成的,但是"人民"是谁呢? 要想说某一特定政体属于"广场式",有权参与选举的人要占人口总数的多大比例呢? 参与决策的程度又是怎样呢? 在雅典,每一个成年男性公民都有选举发言的权力,但是这种选举权将所有的妇女、外邦人和奴隶排除在外。在更加民主的中世纪意大利城市共和国,如佛罗伦萨,法国大革命时所称的"积极公民"只占总人口的 3％—5％,也就是成年男性公民的 10％—15％。在有些社会,刚才提到的佛罗伦萨就是很好的例子,积极公民和消极公民是根据其拥有财产的多少来划分的。在其他一些社会,居住资格是另外一个区分因素。就在不太遥远的过去,在所有的社会,妇女都被排除在外。年龄的限制一直就存在,但这些限制只规定最低年龄,就我所知,还没有一个社会因为一个公民年龄太大而取消其参政资格的。

选举权在英国的历史可以很好地说明"人民"是谁的问题。这里给出的先前的数据都只是大概,但在此语境中没有什么关系。据估计,1831 年,选民总数占总人口的 2％左右,这些选民都是成年男性。1832年的《改革法案》将这个数字提高到 3％多一点。这个法案引入了统一的财产资格要求,因此,随着国家变得越来越富有,选民的人数增加了,到了 1866 年,选民占总人口的 5％左右。1867 年的《改革法案》将这个比例翻了一番,到了 10％左右。1884 年的《改革法案》基本上使所有男性公民都获得了选举权,将"人民"占总人口的比例提高到了 22％左右。但是 1918 年妇女获得选举权之后,选民的比例猛增到了占总人口的 78％。到了 1928 年,妇女的选举年龄变得和男性相同,这个数字继续上升,占成年人总数的 90％。[45]自从选举年龄从 21 岁降到了 18岁,这个比例升高到了 99％。

从这个简略的年表可以看出定义"人民"的一些不同标准。这里的问题是,人口中有多大比例的人拥有选举权我们才可以称其为广场式政体呢? 无论答案如何,这一定意味着想要积极参与政治过程的人绝对数很大,占总人口的比例也很高。除此之外,任何简单化的量化公式都于事无补。

3.2.2 合法性的基础

广场式政体的合法化原则(即政治模式)就是:所有决策的最终发言权都在被统治者那里,而不是在统治者那里。该原则是怎样产生的呢?这是另外一个更加复杂的问题。在许多简单的社会,权力掌握在武士手中,这是一种约定俗成的权力,他们之所以能掌权,就是因为他们是武士。在这样的社会里,多数成年男性都是武士,或者曾经是武士。随着社会的发展,这种权力一直延续到此后更加发达的社会阶段。我们可以称其为合法化原则的传统基础。第二个是理性基础,可以从自希腊时代直到今天的政治理论家的大量作品中看到。这些作品为实际上通常是利益和激情的表达提供了一个哲学依据。这是帕雷托(Pareto)的观点,但是我相信它是正确的。这些利益和激情现在通常可以在意识形态中得到表达,意识形态提供了广场式政体的第三个合法化基础。但是广场式政体的合法性不在于大众是否真的更加明智或者更加高尚。无论这些命题是对还是错,都应该广泛深入地被人们相信,这是必需的。这也是帕雷托的理论,即特定的政治行为不取决于一个命题的真假,而是取决于人们对这些行为的看法。[①]

3.2.3 典型的政治过程

和宫廷式政体不同,广场式政体主要的政治过程不在于命令,而有点在于说服。此外,关于公众态度、愿望和反应的信息比宫廷式政体更加公开,也更加丰富。因此,位于广场式政体顶点的机构设置比宫廷式政体更加复杂。后者是一人统治,也是独裁统治。[46]从原则上讲,所有的机构都体现在唯一的最高统治者身上。这样产生的专门机构往往只是行政和司法机构,并且都要依赖于统治者。但是广场式政体的任务更加复杂,要"收集"舆论,做出安排协调不同观点,采取措施确保重

---

① 参见 S. E. Finer(ed.),《帕雷托的社会学著作》(Blackwell,Oxford,1976)。

大决定和结果一致。当权者是多头的，要受到程序性制衡机制的制约，用以前的说法，就是在"水平"层面上受到程序性的限制。①

这些都是抽象化的说法，在现实世界中，它们所指代的是派系、联盟和党派；收集各种选择并将其传达出去；决策制定程序；公民大会，等等。政治学家发现这种体制研究起来比宫廷式政体更为有趣，因为其政治过程包括各种关系错综复杂的机构之间的相互影响。相对而言，典型的宫廷式政体就像一个简单的由一块巨石构成的金字塔。

这种体制的核心过程是说服，为了辅助这个过程，有序的广场式政体会定期广泛地发布信息，还通过各种被认可的方式使不同见解达成一致，这样才能确保对法律的服从。广场式政体并不预设人人都有读写只有的能力，虽然读写能力可以大大改进这种政体。但是说服的本质最终还是在于演讲，因此广场式政体的特征之一就是对演说术的发展。因为在这个体制之内，人们不是简单地接受来自上方的命令，被要求必须怎样做，而是必须要被争取过来。是广场式政体产生了演说之艺术和科学。在古希腊城邦和罗马共和国，演说术被探讨，被分析，发展成为一门学科。演说的艺术并没有从我们当代的广场式政体消失，而只是改头换面。现在它包括对广播和电视露面机会的掌控，这些是赢得选举的工具。古代的演说学家和今天的公关公司在功能上是对等的。

广场式政体在统治史上相对比较稀少，而宫廷式政体和其变体最为常见。广场式政体的广泛扩散只是过去两个世纪的事情。总的说来，此前这种政体类型只出现在希腊的城邦、罗马共和国和中世纪欧洲的城市共和国。不仅如此，其中大部分在大多数时间都表现出这种类型最糟糕的病态特征。这是因为演说意味着蛊惑；说服意味着腐败、施压、恐吓和对选举结果的篡改；[47]集会和公民大会意味着骚动和暴乱；通过一整套纠偏制度所进行的深思熟虑意味着自我分裂、反复无常、行动迟缓和立法与行政上的低效；选举意味着派系之间的勾心斗角。所有这些都是欧洲广场式政体的典型特征，直到

---

① 见原书第36页。

最近都是如此。就是这些特征使"共和"蒙上了恶名，使"民主"成为人们恐惧的对象。

3.3 贵族式政体

对这种政体类型我们无需用太多篇幅，这是因为将其他统治因素排除在外，而由贵族单独实施统治的政体很少见。虽然如此，还是可以找到一些例证的。17世纪晚期和18世纪时的波兰比较接近这一类型。波兰的确实行君主制，但是终身制的君主是由贵族议会选举产生的，议会被分为两个院，完全操纵着君主的行动。一个贵族单枪匹马就可以否决任何一项提案，并与此同时解散议会。

3.3.1 贵族式政体的构成

我们要宽泛地区分两种贵族，这一点很重要。一种"贵族"是先赋的，另外一种是自致的。总的说来，前者通过血统得到承认，而后者则通过为君主服务获得贵族身份，他们构成宫廷贵族，通常是服务贵族。前者往往拥有自己个人或家族的权力资源，这种资源使其获得独立性，或者至少是一定程度上的自治。相比之下，后者的资源来自君主，而君主能授予他的，也同样可以拿走。实际上，由于世袭原则的存在，后者往往也可以获得前者那样的自治，除非君主有意阻止。一旦后者获得自治，君主可能会发现原来授予出去的财富和土地收不回来了，因为顽抗的贵族会声称这些财富和土地是他们继承而来的。1278年，英国的爱德华一世决定对贵族发起挑战，因为他怀疑贵族的土地本来是属于王室的，于是他就颁布了"权力调查令"，质问贵族"凭什么"拥有这些土地。对此，瓦朗伯爵（Earl Warenne）的回应是愤怒地指着壁炉上方一把锈迹斑斑的长剑。因为在自然经济的条件下，君主将授予土地使用权作为对贵族服务的回报，这是讲得通的。虽然这种土地的授予是有条件的，但随着时间的推移，得到土地的贵族会努力在保留土地的同时逃避服务的义务。[48]实际上，这种事情曾发生在欧洲几乎所有的封建贵族身上。

但是在先赋贵族和自致贵族之间还有一种奇怪的中间类型，这方面最为突出的例子就是埃及的马穆鲁克王朝。"马穆鲁克"的意思是"奴隶"，奴隶士兵是伊斯兰社会所独有的，其他任何社会都没有出现过。从衰落的哈里发帝国到中亚，再到尼罗河畔，都可以找到这种制度的存在。在每一种情况下，都是奴隶队伍的领导者从其主人（也就是合法君主）那里篡夺皇位。就像后文关于决策执行人员病态的段落所表明的那样，这类军事篡权本身并不少见。马穆鲁克王朝与众不同之处在于这个新生的贵族统治阶层使自己江山永固的方式。作为军事统帅的埃米尔不断征募更多的青年奴隶，经过适当的军事训练，他们成为正规军，然后埃米尔适时地给予其自由，这样他们就成为忠实的追随者。

在本书语境中，贵族政体里的贵族是指那些先赋的、有自主资源的贵族，而不是宫廷服务贵族。随着时间的推移，一种贵族可能会变成另一种贵族，例如有些先赋贵族可能会变得十分贫穷，沦为皇家的仆人，但这个事实并不影响我们的划分，而仅仅是使历史叙述更加复杂。

3.3.2　合法性的基础

先赋贵族有哪些与众不同的特征呢？

就像我们提到的那样，通常的判断标准是血统，但这只会把问题推得更远。其祖先要有什么资格才能被称为贵族？ 在 18 世纪的法国，剑贵族会回答说他们的祖先是最早来到并且征服法国的法兰克人。英国的"诺曼枷锁"理论也表达了类似的观点。这里要说明的是如果只看血统，就会掩盖最初使一些人的社会地位高于其他人的特征。在一些简单的社会，一个重要的区分标准是年龄，如果统治阶层都是年长者，我们称其为"老人政府"，但是也许除了中世纪的威尼斯和当今的中国，它和本书的探讨几乎没有什么关系。

在大部分情况下，优越地位的基础是财富和军事才能，但有时它们被种族、文化和宗教特征所取代或补充。西班牙征服者之所以会成为新世界的显贵，[49]因为他们是白种人，而不是棕色人种，是征服者，而不是被征服者，是基督教徒，而不是异教徒，等等。在此基础之上，他们先是获得了财富，然后获得了贵族地位。

3.3.3　政治过程

在纯粹的贵族式政体中,每个贵族都自认为和其他贵族一样好,常常是比其他贵族要好很多。这种情形的本质就是各个贵族家族之间无休无止的敌对和竞争,都试图获得支配权。他们结成派系,诉诸武力和阴谋,而不是有序的选择过程,这样最终形成的中央政府是多头的,实际上是协商式的。在日本,直到 1600 年决定性的关原合战之后,德川家康确立了自己对其他诸侯的统治,本段上述的内容可以说是对此前1000 年日本政府的简单总结。

这种政体通常有一种典型的"垂直"维度,也就是从中央到地方,这就赋予其一种独特的"结构"。从这种贵族式政体的典范模型可以看到,很多实力相当的权贵,每个人都在各自的地盘上拥有自己的权力资源,即土地、追随者和财富。他支配着生活在他地盘上的人的生活,这种支配有时是法律上的,就像在一些封建政体那样,但更多是事实上的。当地的农民都受其庇护,他不仅剥削这些人,还保护这些人不受其他领主的压迫。他接过了中央政府的地方功能,还保护这些人不受中央政府代理的压迫。就这样,他将自己置于普通百姓和中央政府之间,因此这种政府是一种实行间接统治的政府。我们还可以将其看成是一个集群政府,或者是一个有许多细胞构成的政府。通过不平等的交换制度,地位最高的贵族可以控制低级贵族的命运,这种控制一直向下延伸,最后到普通百姓那里。这样的国家由许多"细胞"构成,每个细胞都属于一个更大的细胞,位于最高处的是由权贵组成的议会。他们形成某种控股公司,共同控制着低级细胞,而他们自己则是最大的细胞,和国家本身关系密切。文中这种政体常常被称为"细胞式的"。它不仅存在于名义上的贵族政体之中,还存在于其他政体之中,如 19 世纪的拉丁美洲,这里的贵族通常在当地拥有大量土地,也拥有大量被庇护者,例如 1930 年之前巴西共和国腹地的实业界寡头就是如此,波费里奥·迪亚斯之后墨西哥共和国的军阀也是如此。

3.4　教会式政体

[50]这里也使用了换喻,"教会"是崇拜的场所,源自希腊语,意

思是"上帝的房子"。这个词还可以指代崇拜者的集会，①但在本语境中，它还指为这个集会服务的组织机构。最后这个意义有这样一种含义，即普通崇拜者和领导崇拜者即教士之间有相当明确的角色分化，并且这些教士或神职人员联合在一起，可以看作是一个和宗教集会本身关系密切的社团。在某些情况下，教士阶层和世俗信徒是泾渭分明的，他们按照最为严格的等级模式组织起来，这方面罗马天主教会就是一个典型的例子。在其他情况下，如伊斯兰教，领导崇拜活动的是虔诚而学识渊博的拉比，而不是教士；拉比之间也很少、甚至没有等级关系。等级划分的程度和教会与政府之间的相互关系我们前面已经讲述过。②

这里我们必须说明一点，即将其他精英分子排除在外，而完全由教会统治的政体是极为稀少的。除了梵蒂冈，最接近这种情况的就是1642年至1949年之间中国的西藏地区。在统治史上，教会的重要性主要体现在它和其他因素的联合，尤其是与宫殿和贵族的联合。因此我们不花太多时间讨论其构成、合法化模式和典型的政治过程。

根据社会和宗教传统，一些个体被视为宗教社区的领导者，教会式政体就是由这部分人构成的。具体情况不同，这些人的本质不同，使其成为领导者的典型特征也不相同。至于其合法化模式，也毋庸赘言，就在于宗教集会相信这个阶层的人起着独特的作用，能够帮助他们理解并安抚神灵。提供合法化的就是宗教本身，即"信仰"。至于典型的政治过程，其实并不存在。如果把1642年至1949年之间中国的西藏地区看成唯一一个由教会统治的社会，我们依然不能以为如果其他教会处于同样的情况，他们的内部政治过程也会和喇嘛的统治一样。但是如果探究教士是怎样成为教士的，又是怎样在教会中飞黄腾达的，[51]以及继承人是怎样指定的，等等，那么答案就是不同的教会有不同的做法。我们对于罗马天主教教士阶层的描述和伊斯兰教的乌勒玛阶层没有任何关系。

---

① 见原书第 25—26 页。
② 见原书第 24、27 页。

3.5　教会/贵族式政体

这种政体很少见,可以马上想到的唯一一个例子就是东普鲁士和波罗的海沿岸的条顿骑士团。这是一个由贵族组成的宗教教团,统治着被征服的人口。1198 年,条顿骑士团在利凡特建立。随着十字军王国的崩溃,骑士团不得不转移活动地点,最终于 1225 年左右到了德国东部边境野蛮、不信奉基督教的地方。从这里他们向北部和东部展开征服,建立了一个疆域国家。

条顿骑士团的成员包括三个等级,分别是教士、军士和骑士。这些骑士必须既是贵族又是日耳曼血统。骑士团的宗教本质是不容置疑的,任何成员都不能持有私有财产,也不能结婚,都要服从非常严格的纪律和规范。

骑士团的统治权在大统领手中,就像在其他的宗教教团那样,大统领是由骑士团议事会通过适当的形式选举出来的。他受到高级军官的辅助,并且必须要咨询他们的意见。副统领是最高执行官,其他包括军事长官、医护长官、财务长官和军需长官。因此,其中央机构和其他宗教教团很相似,是选举出来的、受限制的、协商式的。

但是在垂直维度上,其建制是封建式的。在副统领下面是都统,都统之下是统制。每个统制负责自己的辖区,每个辖区至少有 12 名骑士,他们是当地农民的领主。此外,随着骑士团征服更多的土地,还允许地方贵族持有土地,作为其封臣。

这里对条顿骑士团的粗略勾勒,只是为了证明它的统治机构的确结合了教会和贵族的因素。①

3.6　教会/广场式政体

[52]这种类型的政府也十分罕见,从来就没有在广大的地域上出现过,而只是在很小的社区出现过。这是一种极端形式的公理宗,在这

---

①　关于条顿骑士团的伟大作品是 G. de Wal,《条顿骑士团史》,八卷本(Paris and Rheims,1784—1790)。

种教派，牧师由会众选举产生，这和犹太人信众选举拉比差不多。加尔文统治时期的日内瓦就接近于这种政体，因为虽然加尔文的法规只管理教会，但这个教会包括牧师和其他执行世俗任务的人，还对公民的道德起着监督作用。比起接近教会/广场式政体这一事实，加尔文对日内瓦的统治在宗教史上的地位更为重要。其他的例子本身在政治上无足轻重，但是却可以更好地体现这种政体类型。它们就是 18 世纪后期和 19 世纪移民到美国或在那里产生的无数个小社区。以埃弗拉塔（Eph-rata）社区为例，这个名字一定几乎被人们忘却。1536 年，荷兰人建立了一个公理宗色彩浓厚的新教教派，即门诺派（Mennonite）。门诺派教徒在 18 世纪早期就移民到了美国。1725 年，一位名叫贝塞尔（Beissel）的德国神秘主义者将他们中的一些人联合到了一起。本来贝塞尔只有六个追随者，很快更多的人加入进来。到了 1732 年，他们形成了一个共产主义式的社会，这就是埃弗拉塔社区。直到 1786 年贝塞尔去世，这个社区一直十分兴旺，但此后其成员开始逐渐减少。除此之外还有很多类似的教派，作为广场的社区和作为精神牧领的教会融为一体，如摩拉维亚派（Moravian）、邓克派（Dunker），拉普派（Rappite）等等。①

3.7　教会/宫廷式政体

这种政体比前面两种都要重要得多，根据教会和宫廷两者地位的不同，可以分为三种情况，分别是强教会/宫廷式，教会/强宫廷式和教会/宫廷式，最后一种情况是一种势均力敌。第一种常常被称为神权政治，但这种叫法十分含糊。这个术语是犹太历史学家约瑟夫斯（Jose-phus）在《驳阿庇安》一文中创造的，是为了说明犹太人的政体。他用这个术语指犹太人视上帝为自己的统治者，这和我在当前语境想要表达的内容是不一样的，这就要求采用"教士统治"一词，指教士密切指导或控制着君主所有活动的政体。这样的例子的确难以找到。[53]祭司国王并不少见，但他们要么通过控制宗教使王位合法化，要么就反过来，即因为控制宗教而被视为王。无论是哪一种情况，我们讨论的都是

---

① 参见 R. Strachey，《宗教狂热》（Faber & Gwyer，London，1928），尤其是第 30—65 页。

宫廷式政体,而不是混合政体。

第二和第三种情况可以通过中世纪西欧和拜占庭帝国之间的差异表现出来。就像本部《统治史》所表明的那样,拜占庭帝国的皇帝被看作是教会的首脑,是其领导者、保护者和教义阐释者,虽然他不是教士。就像我们前面已经提到的那样,他是"同使徒",具有和使徒同等的地位。像这种世俗君主支配教会的情况,通常被称为"君主统辖教会制",拜占庭是这方面最为典型的例子,但绝不是唯一一个这样的政体。例如传统的泰国政体,国王实际上控制着寺庙,从而控制着僧伽,也就是有组织的佛教僧侣。① 再如宗教改革时期的欧洲,许多新教君主承担了地方教会首脑或最高主持者的角色。这些君主被称为"埃拉斯都派"(Erastian),而所谓的埃拉斯都主义(Erastianism)实际上就是君主统辖教会制。

教会/宫廷式政体最有趣、也最重要的变体是教会和宫廷基本上处于均势的情况。这方面最为典型的例子当然就是中世纪的欧洲,从1059 年希尔德布兰丁(Hildebrandine)改革开始,直到王权第一次有效抵制教皇博尼法斯八世(Boniface Ⅷ)。世界历史上第一次出现了令人震惊的独特一幕,实行专制统治的组织化教士阶层,成功地挑战君主的权力,争得了对教士等级的任命权和控制权,接着又主张君主应该是教会领袖即教皇的附庸。

据说和拜占庭帝国君主统辖教会的专制主义相比,由此产生的紧张关系,即教会能够支持贵族或其他持不同政见者反对宫廷,对西方世界有一种"民主化"的效果。对于英国来说,这当然是正确的,但是在法国,情况就并非如此。教皇往往要依靠法国君主,因此在发生内部冲突时,总是会站在君主一边。但是在德国和意大利,教会的反击并没有导致任何政治过程的民主化,而仅仅是领土的瓦解。教会的意识形态是威权主义的,直到 20 世纪都是如此。可以说正是其强大的组织结构和显赫的声望使其能够限制君主,但是就像自由主义不等于民主一样,有限制的统治并不等于民主的统治。[54]两者是不同的,实际上在许多

---

① 参见 H. G. Q. Wales,《古代暹罗政府与行政》(London,1934),第 237—244 页。

情况下是相反的。

3.8　广场/贵族式政体

这种政体是指有权力参加选举并担任行政官的积极公民将领导权托付给贵族。在这种政体中，选举权通常是受到限制的，但是虽然积极公民占总人口的比例很小，其绝对数量还是很大的。

"贵族"有不同的定义。在威尼斯，贵族是商人，而在中世纪德国的商业城市，贵族是十分富有的中产阶级。在中世纪意大利的城市共和国，谁是贵族，谁不是贵族，这是一个很难回答的问题。在那里，这个问题极其重要，因为他们的政治角逐通常是以民众对贵族的形式展开的，而判断贵族的标准是地方性的。在罗马共和国，贵族是最初受平民依附的显贵，他们形成社会地位更高的古老家族。

这种政体和纯粹形式的广场式政体之间的区别是，从定义来看，后者的选举权即使不是全民的，也是比较广泛的，而前者总是通过种种方法将人口中的大多数排除在外。在罗马，人口普查将人们分为有不同选举权的等级，富有者要远远优先于贫穷者。在威尼斯，公民大会的最高权力被逐渐削弱，而由大约 3000 个富有家族组成的"大会议"越来越强大。接着，这些家族"关闭"了大议会的大门，拒绝更多的人加入，于是他们就成为世袭的统治阶级。中世纪意大利和德国的城市采用的权宜之计多种多样，无法逐一描述，但是都有一个效果，那就是将制定政策的权力集中在地方贵族手中。两个典型的广场/贵族式政体分别是罗马共和国和威尼斯共和国，本书将对两者展开详细讨论。

这里必须要注意一个术语问题，至少是从马基雅维利开始，直到 19 世纪初，有些学者将"共和国"一词用于所有最高权力在多个而不是一个人手中的政体。在《君王论》的开头，马基雅维利就是这样使用的。这种用法使雅典的民主和罗马共和国的民主成为同一个范畴，即"共和制"。但是有的学者将两者区别看待，[55]例如休谟在《古代国家的人口》一文中讨论了欧洲的共和国，然后说"他们几乎全部都是发展良好的贵族政体"。

在本部《统治史》中，我认为和君主制或其他形式的独裁统治相比，两者肯定都是共和国,但最好把"民主制"的称谓留给那些选举权和对职位的竞争十分广泛并且平等的政体,如雅典,而将"共和制"仅限于那些选举权受到限制并且为小圈子的贵族世家的利益服务的政体,如佛罗伦萨和威尼斯。因此,我认为前者更具备成为纯粹的广场式政体的资格,而后者属于广场/贵族式政体。

3.9 宫廷/贵族式政体

这种政体有三种、甚至是四种变体,各个变体之间差异十分显著,但遗憾的是,我们不得不把它们都归在同一个标题下面。这些变体的划分依据是在两者的组合中哪一个更占优势。就像教会/宫廷式政体那样,按照前面的写作惯例,我还是把它们分为如下几种情况,分别是强宫廷/贵族式政体,宫廷/强贵族式政体和宫廷/贵族式政体,最后一种情况是两者势均力敌。

幸好我们基本上可以忽略这些变体中的两个,如强宫廷/贵族式政体。在这种情况下,君主使贵族的作用降低,成为自己的助手,路易十四的宫廷就是十分典型的例子。任何君主强势、贵族驯服的政体都属于这一范畴。贵族之所以驯服,常常是因为他们是君主为了回报其服务而特意封赏的服务贵族。就像我们已经提到的那样,危险在于驯服的服务贵族可能会通过各种方式,因为各种原因,把作为服务"报酬"的土地之类的赏赐据为己有,代代相传。在这种情况下,贵族会越来越独立。这时就会倾向于另外一个变体,即君主变得无足轻重,贵族掌握统治大权。这方面最典型的例证我们已经提到过,就是 19 世纪的波兰。① 但如果用来描述 1714 年至 1760 年之间辉格党权重一时的英国,也不会过于牵强。这就是迪斯雷利所说的"威尼斯式寡头政治"。君主的独立权力很少,不管怎样,无论是乔治一世还是乔治二世都不想利用手头所剩的权力去挑战辉格党人,而辉格党人则打着国王的旗号,利用国王的赏赐,成功控制了选举过程,使自己能够一次又一次地当选。[56]虽然如此,比起波兰选举产生的不幸的国王,"短暂而尴尬的幽灵(迪斯雷利

---

① 见原书第 47 页。

语）"，英国的最高行政首脑还是有不少自己的权力的。他们依然是一股强大的、独立的自治力量，议会只能操纵，而不能命令。相比之下，波兰的最高行政首脑形同虚设。

中世纪欧洲是最典型的均衡状态下的宫廷/贵族式政体。君主实行统治，但是他周围是半独立的贵族，这些贵族嫉妒君主的特权，必要时能够制约君主的权力。其结果就是有限君主制和协商式的政体，国王是统治者，但是要和贵族协商。到了 17 世纪，最迟 18 世纪，欧洲大陆的大部分君主已经解除了贵族的武装，削弱其势力，变成了"专制君主"，也就是已经描述过的强宫廷/贵族式政体。我们必须重复一下，波兰是例外，因为那里的情况朝相反的方向发展，成为宫廷/强贵族式政体。只有在英国，宫廷和贵族之间的势力均衡得到了维持，正是从这种状况，发展成为注定要前程远大的君主立宪制。

但是我们甚至还可以分出第四个变体，这个变体本身是从上一个变体发展而来的。"均衡的"宫廷/贵族式政体会形成一种均衡状态，虽然有时这种均衡被打破，但是却可以通过协商找到平衡的中心点。但是在当前的情况下，有两种选择，要么是纯粹的贵族式政体，要么是纯粹的宫廷式政体，政体在两者之间剧烈地摇摆，其外在表现就是敌对贵族和家族之间，为了争夺宫廷的最高权力而展开无休止的斗争。这样的结局就是宫廷式政体不时发生篡权事件。埃及的马穆鲁克王朝就是这样的例子，如果一个埃米尔在某个时期的实力胜过其他的埃米尔，他就成为苏丹。在日本，1600 年德川家康取得决定性胜利之前的政局也是如此。在欧洲人看来，此前的日本历史就像是持续了 800 年之久的玫瑰战争。虽然如此，马穆鲁克王朝和 1600 年之前的日本依然是稳定的宫廷/贵族式政体。这是因为改变的是统治者和当权者，而总的政治体制并没有发生变化。前面我们已经强调了区分两者的重要性。

3.10 宫廷/广场式政体

乍一看，这是一种自相矛盾的说法。一定有人会问，宫廷式政体怎么能够和广场式政体合为一体呢？要知道，前者与世隔绝，实行的是威权主义统治，而后者选举权广泛，统治权由人民授予。

[57]从本质上讲,当拥有不受限制的最高权力的行政首脑不得不定期面对竞争性的自由选举时,就可以符合成为这种政体的条件。毕竟,难道说美国和法国的总统不就是这样选举出来的吗? 但这是行不通的,因为两国的总统并不拥有不受限制的最高权力。他们必须要和其他选举产生的官员合作,总统根本就不是唯一的统治者,而只是我们所说的协商式政府的一部分。

虽然如此,宫廷/广场式政体不仅的确存在过,而且至今犹存,并且比以前任何时代都更加广泛。它以病态的形式存在于亚里士多德所定义的"僭主"统治。在此情况下,最高统治者受民众拥护上台,以他认为合适的方式行动。宫廷/广场式政体的这种变体和纯粹的宫廷式政体有两个方面的不同,一是典型的政治过程,二是合法性。在政治过程方面,宫廷/广场式政体并没有将宫廷和广场融为一体,而仅仅是将两种不相关联的过程结合起来。一个诉诸民众同情和民众选举,至少是获得民众的认可。另外一个是在获取民众的支持之后,统治者完全按照宫廷式政体的方式进行统治,在由依附者组成的封闭小圈子里活动。此外,在这种政体中,宫廷是处于主导地位的一方。在大部分情况下,民众对统治者的选举或认可是通过最为恶劣的病态过程来完成的,如阿谀奉承、人为操纵、篡改结果、压制人民的呼声等等,在探讨广场式政体时,这些我们已经描述过。

这就要谈到第二个区分标志,即统治者完全按照宫廷式政体的模式进行统治,但这并没有使政体成为纯粹的宫廷式政体,因为这种僭主的合法化是由下至上进行的,他的权威是民众拥护授予的。

这样的宫廷/广场式政体很多,如希腊的僭主,苏拉和恺撒被授予"永久独裁官"的头衔,还有中世纪意大利城市共和国出现的所谓"独裁"。在所有这些情况下,僭主都产生于广场式或广场/贵族式政体。这不是简单的"篡权"问题。当有人篡夺王位时,君主换了,但政体和原来一模一样。① 但在当前的情况下,政体发生了相当大的变化,因为独裁统治取代了多头统治。中世纪欧洲人延袭了古希腊政治理论家开创

---

① 这种区别见原书第 13—15 页。

的传统，认为僭主政治是民主政治不可避免的结果。事实上，它几乎总是民众对贵族寡头统治深恶痛绝的结果。[58]在古希腊，大部分情况都是如此。在罗马，所有的情况都是如此。在意大利，很多情况也表现出这种特点。很难找到僭主产生于像雅典这样正常运行的广场式政体的例子。"三十僭主"的统治是斯巴达人强加的。但有一点是真的，即当合法权威消失，出现动乱或无政府状态时，个体会趁机而动，夺取最高权力。对于古代人和中世纪的人来说，"民主政治"正是此意。因此，才有了民主政治一定会导致僭主统治的错误观点。

拿破仑就是这样一个先个人夺权，再使其合法化的例证。上台之后，他定期地通过公民投票的方法使其合法化。在此情况下，我们不必怀疑选举结果会被篡改，因为他受到民众的大力支持和热烈拥护。拿破仑很清楚他做了什么，以及为什么要这样做。首先，就像他说的那样："我根本就没有篡夺王冠，我只是把它从臭水沟里捞了出来。"他还说："诉诸人民选举有双重优势，既可以使我的权力延续合法化，又可以净化权力的来源。如果不这样的话，这种权力就会总是显得不正常。"①这种对以非常规方式夺得的权力进行事后合法化的做法，已经成为19世纪拉丁美洲，尤其是1945年以后的整个世界，为数众多的所谓"独裁统治"的标志。

我们今天所说的"极权主义"是宫廷/广场式政体的重要分支。它从四个方面有别于我们到现在为止所讨论的所有政体类型。首先，前面讨论的政体中没有一个取得对社会方方面面的控制，包括思想观念。极权主义政体之所以被称为极权主义，正是因为他们要求这样做。其次，这种要求部分上是可以满足的，因为他们支配着大量的现代技术手段，这些技术手段已经克服了时间和空间的限制。第三，通过20世纪的一大政治发明，即一党执政，他们能够维持和人民的联系。最后，这个政党是有信仰的，这种信仰是一种政治宗教，被宣布为官方宗教，所有的人必须信服，这种政治信仰就是意识形态。

但是在所有情况下，我们遇到的都是两种互相矛盾的原则被强制

①　引自法国皇帝拿破仑一世的《政治观》，A. Dansette 编辑并作前言（Fayard，Paris，1939）。

結合到一起，一边是封闭的宫廷世界，勾心斗角，独断专横，一边是对民意的败坏、篡改和恐吓。要想最好地理解斯大林的统治，不如再读一读莎士比亚的《理查三世》。

4. 决策执行人员

[59]到现在为止，我们分类的依据都是特定政体的主要决策制定者。但是这个政体的本质还会受到决策执行者的影响，有时这种影响甚至是决定性的，这些执行者就是行政和军事人员。因此，从原则上讲，对前面的十种政体类型，每一种都可以进一步加以限定，而限定的依据就是它是否拥有官僚机构和军队，如果有的话，是怎样的官僚机构和军队。这样一来，原有的主要政体类型的数量似乎要惊人地激增。

事实上，事情根本就没有那么可怕，一方面，一旦将少见的、无足轻重的情况去除，原有的十种政体就只剩下五种。从原则上讲，每一种政体类型都可以有四种不同的运作方式：既没有官僚机构，也没有常备军；既有官僚机构，又有常备军；有官僚机构，但是没有常备军；有常备军，但是没有官僚机构。但最后一种情况可以排除，因为如果没有官僚机构为其征募人力、金钱和物质，常备军几乎是无法存在的。当然，本部《统治史》也没有找到这样的例子。即使的确存在一些这样的政体，也肯定十分奇怪，无足轻重。相对而言，我们却可以发现这样的政体，即，有广泛的官僚机构，但就我们所知，却没有常备军，或者至少是没有成规模的常备军。苏美尔王国和古埃及王国都属于这样的政体，但它们似乎是绝无仅有的两个。因此，在本书中将其当作自成一格的情况来对待。这样一来，可能性最大的政体就剩下两种：既没有官僚机构又没有常备军；既有官僚机构又有常备军。实际上，本书认为两个特征是互相联系的，如果官僚机构很小，甚至不存在，那么相应地，常备军也会很小，甚至不存在，反之亦然。

因此，这一部分我们可以简单地将五种主要政体类型进行细分，这样共产生15种变体。但是，事情并没有这么简单，因为官僚机构和官僚机构不同，军队和军队各异，因此，有必要对其仔细探讨。

4.1 军队

我已经讨论过军队模式和政体本质之间的关系，并且根据统治者对作战效率、军费和忠诚重视程度的不同，区分了不同的军事模式。[60]我提出对每一个关键因素，都有一种理想的军事模式，但我还指出实际上所有的军队都是这些理想模式的混合体。[①] 我提议将这些混合模式的军队分成三种主要类型，我称它们为全民武装；显贵及其追随者武装；常备军。与此同时，我们必须注意一点：和第三种不同，前面两种都是临时的。

首先，说到全民武装，我们可以想到希腊城邦的民兵，马略之前的罗马，还有中世纪意大利的共和国。但是这种军队还出现在部落阶段和部落阶段之后的政体，如入侵罗马帝国的日耳曼蛮族。在这些半部落化的社会里，所有的成年男性都参加战斗。东亚北部的游牧部落同样也是如此，如匈奴人、蒙古人和鞑靼人，等等。第一次军事扩张时期的阿拉伯人也是如此。这种军队可以和小规模的由专业战士组成的常备护卫或宫廷卫队同时存在，如盎格鲁撒克逊人和斯堪的纳维亚人。

其次，显贵的军队和围绕在君主周围的小规模常备武装是相照应的，而后者大部分是地方显贵带到战场上的追随者。他们不一定是封臣，但是的确和君主有某种依附关系。欧洲的封建军队显然属于这一类，但古代世界也有很多这样的例子。希罗多德精彩描绘了薛西斯在向达达尼尔海峡行进时的战斗队列。除了大国王由"不朽军团"组成的御林军，队伍还包括来自各个地区，由总督或地方首领率领的分遣队。

最后是全国范围的常备军。限定成分"全国范围"十分重要，因为有些军队虽然是常备力量，但是却由显贵的长期追随者组成，而这些显贵本身也要依附于共同的上级。马穆鲁克王朝的军队就是如此，正规士兵服从、实际上归属于埃米尔，而埃米尔则从属于苏丹。从这个意义上讲，日本的武士军队也是如此，他们是正规士兵，享有贵族声望，但完全从属于大名，而这些大名则从属于共同的上级。在不同时期，这个上

---

① 见原书第 18 页。

级有不同的职位和头衔。

全国范围的常备军主要有两种,当然其间有许多中间状态。第一种是以长期服役的专业正规士兵为基础,和大量应征士兵共同组成的队伍,这种队伍规模不大。[61]第二种是全部由领薪酬的专业士兵长期服役组成的队伍,如马穆鲁克王朝的军队,意大利的雇佣兵,还有罗马帝国和拜占庭帝国的军队。

军事模式和政体模式之间似乎有一种大致的照应关系。

4.1.1 全民武装

这种军队通常和广场式政体或论坛/贵族式政体相对应,如希腊、罗马共和国和意大利的城市共和国。但它也可以和专制君主制同时存在,如在墨洛温王朝,国王是或者被期待是战争领导者,但由于他要依赖于武士的支持,这些国王的专制统治是有条件的,只有维持部落武士的信任,他们才能掌权。国家形成前的祖鲁人、蒙古人和阿散蒂人(Ashanti)就基本上属于这种情况。和更为复杂的政体比起来,在这些部落或原始国家,中央权威和基层社区之间的垂直距离要短很多。

4.1.2 显贵武装

在有些政体,显贵是在当地拥有显赫声望、有权有势的世袭首领,有时由于诸多可能的原因,他们开始效忠于中央权威,如国王、大国王、王中之王,等等。在其他地方,这部分人宣誓为统治者服务,并因此获得有条件地使用土地上人力和自然资源的权利。这是自然经济条件下的典型情况,因为此时无法用现金作为对服务的回报。就像前面我们已经看到的那样,随着时间的推移,这些显贵逐渐摆脱提供服务的义务,开始接近于前一种情况。

还有一种显贵和前一种显贵相类似,但并不完全相同,他们有条件地接受土地赠予,但对生活在这块土地上的人没有居住和司法上的世袭权利,他们只有权可以从他们那里索取农产品。这就是遍布整个伊斯兰世界的“伊克塔”制度。在阿拉伯帝国比较偏远的角落,也有些显贵能够不动声色地将对当地居民的政治权据为己有，这样就接近于上面三种分类中的第一种。

这种由每个显贵把自己的追随者带上战场组成的军队出现在封建或封建式政体，通常是在自然经济阶段，他们是当时广泛存在的分裂势力的基本组成部分。他们之间总是争斗不休，总是努力减少对君主的依附性。[62]对于君主来说，统治就在于通过安抚和战争中的胜利让他们高兴，如果这两种方法都无法奏效，就只好组织忠诚的显贵联合起来击败叛乱分子。我们可以称这种统治的本质为"显贵管理"。在这一历史时期，几乎到处都是这种情况，如马穆鲁克王朝和日本近代以前的政体。在有些欧洲国家，这种情况一直延续到军事封建主义消失之后，例如在法国，直到 1648 年至 1653 年之间的投石党运动。这种军队的主要影响就是要么产生一种多元的、分散的、协商式的政体，即我们所说的宫廷/广场式政体，要么就像中世纪的日本那样，造成一种内乱纷起的动荡形势，直到某个家族的首领成功制服其他家族，实行独裁统治，但这是一种十分脆弱的独裁统治。

4.1.3　常备军

第一种常备军是由大量的征募士兵构成的，这些士兵不断轮换，由一小部分正规的卫戍部队充当先锋。中国历史上大部分时间都是如此，19 和 20 世纪欧洲的征募军队也与此类似。从理论上讲，他们由短期服役的征募士兵构成，这些人退役之后会成为后备力量。实际上许多士兵是长期服役的正规军，其比例通常在 50％以上。

第二种常备军全部由长期服役（常常是终生服役）并领薪酬的专业正规军构成，罗马帝国的军队就属于这一种，18 世纪欧洲专制君主的军队也属于这种，虽然其人数远没有罗马帝国那么多，前者大概在 12 万和 18 万之间，而戴克里先时代据说有 60 万大军。

常备军一直是专制政体的支柱，能够巩固专制统治，大大有助于其对人民的渗透，尤其是在税收方面。但它不一定就是在任统治者的支柱，它之所以能够巩固政府，就因为它能够强制性地从人民那里索取资源，而在此过程中，其自身也得到强化和扩大。与此同时，它还可以从两个方面削弱君主制,第一个方面主要出现在像中国那样主要是征募军队的情况下,自愿参军的人往往是山区居民和来自贫瘠落后地区的人,而普通的农民则痛恨战争。因此,在通过征兵建立巨大常备军的过程中,当权者也会使本来受军队保护的人民产生疏远心理。[63]在中国,推翻秦朝的叛乱就是由几个心怀不满的征募士兵在赶往长城的路上发起的。

军队削弱统治者的第二种方式在于军队领导者和君主之间的潜在冲突。在现代国家之前的君主制政体,这种冲突通常源自对继承权的争夺。同等条件之下,决定权掌握在军队手中。但是就像中国历史所表明的那样,围绕继承权展开的斗争常常会沦为这样一种情况:农村被"军阀"控制,他们为了争夺最高权力展开激烈的斗争。

我得出的主要结论如下:前文所定义的全民武装实际上只适用于比较小的城市国家。在秩序井然的君主制国家,显贵及其追随者构成的军队往往会分散中央权威,还可以对君主的权力构成制约,但是在秩序紊乱的政体,只会永远构成分裂的危险。最后是常备军,虽然它会激起民众的不满,对在任的君主是一种永远的威胁,但是依然是中央政府高度集权、有效渗透的工具。

4.2　官僚机构

庞大的官僚机构和庞大的正规军队之间似乎有密不可分的联系。在没有官僚机构的情况下,我们往往只会看到全民武装。如果我们看到的是显贵及其追随者构成的军队,同样就会看到较低层次的官僚化,但是如果我们看到的是正规的常备军,即使是小规模的,同样就会看到强大而组织严密的官僚机构。

官僚机构的"渗透"是两个方面的功能。首先是它承担任务的范围,其次是领薪酬的专业行政人员向下、向村庄和城市社区的延伸范围。

今天任何关于"官僚机构"的讨论都绕不开马克斯·韦伯,但韦伯的问题在于他将德国的两个特征作为基本的判断标准,而这两者都令人讨厌。一个就是所谓的"潘德克顿法",另外一个是普鲁士的官僚机构。结果，他判断所谓的"法理型"行政机构的根据有两个，一个是行政人员是否接受过法律训练，另外一个是他们是否符合普鲁士行政机构的专业化和等级化的严格模式。韦伯的声望太高了，我们往往在官僚机构符合这两个条件时，才将其看作是"现代的"、"正确的"，[64]实际上大部分现代的官僚机构都是如此。那么由此出发，我们可能会辨认出可以称为中间阶段的官僚机构，除此之外，还有初期阶段，甚至还有不存在官僚机构的阶段。

现代官僚机构往往会有以下几个特征：等级分化；长期起作用；不同领域的专业化；教育和职业上的资格；全职并领薪酬；受规则的约束。

这些特征中许多（如果不是全部）都可以在下面这些国家找到，它们是古代埃及和苏美尔、晚期罗马帝国、拜占庭帝国、哈里发帝国，尤其是中华帝国。它们和韦伯的定义主要有两个方面的差异：第一，它们未必是专制统治，中国复杂的官僚政治显然不是；第二，其成员虽然有资格限制，但这种限制不是法律方面的，更不要说"潘德克顿法"了。从行政管理的角度来看，第一点十分重要，而第二点并不重要。英国和其他的习惯法国家都曾提供过优秀的行政服务，但其中并没有律师。

但是比起上面所罗列的，有很多官僚政治缺少其他的重要特征。这种官僚政治源自对王室内府的管理，因此与其更为接近。和"现代"官僚机构一样，它们也是等级分化的，各个部门的首领和他们的办事人员之间有天壤之别。他们也是永久性的，全职的，也领受薪酬，虽然得到的报酬常常是实物，有时在经允许的情况下，可以对公众的服务进行收费。他们和上文描述的发达类型不同：首先，在较高的层面，大臣的职权领域通常是各种各样、可以互换的，他们所管理的部门并没有进行十分理性的专业划分。其次，任职的资格可以降至最低，文盲也可以担任大臣，只要他们得到了信任，或者是君主想要回报他们。在办事人员的层面，最低要求是能识字，会算数。此外，这些办事人员由大臣本人招募。而在现代的官僚机构里，他们是通过某种公正公开的考试选拔出来的，如中华帝国的科举制度。最后，这些人，无论是大臣，还是其办事人员，都不受规则的约束。他们和王室渊源深厚，君主常常把他们当成王室的一部分来看待,因此,他可以任意干涉,随心所欲。①

[65]最后,还有些政体,行政人员仅限于王室内务人员,如内臣、总管、管家,等等。这种最多可以称为是初期的官僚机构,在有些政体,甚至可以不称其为官僚机构。

这样,我们就有了三种主要的官僚机构:发达的、新生的和初期的,我们将要探讨的就是这些范畴。

我们还要补充另外一种情况,而这就会使事情更加复杂。到现在为止,我们只考虑了中央行政人员。要想了解中央政府对广大人民有多大的影响,也就是有多大的渗透能力,我们必须考虑这些领薪酬的专业行政人员要向下延伸到什么地方,才能接触到不领薪酬的、非专业的行政人员,他们就是地方显贵,常常要被迫对当地进行管理并执行中央的方针政策。

我并不主张将对地方渗透的程度进行分类,只是说按照当时的标准,在有些情况下,这种渗透程度很高,还有些情况下,渗透的程度则相当低。在相应的章节,我们对个体情况将展开具体讨论。这里之所以提起这一点,就是因为"渗透"范围是一个十分重要的因素。

下面我们简单地看几个例子。在中国,汉帝国的行政人员占人口的比例是晚期罗马帝国的四倍。但即使在汉帝国,领薪酬的专业行政人员也只延伸到县一级。再往下的管理是由村镇的头领和其同僚所进行的。到了清朝,虽然人口总量大增,但领薪酬的官僚数目维持不变,地方官僚只能通过对地方显贵和头领做出让步和妥协才能得到他们的服从。

罗马帝国与此不无类似之处。这里的地方行政人员是地方显贵,帝国被分成许多城市,而他们共同组成城市议会。起初,这些城市议员不仅要无偿地参与管理,还要为所在的城市提供财政上的支持。有时他们的个人财富不堪重负,他们就会试图摆脱这种没有报酬的服务。但这是不允许的,他们被强制守在职位上,负责税收,甚至还要自掏腰

---

① 如 T. F. Tout 在《14 世纪英国的行政服务》一文中对中世纪英国的描写,见《论文集》(曼彻斯特大学出版社,Manchester 1934),第 3 卷,第 192—213 页。

包，补足差额。

通过最后两个例子，我们可以对比一下中世纪的英国和法国。法王菲利普·奥古斯特（Philippe Auguste）统一法国时，在各地安排了很多皇家代理，从事税收和司法工作。[66]其后所有的国王都沿用这一做法，因此和巴黎的中央行政人员比起来，地方行政机构变得十分臃肿。但是在英国，领薪酬的中央行政人员只渗透到郡这一级，再往下，王室的命令被交给主持郡法庭的地方显贵来执行。随着时间的推移，王室的行政逐渐变得完全依赖于这种不领薪酬的行政人员，其队伍也日益膨胀。这些非专业的行政人员半司法半行政，被人们称为"治安法官"。17世纪议会对国王的胜利保障了不领薪酬的地方显贵对地方事务的控制，直到19世纪中期，随着领薪酬的地方行政人员的出现，这种情况才有所改变。

4.3 "显贵"和"专制"

学者们似乎觉得只要能够确定地方显贵的存在和影响，并且证明他们事实上是中央政府的地方官员，就可以表明某个帝国并不是一个真正的帝国，或者表明某个专制统治也并不是真正的专制，等等。实际上，这些学者所做的只是让人们注意到这样一个事实，即在前现代政体（人们常说的20世纪中期以前的政体），中央政府的渗透能力远不及现在，也远不能如统治者所愿。显然的事实是，中央通过地方显贵这个中介进行统治是这些政体的惯常做法。根据有些学者的如上反应判断，可以说这种情况司空见惯，已经被想当然地看成是前工业社会或农业社会的典型特征。地方显贵在政府过程中的服务，还有这样一个简单的事实，即政府越依赖于他们的服务，对他们的依赖性就越强，他们是政府制定并执行决策时要重点考虑的一个主要因素，所有这些特征，都是我们所说的帝国和专制政府之类的政体基层统治方式所固有的。遗憾的是，对于本书所探讨的许多政体，相关信息是缺乏的。例如，公元前第一个千年以前的埃及就是如此，拜占庭帝国也是如此，南宋之前的中国也是如此。10世纪以前的哈里发帝国也是如此，即使是对10世纪时的哈里发帝国，我们也只有十分零碎的了解。在其他证据十分丰富的情况下,这些证据却常常只限于一两个特定的领域,[67]如果由此概括整个政体的情况,不免过于冒险,在这方面罗马帝国的行省就是最为明显的例子。

认识到了显贵的重要性,接着我们必须思考一下他们和最高权威之间有一种什么样的关系。大概说来,这种关系可以是共生,可以是冲突,甚至是完全和其分离,即自治。三种关系中的第一种代表了一种正常的稳定关系。在这种关系中,统治当局知道必须接受这种关系,依靠这种关系,才能使自己的命令得以执行。统治当局必须要为其事业赢得某种程度的自愿服从,最好是积极支持,这样就不至于必须总是要诉诸强制和威胁等手段使自己的命令得到服从。如果做不到这些,他们无论做什么,都会代价高昂,耗费大量时间却最终以失败告终。这一点已经成为政治科学的老生常谈。另一方面,如果他们通过某种途径确保可以得到默许,甚至是热情支持,那么治理国家所耗费的劳动、人员和开支都要大大减少。

对于政府基层行政人员来说,这一点意义重大。他必须能够让上级相信他能够和当地百姓"合得来",而政府对这一点的理解很简单,那就是他能够让政府的意志得以服从。对于上级来说,因税收问题激起民众暴动的总督或总是引发骚乱的市长是没有多少用处的,他们会将其免职。另一方面,如果这些地方行政人员接受了当地百姓的观点,和他们走得太近,政府同样会将其免职。

如果一个总督在一个地方长期任职,为了控制辖下的人口,他往往会"本土化",和地方要人走到一起。这种事情就发生在路易十四派往各省的监察官身上。在后来的君主统治时期,他们从国王的驯服仆人变成了自己所辖省利益的坚定捍卫者。但是如果政府频繁更换总督,确保他们对所辖行省很陌生,就像中华帝国所做的那样,试图以此避免这种同化,他们就会对当地的社会和权力结构,甚至是当地的语言一无所知,这样他们本人也将不得不依赖于地方要人。

这就是当地人和基层政府官员之间正常的日常关系可能发生的情况。但是,有时这种关系会破裂,政府官员和地方显贵之间会发生矛盾,敌对会升级为暴乱或公开的反叛。这种争端有可能是围绕新的税种，或某种强制执行的仪式或宗教。这让人想起拜占庭帝国时期，围绕基督教一性论和阿里乌斯派之争而频繁发生在亚历山大城的暴乱。[68]当这种对抗发生时，政府官员可能会进行镇压或恐吓，或者是加入其中。无论哪一种选择对其仕途都可能会是致命的。如果他进行镇压和恐吓，也许上级本想让他采取怀柔手段，反之亦然。无论哪一种情况，他都可能会失去自己的职位。

对于地方显贵，最为极端的情况是他们部分自治，甚至是完全自治。这种情况的发生，在国家边缘地区比核心地区的几率要高很多，但是造成自治的原因可能会与地理位置一点关系也没有。一种常见的情况就是发生外部入侵时，原有统治者被消灭或者是被赶走，结果城市或地区就会赤裸裸地暴露于入侵者。这时当地人民就不得不作出决定，是奋起抵抗还是谈判议和，而负责此事的就是地方显贵，因为他们是"天然的领导者"。有时，使原有统治机构瘫痪或将其除掉的不是外来入侵，而是中央的权力真空或争权夺利的斗争。在这种情况下，地方显贵将不得不作出决定，是承认新的统治者或权力觊觎者，还是继续保持独立。经常发生的情况是权力持续分裂。例如，当一波又一波入侵者横扫在西罗马帝国废墟上建立的各个王国时，上述的情况曾一次又一次地发生，直到最终权力和权威全部落到地方显贵手中。他们能够支配当地人口，并能够为其提供庇护，例如在 8 世纪和 9 世纪时的法国。类似的情况还发生在哈里发帝国末期和其后的伊朗东部地区，突厥人和蒙古人在哈里发行省的废墟之上建立了短命的酋长国。第三个例子是汉朝解体之后长期处于分裂状态的中国。

"显贵"这个说法是一个通称。根据所探讨的国家和阶段的不同，不同的历史学家有不同的命名，中国历史学家用的是"士绅"，研究中世纪英国的历史学家用的是"郡选议员"，罗马历史学家用的是"市议员"或"元老"。显贵究竟是指哪些人？他们来自哪个等级？在不同的国家，不同的时期，答案是不同的。这种差异反映了两种不同的分析模式，一方面是权力关系，另一方面是权威和地位关系，而两者实际上通常融为一体，互相强化。显贵地方势力的基础可能是其血统，也可能是财富或军事权力，或者是当地文化所赋予的威望和权威，这种文化可能建立在宗教之上，如基督教和伊斯兰教，可能建立在学识之上，如中国的传统，也可能建立在社会等级制度之上，如印度。

[69]前一部分提供了从其中选择的一些例子，要想再深入一点探讨这个问题，我们可以考察一下中国的地方显贵在不同时期的特征。在东汉时期，这些显贵是大家族的首领，他们拥有属于自己的广阔庄园，还有大量的武装家臣。其特别之处在于他们是文人，或者至少家族里有文人。但是随着汉朝的灭亡，在此后四个世纪的分裂时期，这些家族湮灭无踪。在北方，蛮族征服者的后裔成了地方显贵，他们在当地的权力建立在血统和军事才能的基础之上，而不是地产。他们的确拥有地产，但这是因为前两者才有的，而不是反过来。到了宋代，儒家思想进一步根深蒂固，熟读儒家经典成为获得任何社会地位的前提条件，更不要说担任官职了。实际上这就意味着通过科举制度所进行的委任，此时的科举制度正在得到完善。到了清代，这种形式的委任成为通向权势必不可少的通行证。由此产生的结果就是地方权势落到了这样一个等级手中，他们家境只是相对殷实，但是作为知识分子却赢得了必要的资格。类似的情况也发生在哈里发帝国，起初的地方显贵是拥有地产的阿拉伯贵族，他们拥有土地、财富和由部落追随者组成的军队。但是到了11世纪，情况已经发生了变化，在此后的世纪里，伊斯兰教成为大多数人信仰的宗教，乌勒玛似乎成为在当地最有势力的人，紧随其后的是那些拥有武装追随者的人，而不是富有的商人之类。在不同的地方，做法也不尽相同。在墨洛温王朝时期的法国，国王必须要应对的地方显贵常常是主教。主教、修道院院长和其他高级教会人士在地方上一直很有影响力，因此君主对他们毕恭毕敬，但是随着时间的推移，他们让位于世俗的领主，因为这些领主拥有武装的骑士队伍。在基督教世界，宗教对世俗百姓的统治远没有像在伊斯兰世界那样排除一切，压倒一切。

从上述内容我们基本可以得出这样一个推论，即所有这些早期国家，尤其是疆域辽阔、高度多样化的帝国，没有一个完全处于政府官员无所不包的牢牢控制之下。这种控制是不彻底的，在政府官员和普通百姓之间，是地方显贵施展身手的舞台。如果地方统治者是外来者，他就要从当地的显贵那里熟悉情况，并利用他们给所辖人民施加压力，只有这样才能确保服从。[70]作为回报，他们要对这些显贵授予特权，其中也许包括减轻或取消上级权威的苛刻要求。或者还有另外一种选择，即政府官员可能是专门从地方显贵中选拔出来的，这样他们就具有了官员和显贵的双重身份。无论哪一种情况，对自我利益的考虑都会促使他们站在政府的一边。

地方显贵在行政上的作用十分重要，实际上常常是不可或缺的。毫无疑问，这种作用会对统治者的权力构成实质性的、有时是程序性的约束。但如果由此推论说统治者不是专制者，其统治不是专制统治，那就会造成混乱。它假定了这样一个事实，即专制统治者不受任何约束，可以在任何时间，对任何人和任何事务做任何事情，我们不妨称这种统治为"极权主义"或"极权主义专制"。但这种政体的物质前提直到 20 世纪才出现。在其对中世纪早期法国的研究中，简·敦巴宾对这种混乱的源头作了很好的表述。她写道："统治不同于个人控制之处是其持续性。被统治就是受制于权威的常规性压力，这种权威根据固定的法则来运作。从这个词的完整意义上讲，很难说 19 世纪后期之前的统治算得上是统治。"①可见，专制是指任何个人自由裁量权被推到极端的独裁统治，不仅在理论上，而且在实践中，可以不经过适当的法律程序，任意剥夺任何臣民的生命、自由和财产。

4.4　决策制定和决策执行的病态关系

在前面的讨论中，我们已经不时看到官僚机构和军队这两者与决策制定者之间的关系是怎样被扭曲的。决策执行者本来应该是决策制定者的工具，但是在有些情况下，这种关系倒了过来，前者取代了后者的位置。对于决策制定权落到官僚机构手中的情况，我们有一个术语，即"官僚统治"，也就是官僚机构的统治，但遗憾的是在英语里，这个术语和官僚机构是同一个单词。在此意义上，这个词不是指机构，而是指一种统治形式，即政体。[71]对此只需说明两点：首先，除非一个政体拥有永久

---

① 　J. Dunbabin，《形成中的法兰西：843—1180 年》（牛津大学出版社，1985），第 277 页。

性的专业化官僚队伍,即使其人数不多,组织相对简单,否则一旦没有了统治者,这个政体就会崩溃。查理曼大帝的帝国就是因其本人和其儿子的个人能力才没有解体。此后,即使不管它被一分为三的事实,由于缺少永久性的官僚机构,每个王国都四分五裂。神圣罗马帝国也是因为这个原因而解体的,它没有中央财政,甚至没有中央法庭。与其相比,英格兰王国在没有理查一世或爱德华一世时却依然能够正常运行。

与此相反的情况是官僚机构处于优势地位,而决策制定者却很少出面或者不能出面,只好由官僚机构制定决策,这方面最为突出的例子是中国。中国的文职官员来自士绅阶层,他们都接受过儒家道德和治国方略的教育。儒家学说有许多分支,其中一个十分强大的分支认为除了履行仪式,皇帝的唯一职责就是选择好的顾问,而这位顾问显然应该是信奉儒家学说者。皇帝本人则应该留在深宫,执行各种各样的传统仪式,完全让士大夫们做各种决定。活跃的皇帝和活跃的士大夫这两个对立概念之间永远处于一种拉锯战的关系。后者常常随心所欲,而皇帝则变得无足轻重。有时是皇帝过于沉溺于后宫,或过于放纵太监,自我沦落,致使权力旁落到了士大夫手中。

通过军事政变夺取政权和上面的情况有两点主要不同。首先,官僚机构只有在没有最高决策制定者时或者是当其不能履行义务时才能掌握权力,而军事政变则是军事将领武力夺权。其次,在前一种情况,合法权威完整无缺,官僚机构还拥有合法性,但是当军事将领夺权时情况就变了,他们取代了原有的合法权威,因此就要为自己寻求新的合法性。在寻求合法性的方式方法上,前现代政体和现代政体有明显的不同。在前者,军事将领最喜欢的手段就是保留甚至抬高合法君主的地位,而实际上掌握所有的决策权,这是日本历史上 1867 年明治维新以前一直重复出现的主题。另外一个例子是马穆鲁克王朝时期的埃及,苏丹保留顺从的本地伊斯兰哈里发,作为名义上的统治者。在中国的春秋战国时期和三国时代早期,[72]各个敌对将领争相挟天子以令诸侯,以此使自己的行为合法化。

在合法化源自民众授权的今天,上述的合法化方式不会产生任何作用。因此,现在的军事政变者通过公民投票和假选举等方式实现合法化，这些方式我们在宫廷/广场式政体部分已经描述过。

5. 对政府的限制

没有哪一个政府可以无所不能。一方面，所有的政府都要受到自然约束的限制。个体不可能做到事必躬亲，面面俱到。在人力和信息方面，现实和需求之间几乎总是会存在差距。对可得资源和人力的管理也要受到自然约束的限制，可是直到不久前，通讯和交通一直都很不发达，这就让问题更为糟糕。

与此同时，政府还会受到人为约束的限制，这种约束通常被称为"宪法"约束，即规章制度的约束。这些规章制度分为两种，第一种划定统治者的活动范围，第二种使其服从某些严格的程序。这些规章制度在两个不同的层面运作，可以总结如下：

约束包括：

1. 实质性约束。

2. 程序性约束。

约束的两个层面：

1. 在"水平"层面，即中央政府层面。

2. 在"垂直"层面，即从中央政府向下至地方。

5.1 程序性约束和中央与地方关系

如果将问题仅限于两套变量，即中央和地方，受约束和不受约束，这就将问题简单化了。在这些限制之内，不同国家的实际做法各不相同，每一个政体都有其独特性。此外，从理论上讲，中央对地方的权力是不受限制的，但是由于前面提到的自然约束和行政约束，在实践中总是无法做到这一点。记住了这些限制性因素，就会出现如下几种可能的组合情况。

5.1.1 中央政府受约束，地方政府享有广泛的自由裁量权

[73]这种组合会形成一种高度分权的政体。在现代世界，美国最符

合这种情况。联邦政府受到分权制的约束,50 个州的州政府也是如此。从法律上讲,联邦政府完全无权告诉每个州的州政府应该怎样履行其职能,也无权规定这些职能是什么。但美国是一个特例,因为它是一个"复合"国家。与其类似的情况以前也出现过,例如欧洲中世纪时期的封建君主制政体。在 10 世纪时的法兰克王国,选举产生的卡佩王朝的国王们几乎没有什么实权,那些大的行省在各自的伯爵和公爵的统治下,几乎完全独立。随着时间的推移,这种独立受到抑制。到了 14 世纪,君主已经不再由选举产生,而是实行世袭制。他是整个王国最富有,也最强大的统治者。他派出的皇家代理成功地侵蚀了地方显贵曾经不受约束的特权。虽然如此,这些地方显贵依然保留了对大量地方事务的裁量权,直到 17 世纪末,这些权力才被废除。与此相反的情况发生在哈里发帝国,最初的哈里发对地方行使着广泛的权力,但是随着时间的推移,这些地方实际上越来越独立,而哈里发的权力则变得有名无实。

5.1.2　中央政府不受约束,地方政府没有自由裁量权

无论是在实质上,还是在程序上,中央政府都不受任何限制,完全主导着地方的政策和行政程序,这种政体实行的是彻底的中央集权。在现代世界与此相近的是苏联政府,其本意是要实行联邦制,但是事实上加盟共和国都仿效执政党的模式,并通过执政党的网络受到严密控制,其指挥中心在克里姆林宫,而每个加盟共和国的地方单位则由共和国自己的中央政府进行类似的控制。

中华帝国本来要走的也是类似的路线,虽然中央政府的职权范围要比现在狭窄很多。从原则上讲,对皇帝的权威没有什么实质性的或者程序性的约束,直到村庄的各级地方单位都完全处于来自宫廷的控制和指挥之下。[74]这里必须重复一点,官僚队伍的大小与国家面积和人口的比例意味着实际上地方拥有很多行政裁量权,有时还拥有一些实质性的裁量权。

5.1.3　中央政府不受约束,地方政府拥有广泛的自由裁量权

中央政府行使绝对权力,程序上不受限制,活动范围也不受限制。

地方在这两方面也都享有裁量权，可以决定做什么，怎样做。波斯帝国就属于这种情况，万王之王实行专制，但是他要通过行省总督实现对帝国的统治。这些总督要执行来自皇帝的命令，但这些命令很少超出征兵和征税的范畴。因此，实际上这些总督在各自的行省内部不受任何限制。在古埃及，只要地方长官的势力凌驾于法老之上，常常也会发生这种情况，因为在整个埃及历史，王室的力量时盛时衰。当王室力量衰弱时，地方长官几乎成了其辖区的最高统治者。实际上，他们的确多次要求过独立。此后发生的动乱时代就是所谓的"中间时期"。① 波斯帝国和埃及的情况在古代和古典时代中东的帝国也都出现过。

5.1.4　中央政府受约束，地方政府没有自由裁量权

从理论上讲，这种模式适用于 18 世纪欧洲的专制君主制。君主受到来自基督教会的实质性约束，但地方政府也没有行政裁量权，至少从理论上是如此。在实践中，各省享有更多活动余地，因为随着时间的推移，省长和地方显贵会走到一起，成为地方显贵和中央政府之间的中间人。

5.2　对中央政府的实质性约束

实质性约束和程序性约束的划分可以帮助我们分清专制政体"大家庭"的不同成员，是独裁统治、专制君主制，还是专政统治，等等。就像多次指出的那样，路易十四虽然不受其他任何法律机构的制约，即程序性约束，[75]但是他却并不能任意行事，恣意而为。他不能废除古老的宪法，该宪法规定国王不能转让皇家的领地，王位只能由男性后裔继承。

这种实质性约束有三种，三者可以单独起作用，也可以共同起作用。它们源自于君主制实现合法化所根据的原则。三种合法化的基础分别是宗教、传统和法律。对于第三个合法化基础，美国 1789 年的联邦宪法就是一个很好的例子。我认为，完全意义上的宗教合法化（因此

---

① 　见原书第 32—33 页。

也是宗教约束)的例子,只限于原始的人格魅力型统治者,如扫罗王(可能还包括大卫王)和穆罕默德。就像我们看到的那样,①一旦这样的统治者去世,他们的人格魅力就会常规化,成为传统。

在实践中,大部分统治者都是通过三者的混合实现合法化的。为了长话短说,我们可以考虑一下路易十四对法国的统治。他是通过宗教完成合法化的,接受过大主教的涂油礼。由于同样的原因,他必须要信仰罗马天主教会,在教会允许的范围内行事。他还是通过传统实现合法化的,卡佩王朝的历史可以上溯到10世纪。他还通过法律实现合法化,例如萨利克法规定王位不能传给女性后代。

但是,有些统治者不受这种实质性约束的限制。从理论上讲,中国的皇帝可以在任何他所选择的领域任意行事。雅典的公民大会也是如此。罗马共和国的统治机构也同样如此,因为十二铜表法对共和国的活动范围并没有做出限制。

这些评论触及到一个十分重要的原则问题。专制主义意味着不受任何程序性约束。② 在某些政体,统治者可以在某个特定领域任意而为,想怎样就怎样,但是对另外一个领域却完全无权干预,这一点似乎还没有得到广泛的认可,就像本书表明的那样,犹太人是这种有限君主制的创始人。摩西律法至高无上,国王仅仅是摩西律法之下的行政官和法官。可是摩西律法并没有提供外交、税收和治安方面的指导方针,而这些都是我们今天认为应该是政治最关心的事务。因此,只要我们稍微冷静客观地阅读《旧约》,就不得不承认所罗门王是一个典型的中东小国的君主,除了摩西律法起作用的领域,其他所有事务都由他负责。③

[76]出于同样的原因,基督教和伊斯兰教的统治者都是如此。我们完全可以这样进行概括:从定义来看,任何一个包括"教会"的混合式

---

① 见原书第38—39页。

② 这就是英文"absolutism"(专制主义)一词的词源学意义,"不受法律约束的"(ab legibus solutus)。

③ 甚至连摩西律法起作用的领域也在他的管理范围,老年的所罗门允许他那些异教徒的妻子崇拜她们本土的偶像。所罗门是历史上被过高评价最为严重的人物之一。

政体都要受到实质性的约束。

除了遵守宗教法规之外，统治者还要尊重传统。大部分表面上专制的独裁政权尊重私有财产和人身自由。虽然在实践中他们常常违背这些传统，但是要求其服从传统的压力还是很强大的。拿伯的葡萄园的故事很好地说明了这个问题的两个方面：国王不能简单地将葡萄园占为己有，因为这有违习惯法；但他能够编造罪名，诬陷拿伯，也就是通过"适当的程序"，以这种道德败坏的方式将葡萄园从他手中夺过来。

最后，成文法出现了，它们也要限制统治者的裁量权。在中世纪的欧洲，这就造成了一个难题。显然，国王是法律的源头，但另一方面，他也一定要受到法律的约束吗？在此语境中，这个问题无法回答，但是最终出现的是一种务实的妥协：国王当然要受到现有法律的约束，但另一方面，在特殊情况下，他也有权中止或者废除法律。同样的道理，如果理由正当，他也有权剥夺个体的自由。于是就有了英国1688年的"光荣革命"，废除国王"中止或废除法律的权力"这件事。其他国家的君主也享有类似的特权，以满足社会的不时之需。即使今天，国家首脑也可以行使传统的特赦权，将法庭判决抛到一边。

5.3 对中央政府的程序性约束

这一点比前面的实质性约束要好说明很多，因为任何形式的多头统治在事实上都要受到程序性约束。这是因为由于多头，就很有可能会出现意见分歧，就有必要制定关于如何解决分歧的法规。多头统治必然涉及到程序性法规，这是一条定律。这实际上意味着所有的协商式政体都要受到程序性约束。因此这个范畴涵盖了广场式政体、贵族政体、广场/贵族式政体和宫廷/贵族式政体。如果考虑纯粹形式的僧侣统治，我们还应该把教会式政体包括进来，但我们可以将其搁置一边。从定义上讲，宫廷式政体是不受程序性约束的。

这样就只剩下一种主要的政体，即宫廷/广场式政体。前面我们曾提到将美国的总统制当作宫廷/广场式政体来看待的可能性，但我们排除了这种可能性，因为总统只是这种政体更为广泛的多头领导的一个组成部分。

表 1　对政府的约束

实质性的	程　序　性　的	
无约束	无约束	有约束
	一些宫廷式政体；一些宫廷/广场式政体	一些教会政体： 　广场式政体，贵族政体 　广场/贵族式政体 　贵族/宫廷式政体
有约束	一些宫廷式政体；一些宫廷/广场式政体	一些协商式政体

　　说明:除了教会政体和那些由教会构成的混合政体之外,其他主要政体类型中的任意一种,要么有实质性制约,要么就没有。

　　[77]就像我们已经指出的那样,①宫廷/广场式政体从希腊的僭主政体一直延伸到今天的极权主义政体。虽然已经通过某种民众支持的表演实现合法化,无论这种支持是真是假,这些政体实行的要么是个人专制,要么是集体专制,但它们都不是多头统治。威权主义统治(如拿破仑和佛朗哥)和极权主义统治(如苏联)之间的区别不是类型上的,而是职权范围和有效性上的。后者无论做什么和怎么做都不受限制,而威权主义政体却承认某些实质性的约束。

　　于是就有了下面几种情况:

　　1. 既没有程序性约束也没有实质性约束。

　　　（1）宫廷式政体,如中国的皇帝。

　　　（2）一些宫廷/广场式政体,其中包括希腊的僭主政体,一些现代的威权主义专政政体,如委内瑞拉的戈麦斯将军和巴拉圭的弗朗西亚博士,还包括 20 世纪所有的"极权主义"政体。

　　2. 既有程序性约束又有实质性约束。

① 　见原书第 57—58 页。

所有的协商式政体都必然要受到程序性约束，其中有些还要受到实质性约束。这方面的例子如：中世纪的君主制政体，国王既要受到基督教的制约，又要受到法律和传统的制约；中世纪意大利的城市国家，它们是协商式的，但受到基督教的制约；还有今天的"自由民主政体"，自动受到法律和传统的制约。

3. 有程序性约束，但没有实质性约束。

[78]所有的协商式政体都一定会受到程序性约束，但其中有些不受实质性约束，如雅典的公民大会、罗马共和国和日本的封建政体。

4. 没有程序性约束，但有实质性约束。

最后这个范畴产生的是通常被定义为"专制主义"的政体，也就是统治者能够自由行动，不受制度上的约束，但是对于某些领域不能干涉。宫廷式政体和一些宫廷/广场式政体都是如此，如路易十四的统治，他受到王国传统宪法的约束，在财产等方面要受到传统的约束，还要受到基督教的制约。所罗门王和曼苏尔哈里发的统治也属于这种情况。

有些宫廷/广场式政体也属于这一范畴。19 和 20 世纪的军事专政或人民专政政体为我们提供了很多这方面的例子，例如，通过全民投票实现合法性的拿破仑曾和天主教会签署协议，墨索里尼也有同样的举动。

5.4 对主要变量的简要概括

1. 共有四组基本的变量。

（1）疆域。

（2）政体类型。

（3）是否拥有军队和官僚机构。

（4）对职权范围的限制。

2. 每组变量可以被分解成几个次变量。

（1）根据疆域可以分为城市、国家和帝国。

（2）政体类型可以分为十种，其中五种主要类型是本书重点探讨对象。这些类型又可以进一步分类，分类依据如下：

① 处于主导地位的人员。

② 典型的政治过程。

③ 合法性基础。

（3）上面提到的五种类型可能有某种官僚机构和军队为其服务，也可能没有，根据这两者又可以分为三个主要类别。

（4）最后一个变量涉及到统治者在各个政体享有多少自由裁量权，受到哪些宪法程序制约，即政体的统治者受到多少实质性或程序性的约束。

[79]上述这些因素共同构成所有政体在比较基础之上的主要特征。

6. 评判标准

我所开列的清单从人们有共识的标准开始，越往后越具有争议性。

6.1　防御

对一个政体来说，保卫其人民不受外敌侵略、掠夺或奴役的能力是最基本的。如果连这一点都做不到，那么这个政体也就失败了。当这种失败十分严重时，情况尤其如此，因为此时政体本身也会被消灭。

6.2　内部法律与秩序

6.2.1　"秩序"

这一点显然包括对暴力犯罪的镇压和预防，但这些都是针对私人行为。判断一个政体还要看其政治制度是否会造成内战和随之而来的破坏和伤亡。例如，罗马帝国常常会因为皇权继承问题而发生内战，我认为这是其一大缺点。

6.2.2　司法

这里有两组因素要考虑，一组是司法系统的构成特征，另外一组是对这些特征的扭曲。第一个可能不好，第二个一定不好。

首先，要想让人接受，裁决系统必须始终如一地遵循明白易懂的原则和程序。这绝不意味着要求法律面前人人平等，而是恰恰相反。当等级分化在社会上得到认可，法律面前人人平等的原则就会变成同一社会级别的人法律面前人人平等。例如，罗马帝国就没有做到法律面前人人平等，先是通过法律区分了公民和非公民，后来这种区别被废除，又有了上等人和下等人的划分。现代意义上的法律面前人人平等的概念是欧洲现代早期的成果。

其次，在等级分化的社会里，当裁决系统不能平等地对待同一等级的所有个体时，这就可以说是"不公正"。[80]这种情况可能会发生在没有通用的法律条文时，或者是法律条文有缺陷时。但是如果只是法律声称要遵守法律面前人人平等的原则，在实践中法庭却偏向某一个社会等级，也会发生"不公正"。都铎王朝时期的英国和弗朗西新一世时期的法国都是如此，无论其法律是怎样规定的。但是在同时代的威尼斯，情况就并非如此，研究表明，虽然贵族垄断了政治权力，但是在法庭上，他们受到和普通人完全一样的对待。威尼斯的司法系统之所以如此声名远扬，正是因为这种不偏不倚。

在我们看来，不公正一定是某种盛行的程序和证据规则本身所固有的，但是我们是否应该因此指责某些政体呢？这是值得争论的。有人会说这种态度不符合历史原则，因为那些奇怪的、让人反感的程序和当时人们的意识是一致的。但无论从哪一种客观角度来看，利用火、水或决斗而进行的神明裁判来获知真相的做法，显然是丝毫无法让人满意的，实际上十分荒谬。比起神明裁判，罗马的纠问制虽然有了很大改进，但这种做法通常取决于被告人的招供，为了获得招供，可以诉诸严刑拷打。按照要求，只有对被告人犯罪证据明显的初步证明案件才能动用严刑拷打，但在实践中，这种做法几乎成为一种常规。

直到最近的政治审判几乎总是不公正的。当统治者的利益或国家利益受到威胁时（两者通常被混为一谈），总是先假定被告有罪，除非他能够证明自己无罪。最大的压力在被告和法庭身上，后者要扭曲证据规则，使判决偏向于"有罪判决"。按照我们现在的标准，这些国家审判中很大一部分都不过是司法处决。

最后,即使法律和司法程序是公正合理的,还是会出现不公正现象,要么是因为司法行政有缺陷,要么是因为司法人员有问题。前者最为常见的情况是诉讼缓慢拖延和代价高昂。英国有句谚语叫"延误的公正相当于没有公正"。在《晚期罗马帝国》一书中,琼斯一针见血地指出罗马法无疑很好,但对大部分普通百姓来说,意义不大,正是因为这两个原因。后者最常见的情况是腐败和对法官及陪审团的恐吓,还有法官贪赃枉法。后一种情况从古至今几乎所有的政体都存在。

6.3　税收与勒索

[81]几乎每一个政府都必须要组织征集人力、财力和物质,只有这样才能履行即使是最基本的功能,如防御和维持社会秩序,虽然在雅典和早期的罗马,这些是通过最基本的方式来完成的。总的规律是政府的分化越细,需要征收的税就越多。

原始的税收很多是实物税,实际上这是苏美尔和埃及古王国时期政体的基础。这一制度很不灵活,维护谷仓和仓库就需要很多开支,最重要的是还需要大量的书记员记录进项和支出。不管什么时候,也不管什么地方,只要有可能政府就选择征收货币税。但他们可能无法这样做,因为当时的经济环境不允许。例如,3世纪的罗马帝国,通货急剧膨胀,再如黑暗时代的欧洲,倒退到了自然经济时代。值得注意的是封建君主很早开始实行免服兵役制,以金钱替代军事服务。虽然如此,有一种实物支付在许多政体里都延续了下来,那就是强制劳役,我们往往称其为"徭役"。在法国,这种做法一直延续到18世纪。实际上,强制劳役一直就是中国财政系统的一部分,但我们不能简单地将其看成是缺少头脑的专制的反映,而应该将其视为完全必要的,因为只有这样才能应对经常发生的灾难性、毁灭性的洪水暴发。在汉帝国,征募的士兵占全国总人口的0.5%—2%左右,而每年提供一个月强制劳动的人数多达总人口的20%—25%左右。①

---

① M. Loewe,"汉武帝的远征",F. A. Kiernan and J. K. Fairbank(eds),《中国的兵法》(Harvard Up,Cambridge,Mass.,1974),第81页。

在评价财政系统的有效性和公平性时，必须记住这些因素。有效性和公平性绝不是一回事。在今天的英国，统一征收 15％ 的所得税将是直接税收最有效的形式。这样征收的总税款会和现行税收方式基本相同，又可以减掉各种名目的花费，但这种简单化的做法会因为不公平而遭到反对。例如，为什么需要养家糊口的人要和单身汉缴纳同样多的税呢？富有者和贫困者收入悬殊，为什么却要按照同样的比例缴税呢？

[82]要想确定评价任何政体财政系统的标准，必须考虑四个因素。

6.3.1　财政系统的道德理由

这里我们同样要摆脱今天的道德价值观的束缚，这一点很重要。例如，税收应该是累进的，这个概念在英国只有不到 70 年的历史。我不知道此前的任何一个政体赞同这个概念，对他们来说，这有点匪夷所思。另一方面，几乎所有时代的所有政体都有这样一种模糊的概念，即税收应该是"公平的"。但在实践中，"公平"的含义有天壤之别。最基本的想法是应该根据每个人的收入进行征税，收入相同的人应该缴纳同等数额的税，因此，如果一个财政系统没有做到这一点，就应该对其提出指责，这样我们就要谈到下一个因素。

6.3.2　财政系统的技术细节

我们必须从一开始就意识到直到最近，税收的评估和征收肯定是粗糙的、不公平的，无论政府多么用心良苦。加布里尔·阿丹特对其中涉及到的困难有过详细深入的描述，我们的探讨将参考他的研究。① 简单说来，他的观点如下：首先，现代之前，除了几个城邦，所有的政体都是自然经济，并且农业生产的回报很低。其次，政府在收税时更愿意收取货币或货币等价物，如古代和中古时期中国的丝绸，因此，农业生产者必须要寻找市场出售其产品，而这并非一件简单的事情。

----

① 　G. Ardant，《现代国家和民族的财政机构》，in Tilly(ed.)，《西欧民族国家的形成》，第 164—242 页；又见其《赋税史》，第 1 卷(Fayard，Paris，1971)。

第三,对每个家庭财产的评估很困难,因为农业经济常常是自给自足的小农场经营,一个农民全家劳动,自己生产,自己消费,并且从不记账,让人怎样去评估其财产呢?

因此,所有的税收方法都要么低效率,要么不公平,要么两者兼备。征收可见收成实物十分之一的什一税看起来似乎简单易行,而在实践中要开列仓库的存货清单就很麻烦。无论怎样,收获可能太早,也可能太晚,这让税官无法开列清单。因此,为了解决这个问题,农民和税官之间常常会商定一个固定数目。资产的评估也很复杂,要想对动产收税,几乎是不可能的,因为这些东西便于藏匿,这样一来,就只剩下一种固定资产,即土地,[83]但仅仅根据土地面积征税不但极其低效,而且很不公平。这就有必要评估土地的产出,而这则意味着要进行复杂的测量工作,建立土地清册。这种做法出现之早让人惊奇,例如在古埃及就有了。可是价格会变化,产量会变化,土地的主人也会发生变化。政府的行政能力总是无法跟上这些事件的发展,因为要频繁地更新土地清册。中国明朝发生的情况,在其他地方都发生过。评估所依据的名册变得越来越过时,直到评估的基础几乎成为一种惯例。20世纪80年代的英国也出现过一模一样的情况,对应纳税产业的重新评估拖延了如此之久,以至于评估已经成为一种奇怪的概念。重新评估会导致完全不同的价值,甚至会对政府构成政治威胁。于是就有了灾难性的政治试验,即人头税。

因此间接税就成为更受欢迎的选择,但是即使间接税也会碰到难题。在《晚期罗马帝国》一书中,琼斯估计说在罗马帝国最为繁荣的时期,只有15%的财政收入来自商业。此外,在17世纪以前的欧洲,即使是在城市,也很难征收营业税。人们最赞同的征税方式是在商品的运输环节收税,这样就体现出英国作为一个岛国的价值,因为政府可以在港口对出口的羊毛征税,这样做很简单。

6.3.3 多少税收是真正必要的?

罗马没能够击退蛮族的入侵,因为这需要一支更大、花费也更多的常备军,而帝国的农业税基无法支撑这样的军队。以这样的理由批判一个财政系统是不合情理的，因为这也就相当于说这个政体太穷，无法履行其基本的任务。但实际上就像琼斯指出的那样，晚期罗马帝国将本来可以用于军队的财政资源用来养活他所谓的"闲人"。他让我们注意到这样一些事实：免费分给罗马和君士坦丁堡居民的定量配给；一小部分极其富有的元老阶层缴税很少，却享受财政上的特权，这使他们能够通过垄断职位获取非法利益，并进一步牺牲国家，中饱私囊；行政人员队伍的膨胀；基督教成为国教之后，各级牧师的数量急剧增长，他们的报酬高于行政人员，拥有的地产越来越多，却不用纳税。①

[84]很遗憾，这种思路通常有害的，它反映了我们当代人对过去的政体工作重点的估计。今天看起来似乎是大肆挥霍浪费，但对于当时的政体来说却常常是为了履行某种功能。在拜占庭帝国，为了给蛮族的首领留下好印象，因为要想应对四周的敌人，他们必须依靠这些人，这时朝廷的炫耀和铺张是必要的。与此类似，在中国历史上的几个时期，大量的丝绸以税收的形式收上来，这些丝绸被送给长城以外的游牧部落，让他们不要兴兵侵扰。因此，在判断一个政体的财政需求时，必须要把外交的花费算在战争开支上。不过，即使有上述种种情况，在绝大多数情形下，依然有很多金钱被毫无意义地挥霍，用来建设不必要的宫阙楼宇。王朝战争可以增加统治者的财富，扩张其势力，但无论是对于其原有的臣民，还是新获得的附庸，都没有实际的好处。要想确定这类事情的本质，唯一的方法就是具体问题具体分析。

6.3.4 逃避和勒索

直到最近，很少能够找到一种不被扭曲的税收体制，一方面是系统化的逃税，另一方面是勒索性的弊政。在所有这些情况下，吃亏的总是占人口大多数的穷人，受益的总是有权有势的富人。后者是除了广场式政体之外所有其他政体的掌权者，他们总是努力要让税法对他们有利，也通常都能够成功。这方面最明目张胆的例子就是整个社会阶层利用其政治权力使自己免于纳税。例如，在中世纪后期的法国，为数众

---

① Jones，《晚期罗马帝国》，第 2 卷，第 1045—1046 页。

多的贵族阶层被免除人头税,加上教会也已经被免税,负担就落到了第三等级头上。在法国,能够被免税实际上被看作是贵族身份的标志,中世纪后期欧洲许多国家都效仿这种做法。所有的大土地所有者,无论是不是贵族,无论是在欧洲还是在亚洲,都有法律之外的逃税方式。在农业社会,这些人是地方显贵,拥有大量的追随者。相比之下,政府的地方税官是无名小辈。他们要对这些地方显贵作出专门的让步,只有这样才能让征税任务更轻松,实际上很多情况下只有这样才有可能完成任务。这部分人缴纳的税就相对少很多,而这就意味着小土地所有者和普通农民要相应地缴纳更多。

由于前面已经提到过的技术原因,不公平的评估方式是不可避免的,但是有问题的公共行政会使情况雪上加霜。[85]在最低层面,税务的评估和征收工作从政府专业人员落到了不领薪酬的小贵族和村庄头领等人手中。① 这些人和政府代理之间沆瀣一气,是腐败的勒索式税收的主要源头。两种常见的征税方式会让情况更加糟糕。一个是政府为每个行省设定税收目标,地方总督征收的要比上缴的多很多,剩下的就被他据为己有,而政府对此视若无睹。这种做法更简单,因为总督通常要保留一部分税款作为地方行政人员的薪酬,而这就会把账目弄得很乱。另外一个是政府将税收"私营化",通过投标,与能够征集最高税额的投标人签订承包合同,这就是包税制。政府关心的只是能征收多少税,而不管包税人征税的方法。

6.4 公共建设和福利

这是一个十分主观化的领域。政府为社会提供的积极服务,如教育、公共建筑,等等,在不同的时间和不同的地方是有差异的。要判断一个政体这方面的情况,我们只能在特定的时间和地点范围内进行。但是可以尝试得出两个结论,第一,我们现代所理解的"福利"大部分是由城市提供的,而不是中央政府,无论这种城市是独立的城市国家,还是更大的国家的一部分,如罗马的自治城市。由此还可以得出一个小

---

① 见原书第 66 页。

结论，那就是在这样的城市里，许多此类活动是由私人机构承担的，而不是市政府。例如，在希腊和罗马，富有的热心人士通过缴纳公益捐，为城市建设公共建筑。在中世纪意大利的城市国家，通常是一些牧师阶层、兄弟会或行会照顾穷人、弃儿和病人。在不同的城市之间，这类工作的重心有很大的差异，例如佛罗伦萨广泛建立学校，而威尼斯却没有，但威尼斯是欧洲第一个提供公费医疗的政体（这是佛罗伦萨没有的），它把教育留给了兄弟会负责。

但是如果完全忽视中央政府的作用也是错误的，例如在中华帝国，政府就命令各个州县设立学校，但是中央政府的主要职能是提供"公共"设施，如道路、水闸、运河和港口。[86]在容易遭受洪水、旱灾和饥荒的国家，政府的确可以起到十分积极的作用。埃及人仔细观察尼罗河的水位，建立仓库和粮仓，以便在发生饥荒时向百姓分发食物。中国也是这样做的，但方法更为先进，他们建立一个体制，当粮食出现盈余时，国家大量购进，当这些地区发生饥荒时，再卖给百姓。前面我已经提到中国对强制劳动的集中动员，修筑堤坝，重建被洪水淹没过的地区。除此之外，他们还开挖大规模的运河网络，将黄河流域与长江流域连接起来。他们修筑道路，当然还修筑了万里长城。

有些政府对这些事情特别认真，但也有些政府对这些事情不管不问。有些城市努力帮助那些生活困难的公民，但也有许多城市并非如此。如果因为过去的政体未能完全符合现代福利国家的标准而对其展开批判，这是十分荒谬的，但是如果这些政体没能达到当时当地正在实行的更高标准，这种批判则完全正当。

6.5　权利和公民身份

"民主"和"参政"是当今的流行词语，哪一个独裁政体都离不开它们，但我们不能因此就通过是否具有这些特征来判断过去的政体。实际上，事实几乎恰恰相反。今天的欧洲人和他们的海外后裔在回顾过去时，会将希腊人作为现代公民自由和公民权利的先驱，这是很自然的。但是如果指出直到 19 世纪，欧洲的先锋和榜样不是雅典，而是斯巴达，这一点也不是愤世嫉俗。严酷的事实是，在长达 5000 年的世界统治史上,希腊的民主城邦只是很小的一部分,无论从空间上还是从时间上都是如此。是希腊人发明了公民身份的概念,就像本书关于城邦的章节所表明的那样,这个概念我是指由某些个体结成一种合作关系,其中每个人都有权参与公共政策的制定和执行。爱德蒙·伯克的《法国大革命沉思录》中有一段著名的话,指责洛克将国家看成是一家股份公司。伯克说:"国家不应该仅仅被看作是一家从事胡椒、咖啡、棉布、烟草或其他经营业务的合作契约。"虽然伯克认为国家要更加值得尊敬,更加超越,但是他并没有否定国家是一个"合作契约"。他说国家就是这样的契约,再加上一些更加高贵的东西。希腊城邦的新颖之处不在于它是一个城邦,[87]毕竟乌尔城、泰尔城和西顿也都是城邦,而在于它是一个联合,一种合作关系,在其中所有的人都应该有权扮演自己的角色。

直到两百年前,雅典对公民身份和参政权的民主观念在欧洲一直受到排斥,而在其他地方甚至根本就没有出现过。在绝大多数情况下,政体几乎总是建立在某种程度的附庸关系之上。个体不是公民,而是附庸,他所拥有的权利也只是我们所说的消极权利,即传统的财产权和执行契约的权利,等等。政府如果干预这些权利要承担风险,但却是可以干预的,因为没有法律机制可以阻止它。积极权利是指参与决策制定过程的权利,而这种权利完全是缺失的。我们遇到的只是不同程度的附庸关系,从动产奴隶制到家庭奴隶制,通过不同程度的农奴制,直到法律上自由但实际上依附的农民。即使在中世纪的城市,"城市的空气让你自由",绝大多数的手工艺者也要依附于城市贵族。我们考察这些社会里个体是自由还是奴役时,必须考虑不同程度的依附关系和这种关系在多大程度上对个体不利,而不是参考后来在某个时间某个地点出现的民主和平等主义理想。动产奴隶制在美国一直延续到 1865 年,在巴西一直延续到 1898 年,由此可见其过时的程度。

7. 没有终极论的轨迹:发明和死胡同

有些统治实践源自先前的社会。这种创新的最早出现就是我们这里所说的"发明"，作出这种创新的社会就是"发明者"。但有时后来类似的实践会在不同地点重新出现，完全独立于前者。因此，如果把中国当作现代官僚制度的发明者，那么西欧则似乎可以被看作是其二次发明者。

这部《统治史》对其中一些发明和再发明给予特殊的重视，后文会将其罗列出来。现代的政府仍然在使用这些发明。还有其他一些发明，虽然文中也会谈到，但并没有将其包括进来，因为它们已经过时，从今天的角度来看，这些是死胡同。

但这并非要否定其发明者的独创性，[88]在这方面他们本来丝毫不亚于那些发明了今天依然在使用的体制的人，而只是说他们的创新有一定的时效性，而其他的创新却没有。这些创新要么被更好更简单地解决特定问题的方法所超越，要么就是它们所要解决的问题今天已经不再成为问题。

优先考虑那些和现在相关的统治上的创新，这并不是终极论。如果认为现代国家是最终形式的政府组织方式，或者认为其他形式的组织方式本来可能永不出现的，如认为神圣君主制要么"注定"要消失，或者永不复返，这才是终极论。对于历史来说，"永不"所指时间过于长久。但如果因为在我们今天所处的世界，现代统治方式的某些因素对我们十分重要，而把它们的首次出现挑选出来，这是完全合乎情理的。但这里要强调的是"重要"这个概念。对我们今天十分重要，这并不意味着从道德上或实用价值上，这些特定的发明比那些已经不复使用的发明更加优越，而只是意味着它们也同样值得引起我们的好奇。

优先考虑那些与现在相关的统治方式，这也并非出于种族中心主义。的确，这里挑选出来的正是现代欧洲国家的构成元素。现代欧洲国家起源于 16 世纪左右，在本书成书时，世界被分成大约 180 个国家，每个国家恰好都以现代欧洲国家作为模型，使其成为当今遍布全球的国家形式。但这纯属巧合，事情是本可能朝其他方向发展的。中华帝国的国家模型本来也可以征服世界，如果这样，这份发明和再发明的清单上就会是那些在那种政体依然在使用的做法的首次出现，如社会的等级分化和专制,而不是公民身份、民主和代议制政府。

有些特定统治方式的首次出现有时也是最后出现,它们是独一无二的,是没有历史的,但是所有其他的发明和再发明的确是有历史的,也许都有一个生态系统。这就意味着它们全部被传播到后来的社会和其他地方,这种传播通常是随着时间推移而直接派生出来的。例如,中国的士绅阶层是经过一个个朝代发展起来的,随着时间的推移,变得越来越成熟。有时这种传播是观念上的,就像我前面所说的那样,希腊的城邦发明了公民身份的概念。虽然城邦形式的政体很快就灭绝了,[89]但公民身份的概念和民主的概念一样,演变成为一种传统,处于不同地方不同情况之下的后来者继承了这个传统。罗马法在西欧的情况也是如此,12 世纪时罗马法得到复兴,而此时发明了罗马法的政体已经消失了几百年。我这里尽最大努力避免给人这样一种印象,例如我说中国是现代形式的官僚制度的"发明者",就以为这一定意味着欧洲的官僚制度是从中国传来的。再例如,我说阿契美尼德王朝时期的波斯发明了世俗形式的帝国,就以为罗马同样形式的政体是从波斯传入的。

同理,这份发明和再发明的清单也不意味着另外一种意义上的终极论,即从古至今的一种直线型演进。对清单内容的选择本身就足以打破这种误解。苏美尔和埃及的神性王权概念并没有不可避免地演进到犹太的神权统治。它们和其后希腊、中国和罗马的世俗政治之间没有任何必然联系。后者的官僚制度并非源自中国,它们也肯定没有"导向"封建制,再到代议制,除非是在时间顺序的意义上。这份清单并没有体现演进的谱系,也不想这样做。它只是从过去的发明和再发明中选取了那些碰巧构成当今世界政府模式的因素。

7.1 亚述

这个遭人厌恶的国家发明了帝国的概念。阿卡德、巴比伦和埃及的君主都通过当地的国王或酋长统治过其他的民族和政体,但亚述人最早将征服的土地分为行省,由中央任命的官员进行统治,它是第一个我们现代意义上的帝国。

7.2　波斯帝国

此前的帝国承认万王之王的神性或半神性，亚述人开始实行宗教帝国主义。波斯帝国的好处在于它毫不在意其臣民崇拜谁，以及如何崇拜。它是第一个有世俗思想的帝国。

7.3　犹太王国

[90]犹太王国的君主是多余的，只有上帝才是国王。世俗君主不能违犯上帝启示给犹太会众的成文法。国王的权力不是绝对的，因为虽然没有宪法机制对其加以约束，但人们的宗教情感禁止他做某些事情。有限君主制就是这样被发明的，它并没有随着古代犹太王国或第二犹太联盟的消亡而消亡。通过《圣经》和基督教会，这种观念成为西欧传统的一部分。

7.4　中华帝国

这个伟大的政体是世界上最为古老的政体。它并没有直接甚至也没有从观念上促进现代欧洲国家的发展。但是由于其统治传统至今依然存在，还因为其占世界五分之一的人口，它并不是我们所说的发明者，但也不是一个死胡同。中华帝国的统治方式多种多样，十分复杂，我们可以从中选择六个大的创新。这里我们只说一点，即这个国家最早出现了受过专业训练的领薪酬的官僚阶层，以及具备同样特征的常备军，两者都是按照理性原则组织起来的。在欧洲，这两者都得到了独立发展，不过中国捷足先登。因此虽然欧洲人的确可以说是"二次发明者"，但这项发明依然应该属于中国。

7.5　希腊城邦

城邦政体是个死胡同，它不能扩张，只能自我复制。它也无法自卫，因此注定要被吞并。但是，就像我们已经提到的那样，希腊的城邦被设想成为一种合作关系，一种超级的股份公司，其中许多公民都享有积极权利。在有些城邦，如雅典，所有的公民都享有积极权利。希腊人发明了当今世界两个最为重要的政治特征,一个是和附庸相对的"公民"概念,另外一个是民主。民主的必然结果就是统治者要对被统治者负责,这一点也是雅典人发明的。的确,他们的直接民主只包括城邦的少数人,[91]但这个概念出现了,并流传到 19 世纪的欧洲。公民身份的观念也是从早期的罗马传下来的。希腊的发明十分大胆,这种胆识怎样夸张也不过分。

7.6　罗马共和国

和希腊城邦一样,罗马共和国也形成了公民传统,但却没有按照所有公民平等的原则分配权利和义务,而是根据其地位和财产进行分配。他们创造了纳税人选举制。此外,在希腊的民主政体中,公民大会的权力压倒一切,无所不能,而在罗马共和国,权力受到制度"制衡"的约束。在"共和政体"政府受到程序性约束,在"民主政体"政府不受程序性约束,两者之间的差异就在于这个重大发明。

7.7　罗马帝国

罗马帝国复杂的官僚结构和军事结构可以和同时代的汉朝相媲美,但正因为这一点,这些算不上发明。罗马帝国最新颖、最持久的发明是"法治国"的概念。个体受法律制约,最少从原则上如此。罗马帝国接受了罗马共和国的问责制概念,发明了一些制度,使被统治者可以挑战帝国代理的行为是否合法。无论这些代理是行省总督,还是像国库这样的机构。是法律至上,还是个人至上,亚里士多德所勾画的"法治政府,而不是人制政府"在罗马帝国得到了实现。

值得注意的是,从 4 世纪开始,罗马帝国开始屈服于偏执的教权主义,而在此之前,它和波斯帝国与中华帝国一样是世俗的,现世的,不愿因为臣民的宗教信仰而对其进行迫害。对基督徒的迫害,是因为其外在活动的政治影响,而不是因为他们的思想观念。因为思想观念而对个体和组织进行迫害,始作俑者是圣奥古斯丁。

7.8　拜占庭帝国

和下面要谈到的阿拉伯帝国一样,拜占庭帝国也是也是会众式政体,除此之外,它并没有什么重大的发明。虽然是君主统辖教会,但如果皇帝限制教会的努力有违其臣民的宗教感情,也会遇到政治抵制。[92]因此,拜占庭帝国是"实质性约束"的一个不大有力的例子。

拜占庭帝国被突厥人灭亡之后,这个君主统辖教会式的专制政府也随之消失,取而代之的是穆斯林君主统辖教会式的专制政府。但在此之前,它已经将这一主要特征传到了巴尔干半岛和俄罗斯,而后者具有十分重大的历史意义。

7.9　哈里发帝国

阿拉伯游牧民族的最大成就是在他们征服的土地上创造了一个新的文明,但阿尔罕布拉宫不是我们所要关注的对象。他们在统治史上的贡献几乎称不上是发明,用迪斯雷利的说法就是"马背上的犹太人"。就像上文所述的那样,犹太人发明了君主受神律约束的概念,统治者不能违背神律,也不能改变神律。阿拉伯人和基督徒一样,接受了这个信条。他们和犹太人不同,犹太人总是少数派,最后其政体也被消灭,而阿拉伯人是征服者,他们可以将这种观点强加给被征服的社会。这部分上是因为伊斯兰教的说服力,伊斯兰教是严格意义上的一神教,要想皈依十分简单;部分上是因为对非穆斯林的歧视,由阿拉伯人组成的统治阶层能够让被征服民族接受他们的宗教,成为穆斯林社会的一部分,而这个社会对其统治者的专制构成一种程序上的约束。

7.10　中世纪欧洲

中世纪的欧洲富有创新精神。一方面它复兴了一些过去的统治形式,这种复兴对将来意义深远,尤其是它复兴了城市共和国。此外,它还复兴了法治国的概念,在欧洲大陆,它甚至复兴了罗马法本身。它还发明了一个死胡同,那就是封建制度。对于一个组织化、货币化,并且由中央集中统治的政体来说,封建制度只是权宜之计。但这个死胡同很有趣,因为在同时代的其他地方,甚至在当今,都可以找到与其相类似的统治方式。

中世纪欧洲有两个重大发明:一个是有组织的等级分化的教会,

它和世俗权力既对抗,又共存。教会精心守护着属于自己的权威范围,不让统治者插足。对独裁统治的实质性约束被如此制度化,这在世界上其他地方是没有过的。无论是伊斯兰国家,还是信奉儒家思想的国家,或者是佛教国家,都无法与其相提并论。世界上其他任何地方的宗教机构都没有如此强大,如此组织严密。[93]第二个发明是代议制,不言而喻,这是今天世界上现代国家模式最为核心的一点。

7.11 欧洲的现代早期国家

总的说来,与其说欧洲的这些民族国家发明了什么,不如说它们再次发明或再次强调了什么。可以肯定的是,它们为西方世界重新发明了国家领土的概念,而在封建社会,这个概念已经被抹杀。通过宗教改革运动和"民族"教会的建立,它们还再次发明了拜占庭帝国时期出现的君主统辖教会的概念。但它们的确发明了建立在语言和宗教教派基础之上的民族国家,并通过势力均衡使其得以延续。

其中一个国家做出了一项发明,这项发明注定要成为现代国家形式特有的、最本质的构成部分,这个国家就是英国。在欧洲大陆,君主赢得了对中世纪代表会议的斗争,但在英国,国民代表机构议会取得了胜利。这样英国就发明了受程序性约束的君主的概念,即人们熟知的"君主立宪制"。在此过程中,他们还逐步形成了代议制不可缺少的工具,即竞争性的政党。

7.12 1776 年至 1789 年间的美国和法国

两者都有重大的发明。法国人发明了民族主义这种现代意识形态。与此同时,他们还发明了民族国家的概念。所谓民族国家,就是属于一个民族,而不是一个王朝或外来势力的国家。

美国人发明了现代国家的四个基本特征,分别是:成文宪法、公民权利的宪法保证、司法审查和联邦制度。许多人也许会纳闷为什么没有"三权分立",这是因为罗马共和国已经发明了这个概念,虽然其形式与此大相径庭。

7.13 完全的现代性

整个物质基础发生了变化，时间和距离的概念被打破。这一阶段有两个不幸的大发明。竞争性的政党体制发展完善，[94]在此之外又出现了一种本来应该与此相同，但实际上却是全新的、完全不同的体制，就是被政府用作"通向群众的传动带"的垄断性官方政党。第二个发明是意识形态，它逐渐取代了原本属于宗教的位置，还保留甚至强化了其教条主义和对迫害的热情。这两个发明，加上此时无所不在的国家力量，导致了一种新式的宫廷/广场式政体，即极权主义国家。这种国家包括如下一些因素：意识形态，如纳粹主义和法西斯主义；对组织严密的垄断式政党的支持；利用新的监视方式对全国人民的控制；统治者对这个政党和监视的控制，利用意识形态作为延续其统治的工具。

此外，还有一些发明似乎是有益的。物质层面的发展使严格的监视成为可能，同时社会财富也大大增加，造就了一支比以前任何时候都更有组织性，也更加强大的工人队伍。两者的结合产生了另外一个发明，那就是福利国家。

这里我要重复一遍，列举这份发明清单，我不想给人造成这样一种印象，以为统治史的发展是按照一种线型演进的模式进行的。实际上这是本书最不愿意给人留下的印象。死胡同如此之多，断裂和倒退到野蛮状态的情况如此之频繁和广泛。如果将整个过程看成是不断向前的演进，这完全是误入歧途。实际情况是，世界上最早的伟大政体出现在某个极其野蛮的地方。一些观念和制度开始在这里萌芽，然后又以物质或观念的形式传到后来的世世代代，直到最后时机成熟，获得充分发展，成为所谓的现代欧洲国家。此时，这个原本贫脊的野蛮之地，变得人口繁盛，经济富庶，军事强大，足以对世界上的其他政体实行殖民和征服。而这些被征服的政体要么是出于仰慕而效仿，要么是为了复仇而复制征服者的政体模式。这就是为什么欧洲现代国家会成为当今整个世界的模型。这种疆域性的民族国家宣扬的是民主和世俗价值观。我所做的就是向读者展示其先例，而不是要构建一种"神义论"。

参 考 文 献

ARDANT, G., 'Financial Infrastructure of Modern States and Nations', in Tilly (ed.), *Formation*, 164—242.

——*Histoire de l'Impôt*, vol. 1 (Fayard, Paris, 1971).

BARKER, E. (ed. and trans.), *The Politics of Aristotle* (Clarendon Press, Oxford, 1980).

BELLAH, R. N., 'Religious Evolution', in R. Robertson (ed.), *Sociology of Religion* (Penguin, Harmondsworth, 1969), 262—94.

BURKE, P., 'City States', in Hall (ed.), *States in History*, 137—53.

'*Chan Kuo Ts'e*' or '*The Intrigues of the Warring States*', trans. J. I. Crump, 2nd rev. edn. (Chinese Materials Centre, 1949).

CRONE, P., 'The Tribe and the State', in Hall (ed.), *States in History*, 48—77.

DUNBABIN, J., *France in the Making*, 843—1180 (OUP, Oxford, 1985).

EASTON, D., *The Political System: An Inquiry into the State of Political Science* (Knopf, New York, 1953).

EBERHARD, W., *A History of China*, 4th edn. (Routledge & Kegan Paul, London, 1977).

EISENSTADT, S. N. and ROKKAN, S. (eds.), *Building States and Nations* (Sage, London, 1973).

FIGGIS, J. N., *The Divine Right of Kings*, 2nd edn. (CUP, Cambridge, 1922; 1st edn. 1914).

FINER, S. E., 'Almond's Concept of the "Political System" ——A Textual Critique', *Government and Opposition*, 5:1 (Winter, 1970), 3—21.

——'State and Nation Building in Europe: The Role of the Military', in C. Tilly (ed.), *The Formation of National States in Western Europe*, 84—163.

——(ed.), *Vilfredo Pareto: Sociological Writings* (Blackwell, Oxford, 1976).

——'Perspectives in the World History of Government-A Prolegomenon', *Government and Opposition*, 18:1 (Winter, 1983), 3—22.

——*Man on Horseback*, 4th edn. (Praeger, Boulder, Col., 1988).

——'State-building, State Boundaries, and Border Control', *Social Science Information*, 13 (1974), 79—126.

GIDDENS, A., *The Nation-State and Violence: Volume Two of A Contemporary Critique of Historical Materialism* (Polity, Cambridge, 1985; repr. 1987).

GRANET, M., *La pensée chinoise* (Albin Michel, Paris, 1934).

GREGORY OF TOURS, *History of the Franks* (c. 576—91), trans. with an introduction by O. M. Dalton (Clarendon Press, Oxford, 1927).

HALL, J. A. (ed.), *States in History* (Blackwell, Oxford, 1986).

JONES, A. H. M., *The Later Roman Empire*, 284—602, 2 vols. (Blackwell, Oxford, 1964).

LOEWE, M., "The Campaigns of Han Wu-ti', in F. A. Kiernan and J. K. Fairbank, (eds.), *Chinese Ways in Warfare* (Harvard UP, Cambridge, Mass., 1974), 67—110.

LOWENSTEIN, K., *Political Power of the Governmental Process*, 2nd edn. (University of Chicago Press, 1965).

MACIVER, R. M., *The Web of Government* (Macmillan, New York, 1947).

MANN, M., 'The Autonomous Power of the State', in Hall (ed.), *States in History*, 109—36.

PRITCHARD, J. B. (ed.), *Ancient Near Eastern Texts* (= *ANET*), 3rd edn. (Princeton UP, Princeton, 1969).

SIDGWICK, H., *The Development of the European Polity* (Macmillan, London, 1903).

STRACHEY, R., *Religious Fanaticism* (Faber & Gwyer, London, 1928), esp. pp. 30—65.

TACITUS, *Historiarum Lihri*, annotated and with a critical introduction by C. D. Fisher (Clarendon Press, Oxford; 1st pub. 1911).

TILLY, C. (ed.) *The Formation of National States in Western Europe* (Princeton UP, Princeton, 1975).

TOUT, T F., 'The English Civil Service in the Fourteenth Century', in *Collected Papers of Thomas Frederick Tout* (University of Manchester Press, Manchester, 1934), iii. 192—213.

ULLMANN, W., *Law and Politics in the Middle Ages* (Hodder & Stoughton, London, 1975).

Vues Politiques, ed. and foreword by A. Dansette (Fayard, Paris, 1939).

W<small>AL</small>, G. DE, *Histoire de l'Ordre Teutonique*, 8 vols. (Paris and Rheims, 1784—90).

W<small>ALES</small>, H. G. Q., *Ancient Siamese Government and Administration* (London, 1934).

W<small>EBB</small>, S., and W<small>EBB</small>, B., *Soviet Communism: A New Civilisation?* (Longmans, Green, London, 1935).

W<small>HITE</small>, L., Jr., *Medieval Technology and Social Change* (OUP, Oxford, 1962).

第一部分
苏美尔、埃及、亚述、犹太

<p style="text-align:center">

背 景 一

1. 至公元前 1700 年

　　[99]历史上第一个已知的有据可考的国家出现在尼罗河谷和美索不达米亚南部地区,时间大约在公元前 3200 年。之所以有据可考是因为除了考古发现外,这两个地区都已发明了文字,有文献为证。在这些国家之前,也一定有城邦存在,至少早在公元前 6500 年杰里科(Jericho)出现宽大的城墙和圣殿的时候就已出现,只是我们对它的社会政治生活一无所知。同样,这之后也有重要的国家出现,如果我们能够解读它们的文字,也许我们就能够揭示一个可与埃及人和苏美尔人相媲美的政治秩序,比如兴盛于公元前 2000 年至前 1450 年的克里特米诺安人。这些国家形式,除了神秘难测之外,大都是昙花一现,无果而终。他们神秘地突然出现,又在神秘的环境中突然衰亡,了无痕迹。它们的存在一直不为人所知,直到最近的 100 年里,这些废墟才逐渐通过考古被人们发现。

　　这里强调的并不是苏美尔人或埃及人文明的真实性,它们在时空中传承了传统。就世界范围而言,中东地区是有组织统治的摇篮,在长达两千多年的岁月里,它于戎马倥偬、宗社簸荡之际始终保持了文化、政治和军事优势。

"中东"包含了尼罗河谷，以及亚洲的肥沃新月地带（叙利亚和巴勒斯坦地区）和美索不达米亚。大约公元前3500年，美索不达米亚南部出现了第一个有据可考的国家，这里栖居着一个自称是"黑头人"的部落，我们称之为"苏美尔人"，他们与其他一些操闪米特语的人杂居。苏美尔人是谁？他们来自何方？这一点并不为人所知。他们的语言和其他语言并无密切联系。苏美尔人与闪族人杂居相处，后来向北穿越了肥沃新月地带，向西到达阿拉伯半岛，又挺进西南，穿过西奈沙漠。尼罗河谷中杂居着原住民和新到来的人群——这些新居民很可能就来自东部。古代埃及人的语言被归为闪含语系，因为它和闪米特语有着语法上的联系。

[100]埃及人和苏美尔人的社会都建立在灌溉农业、牛拉轮车和犁，以及舟楫航船等基础之上，并附丽着陶瓷和纺织艺术。他们已能进行远程贸易——苏美尔人没有石头、木材和金属，必须从北部进口这些东西。苏美尔人先于埃及人数个世纪使用了铜器。但实际上，青铜器的使用非常少见，苏美尔人依然处于"石器时代"。所有农业和家庭用具都以石头制成，我们不能忽视这种情况的局限性。

二者都是"两个阶层"的社会。权力主要集中于围绕君主的祭司集团和宫廷官员手里，他们得到了一批书记官和会计的支持，这是一个很狭隘的集团。二者的社会基础都是占人口绝大多数的农民。不管怎样，工匠和商人看上去都曾是统治者的代理人或仆人。度量衡已得到应用，但却没有货币；两个社会都是自然经济，但却受到了高度管制，这是一种我们也许可以称为"储存—再分配"类型的经济：也就是说，农民的产品被书记官和会计造册登记储存以应付开支和灾荒饥馑。统治形式是绝对的君主制。实际上，在整个中东地区，我们只发现了君主制而非共和制，以及一种被学者们视为"远古"的宗教。它勾画了一个伟大的神圣宇宙，人类秩序是神的体现，而神则是所有自然秩序的万能控制者，必须通过崇拜和供奉来安抚。因此，祭司就是"中间人"，或者"神的牧师"，抑或是埃及社会中的神本身。这种通行的习俗并未促成"卡哈尔"（kahal）——圣会——的组建，也就是说，它并未号召人们去感受或者展示个人的忠诚，而是要让人们成为大祭司主持的宗教仪式中的旁观者和礼拜者。传统的社会结构和实践塑造了这个神圣计划的一部分，宗教则在各个方面固定并强化了社会一致性。社会的每一个层面：王权、建筑、艺术、戏剧、数学、日历都被赋予了神性，这些神性激励着人们，并充斥着所有的人类活动。"远古"的宗教使中东社会在各个方面都极为相似，赋予了整个文明以静态的一致性。正如我们将要看到的，虽然埃及和美索不达米亚并不相似，但是所有人都认识到了公元前第一个千年中叶，中东社会中潜藏的文化统一性与后来的希腊、罗马文明是如此不同。正是无处不在的古老宗教赋予了这种统一性。

[101]从公元前3200年的王朝之始，埃及就有一套中央集权化的政治体制。这种政体一直维持到公元前1700年（除了长达一个世纪的纷争之外），这是人类历史上政治稳定性和持续性的空前展示。

美索不达米亚人的经历颇为不同。苏美尔世界由一个个小型的城邦国家组成，万国林立，征伐相交。它的历史不时被一些小型战争和外部入侵打断，期间还曾三次被统一，但都是些短命的王朝。公元前2334年的阿卡德萨尔贡王朝，是一个建立在苏美尔北部操闪米特语言区的广阔帝国，其统治疆域从波斯湾直抵叙利亚地中海边。它被来自今苏莱曼尼亚（Suleimanya）地区波斯山脉的古提人蛮族部落所终结。第二次统一的尝试来自公元前2112年的乌尔第三王朝，它促成了苏美尔人的复兴。可以推测，它的王国只是萨尔贡帝国的一个延伸，只是具体情况我们无从得知。公元前2004年，由于东部埃兰属国的反叛和另一游牧的闪族部落亚摩利人从西部包抄，王国再度四分五裂。埃兰人和亚摩利人一起摧毁并洗劫了乌尔王朝。第三次统一是由一位闪族国王——巴比伦的汉谟拉比来完成的。这次统一从汉谟拉比统治（公元前1792—前1750）一直到公元前1595年巴比伦被来自遥远的安纳托利亚的赫梯人攻占为止。当赫梯人撤退之后，苏美尔城邦很快被来自扎格罗斯山的高地蛮人——喀西特人（Kassite）——占领。

在中东心脏地区，赫梯人和喀西特人可谓新事物。不管是被统治还是被统一，他们都是一个全新的种族，因为他们说着各种各样的印欧语系方言。

苏美尔文明不断传播，影响达至亚述人和肥沃新月地带。在安纳托利亚南部曾经发现了大约公元前1800年的亚述人贸易文书，以楔形文字和阿卡德人的语言混合书写流传，直至新到来的赫梯王子们在这里建立王国为止。苏美尔人的文化东移，埃兰人也在公元前第二个千年中叶接受了楔形文字。

一个当代的亚里士多德，通过收集公元前第二个千年之始的政治制度，就会有如下发现。远东方向的印度，是哈拉帕城邦；在印度和美索不达米亚之间是埃兰王国；然后就是美索不达米亚，在苏美尔人的乌尔第三王朝统治之下，统一了至少包括叙利亚在内的广大地区；在叙利亚和今天伊拉克北部的阿詹辛拉（Jezirah）地区，①是诸如马里（Mari）和埃普拉（Ebla）这样的强国和诸多小邦。安纳托利亚这块土地上小邦国林立，且常年战火，其中一些比较富有和强大，阿拉加·许于克（Alaca Huyuk）和特洛伊二世（Troy Ⅱ）王室墓地内的奢华陪葬器皿即是证明。[102]也正是在这里，冶金技术开始被野蛮的希腊部落使用。然而，如果我们把目光转向南部，就可以看到一个正在发展的文明，即早期的克里特米诺安文明。它是在和埃及人与安纳托利亚人的接触过程中引发的，但又是完全特殊和新颖的演进。克里特是一个拥有城邦国家的岛屿，被来自王宫大院的国王们统治着，这些统治者具有早期苏美尔人的"储存—再分配"的经济经验。然而，除了大量猜测之外，我们对米诺安人的政体的确知之甚少。最后是南部的埃及人，他们正要进入强大的第十二王朝。

这就是千年之交的世界列国，它是一个非常狭小的世界。在广袤的地域之中点缀着几个人口聚居点，其中既有游牧部落，也有劫掠成性的高地人。这些游牧民族人口稀少，边境几乎漏洞百出，他们无休止地迁徙、渗透，最后定居农耕，这一切都不能被过分强调。他们只是让古

---

① ［译注］主要指古代叙利亚东北部和伊拉克西北部地区，阿拉伯语为"Al-Jazira"，后在罗马文献中被转译为"Djazirah，Djezirah and Jazirah"。

代世界的进一步发展变得更为清晰易懂。在公元前 2000 年,出现了两股新的人口流动浪潮:西部的肥沃新月地带,沙漠区使约旦和幼发拉底分开,操闪语的游牧部落阿姆鲁人(Amurru)(或"西方人")①通过渗透、征战,最终定居并推翻了美索不达米亚和叙利亚北部诸城的统治者,从而建立了自己的王国。在公元前 1800—前 1750 年巴比伦汉谟拉比时期,有一个"从地中海到波斯湾的庞大的亚摩利人社会"。②但是第二支流动的民族操印欧语言,他们的观念和制度同中东地区的闪—含(Hamito-Semitic)文化大相径庭。据说,他们的迁徙发生在公元前第三个千年,以黑海北岸为中心。较大的一支向西缓慢移动,跨越了欧洲,他们具有"斗牛"的习俗。一些人转向西南方向,在大约公元前 1800 年入侵希腊北部时学会了青铜冶炼技术。大约在公元前 2300—2200 年,另一部落向下经高加索进入亚美尼亚,他们被认为是当地胡里安人(Hurrian)部落的领袖,进入扎格罗斯山脉后又被当作喀西特部落的领袖。然后,他们中的大部分继续向南移动,一直到达信德和旁遮普地区。

这些印欧人给中东地区带来了一个重要发明:马匹(苏美尔人只知道野驴)。他们并不骑马,但是却用马来拉车,就像早期用驴子拉车一样。[103]然而,为了战争,印欧人把马车发展成一种结构轻便、快捷而又典雅的战车,并专门配备了射手。

公元前 1800—前 1700 年期间,中东文明的边缘开始被这些新民族的前哨控制,他们装备有新式武器。在巴勒斯坦,由于受亚摩利人侵袭的困扰,当地的喜克索斯人也学会了制造战车。在安纳托利亚,第一个印欧王国——赫梯王国已经建立。北部的美索不达米亚则由印欧霸主米坦尼统治着胡里安人。扎格罗斯的喀西特部落同样被印欧霸主统治。在哈拉帕(Harappa)边境,集中着被称为"雅利安人"的印欧人分支。

公元前 1725 年,喜克索斯部落渗透入埃及,并在三角洲建立了属

---

① [译注]即亚摩利人。
② G. Roux,《古代伊拉克》,第二版,Penguin,Harmondsworth,1980,第 220 页。

国。大约同时,雅利安人攻击了哈拉帕并彻底摧毁了它。公元前 1595 年,赫梯人洗劫了巴比伦,使之被随后入侵的喀西特人统治;公元前 1300 年,印欧霸主米坦尼在美索不达米亚北部建立了他们的帝国。

第一章　苏美尔城邦

[104]我们之所以把苏美尔城邦作为这段历史的开端，原因就在于这些美索不达米亚南部的城邦是历史上已知的最早的国家形式。它们首次出现于公元前 3500 年，当时其书写形式正在从象形文字向真正的楔形文字发展。公元前 2900—前 2800 年的泥板为苏美尔学家们提供了足够信息，用来复原当时这些国家建立或者实施统治的图景。

把苏美尔城邦作为开端还有着更深层次的原因。不仅是因为它们是国家雏形的最早证明，还因为我们从考古学和泥板文献推断出：它的政体并非是原始的自然结构，就像人类学家描述的一些非洲国家那样。令人诧异的是，在文明史的前夜，它的国家不是没有强有力的执行机构，也并非结构脆弱、功能单一。事实上，其国家被高度地组织和管理起来。看上去我们今天所认为的政府形态，在有史之初即已出现，并且发展完备。类似的奇迹性重复在随后不久的尼罗河岸边再度得到证实。

我们只能得出如下结论：这些城邦在历史上的伟大政体类型中享有相当的地位。[1]相应地，它们与同时期的其他政体形式有着鲜明的对比。其中值得一提的有三个方面：首先就是神圣君主制。它的整个社

---

① 《概念性序言》，原书第 6 页。

会，政治、经济、艺术、文化，以及社会习俗和传统都完全被共同的宗教价值、观念和期待所浸染。它就像是有力的社会粘合剂，将居民团结在一起，团结在国王身边，顺从其作为宇宙秩序的一部分。国王是作为宇宙一部分的上天以及作为上天延伸部分的陆地的神圣结合点。[105]在进入第一个千年之前，这一君主制概念及其安排在整个中东地区都可以看到，埃及则以自己的方式展现了这一特征。

另一个并行不悖的特征是大量官僚机构的存在。正如所有体系都必须如此一样，国家拥有永久性的管理机器，在文件、宗卷、档案及其往复基础之上运作。官僚机构的上层包括宫殿与神庙中的抄写员、会计。由于书写技艺需要较长时间才能学会，因此，与那些门房、搬运工、苦力相比，这些人只是少数。这也是该时期中东地区国家的另一特征，埃及也是如此。

第三个特征在公元第一个千年之前的整个地区极为普通，就是权力被掌握文字和算数的小集团垄断。统治者对于民众的绝对权威通过其拥有的绝对权力而得到加强。

从多大程度上说，苏美尔城邦代表了政府形式的创新？有一点是确信无疑的，即它是完全的创新，更具体地说，这是我们在历史上遇到的第一个被承认的国家。如果我们换一个问题，苏美尔城邦对于统治史的重要性是什么？答案包括三层含义：首先，它的"家族"特性代表了一种与众不同的政体类型变种，这将会在其他地方发现。比如在埃及和前哥伦布时代的美洲；其次，它扮演了品评同一时期其他中东地区君主制城邦的准绳，比如我们前面提到的马里和埃普拉，[1]它们与苏美尔人的模式截然不同；最后，它可以作为"希腊城邦"的一个对照，而西方曾倾向于把希腊城邦作为城邦的原型，因为除了同为城邦之外，苏美尔城邦和希腊城邦在很多方面是截然不同的。

1. 发端

严格来说，美索不达米亚就是位于底格里斯河和幼发拉底河之间

---

① 原书第一部分，"背景"，第 101 页。

的土地。这里的表达含义有所扩大,它涵盖了阿勒颇城(Aleppo)、乌尔米耶湖(Lake Urmia)和阿拉伯河之间的三角洲地区。

这两条河流来自一个东面和北面环山的平原,这里是野蛮的高地人的故土,[106]他们一直虎视眈眈地看着下面那些比较富裕的城市。它的西边是黄褐色的沙漠,一直到安曼(Amman)山下都平坦如桌面。沙漠边缘是闪族部落的故土,他们或是蛰伏渗透,或是突袭征服。这样,"两河之地"就暴露在闪族勇士的面前。不过,虽然两河流域一马平川的地貌可以让军队横扫千里,却没有维持征服的自然条件。

底格里斯河奔流湍急,幼发拉底河则蜿蜒曲折。但是二者都诡秘莫测,由于所携带泥沙的淤积,它们都会随着泛滥而改道。这就是为什么苏美尔城的旧址今天只是一处废弃的沙堆。这也是为什么控制洪水的沟渠在当时乃至今天依然是当地农作的前提。

古代苏美尔位于两河之间,从南部的沼泽地到两河冲积平原附近就是南巴比伦,苏美尔人称之为"阿卡德",这里居住着同样操闪语的民族。因为缺少降雨,苏美尔和阿卡德的农业常年靠灌溉来维持。不过这里光照充足,土地肥沃,通过灌溉总会带来农业大丰收。他们的城市沿着两条河流的河岸分布。每一座城市及其卫星城镇都被沙漠和其他的城市分离开来。因此,这些城市就像早期的希腊定居点被海洋和山脉阻隔开来一样,也处于被封闭的状态。上述两种情况导致了根深蒂固的地方性爱国主义和政治特殊论。

最后一个需要提及的地理特点就是,苏美尔几乎没有石头或金属,除了棕榈、柽柳、柳树和白杨这些并不太好的建材之外,几乎没有木材。因此,泥屋、泥墙、烧制瓦是它的建筑特色,抄写员们则使用芦苇在泥板上书写。铜、石头和建筑木材,如果需要的话,也只能通过同北部上游的贸易而获得。

苏美尔并不大,比今天的比利时要小,比以色列稍大些。阿卡德的萨尔贡征服(公元前2444年)之前,我们所知的主要城邦大约有14个。最早的是埃利都、乌鲁克(《圣经》中的埃雷克)、巴德提比腊、尼普尔和吉什。乌尔、拉伽什、乌玛、苏鲁帕克、西帕尔和以辛被认为是后来建造的,但是缺乏有力证据,事实上苏鲁帕克的确很古老。[107]关于城市人口的统计都是估算的，而且差别很大。有人估计，拉伽什的居民有30000 到 35000 人，[1]另一估计约为 100000 人。[2]乌尔在公元前 2750—2375 年只有大约 10000 居民，它的市区晚些时候才发展起来，利奥纳德·沃尔利爵士(Sir Leonard Woolley)估计公元前 2000 年（当时它是一个帝国的首都）其人口在 360000 左右，[3]但是我们被建议这个数字要减半。[4]乌鲁克，一个很早的城市，在公元前 2900 年大约容纳了40000—50000 人，乌玛也是一样。[5]然而，上述提到的数据没有一个可以得到证实，推理人口规模的方法至今收效甚微。这些数据是完全不可靠的，唯一明白无误的就是城邦都很小。这一点在说明其控制严密的经济体系时至关重要。

2. 大事年表

公元前

4300—3500 年	阿尔·欧贝德时期。
3500—3100 年	乌鲁克时期。
3100—3000 年	捷姆迭特·那色时期。
2900—2750 年	战争领导人出现。
2900—2750 年	早王朝时期（上）。
2750—2600 年	早王朝时期（下）。
2550 年	乌尔的王陵。
2400 年	王宫出现。
2378—2371 年	篡位者和改革者，拉伽什的乌鲁卡基那。

---

[1]　Roux，《古代伊拉克》，第 125 页。

[2]　I. M. Diakonoff，"古代美索不达米亚君主制国家的崛起：古代美索不达米亚经济社会史"（1956 年），重印于 I. M. Diakonoff 主编，《古代美索不达米亚社会经济史：苏联学者研究论文集》，(Moscow，1969)，第 173—203 页。

[3]　《世界史杂志》1957 年第四卷，第 246—247 页。

[4]　S. K. Kramer，《苏美尔人：他们的历史、文化与特征》，(University Press of Chicago，Chicago，1963)，第 88—89 页。

[5]　J. P. Gregoire，《3000 年来美索不达米亚文明的起源和发展：从苏美尔至今地中海世界的生产、权力和联系》(Acts de colloque L'E. R. A，CNRS/EHESS，1976，Paris，1981.)

2334 年	阿卡德的萨尔贡征服苏美尔。
2193 年	古提部落摧毁萨尔贡帝国。
2123—2112 年？	苏美尔列王。现在从传统文献看来可能稍晚（大约公元前 1800 年）。
2112—2095 年	乌尔的乌尔纳姆颁布法典。
2112—2004 年	乌尔帝国与第三王朝。
2004 年	乌尔被埃兰人和亚摩利人夷为平地。
1793—1750 年	巴比伦的汉谟拉比征服苏美尔。
1662 年	喀西特人夺取巴比伦。

[108]这些城市始于村落定居点。考古记录证明了至少是从欧贝德时期,乃至更早时期开始的文化发展。尽管象形文字从公元前3100—前 3000 年出现,随后发展为更灵活的楔形文字,但是直到公元前 2500 年,其字库和书写体系的精确度都还不足以支持任何似是而非的历史描述。有关这一时期的大量铭文和文献描绘了当时拉伽什和乌玛之间的长期战争。此后的文献可以使我们从总体上重构苏美尔历史的主要事实。

这是一部关于冲突、敌对、战争和征服的历史。有的城市,比如拉伽什,扩大了边界以吸收其他的城市。以拉伽什为例,其首都位于吉尔苏,领土包括拉伽什、尼纳以及许多村落,甚至还包括一个港口——瓜巴。有野心的统治者为了在全苏美尔称霸而斗争。后来的记载(大约在公元前 1800 年)显示,曾有一个全苏美尔的至高王权,由一个特殊的城市负责,这可能只是在乌尔第三王朝。苏美尔《列王纪》的确记录了拥有王权的城市王朝更迭,但是许多苏美尔学家坚持《列王纪》编纂于大约公元前 1800 年,它通过追述远古历史来证明所有苏美尔君主制观念的合法性。实际上,任何霸主都会把尼普尔(伟大的神"恩利尔"的神圣之城)的王权作为自己正义的头衔。但是这些霸权变化实质上是徒劳的,因为后来栖居于此的人并未从他们身上继承什么。这些国家在过去 4000 年里是绝对让人想象不到的,现在考古人员发现了它们,当今世界上再没有比这更为"久远而古老的不幸和战争"了。实际上,真正重要的事实在于它们预示了苏美尔城邦及其体系衰落的开端。这就是苏美尔被萨尔贡——一个说着闪米特语，并继承了两河流域冲积平原中央通道的统治者——征服。①

在这些城市中，大量高耸的神塔表明他们已经完全掌握了在建造庞大而匀称的建筑时所面临的力学和测量学问题。它的雕刻常常刻在闪长岩上，其雕刻的技法和美学观念令人称奇。

[109]正如其先进的工艺水平和相对原始的农业之间存在鲜明对比一样，苏美尔的纪念性建筑和城镇之间也存在着强烈对比。苏美尔鼎盛时期的神庙和宫殿宏伟壮丽，但城镇却是拥挤不堪的矮小泥屋，弄堂也狭窄难辨，甚至有动物混杂其中，日常垃圾也得不到处理。同样，大众工匠和乡村劳工之间也存在着鲜明对比，统治精英包括统治者及其宫殿、神庙中的祭司、抄写员和会计。精英的范围非常狭窄，通向权力的钥匙（识字和算术能力）的习得非常困难。苏美尔人的教育需要对含有 800 个基本符号的楔形文字手稿和各种各样的计算测量公式进行经年累月的机械性的学习与练习。②这些技能是由神庙和王宫中的学校来传承的。但是苏美尔也有自由知识分子和教师。因为前一类学校只对统治精英开放，后者只对那些能够付得起学费的人开放。

3. 经济与社会背景③

公元前 2500 年的城邦通常包括三个组成部分：城区，有城墙环绕的王宫、庙宇和房屋；然后是郊区，包括旷野、农场和牛场；最后是港口和码头，有外国商人落脚的贸易区。

从早期开始，统治者就从北部顺河而下进口铜和贵金属，以及建筑木材和石头，包括千里之外的黎巴嫩雪松。主要的牵引力是公牛，笨重的轮式木质战车主要由野驴来拖动，驴子也被用作了畜力。直到乌尔

---

① 见下文"背景二"。
② Kramer，《苏美尔人：他们的历史》，第 6 章。
③ 最新信息，参见 J. N. Postage，《早期美索不达米亚：史前时期的经济与社会》（Rutledge，London and New York，1992）。

第三王朝时期还没有使用马匹的证据,骆驼也是到下一个千年后才开始被驯养,自此以后叙利亚沙漠部落才可以断断续续地短途迁徙。

苏美尔社会的经济基础主要是谷物农业,主要是大麦。椰枣树可以补充糖分,烈性的大麦啤和椰枣葡萄酒也能够从这些植物中蒸馏、酿造。[110]此外,蔬菜和鱼类非常丰盛,土地在灌溉之后更是极其肥沃。农作物的丰收是很常见的,只是耕作技术和器具非常原始。大多数工具和农具由石头制成,因为铜昂贵且稀少。犁很轻便,也未加装犁铧。牲口通过套在颈上的项圈来驾驭,因此它们用力越大,就越会窒息。最令人称奇的恐怕是乌尔王朝的王陵,它证明了乌尔王朝在冶金、精工和珠宝制造方面的先进技术。

整个城市建立在一片扩展了的领土之上,它包括花园、椰树林、大麦和小麦田,以及灌溉沟渠和牧场之间的土地。①城区包括了几个区块,每一个区块都有自己的守护神和神庙,城邦作为一个整体受到一位特殊神祇的保护。这位神祇在理论上是城邦的"拥有者"。因此,拉伽什属于宁吉尔苏,乌玛属于沙拉,乌尔属于南纳。统治者以神的名义治理城市。同理,在苏美尔历史的不同时期和不同地点,统治者在神面前代表着人民或城市,并在人神之间扮演了一个无可争议的中间人,进而控制着城市的财产、权力和财富。然而,这并非经常如此,我们发现的铭文还显示,神庙而非国王们位于天地之中的位置。国王通常被描述为"神的特选"或是"神的最爱",他作为人与神之间沟通渠道的角色无可争议。

4. 中央权威(大约公元前 2600—前 2344 年)

4.1 起源与发展

我们已经罗列了政府的类型:神圣君主制、祭司制、官僚制和家族制社会,尽管总体上清晰明了,但具体细节并非如此,许多仍是未知的。

---

① Roux,《古代伊拉克》,第 125 页;A. L. Oppenheim,《古代美索不达米亚》(修订版,Chicago,1977),第 115—117 页。

我们所知的部分往往是一两个特殊的城市，有关它们的数据也极为类似，并且广为人知，这就使得对它们的解释也众说纷纭。除去前面勾勒的模糊的城市架构外，有关这些城市治理的几乎其他所有方面都存在争议。

[111]首先有必要澄清一点，那就是我们所知非常之少，有关解释更是多种多样。几乎没有关于美索不达米亚南部最初 2000 年的考古文献证据，只有少数地方发现了可以被释读的晚期铭文，因此它们只提供了片面的图景。另一方面，苏美尔人在公元前第三个千年却拥有成千上万的各种泥板，包括管理文献、经济档案、法律文本、法典以及私人信函。事实上，对于著名的乌尔第三王朝，出版了不少于 25000 件文献，问题在于没有一个学者团队认真系统地研究过它们。①因此，尽管城邦的两个关键机构是王宫和神庙，一位权威曾坦言"我们对于王宫的管理了解不多"，②有关神庙方面也是"漆黑一团"，对这些机构和组织的等级结构"知之甚少"，有关社区的宗教服务也"不甚清楚"。③

有关城邦史前史的争论最大。最基本的分歧来自城市最初是由"温肯"（Unkin）中的公民统治的理论，"温肯"即大会，包括一个"父亲"委员会，加上一个青年男子团体。依此理论，"国王们"和"卢伽尔"是由大会在危急时期任命的战争领导人，是临时的独裁者，但是随着战争转变为地方性的争斗（这一点可以从大约公元前 2700 年的城墙得到证明），他们的统治也被制度化了。这一理论的支持者是著名的苏美尔学家雅各布森，他承认曾对其做了一些限定，大会是"临时的"，特别是"只在紧急时期行使功能"。④他的一位跟随者更为草率，⑤竟然写道"一个两院制大会包括一个'长老们'组成的上院和'男人们'组成的下院"。⑥

---

① Gregoire，《起源和发展》，第 87 页，注释 1。

② Oppenheim，《古代美索不达米亚》，第 105 页。

③ 同上，第 106—107 页。

④ T. Jacobsen，《美索不达米亚早期政治发展》，*Zeitschrift fur Assyriologie*（1957），第 104 页。

⑤ 参见 Oppenheim，《古代美索不达米亚》，第 112 页；H. Frankfort，《诸神与王权》（Chicago University，Chicago，1948），第 215—220 页。

⑥ 简而言之，美国国会可以追溯至 5000 年前。

许多人坚持另一个与之截然不同的观点,在公元前第三个千年之前,城市由控制谷物生产的僧侣们进行等级统治。只是在战争转为地方性争斗以后,对于战争领导人的任命才会导致王权的制度化。①

前一种"原始民主"论调异议甚多。首先,它没有哪怕是少量直接的证据支持。它建立在公元前 1800 年乃至更晚些时候的宗教和叙事文献之上,[112]尽管其实物可以追溯至更早的时候,但"大会"的存在和功能仅仅是从这些文本的解释中推断而来。②而且,并不是所有的苏美尔学家都有同样的推断,弗肯斯坦因(Falkenstein)③就认为这种大会"几乎不是一个控制机关,更不要说直接控制了⋯⋯但是可能会行使咨询功能"。最后,虽然这一理论依赖于公元前 1800 年的书面文献,但它与苏美尔人《列王纪》中的一些重要片段相抵触,而后者大约也在这一时期流传。在其导言中提道:"当时,王权首先出现在埃利都。"在苏美尔人的传统中,埃利都不仅是大洪水之前——很早很早就存在的城市,还是把文明散播至苏美尔各地的城市。④这一传统得到了考古学的佐证。埃利都的神庙,历经 18 次重修,可以回溯至公元前 4000 年。当然,这并不意味着王权也可以追溯这么久远,只是苏美尔人认为它非常非常的古老,甚至可以追溯到远古的蒙昧时代。就像文献所说:"王权从天而降",或是"自上而下"。有一点可以完全确认,那就是王权并非来自下面的授予。因此,只有当这些话被创造出来是为了给王权提供意识形态支持的时候,"原始民主"的论调才能成立。⑤

非常有限的考古证据(但并不只此)表明,苏美尔人从早期开始就拥有一个神殿。神殿在原址不断地被重建,随着时间推移,变得越来越庞大且富丽堂皇。其次,在美索不达米亚南部发现的早期书面文献是关于账目信息的象形文字,它们大都是在神庙内找到的。文字被写在

① Gregoire,《起源和发展》,第 67 页。

② 无可否认,曾经发现过关于乌尔第三王朝时期"大会"的证据,因此早于这些文本的时间,但是我们此处是探讨王权的起源,强调重点并非秩序井然的王权及其磋商方式。

③ Jacbosen,《早期政治发展》,第 100—101 页,n. ii。

④ 有关英安娜和伊基的神话,参见 Kramer,《苏美尔人:他们的历史》,第 116,160—162 页。

⑤ 参见 Diakonoff,《专制国家的崛起》,第 195 页,其中苏联苏美尔学家将"原始的神性王权"的时间推定在公元前 2112—2004 年的新苏美尔帝国。

泥板上，并掺杂着一些计算和编号，这表明乌鲁克的埃安那神庙扮演了社会再分配的中心。①然而，在基什和埃利都发现的最早的王宫大约在公元前 2700 年。也正是在这个时期，通常被译为"国王"的单词（也就是"卢伽尔"）开始出现。②

　　这样脆弱可疑的证据，是否可以构建一个关于苏美尔城市政体演进的清晰轮廓？

　　一个宗教中心，正如其他文化已经充分证明的那样，[113]往往是社区储藏中心的合理区域；同时还要储存祭品和应对不时之需的物资。随着定居点的发展，神庙随之扩大，圣所周围被各种谷仓和储藏室包围。核对物品的出入同样需要记事和计算体系；因此，早期的象形文字泥板都有一些关于人和物的单词，并有计算它们的符号（有点像克里特的线形 B 铭文）；做计算和标识的人就是抄写员和会计。因此，公元前第四个千年的微小圣殿发展为第三个千年时期的神庙复合体，原始的仓储发展为有组织中心的储存—再分配经济。在公元前第四个千年晚期和第三个千年早期，这些自然发展起来的城市由祭司等级来统治。③

　　城墙、战争、最初的王朝统治者，看上去大约同时在公元前 2900—前 2750 年出现，一切都显示了战争领导人的出现；可能由于战争的地方化发展，他们的领导地位也开始永久化。最早零星出现的王宫大约也在这个时期，"卢伽尔"一词用以指称国王，"伊伽尔"则指代王宫（也就是"大人物"和"大房子"），标志了国王和祭司制度之间的分野。王宫规模和层次的不断发展，以及国王地位和功能的不断强化，见证了神庙权威被逐渐侵蚀。这一过程充满了摩擦和冲突，著名的乌鲁卡基那（公元前 2376—前 2371）改革文献就是证明。④这一过程的登峰造极之处就在于统治者，也就是卢伽尔，将各种神庙整合到王宫之中，或是在王

---

① G. Clark，《新视野下的世界史前史》，第三版，（剑桥大学出版社，Cambridge，1977），第79—80 页。

② 关于"卢伽尔"，可见下文。

③ 参见 Gregoire，《起源和发展》，第 67 页，他和 Roux（《古代伊拉克》，第 76 页）一样确定。

④ 在《苏美尔人：他们的历史》（第 317—322 页）中出版。

宫附近,同时宣称他是在苏美尔人至高无上的神—恩利尔的帮助下保持了王位。①

　　然而,争论并未就此停止。国王们(卢伽尔们)现在统治着每一个城邦,这一点毫无疑义。但是,在涉及到仍然管理着庞大产业的神庙复合体时,他们又是如何统治的? 这些神庙是从属于王宫还是自治,或者确实卓尔不群? 其次,由于文献证据依然显示了一个非常规范的储存—再分配社会,这一制度涵盖的范围到底有多大? 简言之,是否存在着"私有经济"? 如果是,又是什么类型,其政治重要性有多大?

　　[114]不久前,大部分人相信城邦内的所有土地属于神庙,所有的居民要么是神庙的仆人,至少是神庙的依附民。②这在前王朝时期也许是正确的,但是对王朝时代的观察显示这是完全不可信的。这一时期有大量关于购买土地的账目文献,据此我们可以推断,当时土地方面的私有财产是广泛存在的。但细查之后就会发现,这些账目显示土地购买者通常都是隶属于社会上层的富有的商业代理人,他们的活动与王宫和神庙紧密相连。这种情况说明大部分私有产业仍是国家机构的一部分,在美索不达米亚南部,"私有地产并不扮演决定性的经济角色:它实质上并不存在"。③同样,全部土地都被神庙所操控的看法也是不成立的。

4.2　王权

4.2.1　恩、恩西、卢伽尔

古代苏美尔统治权的最早头衔就是"恩"(EN)。这一词汇后来成为一个专门指代祭司的头衔,或者像苏美尔学家所说,被读作"恩"的符号也许是两个完全不同的词汇,早期意味着某种世俗统治,尽管也有一些神圣角色。我们对统治者和祭司分化成扮演不同角色的过程无从了

---

① 大约公元前 2380 年的乌尔国王卢伽尔基尼都都的一个花瓶上这样写道:"当恩利尔,各方的王,直接召见卢伽尔基尼都都,给予他'恩'和王权……"(Kramer,《苏美尔人:他们的历史》,第308 页)。

② 参见 A. Falkenstein,《城庙》,《世界历史杂志》,I:4(1953),第 784—814 页。

③ Gregoire,《起源和发展》,第 71 页。

解，苏美尔学家们赋予"恩"一词的不同含义反映了他们对这一过程的不同看法。

"恩西"（ENSI）和"卢伽尔"在公元前 2750—前 2600 年（早王朝后期）之前并未出现。学者们对于这两个词汇之间的相互关系存在着争议。"卢伽尔"一词仅仅是指"伟大的人"，但最为关键的是"这是我们所见到的苏美尔人用以表达那些能够完全控制其奴隶并拥有房子的主人的唯一称谓"。①看上去这一词汇和亚里士多德使用的希腊词汇"专制君主"含义相同。所有的行政官员都是国王们（以他们的印章为记）②的奴隶（闪语"伊尔"）这一事实又强化了这一点，当然这是就晚期而言的。

一些学者认为，"卢伽尔"代表一位独立的统治者，而一位不独立的统治者就是"恩西"，但是这看上去根本不像是一成不变的用法。③一些苏美尔城市从来就没有"卢伽尔"，[115]另一些从来就没有"恩西"；在拉伽什有一个时期是"卢伽尔"，随后就是"恩西"；在其他一些城市，二者似乎同时存在。④

4.2.2　神圣君主制

洛克斯说道："没有一个古代社会，宗教占据如此显赫的位置……苏美尔人所发展的宗教观念成为美索不达米亚人个人和公共生活中极为重要的组成部分，这一观念铸就了他们的制度，为他们的文学和艺术作品增添了色彩，并充斥于他们的各种活动。"⑤为理解苏美尔人的城市政体，一些关于其信仰体系的观念虽然残缺不全，但却必不可少。

苏美尔人想象出了神圣宇宙观念，陆地只是其中的一部分，宇宙中的每一点都相互贯通。地球上的每一件物品，每一场过程，都通过其特

---

① Jacobsen，《早期政治发展》，第 119 页。
② 同上，第 54 页。
③ Diakonoff，《专制国家的崛起》，第 182 页。
④ 同上，第 181 页。
⑤ Roux，《古代伊拉克》，第 91 页。

有的灵魂,按照指定的方式运动。犁、镰刀、王权自身都通过他们所谓的"我"来获得生机和动力。这些各种各样的"我"为神性所控制:有些渺小,有些巨大,有些则至高无上。所有的神性都有人形,他们居于这些形象中,受到崇拜和敬奉。随之,人类世界有很多无处不在的神居住。所以,房屋有家神,村庄有村神,每个城区都有地方性的守护神,每个城邦也都有守护神,城市实际上属于他/她,是神的财产。

　　天人相应。由于一些神比其他的神祇更为重要,因此在天上有一个由 50 名"上神"组成的大会,他们之中又有 7 个伟大的神,7 个之中又有 3 个是至高无上的。他们之中的一个——"安"是伟大的天神。她是诸神之王,就像印度教中的大梵天,"安"与另外两位神祇相比又略逊一些:"恩利尔"(Enlil)是地上的造物主;"安基"(Enki)是水、工艺和勤奋之神。恩利尔,作为地上的造物主,是至高神。他居住在尼普尔,因为恩利尔高于其他诸神,他的城市也高于其他诸城。因此,大约公元前2400 年,恩利尔和尼普尔被尊为地上无可争议的统治之源,未来的"苏美尔王们"都通过在尼普尔被承认来获得他们的统治权威,而不是从他本城和守护神中获得统治权威。

　　美索不达米亚人的伟大创世传奇描述了神为什么决定造人:"人应当为神服务,并从中获得快乐!"①[116]"黑头人"生来就是为了给神准备祭品,照看神的住所,点火焚香,改良土地,建造神祠。②现在这些指令都是书面的了,神的偶像栖息于内殿之中。清晨,他/她被祭司们唤醒。他们唤醒他,装扮他,喂养食物并洁净其身,继之以整天的咒语和祭品,直到夜晚来临。这种模拟活动的进一步发展,使得人与神之间的差别逐渐消退。在比较大的神庙中,由于供奉了一个主神——城市神,就像人一样,需要许多伟大而神圣的仆人。比如,在拉伽什,城市神宁吉尔苏有一个地位略逊的神(其子伊伽里玛)作为看门人,另一个儿子作为仆役长,同样还有军械士、顾问、管家和马车夫。在他的领地中,宁吉尔苏拥有自己的仆从神、执行神、渔业巡视神。当然,这些神圣的侍

---

① 　《古代近东文本》,第 68 页。

② 　同上,第 69 页。

从形象并不能在哑巴秀中履行其职责。他们必须依靠人力扮演，这就意味着他们要通过人以神的名义来行事。以至于有人称："有时候几乎很难分清究竟是人还是神才是行事的一方。"①

关于国王的神话同样别具一格。神究竟何时创造了为他们服务的人类？并发现人类因缺乏组织和引导而困惑，而诸神却有一个至高无上的神灵来组织和引导。另一个版本的神话说，大概是因为缺少一个统治者，民众"无视上神的命令"。②于是，王权的神圣起源和功能就是为了使人类适时地服务诸神。为了实现侍从神对于其主人的角色，城市守护神可能会寻求一个凡人来以他的名义行事。这个人就是城市中的"恩西"或者"卢伽尔"。他是人和神之间的连接，这种方式显示了两个完全不同的世界：他是神圣的化身，他在祭仪上所扮演的不仅是神之城的安全与财富，还有农业的周期循环。人们通常认为，这种化身涉及到英安娜和畜牧神杜姆兹之间的"神圣婚姻"。杜姆兹是与农业、畜牧有关的神祇。在苏美尔人的故事中，农作物的生长循环和四季更替都取决于杜姆兹与英安娜每年的结合。[117]因此，杜姆兹神在上天的所为，他在地上的代表也必须以他的名义遵从。每年春天，国王和英安娜的高级女祭司都会被放在一起。只有当每年的祭仪过后，人们才会因为确信来年的丰收而放下心来。③

这一解释来自于弗雷泽(J. E. Frazer)的作品，至今仍被认为是绝对正确的。唯一支持它的证据就是文学作品，其中只有三位国王的名字被提及。而且，没有国王与高级女祭司结合的证据。（当然，在遥远的叙利亚，大约在稍晚些的时候，曾经有女祭司进入神祠过夜的例子。）

无论怎样，城市之王端坐于独一无二的王位之上，命令民众为诸神服务，他不仅事关城市的日常事务，包括城市的安全与独立，还关系到城市的福祉与前途。统治者的这种巨大责任暗含着民众具有同样多的

---

① J. B. Buiy, S. A. Cook and F. E. Adcock 主编《剑桥古代史》，（剑桥大学出版社，Cambridge，1927—1939；1971 年第三版），第一卷第二章，第 137 页。

② 《古代近东文本》，第 115 页。

③ 参见 Frankfort，《王权》，第 295—299 页。

顺从义务。百姓是为了服务诸神而被创造出来。"恩西"和"卢伽尔"是诸神的代理人。因此,民众也是为了服务于国王而被创造出来的。

4.2.3 王权的制约

这种顺从义务是否有其制约?它是否对于所有臣民都是平等的?由于原始资料价值不等,有关统治者与其王室和祭司关系的证据残缺不全,这些问题很难有确定的回答。当然,每一个国王都面临叙利亚沙漠部落和高地人入侵的危险。问题在于是否有限制其权威的国内因素。可以非常确定的是,这种限制在制度和法律上是没有的。苏美尔人关于神圣君主制的全部概念都是"一元论":国王高于诸神,因此国王高于所有的臣民。我们多次强调:"卢伽尔"一词代表了房屋、田地、家奴的领主和主人。

正如后面章节所显示,对于所有合法的专制统治者来说,其权力通常都会有一些实际制约,这些制约来源可能有一个或是更多:民众、富商、祭司、军队甚至王宫内部。

就我所知,在苏美尔并没有民众起义或者民众参与城市治理的证据。就富商来说,虽然有一些非常富有的臣民,但他们都曾是官员圈子的一部分;[118]简言之,他们并不自立,而是王室家族的分支。关于军队的构成,我们知之甚少。一块泥板谈到了舒鲁帕克国王的一支由700名士兵组成的军团,看上去苏美尔人已经拥有少量常备军,并从民间征集兵员作为补充。我们无法推断国王们是否曾经受到军队首领威胁,或是感受到了这种威胁。

上述情况使王室圈子和祭司成为对"卢伽尔"唯一可能的制约。就前者而言,苏美尔君主制幸运地避免了困扰后来大多数独裁统治的可怕的虚弱——缺乏固定的继承规则。与罗马和哈里发制度不同,苏美尔人甚至在理论上也不是选举性的,而是世袭制的;它也不同于中国的帝制,一夫多妻制并未在王位继承问题上带来混乱。苏美尔人是一夫一妻制的,尽管特定情况下二房和小妾都被许可。当然,国王们妻妾成群,但其原则却是一夫一妻制、世袭制和长子继承制。王朝世系清楚地显示父传子位的做法在当时非常流行。然而,我们也发现了有关篡位的证据。比如，拉伽什的王位就曾落入两个来自祭司而非王朝世系的统治者之手（公元前 2350 年），因此他们是篡位者。其中第二个篡位者又被一位更为著名的人物乌鲁卡基那所驱逐。但是不久（公元前 2123 和前 2112 年）又出现了两次与乌尔有关的成功篡位。

整个统治史上，一个有组织的祭司制度往往可能是构成统治者制约因素的来源。初步看来，在苏美尔城邦的特例中，祭司制的竞争似乎更说明了社会中所浸透的宗教特色，以及神庙在经济中所扮演的无可置疑的重要管理角色。除了残缺不全的资料外，我们没有更多的证据。我们对神庙组织的上层结构了解不多，也没有明确的证据显示祭司等级制就是我们所理解的那种存在，也无从知道遗传是否是官员委任的决定性资质，更不知道这种任命的程序。①然而，我们能够证实下述观点：首先，统治者保留了一些祭司的功能，尽管总体趋势却是把统治者和高级祭司的功能分离。（因此，拉伽什的"恩西"，恩特蒙纳在公元前 2400 年已不再是高级祭司。但是统治者的妻子和女儿依然行使着女祭司的职责。）[119]在享用神的财产之时维持并美化神庙，甚至建立新的神庙，这是统治者要践行的义务和职责。我们可以顺理成章地认为：统治者是神，虽然从某种意义上说我们对此还不确定。拉伽什的"恩西"为神的马车安排了极好的驴队，而神庙组织则关照着王室家族的需求。②

我们拥有人与神之间在拉伽什进行结合的确切证据，神庙与王宫，祭司与统治者，的确曾有传统的边界与范围，不尊重这些就会引起严重的冲突与摩擦。这些证据出自拉伽什城邦有关乌鲁卡基那（大约公元前 2378—前 2371 年）改革的文献。乌鲁卡基那以一种不为人知的方式除去了他的前任"恩西"。③然后以平民的名义进行了一场彻底改革，按照乌鲁卡基那的说法，这些平民往往被课以非法的重税。至少有三块有关改革的文献被保存了下来。④在其他的材料中，经常被使用的文

---

① Oppenheim，《古代美索不达米亚》，第 106—107 页。
② 《剑桥古代史》第一卷第二章，第 128—129 页。
③ 见原文第 113 和 118 页。
④ 译文可参见 Kramer，《苏美尔人：他们的历史》，第 317—322 页。

献记载就是："神"的公牛被"恩西"用来耕种他自己的洋葱地,而且这些土地都位于"神"土地中的最好位置。①据说前任"恩西"的随从占用了祭司头领的大麦和衣物。乌鲁卡基那宣称要矫正这种侵蚀。他还纠正了祭司滥用权力的现象,比如假公济私等。②

因此,除了乌鲁卡基那对祭司制度的让步,有关他的文献并未证明祭司制度是对统治者权力的制约。事实上,它告诉我们的结果恰好相反。对祭司制的疯狂侵蚀来自一位"恩西",另外一位"恩西"终结了这一情况。这并不说明祭司制曾经限制了乌鲁卡基那改革,哪怕是最轻微的暗示。如果我们假定他的篡位是由祭司们所促成或支持的,或是他感到必须讨好这些祭司以支持其新政,那么这只能是一种纯粹的推测。我们最终的可靠结论就是:"恩西"调节了祭司制度,以及乌鲁卡基那与祭司之间的关系。

4.3 政府议程

"恩西"和"卢伽尔"的首要任务就是维持,或者促进(如果可能的话)对神的服务。从某种程度上说,我们对于政府的所有世俗或物质层面的考虑都包含在其中。并不是像 20 世纪的不可知论者所说,[120]所有对于诸神的服务都是一种非理性活动,而是有着很强的目的性。大自然的循环依赖于祭仪、崇拜和安抚。

因此,统治者有义务建立并维持神庙,支持祭司的秩序,经常参与宗教庆典和宗教活动。他必须保卫城市,使之免遭外敌入侵或征服,光大他所代表的城市保护神的荣耀。作为神在这座城市的干事,统治者必须组织和控制城市经济,进行开挖运河和修筑堤防的工程。国王在分配权力方面也扮演了重要的角色:大约公元前 2112—前 2095 年,乌尔王国的乌尔纳姆国王不仅宣称要"在地上建立平等,消除暴力、争斗和诅咒",而且还颁布了法典。我们可以确认,法典是王室在一个很长的时期内参与司法和行政管理的登峰造极之作。③

---

① 译文可参见 Kramer,《苏美尔人:他们的历史》,第 317 页。
② 同上,第 317,319 页。
③ 参见文本,《古代近东文本》,第 523—525 页。

4.4 作为家族的政体

在这一点上，我们有必要花些笔墨介绍一个不断重现的概念：家族概念。

"Oikos"是希腊语中的"家族"。[①]根据亚里士多德的说法，家族管理关注的是生产自身成员所需的产品，而非与其他人交换。他认为，家族是自给自足的，"家族成员共享一切"，"没有交换或者获取的目的"。[②]最后，家族的管理集中在家族唯一的专制统治者身上。关于"家族"的描述是 19 世纪洛贝图斯（J. K. Rodbertus）最先使用的。根据洛贝图斯的观点，所有古老的社会都曾被他所谓的"家族经济"所统治，其生产都集中于家族，事实上，这一点可以从组成家族的非自由工人——家奴——上得到解释。总体上，这些家族都是自给自足的，商业只是次要的，只是为了处理剩余产品。

从洛贝图斯到马克斯·韦伯，这一观念得到了进一步提炼，韦伯的定义在当前的社会学家中比较流行，我们也将在全书中使用这一定义。韦伯对"家族"的定义是这样的：

[121]1. 它不只是一般的家族，而是关于王子、庄园主或贵族的独裁家族；[③]

2. 它的主要动机并非资本，而是领主有组织的自我满足，为确保其他的可用产品，它具有市场导向的动机；

3. 然而，它完全是自给自足的。

因此，韦伯关于这种自给自足的描述是：

> 手工作坊中，工匠的设备通常非常专业，能够生产各种产品，可以满足统治者的个人需求，以及经济、军事和祭司等所需。其土

---

① 因此"oikonomia"经济，"家族的管理"。参见亚里士多德，《家政学》，涉及到这一点（可能更不系统）。

② Baker，《亚里士多德的政治学》（Clarendon press，Oxford，1946），第 27 页及其后。

③ Max Weber，《转型中的选择》，W. G. Runciman 主编，E. Matthews 翻译（剑桥大学出版社，Cambridge，1978），第 381 页。

地可以提供原材料，作坊内有自己的非自由劳工，提供其他各种材料。剩余的服务由仆役、官员、家庭祭司和士兵提供。交换只是在处理剩余产品或自身无法生产的某些产品时才会发生。①

作为一个"家族"的苏美尔城邦与此类似。至高无上的权力属于统治者，整个家族包括作为王宫主人和按照等级排列的其他成员。稍小的家族就是诸神的庙宇，他们的排位取决于他们自己家族主人在地方神祠中的地位。②简而言之，苏美尔词汇"e"就是一个"家族"。但是这并非洛贝图斯所说的面对面的小社区，而是一个高度官僚化的、独裁的经济统筹组织，除了其社会和宗教功能之外，它还要满足领主和主人，以及"恩"和"卢伽尔"的需要。因此，它是一个生产单位，是一个由土地、村落、管理中心、住所、作坊、仓库和谷仓组成的领地，它由管理者、会计、督察员和巡视员来管理运作。

不仅如此，内含在"家族"概念中的一个主要特征，就是它是一个储存—再分配组织。产品被放入仓库和谷仓，然后以份物、配给和礼品的形式分发。③土地，特别是整个家族赖以维系的稻田，都属于神，因此从某种意义上说，它们也都属于统治者。神庙的田地由神庙的仆人来耕作，祭司长以神的名义来管理，因此他们也是统治者。④

[122]神庙和王宫确立了城市中心：各种各样的相邻城邦都有他们自己的神庙，并围绕着神庙发展起来，四周则环之以城墙。曾有争论说城市中没有市场。⑤在距离市中心有一定距离的地方，确实曾有一个特殊区域，被称之为"卡尔"（Kar）。它由王室来组织和控制。"卡尔"多少有点类似中世纪意大利的贸易点，或者是我们称之为"柜台"的商业公会。"卡尔"就像一个柜台，制成品和原材料等用于交换的商品在其中流通（正如我们所见，因为这些城市需要石头、金属和建材）。造币并

---

① Max Weber，《转型中的选择》，第381页。

② Gregoire，《起源与发展》，第73页。

③ 见本书第122，124—125页。

④ Falkenstein（《苏美尔人的神庙城市》）是提出这一观点的主要学者。

⑤ 参见 K. Polanyi，《早期帝国中的市场与贸易》，K. olanyi, C. M. Arensberg, and H. W. Pearson 主编，《历史与理论中的经济》（Henry Regnery, Chicago, 1957），第16—17页。

不存在,交易过程通过等价物进行。这些等价物在内部产品再分配过程中也是必需的。产品进入各个家族的仓库和谷仓,然后分配给劳工,剩余的分给城市"职工",也即抄写员、祭司、士兵,当然还有"卢伽尔"自己。对出产物品的登记,包括根据应得份额决定不同人的报酬,是一项复杂繁琐的工作,这就要求拥有一支规模相当的抄写员、会计和督察员队伍。

在神庙领地上,土地被分为三部分:神的土地,供养神庙的祭司和仆役;种植粮食作物的土地,作为谋生手段分配给劳作其上的耕种者;租借给佃农的耕种田,佃农们每年要上缴其收获的七分之一或八分之一。神庙之外的土地通常要占到城市面积的三分之一,至少在拉伽什是如此,这里主要居住着耕作者并遍布着他们的玉米田,耕作者的地位并不确定。格里高利认为:这些土地要么是被当局租给佃农,要么是分配给各级管理者或士兵作为他们的生活来源。① 高级官员们的确从这些土地财产上获益良多,但这只因为他们是官员,而不是作为私人投资者。一言以蔽之:所有这些土地的租赁来自国家权威,所有拥有它们的人都是政府统治机构的一部分。奴隶在当时并不多见(仅指私家奴),但极端的附属关系并不少见,这就是当时的惯例。对于那些季节性的农活、灌溉工程以及建立神祠这样的大规模公共工程,所有的劳工都可以通过强制劳役和劳工制度被动员起来。

4.5　行政管理

[123]王宫作为"卢伽尔"和"恩西"的独立住所,被证实出现于公元前2400年。早期的王宫相对较小。在基什、埃利都和马里(在上幼发拉底),它们分别只有270英尺×140英尺、135英尺×200英尺、131英尺×131英尺。即使是在300年之后的乌尔第三王朝,王宫规模也远小于南纳大神庙,该神庙的围墙内面积约为1200英尺×600英尺,单是其神塔的根基就有200英尺×150英尺,高70英尺。不过,城市统治者的豪华与富丽堂皇是毋庸置疑的,乌尔王朝早期王陵

---

① Gregoire,《起源与发展》,第71页。

中的陪葬品极尽奢华，里面有黄金、白银、象牙、宝石，还有以贵重珠宝装饰过的夫人和被活埋的卫兵，这一切无不显示了统治者生前的显赫与富贵。

随后，在汉谟拉比时代（公元前 1750 年），王宫开始变得宏大起来。①正是在这一点上，我们才可能推断他们当时是如何组织和管理的，而我们对早期的家族主人和家族城市依然一无所知。在众多储存——再分配家族中，神庙究竟是如何运作的？我们在这方面有比较多的信息，这些证据使我们可以去推断城邦的管理体系。

拉伽什的贝奥（Bau）神庙，是其中较小的一个，管理着大约 1 平方英里的土地。这些田地主要由佃农和依附农进行耕作，他们大约有 1200 人。佃农和依附农大多拥有一些土地，向神庙交纳固定比例的产出，或是为每天的口粮而劳作。相应地，神庙必须常年养活他们，即便是在没有收成的情况下也要给他们提供粮食和农具。除了这些劳工之外，神庙还有从事养牛、淡水和海水养殖、纺织工艺的专业团队。所有这些产品生产之后就被储存起来，以应对将来的开支。其中最重要的是对"神"的照料：看护神庙的建筑，维持灌溉体系，提供食物、饮料、衣物，还有我们前面提到的驴队及其训练人。那些祭司和圣役，则是为数不多的仆从神的代理，通过这种方式，城市中的绝大多数人都找到了生计。

这些一丝不苟的管理显得非常理想化。[124]在《乌尔出土文物》一书中，利奥纳德·沃尔利爵士留下了一幅关于美索不达米亚神庙组织复杂性的生动图景，即 300 年之后的乌尔第三王朝（公元前 2112—前 2004 年）和作为乌尔城主人以及守护神的南纳的神庙。

> 在拉尔萨和杜布拉尔—马卡公路下面，我们发现了大量属于神庙商业文献的泥板。这些泥板未经烘烤，情况极为糟糕，由于潮湿的侵蚀，泥浆的粘连以及盐分的侵入，许多已经破损或是从储存它们的架子上跌落粉碎；我们必须连泥土一块挖出，在没有任何清

---

① 有意思的是，埃普拉王宫不仅规模庞大，建造的时间也比较早，大约在公元前 2350 年。

理之前就送到一个临时的炉子中烘烤。通过这种办法，我们抢救了数以百计的有关乌尔第三王朝的珍贵文献。

文献中并没有关于南纳为乌尔之王的温和描述。他对城市命运的实质性控制甚于其在代表人类方面的作为，因此他必须拥有自己的大臣以及王室；他是大土地所有者，因此需要仆役管理他的地产；除了高级祭司和教士之外，文献中还显示有神庙的看护人和唱诗班指挥，司库，主管战争、司法、农业与住房的部长，家庭管理员，畜牧、奶场、渔业以及驴子托运的主管。所有这些人都在神庙的范围内履行职责，因此神庙并不像希腊罗马的那样是一栋独立的单一建筑，而是一个融宫殿和神庙为一体，办公室、储藏室与作坊相结合的庞大复合体。我们在描述这些废墟的时候已经假定了上述某些情况，并在这里出土的泥版文献中得到证实；幸运的是，随着文献整理计划的日渐完善，泥板也提供了更多关于房屋和院落使用情况的信息。

作为土地主人的"神"征收什一税、租金或土地产出的一部分，由于货币尚不为人知，所有这些都以实物的形式进行；由于神庙同时是一个堡垒，大量的粮食储存于其中，既作为神庙内员工的日常之需，同时作为战时储备。所有收入都会登记在册，一块小泥版曾详细记载了某人上缴六磅上好的黄油以及同样多的油、绵羊和小牛，但仍然拖欠的内容；神庙每个月都会拟定出详细的明细表，以不同的栏目和标题显示每个农民上缴之物。农夫和牧人上缴地上所得，而城镇居民则使用另外的货币；还有些收据是关于各种皮革方面的内容，黄金和白银来自珠宝商，铜则来自冶金工匠；在一个房间内，我们发现了一个熔炉，在另一个房间里发现了一大罐铜和废料，以及可能具有标准重量的金属锭；证据表明这部分建筑在神庙事务中属于一个特殊部门。

但是如果收入被如此详尽地登记在案，那么核查支出同样不能懈怠，[125]这些就是对当时生活的解读。相应地，神庙官员从仓储中领取配给和发放配给都会被登记在册；每个男人都会有定量供给的食物、油和面粉等，他和他的仆人领取时都必须签名,生病时可以得到额外的授予——因此一个人可能因为头疼而领取到四分之一品脱的上好油作为涂抹油。最有意义的是有关手工业组织方面的记录。许多隶属于神庙的妇女被安置在辖区里的固定作坊内;奴隶也得到同样安置,计件工作被分发给神庙之外拥有小工场的私人承包者:以什一税上缴的原材料必须提供给这些人,同时还要提供作为工资的食物。根据泥板中的描述,当时的主要工业就是纺织。仅在伊卡兹达(Ekarzida)建筑内,就有 165 名妇人和少女从事工作,泥板上的账目记载了按月、季度和年供应给每个人的羊毛线数量以及布匹的产量,包括纺织过程中的毛线损耗,每一种都按数量和重量区分。定量配给与她们的产出成正比,年长妇女的所得要少于青壮年妇女(她们虽然饭量较大,但可以做更多工作):因此如果成人每日食用油的标准定量为 4 品脱的话,不同年龄的孩子则可以得到 2、1.5、1 品脱不等的食用油,年迈的妇女只有 1 品脱。对于病人另有特殊的标准:如果有人死去,她的名字将会在名单上一直保留到财政年结束,但是她的死亡日期将会被记录在案,名字会被特殊标记以停止配给的供应,或是支付给一个可信赖的替代者。整个系统像是冷血的交易。(第 143—146 页)

所有这些引出了一个问题:即普通民众在这一体制下的舒适程度如何? 我们无从得知,但是我们确切地知道,这一系统存在问题。拉伽什的乌鲁卡基那有关改革的泥板文献中早已形象地提到①了官僚压迫与剥削的情况。那些掌管绵羊、驴子以及渔船的官员经常会盗取这些财产。国王的工薪出纳员经常会提供不足额的分配。他的官员还会通过修剪羊毛来强取非法报酬。工匠们为了获得定额配给必须取悦这些官员,而他们的学徒则常常靠王宫门口的残羹冷炙为生。"从宁吉尔苏边界到大海,到处都有征税人。"②

---

① 见本书第 119 页。
② Kramer,《苏美尔人:他们的历史》,第 317—318 页。

5. 概要与评价

[126]简单来说，苏美尔人的政体是一种宫廷类型的城邦。国王甚于祭司，在某些方面，他就是神充满欲望的代表，其合法性来自这种超凡的魅力。他不仅控制着宗教祭仪，还是整个宗教活动的中心。一小撮统治精英直接围绕着国王，包括他的亲戚、朝臣、祭司及其圣役、军队，以及大量的抄写员和会计。除了这个严密的小圈子之外，整个民众包括大量依赖于王宫和神庙的工匠、商人，以及占人口绝大多数的渔民和耕作者。他们从政治和宗教上构成了一个下层，完全依附于统治者及其辅助人员构成的小集团。统治集团通过与艾沙库（ishakku）联合而获得合法性，也就是说，国王是城市保护神的"教区牧师"，其权力来自对武装力量、读写能力和算术等方面的垄断。

君主的工作是保护并尽可能地拓展其边界。他每天要花费大量时间在宗教活动方面，尤其是那些与生产有关的宗教活动，他还必须指导宗教活动，维持并修缮神庙。这些宗教活动并不单单是代表"暂时满足"的价值，他们在保护城市和保证其日常生活方面也有很强的工具性。因此，对于后者，国王必须实施对于农业至关重要的水利工程，并通过抄写员和会计确保"家族经济"的再分配—储存责任能够得到实施。

王权的权威来自其半神圣或神圣的地位。国王代表了韦伯所说的"固有的常规感召力"：他是神在地上的代表。他在祭仪中的地位保证了他的绝对权力，以及民众的顺从。作为最古老的宗教类型之一，美索不达米亚宗教赋予了民众一些角色，让他们在实践中遵守：那就是他们都是神的劳工和仆人。此处的"地上神"就是指国王和高级祭司，他们正是民众所要顺从、服务和劳动的对象。像所有古代宗教一样，祭仪是由献祭和典礼组成的常规仪式，它由最高层的国王和祭司代表人民来实施，但民众并不参加，他们只是旁观者而非主祭人。

国王的专制主义意味着，对于他的权力来说，并没有法律、制度甚至是传统上的制约，除了领导祭仪这种传统义务，并没有程序上的控制。[127]对其行为的唯一实际制约来自王室内部的阴谋乃至反叛，或是与祭司的冲突，但是对于后者我们的证据有限。

不仅政体由王宫来控制，苏美尔人在经济上也是如此。其政体、家族经济和家族社会只是同一实体的不同层面。国王在其中的角色与亚里士多德所谓的"专制君主"，即家奴首领类似。其经济是一种自然农业经济，商品和服务都通过传统的等价交换物来支付，可自由转让的私产所占比例有限。贸易活动只是在统治者认为必不可少时才会存在，并且由统治者来控制和组织。王宫自身即是一个工场，同时还是一个仓库和军械库，它与同为庞大经济体的神庙相互依存，所有这些中心相互联结，使整个经济扩展为国王的家族。家族中的个体被通晓书写与算术的官僚们精密地组织并控制起来，其主要活动就是组织生产，以及随后的收割和储存，并向统治精英和耕作者进行再分配。

我们并不知道其他政体是否具有所有这些特征，但是其中一些最为显著的特征在其他地方也可以发现。比如，家族型经济，在米诺安克里特和古埃及同样存在。其再分配—储存的特点与古代埃及和印加秘鲁相似。其神圣君主制的很多方面，在同一时期的中东地区都很普遍，它的城邦同样如此。

但是在另外一些方面，苏美尔城邦为其他形式的政体提供了一种有价值的，有时候是非常重要的参照。尽管同为城邦，它在政治、经济和社会方面与希腊城邦截然不同。尽管同为城邦，时间上与之非常接近的埃及却是一个"乡村国家"，只有少数几个城市。另一对照就是苏美尔人自给自足的特征，他们都是家族类型的政体，但是苏美尔人在这一地区的继承者很少如此，最终它们都在时间的长河中烟消云散。

最后，这些苏美尔城邦留下了一个遗产。它并未直接流传到现代，但它却迅捷有力地传递给了周边的世界，并在文化、宗教、政治理论和实践上孕育了 2000 年后的君主制与官僚体系。

6. 苏美尔城邦的消失

苏美尔城邦经历了一个很长的健康时期。有学者认为，它的消失最早在公元前2334年的萨尔贡征服之后；也有人认为是在前2004年乌尔毁灭之后；还有人认为直到前1750年的汉谟拉比时期，苏美尔政体才宣告结束。[128]即使是最早的推测，也意味着这一与众不同的国家形式经历了大约800年的时间（它取决于对其形成时间的认定）最终形成。其时间之长鲜有其他政体能与之相比。因此，我们的第一个问题不是苏美尔城邦为什么最终消失了，而是它何以持续如此之久？最简单的答案是，相对于高地人的野蛮部落和沙漠游牧民族，苏美尔人在所有领域，军事、文化和经济上都优于他们的邻居。

在第三个千年中，并未出现任何衰退的信号。相反，却可以看到楔形文字的完善和文学的繁荣，以及纪念性建筑和艺术形式的持续发展，官僚机构的控制和指令也进一步精细化。在这个千年之中，苏美尔城市政体被不断精细化，并最终得以完善。

苏美尔城邦的消失始于其军事优势的丧失。其主要原因在于大约公元前2334—前1600年发生的疾风骤雨式的剧烈的社会动荡。大约在公元前2334年，一位篡位者夺取了苏美尔的权力，在阿卡德①建立了闪族人的国家，他在短期内征服了整个美索不达米亚，以及从波斯湾到北叙利亚地中海边的地区。这个人就是萨尔贡，他的名字已然成为传奇。这个伟大帝国的征服持续了一个半世纪之久，直到公元前2193年，美索不达米亚被来自扎格罗斯的蛮族——古提人——几乎尽数毁灭。古提人的统治激发了苏美尔人的成功反抗，并促成了威名远播的乌尔第三王朝。后者恢复了萨尔贡帝国的大部分版图。在东部埃兰人的附属国和西部叙利亚沙漠闪语部落的共同夹击之下，乌尔帝国不到一个世纪就衰落了。这些西方人，或是苏美尔语中的"马尔图"（Martu），他们自称为"阿姆鲁人"，我们称之为"亚摩利人"，从苏美尔一直到阿詹辛拉，渗透了整个两河流域。尽管他们很快被苏美尔和阿卡德文化所同化，不过他们对苏美尔人的家族文化有不同看法，特别是在有关私有权和交换问题上。但尽管如此，苏美尔城邦仍然在一定程度上被保留了下来，主要是南部的以辛和拉尔萨。然而，一支新的阿卡德力量

①　[译注]即今伊拉克巴格达地区。

不久出现在两河流域的中部，这就是巴比伦城。巴比伦的汉谟拉比（公元前 1792—前 1750 年）多次控制苏美尔城市，随后继续将帝国向北部扩展。与其前任一样，巴比伦帝国同样是短命的。喀西特人，一个山地民族，尾随赫梯人的入侵而攻占巴比伦，并自立为王。喀西特人的统治被证明比其他任何一位前任都持久，因为它存在了 500 多年。

　　[129]城邦的衰落和最终消失源自三种因素共同作用的结果：首先是阿卡德的萨尔贡国王们，以及乌尔王朝毁灭后（大约两个半世纪后），亚摩利人对苏美尔人课以重税所产生的社会经济效应；其次，随着需要管理的领土不断扩展，国王相对于神庙的权限也在增加；最后是战争、毁坏、掠夺与土地盐碱化的共同作用。

　　尽管政治上是短暂的，萨尔贡征服还是对苏美尔人产生了深远的影响。从这一时期开始，这块土地已不仅仅是"苏美尔人"的，而是归"苏美尔人"和"阿卡德人"共同拥有。苏美尔也因此成为更广泛的文化的一部分。阿卡德人从苏美尔人那里学会了楔形文字，并将之重塑为以闪语拼写的语言，他们吸收了苏美尔人的文学和宗教遗产。他们扩大了国家贸易的范围，从北部和西北部输入青铜、白银、石头和木料。突然扩大的经济文化区域使得城邦犹如一个个岛屿，其原有的自给自足开始逐渐受到侵蚀。而且，萨尔贡对土地私有权的偏好也侵蚀了神庙的家族经济。①这一点可能和萨尔贡国王们用被征服城市奖励随从的做法有关。与此同时，王室征服者获得的威望，以及大量的战利品增加了他们相对于臣民、祭司以及神灵的地位。从这一时期开始，王室的地位急剧上升。在一些关于神的浮雕中，以往相对于国王来说规模巨大的神像，现在仅仅是君主头顶上空的几颗星星。这一趋势在乌尔新苏美尔帝国中得到进一步加强；它的国王们继续了萨尔贡时期关于神性的假设，他们拥有自己的神庙，在每一个属城中都有王室派出人员。这些做法被亚摩利人的首领继承，他们是由酋长带领的半游牧部落，常常会驻扎在城市边缘的空地上。由于他们召之能来，来之能战，因而固定定居点也随之增长。但是其他亚摩利部落依然是游牧部落，这些亚

---

① 　参见 Roux，《古代伊拉克》，第 153 页。

摩利人部落开始在巴比伦地区袭击新苏美尔帝国的西部通道。[130]公元前 2004 年，在乌尔帝国崩溃后的混乱过程中，亚摩利部落的酋长夺取了拉尔萨的王权，随后又夺取了以辛，成为苏美尔诸城的霸主，其他的亚摩利首领则在别处另图霸业。乌尔王朝陷落之后不久，亚摩利人统治了大多数苏美尔城市。

作为新来者和篡位者，这些来自亚摩利部落的国王们将王权扩大到了极限。但是他们并未继承其前任的家族精神，或许这是因为他们必须酬劳权力赖以维系的其他部落，这些人已经获得或是租借了许多王室和祭司的土地。他们还取消了强制劳役和大量的货物税收，代之以私人租金。在家族管理制下的神庙依然是大土地所有者，但在一个由大地产者、自由农和商人①构成的社会中，它们正逐渐变成一座座孤岛。

苏美尔城市中传统的家族政体还受到其他被占领后果的进一步侵蚀，即战争的毁坏和征服后的勒索。战败的城市失去了男劳力，他们或被屠杀，或成为奴隶；他们储藏的石头、金属和木材被洗劫一空，房屋被夷为平地。这种结果发生一次，城市就会衰落，许多苏美尔人的城市被反复征服，直至终结。而且，这些苏美尔城市作为大帝国的一部分，家族用以进行地方性再分配的剩余也会以贡品和劳役的形式被帝国首都榨取。虽然也有征服者竭尽所能修建了神庙，但是却耗尽了城市的财富。更为糟糕的是，整个美索不达米亚南部地区由于过度灌溉（这种情况经由哈里发时代直到现在），可耕地已经逐渐盐碱化，苏美尔人只能蜗居在南部日渐衰落的城市里，他们的收入和被榨取的贡品一样，都开始日益减少。

公元前 2004 年乌尔王朝的衰落标志着苏美尔人在美索不达米亚至高无上霸权的终结。从这时开始，这种优势开始转移至巴比伦和亚述。这些地方的人民开始适应苏美尔文化，尊敬他们的神灵，使用他们的文字，复制并翻译他们的神话。但就政治上而言，城邦已经到了尽

---

① Roux，《古代伊拉克》，第 170 页；D. O. Edzard，"美索不达米亚和伊拉克"，《不列颠百科全书》，（1979），xi. 977A。

头。亚摩利的酋长们，通过将国家分为众多私人王国，最终抹去了苏美尔人的全部痕迹。男人、土地、牲口以及原来历史中的神灵已不仅仅属于国王和神庙，[131]也同时属于土地经营者、农民和商人。当然，神庙是大土地所有者，但却是整个私有土地所有者中的一部分。祭司依旧照顾着那些神灵，而国王照顾着他的臣民，但是城市的经济生活已不再专属于他们。当汉谟拉比征服苏美尔并以巴比伦为首都之时，城市的主要神灵"马尔杜克"已经取代了苏美尔人的"恩利尔"。自此以后，但凡宣称统治这块土地的人都必须"借助马尔杜克之手"。随后，就轮到阿舒尔（Assur）①了。

---

① ［译注］阿舒尔，亚述人崇拜的主神和战神。

第二章 埃及王国到中王国的衰落
（公元前 1678 年）

1. 引言：“当芽儿弯曲……”

> 教育塑造民众智慧，正如芽儿弯曲，大树就会倾斜……
>
> 亚历山大教皇，“致柯本汉爵士的信函”（1734）

[132]直到公元前第四个千年将尽的时候，埃及文明依然明显地落后于苏美尔。在乌鲁克晚期（约公元前 3300 年）的美索不达米亚，当埃利都（Eridu）和埃瑞克（Erech）等城市出现的时候，处于部落状态的埃及人仍然居住在尼罗河两岸的原始村落里。然而在这个千年的末期，埃及文化出现了一次突然的飞跃。在大约公元前 3000 年的时候，上下埃及从一系列散落于尼罗河两岸的村落开始被统一在同一个君主之下。埃及古代历史由此展开，公元前 3000—前 2650 年是早期的两个王朝；然后是一直持续到公元前 2150 年的第三至第六王朝，我们称之为古王国。史前晚期的埃及曾受到美索不达米亚南部的影响：其艺术题材、圆柱形印章、苏美尔人小舟以及泥制砖瓦建筑无不证明了这一点。然而在进入古王国之前，所有这一切都消失了。埃及人发展出了他们自己的书写形式——象形文字。纪念性建筑拔地而起，工艺美术

领域更是百花齐放。这一模式一直持续到希腊化时期,实际上直到罗马时代早期还依然存在。

于是 3000 年的埃及文明,宗教艺术、社会结构、经济组织及其统治形式由此发轫。许多学者都强调埃及文明在如此久远时间里的恒定性。比如,一位知名埃及学家就以《永恒的埃及》来命名自己的作品。①如果从宏观的角度来看,其发展轮廓也许是这样;但[133]就其细节而言,它在不同历史时期的发展特点也各不相同。在相当长的历史时期内,埃及文明一直以其恒久主题的一系列变化作为特色,特别是其独特的统治形式。

尽管有关埃及早期统治形式的知识非常零碎,而且漏洞百出,但我们还是有可能勾画出其主要轮廓来。

首先是从大瀑布直抵大海的尼罗河谷,包括三角洲在内的政治统一性规则。这一规则蕴含在王室风格之中,如"两块土地的主人"等等,通过双重王冠和铭文,尤其是著名的大塞德节来体现。

其次,和苏美尔城邦的政体形式不同,这一时期的埃及有一些主要村落。这一政体是世界上最早的集权化的乡村国家,其核心区域就是从三角洲到大瀑布的尼罗河谷。除了政权崩溃时期外,它没有自治单位,只有管理部门。

再次,其政体的统治者是一位独裁者。他是神的体现(我们在后面还会探讨),原则上,整个土地都属于他。

第四,他通过自己所居住城市的文职官僚系统和其他地区的统治者进行统治,这些人又相应地拥有他们自己的文职人员。

第五,君主体制、社会结构以及对法律的顺从被一种古老的宗教形式所强化并得以合法化,在这个古老的宗教中,统治者自身就是每一个神庙的大祭司和主神。那些常驻寺院的祭司仅只是他的代表而已。

第六,其社会结构包括极少数的贵族精英、书记官和祭司,大约占整个人口的 5%,其他绝大多数都是目不识丁的农民。②

---

① P. Montet,《永恒的埃及》,Mentor 1968,Weidenfeld & Nicolson,London 1964 年首版。

② J. R. Baines,"埃及历史(直到第一中间期结束)",《新不列颠百科全书》,第 15 版,18 卷(1989),他估计只有 1% 的人口是识字阶层。

最后，埃及经济是一个扩大了的家族，正因为如此，它的整合程度比较有限。它是一个没有货币的自然经济，其经济单位，无论是王室、贵族还是祭司都比较家族化。原则上，整个国家就像是一个王室家族，实际上，由于官僚机构的低效和统治距离的偏远，这一点并不能实现。

做一点必要的更正，除了第五点以外，上述这些主要特征不但可以在埃及独立以前得到证实，[134]而且在埃及成为亚述人、波斯人、希腊人、罗马人、拜占庭人和阿拉伯人的行省的时候依然如此。苏美尔城邦，作为一种与众不同的政体形式，在被征服和经济停滞之后即已宣告终结。但是埃及人的政体形式却没有这样。它在被征服中存活了下来。它延续了宗教、文字、艺术形式以及与之相伴随的世界观；它最终在公元 1000 年由于阿拉伯语的使用而失去了自己的语言。每一个入侵者在接管并取代原有的政治管理框架之后，他们做了整体的修改，但是从未抛弃其基本特征。

在这些原则问题上，具体的历史细节总有一些偏差。比如，尼罗河谷的统一通常并不能实现。它一次又一次地分裂，以至于一些埃及学家称之为"中间期"，但是这些原则从未消失。对埃及来说，公元前 3000 年两个王国的统一犹如秦始皇对中国的统一一样：虽然后来曾分裂为诸多的小公国，但每一个国王都酝酿着重新统一国家的野心。他们都赞同这样的原则，即他们曾是一个不可分割的国家。①

有关神圣王权的神学也是一样：统治者是神灵的体现，后来又成为神的儿子，实际上几乎就是一个神。统治者维持其统治的方式也摇摆不定。一方面统治者依赖其家族成员，另一方面又依赖于旧有的管理阶层，同时还要依赖于白手起家的精英管理阶层。它的专制权限也是如此，从其自身官员占主导的行省，到几乎是完全放权的管理精英等级自治，乃至中王国早期的暂时妥协方式等无不如此。但自始至终，绝对独裁统治的原则一直被推崇。

无论政体如何摇摆不定，它只是代表了与标准政治范式的分歧，并总是会不断回调。而埃及政治范式自身则是一个单一的、集权化的乡

---

① 除了公元前 7—8 世纪。

村国家,它由文职官僚、祭司、贵族以及军队支持与辅佐下的神圣君主家族所统治。

2. 设置

实际上,埃及主要是指尼罗河两岸的狭长地带,其宽度从未超出24英里,即使是湿软的扇形三角洲,最宽处也不过125英里。总面积大约13000—14000平方英里,与比利时或者我们前面提到的苏美尔差不多。[135]其余为红色沙漠,古代埃及人称之为"红土地",与之相对的河边绿洲则被称为"黑土地"。如果不是河流的周期性活动,整个国家的土地表面都会是红色。尼罗河从阿斯旺瀑布一直流向750英里之外的地中海。三角洲南部降雨很少,即便开罗也只有一英寸的降水,水位在五月份达到最低点。此后埃塞俄比亚高地的降雨使流量增大,并在九月份达到高峰。因此古代埃及人将一年分为三个季节,而不是像我们一样按照四季来划分。他们把前四个月称为"阿赫特"(akhet),是洪水季;接下来的四个月称为"佩瑞特"(peret),是洪水退却后的播种季节;第三个季节是干旱的夏季,被称为"舍茅"(shomu)。洪水季节的巨大洪流把淤泥带到岸边,淤积为沃土。古代埃及人还用泥土砌成矩形水池。一旦洪水退去,这些水池就会成为蓄水池;只要在堤岸上打开口子,水就会经过渠道流出,流向空水池,或是给将要播种的土地浇水。这种方式满足了主要作物的灌溉用水。但是,由于淤泥日积月累,河岸远远高于两岸土地。如果要把水引向两岸的土地,就必须把河水提升至一定高度。这是一项艰苦的工作,公元前1500年出现的桔槔部分地减轻了劳动强度。直到今天,埃及人使用桔槔的现象仍很普遍。埃及人通过这种办法,发展了农业园艺,并建成了丰饶的果园。异常肥沃的土地和充足的日照,使尼罗河成为埃及人的生命线:泛滥的洪水带来了丰盛的礼物,河水永恒而规律性的活动被视为是神送给埃及人的特殊礼物。

尼罗河对于埃及来说还有另外一层重要性,那就是作为交通要道。从大瀑布往下非常适合航行,埃及人很早就发明了可以顺河漂流而下的小舟。风大多来自北面，只要扬帆就可以逆流而上，尼罗河扮演着一条高速公路的角色。因此，埃及人拥有古代世界中最好的内部交通体系，它将领土上的村落整合为一个乡村国家，并在数千年的时间里保持了统一。作为一条"高速公路"，它可以快速地把军队和其他机构从一个省份运到另外一个省份。[136]同样，它还可以把大宗货物，比如木材和石料等快速运至任何需要的地方。

最后，这块位于干旱的岩石和砂子之中的冲积平原，拥有我们今天所说的各种"战略空间"。南部的大瀑布阻止了来自努比亚方面的劫掠。北部是一片碧绿的地中海。埃及人没有出海口，但是拥有内陆港口，并且和比布鲁斯等开展过海外贸易。西部除了几个绿洲之外全是沙漠，往东就是红海与群山。西奈沙漠保护着三角洲地区免于亚洲人的侵袭。尼罗河谷底狭长，四周被干旱贫瘠地域所环绕，这种环境使得埃及人产生了一种独一无二的感觉：埃及就像一个典范，其他地区都是奇异的例外。尼罗河流往北部，因此当埃及人看到达幼发拉底后认为这是在倒流。只有埃及才是神的土地，埃及人是神的最爱。

虽然埃及王国不必担心被侵略，但是也要为防止敌人渗透而做某些调整：因为 750 英里的狭长地域和水路很难提防那些觊觎沿河富裕村落的沙漠游牧部落。东北部边境对于巴勒斯坦的游牧部落来说更是防不胜防，这些游牧部落常常放牧乃至定居于此。但是所有这些敌人都没有那些环绕美索不达米亚人河谷的敌人那样可怕。在将近 1500 年的时间里，埃及人先进的文化和富饶的资源阻止了美索不达米亚人的进攻。

3. 大事年表

尼罗河谷的居民在公元前 5500—前 4000 年之间结束了狩猎和游牧生活，转而开始耕作。他们居住在小村庄里，据推测可能是部落性的，其栖息之地可与后来古王国时期围绕主要定居点的有组织的行政区相比。有人认为这种区域符号可以追溯至原始的图腾神，还有人认为这是古老的地方符号。

有推测认为，在公元前第四个千年晚期，在尼罗河三角洲和南部地区，一些小的邦国已经诞生。这就是早期孤立而单一的邦国雏形。人们传统上认为统一是很快实现的；目前的观点倾向于认为统一是在一个乃至更多国王的长期征服之后才得以完成的。南部文化上的一致性使政治统一会容易些，因为前者是后者的必要条件。[137]看上去南部地区的上埃及在公元前 3200 年已经处于一位国王的统治之下，并以阿拜多斯（Abydos）作为首都。至于在三角洲地区是否存在类似的吞并问题，目前众说纷纭。一顶僧帽状白色王冠上的绘画和雕刻证实了南部统治的存在。装饰有其他东西的红色王冠证实，北部地区统治要晚一些。牛津阿什莫尔博物馆收藏的雕刻显示，号称"蝎子"的南部之王攻击并打败了三角洲的其他力量。①在希拉康波里斯（Hierakonpolis）发现的同一时期的调色板显示，一位头戴白色王冠的国王重击了以芦苇为标记的敌人，这位国王以何鲁斯神的象征——鹰——作为标记。正面显示了国王和已被斩首的敌人。值得一提的是，此处的国王头戴"红色"王冠。

"蝎王"可能是前王朝时期的一位国王。一些学者认为他就是具有广泛影响力的纳尔迈国王，因为他已经在整个埃及和巴勒斯坦得到证明。他也被视为是前王朝时期国王中的最后一位，这就是"0 王朝"，可以追溯至一个世纪乃至更久。第一个王朝的国王阿哈（公元前 2920年），被许多学者等同于具有传奇色彩的美尼斯国王，希罗多德确认后者首次统一了两个王国，建立了历史性的埃及国家。②这个国家的领土与后来的王国一脉相承，那就是所占有的尼罗河谷。它不是一点一滴逐步建立起来的，而是通过一个征服中心扩展而来的。

阿哈和美尼斯建立了新的都城——"白城"，也就是后来希腊人所谓的"孟菲斯"。它大约位于尼罗河和三角洲交汇的地方，离现代开罗的南部并不远。这一事实非常重要，它在历代埃及人的意识中留下了很深的烙印，直到基督教出现后，埃及人才丧失了他们的法老

---

① 《剑桥古代史》第一卷第二章，第3—6页。

② 同上，第 11—15 页。

传统。

随后的权力中心化促成了埃及人在社会各方面的惊人进步：军事、宗教、艺术、经济。在长时间落后于苏美尔之后，埃及突然一跃成为最先进的文化。拥有宏伟的金字塔、神庙、方尖碑和雕刻的"法老文化"，[1]包括有着怪异动物头像的诸神，神圣文本和象形文字，这一切都突然呈现在世人面前。

[138]一般来说，古代埃及的历史主要包括 31 个王朝，终于公元前 332 年亚历山大大帝的征服。其大致轮廓如下：

大 事 年 表

王朝早期	第一至第二王朝	公元前 3000—前 2650 年
古王国	第三至第六王朝	约 2650—前 2150 年
	第一中间期（第七至第十王朝）	约 2150—前 1980 年
中王国	第十一至十二王朝	约 1980—前 1640 年
	第二中间期（第十三至十七王朝）	约 1640—前 1520 年
新王国	第十八至二十王朝	约 1540—前 1070 年
	第三中间期（第二十一至二十五王朝）	约 1069—前 664 年
晚期	第二十六至三十一王朝	664—前 323 年

最初的两个埃及王朝创立了永久的政体模式。此后，君主就是绝对神圣的国王，是神与人之间，自然力与世界之间的唯一联系。整个土地上的官员们都要为他服务，这些官员监控着尼罗河的灌溉，进行两年一次的牲畜统计，征取税收，并组建政治机构。

这种政权所激发的巨大能量和超凡的组织能力远远超过了苏美尔城邦的成就。第四王朝（公元前 2600—前 2475）即为典型，这一王朝修建了吉萨和达舒尔金字塔。比之于金字塔的庞大规模，附近朝臣们的

---

① "法老"一词意为"大宫殿"，但作为尊敬的标志而被用于指代统治者，实际上在新王国之前（公元前 1540 年）还没有这种用法。

墓地显得那么微小，这同时也表明了神圣的国王与其宠臣之间的巨大差距；没有什么比金字塔更能证明政府手中所掌握的令人生畏的政治权力，包括它的组织能力和技术水平。齐奥普斯①大金字塔是世界上最大的石头建筑。它有 756 平方英尺，原始高度为 480 英尺。佛罗伦萨、米兰、圣保罗、圣彼得以及威斯敏斯特等大教堂可以被一并放在其基座内。它由 2300000 块石头组成，每块石头平均重约 2.5 吨。基座各侧面的精度在 7 英尺之内，其南北、东西的方位精度都在十分之一度之内。然而这一庞大的建筑是在没有滑轮和车子帮助的情况下建造的。虽然铜制工具已经存在，但所有这些石块实际上都是由石制工具开凿并雕刻的。[139]这些石灰岩必须在图拉（Tura）开凿后运过河对岸，然后经过引导渠尽可能地运往远方。花岗岩需要从遥远的阿斯旺沿着河流运输。后面的一段路程则需要人们用杠杆把它们撬至金字塔周围，最后以刀子都无法插进的精度安放上去。据估计，在 20 年的建造期内，需要4000男丁在金字塔工地上夜以继日地工作，另有 100000男丁需要每年花费三个月的时间拖运石头。

> 大金字塔在每一个方面都是独裁观念的体现。国王就是活的何鲁斯和埃及；其他任何人都是从属性的：所有的一切都是为国王荣耀而来，所有的一切都体现着他的荣耀……大金字塔……也提供了一种完全的证明，那就是所有的资源都被一个人所控制，并为个人目的所支配。②

从庞大的第四王朝开始，一直到公元前 1760 年第十二王朝结束，巩固政权始终是埃及人广为关注的重要议题。古埃及政体是如此令人印象深刻，以至于一些学者认为它是一个稳定、规则、匀称的金字塔形状——神圣的国王位于顶端，臣民们按照严格的等级次序排列在下面。我们应当留意埃及学先驱埃尔曼将近一个世纪前说过的话："读者可以

---

① ［译注］即胡夫法老（公元前 2589—前 2566）。
② Baines，《埃及》，第 466 页。

看到政治的混乱是何其频繁，但我们的知识依然局限在它们的寿命上面，我们几乎不知道任何关于埃及王权的争夺。"①

我认同他有关国王权力的脆弱性和不稳定性的看法。正如我们将要看到的，这一点和古代埃及人所避讳且神圣庄严的王权观念形成了对比。

4. 政府与宗教

所有的，至少近乎所有关于古代埃及王权的描述都以其"神圣"特征作为开端，国王实际上是一个"神"。②但是篡位事件显示王权的实践同理论并不总是一致。[140]事实上，一些非常有名的学者完全怀疑古代埃及人（可能祭司和神学家例外）会相信这些神学素材，然后将之转化为统治的实用性。③

我对此观点深表同情，但它并不正确。我们经常可以看到政府的说教与其实际作为之间的不协调，有时甚至是完全不协调，这些说教教导民众去相信政府的性质、来源以及存在的理由。比如，中国的帝王通常宣称"受命于天"。因此，原则上说，造反就意味着对上天的反叛。然而造反事件还是时有发生。如果失败，证明皇帝确实系上天委任；如果成功，说明上天决定收回成命。这并不意味着这些教条毫无价值。相反，这些教条就是一些"政治规则"，它们扮演着非常重要的政治与社会功能。首先，埃及人的"规则"潜在地把个人与其职责分开。王权具有神圣的特征，这一点来自他的职责。因此，任何人只要拥有王权，无论他做了什么，也不管他是如何获得的，都会呈现出神圣的特征。

其次，更为重要的是，这些规则使权力的争夺被道德化，因而具有一定的平息或疏导效应。它们使权力和道德、正义以及宗教相连，而不是关于人类野心、贪婪和复仇的野蛮记录。这些惯例，无论是对于掌权者还是他们的对手来说都同样重要，因为这使他们可以保持"阳谋"。

---

① A. Erman and H. Rank，《埃及文明》，译自 C. Mathien(Payot，Paris，1952)，第 72 页。

② 比如 Frankfort，《王权与诸神》(1952)，第 72 页。

③ Erman and Rank，《埃及文明》，第 72—73 页；Monte，《永恒的埃及》，第 84—85 页。

最后，这些说教也为民众的顺从提供了基础。民众越是接受这些说教，他们的忠诚度也就越高。政治精英越是积极地宣传这些教条，不管是有意还是无意，也不管是言词还是事实，民众就越会接受这些说教。

在我看来，古代埃及人关于"朕即是神"的信条只是一个政治神话（经过一个短暂的时间后，它也许进入了文学）。这需要我们去揭示这一信条是如何在埃及的宗教信仰中生根发芽，然后经过错综复杂的论证以适应纷繁的政治事实。这同时表明，它能够顽强地存活到法老时代结束的唯一可信解释，就是采用我前面描述过的政治公式。

4.1　埃及宗教的性质

[141]对于法老埃及任何一个层面的研究，都不能孤立于宗教之外进行。比如，最早的石头容器是为了宗教而非世俗目的制作的。这里没有世俗艺术，只有宗教艺术。计算、测量、观星、计时均来自或归功于宗教目的。

埃及人的宗教非常令人困惑。比如，埃及人承认了一系列神，它们或以人、或以动物和器物为形。但是这些神从未被系统地聚合为一个整体。而且，它们也从未被严格地定义，有时候一个神往往因为权力特征相似或是语义双关①就会被等同于另一个。这种不协调并未带来文化方面的问题。它是完全可以接受的。②

> 一般来说，埃及人的宗教证实了所有被我们称之为"古代类型"宗教的特殊痕迹。具体来讲，它的符号体系包含了大量虚构的物体，其神话人物被想象为正在积极地控制世界。简言之，它们都是神，也是它的符号体系。在埃及，庞大的宇宙学和诸神等级孕育了不止一个同样的宇宙学和诸神等级。通过崇拜和祭司的途径，

---

① R. Anthes，《古代埃及的神学》，S. N. Kramer 主编，《古代世界中的神学》（Doubleday, New York, 1961），第35页。

② 参见惠特曼，"我是自相矛盾的吗？我非常自相矛盾；我硕大无朋；我包容众多。""自我之歌"，1986。

这些神可以接近并被激活。这就像在苏美尔，神的偶像被存放在圣所之内，它们被唤醒、沐浴、喷洒香水、焚香、穿衣、进食，以船载出，然后又返回圣所。它们为数众多，光神庙就数以百计。

埃及人的宗教组织和美索不达米亚也是对应的。它有一个大众都可以参与的宗教，以与那种宗教仪式只掌握在一小撮精英手中的"官方"宗教相对。这儿没有会众，只有祭司才被允许进入神庙。信众的角色只是在祭司把偶像搬出神庙，或是在神像被装扮后移动时喝彩，并表示尊敬。个人的虔行并不重要，但是宗教仪式和符咒却格外非同寻常。如同美索不达米亚一样，君主在神与人沟通的过程中扮演了关键角色。只不过在埃及，君主从一开始就证明了他是神本身，因此他可以在上天诸神之间走动，但只是作为诸神的主要传话人。也就是说，他是上下埃及所有神祇和神庙中的大祭司。

[142]通过这种方式，个人和社会都被融入到了一个自然的神圣宇宙之中。人间的秩序是上天的反映：这种正确、合理的秩序由玛特（Ma·at）神来引导。因此，传统社会结构中的等级特征，小部分统治精英和目不识丁的民众之间的分野都以这种神圣秩序为基础。社会一致性也是如此，它在各个方面都有宗教的认可。2000 年之后，希罗多德说道："埃及人的宗教有点过了头。"①这一点是所有民族的共性，甚至连中国人也是如此，但古埃及人最为传统。这是因为他们对宗教的依附已经遍及社会各个层面。当基督教破坏其宗教的时候，法老文化也被随之摧毁。

4.2 诸神之王？

在我们今天看来，埃及人相信的内容也许是自相矛盾的。他们对于神的构成观念非常模糊，因为神和人的融合已经达到了非常高的程度。埃及人展示了一个不加批判的"人神合一"崇拜。和近代学者们

---

① 参见希罗多德，George Rawlinson 译，《历史》第二卷（Everyman 编辑，Dent，London，1940），第 37 页。

"有疑问则驻笔"的格言相反，他们"有疑问就保留"。这方面一个最为重要的事实是宇宙等级，国王与高级神祇并不在一个等级之上。[1]

一些铭文把国王称为"神"，并用同一个词汇"奈贴尔"（netjer）来指称高级神灵。但是"神"的称号并未被用于实际的神灵；对国王和神同时使用"奈贴尔"并不必然意味着二者是相同的；这一推论只是表明，我们假定埃及人有一个专门的词汇，它既不指代实际的神，也不指代人类。简言之，他们没有与"半神半人"相对应的词汇或者是类似的概念。[2]

无论这些词汇在历史情景中有什么含义，人们所看重的这些称号，无可置疑地强化了国王的神圣出身和权威。它们赋予了国王多个神圣之源。其中有两个最为显著。国王是"何鲁斯"，也就是众神之王——鹰神。但是，在稍后第四王朝的太阳神宗教仪式中，"拉"是众神之王，国王也就成了"拉之子"。[143]二者因此也就并行不悖：国王既是"拉"的肉身，同时也是现实中的神"何鲁斯"，以及冥神——"欧西里斯"的继承者等。作为"拉"之子，他的死亡也就是与太阳重新合二为一；[3]作为"何鲁斯"，他是每一位逝者，即"欧西里斯"的前身。[4]

> 在任何时候，国王都依赖于诸神；他并不是一个要主导它们的"诸神之王"。即使如此，因为他只是一个人，而诸神却有很多，加上国王存在于现实生活之中，因此国王可能比其他诸神都更为突出。在第二个千年的铭文中清晰地规定了国王的地位，当时的太阳神崇拜仪式把宇宙万物分成四类：众神、国王、亡灵、人类。国王安抚众神，安葬并祭奠亡灵，管理人类。这三种行为传达出了国王王位上的一些问题。他处在诸神世界的边缘，然而通过国王，诸神得以维系宇宙和他们自身。他们必须被安抚，因为他们难以揣测，

---

① Montet，《永恒的埃及》，第58页。

② Posener，《神性论》，第15—16页。

③ J. A. Wilson，《古代埃及文化》，（Chicago，UP，Chicago，1951 Phoenix edn.，1956）。

④ 在这个令人费解的问题上，参见 Wilson《古代埃及文化》，他有一个令人钦佩的解释；Anthes 的《古代埃及神学》有一个更宽泛的解释；Frankfort 的《王权》是一个经典的富有影响力的解释，但我怀疑有很多误导；A. Moret 的博士论文《法老王朝的宗教特征》（Ernest Leroux，Paris，1902），是一个关于神圣王权文化和礼仪方面的繁琐研究。

可能会不分场合地任意行事。①

国王低于众神；前王朝时代晚期还显示，国王接受来自诸神的生命之礼。他可以是任何神灵的"儿子"或者"至爱"，这些都是从属和依赖的关系。

很明显，类似的宣称存在于所有古代宗教。通过国王支持下的宗教仪式，尼罗河适时涨落，太阳普照，作物丰收。在神学家的描述中，国王创造了玛特——宇宙的秩序和存续。玛特蕴含了与公平、正义和道德相吻合的秩序与规则。这一点类似于中国的道教，不同之处在于它不是中立的，而是至高无上的道德化身。②

5. 中央权威

5.1 神圣王权的政治含义

[144]尽管神学上的差异比较模糊，"神圣王权"公式的政治含义却是再清楚不过了。作为神的"儿子"，国王是神的体现，他不仅在政治上是绝对的，现实中也是难以接近的。国王是"完美神"（最常用的头衔之一），他和民众之间毫无联系。在理论上，国王不仅是绝对的，而是绝对中的绝对。

在实践中，国王并非如此绝对，有时候他根本没有权力。这个时候，理论和实践就发生了冲突。由于替身理论的内在模糊性，这一问题变得复杂起来，在关于继承规则问题上更是如此。首先，国王和他所承认的圣父——太阳神"拉"（何鲁斯）——具有一样的"同质性"？还是他和常人一样，只是同太阳神进行了特别的接触？这两种观点同时存在。③王位继承看上去主要是在那些能够提供合适候选人的王室家族

---

① J. R. Baines,《王权，文化和立法角色的定义》,in D. O'Connor and D. P. Silvermann (eds.),《古代埃及王权》,(Brill,Leiden,1995),第 10—11 页。

② J. Assmann,《玛特：法老时期的埃及与社会正义》(法兰西学院，会议论文与课程,Paris 1980),and id.,《玛特：古代埃及的正义与永生》(C. H. Beck,Munich,1990)。

③ P. Derchain,《埃及国王在维持社会秩序方面的角色：权力及其神性》(宗教研究中心年鉴,Brussels,1962);Posener,《神性论》,第三章。

成员之间进行。但是埃及的国王们不仅有王后，还保留了妃嫔，有一个时期甚至保留了小妾。这一情形，正如历史将不厌其烦地证明的那样，使得继承规则始终处于王位觊觎者的威胁之下。而且，在死亡率很高的古代埃及，一旦王室绝脉，神学又能如何呢？

虽然如此，那些篡位者或者并非王后子嗣的继承人仍然是神的儿子。虽然人们对母性比较确定，但是没有人可以肯定孩子的父亲是谁。埃及神学承认而且描述了若干细节，包括神是如何降临、出现并以在位君主的形式，占有某人的妻子，最终造就一位王室继承者。只是一旦神可以拥有王后，为什么不能占有妃子，或是小妾，乃至其他任何女人？这样的借口使我们轻信，埃及人也不例外。不过除了第十三王朝的继承问题之外，这种借口就有点牵强了。因为第十三王朝的国王们都比较短命，其平均统治时间只有两年半，然后把政府留给了掌握实权的宰相们。[145]除此而外，继位者中还包括一个平民之子和一位著名的将军，他们没有通过世袭获得头衔，也没有通过提名或选举，而是以政变的方式获得了头衔。至少，宰相们知道这些君主们是如何确立的，因为许多人都曾是王位的候选人，虽然看起来国王们都是神奇的。大而化之，甚至整个政府机构的建立都受此影响。

然而，王室头衔及其所宣扬的神性被维系了下来，在辉煌荣耀的第十八王朝被复活，在第三中间期以及后来波斯人、希腊人与罗马人取代埃及人主政时期得到保留。事实上，王权实践同理想的分歧越大，关于国王神性的神学就会变得愈加精细。①在面对政治理论和政治实践的不兼容问题时，现代学者们也是见仁见智。②

在我看来，答案就在于：经过初期政治实践之后，虽然国王个人魅力依然非常有效，但神圣国王理论已经发生了转向。起初，国王是一个与特定的规则和征兆相符合的神圣之人，他是独一无二的，被标识为唯一的王位合法拥有者。国王的就任使王位变得神圣无比；这种神圣源

① Derchain，《国王的角色》。

② 参见 Frankfort，《王权》；Derchain，《国王的角色》；Posener，《神性论》；Erman and Rank，《埃及文明》；Montet，《永恒的埃及》；E. Hornung，《古代埃及的神观念》，J. Baines 翻译（Cornell UP，Ithaca，NY，1982）。

自他个人的超凡魅力。但此后变成王位造就国王，个人的品质、经历已与此无关，神圣权力来自王权——一个约定俗成的魅力之源。因为王位是神圣的，所以国王也是神圣的，不管国王曾经是平民、将军或是其他。重要的是他以上下埃及的名义加冕称王，手执权杖并宣称神圣降临。①我们有足够的证据可以证明这一点。在特定时期，特别是希腊—罗马时期，新国王的个人信息，比如他的王冠名称等很晚才被送到上埃及的神庙，此时他的统治可能早已结束（第二中间期很可能也是如此）。但是神圣国王对于这一制度来说仍然很关键。因此，祭司们在没有国王个人信息的情况下，只是在神庙的记事板上写下"法老"两个象形文字，并留下空白。"祭司们通过这种方式展示了现实法老的影响是何等有限。浮雕上不再描绘他们，神话般的匿名法老几乎只是一个抽象概念。"②[146]公元前664年之后，当埃及阶段性地被外来国王统治的时候，祭司们打算合法地接受这些国王，使之像法老一样行事。也就是说，让他们披上法老的外衣以及头衔，尊重这些礼仪并履行祭司的职责。"如果有人像法老一样行事，他就是法老。"③

如果对这种转向无法理解的话，教皇的职位可以提供另外一种类推。圣彼得使教皇之位变得对教堂拥有至高无上的权威，教皇也据此而成为天主教无可置疑的权威领袖。教堂对教皇的顺从在博尔吉亚（Borgia）时期也没有停止，对教皇神圣角色的信仰在14世纪教会大分裂时期也没有中断，而当时有三个教皇同时对这一神圣职责提出了要求。

5.2 王权的实践

5.2.1 王宫

国王的"权威"是绝对的，问题在于他的"权力"是否同样如此。国王是整个王国独一无二的统治者，上下埃及都处在他的统治之下。他

---

① 更多人相信"加冕立王"的情况在拜占庭也存在（参见本书第三册第一章第四节）。

② Derchain，《国王的角色》，第63页。

③ B. G. Trigger, B. J. Kemp, D. O'Connor, A. B. Lloyd，《埃及社会史》（剑桥大学出版社，Cambridge，1983），第297页。

是尘世间的最高权威，不受任何法律、神和人等外来力量的制约。他是所有决策的法律之源。他还是独一无二的祭司，其他祭司都只是他的代理。他决定战争与和平。他是政府的首脑，并任命所有官员。

除去自然力量对神圣权力的限制之外，什么力量能够控制或约束国王的绝对权力？首先，他要受宗教仪式的束缚，否则就难以被视为"国王"。这些也是一种约束。毫无疑问，他还要受到习惯和传统的制约，但是遵守传统和习惯是一件审慎的事情，不同国王之间也千差万别。这些约束都不是强制性的，它们都只能是非正式的。也就是说，取决于和国王相抗衡的特定个体和集团的政治权力，而非与之对立的权威。

平民的影响几乎可以忽略不计。直到新王国时期（公元前1540年），军队和祭司在政治上都无关紧要。①[147]书记员们当然都是些自觉的精英，著名埃及古代文学《职业幽默》就反映了他们对自己工作的认可。②如果说存在着对国王的约束的话，那只能是来自管理层核心的精英，包括宰相，或者是封疆大吏；抑或是他们中间那些拥有一定势力的世袭官员。

埃及社会中是否曾有过贵族？就"贵族"这个词汇而言，它在埃及学家中间并不盛行。相反，这些人更愿意使用中性的词汇，如"精英"或"管理精英"。然而，在一些特定时期确实有过这样的集团和个人，但他们又很难被视为是贵族。主要在于他们是"服务型"贵族。

这似乎可以做如下解释。我们有必要在两种贵族之间进行区分。首先是"服务型贵族"或"宫廷贵族"的划分，前者所拥有的社会地位和财产来自于他们作为官员为君主所提供的服务。第二种贵族是通过世袭而获得大量地产等财富的阶层，他们掌握的经济资源，以及他们对中央和地方官员的影响力使他们享有相当的社会威望和政治权力。在埃及，正如我们将要看到的那样，这些贵族只是在古王国晚期和中王国早期才比较重要。在古王国晚期之前的埃及历史上，几乎看不到那种类似欧洲贵族的优越性。

---

① Erman and Rank，《埃及文明》，第370—374页。

② M. Lichtheim，《古代埃及文学读本》（University of California Press, Berkeley and Los Angles 1973），第184—192页。

正是上述两个方面对国王产生了制约。

5.2.2　限制

王室。国王不能想当然地认为他的加冕或继位是一种必然。有关继位过程中出现篡位和混乱的证据是确凿可信的，正如前面提到的，在第一至第二王朝时期甚至被视为一种常态。从中王国时期流传下来的文学明确地揭示了这一点，君主必须小心应对王室官员的威胁。强力统治者阿蒙涅姆赫特一世在给继任者的训词中意味深长地说道："谨防你的臣民，你并未意识到他们的图谋。[148]不要相信兄弟，不要与朋友交心，亲密是毫无价值的。当你跌倒时，要护住自己的心脏，因为在厄运时没有人会追随你。"为了使这一点更加形象，他还讲述了晚饭后熟睡时如何被卫队成员袭击的实例。①

事实上，王位是一个"不稳定的制度"。整个埃及法老时代，王朝的平均跨度只有一个世纪。②理论上说，王国被一个神圣的国王所拥有、运作；实际上，正如埃尔曼提到的，国王被一群顾问、祭司和将军环绕，而他必须与之周旋。因为这些人是潜在的篡位者，并且能够挑起内战。③

不同的国王采用不同的策略保护自己。第三王朝的国王们看上去采用了任命"新人"的办法，有才智的平民，比如伟大的建筑师、医师和管理者伊姆霍特普（Imhotep）等都可以得到重用；④如果来自王族，至少也要隐瞒其身份背景。然而，伟大的第四王朝（达舒尔和吉萨大金字塔的建造者）所有的高级职位都集中于王室家族，包括祭司首领。但第五王朝的高级职位中招募了一些平民。第六王朝时期，地方贵族势力鼎盛，进入了我们所说的动荡的第一中间期。当第十一和第十二王朝重新统一埃及的时候，他们在重视王室的同时，创立了一种与地方贵族和平共处的调适机制——共同摄政，这一做法在后来的一些独裁政权

①　M. Lichtheim，《古代埃及文学读本》，第136页。
②　Montet，《永恒的埃及》，第83页。
③　Erman and Rank，《埃及文明》，第70—73页。
④　《剑桥古代史》第一卷第二章，第159—160页。

（比如罗马、拜占庭和哈里发帝国）中也非常盛行。阿蒙涅姆赫特一世和他的长子塞索斯特利斯一世共同执政，这一做法被后来的三位继任者所仿效。然而，或许是由于王室灭绝等我们无法知晓的原因，王朝最终仍不免土崩瓦解。

地方寡头。虽然有一些考古证据与第一王朝，也可能是与第二或第三王朝时期的寡头有关，但肯定不是第四王朝。在第五王朝之前，我们对此几乎一无所知；第五王朝可能是我们比较确定的最早时间。这说明最初五六百年的王国历史是一个多么漫长的时期。当寡头们进入历史视野的时候，他们依照权利合法拥有自己的土地，这和那些通过为国王提供服务获得回报的贵族截然不同。①［149］然而，关于诺姆（Nome）结构的最早证据来自第三王朝。

同理，寡头们在王国运转过程中扮演的角色最多也只能是推理。有一点非常清楚，在最初的四个王朝中，这些寡头并未被任命为某一个或几个省份的唯一统治者。掌管一个诺姆或省份的诺姆长不同于"统治者"或一个特殊地方的"委任监管"职位。古王国的大多数此类官员都被葬于首都，由此推断他们没有居住在自己的领地上，有时为了监视敌人入侵他们也会被迁往异地。由于这些地方广袤无垠，散落四方，他们很难进行连续的监管。我们可以确信，这个阶段他们并没有在自己家族所居住的土地上行使"诺姆长"职责。

第五王朝特别是第六王朝的情况让人更为信服：前者中的地方精英已经开始坐大；后者则在政治和社会方面开始了更高的调整。第五王朝晚期的部分高级官员，其中一些是诺姆长，已经开始在地方上而不是在首都下葬，这一情况在第六王朝时期开始变得普遍起来。诺姆长的数量在增加，与之相应的诺姆数量也在增加，每人通常只掌管一个诺姆。②"诺姆相"的表述和今天的诺姆长一词是相当的，这在泰提王（公元前2350年，第五王朝初期）治下的埃德夫（Edfu）可以得到证实。③有人被地方神庙任命为"大祭司"，也是为了展示对地方上

---

① 参见 Trigger 等，《古代埃及》，第 57 页。
② N. Kanawati，《古王国时期的埃及政府》（Aris and Phillipis，Warminster，1977），第 73 页。
③ Trigger et al，《古代埃及》，第 108 页。

的道德领导。①同时，关于这些地方统治者建立王朝并世袭官位的证据，也清晰而确凿。

最近的研究表明。地方寡头/诺姆长们的崛起是第五王朝政府重组的一部分：在年迈的佩皮二世去世（公元前 2150 年）之前，他们始终处在王室的牢牢掌控之中；与建造金字塔的第四王朝相比，王朝的贫困说明地方寡头掌握的资源已不再流入中央政府。[150]关于第六王朝崩溃的原因及其相关的假设，即中央权力的衰落和地方统治者坐大，这些讨论都没有提供一个充分的解释。②王朝的崩溃并未得到充分的说明。

有一点是必然的，一旦王朝崩溃（在曼涅托所宣称的"七十天有七十个国王"时期），地方精英就回到原来土地上。服务型精英们也是如此，他们自我转换为"有土地的贵族"。一旦土地的限制消失，他们就会占有土地和世袭的头衔，依靠所拥有的资源独立生活。他们像地方上的统治者和居住在自己产业内的财富寡头一样，切断和中央政府的关系。达拉（Dara）的寡头甚至像君主那样，把自己的名字刻于图版之上。③

从这一时期直到第十二王朝晚期，在大约 500 年的时间里，地方贵族一直扮演着重要的政治角色。当然，他们的称呼中依然使用服务国家的词语，但是言行举止却像地方上的头领。他们在家中运筹帷幄，招募军队，营造舰队；他们挖石建陵，寝陵的周围环绕着他们的官员。他们在墓碑上告诉人们，他们曾经仁慈地实施统治，扑灭了暴乱，改进了灌溉系统，修缮了神庙，扩大了牧群，储备粮食抵御灾荒。④凯提和他的家族拥有阿斯尤特（Asyut）诺姆（里科普里斯，第十三诺姆）。在贝尼哈桑，有 39 个著名的石墓，其中 8 个属于奥瑞克斯（Oryx）诺姆的大霸主。石墓中的壁画可以佐证其庄园的宏大管理规模。

认为这些贵族的行为是对国王的"约束"的说法似乎有些怪诞。国

---

① Trigger et al,《古代埃及》，第 109 页。

② N. Kanawati,《古王国时期的埃及政府》，第 67—73 页。

③ 同上，第 67 页。

④ 《剑桥古代史》第一卷第二章，第 468 页。

王们必须像西欧的封建君主那样，谨慎而小心地奉养这些贵族。这方面的一个形象例子是希拉康波里斯的国王给他儿子美里卡拉（Merikare）的训令："热头（the hothead）是民众的煽动者。他在年轻人当中制造内讧。如果你发现民众追随他，就要在议员面前谴责并查禁他，他是一个叛逆者。尊重贵族……维持民众，督促官员。"①第十二王朝的创立者阿蒙涅姆赫特也曾给过他儿子类似的建议。②

[151]第十二王朝被认为是最为强大的一个，没有哪个国王比行伍出身的阿蒙涅姆赫特一世更强大，地方割据的混乱状况在这一时期才告结束。传统看法认为，埃及重新统一后的第十一和十二王朝是一个封建时期，埃及中部的一些诺姆曾帮助打败了希拉康波里斯，从而获得了大量特权。据说阿蒙涅姆赫特一世曾依靠他们取得王位，后来恢复了古代的一些特权以作为对他们的奖赏。比如，"诺姆相"头衔的恢复就是一例。这表明第十一王朝或许曾经镇压过他们。他们曾经利用财富和影响同国王相争。③但是，据说塞索斯特里斯三世此时查禁了他们，收回了特权，他们那些精美无比的石墓修建工作也被迫中止。

真相也许未必有趣。首先，有证据表明第十一至第十二王朝曾经对地方政府进行了一次意义深远的整顿。阿蒙涅姆赫特一世重新划定了诺姆的边界，也许他只是重新确认边界。第十二王朝的国王们的确在紧急时期曾经得到过诺姆长们的帮助，包括那些大的诺姆。

这种新情况只能通过社会变化来解释。比之于400年前的第五王朝，这一时期（公元前1950—前1700年）的政府活动更多。国家此时变得更受欢迎，社会也更为复杂。可以推测，政府也应如此。有两个变化在其中发生了作用：其一是第一中间期（公元前2130—前1980年）时拥有土地的家族的扩大和分化；其二是通过一名来自地方上的固定统治者来掌管特定的地域。来自实际需求的中央政府决策取代了原来由王室官员监管的旧体系。第一个变化是自然而然的，是在这些寡头

---

① Lichtheim，《古代埃及文学读本》，第99—100页。
② 同上，第136—138页。
③ 《剑桥古代史》第一卷第二章，第496页。

中进行自然选择的结果；第二个变化也毫不稀奇，说明地方寡头对中央具有依赖性，他们必须为中央政府工作并与之合作。整个制度安排，起初看上去是完全成功的，只是在第十三王朝晚期才趋向衰落，公元前1630年喜克索斯人统治北部地区后逐渐被取代。

5.2.3　王室议程

保卫领土、维持秩序和执行法律都是政府议事日程的内容，这也是任何政府的基本功能。[152]然而，有两种活动角色，在其他形式的政府议程中并不经常出现：一个是宗教仪式职责，另一个是管理经济的身份。

除了古怪的阿赫纳吞国王（Akhnaton）外，埃及的君主们并没有义务或者紧迫感去强化民众的宗教信仰；另一方面，可以毫不夸张地说，他们在宗教礼仪上的职责又是其工作的核心内容。

尽管国王的神圣特征与实际政治实践并不完全一致，但是它在埃及神学中从未消失过，虽然其形式一直在变换之中。①这也正是神学的要旨所在：国王是神和人之间独一无二的中介和联系。有学者认为，②正是因为从早期开始国王就是宗教礼仪制度的中心，因此有必要创造出关于国王"神圣"的理论。在整个埃及的大量神庙中，常常可以看到这样的情况：神庙内会同时绘制国王和神的画像。除了国王以外，没有人会代替神行事。国王向神祈祷，作为回报，他得到神的赐予，神以其特殊的力量分配给他生命、权力、健康、幸福、英勇。在这些情形中，国王通过在宗教活动中的行为促使神授予其权力，实际上神此前已经把权力给予了国王。这是一个连续不断的循环：神给予，国王祈祷，神再给予，国王再祈祷……如此循环不已。③尽管圣殿祭司也在代神行事，但图画中并不显示他们，只表现国王。

关于王权的核心活动主要通过两个方式表达，如果我们把丧葬礼仪也算作一种的话，那就有三种形式。首先，国王必须经常参加大量的

---

① 参见 Derchain，《国王的角色》。

② Moret，《关于宗教的特征》。

③ Hornung，《神的概念》，第六章。

仪式。按照狄奥多罗斯(大约写于公元前50年)的说法,[①]国王的日常生活从处理国务开始,然后参加神庙活动,他日常活动的时间表,精确得像是由"医师"所规定一样。这看上去非常夸张,但这是为什么呢?中国的帝王们很大程度上确实如此。[②]

国王的第二种宗教活动就是维持和修建神庙,安排对神的供奉。最后一种与王室的葬礼有关。除去金字塔中关于亡灵的一系列仪式之外,国王们还要把自己的雕像安置在各种各样的神庙之中,[153]并建立享殿,供祭司和祈祷者们长久地为仙逝的君主举行仪式。从雕刻并安放塑像,到安置服务它们的僧众和圣役,形成了一个"贯穿古王国和新王国的唯一庞大产业,中间只有短暂的中断"。[③]

金字塔是这种殓葬原则的一个特例。无论是吉萨的巨无霸,还是1000年之后的第十二王朝金字塔,它们都具有双重功能。首先是确保死去国王的"卡"(Ka,即灵魂)能够拥有必须的东西,以便能成功地渡到来世,加入属神的本质,继续为他的国度行善。正如植物的死是为了重生一样,国王也是如此;如果一个人成功做到了这一点,一切都会随之重生。其次是作为死去国王的丧葬仪式的功能。金字塔系统包含一个享殿,祭司们和祈祷者在这里为已经升天的君主吟诵、祈祷。在整个埃及,那些虔诚的贵族后代们也和国王一样实践着相同的仪式,尽管与国王相比,他们对来世的期待要略逊一些。在关于第二个功能方面,克姆普的观点[④]令人耳目一新,此处直接引用如下:

> 强调金字塔的丧葬特点,以及最初将它们视为带有附属神庙的坟墓的想法是普遍的。它的实际组织方式和有关问题显示,以前强调的重点需要修正。首先也是最为重要的一点:金字塔是一个带有王陵和雕像的神庙,它们像是一个硕大无比的圣骨匣,给这

---

① Diodorus Siculus,《图书馆史》,C. H. Oldfather 翻译(Loeb edn. London, 1935,重印于1961),第203页。
② 参见《中国思想史》。
③ 参见 Trigger 等,《古代埃及》,第86页。
④ B. Kemp,《古代埃及:一种文明的剖析》(Routledge, London, 1989),第85页。

个本质上的祖先宗教以无上权威，这也是政府稳定性的一个重要因素。在整个埃及社会，它通过私人葬礼仪式的形式以不同的规模不断重复。①

简言之，这些金字塔并非狂妄者的奇想。它们是一个宗教的表达，宗教中的国王是埃及生命延续和功能健全的核心。从这个意义上说，它们都是工具性的，甚至可说是功利主义的。

埃及君主在文化和宗教方面的议程有力地影响了其他两个议程。[154]其中，第一点就是构建"律法"的义务。我们早已提到玛特的概念。国王的职责便是建立玛特——宇宙万物的秩序，它使天和地，神圣和世俗在宇宙平衡中发挥作用。在尘世间，玛特变为"法律"，国王则义不容辞地推行它。②"好的"或"理想的"国王，就是能够推行玛特的国王，他们是后来古代埃及"王者之鉴"的同义语。当然，这样的陈述并不意味着埃及人的"法律"组织良好，可以唾手可得，或毫无偏见。玛特（无论其固定意义是什么）被掌握在国王或者国王仆人手中，而不是其他人手中。但是，这并不意味着创建法律是王室议事日程的首要内容。

正如我此前提到的，国王在宗教仪礼中的重要性不仅包括推行法律的责任，还包括修建被列入政府工作日程中的公共工程，这是埃及与众不同之处。原因很简单，公共支出的最昂贵部分毫无疑问就是建立和修缮神庙，包括前述的丧葬礼仪。

自从马克思在评论"亚细亚生产方式"时（魏复古在"水利系统"政府中有完整的叙述），把埃及中央集权归因于推行灌溉工程的必然结果后，这一问题才开始广为流行。在魏复古的"水利"学派关于什么才是国家和文明充要条件的公式中，埃及的例子被证明与所宣称的情况恰恰相反。因为它有一个很大的例外——即第十二王朝国王们所建造的法尤姆灌溉工程。中央政府对于灌溉的兴趣仅限于测量尼罗河的高度，以便预知洪水，由此引出丰收问题，以及更为重要的储存体系问题。

---

① 关于葬礼职业管理的细节，参见上书，第89—90页。
② 参见 Wilson，《古代埃及文化》；H. Frankfort，《近东文明的诞生》（Williams and Norgate，1951），第92—94页；也可参见 Assmann，《玛特：正义与永生》。

若非如此，就不会有公共灌溉工程。事实上，埃及确实有过公共水利工程，但并非像一些自传文献中所夸耀的那样是中央政府修建了这些工程，其实它们是由地方长官来完成的。①对于埃及的盆地灌溉来说，修建这些工程并不需要集权控制。至少在现代阿斯旺大坝建成之前，它在本质上仍是一种地方性的活动。

但是埃及的中央政府，确实曾经像汉帝国一样，尽可能地承担起抵御饥荒的责任。[155]埃及王朝的中央政府和地方上的统治者一起完成了这项工作。当这些地方上的统治者在第一中间期变得独立的时候，他们继续鼓吹说他们拯救了那些断粮的饥饿人群。遍及全国的谷物运输系统，可以把粮食运送到中央和地方政府的仓库中去。这种输送是税收体系的一部分：因为税收需要以这种方式征收、储存，然后发放到那些享受俸禄的人和仆役手中，或是应对灾荒的发生。为应对灾荒而储存的粮食数量非常庞大：新王国时期拉美西斯丧葬庙（Ramesseum）的储存，就足够一个17000人的城镇一年之用，这还只是底比斯众多神庙当中的一个而已。②

通过这种方式，这一时期原本由国王、神庙和地方寡头分散经营的领地被强制统一成了一个全国性的国王"家族"经济。

6. 行政

6.1　地方机构

苏美尔人政体形式的特点是城邦，埃及王国则是历史上第一个"乡村国家"。这其中最为重要的一点，或许就是我们所说的"统治距离"的重要意义。对于那些军队需要一两天时间才能抵达边界的国家来说，这一点是适用的。在核心距离之外，中央政府开始需要前哨官员以防备地方。通信越落后、越缓慢，地方官员的行动权限就会越大，他们的权限也就越宽泛。最常见的结果就是让地方统治者全权

---

① 参见 Wilson，《古代埃及文化》；H. Frankfort，《近东文明的诞生》（Williams and Norgate，1951），第 149—150 页。

② B. Kemp，《古代埃及：一种文明的剖析》，第 195 页。

处理本地事务。要想实现这一点，关键在于创立一个使他们能长期保持忠诚并承担义务的政策。事实证明二者很难同时得到保证，在前工业时代，没有一个乡村国家找到过令人满意的长久之策，更不要说那些帝国了。

埃及"统治距离"的奇特之处在于：首先，它很长，约有 750 英里长，但是又很窄；其次，人们走动需要通过水路。这一点肯定像今天在威尼斯到处走动一样。[156]我们必须考虑到中央政府官员们在视察过程中乘坐扁舟的情况，他们顺流而下或者逆流而上，停泊在他们所能访问的村镇或靠近水域的村镇。

前已提到，直到第五王朝时期，埃及政府还依赖于流动的中央官员去控制各省和地方官员，也许还有村镇里的镇长和头人。但是在第六王朝时期，上埃及各省和诺姆的管理组织在地方上更有成效，而且任命有主管官员。上埃及通常有 20 个诺姆，尽管这一数字每年都会有不同。大多数诺姆还是被北部和南部的边界有效地划分开来，而东部和西部接壤的沙漠则限定了他们的范围。这些诺姆按照从南到北来划定，位于最南部的厄勒芬汀①是第一个诺姆，最北部是第 22 个诺姆，位于首都孟菲斯的正南方。下埃及，也就是尼罗河三角洲和顶端，也许仍以过时的方式在运作，但我们对此并不确定。这里距首都并不远，或许大量朝臣就来自下埃及，他们不仅了解这一地区，而且与这里联系较多。我们知道古王国时期这里就曾有一些诺姆，其中大约有 15 个诺姆可以在新王国时期得到证实。由于尼罗河支流的作用，它们的边界纵横交错，或与地中海相连。②

埃及人关于诺姆的安排，在后来的埃及古代史中仍然发挥着作用。正如下文将要谈到的，中央政府仍然会时不时地派遣一个或是三四个高级官员监督大量诺姆的工作：最常见的是由一位特别的官员来掌管上埃及，有时候维齐尔③的权限会被分解，通常其中一位维齐尔被委任

---

① 英文"Elephantine"，或译为"象岛"或"耶弗"。

② 关于诺姆的地图，参见 J. Baines and J. Malek，《古代埃及的祭坛》（Phaidon，Oxford，1980），第 14—15 页。

③ ［译注］英文"vizier"，指古代一些伊斯兰国家中的元老、高官、国务部长等官职。

掌管这一地区。

6.2　中央政府

　　古王国由中央官僚机构来治理，除了各种名号之外，我们对其知之甚少。而且，它们往往只是一些没有职责权限的头衔。我们很难了解拥有这些头衔的人是否要同时履行相应职责？还是因为其工作而获得了头衔？[157]更糟糕的是，这些头衔也经历过贬值过程，[1]因此曾一度出现过大量"君主唯一顾问"头衔的情况。上埃及的统治者曾一度被迫把它们自己描述成"上埃及实际的／真正的统治者"，以便同那些尊称区分开来。新头衔的扩散就像来自青蛙卵的蝌蚪一样；大多数头衔在虚张声势，有一个人非常绝妙地描述自己是"所有存在的和不存在的统治者"。[2]其次，即使我们弄清了头衔的功能，大致了解了当时存在的各个部门的情况，比如一个司库，一个维齐尔、一个土地和粮仓的监管，我们也不大可能勾画出它们职能交错的组织结构图。档案证据也是少之又少（这方面，多数来自阿布西尔［Abusir］的莎草纸文献）。[3]

　　首先，这一体系的高级职位高度依赖世袭。虽然部门是专业的，但部长们却不是。比如，像梅腾（Metjen，第四王朝）这样的官员拥有多方面的才能：王宫首席书记员、国王麻布织品的监管，同时兼任十余个城镇与地方上的统治者。[4]另一名官员是王宫公共浴池的监管，同时还是一个名为"考"（Cow）的要塞总管。[5]还有一个朝臣，同时兼任布塔（Ptah）的高级祭司，典礼的司仪和国王的侍酒者。[6]职业最为多样化的是瓦尼（Weni），一个侍奉第六王朝三位国王的官员。瓦尼最初是王宫

---

[1]　正如后来的许多政体一样。例子参见第二部分，第 6 章"汉帝国"（第 490—491 页）和第二部分，第 8 章"晚期罗马帝国"，第 573 页。

[2]　A. Erman，《古代埃及生活》，H. M. Tirard 翻译（1st English trans.，Macmillan，London，1894 repr. Dover Publications，New York，1971），第 96 页。

[3]　P. Posener-Krieger，《尼弗尔卡拉卡陵庙文献：阿布西尔莎草古卷，翻译与评论》（Cairo and Paris，1976）。

[4]　J. H. Breasted，《埃及的古代文献，第一卷》（University of Chicago Press，Chicago，1906），第 77—78 页。

[5]　同上，第 87 页。

[6]　同上，第132 页。

的一个底层杂役，后来成为陪审员，然后又被提拔为王室总管。在这个位子上，他奉命秘密调查涉及王后的后宫事务，并五次率军远征西奈和巴勒斯坦南部。最后，他被擢升为南部的统治者，并率众为国王采石。①

[158]其次，这种管理也许是复式的，它通过一个"上院"组织和"下埃及"组织来实施。有一些线索是关于两个司库、两个谷仓和一系列其他双重职位方面的。但这也许仅仅是名义上的：确实有人认为，每年不断重复的"两个王国"和"上、下埃及"的论调并不反映其现实的管理组织，只是埃及人以二元论来审视世界万物的体现。②

我们可以确信，每一个早期的埃及政府都是独裁的：它往往由大臣、首席执行官、首席部长（埃及学家们坚持称此为"维齐尔"）来运作。维齐尔的头衔意为"审判官"（关于"大臣"这一要素无法给出精确的释义）。③在第五王朝，维齐尔通常使用另外两个头衔，"所有国王事务的监管者"和"所有王室文献书记员的监管者"，前者与所有的政策制定相关。这里还需要讨论大法庭的职责：一方面，没有类似的其他专门机构；另一方面，它是一个集中登记机构，没有这一部门，就无从知道其他部门是否是在维齐尔的指导下有序运作。然而，在第六王朝，有时候两位维齐尔都在首都。有时候，两位维齐尔中的一个会被专门委派到上埃及。④

最后，还存在一些关于专业部门负责人的证据。比如，我们所听到的财政部的一个书记员主管和其他书记员们。我们前面提到的"国王事务监管者"，通常有些事务并不总是维齐尔的职责。此外，还有土地

---

① A. Gardiner，《埃及的法老们》（OUP，Oxford，1961），第94—97页；Lichtheim，《古代埃及文学读本》，第18—23页。

② Frankfort，《王权》，第19—23页。我认为这是最牵强的（因为所有的解释都只是在宗教层面有效）反对意见，可参见Gardiner，第102页。

③ "cancellus"一词含义与"帷""幕"相似，把庭院与外部隔开的篱笆或障碍物等。这一职位上的官员被称为"cancellari"，因此才有单词"chancellor"。他们是那些进入法律领域管理者的入门管理者。也可能与君主同臣民和外国使节之间的屏障有关：这种情况与"看门人"等词汇起源相似，在整个亚洲的宫廷政权中都比较常见。

④ K. Baer，《古王国的等级与头衔》（University of Chicago，Chicago，1960），以及N. Strudwick，《埃及古王国时期的政府：高级头衔及其拥有者》，《埃及学研究》（KPI，London，1985）。

方面的主管，谷仓的负责人，还有税收部门，或是汇总部门的主管。财政部门的职能就是记账，并同掌管大量王室领地收入及看管国王服饰和珍宝的部门联络。[159]我们可以让这个名单增加数倍，但是我们不知道他们是如何被结合在了一起。我们援引此例只是为了说明其多样化的特征。

维齐尔的职责限于首都。随着时间推移，维齐尔开始控制财政部门和王室领地，在新王国时期，维齐尔在管理经济的过程中还扮演了发号施令的角色。此外，他还是高级法官，但是这一职责已经远远超越了司法权限。塞索斯特里斯一世（Seostris I，第十二王朝）时期的高级法官门图霍特普（Mentuhotep）称，他的职责是"颁布律令，晋升官员，调整界石，处理官员纷争……他使那些与国王为敌的人感到震颤，使贝都因人在和平中生活，蛮族不敢轻举妄动"。①

维齐尔之职的主导性作用是第六到第十二王朝时期政府演变的两种主要趋势之一；因此，在第十三王朝出现与法兰西墨洛温王朝类似的演变并不令人诧异：当时，懒王君临天下，而宫相家族占据了所有的宫廷高位；在埃及，实施这种统治的就是维齐尔。②

第二种趋势就是书记员机构专业化程度的不断提高和文职官僚的等级化。埃及无处不在的书记员几乎在王国内形成了一个"阶层"。作为职业集团，他们并没有政治权势，但是如果不先受训成为书记员就无法获得官职，一些高级官员就把"书记员"一词和他们的头衔放在一起。

首先，经过长期的训练才能成为一名书记员。象形文字是用于纪念性文本的一种字体。于是，书记员们又逐步发展出了一种与之并行的草体书写形式，我们称之为"僧侣字体"。③

复杂的书面语言和繁琐的书写技术极难掌握，这就要求练习者必须专业化。这些人在特殊的学校接受训练，在新王国晚期，学生们用誊

---

① Erman，《古代埃及生活》，第119页。这一段从埃尔曼和兰克的修订本中被删除（1952），因此无法给出更多的现代翻译。

② 参见 J. Von Beckerath，《关于维齐尔安克胡和伊麦鲁的注释》，《近东研究杂志》17（1958），第263—268页。

③ 直到公元前600年才被官方所用，起初用于垂直书写，后开始自左至右书写。

抄的范本来进行书写练习。在古王国，这些学校大都位于王宫之内，[160]但随后就有所不同，比如在新王国时期，各种政府部门都曾开办过学校。①课程从早晨一直持续到中午；他们的食物很节俭；挨打更是家常便饭。学会拼写入门之后，学生们开始誊抄和摹写那些著名的文本，然后是信件范本、地名和各种词汇。整个强调的重点就是机械练习，所有学校的课程也是一样的。

书记员们自我感觉良好。在《职业幽默》中，这位书记员作者把他们终日端坐的工作同那些艰苦、肮脏的手工劳动者，如农民、冶金者进行了比较，甚至还有军官。他们有很多值得满足的理由：比如被免于劳役，不用纳税，也不必服兵役（也许他们曾经服过兵役）；最为重要的一点，书记员职业是通往祭司、军事副官、管理者等各种官职的路径。在更高层次的训练中，书记员要学习算术、测量、地理以及管理技能。在新王国晚期的"讽刺信札"中，一个初学者和资深书记员之间的对应情况更是一目了然。②

中王国时期，埃及的官僚机构变得更为专业和庞大。因此，埃尔曼曾说过："财政部门包括……财政副官、文书、银库书记员、总财政书记员、银库管理员，以及银库官员的监管者，等等。"③

6.3　地方政府

中央政府履行监管和会计的职能，具体执行主要是由地方上来完成，除了那些特殊的一次性活动，或是只能由中央机构完成的工作。普通的政府职能主要包括历法，尼罗河洪水高度的测量和两年一次的普查。关于早期的普查情况，我们所知有限，它每两年进行一次。帕勒摩石碑上镂刻了早期五个王朝的概况记录，它利用一个公式提到了"金子和土地"的数量。④我们还知道它把羊群和其他牲畜进行相加，许多细

① Erman and Rank，《埃及文明》，第 421 页。
② 《古代近东文本》，第 475—479 页，W. K. Simpson，《古代埃及文学》第二版（Yale University Press，New Haven and London，1973）。
③ Erman and Rank，《埃及文明》，第 129 页。
④ Breasted，《古代文献》，第 64 页。

节是关于一些特殊产业方面的内容,比如水井、沟渠、树木等。①[161]一次性的活动包括,王室对南部、西奈、彭特(Punt)东部沙漠的远征,采集硬石,建筑用石头,香料,乃至努比亚矮人等。

地方上的政策执行被委托给统治者任命的官员,理论上说他们还可以被中央政府废止。在每一个前工业时代的帝国和乡村国家中,中央对地方的控制始终是一个问题,地方寡头活跃的地方更为显著。如果一个陌生人被任命为他们的头领,他们就会动用自己的影响力来阻挠,除非这个人顺从他们的压力。这种情况下,他很难完全听命于中央政府,即使是 18 世纪的法兰西管理者也要应对这种离心力。另一方面,如果政府任命了最有影响力的地方领袖作为当地官员,情况未必就会好一些。这一问题在自然经济发达的埃及更为严重,支付地方统治者俸禄的唯一办法是把土地上的税收分配给他。在当时的埃及,这是通行的做法,但类似的情况在拜占庭帝国和伊斯兰国家中都存在。这并不是我们所认可的"封建主义",而是一个圣俸体系,或者像韦伯所说的"俸禄封建主义"。②在这一制度安排中,中央政府制止抗命地方官员的唯一途径就是剥夺其职位。说来容易做来难。尤其是中央政府基于种种原因,任命了大量子承父业的世袭官员,这在第六王朝和后续的埃及王朝中都是如此。中央政府采取了各种办法使地方官员变得顺从:让他们在地方上扎根之前从一个地方调任另一个地方;将地方职责分给两个或更多相同级别的官员负责,以便使他们互相平衡和监督;任命王族,或者派遣专员汇报或者干预,等等。在这一时期的历史上,各种安排都很常见。

对政府而言,最简单的安排就是把地方事务交给一位重要官员执行。这一模式在大多数古代帝国都曾出现过,比如波斯帝国、汉帝国、罗马帝制共和与哈里发帝国。这些国家的政府依赖于它们的权威和最后的报复性力量;但是那些总督、将军、埃米尔和统治者等的频繁反叛说明了这种依赖的不可靠性。

---

① Trigger et al,《古代埃及》,第 82—83 页。

② 参见下文我们对拜占庭帝国和哈里发帝国的讨论。

[162]强化中央控制的一个常见措施就是把较偏远的地方凝聚在一位超级官员的权威之下。这样可以减少统治距离，因为超级官员距离地方上更接近，而中央政府距离超级官员会更近些。古王国时期的中央政府曾频繁地任命维齐尔作为上埃及统治者，因为当时的首都孟菲斯，距离北部海边只有 125 英里，而距离南部的第一个诺姆——厄勒芬汀则有 600 英里。在第十一王朝，由于首都位于南部城市底比斯，因此这种地位发生了翻转；国王任命了一位下埃及统治者。①有时候，中央政府还尝试着减少更多的"统治距离"。大多数学者认为，佩皮二世曾经把上埃及分为"南部"和"中部"省份，分别委派官员负责。有人认为上埃及有三位这样的统治者；还有人认为有四名这样的官员：三人各自掌管一个诺姆，另外一人监督前三人。②无论怎样，在第十二王朝，残忍而能干的塞索斯特里斯三世（Sesostris Ⅲ）确实曾将埃及分为三个行省：北部（可能又分为东西两半）、南部和南部之巅，每部分都由首都的一个特殊部门掌管。每一个部门又都由一位负责向上汇报的官员主管，其职员包括一名副手、一个理事会或官邸，以及相应的书记员。所有这三个部门，就像农业、财政、司法和劳工等部门一样，处在维齐尔职权管辖之下。③

从起初的第六王朝，可能一直到十二王朝晚期，诺姆长在自己的诺姆上是独一无二的万能统治者。中央政府期待他们在实施日常管理的同时，还能应付每一个特殊的需求。比如，奥里克斯诺姆的赫努姆霍泰普的儿子阿曼尼（Ameny）曾进行了多次特殊远征，为王宫获取黄金，或是为考普托斯取得矿石。

有铭文显示，诺姆长首先是诺姆军队的首席指挥官，通常在内战时保卫边界，参加远征，在共同迎敌时加入王室军队。其次，诺姆长还负责征集税收并送至中央政府。此外，他还要维持法律与正义，储存食物，并采取其他的步骤抵御灾荒，比如通过灌溉开垦荒地。他的官邸是

---

① N. Kanawati,《古代埃及王国的政府改革》(Aris an Phillips, Warminster, 1980)，第 128—131 页；《剑桥古代史》第一卷第二章，第 483 页。

② 同上，第 66—73 页。

③ 《剑桥古代史》第一卷第二章，第 506 页。

法老宫廷的缩影。[163]他还拥有自己的财物和各种工匠:谷仓、军事司令部、沙漠卫队,家族官员等。阿曼尼的父亲赫努姆霍泰普墓室内的一幅图画描绘了政府部门开展工作时的情景。①左边的一组显示端坐着的司库正在监督称重的官员,书记员在等待记录。中间显示的是税收部门,它正在征收各种赋税,粮食正被放入口袋,两个书记员正在记录。右边一组显示了下一步的工作,这些袋子被运至库房顶部,然后从那里倒入仓库,另一位书记员坐那里记录数字。②

阿曼尼留下了一份与君主有关的经典账目。"我在奥里克斯诺姆当了多年的统治者,王室的所有赋税都归我掌管。我在奥里克斯的放牧者当中有一大帮监管者。在每年的牲畜税方面,我都会受到王室的赞扬。我向王室缴纳赋税,从来没有拖欠,整个奥里克斯都在为我劳作。"他还宣称,他从未向任何人拒绝过正义,无论是寡妇、农民,还是牧民,也从未使用过没有报酬的强制劳役,他通过扩大垦殖来抵御饥荒,使那些不受保护的人也得到救济。③

最后一点,是关于通过特定土地上的出产物来作为诺姆长报酬的内容。阿斯尤特的诺姆长赫普贾法(Hepdjefa)④所拟定的一套法律文献描述了这方面的情况。一份契约显示,他把食物分配给乌普瓦特大祭司,这些食物来自他所继承的产业,而非他所谓的"受封"产业,也就是说国王赠予的土地是以他的服务为条件的,当然不能遗赠。⑤

6.4 神庙

这一时期的祭司制度,并不像在苏美尔城邦中那样经济上比较显赫(在新王国,它将会有所不同)。[164]在古王国和中王国时期,大多数神庙是相对较小的泥瓦建筑,它们没有经营非常庞大的产业。祭司

① 虽然无法确认他是在为自己的产业还是在为诺姆工作,但这里描绘的实践在两种情况下都是一样的。

② Erman and Rank,《埃及文明》,第 126—127 页。

③ M. Lichtheim,《中王国时期古代埃及人主要传记研究文选》,Orbis Biblicus et Orientalis 84(Universitatsverlag Freiburg,1988),第 138—139 页。

④ "Hepdjefa"参见 Breasted,《古代文献》;也可参见 Trigger 等,《古代埃及》,第 106 页。

⑤ 同上,第 258—271 页。

也很少，并且是象征性的而非职业性的祭司。事实上，神庙是民事管理机构的分支，它们的经济角色，虽然不是压倒性的，但在埃德夫和阿拜多斯这些小城镇也足够重要，它和诺姆的家族经济联系紧密。

严格意义上说，祭司是那些"神的仆人"和瓦比（Wab）祭司所协助的人，只有前者有资格主持重要的宗教仪式。除了普通的宗教职责外，它们还有一些更为专业的职责；比如，在高级祭司的带领下，阿拜多斯的奥里西斯圣所中的祭司们就包括一个神的司库，以及其他被认为是"神灵之家"的书记员们（整个神庙）。在阿斯尤特，也有仓房、神庙以及祭坛的监管。他们的人数不多，收入也不高，[1]阿拜多斯总共有 5 人，阿斯尤特则有 10 人。这一级别的祭司基本上以世袭为主。

但是，大圣所的大祭司们在其宗教意义之外，还有着政治上的重要性。有些拥有令人敬畏的特殊头衔，比如位于赫里奥帕里斯（Heliopolis）的"拉"神高级祭司，曾是"全部上天奥秘之最"和"最伟大的先知"。[2]这些高级祭司只是那些拥有高级世俗职位的男人们的一种补充，尤其是那些诺姆的官员们，这些祭司职位大多会在家族中世袭。第六王朝时期上埃及所确立的诺姆长，通常都会成为大祭司，同时还拥有其他一些附带性的任命；比如，神庙和神的公牛的总管。他往往还是一些次要神庙中先知的"首席监管"。这些人和其他祭司不同，不是完全意义上的祭司。

在第六王朝，私人葬礼的增长使神庙与当地社团经济生活的融合更加密切。这是因为诺姆长和其他官员把自身及其祖辈的雕像放入了神庙之中，然后进行捐赠，以支付相应的祈祷和仪式费用。神庙在丧葬服务中的收入来自各种分散的产业和机构。文献表明，为第五王朝尼弗尔卡拉卡国王提供的丧葬服务，就像来自拉罕（Lahun）那些为十二王朝提供的服务一样，展示了一个组织严密的管理体系，其规模可能源于宫廷礼仪。[3][165]文献中包括了这些人的名单及其职责：比如，卫兵的职责、祭品的采集、各种礼仪表演。还有器材名单和损耗等细节。同

样，还有关于每月祭品的账目：面包、啤酒、肉禽、谷物和水果，以及祭品的提供者：朝廷、王室家族成员、王宫、临近的太阳庙和两个城镇。

这些地方名流及其各种产业、机构同祭司制度之间的互相融合，使神庙成为地方经济中的一个关键要素。正如前面提到的，许多家族被部分地整合到一个更广泛的经济体中。这些高度世俗化的地方名流，都是政府的官员和仆差，神庙和祭司因而在这个国家的政治和政府中占有主导性地位。①

6.5　司法

从这些早期的些许证据中，我们可以得出一些结论：

首先，在世俗意义上的司法与秩序化身——玛特，通常被认为是君主的核心工作。维齐尔拥有的比喻性头衔"玛特神的高级祭司"并非无关紧要。对于玛特的广泛引用，以及我们所看到的中王国文献《维齐尔普塔荷泰普（Ptahhotep）教谕》②表明埃及人有一种普遍的看法：法律必须得到保证，必须不偏不倚，法官眼中所有的原告也是平等的。埃及人的确没有留下法典，甚至法律先例，比如像我们早已在苏美尔发现的那样（如公元前2112—前2095年零碎的《乌尔纳姆法典》），它没有哪怕丁点儿关于法典曾经存在的证据。③但这并不表明埃及人没有司法方面的制度。古代埃及也许曾经有过法典，但是没有流传下来。更为重要的是，美索不达米亚人的法典，比如著名的《汉谟拉比法典》，是意图的宣告，而非来自法庭合法行为基础之上的法律。就我们所知，这一时期的埃及法律一方面"来自国王之口"；另一方面国王也劝诫维齐尔严格遵照前人行事。

其次，关于法律文献缺失的争论并不意味着埃及人没有举行过法律方面的辩论。[166]前已提及，第十二王朝的一个诺姆长就曾在个人身份和官方身份之间订立过契约。有关契约和财产转移的实例也体现了一个详尽的尊法主义社会，在这里"任何不规则的和无法证明的交易

---

①　参见 Trigger 等，《古代埃及》，第202页。

②　Lichtheim，《古代埃及文学》，第62—76页。

③　Trigger 等，《古代埃及》，第84页。

都是无效的"。

最后，当时埃及仍然没有专业的司法机构。法律执行者往往都是一般的管理者——诺姆长、王室官员等。司法、秩序和管理都成为同一司法体系的重要组成部分。当然，这在历史上的大多数社会中都极为常见。

6.6　军队

一直到第六王朝，埃及人开始不断进行军事远征的时候，才有了关于军事方面的记录。其中一些是关于战争的记载，比如驱逐巴勒斯坦的"沙漠居民"，或是沿尼罗河远征到比阿斯旺更远的地方。然而，许多军事行动都是准经济方面的：比如为了铜或其他贵重金属而把军队派往西奈，或者是派他们到瓦地—哈马马特（Wadi Hammamat）监管采石，乃至帮助运输。总的来说，除了劫掠者之外，埃及没有经受过其他的威胁，尽管政府对上述军事行动非常重视，但在塞索斯特里斯一世时期以前，埃及并未表现出有预谋的帝国主义迹象。塞索斯特里斯三世在塞索斯特里斯一世的基础上，继续扩张并把努比亚人驱逐至第二大瀑布南部。

有迹象表明埃及很早就有了宫廷卫队，到第五王朝时这一问题已变得很清晰。第十二王朝的阿蒙涅姆赫特一世就曾遭到过自己卫队的攻击，而且很可能是致命的一击。

诺姆拥有自己的民兵，由"士兵书记员"从村庄中征召。[1]他们由全职的指挥官带领，并接受训练，战时则由诺姆长自己带领。阿斯尤特的诺姆长凯提（Kheti），在希拉康波里斯与底比斯的战争中，把自己对南部的征战描述为内战的范例，因为这与如何在尼罗河上利用轻舟作战有关。[2]阿蒙涅姆赫特一世时期的奥里克斯诺姆长阿蒙尼同样使用小舟运输军队，一次征战中运送了 400 名士兵，另一次运送了 600 名。我们已详细地知道他们是如何进行装备的，因为来自贝尼哈桑的墓地器

---

[1]　Erman and Rank，《埃及文明》，第 702 页。

[2]　Breasted，《古代文献》，第 185 页。

皿中藏有士兵模型。他们都是黑黝黝的埃及人，[167]只穿着短裙，其中有一些是枪手，还有一些是持有大盾牌的长矛手。总的来说，他们都是轻步兵。

除了诺姆长之外，中央政府还可以征集王室军队。王室军队由来源庞杂的作战分队组成，由国王的绝对心腹而非职业将军统领。佩皮一世曾任用心腹瓦尼掌管一支庞大军队去征服沙漠中的亚洲人。瓦尼曾在自传中描述了这支军队：他们来自全国各地，由地方领导人带领下的作战分队组成。这些人包括侯爵、王室掌印者、宫廷贵族、诺姆长与市长们；大祭司们，还有一群被称为"地区首席长官"。他们中的每一个都是上下埃及中某一支队伍的头领，要么是自己所统治的村镇，要么是来自"外国"的各种努比亚人。①

这样的军队足以维持埃及的边界，甚至能够让第十二王朝进攻努比亚，但是到第十三王朝时，埃及军队已根本无法与喜克索斯人的战斗组织相比。这些喜克索斯入侵者不仅拥有铜制武器，还可能拥有包括马拉战车在内的其他先进武器。

7. 评价

7.1　埃及与苏美尔：共性

1. 正如历史记载所显示，两个社会的宗教和种族观念等文化都是同质的；与较为多样化的美索不达米亚相比，埃及更是如此。

2. 每一个社会的宗教仪式和宗教态度充斥于社会活动的各个层面，从农业丰收到科学医药、家庭习俗、成人仪式，直到政治结构无不如是。

3. 国家、社会秩序和神圣秩序结合在一起，或者至少通过埃及人的"完美神"——国王——和苏美尔人的"神的代表"被联系在了一起。

4. 社会结构基本上是两个阶层：农民大众，全部或者几乎全部处于依附大地主的状态；一小部分统治精英和支持他们的官僚，包括王宫

---

① Lichtheim，《古代埃及文学》，第20页。

和祭司。

5. 二者的经济都是以家族形式组织起来的自然经济；[168]经济都由国家控制，对外贸易被王室垄断，并且二者都是贮藏—分配的经济模式。因此来自税收—再分配的盈余被用于宫廷或宗教的纪念性建筑，国王、官员和贵族的奢侈生活，某种程度上说，也促进了农业发展。

6. 最后是政体：二者都是宫廷类型的王室独裁统治，由众多无处不在的官僚来服务。他们的风格都是独裁的家长式管理，尽管美索不达米亚的专制程度和中心化程度低于埃及。

7.2 差异

即使不是全部的话，它们的差异很大程度上也是由于不同规模所导致的后果。任何一个苏美尔城邦都没有控制过超过 200000 以上的人口，大多数时候这些城市都不超过上述规模的一半或四分之一。但是据猜测，埃及古王国时期拥有上百万乃至更多的居民。尽管二者的可耕地大致相同，只相当于今天的比利时，在埃及的地中海岸到厄勒芬汀诺姆之间约有 750 英里。苏美尔人的国家是一个城邦，埃及则是一个单一的乡村国家。

最后一个特征具有重要意义。首先，与苏美尔城市相比，埃及政府手中拥有大量的盈余。大金字塔、神庙和坟墓，墓室内难以置信的装饰，骄奢淫逸的贵妇人以及他们显赫富足的男人们，都不能归结于埃及文明相对于苏美尔人的内在品质。同苏美尔人相比，埃及人的控制更为专制，拥有更大区域的人力和自然资源可供挥霍。就像是大约 12 个左右的苏美尔城市被融为一体，置于一个朝廷的手中，而不是分散相争。

其次是埃及地区狭长细窄的形状，它像一条丝带沿着尼罗河运输通道不断发展。由此引起了我们所关注的另一个后果，那就是依赖地方官员并维持他们顺从的必要性。这是统治史上第一次出现此类问题，但自此之后，直到公元 18 世纪，即使是欧洲也没有摆脱这一困扰。

7.3　关于埃及政体的最后一点说明

[169]现在来对埃及政体做最后一点说明：让我们不要被《埃及曾经的辉煌》（一本现代流行书籍的名称）之类的书籍所欺骗，认为埃及的雕塑和纪念性建筑，高雅的道德情感（许多作者所言），以及它的政府体系都是无与伦比的。实际上，埃及人使用的是最为原始的政治体制：一个位于中心的独裁者利用地方上的下层统治者行使其在全国范围内的权威。而且，除去君主和朝臣之外，唯一的政治角色就是诺姆内的精英，他们在第一和第二中间期发挥了作用；在一些君主由于不为人知的原因消失后，他们所留下的权力真空就被这些地方上的权力精英所继承。这与新王国时期新权力角色之间互相影响的复杂情况大不相同，与后来更为复杂的情况也大相径庭。从大约公元前3000年到前1540年的1400年时间里，埃及由来自政治中心的独裁者所统治，除了两个分别持续约150年的中间期外，它表现出了极大的稳定性。换言之，这一宫廷专制主义体系在没有法律监管或约束的情况下，只是通过传统和宗教仪式的制约运行了两个并不连贯的时期，二者的时间分别为800年和300年，期间只是通过传统和宗教仪式的限制来约束。在其长达5200年的统治史上，后者鲜有成就，而前者几乎是无与伦比的。

背 景 二

1. 萨尔贡时期的世界列国

[170]除了埃及和苏美尔城邦的两大政治文化之外,在阿卡德萨尔贡时期(大约公元前 2360—前 2305 年),尼罗河和美索不达米亚谷地两个伟大政治文化的空隙之间也形成了其他一些国家。苏美尔的东面是埃兰王国。苏美尔北部是萨尔贡为自己建立的新都城——阿卡德,其旧址至今尚未被发现。萨尔贡还建立了阿卡德帝国,主要包括今天的叙利亚地区。阿卡德再往北,直到美索不达米亚平原,坐落着三个小城邦:阿舒尔,埃尔比勒(Irbil,即今天的伊尔比尔)和尼尼微。向西经过阿詹辛拉就是马里城,它主要通过商业通道和哈布尔河与幼发拉底河流域发达的农业获取财富;再往西就是叙利亚。考古很少能挖到这些失落的古城内部,但这里有所不同,比如埃普拉,它的北部是卡尔凯美什(Carchemish),南部就是哈马;滨海地区则是贸易城市阿拉拉赫、乌加里特和比布鲁斯。迦南南部一直到加沙和埃及,后来成为众多小城邦的林立之地。然而,克里特岛此时留给历史的仅仅是石刻花瓶和圆拱形墓;一直到公元前 2000 年,它的君主才开始修建第一座宫殿,留下了另一种关于王宫统治下的城邦的证据。

　　有关这些古国政治组织的证据极为匮乏，其至几乎没有。但是它们都有相同的特征：它们都是君主制国家，其政治、经济管理中心是王宫，而不是神庙；它们通过贸易获得的财富和力量远远超过了从农业盈余中获得的好处；最后，无论是对于埃及还是苏美尔城邦来说，尽管统治者集政治权力和宗教实践于一身，其社会、政治与宗教的思想和行为模式之间的重合看上去并不彻底。

　　然而，它们的政治组织仍有着明显区别：一个较为极端的例子是，城市由一位领土并不相邻的国王来统治，如比布鲁斯城邦；另一种形式就像埃兰王国，拥有自己本土的语言、文化、宗教，是一个有据可考的庞大国家。[171]介于二者之间的则是马里和埃普拉，通过一个大城市把自己的政治统治强加于周边的广袤领土之上。其疆域随战争而不断变化，无论是土地还是人民都没有固定的认同。它们是显而易见的城邦，或者说是"王国"。在其领土上，民众唯一的共同认同就是：他们都是同一位统治者的臣民。

　　埃兰位于今天伊朗西南部的胡齐斯坦。其居民可能是土著人。他们的语言与众不同，不过现在已经绝迹。这些土著人在大约公元前2500年发展出了书面文字，并一直保持到公元前1600年被美索不达米亚楔形文字取代为止。它拥有自己的万神殿。其领土包括两个不同的地区，扎格罗斯山脉（伊朗西南部）和沿海大平原，其首都苏萨（Susa）即坐落于此。这些山脉资源丰富，出产木材、石料、宝石、石墨、锡、银和铜。这使得美索不达米亚的农民和高地人常常暗中觊觎，垂涎不已。因此，埃兰和其他大国之间，为了争夺河盆的霸权而常年战火不断。

　　埃兰在公元前2700年与基什的一场战争中被首次提及。此后，它便一直作为征服者和被征服者交替出现在历史舞台上。

　　我们对埃兰政治结构的了解与对苏萨平原的认识有关，对于高地我们一无所知。但我们所了解的知识同样令人震惊。通过统治者和酋长之间的宗族关系，这些高度差异的地区在政治上被整合起来。它的最顶层由来自首都苏萨的"大苏卡尔"作为大摄政来统治。希玛斯吉（Shimashki）的有关省份，由"大苏卡尔"的弟弟统治，后者是王位的法定继承人；其头衔为埃兰和希玛斯吉的总督或副使节。在首都苏萨居住着大摄政的长子，他是苏萨省的"沙鲁姆"。①这些省份的地方政府由地方长官（"恩西"或"艾沙库"）管理，这些长官又受到那些直接向埃兰"沙鲁姆"负责的官员控制。对于篡位和内战活动来说，这种安排被证明不仅稳定，而且非常和谐；它们的国家延续了千年之久。大摄政与他的长子沙鲁姆协商，在管理地方时就会有更多的判断力。在他死后，总督，也就是他的弟弟即位，没有证据显示沙鲁姆对这种安排产生过异议。而且，大摄政死后，他的弟弟则会娶其嫂为妻。更为令人惊奇的是，她通常是新摄政的姐姐或妹妹；在王宫内部，兄妹婚姻已是通则！正如海因茨所评论："这是其他任何地方都无法看到的事情。"②

[172]在几乎与肥沃新月地带相对的西北部，阿勒颇的正南部，沉睡着埃普拉古国的遗址。它原本只是一个城邦，通过不断吞并周边领土，强迫其他地区臣服，最终成为一个大的王国，事实上是一个小型帝国。埃普拉的历史始自公元前3500—前3300年，到公元前2400—前2250年，也就是900年之后，埃普拉已经变成了一座大城市。公元前2250年，埃普拉被洗劫一空，后又被重建，公元前2000年再次被毁，经历了第二次重生的埃普拉开始变得非常繁荣和强大。这是埃普拉扩张领土的时期。此后，埃普拉继续扩张并盛极一时，直到公元前1700—前1600年赫梯人将其付之一炬，整个王国被化为灰烬，在尘土中湮没数千载无人知晓。数年前意大利考古队员在玛蒂埃发现了它的遗迹，它这才重见天日，展露昔日的辉煌。

埃普拉古国并不是美索不达米亚世界的殖民地。埃普拉民众既不是阿卡德人也不是亚摩利人，而是闪族人西北部的一个分支，他们说着与众不同的方言。他们并不信奉苏美尔人的神祇，而是崇拜闪族西部支族的"大衮神"（Dagon）和"卡梅许"（Kamish）。虽然如此，苏美尔文化对他们影响很深。埃普拉人的语言借用了很多苏美尔字符，书记员必须先通晓苏美尔文字，才能书写埃普拉文字。事实上，

---

① ［译注］阿卡德语"sharrum"，即"王"。
② 《剑桥古代史》第二卷第一章，第257—260页。Walter Hinz 是其中第七章"公元前1800 — 前1550年的波斯"的作者。

直到公元前 1800 年,埃普拉的书记员还需要学习苏美尔语,他们为书写自己文字而使用词汇表和教科书的历史则可以追溯到公元前3000 年。①

埃普拉的疆域界限并不为人所知,②但是我们可以通过它对城墙之外领土的管辖来构建一个大致的轮廓。其比邻的区域由一个"乌古拉"(ugula),即守护官来统治,此人通常会是国王的儿子。③稍为偏远的城市通常掌握在地方权贵手中,他们往往以国王的名义行事。除了这些城市以外,还有许多附庸国和附庸城市,它们通过进贡而臣服于埃普拉。

埃普拉的城市管理引人注目,其显著特点包括:高度集中的专制体制、庞大的官僚体系和严密的市政组织。埃普拉并不是一座小城市,它人口众多,城区面积约 140 英亩。④其统治者被称为"马里库姆"(Malikum)——国王。我们并不知道王权是否采取了世袭的形式。一个被称为"阿布"(Abbu)的权贵集团同国王合作,掌握着一位意大利铭文学家所谓的"大权","阿布"的意思是"父亲"(希伯来语称为"阿巴",即"Abba",意即"父亲")。⑤[173]王宫是最为主要的核心统治机构,控制着一个约 11700 人的官僚体系。"卫城"中的中央管理机构由 13 位王室权贵领导下的 400—800 人团队组成。其他人则负责城市中的不同区域:第一个地区由 20 名主管和 100 名仆从掌管;第四个区域由 21 名主管和 51 名仆从掌握。这些主管们又形成了五个不同的派别,其中一部分归属王室超级主管的控制之下。他们又分别控制着那些掌管不同城区的主管们。

其行政结构的核心部位在"卫城",由三座宫殿组成。首先是王宫,有十名主管和 60 名侍从;其次是长老院,拥有与之大致相同的职员;最

① P. Matthiae,《埃普拉:一个被重新发现的帝国》(Hodder & Stoughton,London,1980),第220—222 页。

② 同上,第 182 页。

③ 同上,第 185 页。

④ C. Bermant 和 M. Weitzmann,《埃普拉:一个考古学之谜》(Weidenfeld & Nicolson,1979)。

⑤ Bermant 和 Weitzmann,《埃普拉》,第 155 页。

后一座宫殿则难以解释。总之，王宫拥有自己的管理者和下层官员，其统治地位是稳固的。①

另一个伟大的城市是位于幼发拉底河的马里，这是个能够征服和拥有大片领土的王国。马里的财富来自于其有利的战略地位，它横跨幼发拉底河商道，连接了从波斯湾到阿曼的"高地国家"，以及盛产木材与金属的安那托利亚地区。公元前 2700—前 2300 年间，这个城邦就已经拥有了至少六座神庙。尽管马里的统治者和人民都有闪族的名字，都崇拜大衮神，它们也崇拜苏美尔人的神祇。但与埃普拉相比，苏美尔人在艺术、宗教和文化方面对马里有着深远影响。大约公元前 1800—前 1761 年，马里崛起，之后与巴比伦的汉谟拉比国王结盟。王宫依旧是政府的中心，马里最伟大的国王济姆里-利姆（Zimri-Lim）的王宫，占地 6 英亩，房屋 260 多间，包括其走廊、庭院等，在当时堪称盛极一时。大约公元前 1800 年，马里在一位国王的统治之下，疆域实际上已经延伸到地中海岸边和高地上的雪松林。②他的统治专制而残暴。马里国王除了在宫殿内处理国事外，还要监督官员们清点税收，尤其是贵重金属，比如金币。[174]国王的贪婪没有止境，无论是从事外交、挖掘运河、派遣医生或泥瓦匠到所需的地方，他都是如此。③臣民被强迫服兵役，抗议者有可能会被施以宫刑。马里是一个松散笨拙的国家，经常遭受强悍的贝都因人、贪婪的邻居和附属城市的蹂躏。它还一度被汉谟拉比劫掠，并面临崩溃。④

除了像马里、埃普拉这样的短命王国外，后来的继承者诸如雅玛哈德（Yamhad），卡特纳（Qatna），卡迭什（Kadesh），叙利亚和迦南都曾点缀着众多城邦：位于地中海的贸易古城比布鲁斯，夏琐（Hazor）、麦基多（Megiddo），耶路撒冷以及迦南都是如此。通常有些国家就是一个小城市，比如位于山巅之上的耶路撒冷，由独立的国王统治着。他们拥有广泛的权力：任命军事领导人、征召士兵、税收等，集政治、经济、军

---

① Matthiae《埃普拉》，第 182—184 页。

② A. Parrot，《马里古都的辉煌》（Payot, Paris, 1974），第 182—185 页。

③ Parrot，《马里古都的辉煌》，第 162 页。

④ 见如 S. M. Dalley，《马里和卡瑞那：两个古巴比伦城市》（Longman, London, 1984）。

事、宗教大权于一身。

我打算首先证明,在美索不达米亚和尼罗河谷之间的巨大缝隙中,国家(statehood)是如何成了政治生活的重要特征;其次是描述这些何等多姿多彩的统治模式的演变;当然还有第三个目的,那就是在大约公元前 2000—前 1700 年这一阶段,我们必须能够想象:这些初生的国家面临着大批剽悍蛮族的长期威胁,它们经常要遭受来自沙漠部落和高地人的侵略:比如闪族的亚摩利人曾将自己的律法强加在叙利亚—迦南人和美索不达米亚人身上;胡里安人也曾遭遇过东面亚摩利人的袭击,并奋力反击;然后是来自南部安那托利亚的赫梯人的入侵;再晚些时候,即大约公元前 1300—前 1200 年,是海上民族对地中海岸边的埃及和利凡特的冲击,他们彻底摧毁了赫梯帝国。

这是一个何等混乱的时期,新兴国家无法长期守住自己的疆界,没有足够的时间使结合在一起的王国演变为民族国家——一个拥有与众不同的"政治共同体"而不是简单的臣民结合而成的国家,这一点毫不奇怪。类似的情况在公元 5—10 世纪的西欧也曾出现过。

[175]不管怎样,在经历了亚摩利人入侵的震撼和在公元前 16 世纪埃及复苏之后,从大约公元前 1700 年开始,一些较大的城邦国家经过长期巩固,第一次在历史上建立了国际性的国家体系。巴比伦、亚述、米坦尼,赫梯、叙利亚—迦南城市联盟和埃及成为这一体系的主要组成部分。由此开始,我们就可以大致勾勒出公元前 1800—前 650 年的大事记。

1.1 巴比伦的兴起与埃及的衰落(大约公元前 2000—前 1500 年)

大约公元前 1900—前 1800 年,亚摩利王朝统治着幼发拉底河和底格里斯河中游一带,直到北部的阿舒尔。其他亚摩利人蹂躏了叙利亚和迦南,毁坏了那些繁荣的城市,并把大片土地变成牧场。这段混乱过后,紧接着就是埃普拉和马里的复兴。如同我们看到的,美索不达米亚的巴比伦在公元前 1900 年陷入亚摩利王朝之手,并开始变得重要起来。公元前 1792 年,汉谟拉比统治之下的巴比伦征服了美索不达米亚南部,并转而进攻北部,摧毁了马里帝国,统治着从海湾到地中海的广阔地区。

然而，这是一个短命的帝国。来自东部和北部的人民，很可能在作为统治者的印欧勇士的带领下，开始组建新的国家。所以才会有早期强大的米坦尼王国的建立。同样，大约在公元前 1740 年，喀西特人第一次在扎格罗斯山脉出现。与此同时，约公元前 1800 年，赫梯人的印欧联军进入安那托利亚，建立了他们对哈娣人的统治。约公元前 1750 年，国王阿尼塔（Anitta）占领了位于安那托利亚中北部的哈图莎什（Hattusas），确立了帝国长达 500 年统治的根基。正是在这一时期，他们在军事上完全进入了使用战马、战车、铜制武器和组合弓箭的时代。大约在这一时期，即公元前 1720 年，喜克索斯人的闪族联合战队采用这种装备，攻入尼罗河三角洲并建立了王朝。赫梯人现在开始威胁美索不达米亚了。公元前 1620 年，赫梯国王穆尔西利斯一世（Mursilis Ⅰ），攻占埃普拉的一个都城之后，又入侵巴比伦，并在撤退前将之劫掠一空。衰弱的巴比伦此时已经难以抵挡喀西特军队的侵犯，并最终在公元前 1570 年灭亡。在此后大约 500 年的时间里，作为喀西特人的属国，巴比伦虽不失繁荣，但却是一个没有攻击性的国家。①

在汉谟拉比统治巴比伦时期，他和他的继任者们都在追求不断扩张。[176]埃及开始走向衰落，并于公元前 1650 年左右最终瓦解。喜克索斯统治者占据了三角洲地区，埃及的国王们则从底比斯统治着上埃及。正当赫梯人和喀西特人毁坏巴比伦的时候，底比斯的埃及王子们发动了驱逐喜克索斯人的战斗。大约公元前 1520 年，雅赫摩斯（Ahmose）成功继位，将喜克索斯人彻底逐出埃及。雅赫摩斯建立了埃及第十八王朝，他将南部边界推至努比亚，北部抵达叙利亚地区，从而建立了庞大的埃及帝国。

在埃及瓦解又复兴的过程中，巴比伦保持了异常的沉默，而米坦尼和赫梯这两个印欧国家则在争夺北部肥沃的新月地带，其他印欧国家则利用战车缓慢地从多瑙河南下进军希腊。在喀西特人占领巴比伦的时候，这些印欧民族正在进入大陆，并建立了我们称之为"迈锡尼"的宫

---

① O. R. Gurney，《赫梯》（Penguin, Harmondsworth, 1990）。

廷型王国。这些侵略战争很快就影响到了克里特岛上那些毫无防备的宫廷国家,这些国家正在进入到一个更高的发展阶段。

2. 国家间均衡及其崩溃(大约公元前 1500—前 1200 年)

在大约公元前 1500 年,有三个较大的国家在相互争夺,它们分别是:埃及、赫梯帝国和米坦尼王国,随后亚述王国和巴比伦王国也加入了争霸行列。

米坦尼王国位于阿詹辛拉北部,它包括一部分胡里安人,并采用了印欧人的统治结构。其统治中心在喀布尔河一带,不过至今仍未发现其故都所在。米坦尼本国几乎没有什么资源。其主要宗教信仰被认为和曾经侵占印度北部的印度—雅利安人(Indo-Aryan)相同,他们的马背文化和马拉战车也都具有印度—雅利安人的特征。他们的战车上有一名贵族武士,被称为"玛瑞亚努"(Maryannu),他们是令人望而生畏的武士。当米坦尼占领幼发拉底河西部的时候,他们和埃及军队发生了武装冲突。埃及人此时正处在第十八王朝的重新统一之下,正在发动对亚洲的战争,并直抵幼发拉底河畔。从大约公元前 1580 年开始,两大强国在幼发拉底河进行了无数非决定性的战斗。

转折点在大约公元前 1380 年出现。经过数个王朝的厮杀,米坦尼的权力开始衰弱。亚述虽然只是它的一个附庸国,却开始干涉其内部事务。[177]大约公元前 1350 年,赫梯新国王舒佩鲁留姆(Shuppilu-liama)取得了对埃及的优势,吞并了黎巴嫩并打败了米坦尼。米坦尼王国自此在历史上烟消云散。

当赫梯吞并整个叙利亚,将边界扩展到幼发拉底河之时,亚述也攻下了米坦尼王国在幼发拉底河东岸的全部领土,故而此时的国际体系包含了三个大国,即埃及、赫梯王国和亚述。亚述对于南部喀西特人统治下的巴比伦的兴趣甚于西部的叙利亚和黎巴嫩。事实上,公元前 1249 年亚述就曾短暂地占据巴比伦,此后和巴比伦一直处于敌对状态。

这样就只剩下两个大国相争,即狂躁不安的赫梯帝国和埃及王国。

前者是叙利亚的主人，后者正由大约公元前1290年拉美西斯一世所建立的第十九王朝所统治，此时埃及人已经摆脱阿蒙诺菲斯（Amenophis，也即埃赫纳吞法老）四世羸弱统治的影响，并决定重新攻占叙利亚—迦南。这导致两个大国发生了直接冲突。大约公元前1290年，塞提一世法老与赫梯人在卡迭什相遇。但他并未与赫梯人开战，而是把这一责任留给了拉美西斯二世，后者给我们留下了关于公元前1275年卡迭什大战的生动描述。在他的英明指挥下，这是一次辉煌的决定性胜利。但是，战争最终还是陷入了僵局。双方都认识到了这一点，他们在公元前1259年签署了和平协议，并有效地分割了叙利亚—迦南地区。

现在让我们把视线转到另一个地方。到目前为止，我们一直在关注亚历山大—伊斯坦布尔一线以东的内陆强国，现在我们要说的是这条线以西的海上强国。这就涉及到希腊内陆、爱琴海、小亚细亚海岸以及克里特岛。除克里特岛外，所有这些地区都已完全进入了使用铜制武器和战车的时代。到公元前1530年，在希腊陆地上，操希腊语的首领从城堡中统治着那些"平原人"，包括"黄金丰富"的迈锡尼、梯林斯以及阿戈斯①地区的人民。迈锡尼文明正处于巅峰，克里特的宫廷国家也是如此。但是在公元前1400年，由于不为人知的原因，克里特的首都克诺索斯被劫掠并毁灭。克里特文明幸存了下来，通过对克里特人B类线形文字的释读，我们知道它处于希腊迈锡尼的统治之下。

到大约公元前1200年，所有中东国家都被卷入了一场大动荡之中。据埃及人记载，一大群拥有古怪名字且勇猛彪悍的航海民族蜂拥而至。大多数现代学者倾向于认为这些"海上民族"只是迁徙的一部分；大多数入侵者可能来自安那托利亚西部。不管怎样，结果总是有点戏剧性。在大约公元前1177年，在第二十王朝拉美西斯三世统治之下的埃及人，打败了来自海上和陆上的进攻。然而，这只是王朝的最后一搏。公元前1166年拉美西斯三世去世后，埃及王朝开始走向衰落。在"海上民族"的攻击之下，赫梯帝国也走向了瓦解。公元前1190年之

---

① ［译注］Argolid，或译为"阿戈里德"。

后,帝国的王朝名录也宣告终止。[178]在叙利亚,伟大的乌加里特和阿拉拉赫也被焚毁。不管是否与"海上民族"的运动有关,希腊也遭到了同样的毁灭。公元前 1200 年,习惯上被称为"多利安人(Dorian)后裔"的一股希腊军团一直打到半岛顶端,他们摧毁了迈锡尼的宫廷国家,由此开启了一个长达 200 年的黑暗时代。

只有一个古代强国依然完好无损,那就是亚述。公元前 1200—前650 年是亚述人在中东占主导地位的时期,后来是新巴比伦人。他们悄无声息地通过对东西两翼的包围,建立了印欧人的存在,并使东地中海和肥沃新月地带处在全新的管理之下。

第三章　鼎盛时期的埃及政体——新王国

1. 引言:新王国

　　[179]埃及政府及其统治的鼎盛时期大约从公元前 1520 年至公元前 1150 年(第二十王朝中期)。这是它的"帝国"时期,埃及人在这一时期攻占了南部的努比亚,并在叙利亚—巴勒斯坦建立了殖民霸权,与赫梯人、米坦尼人以及亚述人建立了外交关系。除了在埃赫纳吞法老的阿玛纳(Amarna)改革后期(公元前 1335—前 1315 年)和第十九王朝后期(公元前 1204—前 1190 年)曾出现过波动外,在整整 370 年中埃及人的统治基本上处于稳定状态。唯一可以与之相比的只有中国。因为同一时期的汉帝国维系了四个世纪,只在公元 9—23 年发生过篡权和短暂的内乱。除此而外,无论是波斯、罗马还是拜占庭都未能表现出如此长时间的稳定性。

　　公元前 1630 年,喜克索斯人占领孟斐斯后,埃及逐渐走向衰落。喜克索斯像宗主国一样统治着尼罗河三角洲的众多属国;在苏丹第三大瀑布往南,还有已经埃及化的克尔玛王国(Kerma),它在埃及第二中间期(大约公元前 1640—前 1520 年)达到全盛时期;不过在底比斯,埃及王公们统治着上埃及和中部的大部分地区。由于长期与北部的喜克索斯王朝共存,这些国王们建立了巩固的河流王国,并采用了喜克索斯人流行的战车和先进武器来装备自己。他们打败了喜克索斯人,将其逐出埃及,然后转而南下,攻下克尔玛国。这样,埃及人重新统一了尼罗河谷和三角洲地区,并占有了努比亚南部地区。

这是一次重新征服。新式埃及军队由一位传奇式的国王率领,他是一位智勇双全的勇士,带领将士用武力夺取了埃及。他的行为意义深远,尽管埃及的统治架构在本质上与此前的古王国和中王国类似,仍然是一个建立在大量官僚体系和无处不在的宗教之上的宫廷型政府。[180]但是,国王对于埃及的军事占领形成了新的侧重点。

2. 中央权威

2.1　王权与诸神

神灵—国王①的公式被再次恢复,但强调的重点已有所变化。一方面,直到第十二王朝,底比斯的阿蒙神(Amon)都是一个不太引人注意的地方神祇,现在却被当作一个使埃及人从令人憎恨的亚洲人手里获得独立的神圣守护者。在底比斯,祭司们将其与古代的太阳神——拉——结合在一起,阿蒙神也因此而成为令人尊重的"阿蒙—拉"神。底比斯人的宇宙进化论也因此而得到进一步发展,"阿蒙—拉"是诸神之王,它是全能而无形的万物创造者。所有其他神灵是其不同的变体,它可以随时改变形象。大祭司也会不间断地重申"阿蒙—拉"神对于其他诸神的权力,它在底比斯的诞生地则被视为是宇宙万物之源头。②整个新王国时期,国王们把大量的财富用于"阿蒙—拉"神的祭司活动,这在当时有其复杂的政治意义。

法老宣扬自己神性的最常见方式,就是把自己与"阿蒙—拉"神联系起来。所以在大部分赞美诗、祈祷文、碑铭和其他一些可视艺术作品

---

① 　见原书第 142 页。
② 　参见《古代近东文本》,第 8365—8367 页。

中，都会把二者描绘成父子关系，国王作为"伟大之神"进行祈祷，"阿蒙—拉"神作为"完美之神"进行回应并制造奇迹。①

神灵与王位继承现实之间的联系更多体现在神学谱系概念当中："阿蒙—拉"神曾化身为哈特谢普苏特王后的丈夫，并与之结合。于是哈特谢普苏特王后取代它而成为统治者，因此她这样解释其统治的合法性：

> 阿蒙化身为国王，成为她（即雅赫摩斯王后②）的丈夫——国王（图特摩斯一世）……径直来到她身边。然后与之进行交流，谈论有关上下埃及王位之事。用她的话说"阿蒙—哈特谢普苏特是我女儿的名字，我已降灵与她，她将在整个土地上行使仁慈的王权"。③

[181]总体上看，这种解释并未与事实发生严重的冲突，因为第十八王朝和第十九王朝的王位继承都很顺利。然而，一旦篡位者将上述说教作为获得神圣的来源，任何对于王位的疑问都不攻自破。因为谁敢去否定神灵的权威呢？又如何去否定呢？这至少可以证明该公式的社会效用，它可以使权力争夺道德化，王位继承合法化。这也有力地强化了王权专制主义。这一点在能力超常的阿蒙霍泰普四世（Ahmenhotep，即埃赫纳吞）时期可以得到充分证明，这位统治者利用王室的权威彻底颠覆了对于阿蒙神和其他诸神的崇拜。因此，他几乎不可能在王室中得到欢迎：至少，王室成员们非常担心将会被葬到远离祖先坟墓的新宗教城市——埃尔-阿玛纳（El-Amarna）。"埃赫纳吞及其家族崇拜的是'阿吞神'（Aton），其他人则要尊崇'埃赫纳吞'为神灵……他自称是'阿吞神'之子。"④（这正是为什么在他去世后，宗教改革归于失败的原因。埃尔-阿玛纳王室成员与"阿吞神"的联系也只是通过他们对

---

① Lichtheim，《古埃及文学》第二册，第35—38页。
② ［译注］第十八王朝的创立者雅赫摩斯一世的女儿，图特摩斯一世之妻。
③ 摘自 Frankfort，《王权》，第45页。
④ Wilson，《古埃及文化》，第45页。

"埃赫纳吞"的崇拜来进行。)他的统治在国内依然有效,军队继续保持顺从,这使他得以推行其革命性的改革。这些改革不仅引起了王室成员对自身生活的担心,由于取消了传统的节日,也未能得到民众的支持。埃赫纳吞的改革还将神庙的财产权和经济管理置于混乱不堪的境地。不过,据我们所知,他的改革没有遇到任何形式的反抗,尽管他当时居住在没有城墙保护的暴露地带。[①]

法老们通过授予神灵大量的财富来答谢它们,尤其是对底比斯的阿蒙神祭司。他们通过在卡尔纳克和卢克索建立硕大无比的巨石神庙,在德尔—埃尔—巴赫里神庙等地建立陵庙,以及作为丧葬仪式一部分的国王巨石雕像来感谢这些神灵。

2.2　王权实践:力量与制约

在宫廷型政治体系中,法治的行使权只专属于一位独裁者,任何人,无论是官员还是人民都受其控制。统治者的个人权威、精力及才智能够塑造或改变政治体制。新王国时期的王位继承比以往都要顺利,[182]只有第十八、十九王朝是例外。第二十王朝前两位君主看上去曾有着超凡的个人能力、经历以及威望。因此才会有王朝的辉煌和繁荣,其良好的管理更是自不待言。

2.3　王室和宫廷

2.3.1　王位继承

传统的王位继承方法就是国王把权力转让给王后之子,如果由于某种原因未能实现,就传给妃嫔之子。这一制度从第十二王朝开始正式确立,在之后的几个朝代又逐渐被加强,以确保继位者上台后能得到其他王公的认可。当王权继承人不能确定时,就会在统治晚期采取共同摄政的办法,以便从王室外部引进新鲜的血液。联合摄政就是要与外界取得联系,如外人迎娶王后的女儿,这样就把王权继承寄予女性,以求王权永存。

---

① 　参见 Trigger 等,《古代埃及》,第 219—222 页。

不论是第十八王朝还是第十九王朝的国王，他们都拥有相当的个人能力，所以能在混乱时期，继续控制王权并恢复稳定。霍列姆赫布（Horemheb）①是一位铁腕将军，他很快清洗了王室和军事组织，当上了法老。由于膝下无嗣，他选定另一位将军——拉美西斯一世作为继承人。由此引出了辉煌显赫的埃及第十九王朝。当公元前1204—前1190年王朝在混乱中终结的时候，另一位出身模糊的强大外来者——塞特那赫特（Sethnakhte）夺取了王位，恢复了中央政府的权威，并通过传位于儿子拉美西斯三世的办法，建立了第二十王朝。值得一提的是，许多埃及法老都是来自王室血统之外的将军。图特摩斯一世也有可能是一位将军，霍列姆赫布与其继任者拉美西斯一世肯定都是将军出身。

2.3.2 君主制的局限？

宫廷

就埃及君主而言，他们在统治期间拥有极大权威，并且能够把自己的权力强加于宫廷。埃赫纳吞国王就是一个令人信服的证明。[183]只有王室家族的主要成员——王位继承人和成为阿蒙神妻子的王后——才能得到任命；从第五王朝开始，其他王室成员或王室的间接亲属关系不属于任命范围。②宫廷由贵族组成，直接受国王领导，他们对国王有着很强的奴性。在他们的描绘中，埃赫纳吞国王拥有宽阔的脸庞，深陷的前额，高耸的颧骨，矫健的大腿，③而这些朝臣们也都照着他的形象来描述自己。④

但是，当国王是一个弱者或者王位继承出现争议的时候，宫廷弊病就会显现出来。例如，图特摩斯三世继位时年仅 10 岁，哈特谢普苏特

---

① ［译注］霍列姆赫布是第十八王朝法老图坦卡蒙的将军。

② Trigger 等，《古代埃及》，第 207 页。

③ 《剑桥古代史》第二卷第二章，第 55 页。

④ 对我的启示是，这不仅意味着艺术风格的一种改变。但是，为什么会在埃赫纳吞统治时期突然改变了风格？如果没有统治者的命令，会有这样的情形发生么？莫蒂拉里认为，这是因为现代主义画家采取了一种特殊的形式，这与其后来 1500 年的绘画方式也有所区别。

王后就提出了摄政问题(他的母亲只是一个叫伊西斯的次妃)。①王后是这场争议的挑起者。几年后,她以自己的名义加冕为埃及法老,在长达十四年的时间里将图特摩斯三世置于一旁,亲自主政。这曾被解释为是一场宫廷阴谋的结果,是由阿蒙神高级祭司、努比亚总督、财政大臣及总干事们在塞纳慕特(Sene-nmut)领导下的一场阴谋,后来图特摩斯三世的军事政变彻底结束了这场阴谋。②不过有人曾对此提出怀疑。③这种描述真实与否并不重要,因为宫廷派系能够左右宫廷政策是显而易见的。第十八王朝的结束和第十九王朝的建立清楚地证明了这一点。图坦卡蒙继位时只有九岁。这一时期,埃赫纳吞法老所创立的"阿吞神"崇拜被颠覆,王室迁回底比斯,都是根据大臣阿伊(Ay)④的提议进行的。

有关宫廷派系及其对国王的威胁,以及后宫密谋暗杀拉美西斯三世的证据非常确凿。但是,这不是一个政治偏好,而像是拉美西斯次妃提伊(Tiy)的个人野心,因为她打算让自己的儿子成为国王。类似事件在同时期其他国家的历史中比比皆是,如波斯、罗马、中国、拜占庭、哈里发、奥斯曼帝国。[184]事实上,一旦后宫兴盛,宫廷阴谋就会盛行。提伊事件的特征在于,密谋者并非官员或者政策制定者,但涉案者都是管理后宫事务的官员。虽然有两个宫廷官员卷入了这场阴谋,但他们的职位并不高。⑤

士兵和祭司

在古王国和中王国时期,国王最为棘手的外部压力来自于地方上的精英分子和诺姆长。在第二十王朝时期,官员逐渐采用世袭制,由此产生了一个地方权贵阶层,这些现象在第十八、十九王朝时已经崭露头角。同样,库什(Kush)的总督是拥有全权的"边疆之主",如同地方最高统治者。直到拉美西斯十一世削弱这一权力之前,这种潜在的强权

---

① H. Helck,《古王国和新王国的行政管理》(Leiden-Cologne,1958)。

② 《剑桥古代史》第二卷第一章,第 318 页。

③ 参见 Trigger 等,《古代埃及》,第 218—219 页。

④ [译注]"阿伊"在图坦卡蒙死后成为法老。

⑤ 《剑桥古代史》第二卷第二章,第 246—247 页。

并未被用以对抗君主制。

总体而言，军队及其高级指挥官并未自动扮演限制或反对君主制的角色。否则，事实就会相反。这些人是君主制的坚强后盾。内乱并不重要，因为雇用警察部队——麦德加（Medjay）——会很容易处理的。部队新任军官与军事君主制紧密相连，国王经常亲自指挥部队，他认为这是训练管理者的最重要方式。在埃及，任何"远征"，无论战争还是贸易都是一种军事活动；所以军队自然而然地参加王室贸易和远征。国王会在王宫中挑选官员作为亲信，担任名誉信使、太子太傅或王室管理者。①霍列姆赫布在担任将军的时候就进入王宫，掌管王室的管理工作，他通过从军队中重新招募祭司，创建了被埃赫纳吞摧毁的祭司制度。②正如我们看到的，许多法老在没有子嗣的情况下，往往会选择军事将领作为继承人。

但是，祭司的政治作用是有争议的。人们普遍认为，大量捐赠都流向了神庙，其中大部分被用于建造阿蒙神庙，并且相当一部分落到了底比斯阿蒙神庙中高级祭司手里。大约公元前 1153 年，在拉美西斯四世统治时期，[185]神庙占据了全国三分之一的可耕地和五分之一的人口。③在粮食方面，阿蒙神庙的份额为 62%，在其他收入方面也占到了86%。④尽管神庙的建设和修缮经常是王室的开销，但其日常费用则要靠神庙自身来支付，不过僧侣们仍然希望得到政府的支持。在管理领域，无论是整个村镇，还是矿场、采石场、造船业也都希望拥有一批专业管理人员。中王国时期，主要的地方神庙都曾从祭司队伍中挑选专门人员管理善款。例如，在底比斯，阿蒙神庙就由一个专职管理部门来管理。无论是耕地、谷仓，还是家畜等都由专职部门管理。每一个部门都有自己的主管，并拥有自己的书记员。建筑工程，包括神殿等神圣事务也都由不同部门各司其职。当然，这一切最终是由工匠和艺术家来完

---

① 《剑桥古代史》第二卷第一章，第 312 页。当然，虽然他们官位不高，但是肩负重任，并且也是世袭制，这在宫廷政体中也很常见。

② 霍列姆赫布的加冕铭文，引自《剑桥古代史》第二卷第二章，第 76 页。

③ Trigger 等，《古代埃及》，第 202 页。土地的保有权是属于拉美西斯的。参见 S. L. D. Katary 的《拉美西斯时期的土地所有权》（Kegan Paul Int. London，1989）。

④ Wilson，《古埃及文化》，第 270 页。

成。神庙还拥有自己的警察部队和监狱。①此外,高级祭司们往往还拥有其他一些世俗的权利,比如指挥地方军队。

很明显,神庙是一个拥有巨大政治潜力的机构。这种潜力是否得到了发挥? 在拉美西斯九世至十一世统治时期,它的确如此。但问题在于,在第十八、十九王朝是否也是如此呢? 假如我们对法老指派的祭司进行调查,那么我们就会发现他们是法老忠实的朝臣,并且在国家管理机构中拥有重要职位。阿蒙神庙的高级祭司普塔赫摩斯同时也是阿蒙霍特普三世的维齐尔。哈特谢普苏提女王任命她的忠臣担任阿蒙神庙的管理者,负责神庙所有事务。②一个强大的法老会完全控制祭司,本质上就如同他控制王室和军队一样。③同时,这也显示出阿蒙神高级祭司的特权。从两份关于新王国时期政府官员的描述可以看出:他们都接受王室的管理,维齐尔、宫廷主事、军政高官的地位则排在了重要的高级祭司之后。尽管神庙的经济力量非常庞大,但是一般认为它们也被征过税。④[186]总之,我们没有理由去质疑。宗教管理机构在本质上是国家政府职能的一部分,至少它的部分收入和财产是属于政府的。⑤如果对君主制全盛时期祭司们曾屈从于法老的情况仍然表示怀疑的话,那么如何来解释埃赫纳吞法老在推行仇恨旧神祇的政策中,没有人站出来维护阿蒙神的事实? 当时,举国上下都废除了对于阿蒙神的崇拜,而代之以新的神祇崇拜,但是却鲜有祭司抵抗的痕迹。

2.3.3　君主的权力

当时的王权专制主义毋庸置疑,任何反对力量都难以制约。首先是关于神学的神秘性。据说,君主拥有神的力量,并且戴着装饰有令人生畏的蛇形标志的王冠。他面无表情,头戴考究的黑色假发,留着浓密

---

① Erman 和 Rank,《埃及文明》,第 383—384 页。
② 《剑桥古代史》第二卷第一章,第 325—326 页。
③ W. F. Edgerton,《埃及政府及其对帝国的统治》,摘自《近东研究期刊》1947 年,第 152—160 页。引自《剑桥古代史》第二卷第一章,第 328 页。
④ 《剑桥古代史》第二卷第一章,第 361—362 页。但是我们应该相信这是一种传统,这背后隐藏着真正的权力关系。
⑤ Trigger 等,《古代埃及》,第 202 页。

的胡须，胸前佩戴着由黄金和青金石制作的胸铠，手持权杖，所有人对君主都持敬畏的态度。在王宫内，国王端坐于宝座之上，他的亲信和宠臣们则远远地肃立于四周。如果国王出行，则乘坐装饰富丽堂皇的马车，由衣着华丽的随从和卫兵前呼后拥，簇拥而行。而且，这种神秘性，包括有着巨大象征意义的盛况，已不再像第十二王朝那样，由那些实际上毫无意义的临时傀儡来模仿。它通过那些英雄国王们的传奇故事不断得到强化和巩固，并进一步合法化。第三，与其先辈们不同，君主们是职业军队的最高指挥官，并且经常与士兵一起出生入死，保卫疆土，守护臣民。

法老们是非常富有的。在埃及，所有的交易、贡品以及战利品都要首先交给法老。在漫长的埃及历史中，这一时期尤为突出。这就是帝国的结果，正如茹贝尔（Joubert）在 18 世纪曾说过的一句话"让战争来养活自己"。①埃及的法老们发明了"高压—敛取"循环，以此确保军队的供应。[187]简单来说，就是利用武力来获得人力、物力和资源，以此来维持军队，如此往复循环不已。新王国的法老不仅利用军队在国内加强税收，而且利用军队从国外获取贡品与战利品。

但是还有更多的财富是通过其他方式获得的，包括对第四大瀑布以上的努比亚的占领。尼罗河东岸是古老的金矿——瓦瓦特（Wawat）所在地，当时开采和淘洗的黄金为数甚巨。②图特摩斯三世统治后期，每年从努比亚和苏丹获得的黄金就高达 10000 盎司。③在古王国时期，这个地区的收入几乎是科普托斯旧矿场的五倍之多。④曾经有一个亚述君主向埃及勒索礼物，提醒说在埃及"黄金犹如粪土一般"。⑤底比斯的第十八王朝通过阴谋而掌权，如果没有先前的地方权贵，它就不可能获得大片领土。除了大量黄金外，国王还拥有大量私人领地，分别由专门机构管理。国王还会从这些黄金中拿出一部分用来建造自己奢华的

---

① 巴瑟莱·凯瑟雷·茹贝尔（1769—1799），法国著名将军。

② Trigger 等，《古代埃及》，第 253—266 页。

③ 见《剑桥古代史》第二卷第一章，第 350—352 页。

④ 同上。J. J. Janssen 的《拉美西德时期的商品价格》（Brill，Leiden，1975）。他认为科普托斯矿藏丰富。

⑤ 见《剑桥古代史》第二卷第二章，第 24 页。

石墓,在底比斯—卢克索—卡尔纳克地区修建举行法老葬礼的神庙、太阳神巨像,并扩建阿蒙神的庙宇。面对米坦尼、赫梯这些美索不达米亚强国,国王还要拿出一部分黄金用于扩展在利凡特地区的外交。此外,还有一部分资金需要用来赏赐忠诚的将士和维齐尔。普通士兵和官员的补贴是定量分配的,高级官员则可以从分配给他们的土地中得到税收。国王有时也会用贵金属作为礼物来奖赏和拉拢他们。这种有着尊贵特性的礼物就是"黄金"。[1]

"黄金奖赏"主要被授予那些在战场上表现英勇的将士,或是有突出贡献的高级官员。这种奖赏是公开进行的。对于被授予者来说,这是一种莫大的荣誉,同时也非常珍贵。几位国王授予官员和司库雅赫摩斯的"黄金奖赏"还包括金手镯、金项链、贵重花瓶以及一些银臂环。[2]这种私人的礼物赠予也成为国王与其臣民之间的感情纽带,而且在新王国时期,这种礼物关系也可以看作是一种互惠。[188]埃及有一种古老的传统,在每个新年的时候,"民众应送给领主礼物"。埃尔曼引证说,这些新年礼物是通过一位非常富有的官员送给阿蒙霍泰普二世的。这些贡品包括数以百计的盾牌、铜匕首、剑、鞭柄、盔甲、大量贵金属制作的花瓶、象牙饰物和一个中间用金和银装饰而成的宴会桌。[3]

埃及诺姆长们统治着大约450万埃及人,我们估计在利凡特和努比亚—库什地区向国王奉献贡品的民众也有百万之众。国王是集权化的官僚政权的领导人;如果我们从统治史的角度看待第十八王朝,那么至少到阿蒙霍泰普四世之前,几乎很难看到有如此彻底的专制主义,或是比这更不受法律约束的君主。

3. 新王国的行政管理

3.1　领土

新王国时期中央与地方之间的关系同第五王朝以来盛行的做法完

---

① 　Erman 和 Rank ,《埃及的文明》,第 156 页。
② 　同上。
③ 　同上。

全不同。"中国匣"式的原则被放弃。除了北部的扩张领土，以及南部努比亚—库什的"殖民地"外，中央政府已不再对地方统治者行使全权。埃及可能由住在孟斐斯和底比斯的两名维齐尔管理，两人分别掌管下埃及和上埃及。每一个维齐尔都直接管理着城市和村镇地方当局，也就是这些地方的市长，很大程度上还包括司法委员会。这些市长们要执行政府的命令；协助这一地区的任何政府官员；此外，还要征收和运送税收，特别是那些"以货代款"的税收，比如鹅肉、公牛、谷物、纸草、篮子等。

与喜克索斯人入侵之前的埃及王朝相比，新王国的管理更加有效，对于地方上的管辖更加严格。这不仅表现在税收领域，而且还表现在处理地方纠纷方面。此外，因为"市长"仅仅负责税收，所以其他领域，如市场估价、公共秩序等服务则需要常驻地方的中央政府代理机构来执行，散见于铭文和纸草文献中的信息证实了这种推断。在一个大约有 1500 人的村落中，曾有约 10 名检查人员常年驻守。[189]中央政府首席警察主管控制下的警察或雇用治安人员被编成分队，由主要城市里的首领统辖。

司法委员会（Qenbet）主要负责国内事务，尤其是涉及财产的问题，以及一般犯罪的起诉问题。涉及死刑的惩罚一般由国王亲自负责，但几乎肯定是让维齐尔来处理。司法委员会的成员一般由政府提名。他们都是在当地拥有很高社会地位的上层人士，相当于阿拉伯国家的"名流"，或是中国的"士绅"。甚至一些较小的社区也复制了司法委员会的模式。当然，从整个国家角度来看，市长并不是什么显耀职位，但就其所在地区而言，他仍是地方要人。

不过，这种中央与地方之间的关系在努比亚—库什是个例外。因为努比亚—库什是一个以黄金富饶而著称的地区，这里从一开始就由一位王子来统治（虽然这名王子并不是王室血统），他相当于一个掌握全权的总督。其主要职责是征收并运送税收和贡品、勘探金矿、监督农业和民事管理。原则上，库什的营地指挥官行使军队指挥权，但是实际上，总督可以在他认为合适的时候指定高级指挥官。他所拥有的"国王之子"荣誉头衔说明了他是何等的重要。

3.2　中央政府

王宫由两部分组成：首先是法老的寝宫，一般由一座独立的建筑或一组建筑群构成；其次是行政机关，是维齐尔、司库以及其他重要部门的官员和职员办公的地方。这种地形学上的区分与上层官僚的习惯，特别是王族官员和廷臣之间的区分相一致。这种模式在大多数宫廷类型的政体中都存在，如果没有反倒是罕见了。地形与功能区分的意义就在于接近统治者的重要性，这一点已经在中国得到了很好的阐释。相对于普通官员来说，王室官员可以更多地与统治者亲密接触。因此，他们具有更大能力去影响统治者的政策。

新王国还曾存在着两个派系冲突的迹象，并且这种可能性很大。如果关于古代埃及宫廷的史料也像中国的《汉书》和《后汉书》中记载的那样详尽，那么我们就可以有更多这方面的证据。事实上，我们对埃及的宫廷摩擦了解甚少。即使如此，我们还是可以从总体上断定，埃及王宫内的冲突并不经常，而且也没有根本性的政治问题。[190]这些冲突的产生首先是由于法老超乎一切的个人权威，其次是由这种阶梯状的世袭制官僚结构所导致。

最后，政府官员的选拔在原则上不论出身，而是根据能力和贡献公开择优录用。一些重要官员的碑铭自传中描述了在获得法老擢升之前，他们的出身是何等卑微。但事实上，证明他们做出贡献程度的个人能力，与其所接受的教育紧密相连，这反过来又会反映其出身的社会阶层。农村劳动者几乎没有机会接受教育，一小部分富裕农民的机会可能会稍多一些，职业军人和熟练工匠也有较多接受教育的机会。但是，大多数教育都只限于书记员的孩子，他们已经具有文化或者官员的背景。接受教育机会最多的是那些现任官员和军事将领家庭的孩子。因此，从那些标榜通过自我奋斗而获得成功的社会人士的丧葬铭文中，我们发现其中许多来自官宦世家。例如，在哈特谢普苏提和图特摩斯三世统治时期，上埃及的维齐尔之职曾经在一个叫雅赫摩斯的家族中传承了三代。①有

---

① 《剑桥古代史》第二卷第一章，第 353 页。

一位叫乌尔赫雅（Urhiya）的将军曾做过拉美西斯二世的高级主事，半个世纪之后他的儿子毓帕（Yupa）承袭父职，后来毓帕之子则当上了国家最高警察领导人。①

减少"王室职位"与"政府职位"摩擦的一个方式就是对两者的角色经常进行互换，以削弱官僚体制的世袭特征。帕瑟尔（Paser）是阿蒙神庙祭司的儿子，当上了王室的内务大臣，上埃及的维齐尔在年迈之时又被国王任命为阿蒙神庙的高级祭司。②而维齐尔的继任者卡哈伊（Khay）也曾就职于王室家族。虽然如此，冲突仍时有发生。有时候，维齐尔与王宫主事官员之间的摩擦非常之大，以至于法老不得不让主事官员停职。③

王室的主管要比其他官员更容易与官僚机构发生冲撞，因为他负责管理许多法老私人事务。由于接管了王室总管的部分职责，负责管理法老的金库和王宫储备，王室主管官员的权力在第二十王朝时期大增。[191]而总管只是管理后宫，负责后宫的衣食。④（至少有四个这样的官员，分别在底比斯、孟斐斯、法优姆，另有一个负责巡回。他们主要管理拉美西斯二世留下的 100 个孩子。）王宫侍从管理国王的起居饮食。其他官员还包括书记官、斟酒官。还有其他一些官位不高的职务，如私人秘书、代言人、随从、信使等等。

从官僚政治体系来看，主要官员依旧如同中王国时期的大臣或维齐尔。维齐尔对所有的事情负责。官方的铭文记录展示了他一天的工作：⑤先是向法老提交报告并接收指示，接着与王室主管官员商讨政务。然后回到自己办公室，验收地方政府提交的报告，向中央政府各个分支机构分发文件，确认或废除任命等。不过，他的职责并不限于此。他还要负责国家文献的密封和归档整理工作，会见各国使节并接受贡品，监

---

① K. A. Kitchen，摘自《成功的法老——拉美西斯二世的时代及其生活》（Aris&Phillips，Warminster，1982），第 139 页。

② Kitchen，《成功的法老》，第 28，36，125—126 页。

③ 《剑桥古代史》第二卷第一章，第 360 页。宫廷主管往往倾向于让自己或亲信成为君主的选择，看上去他们好像控制了整个王室。同样的现象也存在于哈里法国家，国王的侍从和维齐尔间也存在冲突。见原书第三册第二章。

④ 《剑桥古代史》第二卷第一章，第 360 页。

⑤ 参见 C. P. F. van den Boorn，《维齐尔的职责：新王国早期的民事管理》（Kegan Paul Int，London，1988）。

管阿蒙神庙的工作。①有时候他还处理有关国家建设或者是采矿的工作，负责征召军队并检阅士兵，监督灌溉工程并安排王室的交通。②除此之外，他还要充当首席大法官的角色，定期在首都开庭判案（参见下文）。

大部分行政管理工作都是正式的或监管性的，由维齐尔下属的一系列专业部门来裁决。财政部门有两个监管，负责处理庞大的物流，比如外国的贡品、国内的税收或官方作坊的产品。粮仓由一名监管负责，主要负责控制全国农作物的收割、记录以及贮藏。同样的，畜牧部门负责监管市长们对地方牧群的管理，并进行每年一次的牲口统计。以税收为目的的测量和评估作为一项重要工作，主要掌握在地方书记员手中。[192]另外，还有一个武装部门，专司海军与陆军的装备和人员配备。但是，建筑业却没有集中组织起来，它应当在一个合适部门的管辖之内。③最后，正如我们注意到的，对于神庙土地的管理应当被看作是行政管理机构的一个组成部分。

这是历史事实的记录，我们没有理由去辩驳。但是，历史记载并没有告诉我们这些部门之间是如何相互联系的，他们的思想和工作方法是否见效。不过，有时候即便历史记载也可能只是一种虚假描述。以王室消费为例，它有三个来源：首先是来自广大的王室领地的收入；其次是来自许多个人机构的税收，通常是神庙，它们被王室恩准征税，并通过自己的方式征收；第三是对土地、牲畜等所开征的普通税收：各个地区都在想方设法增加自己的税收资源。如果这仍然不够，各部门之间不只是没有合作，而是通过袭击和劫掠夺取其他部门的财富，以弥补自己的财政赤字。因而，各个机构和部门都会把国王的指令当作护身符，以保护本部门财产不受其他部门官员的掠夺。国家没有行政管理方面的"法典"，只有一堆国王的政令，主要是公布针对某些机构的特别捐赠，或是保护其不受其他部门掠夺的命令。④

---

① 见原书第 159 页。
② 《剑桥古代史》第二卷第一章，第 355—356 页。
③ 同上，第 359—360 页。
④ Kemp，《古代埃及》，第 236 页。这一特点和苏联"指令经济"类似，工厂或企业往往会掠夺别人以实现自己的"计划"。

至于这个精细的政权运作效能到底如何，我们会在后面得出推论，但它的整齐和表面上的完整都只是一种假象。就像几乎所有晚近的政府那样，埃及人的政府不仅混乱无序，而且效率低下。

4. 主要政府职能

4.1 税收

每个领域都需要被征税，除非有国王的特批，任何人或任何部门都不能逃避，甚至连神庙也无法幸免，虽然以往神庙被认为曾享有特权。税收的形式包括亚麻织品、红酒、蜂蜜、纺织品、香料、鸡蛋、皮革、水果和蔬菜、木材和金属。[193]此外，还有一些针对非政府机构进口商品所征收的重税（不过肯定非常少见）。

主要的税收来自土地和家畜。在埃及，对于农耕牲口数量的普查制度和埃及历史本身一样古老。著名的巴勒摩石刻（公元前3000—前2350年间五个王朝的记录）记载了两年一次的牲口普查。后来改为每年进行一次普查。监管官员清点好这些动物的数目后，便会根据牧群年复一年的增长进行征税。如果在普查期间，宣称有牲畜死亡，还需拿出皮毛作为证据。

大部分税收被用于生产。标准税率是平均每阿鲁拉（大约三分之二英亩）10蒲式耳，但是会根据不同地区和产出进行非常精细的调整。政府每年都会核查土地边界，因为洪水经常破坏这些地界，一旦边界有所变化，就会将其记录在案。幸存的第二十王朝《威尔布尔纸莎草书》（*Wilbour Papyrus*）就是政府测量和评估明亚（el-Minya）附近一段九十英里长的土地的部分文献。每一块土地的具体位置和测量数据都被记录下来，并按土地所有者来分类。根据所有者或耕种者所承担的责任而把这些土地分为两类。①

税收是采用"以货代款"的形式来缴纳的，这增加了征收工作的复杂性。下面的记录就是托特神庙应从阿迈尼姆维亚（Amenemwiya）征

---

① Gardiner，《埃及》，第296—297页。

取的税收明细表(引自埃尔曼与兰克的《埃及文明》)。

为了告诉官员们,他们在第 31 年到第 3 年的时间里从他那里强征的税收,孔苏(Khonsu)神庙的信使塞特摩斯花了 4 年时间整理了这份清单:

皮毛,未经加工的	4	总计 8 个铜币
皮革,用来制成盔甲	1	总计 5 个铜币
有节的芒木杆	1	总计 4 个铜币
芒木杆	1	总计 1 个铜币
平布外套	1	
平布披肩	1	
锄头	1	总计 2 个铜币
大麦	2.7 袋	(193)
[194]双粒小麦面粉	0.25 袋	
平布外套	1	手工制作
平布外套	1	同上
年	4	同上
平布外衣	3	
铜制品	3	

(我被告知上交以上这些东西,尽管定量分发的食物还没有分给神庙,而且我也没有得到任何祭品。)

如果有人怀疑这些庞大的交易,包括为数众多的条目,比如从莎草纸卷到成袋的谷物,成筐的水果和一罐罐蜂蜜,这些都可以追溯到测量、评估、验收、征集、搬运、核查、签收和存贮等环节;如果进一步追溯,则可以核查到技师、劳工、士兵、书记官、水手等人,反之亦然。人们在思考这一问题的同时,脑海中肯定会想到"战时共产主义"之前的苏联经济。当时埃及政府还没有制定生产目标(这在托勒密时期才开始出现)。新王国时期的埃及几乎是一个完全由国家控制的经济形态,除了农业,所有重要的国际贸易都被政府垄断,如制造业和建筑业。此外,即使耕种者事先没有规定目标，他们依旧被迫耕种，土地上的产出也要照常被课税。

在某些方面，埃及的指令经济甚于斯大林统治下的苏联。斯大林政府可以依靠古拉格劳动营的 1600 万囚犯；但是埃及政府历来只是习惯于依靠被征入伍的士兵。强迫劳役是很原始的纳税形式，"纳税"这个词在埃及相当于"劳工"的同义语。①

4.2 强制劳工和指令经济

在旧王国和中王国时期，埃及就是一个家族。事实上根本没有个人企业。②在神话故事和宫廷莎草纸记载中的佃农、逐利的商人以及工匠，形成了整个社会中的少数阶层。[195]埃及本质上仍是一个包含着两个阶层的社会。"上层"包括最顶端的宫廷高级官员、军事指挥官和主要祭司，同时还包括一个相对狭小的书记员、职业军队和下层祭司群体。一小部分熟练技师以帮派形式组织起来，受雇于一些国家部门，他们是相对的特权阶层。但是占人口绝大多数的仍是佃农和奴隶，他们耕作的土地几乎全部掌握在王室或神庙手中。

埃及不仅是国家所有制经济，而且是在国家指令基础上运行的真正的"家奴式"经济，是一个真正的"家族"，这体现在三个相互联系的不同方面。

首先，王室和神庙的大部分农业劳工在地位上都是奴隶，甚至在法律上都没有地位。由于埃及对利凡特和努比亚的征伐，奴隶资产在新王国时期大大增加。但是，埃及本土农民的状况并未改观。他们大部分在王室或神庙的土地上劳作，只能得到为数很少的报酬。理论上，他们享有自由，并且平等地受到法律保护。事实上，他们从属于土地所有者或管理者。

其次，不能低估"国有企业"的实力。这决不只限于金字塔的建造、陵庙的修建等。中央政府还规划和建设整个市镇，以及上文提到的谷

---

① 《剑桥古代史》第二卷第一章，第 381 页。

② Janssen，《商品价格》；Kemp，《古代埃及》。

仓和储藏体系的建设,包括进行社会再分配的角色。

最后,所有公共雇工都会得到定量配给。这一点并不奇怪,苏美尔、亚述以及波斯都曾如此。事实上在公元 3 世纪罗马统治时期,经历了恶性通货膨胀之后,其经济恢复正常的时候也是如此。正如前文所述,由于缺乏流通货币,埃及政府实行定量配给,进行书面交易成了埃及政府的必要工作,从而赋予政府家族化的特征。每个工人的标准配额是 10 个面包和定量的啤酒,从三分之一到两壶不等。一位美国学者估算,一个士兵的配给是每 10 天发放3.75公斤的小麦和 2.25 公斤的大麦。需要指出的是,这些远远不够,定量之少几乎让人难以置信:这些食物的热当量都没有超过 1400 卡路里,而一个从事体力劳动的男人至少需要两倍于此的热量。①

如果一个人升迁到官员阶层,[196]其食物配额也会随之增长,高级官员将会得到 500 个面包。当然,他不可能完全吃掉这些面包,我们可以设想这些授权只是计算单位,可以拿来交换其他商品。

前已提及,普通大众是强迫劳工。但是也有例外,如官员(包括书记员)和富裕阶层,他们会让穷人来代替他们劳动,所以沉重的负担又压到了穷人身上,这些人大多是农业劳工。阿蒙霍泰普四世(埃赫纳吞)就曾在全国召集民众,雇佣他们开采和拖运石头,用以修建卡尔纳克的阿吞神庙。更为常见的是,这些强迫劳工被用来修筑沟渠、疏浚运河、核实界标,保持整体上的农业秩序。有文献充分显示,一些强迫劳工的工具或小船还曾被官员们无偿征用。

强迫服兵役令人痛心。虽然可能性不大,但却是百姓的难言之痛。所有的强迫性劳役中,最令人恐惧的则是派往远方开采石头。

4.3 军队

新王国时期的常备军进行了根本性变革。一方面,它是在统一指挥下的全国唯一的武装力量。诺姆已不再拥有军队。虽然也还存在努比亚军团,但大多数情况下,军队都由埃及本土人组成,直到第十九王

---

① Janssen,《商品价格》;Kemp,《古代埃及》,第 124—128 页。

朝后期及第二十王朝时期征召范围才有所扩大。在阿蒙霍泰普三世之前，一些战犯就曾被编入军团，最为有名的是谢尔登人（Sherden）军团，他们在大约公元前 1200 年曾被视为是最为可怕的海上民族。埃及军队很早就开始招收"外籍"士兵，而其他国家直到 19 世纪才出现这一现象，①比如英国就曾在美国独立战争期间使用德国雇佣军。埃及军队是由全职的正规军和后备军组成，并由职业军官领导，接受有组织的战略与战术训练。政府有专职部门负责军队的组织、装备和供养，并由一名"大将军"统帅军队。士兵的替换主要是从退役军人家族中征召。这些家族住在埃及的军事领地上，一旦提供了兵源，每个家庭可以获得大约 2—3 英亩的小农场。[197]政府经常征召男人参军，军官们走访每个村落，招募符合条件的青年。被征召的人数并不多，可能只占所有人数的百分之一，也可能更多，但征兵机构往往会强制性地把他们从家人和村民手里带走。

征募新兵、供给、装备和档案都由维齐尔负责，军队中的主要书记官则提供协助。军队日常管理则由将军及其副官们负责。和平时期的军队也被分为上埃及和下埃及两部分，分别受其副官领导。这些高级军官都由维齐尔负责。和平时期的军队，驻扎于全国各个要塞，它们已完全融入政治、经济与社会的各个方面。我们已经知道，一些高级官员还被选入王室、政府和神庙担任职务。此外，普通士兵还经常被用来强化统治秩序，去帮助征税，或是承担为采石场提供劳工的职责。

埃及当时的作战部队战斗力很强。它使图特摩斯三世在麦基多战役中取得了令人信服的胜利，它迫使强大的赫梯军队匆忙撤出了卡迭什，它使拉美西斯二世在犯有致命战略错误的情况下，最终仍击退了来自叙利亚和海上民族的进攻，并让赫梯与迦南—叙利亚等国臣服麾下。

在武器装备上，埃及曾学习喜克索斯人，取得了与之相同的装备。其步兵团由长枪手和射手组成，配以铜矛和铜剑。复合弓是其杀手锏。每个兵团都有战车支持，但是多数战车是用来组成独立的战车部队，他

---

① 日本就是一个例外，但是它的民族性却由于它的岛国地理位置而不断提升，并且这也决定了其独特的政体。见本书第四部分首章。

们是法老非常倚重的主力作战部队。其组织机构包括一系列兵团,分别以阿蒙、拉、普塔、赛特等来命名;每一个军团都由一位将军率领,并由一位副官协助,指挥别的高级战斗指挥官,负责要塞及边防的接管等;每一个军团拥有大约 25 个 200 人规模的单兵作战分队,每个分队又分别由四个 50 人规模的连队组成。战车兵团由元帅总指挥。每一辆战车都配有士兵和车夫,与赫梯人的做法不同,埃及战车还搭载了一名持盾者,以保护另外两人。除作为战争资源之外,战车还是声望的来源:在交换外交使节的过程中,国王的声望往往取决于其战车部队的规模。

[198]军队并没有给社会带来威胁,这首先是由于法老的武士角色:他和战争指挥官之间的联系非常密切;其次是在长达四个世纪的时间里,埃及的政治与社会没有发生过严重的两极分化,市民社会也没有强大到可以使军事指挥官影响国王的地步;国王并不依靠军队来保持王位,也不依赖他们来维持国内秩序。在第十八和第十九王朝时期,埃及没有出现过警察难以处理的社会动乱。

4.4　司法

我们已经谈论了很多关于玛特的问题。我们发现了新王国时期关于维齐尔"训令"的证明,比如作为首席法官,他必须公正无私,不能向任何人拒绝正义与公平,等等。

就目前所知,当时政府中并没有职业法官和专门的司法部门。如果我们要谈到司法体系,充其量只能是国王自己;其次是相当于我们今天高等法院的两个法庭,分别由上下埃及的两个维齐尔主持;在地方上则是一个被称作"昆特"的司法委员会。非常特殊的案宗将会经由维齐尔转到国王手中,这通常包括一些重大的案件,否则维齐尔法庭就可以审判。这些法庭只处理重大案件。大部分案件,特别是涉及财产纠纷的案件,都由地方司法委员会处理。维齐尔法庭的人员并没有固定的构成,法庭记录只谈论当天的情况。拉美西斯二世统治时期的一个维齐尔法庭,包括了 9 名祭司,那些外行只是法庭的职员。拉美西斯九世统治时期的另一个维齐尔法庭,包括有维齐尔和两名祭司、城市统治者、阿蒙神庙的最高女祭司、信使以及两位社会名流。①"昆特"委员会则包括了由政府提名的地方名流。

法庭审理国内事务的程序是无懈可击的。证人在宣誓之后才可以在法庭上提供证词。整个程序都严格按律法进行。严格遵循先例是法官判决的基础。流传下来的案例中，法庭查验和评估证据的情节令人印象深刻。首先是原告陈述，然后被告回应，证人举证，法庭宣读判决。②[199]整个程序以及案件诉讼的方式都非常成熟而文明，既不同于盎格鲁—撒克逊以及诺曼底人的英国的那种野蛮折磨和立誓等程序，也有别于哈里发伊斯兰法庭的粗糙程序。但是，法庭中仍然经常存在着偏见和腐败。③

但是，另一方面犯罪认定程序又非常简陋。最初的调查不单是指控，而是相关的证据。我曾作为联络处的官员，1942 年在开罗的卡拉库（Caracol）目睹了这种犯罪认定程序，实际上是一顿毒打。

> 军队的书记官，普塔穆哈比的儿子安赫纳穆恩被带了进来。他身带脚镣和手铐，被棍棒毒打一顿，算是接受审讯，然后又被要求起誓，违者将会按破坏程序罪论处，更不要说犯什么错误了。据说他被这样询问"说出他和哥哥一起行动的方式"，他则说"拿出证据来"。于是他再次被盘查（再次被毒打），他坚持说道，"我什么也没有看到"。他被作为囚犯接受进一步的审讯。④

上述节选来自著名的底比斯被盗王室墓穴。尽管对证人的审讯非常残忍，法官们在调查指控的过程中也表现出了极大的灵活性与坚定

---

① Erman 和 Rank，《埃及的文明》，第 140、183 页。

② A. G. Mcdowell，《贝尔—麦地那（Beir el-Medina）工人社会的司法》（Nederlands Institue voor het Najige Oosten，Leiden，1990）。

③ 参见 R. D. Faulkner，《维齐尔的就职》，《埃及考古杂志》（1955），第 18—29 页。及 van den Boorn 的《维齐尔的职责》。但是历史上的贿赂现象也是普遍存在的，世界上的其他国家也都是如此。

④ 摘自 Gardiner，《埃及》，第 300 页。正如后面章节所显示的，这种情况是很普遍的。在罗马帝国、强盛的中华帝国以及一些伊斯兰国家都曾发现过类似的记录。

性,并在追求真相、处理复杂案件方面留下了令人信服的事实。①

5. 杂乱无章的行政风格

除了看似组织严密和高效的假象之外,事实上,古代埃及统治松散、拖沓、人浮于事、腐败而且极其残忍。这是埃及新王国的一个弱点,并非是对它的指控。但是,埃及政权又确实稳定地延续了长达四个世纪之久。其行政体系主要受制于两个因素,虽然这两个因素今天都已不复存在:一是它的政府专制组织使得任何事故的发生对于整个组织来说都至关重要;二是市场经济的缺失成为其分配制度难以逾越的障碍。

[200]人们对于当时全部事务的第一印象就是那些莎草故纸堆,它是大量文书工作的不断积累。我们最好引用一段埃尔曼的生动描述:

> 大量的文献被流传了下来,这些文献显示了银库等有关部门是如何保存这些账目的:由于其中包含了很多未知的单词和缩写符号,释读这些文献并不容易。这些文献详尽地展示了接收物品的数额,它们来自何处? 何时入库? 以及如何被使用的细节。它不仅关注庞大的货物数目,还非常关注那些入库的玉米和枣子的质量。如果没有文献记录,埃及政府几乎无法进行任何工作:即使在最细小的商业活动中,商品清单和协议都是必不可少的。②

埃及人喜爱书写的癖好是无法描述的,它只是埃及人的一个特点,而且并不是在后来才出现的;现在看来,古王国和中王国时期所消费的莎草纸数量和新王国时期不相上下。只要留心一下古王国时期墓穴内的绘画,就会发现无论是在衡量谷物,还是在普查牲口,书记员们总是不离左

---

① 一个公正的法庭,对证词的记录都是很仔细的。见 Erman 和 Rank,《埃及的文明》,第 171—180 页。对此更多的全新的翻译收集在 T. E. Peet 的《埃及第二十王朝的伟大盗墓者》(Hildesheim,Olms,1930 年第一版,1977 年第二版)中。

② A. Erman,《古埃及生活》,H. M. Tizard 翻译,J. Manchup-White 编写新版简介(Dover,New York,1971),第 112 页。

右。他们蹲坐在地上，面前是文件箱和盛放莎草纸的盒子，耳朵后夹着一支备用的草芯笔，手扶木板和莎草纸正在书写。每一个行业都有自己的文书官员，有时由现职官员的儿子来负责。国家统治机构的组成与此很相似，每位法官都拥有一个"首席书记员"办公室，每个大法官都被称为"国王著述监管者"；一位上埃及的重要官员拥有下面所有的头衔：①

> 上埃及两个重要行政部门地产书记员的监管
> 供应分配书记员的管理员
> 地产书记员的管理员
> 王室文献书记员的督察员

简言之，政府的一切事务都涉及到书写。在埃及人看来，文献书写与管理是一回事，书记员们就是政府官员。[201]同样，政府后来还拥有自己的书记员队伍，奥格巴（Oageba）和伊纳尼（Ineni）所在的"财政部"就至少拥有 9 名书记官。即使军队也未能免俗，因为埃及的高级官员往往也包括那些"精英部队中的书记官们"。

此外，还有一些抄写员被分配给一些个人性的政府机构监管者，如维齐尔、市长，财政部监管者，或者是作为其领主的代表，毫无疑问他们也发挥着很大的影响力。同样，国王自己身边也有专门的书记员，即古王国的"王室文献书记员"，新王国晚期则是"王室管家兼法老文书"。

"文献可以证明一切"的著名原则对于埃及政府同样适用。正基于此，埃及人的商业信函中经常要强调："你应当保存我的信件，以便在任何时候都可以作为我们之间的证据。"有关记录经常被复制下来，所以当事双方都可以拿出适当的证据。同样，如果没有官员下达的命令，任何东西都不能从财政部支取；即使是政府官员，如果没有财政部发给的"文件"，也无法从仓库中取走其年度份额内的木柴或木炭。政府官员不能利用自己的权利从仓库中索取任何物品，除非有命令文件下达。

---

① 目前认为，这一系列头衔代表着他们所从事的职业。尤其是那些冠以"管理员"、"督察员"、"监管"的头衔，表示其在所从事行业中的等级，"监管"是最高级别的官员（J. G. Baines 为本注释提供了帮助，他还提供了翻译文本）。

即使是一名"警察指挥官",在没有名单和批示之前,想要随便从军队中挑选一兵一卒也是不可能的。这种做法最终使行政事务变得琐碎不堪,连一个工人在获取份额粮食的时候也需要正式的官方文件。

书记员们往往会在记录后加上这样的批注,如"已复制"或"归档文件"。然后这些文本被移交给相关部门的"文献总管"保存,最后由这些人仔细分类并封存于大罐子中。一名第二十王朝时期的案卷保管员谈到,他在国王统治的第六年中曾核查过两罐文件。第一个罐子里有两份关于"金钱"的文件——可能是保存在文献中的私人债券,一份与阿蒙神庙"花冠"费用的审核有关;另外两大四小的莎草纸卷轴是关于拉美西斯二世神庙的文献:

> 罐子中的全部文件共 9 份
>
> 另外还有一个罐子里存放着关于盗墓者的一份调查记录……
>
> 罐子内的条目包括:
>
> 王室陵墓工作人员偷取的金、银、铜清单 1 份;
>
> 检查金字塔王陵的文件 1 份;
>
> [202]对底比斯西岸盗墓者的调查数据 1 份;
>
> 关于谢赫美拉—谢特塔维(Shkhem-Re Shedtawy)国王陵墓的检查材料 1 份;
>
> 维尔(Wer)士兵总监坟墓的检查资料 1 份;
>
> 有关偷盗者从"美人之地"所窃铜器等器皿的相关记录 1 份;
>
> 盗墓者的名单 1 份;
>
> 外国人塞特赫姆哈卜的(Sethemhab)儿子帕卡赫(Payqah)的考核资料 1 份。

值得一提的是,其中有两卷从罐子中发现的莎草纸古卷现存于柏林博物馆。这种保存文件的方式在波斯时代以及后来的埃及都得到了证实。①

---

① Erman 和 Rank,《埃及的文明》,第 125—128 页。

大多数文书工作源于国家指导整个分配体系的努力，我们前面已经指出了这种工作的复杂性。但是，这种实践从未像市场调节那样可以平稳地进行。学者们常常感到困惑的是，当一个国家在很富有的时候，这种体制是如何产生的？底比斯大墓地的工匠们曾经通过示威以获得他们的口粮。这件事在埃及学家中人尽皆知。这些工人们按月获得报酬，但是有时会推迟一两天，有时则会被推迟数月。这如何来解释？有一次他们被告知城镇中的粮仓空虚。这肯定是事实，粮仓的空或满并不只是与丰收与否相关，一些官员并不能成功地运送所征收来的粮食。比如，我们从霍列姆赫布的文告中知道了税收物资在运输过程中面临的各种障碍。官员们在民众缴纳税收之前就征用了他们的小舟，而军队在征税官到来之前就从纳税人那里抢走了皮革。①这种犯罪非常普遍，以致于霍列姆赫布甚至威胁说，违令者将会被施以劓刑，然后再被放逐到边境的特加鲁（Tjaru）要塞。我们可以轻易地发现这些不断增多的犯罪案件是如何影响了整个分配体系。

这一政治体系还有另一个严重的弊端，那就是腐败，它也会打乱原有的"计划"。有一份莎草纸文献记载了塞提二世时期（公元前1204—前1198）一名工头的罪行。他不仅从其负责的仓库中偷窃任何他喜欢的东西，比如盗取石料以装饰自己的坟墓；而且为了一己之私，向其他机构举借工人，甚至让一名工人饲养他自己的牛。②[203]另一个例子与底比斯王室墓地的一位官员有关，他的名字叫图特摩斯。他曾乘船到南部征税，总共征集了343袋税收，但是他回来时只上缴了314袋。③更为糟糕的一个例子是第一大瀑布库努姆（Khnum）神庙的一位祭司。这个神庙的谷物税来自尼罗河三角洲地区，这些税收由库努姆纳赫特（Khnumnakht）负责运送。在长达9年的时间里，他运送了6300袋谷物，但实际上缴的只有576袋！调查显示，这是他与神庙的"职员、管理者以及农场主"共谋所致。④另有一例，某政府仓库管理员

---

① Jean-Marie Kruchten，《霍列姆赫布律令》（Universitaire Libre de Bruxelles，Faculté de Philosophie et Lettres 82，1981）。或见 Wilson，《古埃及文化》，第238—239页。

② J. Cerny，'Papyrus Salt 124'（Brit Mus. 10055），《埃及考古杂志》（1929年），第243—258页。

③ Wilson，《古埃及文化》，第279页。

④ 同上，第279—280页。

被借调到另一个遥远的地方,他留在家中的妻子,以丈夫的名义下令把仓库的货物转移到自家的仓房中。①被盗数额非常巨大:有 1300 块铜矿石,20000 蒲式耳谷物,30 辆马车,如果全部计算在内的话,其数额将会更为庞大!

除去行政体系中的繁文缛节外,其行政机构的特征还包括腐败、办事拖沓以及超常的残忍。对罪犯的惩罚往往非常残忍,犯人动辄被割去鼻子或嘴唇,乃至被砍去手足等。最为严酷的惩罚可能是被发配去努比亚金矿劳作,罪犯和奴隶们白天被驱赶到洞穴中劳作,晚上才会被放出来,直到他们因过度劳累或营养不良死去为止。征集税收同样是件残酷的事情。在古代世界中,这些残忍的做法并不新鲜。罗马、拜占庭、中国以及哈里发都曾有过类似的情况,在伊比利亚人对印第安人的剥削过程中以及欧洲人的奴隶贸易中也都曾出现过类似情形。

6. 新王国时期的评价

总体来说,埃及新王国时期的政治体制是一个了不起的成就,其先进性是同时代的其他政体所无法比拟的。②

[204]正如前面提到的,它是一个典型的独裁政权,甚至可以说是一个专制主义的国家。在自然资源和人力资源许可的范围之内,它彻底实现了集中化的管理;它通过一个行政中心的指令来管理整个经济,它为自己设定了类似苏美尔城邦的那种家族式经济管理的任务,但又远远超过了他们。与苏美尔城邦的 20 万人口相比,它需要适应大约 400 万人口的管理规模。为了承担这样的管理任务,它所创立的政治体制不仅超越了时代,而且也远远超越了后来的一些帝国。印加和阿兹特克的政体或许是个例外,然而其组织机构在很多方面仍然比不上

---

① Kitchen,《成功的法老》,第 134—135 页。

② 赫梯王国与亚述王国的比较:前者看似具有原始的封建基础;与埃及相比,后者的税收体系很不健全。反对将这两个国家政体等同于埃及的主要理由是:这两个王国都被外来入侵者(分别是海上民族和米底人)所打断,此后开始衰落而未留下任何历史印记,至多融入到了当地的文化当中。埃及政体在其 3000 年统治期内没有经历过这样的风霜,后来也只是从属于基督教。尽管如此,它的领土仍是完整的,其国家认同也从未发生改变。

埃及人。除此而外，它还非常稳定地维系了 400 多年之久。

由于文献匮乏，我们很难评估其政府组织机构在运作过程中的实际功效。我们只能像管中窥豹一样来观察其官僚制度的运作，或者是寻找行政管理过程中有关欺骗与失误的个案。新王国时期的埃及拥有这一地区最强大的军队。不过，我们对于埃及的司法体系了解甚少，以致于无法评论它的习惯私法；但是通过我们对其刑事审判的有限了解可以看出，尽管他们的审讯方式相当残忍，他们对证据的调查却非常熟练而严谨。它的税收体系看上去完美得有些失真。比如，这些复杂的土地名册制度，汉唐时期的中华帝国也曾采用过，但是这些政权无法解决频繁的再评估需求；我们所了解的其他前工业时代国家的税收体系，也同样因为征税模式中一些固有的技术性困难而大伤脑筋。这就是说，如果我们要对埃及政体的实际运作有所评价的话，就必须去观察新王国之后的其他各国政体。如果我们拿晚期罗马帝国，中国的汉、唐、明三代，以及哈里发时期与埃及来对比的话，可以发现埃及的土地名册制度很不完善，名册的统计很不规律，以致于使评估成为一项例行工作。由于受困于一些无法避免的内在技术困难，征税工作非常杂乱无章，并且在执行中往往带有很大的欺骗性。加上新王国时期"以货代款"的征税现实，使上述问题变得更加复杂。然而，这种行政管理中的专业化和复杂性，以及文书官僚体系的技能理应受到尊敬，虽然这些书记员们在履行职责的过程中会有点过头。

另外两种因素可以更加突出埃及的成就。首先，它是一种自然经济。除了珠宝、金银是作为礼物来赠予和收取之外，其他收入（如税收、工资、薪水）都是自然产生，或拜土地所赐。它没有流通的货币。[205] 其次，虽然已经有了铜，但毕竟并不多见，而且代价不菲，所以只能用作兵器和重要的工艺品，而不是居家器皿。农业工具依旧以石制为主。简言之，我们前面所勾勒的那个高度发达的社会结构是一个高效的石器时代的社会创造。

考虑到这种背景，埃及人所取得的成就似乎更为难能可贵，从横向的观点来看，挑剔似乎也会少一些。审讯案犯过程中的严刑拷打在古代世界中并不少见，其他如残损肢体等酷刑和惩罚，以及官僚、征税人、法庭等的腐败现象也都很常见。①当我们提出新王国时期的财政体系运行并不良好时，我们的这一判断也是通过对比新王国之后的其他政体后得出的结论。后者至少更有条件设计并完善这些制度，使之变得公平高效，然而在后来的罗马、中国、拜占庭和哈里发这些帝国中，这方面的进展依然非常有限。同样，埃及官僚体系中过于依赖文书工作和注重繁文缛节的特征，在后来的中华帝国、拜占庭帝国和哈里法帝国中同样存在。一句话，我的总体结论是：在当时技术欠发达和完全自然经济的情况下，埃及新王国政治体制的雄心及其复杂性是值得称赞的。

还有一个疑问，那就是这些政策是否有利于广大农民？不过我们并不了解当时的细节。最明显的指责也许就是：埃及是一个由两个阶层组成的社会，无论如何，农民都处于奴隶般的社会地位。在这方面，埃及政体与其他国家并无不同。至少中华帝国在上千年的历史时期内，也是由两个阶层组成的社会。当然，有一点无可置疑，即中国农民大部分是自由的。西罗马帝国的大部分地区在其存在的最后两个世纪里，也大多是两个阶层的社会。由此可见，在古代时期，无论是在中东还是远东，由两个阶层所组成的社会形态非常普遍。农民的从属性地位并非埃及所独有，它在各个历史时期的各种政体中都曾出现过。或许，真正值得一提的是，直到第二十王朝及其后的新王国衰落之前，并没有发现埃及社会动荡和民众群起反叛的证据。

7. 新王国的崩溃

[206]从公元前1153年拉美西斯三世去世，一直到塞特复兴（公元前664—前525年）为止，在这段长达上百年的时间里，埃及变成了一个破落不堪的国家，虽然中间也经历过零星的短时期间断（比如，大约公元前945—前924年舍桑克一世的统治）。不过，即使是在塞特复兴时期，也无法与前几个埃及王朝的繁华相比，更遑论拉美西斯二世时期

---

① 参见《关于贿赂和腐败调查委员会的第一、二、三中间报告》（Accra，Ghana，1972），其结论是贿赂与腐败是"地方病"。

辉煌的金字塔建筑了。

　　经历了新王国时期的统一、富有和强盛之后，埃及开始变得分裂、贫穷、羸弱不堪。长达四个世纪的第三中间期见证了埃及的衰落进程。整个衰落的具体过程非常复杂，①但是在这四百年中，新王国时期统一的中央集权国家开始慢慢地土崩瓦解。

　　随着国家领土的分裂，埃及人的国家变得非常贫困。当然，我们在讨论这一点时必须非常小心，因为在这个长期的历史过程中，还有过一些关于其庞大经济实力的短暂插曲，比如在公元前4世纪的埃及。很明显，国家越分裂，领土上的财富与税收流入各个分裂王朝的绝对数额就越少。这在关于温拿孟（Wenamon）使节装腔作势的故事中有着生动的体现，他几乎身无分文地被派往比布鲁斯，为底比斯的阿蒙神庙获取木材。②比布鲁斯统治者告诉他，在此之前，法老已经给他们送来了6船货物。

　　到公元前13世纪时，埃及开始变得更加脆弱，这反过来又成为导致其分裂的一个深层因素。和击败海上民族不同，拉美西斯三世对利比亚人的伟大胜利并不是决定性的。就像古代罗马和中国一样，埃及也面临着"蛮族人问题"。埃及人将"蛮族人"编入了军队，并把他们安置在自己的土地上以便使他们能够有谋生的方式。梅希维什（Meshwesh）部落③也日渐壮大。这些殖民地保留了自己的部落结构和酋长。但很快就被埃及化了，并且成为埃及社会中的精英。一个很好的例子就是在第二十王朝末期，底比斯的很多高级祭司是利比亚人，他们都曾是军人。大约与此同时，他们中的一些军事指挥官成了三角洲地区诸侯国的统治者。[207]这些诸侯国的出现导致国家分裂程度进一步加深。

　　此外，埃及对尼罗河上游的长期渗透，特别是它对这些部落民族的

---

① 参见 K. A. Kitchen 的《综合群体学与年代学》中的《埃及第三中间期》（Aris 和 Phillips，Warminster，1973 年第一次出版，1986 年第二次出版）。

② Lichtheim，《古埃及文学》第二册，第 224—230 页。《温拿孟的报告》是一部小说，也有人认为是一则寓言，该文章指出阿蒙神是至高无上的，比人民和国王还重要。但是为什么要创造一个设想来解释呢？很显然，这是源于现实的。

③ ［译注］一支古代利比亚人部落，来自东部的昔兰尼加。

文化殖民主义和军事骚扰产生了巨大影响：作为一种自卫形式，这些地区开始出现了原始的国家。在第二十王朝后期，埃及国王们开始从努比亚撤退，留下了一个贫穷的烂摊子。然而，250 年后纳帕塔国（Napata）①在一个本土的后王国文化的基础上崛起。它的国王们崇拜阿蒙神，并且遵循着像清教主义一样的规定，这方面类似于伊斯兰教中的瓦哈比教派。历史在公元前 8 世纪时发生了逆转，这些努比亚人所向披靡，沿着尼罗河向前推进，宣称他们才是真正的法老，并建立了第二十五王朝，即努比亚人王朝。

同一时期，迦南地区出现了新的国家秩序，北部是叙利亚人建立的各种各样的小邦国以及掌握着制海权的腓尼基人。除此之外，就是对他们虎视眈眈的强大的亚述军事帝国。

虽然面临如此庞大的外部军事压力，国内局势的发展却使得埃及越来越疲于应付。分裂、贫困、军事虚弱，所有这些不仅相互联系，还相互影响。比如，失去了努比亚，王室的黄金收入减少，反过来就会削减军费开支，这又会导致进一步的分裂和贫困。简单地说，在联系紧密的新王国体系中，国家的每个部分都是密切相关的，任何一部分的失败都会削弱其他的领域，进而影响到更多环节。这一体系逐步地瓦解，直到努比亚人和亚述人分别从南北两面同时推进的时候，国家彻底分裂。

国王是导致所有环节失败的共同因素。王权是军事机构、神庙祭司制度、地方官员、中央王室官僚和经济管理者的中心，是这些"轮辐"机构的"中心"。在图特摩斯三世、拉美西斯二世、可能还有后来的拉美西斯三世和舍桑克（Sheshonk）统治时期，各个"轮辐"机构通过拉紧"中心"来保持他们在体系内的固定地位。到拉美希德时代（Ramesside）②的第二十王朝时期，王权这个轮辐"中心"开始涣散，它与"轮辐"机构之间的关系相继开始松动，其政治体系最终崩溃。

拉美西斯三世之后的大部分短命继承者都失去了对军队的控制。从第二十一王朝到第二十四王朝的两三代人之间，埃及的将军们完全

---

① ［译注］努比亚的一座古城，位于现今苏丹境内的尼罗河第四瀑布附近，在公元前 8 世纪曾盛极一时。

② ［译注］此处系指整个第十九和二十王朝。

能够取代君权，而且确实出现过这种局面。由于重新控制军事指挥官的可能性很小，国王们只能依赖联姻来维持与军事将领之间的关系，[208]或是对王室宗亲发号施令。埃及政治精英们构建了一个庞大的家族网络，以掌控整个埃及的军事、祭司和财政等要职。这一政策并未恢复王室至高无上的权威，反而使之更加分散。这种安抚方式所产生的裙带关系反过来威胁到了王位的继承，通过和法老家族的联姻，这些将军们对武装力量的控制反而合法化了。

由于国王个人和国家制度的虚弱，大多数军队将领和祭司职位开始变成世袭。从维齐尔到地方市长和委员会的旧中央集权官僚机构，反而被中王国时期那种更为古老的中央和地方关系所取代：地方当权者控制了当地的经济和军事资源。这些资源通常不包括神职机构，神庙依然是经济机构。获得工资或养老金的方式就是成为某一特定神庙或一系列神庙中的祭司。成为阿蒙神庙高级祭司就意味着成了庞大地产的主管，其地产数量很可能占到整个埃及的五分之一；成为阿蒙神的第二或第三祭司则意味着可以参与神庙的经济管理和收入分配。从小的范围来讲，其他神庙的情况和阿蒙神庙并无二致。

随着王国政治控制的瓦解，军事力量、祭司、征税等都开始在地方家族中世袭起来，经济上的中央控制也随之被打碎。晚期的集权化经济给我们留下了一系列关于其缺点方面的生动例证：拉美西斯九世统治时期（公元前1126—前1108年）抢劫王室墓穴和盗窃谷物案；[1]斯门代斯（Smendes）[2]统治时期（公元前1075—前1050年）盗墓行为仍在继续，温拿孟[3]曾表示无力购买比布鲁斯的木材，等等。前已提到，经济混乱，地方物资匮乏以及腐败是埃及人再分配—控制经济中固有的东西。[4]昏庸无能的国王将会使这种境况变得更糟。这种管理体系只有在等级制中的所有阶层——从国王到乡村税收官员——都严格遵守

---

① 见原书第 203 页。

② ［译注］第二十一王朝的创立者，其势力曾包括整个尼罗河三角洲和中埃及的大部分地区。

③ 见原书第 206 页。

④ 见原书第 202 页。

并自律的情况下才能发挥作用。但这谈何容易，即使在新王国时期，它依然存在很大的问题。在第二十王朝及其后的埃及王朝中，虚弱的君主和官僚机构权势渐失，国家大权旁落入祭司和军人之手。

[209]经济分裂和地方世袭制的分权对于君主制的影响是灾难性的。国家税收和劳动力资源—强迫劳役均被地方上截流，则又进一步削弱了王权。这是一种恶性循环，国家则深陷于其中而无法自拔，由此也成为拉美希德时代之后帝国的分裂与毁坏进一步加剧的原因。事实上，除了在第三中间期内不时发生的国内暴力外，埃及在第二十五王朝和第二十六王朝时期，包括后来的第二十九王朝和第三十王朝时期，都分别出现了非常快速的复兴。这表明——正如后来托勒密政权所证实的那样——它的农业基础并未受到影响，其统治结构也一直在延续，这些被延长了的复兴阻止了埃及的长期衰落。

第四章　公元前 745—前 612 年的亚述帝国

1. 亚述帝国的意义

[210]为什么亚述帝国会在世界统治史上占有一席之地？它常年内乱,兵连祸结。公元前 612 年,首都尼尼微被洗劫一空,帝国最终土崩瓦解,它的统治者们也随之灰飞烟灭。然而,如果我们在统治史中忽视了亚述帝国,未免会显得非常迂腐,因为它曾经是中东地区的主导者,也曾是中东地区的战祸之源。实际上,亚述帝国代表了一种全新的统治形态。

我们之前曾讨论过苏美尔的"城邦"结构,也分析了埃及的"乡村国家"体制。在亚述,我们首次在历史上遇到了"帝国"形态。

通常来说,"帝国"统治往往意味着某一特定时期内在文明世界重要地区的政治与精神霸权。我们接下来会引入地域、种族、语言和宗教等各种标准。从这个角度出发,我们便可以将亚述"帝国"与之前那些国土狭小且人口单薄的"王国"作对比分析了。

值得一提的是,西亚各国对于这一地区霸权的尝试早自阿卡德的萨尔贡国王时期便已开始,埃普拉诸王也曾有过类似的努力。但是,这些庞大的统治都没有实现对土地的长期占领。

（需要指出的是，新王国时期，埃及的统治疆域确实曾经达到了"利凡特"南部：这一地区一直处于被委托管理或是埃及同盟国的统治下，并由埃及驻军监管。）

亚述帝国是第一个系统地长期统治被征服地区的帝国，它引入了军事卫队制度，这些分驻于各省的军队直接听命于中央政府，而后者则是在公元前745年由提革拉·毗列色三世（Tiglath-PileserⅢ）所创建。[①]

2. 大事年表

[211]亚述帝国的心脏地区是位于尼尼微诸城之间的一个三角地带，距离阿舒尔城（今伊拉克的摩苏尔）不远，大约在其南部60英里，靠近底格里斯河与小扎卜河交汇处；埃尔比勒大约位于两城之间，距尼尼微东南50英里，在亚述城东北70英里处。这片三角地带位于降雨带的最南线，与亚述南部相比，这里冬季的降雨量较为丰富、均匀；谷地中无需经常灌溉就能获得丰收。高地上有广阔的草原可供牧马。葡萄树等藤蔓植物更是枝繁叶茂。

但它非常容易遭受攻击：尼尼微城往北30英里就是山区，山区离尼尼微东部也只有约50英里远。尼尼微西面，是阿詹辛拉不断延伸的玉米种植带，被辛贾尔山分割成南北两部分，并形成了一片广阔平坦的大平原，喀布尔河则为之提供灌溉，它一直延伸到尼尼微以西260英里的幼发拉底河大拐弯处，再没有遇到隆起之地。

这些古城历史久远，可以追溯到公元前2800年。阿舒尔是一个重要的宗教中心，它拥有用泥瓦建成的纪念性建筑。除了民众中掺杂的胡里安人外，它的文明与苏美尔人文明极其相似。楔形文字出现于公元前2500年左右。在当时，这些古城的居民都使用亚述语，实际上是一种阿卡德人的方言。

[①] P. Garelli，"亚述帝国的统治与王室合法性"，M. T. Larsen主编《权力与宣传：探秘古老帝国》，第139页。我们就定义"帝国"这个标准参考了公元前12—前8世纪中国的商朝和周朝。这两者都属于霸权统治；直到公元前221年，中国才出现一个真正的亚述模式的帝国——秦帝国。除此之外，还有其他理由否认题目中的"帝国"一词。具体见下文。

亚述的历史开端于一个亚摩利人的探险，时间与古巴比伦国王汉谟拉比在位时间大致相当。大约公元前 1813 年，此人夺取了阿舒尔王位。由此开始，这三个城市都成为王国的重要组成部分，并建都阿舒尔，这就是亚述王国。

自沙姆什·阿达德一世（Shamshi Adad I）之后，亚述就一直战火不断。有些是为了阻止北部和东部的蛮族人，或是西部的游牧蛮族部落劫掠腹地而必须进行的战争。有些则是为了战利品，进攻幼发拉底河和叙利亚的富庶城市以掠夺财物。

随着时间的推移，亚述军队在经历了一系列胜利后，战争开始成为众神之父——"阿舒尔"名义下的神圣职责，他在加冕礼上被授命为王，并奉命开疆拓土。若周边国家略显强大，亚述军队便退回王国中心地带。当对方稍有懈怠，亚述人便卷土重来。

这样的战事反复多次。我们无需详细叙述每一个战争细节，但是一张简明扼要的大事年表却是必要的。[212]否则在后面提到的一些名称和时间就会显得唐突：

亚述历代帝王表

公元前

1813 年	沙姆什·阿达德一世，第一次扩张。
1450 年	沦为米坦尼的附庸国。
1366 年	阿舒尔·乌巴里特（Ashur-Uballit）一世，占有巴比伦，公元前 1209 年衰落。
1116 年	提革拉·毗列色一世重整帝国，直到公元前 935 年被阿拉米人和加勒底人所重创。
859 年	沙尔马纳塞（Shalmaneser）三世恢复对外扩张，但很快于公元前 738 年被乌拉尔图（Urartu）击退。
745 年	提革拉·毗列色三世公元前 735 年打败乌拉尔图，创建了真正的亚述大帝国：

公元前 745—前 728 年　　提革拉·毗列色三世
728—722 年　　　　　　　沙尔马纳塞五世

722—705 年	萨尔贡二世
705—682 年	辛那赫里布（Sennacherib）
681—670 年	以撒哈顿（Esarhaddon）
669—627 年	亚述巴尼拔（Assurbanipal）

（之后就是王位继承纷争和短暂的稳定统治，直到公元前612年，首都尼尼微被米底斯人和巴比伦人攻陷，亚述帝国灭亡。）

我需要在此作几点评论：首先，之所以说提革拉·毗列色三世是亚述帝国的真正创建者，是因为他在帝国内部建立了附属行省体系。其次，当一些被征服地区接受了亚述帝国的统治（并被妥善对待）时，另一些地区则不愿等待被帝国征服，他们拒绝接受被统治的命运，不断地反抗斗争。亚述人争辩说这是因为其他大国，比如埃兰、埃及、乌尔加图在从中作梗。但这并不能说明为何那些被征服地区要反抗，所以只能是亚述人的借口而已。我们计算一下亚述的对外战争就会明白：自公元前911—前653年，亚述在东北部地区发起过15次战争，其中有5次是针对米底斯人和马奈人（Mannai）。亚述在西北部地区与奈瑞（Nairi）交战5次。从公元前814—前681年，在南部地区，亚述曾至少6次入侵巴比伦。从公元前911—前743年，亚述在西部地区至幼发拉底河流域内，则发动过至少9场战争。从公元前883—前722年，在幼发拉底河以西的叙利亚境内，至少打了25场战争。从公元前705—前653年，亚述与犹大王国、非利士人和埃及交战6次。[①]第三，亚述人用极其残暴的手段来镇压反复发生的起义，对敌方战士和首领施以钉刑、剥皮、断肢和斩首等残酷刑罚，将城镇里的财物洗劫一空，并把大批居民逐出家园。

3. 亚述人的基本信仰

[213]不少人把亚述人与巴比伦人的宗教信仰错误地混为一谈，但

---

① 数据引自 A. T. Olmstead，《亚述史》，University of Chicago Press，Chicago，1923，1975。

如果想当然地认为两者完全不同，也是不正确的。实际上，这两者虽有明显区别，却并非毫无关联。亚述人使用楔形文字，以阿卡德语为官方语言，后来又接受了巴比伦文学。巴比伦人从苏美尔人那里学来了楔形文字，而苏美尔语自身早已不再作为口语使用，而是成为一种令众民敬畏的神圣的宗教语言——大约相当于美索不达米亚平原上的"拉丁文"。在巴比伦人的历史文献和神庙里保存了一些以苏美尔文字记载、并经过阿卡德语再释义的文本。亚述人也非常珍惜这些留存下来的文字史料，萨尔贡二世就收集了一大图书馆这样的文本，大约有 1200 余册。而他之后的辛那赫里布和亚述巴尼拔也有类似举措，他们在自己的宫殿中都建有规模庞大的泥版图书收藏馆。

苏美尔的神话、传说以及宗教实践与巴比伦和亚述都有很大区别，但这三者的基本宗教却比较接近，在本质上区别不大：三者在不同时期的侧重点各不相同，神殿中供奉的神祇也不一样，在遵循宗教节日问题上也存在差异，某些具体仪式也有区别，等等。而三者唯一的主要区别是亚述神庙守护神——阿舒尔的地位。在苏美尔神话中，恩利尔是众神的主宰。当古老的苏美尔被巴比伦征服后，巴比伦的地方神祇马尔杜克就取代了恩利尔的地位。这位享有盛名的巴比伦守护神就一直被高高地供奉在神庙中，甚至在巴比伦被亚述吞并后仍得以保留。然而公元前 689 年，亚述国王辛那赫里布挥军镇压了巴比伦地区的叛乱，为了泄愤，他毁灭了巴比伦城，并把马尔杜克的神像从神庙里赶了出去。

阿舒尔起初是亚述城的地方神祇，亚述人同时还膜拜很多其他大大小小的神明，但阿舒尔是整个亚述王室和王朝的主神，是亚述人的守护神，并且是官方宗教的核心。亚述国王以阿舒尔神的名义加冕称帝，并在扩张过程中把自己作为神的化身，之后又强迫各个被征服地区的人民崇拜阿舒尔神。在亚述人的宗教信仰中，国王相当于阿舒尔神的最高祭司，他代表着神的形象，也是沟通上天与尘世间的媒介，因此亚述王权也同样神圣而不可亵渎。当然，这其中蕴含了重要的政治意义：亚述国王为巩固自己的君主统治，就必须让君权和神权紧密地联系在一起，就像他的巴比伦同行那样。

　　和苏美尔与巴比伦一样,宗教信仰几乎渗透到了整个亚述社会。他们有很多详尽的宗教仪式,同时供奉着差不多有 3000 个神:大神、小神、本地神、整个国家的神[214](其中不免有许有多重名的、实质相同的神们)——总之到处都是神。国王和所有平民都有信奉神的权利,但平民没有资格崇拜主神,通过这种超自然的认同,整个社会秩序得以强化和通畅。然而,对亚述人来说,不论其社会地位高低,都相信自己生活在一个"令人敬畏的"宗教世界里——这个世界可以因人们向主神献祭而得以保持,也可以因为主神的某些符咒而被毁灭。主神们高高在上,代表着无穷的力量。为了避免被神怀疑不够虔诚,国王们在祈祷时,总是将祈祷文朗诵得异常感人。①

　　对神灵的敬畏有着重要的政治后果。首先,国王们要进行一系列的祈祷:日祈祷、周祈祷、月祈祷、年祈祷,还要守斋戒。国王们在祈祷时必须穿着特殊的服饰,在某些特定的日子进食某些食物,或禁食某些食物,在不吉利的日子里应避免出行。国王和军队首领在出征前都要通过占卜或占星术向神灵祈祷。亚述人从巴比伦人那里学到了一些占卜方法,比如肝占卜术,即通过观察羊肝上的纹理来占卜。这种占卜建立在下述假设之上,即羊肝并不是作为羊体内生理器官而存在,它的存在是为了传达神的指示。因此,羊便用来当作祭品献给神。祭司取出羊肝后,会仔细观察肝脏上的纹理和斑点,这些"记号"代表着神的旨意,预测着将要发生的事情,并对以往发生过的事情作出解答。所有这些信息都会被祭司小心翼翼地收集、分析,最终被记入档案保存下来。亚述人同时也使用天文学和占星术来占卜。现存的一套文献完整地记录了向太阳神谢麦什(Shemesh)问卜的过程,包括所提的问题和神的答复。②贾德(C. J. Gadd)曾在文章中提到,巴比伦人在某些战争中,在使用测量学和三角学的同时,也使用占卜术。亚述人同样如此:"可以毫不夸张地说,亚述的军事学院包括应用数学和占卜学两个学科。在战场上,军队首领会通过估算战场和兵力的情况,或者是细查羊肝上的

---

① 亚述那西尔帕一世(公元前 1052—前 1032 年)以极其感人的语调祈求尼尼微城伊师塔神减轻疖子、瘟疫和失明给他带来的折磨。出自 Olmstead,《亚述史》,第 73—74 页。

② 同上,第 358—373 页。

斑点来决定开展军事行动的具体时间。"①

4. 中央权威

4.1 亚述政体的特征

[215]我们在亚述看到了一个由农民和牧民构成的经济形态。事实上，整个劳动阶层——包括小工匠、商人等等——都是非自由群体，他们都要承担兵役和劳役。亚述实际是另一个宫廷政体，它由一个绝对的君主和一个由高级祭司与服务型贵族组成的狭隘阶层，通过一个文官体系和常备军来实施统治。于是，宗教权力与世俗权力在君主身上再一次被融合。但亚述与苏美尔或埃及不同的是，它不是储存—分配型经济。比如，某地区的税收（以稻草或者干草为实物）不会被送至定点存放处保存，而是直接运到附近需要物资的军队或是行政机构中去。因此，亚述的行政机构不会像埃及或是乌尔第三王朝那样，详细记录收入和支出。由于税收缴纳上来之后马上就会被运走，所以同苏美尔和埃及相比，亚述的行政机构不仅数量更少，而且更为松散，也更不专业。

亚述既不是"城邦"国家，也不是像埃及那样的"乡村国家"，尽管它曾经历过这两种阶段。从公元前745年开始，亚述人开始进入帝国时代。这是第一个历史性帝国的原型，因此它也是我们政体目录中的一个新形态。帝国心脏地带的四周都是被征服了的王国，这些王国被吞并后由中央政府派遣的"钦差大臣"治理。再往外一圈是附属国，它们仍由原来的国王统治。最外围则是与帝国拥有缔约关系的其他王国。这一体制的最大创新在于：在长期制度化的基础上，实现了对兼并地区的王权统治。此处需要强调两点：首先，帝国的统治并不稳固。有关叙利亚和土耳其附属统治者的阿拉米语和腓尼基铭文表明，当时曾有许多统治者乐于效忠亚述帝国。但是记录也显示，还有很多其他被征服国家显然不甘于屈从帝国的征服。其次，即便是那些顺从的国家，或是

① 《剑桥古代史》第二卷第一章，第200页。

那些已经与帝国结盟的附庸国,也经受了某种形式的毁坏;虽然当这些地区有危险时,帝国也会迅速出手相救;但更多时候,他们会被帝国一点一滴地剥削殆尽。

4.2　亚述的君主政体

4.2.1　君主制的合法化

[216]王权是亚述国家的力量之源,全部权力集中于君主之手,容易作出快速而果断的决策。然而这种制度同样也有弱点:一旦王位空缺,对王位的垂涎往往会引发残酷的权力斗争。虽然并不是每位国王都能将其行政部门的潜力发挥至最大效用,但是在各种关键时刻,亚述人的国家都幸运地拥有强势君主。这些君主们不仅力挽狂澜,而且还进一步壮大了先王的事业。

君主的权威来自其宗教地位,来自其血统以及地方名流的拥戴与忠诚。亚述人(和巴比伦人)相信,任何一个国家或地区真正的主宰,都是当地的神灵。然而,神只能降谕于一个当地的凡人来显示其力量,但并非任何人都可担当此任,只有那些命中注定并受神所赐的人才可以担此重任。亚述巴尼拔国王会宣称他来自"永恒的王室血统"。[①]沙尔马纳塞一世也曾宣称自己是"神"的忠诚使者,并被安努神和恩利尔神授予不朽之名。[②]亚述的君主们经常强调他们的出身神圣且高贵,尽管和埃及同行相比,他们的语气和措辞要隐晦一些。[③]国王的加冕仪式一般都是在阿舒尔城的神庙里举行。人们高呼:"阿舒尔为王!阿舒尔为王!"君主本人(像高级祭司一样行事)首先向神献祭,就此而言,他也变成了宗教仪式的对象。大祭司为之加冕,他自此开始正式就任国王一职,被视为沟通上天与凡间的通灵者。同样,通过举行这些必须的宗教仪式,他就可以保证国家的繁荣和土地的丰饶。[④]这是被古老宗教所承认的共同特征。[⑤]

① R. Labat,《亚述、巴比伦王国的宗教特征》(Paris,1939),第41页。

② 同上,第47页。

③ 同上,第56—57页。

④ 同上,第295页。

⑤ 参见原书第23、115、141页。

王位继承人从王室家族中选定，也就是之前提到的所谓"延续尊贵血统"。以撒哈顿宣称自己是神指定的唯一忠诚使者，但他本人并不是嫡长子（他在即位之前，不得不打败了他哥哥的军队）。嫡长子继承制在亚述并非不可动摇，而更像是一种参考制度。在早期亚述历史中，往往是年幼的王子成功继位，在帝国时期，嫡长子继承制被废除，在位帝王可以挑选任何一位王子作为太子，并与之共同摄政。[1]在防止篡位方面，这个方法并不比之前的嫡长子继承制有效。[217]值得注意的是，这些成功的篡位者也往往宣称他们拥有皇室血统——比如像提革拉·毗列色三世（公元前 745 年继位）。简言之，尽管在继承王位的优先顺序上一直存在争论，王室血统通常被认为是获得合法性的根源。

然而，王室血统只不过是登上王位的必要条件，而非充分条件。要想成为一国之君，还必须被国中的贵族们承认和接纳。自萨尔贡时代开始，亚述帝王们往往会在当政期间就提名自己的合法继承人，并开始让他享有与其他权贵大臣一样的政治权利。以撒哈顿曾回忆他父亲是怎样将自己的名字放在太阳神谢麦什和风暴神阿达德（Adad）面前祈祷，并取得神的同意。接着，"父亲召集了所有的帝国臣民，包括贵族和平民，还有我的其他兄弟，并向他们宣布了这一消息"（以撒哈顿之子亚述巴尼拔后来也使用了同样的语言）。[2]这些被召集的人必须对诸神宣誓——阿舒尔、辛（Sin）、谢麦什、纳布（Nabu）、马尔杜克等——尊重神的选择以及继承者的地位。[3]此后，继承人就可以开始摄政生涯。

不仅如此，一旦成功即位，新的国王便会严格要求臣民宣誓效忠。这种宣誓被称为"阿杜"。一般来说，在新年里，祭司们会在神像前主持这一活动，违者便会招致众神的愤怒。有资料显示，主持这种仪式的人大多是一些专职人员——书记员、卜者、招魂者、医生以及没有居住在城中的预言者，或是"士兵，这些人的子女、妻子，以及众神灵"等。每逢重要场合，这些人就被召集到都城来。比如，以撒哈顿的寡妇——扎库图（Zakutu）王后——曾设法让自己的小儿子亚述巴尼拔继承王位，她

---

①　参见 Garelli，"亚述帝国的统治与王室合法性"，第 321 页。

②　Labat，《亚述、巴比伦王国的宗教特征》，第 71 页。

③　同上，第 2—71 页。

当时就采取了这个办法。①宣誓仪式意义深远。它迫使那些宣誓者承认国王的统治地位,使臣民服从国王的晓谕,断绝同敌人的一切联系,在所有的战斗中都要同国王协同作战。

4.2.2 君主专制主义

亚述国王在法律上具有绝对性。②国王不仅是名义上的,在事实上也是国家两大核心机构——军权和神权的最高首领。国家最高军事指挥官称作"他珥探"(turtanu)。亚述人的名年官被称为"里模"(limmu),③在亚述的里模名单上,他珥探排名仅次于国王。[218]有时他珥探的权力甚至威胁到国王:沙尔马纳塞三世时代的他珥探达严·阿舒尔(Dayyan-Ashur),在国王年老体衰之后长期策划谋反活动。另一位叫夏姆斯·埃鲁(Shamsi-ilu)的他珥探,在公元前754年王室绝脉后,借机操纵王室,立了四个软弱的国王,成为国王"制造者"。虽然如此,并不能否认亚述君主制的军事特征。亚述人的石头浮雕和雕像经常描绘一些战争场面,或是一些血腥暴力——比如猎狮。国王是战争领袖,战争失败通常是废除国王的最常见借口。国王是常备军的最高指挥官,常备军即是"王家军队"。国王决定外交政策以及每年的战事。历史文献显示了一些国王个人在战役中的情形:萨尔贡二世死于西里西亚战场之上,以撒哈顿则命丧于远征埃及途中。尽管亚述巴尼拔曾将前方战场交给他的将军们,但他仍在王宫中对战争的军事战略乃至战术进行指挥。当时留存下来的大量信件表明,国王对将军的掌控到了非常严密的地步。④

国王就是"桑谷"(Sangu),即阿舒尔神的祭司。这并非只是名义

---

① P. Garelli,《亚洲的中东:海上民族入侵的起源》,上下卷(Press Universitaires Françaises,1974),第132页。

② J. N. Postgate,《亚述帝国名下的正义王权》,见 P. Garelli 编,《皇宫与王权》(Paris,1974)。

③ [译注]即"limmu",源于动词"轮换"。古代亚述用名年官的人名来纪年,每年选出一位名年官,他的名字加上官职即为这一年的称呼,如:"名年官:某某。"

④ F. Malbran-Labat,《亚述的军队与军事组织》(Droz,Geneva/Paris,1982),第162—163页。

上的空衔。国王每天要向神献祭，并在诸神像面前朗诵祈祷文。在其他一些场合，如特殊的宴庆、军队凯旋班师，或是神庙、宫殿竣工时，国王也要扮演类似的角色。除此之外，国王还有其他一些宗教头衔，如"神像清洁工"，这都显示了国王在复杂的宗教仪式中扮演的不同角色。

国王还是神庙的建造者和维护者，事实上，这是他在宗教事务中最重要的角色。神庙通常用泥砖砌成，非常容易坍塌，经常会被入侵者洗劫一空。神庙的重建往往是神的旨意，神将旨意通过某个景象、梦境或是以某种预兆传达给国王。在重建神庙之前，国王要先度过一段悔罪期和哀悼期。然后就重建之事进行占卜。当明确了神的指示并取得神的认可之后，国王亲自勘查方位，测量土地，并亲自挑土奠基开工。神庙完工后，国王会前来清扫神庙，并验收工程。最后在神庙里举行献祭仪式，国王照例是这个仪式的核心人物。

就这样，国王成了祭司们的首领，他代表着陆地上的最高宗教权威。国王任命各种高级祭司，[219]当然，那些王亲们往往是首选。另外，国王还需要选择祭品的数量和种类，并决定举行哪些仪式。国王的一个重要职能是制定历法，比如每个月的起始日，闰月放在哪个月份等。这些职责极其重要，因为每天都要举行不同的宗教仪式。

4.2.3　王权实践：力量及其制约

要将所有的权力、财富和委任权牢牢掌握在自己一人之手并不容易，亚述国王可谓肩负重担。萨尔贡战死在遥远的疆场，从而引发了一场国内反叛，不过被他的指定继承人——辛那赫里布平息。辛那赫里布则被自己的儿子谋杀。以撒哈顿屡经艰辛之后才继承王位。后来他欲立亚述巴尼拔为继承人，引起了其他王子的反叛，一直到以撒哈顿去世之后，国内至少还有三个王子仍声称自己是王位继承人。

现存的亚述文献中，有大量关于"篡位者"的记录。"篡位者"被定义为"失败的妄求者"。就宗教与王朝而言，最为重要的解释就是这些失败者犯了违逆神灵的罪恶；如果他是继位者的兄弟或是其他亲戚，那就表明他不够尊贵，或是在其他方面有不合格之处。通常情况下，合法的继承会不断循环。成功的继位本身就会合法化，因为这表明神灵总是与成功者同在。

与巴比伦相比,亚述的王权更为强大,这种比较有助于我们理解它的"力量"。首先,亚述国王的统治时间比较长。从公元前735—前688年,巴比伦国王的统治时间平均只有3年,而亚述国王的统治时间平均可达20年。其次,巴比伦不同于亚述,它的北部和南部经常会遭受游牧的阿拉米人和迦勒底人的蹂躏。再者,巴比伦那些神圣的宗教中心如西帕尔、尼普尔和巴尔西帕都是"免税城市"。这一免税地位获得授权后,继任统治者往往会再次确认。虽然我们并不了解确切的情况,但看上去,这些城市的居民可以免于羁押、税收、兵役和劳役,在一些民事诉讼中可以直接向国王本人申诉。因此,尽管巴比伦国王尼布甲尼萨二世权倾一时,在那些部落地区和免税城市,他的统治却十分薄弱。最后,相对于亚述来说,巴比伦祭司更为独立于王权。

在亚述帝国,君主的制约可能来自四个方面:特定城市、祭司和占卜师、[220]服务型贵族、宗室。同时,除此之外,外国君主可能的干涉也是对王权的限制。

在众多亚述城市中,阿舒尔城尤其风云多变。阿舒尔城是王国守护神所在地,也是最初的首都,居民享受很多特权。它对于任何威胁其特权的行为都很敏感。伟大的勇士国王图库尔提·尼努尔塔(Tuku-lti-Ninurta,公元前1244—前1205年)就冒犯了这一点,他在阿舒尔城的西面建造了一座新首都。记事官写道:"他的儿子阿舒尔·纳定·阿帕尔(Ashur-Nadin-Apal)和阿舒尔的贵族反叛了他,废除了他的王位,把他囚禁在卡尔土库提·乌尔塔城(Kar Tukulti Urta,新首都)的一个建筑内,并用利刃杀死了他。"[①]同样,后来当阿舒尔·那西尔帕(Ashur Nasir-pal,公元前885—前860年)建造卡拉赫城(Calah)作为新首都时,卡尔土库提城等27个城市在公元前827年共同起兵反叛,联合反对沙姆斯·阿达德五世。几乎所有心脏地带的城市都参加了造反,包括著名的尼尼微、阿舒尔、阿拉梵(Arraphan)和阿贝拉(Arbela)。尤为重要的是当时的首都卡拉赫,也站在王子和他的父亲沙尔马纳塞三世

---

① H. W. F. Sagges,《亚述强权》(Sidgwick 和 Jakson,London,1984),第 55 页。

一边。或许这些例子中最清晰的当数萨尔贡二世篡位。一般认为，萨尔贡二世的王位是从当时在位的国王沙尔马纳塞五世（公元前 727—前 722 年）手中篡夺过来的。由于不为人知的原因，沙尔马纳塞五世收回了幼发拉底河畔的哈兰城和阿舒尔城的特权。萨尔贡二世加冕之后，重申了对这些城市的特权：这些城市的居民将免于税收、兵役和劳役。这不仅可以用来反对他的对手，而且大大稳固了萨尔贡二世的统治，同时还有助于宣扬萨尔贡二世"授命于天"的思想。①

宗教所施加的制约是一种非常不同的指令。一些学者坚持认为，祭司们为了实现自己的政治目的，操控了那些所谓的"预兆"和"神谕"。但我个人觉得这种说法很难令人信服，也不可能得到证明。然而，国王通过作为太阳神阿舒尔的"桑谷"，对祭司们所行使的至高无上的权力实际上也是对他个人活动的一种制约，因为这使他反而成了神的囚徒。在众神面前，代表民众的国王"几乎像是一个护身符——或者成为神灵指责民众罪恶的替罪羊"。②因此，他的大部分时间都被用于各种忏悔仪式，比如净身斋戒。天空中出现日食或者月食就是一个非常不吉利的预兆。在这种情况下，一般会选出一名"国王替身"，[221]这名替身将代替国王在位满 100 天，以避免厄运降临在真正的国王身上。替身命运将十分悲惨，他会在最后期限到来时被处死。③

对国王的另一个制约来自高级官员，即服务型贵族和众王子们。在帝国早期甚至更久远的时候，这种制约主要来自贵族。萨尔贡之后，长子继承制被废弃，国王可以自己指定王位继承者，那些未能登基的王亲们也成了一种制约。

我们将在下文具体谈论这些高级官员们，这些被称作"帕拉汀"（palatine）的贵族官员们拥有世袭的王室头衔——传令官、司杯者等，现在他们开始成为重要省份的管理者。他珥探处于优先地位，他们不仅仅是管理者，还是军队的领袖。这些官员平日大多居住在京城里，只是定期到领地上视察，但这些辖地都必须遵从他们的号令。除了领地

---

① Olmstead，《亚述史》，第 206—207 页。

② Frankfort，《王权》，第 259 页。

③ Roux，《古老的伊拉克》，第 31 页。

上的资源之外，他们还拥有朝廷赐予的俸禄土地，以及可以世袭并能进行买卖的私人产业。总而言之，任何时候，这些官员手上都拥有令人叹为观止的资源：庞大的财富、当地的税收、私人卫队、征召民兵的权力等。我们可以用达严·阿舒尔和夏姆斯·埃鲁两位他珥探为例来描述早期官员的权力。

在沙尔马纳塞三世（公元前858—前824年）登基第五年的时候，达严·阿舒尔因为宫廷改组而成为他珥探。他独揽大权，重新挑选了一批宫廷官员，从公元前832年起开始独揽军权。其辖地是哈兰，也就是整个阿詹辛拉西部。奥姆斯特德（Olmstead）曾夸张地描述说，他"在长达四分之一世纪的时间内……以主人之名义统治着整个帝国"。①公元前827年，王太子谋反，在达严·阿舒尔及其部属的坚定支持下，老国王和儿子沙姆斯·阿达德成功制止了叛乱。现代的亚述学家们认为，此次反叛是中层贵族对那些久居高位且不愿自动退位的大贵族们的挑战。不过，他们的挑战最终失败了，而维护现状的沙姆斯·阿达德成功登上了宝座，成为沙姆斯·阿达德五世（公元前823—前811年）。他保留了大贵族们的地位，②甚至还让其中一些人身兼数职，[222]这样大权就会集中于一人之手：比如在公元前184年，有一个叫拜尔·巴拉特（Bel-Balat）的他珥探，就身兼传令官、神庙主持之职，同时还是哈兰附近6个城镇的统治者。③沙姆斯·埃鲁曾是阿舒尔城的统治者，公元前782年他被擢升为他珥探，同样身兼数职。他权倾朝野，他在美化对乌尔加图战事的胜利时甚至没有提到国王的名字。沙姆斯·埃鲁绝非唯一蔑视君主的贵族。他统治着从喀布尔河到底格里斯河的庞大行省拉萨帕，统治时间长达28年之久（从公元前804—前776年），权势延伸至331个城镇和村庄。④类似的例子不胜枚举。

在萨尔贡二世和其他萨尔贡国王时期，君主的政治制约发生了改变。大贵族独立与反叛的时代衰退，而王权专制主义则悄无声息地逐

---

① Olmstead，《亚述史》，第153页。
② Garelli，《亚洲的中东：海上民族入侵的起源》，第95页。
③ 同上。
④ 同上，第99页。

渐壮大起来。这种变化可以从年号命名中得到证明。在远古时代，国王以自己的名字命名每个年份，后来用著名的宫廷官员——他珥探、传令官总管、司杯者、内侍、管家等来命名。一开始用抽签来决定优先次序，后来建立了一套严格的轮换秩序。从萨尔贡统治开始，年号命名的荣誉便不再依赖于传统，而是和先前一样，完全由国王决定。同样，为了削弱服务型贵族的权力，消除宫廷内讧，萨尔贡采取了让指定王位继承者参与摄政的方法。但这并不管用。让权贵们宣誓效忠于继位者[①]或许可以防止贵族们的反叛，但也激起了其他王子对继位者咬牙切齿的妒嫉。此后直到帝国灭亡为止，国王之死往往是内乱将起的信号，王位继承人和对手之间总会爆发激烈的争斗，如公元前631年，亚述巴尼拔死后就爆发了三场久拖不决的内乱。

4.2.4　亚述王权的伟大与可悲

"以撒哈顿，他是伟大的国王，合法的君主，世界的统治者，亚述之王，巴比伦摄政者，苏美尔与阿卡德之王，四方世界的统帅者，他是真正的祭司，神的宠儿。"[②]他的帝国从波斯湾横跨至凡湖，从波斯的苏萨，埃兰的埃克巴塔那（Ecbatana）延伸到地中海，包含了整个利凡特与尼罗河三角洲。如此广阔的领土首次被掌握在一人之手。他的军队是常胜之师，[223]在他眼里，没有任何力量可以阻挡他前进的野心。他将无数的战利品，身带枷锁的俘虏和被俘获的国王一起游街示众。在他的宫殿里，有身生双翼的巨大公牛像守卫；在议事厅中，有浮雕满刻的墙壁，再现他狩猎、攻城和将战俘刺穿、剥皮、断肢的画面。他整日被谄媚者包围着，数千余名王子、贵族、祭司、占卜者、书记员、臣子、仆人、宦官、妃子、将军和士兵都仰望着他。菱形石碑铭文记载了他的威武和坚定，以及军事上的胜利，[③]碑文这样写道："我立下此碑，刻上我的名字，并颂扬阿舒尔神的英勇，还有我个人的丰功伟绩……"[④]在古代历史

---

① 参见本书第217页。
② 《古代中东文本》，第289页。
③ 同上，第289—294页。
④ 同上，第292页。

中，我们能找到的多半是一些官方文献，从这些文件里我们往往看不到隐藏在背后的东西，或者历史当事人的真实想法。但亚述帝国的历史却不是这样，因为我们拥有一些关于当时国王问卜的铭文资料。我们通常也拥有对问卜回答的资料，但是其揭示的内容很少能和那些问题相比。正是这些问卜资料揭示了"万物之王"的真实想法。首先，国王终日问询预兆，所以流传下来的卜辞铭文只是部分的、被高度浓缩的问题。其次，这些问题是在较长的时间内被提出来的，铭文中却好像被集中在了一个特定的时间点，这就表明不可能是国王在惊慌失措地问卜。

然后，是以撒哈顿亲自指定的王位继承人——亚述巴尼拔内心的一些真实想法。这位王子得到了贵族会议的效忠，作为共同摄政者坐于太子殿上。然而，亚述巴尼拔有他自己的忧虑。

> 来自官员、侍者、兄弟、叔父和王室成员的危险是否可以预见？他对自己的车夫、侍者、信使、守夜者、贴身侍卫、宫廷官员、戍疆者，甚至面包师和负责起居的人都感到怀疑。他害怕自己的食物和饮料被人下毒，无论在城内还是城外，他都日夜担忧，害怕叛乱的危险。①

下面还有一些让以撒哈顿内心恐惧和怀疑的内容，如前所述，他"功勋卓著……个人成就显赫"。[224]比如，当他面对斯泰基人②从北部入侵时，便会有如下担忧：

> 斯泰基人是否会从胡布斯卡亚城对哈兰和阿尼苏城发起进攻？他们是否会洗劫亚述人的边境并强占土地？如果派遣大使去胡布斯卡亚，曼奈人是否会杀死他？对曼奈的远征是否会成功？将军是否可以经过桑杜城关，在五月份增援基尔曼城吗？他们能否在同一月份攻下萨帕达的卡尔布提和苏巴吗？我还能收复被曼

---

① Olmstead，《亚述史》，第 396 页。

② ［译注］英文"Scythian"，又译为"西徐亚人"，或"息西安"。

奈人占领的以撒哈登要塞和达尔拜尔城吗？如果远征西瑞斯之地，是否会受到神灵的庇佑？曼奈人或者瑞迈人会不会觊觎？名字刻在石版之上的将军会不会反对库克库玛，乌达帕尼和拉玛达尼，且米底人和曼奈人会不会夺取它们？最高指挥官夏纳布舒会不会反对阿穆尔，并取而代之呢？团结了西米里人的阿哈什怎么样了？沙鲁伊克比城是否会因亚述人的战败而陷于饥荒和恐惧之中吗？①

像这样的例子还有很多，但上面这些已足以说明以撒哈顿内心忧虑重重。

5. 帝国的行政管理

5.1　地方行政机构

提革拉·毗列色三世于公元前 745 年登基，这标志着一个不同于霸权统治的有组织的帝国的开端。他残暴的个性和军事胜利足以控制那些总督们；并且萨尔贡二世登基之后的共同摄政制度，确保了意志坚强的能干君主如辛那赫里布，以撒哈顿和亚述巴尼拔的继任，因此帝国边境得以持续扩张。提革拉·毗列色三世进行了重要创新，把攻占的领土作为亚述版图的"心脏地带"。这就是说，他不再像过去一样，也不再像赫梯和埃及曾经的那样，把所占领土地的所有权留给当地贵族，仅仅满足于间接统治。但这只是第一步；随后很快——究竟多快要取决于具体情况——这些被占领土就被当作心脏地区对待。简言之，地方王朝被废除，代之以亚述帝国的地方管理体系，并按照国王的指令运作。

从北部的西里西亚到南部的犹大，帝国广袤的领土一直延伸到利凡特地区，还有整个阿詹辛拉，都成为亚述帝国心脏地区的一部分。[225]它被分为许多省份，每个省份由一个总督来统治，总督之下又有

---

① Olmstead，《亚述史》，第 361 页。

职员负责管理村镇，收取税赋。这里的民众和原帝国居民一样被同等看待。他们不会因为家世和出身遭受歧视。他们被称为"尼舍"（nishe），也就是"人民"；是完全顺从于国王的仆人。所有人都是"乌尔都"，即君主的奴隶，和"原帝国"民众一样承担共同的义务，承担兵役和劳役，缴纳各种税赋。帝国的融合过程和同化过程同样有效。同化主要是通过大量的人口流动来实现。据估计，约有450万人被赶出家园，遣送到帝国不同地区，其中80％是从提革拉·毗列色三世时期开始被放逐的。[1]这些人在他们的新家也被当作本地人对待。[2]同时，大量的"本土"亚述人被运送到各种边境地带和敏感地区，或是取代那些被驱逐者。如此大规模的人口混杂过程持续了一个多世纪，与之相伴随的，则是各个前邦国的文化政治认同和民族特性的消解。从更现实的角度上说，他们由此开始成了国王的"奴隶"。

帝国外围自然也可以感受到其强大的力量，在帝国行省之外的地区维持了朝贡体系。当地君主继续统治，但是要在一个亚述官员的监管之下。

利用今天所保存下来的楔形文字泥版，我们只能大致勾勒出帝国管理方式的轮廓。首先，泥版大多来自王宫，比如，尼尼微和卡拉赫的那些泥版，全都是来自中央政府。我们无法掌握帝国内任何一个省份的相关细节。即使是关于巴比伦的资料也非常有限，虽然它是一个非常特殊的省份。其次，这些资料不具备进行定量研究的可能，甚至永远都不可能。[3]第三，即使在最有耐心地校勘整理文本之后，许多关键词汇依然模糊难辨。[4]

在试图描绘亚述帝国的领土与等级结构之前，有必要阐明这一系统的总体特征。[226]现存证据不足以显示帝国的复杂性和运作方式。它和所有古代社会一样有着共同特征——包括罗马帝国，它的行省总

---

[1] B. Oded，《新亚述帝国的充军制与被流放者》（Ludwig Reichert Verlag, Wiesbaden, 1979），第20页。

[2] 同上，第79—87页。

[3] J. N. Postgate，《亚述帝国的经济结构》，载《权力与宣传》。第196—197页。

[4] 同上。

督是"多功能"长官，同时拥有行政和军事职责，就像普通民众一样，通常要同时承担兵役和劳役。总督还要负责司法和公众秩序。除了知道他要基于证人的证词来审判案件之外，我们对其职权的实施情况无从了解；值得一提的是，法典作为美索不达米亚的长期传统可以追溯到远古时期。我们对于总督的职员也知之甚少，除了那些次要官员，例如征收谷物税和文化管理方面的官员，他们只是季节性地行使职责，或者是在其他工作中担任助手。①

其次，它是一个高度集中的家长制机构。总督的任免完全取决于国王喜好。这些总督和其他人一样也是国王的奴隶。他们在向国王汇报工作时，往往很清楚自己的命运掌握在国王手中。②

行政管理机构的最高层就是国王本人。实际上，直到腓特烈二世大帝时代，欧洲伟大的专制君主们都曾强烈地渴望单独掌控他们的王国——西班牙的菲利普二世、法国的路易十四、奥地利的约瑟夫二世——都成功地做到了这一点。他们的事务比亚述帝国要复杂得多，亚述帝国只专于三件事：税收、祭祀和战争。亚述帝国的一个有趣特征是明显没有"无所作为"的国王。和罗马、拜占庭、中国及阿拉伯的君主们不同，他们很少因为后宫淫乱、朝政荒芜而受到指责。大多数国王不知疲倦地工作，关心行省内部的琐碎事务。

这种家长制干涉模式，在较低级别上也同样如此。国王直接指导总督们的行动，总督们则直接指导着地方上的下属。整个帝国按照"中国匣"的规律，通过这些万能总督们来治理各个行省。

值得强调的是帝国的情报组织。它的情报机构具有军民两用功能。实际上，正是这样一个中性的情报网络将帝国维系在了一起。在北部、东部和南部三个方向上，帝国被随时都能够发动攻击的敌人所包围；[227]而且，它的生态系统和埃及不同，后者是以尼罗河作为主要通道的广大"丝带状区域"。亚述是一个内陆帝国，即使最快的驿马一天也只不过50英里，军队一天只能行进20英里。如果不收集情报，帝国

---

① Postgate，《王室司法》。
② Olmstead，《亚述史》，第461页。

很快就会四分五裂。从根本上说，我们今天生活在"信息"已被认为是理所当然的社会之中：报纸每天报道着国内的事情，更不用说那些专业期刊了；驻外记者们不仅分析敌国的潜在变化，同时报道国外事务。广播和电视则会把相同的信息带进我们的起居室。可以想象，如果这些信息枯竭，铁路和公路系统不复存在，结果将会是什么场景。也许，我们能获得的唯一信息就是闹市上陌生人所散布的流言蜚语，比如火灾、强奸、抢劫、传染病等。这就是亚述帝国的情况，为了弥补广播、传媒和专业记者的缺失，它大规模地采集闹市上的闲言碎语以供分析研究之用。无论地位高低，每个人都有绝对的义务向上汇报。无论事情多么琐碎，只要与国王有关就必须上报。与此相关的大量王室训令也表明了这一问题的重要性。各级地方官员必须把毫不迟疑地向上传递信息作为优先工作。有关敌人的情报主要由线人、间谍网络、特殊侦察部门以及潜伏于敌国的秘密组织来获取。王太子们，比如辛那赫里布，有时候就像中央情报部门那样行事——收集情报，对其分析归类，然后呈报国王。

信息必须尽快送达，因此拥有驿站和卫兵的王家专门路线开始建立。沿线则配有普通信使、骑马信使、"卡尔留"（kalliu）或情报快递员。虽然目前已证实，情报收集从汉谟拉比时代就已经存在，但亚述帝国可能比他们的祖先更好地发展了这一系统。

在王宫和行省之间，经常要通过"库尔布图"（qurbutu）环节，他们是国王的直接代表，也即"御林军"，他们在接收重要情报方面的权力极大。在这一联系中，我们也许会想到"拉布苏卡鲁"（rab sukallu）之职，这一词汇通常被译为"大臣"，但是我认为最好译为"总监察官"。他领导着次一级的"苏卡鲁"们，后者监控着总督们的一举一动，只是我们无法知道更多的细节。[1]

［228］我们再来看帝国的统治结构。这一结构通过三个层次运作：行省统治者，地区统治者，市长。

---

[1] Malabran-Labat，《亚述的军队与军事组织》（Droz，Geneva/Paris，1982），第13—30，41—54 页。

总督在两个名义下工作，有关其确切意义的争论至今还未有定论。通常"夏克努"（shaknu）和"拜尔皮哈提"（Bel pihati）两词汇被认为是可以相互替代的。但"皮哈提"是由一个叫做"夏瑞斯赫"（sha reshi）的长官任命，后者的意思是"首脑"。正是由于这一点，加上文本中也谈到说"夏克努"是由一种叫"拉巴尼"（rabani，实际上意思是"大人物"）的首领或贵族所任命，所以金尼耶·威尔逊认为每个省有两个总督："夏克努"是军事总督，"皮哈提"是其下属。这种可能性并非没有，但其推理看上去并不可靠。

除了"夏克努"和"拜尔皮哈提"之外，还有关于副总督的证据。这位行省统治者成员被叫作"拉布阿拉尼"，他是一位地方上的统治者，掌管着一批城镇和村庄。我们并不知道一个行省会任命多少位地方性统治者。在城镇和村庄里，最高长官——"头人"或"市长"就是"哈扎努"（hazanu）。他主要负责本城镇的法庭和出入境管理工作。他有一个副官，也就是城市执政三人团的第三名成员，他是城镇的书记员，这是一个级别很高的职位。他们共同组成了执政团队。与之并列的是长老委员会"什布提"（shibuti），它由名门望族的头领组成，这一机构至少从汉谟拉比时代就已经存在。

总督的主要职责是征集税赋，收取和上缴贡品，为皇家军队筹集补给品，在需要的时候征召行省内的民兵武装。他要长期收集并呈报有关情报，同时负责行省内的军事行动。

总督们只需向中央政府缴纳行政开支之外的盈余部分。这是所有税收体系的惯例，它几乎一直延续到19世纪。税收主要由稻草和谷物组成。多数稻草和谷物被存放在当地粮仓以供王军队之用。同样，总督还被授权征召强制劳役，部分是为行政管理之用，部分是为了辅助王室军队，有时则是为了安置那些被放逐的人。

尽管这些统治者们经常会接受来自国王的干预、命令、质问和抱怨，他们的权力还是非常之大，而且一旦在行省出现危机的时候，他们将是事实上的总督。他们拥有自己的宫殿、法庭和官员。因此这将会导致一个问题：为什么他们从不试图进行分裂呢？[229]虽然他们在朝廷内讧中会支持一方——当王太子们争夺王位时，他们很难避免这种情况——但他们从未表现出希望建立自己的独立王国或是觊觎王位。在这一点上,他们和波斯帝国的总督们、罗马帝国的将军们、拜占庭的将军们以及哈里发帝国的总督们非常不同。对他们反叛形成制约的可能因素之一是"阿杜",即他们宣誓效忠国王的誓言。另一个因素可能是来自国王的慷慨赏赐,包括贵金属和土地等礼物。我们猜测,第三点主要在于他们对于王权只存在于"王室血脉"思想的认同;他们能够并且确实参加了决定王权归属的内战,但是他们清楚,自身作为平民是没有机会自立为王的。最后,我猜测他们中的大多数人在帝国时期都处在担惊受怕之中。萨尔贡和他的后继者们个个令人畏惧,他们亲自领导着让人望而生畏的军队。无论如何,不管是否因为上述的全部或部分原因,行省总督们从未打算割据自立。130年之后帝国土崩瓦解,由于王权在内战中被逐步削弱,并且极有可能是在地方势力过度扩张之后,帝国终于在外来入侵下解体。这是一种与哈里发帝国完全不同的结局,后者是在一个又一个边远省份宣布独立之后才宣告解体的。

5.2　中央政府

我们无法勾勒出有关埃及中央政府的完整轮廓,但是亚述帝国的情况要略好一些。在首都卡拉赫发现的文献可以提供宫殿官员的名册,这使我们得以生动地描述一个东方宫廷。不过,这并非我们看到的唯一宫廷场景,同样模式的国王、后宫、贵族和宫廷人员,可能还包括太监等,在其他地方都有发现,比如在波斯帝国、罗马晚期的拜占庭帝国、阿拉伯哈里发帝国以及后来的印度,甚至中国都曾出现过。

虽然金尼耶·威尔逊在《尼姆鲁德红酒名录》①文献研究方面有着杰出的学术成就,但他的描述并不完整。我们知道在宫廷内有工匠、医生、预言者和占卜师以及乐师、厨师、佣工的存在。我们还知道,它曾经有两个后宫。但我们并不知道后宫的组成和规模。[230]不过,我们知道汉代中国皇宫的所有细节,甚至还了解除此之外的其他内容。另外,

---

① J. V. Kinnear-Wilson,《尼姆鲁德红酒名录》(British School of Archaeolony in Iraq,1972),第8页。

我们对王宫和"太子殿"（即王太子作为共同摄政者的住所）之间的关系一无所知。最后，我们对于各种官员同政府部门之间的关系知之甚少。其后果是，王宫的工作种类和官员头衔之间的对应非常模糊。

我们已经提到了帝国的高级官员，两个"他珥探"或总司令；司杯者；宫廷传令官；以及"阿巴拉库"（abarakku），它被译为"干事"或"会计"。他们起初是普通的宫廷官职，就像其名称所体现的那样，但是在帝国统治下（或许在帝国统治之前），他们的职能已转变为对四大行省民事和军事的控制，其中三个分别管辖整个阿詹辛拉地区，第四个则位于北部边疆。[1]"他珥探"大部分时间都居住在他位于幼发拉底的首府之中，要么就是率军征战，而宫廷司杯也经常会率众出征。传令官负责征召王室军队，似乎对国土防御负有专门责任。[2]阿巴拉库看上去曾是军需部门的负责人：接收里库（liku）和其他税收，然后储存，并对其再分配。[3]这四个巨头，再加上总监察官，可能还有国王的书记官，这些人和国王的关系非同一般。[4]或许还要补充一点：可能是由于司杯者和国王关系密切，他权倾朝野，地位显赫。

王宫包括两部分，就像波斯的阿契美尼德以及哈里发帝国、奥斯曼帝国和中国一样。内廷包括私人区域，通常住着后宫妃嫔，也是国王的寝宫。外廷即"巴巴努"（babanu），[5]是国王召见和办公区域所在地。

我们不知道亚述宫廷是否使用过太监。系统地使用太监的最早记录可追溯至赫梯帝国，当时的太监是备受信任的扈从，负责向国王报告任何可能的威胁，保护国王及其家人。[6][231]但是这种认定与"夏瑞斯赫"的确切含义有关。如果（像金尼耶·威尔逊所做的那样）我们将它翻译为"太监"，则这一陈述显然是正确的；但是，如果像最近许多学者

---

① J. V. Kinnear-Wilson，《尼姆鲁德红酒名录》（British School of Archaeolongy in Iraq, 1972），第 14 页。

② 同上，第 36 页。

③ 同上。

④ 同上，第 35—37 页。

⑤ 来自词根"bab"，意为"大门"，在古代东方最初是指包括警卫室、审判所和传达室在内的建筑群。

⑥ J. V. Kinnear-Wilson，《尼姆鲁德红酒名录》，第 47 页。

所坚持的那样,把这一单词简单地译为"官员",那就等于我们又回到了原点。

第二种官员群体被称为"拉巴尼"(rabani),金尼耶·威尔逊把其中的22位命名为"行省总督"。简言之,其职责与"夏瑞斯赫"重叠。威尔逊认为这两个单词指代两种不同的官员。但是,并没有足够的证据来假定这两个单词像今天"警官"和"警长"一样,代表不同的警察类别。

我们再来看看卡拉赫档案所揭示的中央内阁。这些中央部门由一系列军需部门和三个其他部门组成。军需部门共有八个,分别负责谷物、面包、水果、啤酒、葡萄酒、蜂蜜、枣子、草料和油。每个部门都有主管会计,由一个拉巴尼领导。但是,如果像威尔逊所述,后者的身份特征是武士,那么人们就会对其民事职责感到困惑。

三大部门之首便是"财政部",我们采用了威尔逊对阿巴拉库的解释,在前面已经描述过它的功能。[①]其次是存在高度疑问的"苏卡鲁"职位。它一直被译为"维齐尔",暗含了伊斯兰国家和亚述帝国的同一性,但威尔逊不同意这一点。事实上,没有丝毫的证据显示苏卡鲁监管着其他部门,而这正是阿拉伯国家中维齐尔的重要职责。[②]苏卡鲁看上去更像是在独立地控制着其他部门。甚而更不确定的是,他是否从事过像普通苏卡鲁职员那样负责控制行省政府的活动。[③]一般来说,苏卡鲁的意思是个人的使节性信使,他们因等级差别而有所不同,因时间和地点变化权力也会有所区别。[④]我们可以肯定大苏卡鲁拥有苏卡鲁下属,但文本中"几乎没有关于他们职责的定义"。[⑤]需要指出的是,这种不准确性并不是由于语言上的匮乏。亚述人没有使用精确的管理词汇,或许是因为这一行政长官的职责本身就是不确定的。[232]大多数官员要承担多项职能。比如,大苏卡鲁既要承担军事职责,也要承担民事职能。有一封信表明,其中一个苏卡鲁曾作为200名骑兵的指挥官,另一

---

① 参见上文。
② 参见原书第191页。
③ Garelli,《亚洲的中东:海上民族入侵的起源》;Malbran-Labat,《亚述的军队与军事组织》,第157页。
④ 同上,第156页。
⑤ 同上,第157页。

名苏卡鲁曾担任国王的军事顾问。如果需要的话，大苏卡鲁也可能会掌管行省的管理大权。①

最后是"巴布伊卡鲁"（bab ekallu），即公文保管处或档案室。如前所述，所有部门化的官僚必须有一个记录中心，负责记录、存档工作。它包括两个组成部分，很可能是由国王的书记官领导。第一个部分包括专业的学者型书记官、教师、工匠，可能还有图书管理员。第二个部分是秘书处。其职员主要负责保护书面记录，书写并誊抄、整理国王的书信。

这幅令人叹为观止的关于帝国中央管理机构的不完整画卷可以通过对其他管理机构的考察来完善，比如税收制度，尽管我们这里描绘的征税体系在亚述帝国之前的 1000 多年里即已存在。

5.3 核心职责

5.3.1 与税收有关的词汇②

埃尔库（Ilku）："要么为国参军，或参加民事服务，要么就以缴纳贡品的方式来代替以上义务。"③税收与所拥有的土地相关联，所以绝大多数城市居民通过提供服务，或是"以货代款"的形式来缴税。④

伊斯卡鲁（Iskaru）：要么是发给雇工的原材料（包括动物），要么是后者作为回报的酬劳（在晚期一般都使用银子）。起初，工匠或是牧人先拿到原材料，经过加工后，以成品的形式归还。这其中所产生的"附加值"就成为纳税的理由。在帝国统治下，他保留部分产出供自己使用，出售剩余部分，并向政府交纳相当于成本价的银子。在王室产业内，这一系统由一名总干事即阿巴拉库来组织，他虽从属于行省总督，但掌控着一大帮人马。总干事分配原材料，然后通过国家征税人或包税人来收齐税款。⑤

---

① Garelli，《亚洲的中东：海上民族入侵的起源》；Malbran- Labat，《亚述的军队与军事组织》，第 156—158 页。
② 参见 Postgate，《王室司法》。
③ 同上。
④ 同上。
⑤ 同上。

[233]穆沙尔吉斯（Musharkisi）：亚述人和中国人一样，在军事上对马匹的需要永无止境。穆沙尔吉斯的服务，涉及到马扣、征马站等，非常广泛。他们是一些高级官员，地位仅次于行省总督，可以直接参见国王。

西伊舒（Sieshu）：这是谷物和稻草税。稻草是制作砖瓦的主要材料，需求量很大，经常供不应求。不过很明显，稻草的征收工作具有季节性。征税人只是普通官员，并没有针对他们的特殊条款，他们只是从事临时性例行工作的官员。每个政府部门负责征收自己辖地内的税收。①对于私人土地，总督或其代理人即为主管官员。因此，在收获季节，统治者将会派遣职员到村落里去，通常还会有一队士兵相伴随；部分是为了恫吓农民，部分是为了护送和运输收缴来的税收。当然，土地需要估算，不过可能会在征税时进行现场评估。在哈兰，当时仍然存在着一种关于王室领地的"地籍簿"。②帕斯特吉特认为，每个村庄都假定了理想的收成，实际缴纳的税收只是这一"理想数目"的一小部分。

帝国税收体系的主要目标是为了供养军队。令人震惊的是，在亚述人的记录中如此重要的税收系统，我们依然是浅尝辄止，只能了解一个大致的轮廓。

5.3.2　军队

毫无疑问，亚述帝国的军事力量极其高效。自从公元前745年建立帝国后的六个世纪中，它在面对高地人、沙漠游牧部落以及军事强国米坦尼和乌拉尔图的庞大压力下，不仅成功地保持了最初的边界，还进行了卓有成效的扩张。在建立之初的130余年里，它征服了整个中东地区。只是我们对于帝国的军队训练和律令一无所知。

最初，它只不过是一支农民的民兵武装。提革拉·毗列色三世时期组建了"王家军队"，这是一支职业化的常备军。兵源大多来自于帝

---

① 参见 Postgate，《王室司法》。

② 同上。

国的边远行省。一些特定部落，特别是伊土埃（Ituai）部落，为免除赋税而定期服役。如果遇到特殊的战争，比如需要保卫本土，民兵也会被应征参战。到了帝国末期，军队由许多不同部族的外邦人组成，和阿契美尼德王朝的情况非常相似。

关于军队数目的记载，我们必须谨慎看待。[234]沙尔马纳塞三世说道，在卡尔卡（Qarqar）战役中，他将 120000 人投入战场对抗 70000 名敌人；亚述巴尼拔也提到了一支 50000 人的军队，辛那赫里布则夸耀他的军队不下 208000 人。①军队的战术组织情况如下：最基本的单位是十人队，由"拉布埃瑟特"（rab esirte）带领。十人队再组成五十人队，由"拉布罕苏"（rab hansu）带领；这是最普遍的也是最重要的战术单元，尽管也曾有过十七人队和百人队，但最主要的战术单元首推五十人队。

军队的主要构成是重装步兵和轻装步兵，战车部队，骑兵团，工兵和攻城部队。在步兵团中，首先是重装射手，他们身披牛皮锁子甲，头戴金属盔甲。他们携带复合弓箭和佩剑，通常由持盾者保护，后者则携带箭囊和佩剑。中装射手也要由持盾者保护，但是只穿鳞状铠甲。轻射手不穿盔甲。但投石兵的装备和重装射手相同。其他步兵团则配备有长矛手，他们头戴盔甲，身穿胸衣，携带长盾与佩剑。那些轻装上阵的长矛手则只戴头盔，不穿胸衣。

战车骑兵已经发展了将近 2000 年。它大约在公元前 2500 年出现，最初只是礼仪性的车辆，由野驴或与马相近的动物拉动，但绝对不是用马拉动。到大约公元前 1400 年，马车开始成为马拉的战车。马匹开始被独立地用于战车，并开始替代驴子成为代步工具在崎岖的道路上行走，用以传递信息。到萨尔贡二世时期，战车已得到高度发展，真

---

① 这些数字，尤其是辛那赫里布时期的数字，是不大可信的。无论用何种历史标准来衡量（比如，和大约 1710 年路易十四或弗雷德里克的军队相比），这些数字都是非常庞大的。考虑到当时可能的人口规模，这一数字还是相对比较高的（C. McEevdy and R. Jones，《世界人口地图史》[Penguin, Harmandsworth, 1978]），估计整个美索不达米亚的全部人口大约是 125 万。两位学者认为，没有理由假设中世纪的伊拉克能支持 500 万以上的人口，事实上居住于此的人口从未超过该数字的一半。当路易十四在 1710 年拥有大约 20 万人的军队时，其人口规模大约为 2000 万。

正的骑兵已经出现。战车部队仍是非常精英的一个军种。亚述人的战车通常拥有比埃及战车更笨重的轮子，车上载员三名，而不是两名。后来的战车甚至载员四名，包括驭者、射手和两名持盾者。至于马上射手和长枪手，其他民族也曾使用过，但亚述人首次系统地大规模使用了这种骑兵。

[235]亚述人很早就有了工兵部队，并且非常有效。工兵队伍用膨胀的木筏使部队渡河，用短柄铁斧开辟道路。为了攻破城墙，他们运用了挖掘、锤击、移动塔和斜土坡等技能。

关于帝国军队的讨论使我们能够对帝国全貌有一个恰如其分的认识。

6. 评价

就统治结构而言，亚述帝国比不上埃及王国的复杂和精细化程度。一个主要原因是，亚述并非家族式经济，即储藏—再分配经济，所以并不需要庞大的官僚体系。它是一种农民经济，同时拥有比埃及发达的对外贸易。而且亚述也不同于美索不达米亚南部地区，它横跨降雨带，并不完全依赖灌溉。正如我们在开篇提到的，它之所以被称为第一个有据可考的帝国，就在于它通过代理人对帝国所属的领土实施了直接统治。人们通常会指责它无休止的征伐，残忍的屠戮等。针对这些指责，奥姆斯特德和萨格思则反驳说，亚述帝国在捍卫"文明"、抗击野蛮人的过程中所扮演的积极角色并不逊于其他帝国，它通过"亚述治下的和平"（pax Assyriana）制止了大量流血冲突。在我看来，指责和辩护双方的观点都应当被慎重对待。

毫无疑问，亚述军队和国王有过惨烈的酷刑和广泛的暴力。战败者会被活剥、钉在树桩上、活筑于墙中、阉割或斩首。埃兰在战败之后，国王被斩首，头颅被挂在一个被俘朝臣的脖子上；三个反叛的头领被连根拔掉舌头，然后被活剥；另外三个反叛的贵族被处决后，尸体碎片分发到了周边各地，还有两个反叛者被迫去碾碎他们父亲的骨头。

亚述帝国无疑还是个掠夺者。每次成功的远征都会获得为数甚巨的战利品，迦基米施一役，亚述人掠走了 20 他连得①的银子，100 他连得的青铜，250 他连得的铁，金床、金扣、金戒指、金剑，此外还有象牙床、象牙宝座和象牙桌。穆萨西尔（北方边境的一个城镇）之役：亚述人俘虏敌兵 6100 人，驴子 380 头，牛 525 头，绵羊 1235 只，[236]此外还有 34 他连得的金子，167 他连得的银子，另外还有青铜、铅、光玉髓、青金石、天青石、花瓶、匕首等。②帝国对人的掠夺就像对待那些贵金属和有价值的装饰品一样。从提革拉·毗列色三世开始，把被占领土上的民众放逐已经制度化，到帝国终结时为止，在 530 年的时间里约有 400 万民众被放逐。被放逐的原因多种多样，有的是为了表示惩罚，有的是为了削弱对手的力量，有的是为了增加亚述人的比重，有的则是为了可以引进熟练工匠，还有的是为了在战略要地和城市中心繁衍人口，或是重新建设废弃之地。

的确，亚述帝国并不比历史上后来的一些帝国更加血腥残忍。我们必须承认这一点。有人会举出成吉思汗的例子，但是我们可以回到那些被认为是比较高尚的帝国，比如罗马帝国，同样会发现这种残暴。为执行伊比利亚半岛的"和解"，许多人被放逐或被钉死在十字架上，尤利乌斯·凯撒还在高卢进行大规模的奴隶贸易。仍有人指责说，亚述人在他们的史册和浅浮雕中大肆宣扬地记录了这些残忍的行为。很多人（包括我自己）把这一点归因于纯粹的嗜杀性。有人辩解说，亚述人这样做是为了警示潜在的"麻烦制造者们"。这一答复会引起新的疑问，比如为什么会有这样的麻烦制造者呢？"若你不愿成为我的兄弟，我就把你打得头破血流！"

其次是宣称亚述人是"文明的牧羊犬"。③奥姆斯特德曾举例来说明亚述帝国发动的绝大多数战争都是为了阻止"野蛮的沙漠民族或来自北部草原的落后的印欧人"。考虑到亚述四周与山地国家相连，这种说法或许有些可取之处，尽管考古学已经证明，乌拉尔图王国的文明程度要比奥姆斯特德 60 年前所了解的情况高得多。另一方面，对于埃

---

① ［译注］英文"Talent"，又译为"塔连特"，古代西亚部分地区的重量单位。

② Olmstead，《亚述史》，第 239 页。

③ 同上，第 654 页。

兰、巴比伦和埃及这些曾被征服过的国家来说,这种辩解是完全不公正的。如果说古代王国中的任何一个文明程度都不及亚述人,这未免会有些荒唐可笑。事实上他们的文明程度要高于亚述帝国。

有关"亚述治下的和平"的辩论也颇具争议。亚述统治者当然希望他们强加给占领区臣民的和平能长久保持下去;事实上很多被占领的民众曾顽强地拒绝接受亚述人的统治。[237]巴比伦曾四次试图摆脱亚述帝国统治,①埃及也并不驯服。②埃兰曾在公元前652—前648年伙同巴比伦反叛,但随着公元前639年首都苏萨被劫掠而最终陷落。

亚述人大规模放逐被征服地区民众的政策招致了极大的怨恨。但从当时和后来的情况看,这种做法可能是有道理的。前已提及,这些被重新安置的民众得到了和亚述本土居民同样的待遇。类似的人口迁移在其他帝国中同样存在,比如在汉代中国和拜占庭帝国,他们这样做的原因相似。此后一段时间里,除非国王完全相信被征服的民众已放下武器,安心劳作,否则帝国就只有三个选择。首先是奴役敌军和大批敌国人口,这正是凯撒在高卢的行为,但是亚述人没有去奴役那么庞大的人口;其次是屠杀敌国的全部战斗人员,这种事情偶有发生,但无法针对整个被征服地区的民众;最后一个选择是将被征服地区的民众赶离家园,这样既可以破坏他们的抵抗,同时还能够增加帝国的物质资源。

最后一个指责与亚述帝国的掠夺性特征有关。所有的帝国都具有掠夺性:这往往是帝国存在的最重要借口。所有帝国征服者都是在大肆掠夺之后才会离开。在这一点上,亚述帝国和包括拿破仑帝国在内的其他任何帝国并无二致。但这并不是问题关键所在,真正的问题在于"尽责义务"。尽管所有的帝国都具有剥削性,但有些帝国通常会有意无意地给被征服地区的臣民带来一些附带性益处。波斯人的帝国就

---

① 时间分别为公元前731年,公元前705年,公元前652—前648年,公元前626年。

② 公元前671年,以撒哈顿打败了埃及人并进入埃及,但是他本人也在这次战争中身亡。后来战争继续打了下去,亚述人在公元前667—663年重创了埃及,然后在尼罗河三角洲范围内扶植了傀儡君主。

是如此,罗马人和中国人也是如此。人们对亚述的指责就在于:亚述人只是纯粹的掠夺者,除此之外他们什么也不是。用一句老掉牙的话说,亚述人没有"帝国的派头"。亚述人从未感觉到任何"尽责义务",除了大规模的压迫和剥削之外,他们没有给这些臣民带来任何回报。

第五章　公元前 1025—前 587 年的犹太王国

[238]以色列王国和犹大王国是被亚述人和后来的巴比伦人灭掉的两个弱小的君主国,他们管理不善、贫穷、弱小、国家分裂且存在时间不长。但是这两个国家,特别是犹大王国,代表了对以往政府传统的革命性突破。从公元前 3200 年政府雏形的出现开始,经过 2000 年的时间跨度之后,出现了一个完全不同的统治形式。公元 132 年后,这一政体被根除、驱逐并消散。然而关于这一特殊政体的历史却在罗马帝国晚期的部分文献记载中被保留了下来。由此为后来的西欧“新蛮族人”提供了一个范本。通过这种方式,这一政体被西欧的国家传统吸收,进而融入到了当今的政府组织规范之中。

正如我们看到的,古代中东地区的每一个政体都是君主制的。这种君主制被视为是自然秩序的一部分,它们从未遇到过任何挑战,即使有个别君主被推翻过。它的权力是绝对的,因为这是全部法律的根源。其唯一的制约便是人自身能力的天然局限,在宫廷和地域上的非制度性障碍,以及作为宗教领袖的角色和义务等。所有这一切在犹太君主制的运作中同样如此,区别在于第三点:即宗教性角色,而这又来自一个完全不同的上帝概念,以及上帝与民众之间的关系。

犹太君主制压根儿就不是自然秩序的一部分。它是一个人为的制度,被嫁接到了犹太社团中,历史记录中对此场景有着生动的描述。犹太君主不是神圣的,也算不上是半神圣的:上帝就是上帝;是万物的创造者,是万能的,无形的,也是世间独一无二的主宰者。犹太君主也并非上帝与民众之间的中间人,在西奈山整个民众都已与上帝立约。这就是犹太历史的核心,其他一切都只是有关细节的描述和评论。在西奈山,上帝公布了律法。这些律法被写在石版上,民众立约要遵守它们。因此,任何个人,包括整个社团,都可以和上帝直接交流。中间人是多余的,事实上也百害无益。

[239]这并不妨碍我们去探讨:犹太人有关上帝的特性是否正确?或者发生在西奈山的事实作为传统是否如此,乃至它们是否发生过?上述探讨和《圣经》的描述是否是关于当时的史实,或是录于其中的史实是否已被后人窜改等没有多大关系。大量原始资料批判、形式批评以及最近更高级批判形式的文本也都与上述探讨毫不相干,因为建立中世纪欧洲诸邦国的基督化的日耳曼蛮族并未从犹太君主国的制度中受益。对它们而言,《圣经》的描述不仅完美无瑕,而且完全正确。

首先,犹太人的宗教是历史上第一个所谓的"历史性"宗教,[①]我认为也是一个以"会众"为特色的宗教。人们第一次建立了"圣会"(Congregation)。它的宗教仪式既非官方的,也非王室的,同样也不是僧侣们的,而是大众化的,其实质则是参与。整个民众不仅可以而且必须参与,他们作为个体而不是整体参与,而国王或者祭司为他们主持仪式。其次,它也是第一个宗教仪式不为繁文缛节所制约的宗教。它有一个和每个人日常行为规范相伴的道德行为法典。而且这一法律规范随着时间的推移变得更加精细化,变得更加完整、清晰。最终在公元前537年重归故土之后,这些律法开始主导犹太社团的全部生活。最后,这部上帝所赐予的律法赋予每个人同等权力,因此国王和民众是平等的。

由此我们可以得出一些重要的政治推论:首先,君主被一部强加于他的书面律法所束缚,从外表来看,他和臣民是平等的。这部律法不仅包含有他必须执行的简单的宗教仪式,还有一系列有关刑事的、民事的

---

① 参见原书第 23、115、141—142 页关于古代宗教的定义、讨论及其实例。

以及家庭和财产权限的明确规定。其次，律法为整个集体共有。任何一个成员都可能援引律法指出国王行为是否合法，甚至谴责国王的行为，因为他和国王所拥有的权限是相同的。因此，国王不是绝对的。国王并不是立法者，但却必须执行他所接受的律法，同时必须遵守它们，虽然这些律法并非他所制定，他是历史上第一位"受限制的君主"（Limited Monarch）。①

这一全新国家概念的不足之处在于，没有一个制度性机制纠正国王，使这些限制发挥作用。[240]任何纠正国王的行动都必须是制度之外的，并取决于某一个人的英勇无畏。然而王室的权威经常会遇到这样的挑战，并且往往颇有成效。这种挑战之所以会有效，其基本前提就是犹太人所拥有的字母表。犹太人拥有字母表的时间非常早，以至于一些从事《圣经》研究的当代学者推测，摩西十诫诚如《圣经》所言，确实被刻在了石头上。无论如何，在犹大王国晚期，民众已经可以识字。所以书面律法是要公布于众的。关于律法的解释也是如此：每个人都有自己的"约"，"上帝的灵"能够并且曾经降临到每个人身上。一个圣人，也许出身很卑微，也能够引导民众的情感。因此，在祭司举行的正规宗教仪式之外，在国王依靠自身能力执行对律法的解释的同时，仍会有来自大众支持下的挑战。这是中东地区此前从来没有过的。与那些社会结构、宗教价值、政治制度相互强化以保持强大稳定性的帝国相比，这些犹太王国会在压力下摇摆不定。他们的社会更为平等：自由农、知识分子、民兵和嗜利的王室军队比肩而立，共同存在。

在犹太人的宗教中，每个人都是平等的。而且，它没有给君主以任何位置。地上的"王"就是上帝——即"我们的父亲和王"，地上的法律是上帝的律法。君主制原则上是多余的，除了"为我们作审判，走在我们前面引领我们战斗"（撒上8：20）。也就是说，它只是一种纯粹世俗的和工具性的考虑，正如后来的先知以赛亚和耶利米所争论的那样，它完全从属于犹太民族的目标，这一目标就是通过遵守律法来维持与上

---

① 阿克顿勋爵在论文《古代自由史》中提到了这一点，见 G. Himmelfarb 编，《自由与权力论文集》（Meridian Books，New York，1995）。这里又有新的扩展，尤为有趣的是，阿克顿使用了和本文完全相同的词汇："有限君主制和律法至上的先例"。见前书，第56—57页。

帝的契约。一旦国王违背律法，不管是正式的法令，还是道德精神方面，先知们都会谴责他的背离行为。因此，"有限君主制"的革命性概念没有像在其他中东地区那样受到限制，不仅由于君主在宗教或祭仪上的义务，还在于它通过了一个外部强加的永恒律法，在社会和伦理细节方面也更为精细。

在最糟糕的情况下，犹太政体是一个廉价的、让人费尽心思并且需要宗教来调和的独裁统治。《旧约》作为历史，完全从独裁者如何被创造出来遵守上帝律法的立场来撰写，包括这个人是谁，为什么如此以及程度如何等。在最理想的情况下，它应当有一个法制政府，它的律法就是上帝的律法，因此它是一个神权政治，其律法是至高无上的，国王只是一个行政长官而已。然而现实中却很难做到这一点。它必须给国王留出很多东西，如防务和安全，由此就会产生征召、税收、规章制度。[241]在这种情况下，君主不但能够而且也确实可以非常专制地行事，所罗门时期宫廷的毫无节制和并不受欢迎的劳役制度即是明证。这就是为什么犹大国和以色列国的大部分历史与其邻国是如此糟糕地相似，它们的王朝历史、宫廷阴谋、暗杀、屠戮都是如此令人厌烦。确切地讲，这一政体的突出特点就在于它所受到的制约，也就是先知们从伦理上和宗教上带来的挑战。

直到这里成为波斯帝国的一个行省为止，世俗事务上的君主专制主义与作为个人道德和日常行为规范准则的律法之间的对立始终没有得到解决。此后，由于防务与外交已不再是它们的当务之急，犹太人得以在他们的日常生活中依照律法行事。在宗教领袖的引导下，这些法律经过波斯人诏告天下而成为强制性法律。其政体也恢复到了先前的神权政治形式。

在古代社会，以色列的君主专制主义同宗教律法在日常生活中的角色之间的对立并不是唯一的。这一现象在后来的哈里发帝国①和基督教的拜占庭帝国中都曾重现，其原因也并无二致。宗教完全根据民众的需求而形成，国家则完全依照统治者的意志而建立。在古代中东

---

① 见后面第三部分，第一章"拜占庭帝国"，第二章"哈里发"。

国家,一旦二者发生重合,一个新的大众化宗教就会使统治者们多少表现出一些自我牺牲和奉献。然而,一旦二者发生分歧,就会将君主制和民众置于对立的境地。宗教狂热主义作为一股新的力量,带着偏执和困扰来到人间。正如后来历史证明的那样,这些关于个人救赎的大众化宗教乃是政治上的定时炸弹。

1. 圣地之民

学者们对于犹太民族和他们所居住的土地有不同称谓。"犹太人"只是后来的一种表达,早期的称呼是"希伯来人"和"以色列人",或"以色列的子孙"。对于所有上述称谓来说,其实所指的都是同一个民族,而且没有人否认犹太史是从族长们,是从出埃及和对迦南地的占领开始的。因此很明显,后来的"犹太人"这一特定词汇已经涵盖了"希伯来人"和"以色列人"两个古代词汇中的内容,用以指称今天我们所熟知的犹太民族。

在有关他们所占领土地的称谓方面,也同样非常随意。对于出埃及的犹太人而言,它就是迦南地,当他们占领这块土地时,他们称其为"以色列的土地"(eretz israel),或者简称为"土地"。"巴勒斯坦"是非利士人①对自己所占一隅土地的希腊语称谓。②[242]这是犹太人最不愿意使用的名称,但是却被罗马的哈德良皇帝用来强加给他们。公元132—135 年,罗马皇帝哈德良镇压了巴尔·科赫巴起义,为了永久地消除犹大名号与这些顽固的犹太臣民之间的联系,他故意重新使用了这个称呼。阿拉伯人用"Jund Falastin"来指称北部的土地,十字军沿用了这一说法。但是这一名字后来从未被官方使用,直到 1920 年英国开始在这里托管统治。英国人的托管和 1922 年在巴勒斯坦与外约旦之间的划分给这块土地人为地划定了边界,这是此前历史上从未有过的。相比之下,"以色列的土地"这一说法反而有些含糊不清。

---

① [译注]也译为"菲力斯汀人",原文作"Philistine",此处采用了《圣经》的通译。
② 希罗多德,《历史》i. 第 105 页。

这块土地的南北界限与我们今天所理解的"巴勒斯坦"一词比较接近，但是在东西范围上就有所不同。很明显，其西部边界就是地中海海岸，但东部边界并非约旦河，而是叙利亚沙漠的干旱区。历史上的"以色列土地"——强调这一点很重要——是一个横跨约旦的国家。因此，它的土地非常狭小，从北部高原到南部的亚喀巴湾大约250 英里长，其凸出的部位最宽也不过 60 英里，范围不过 15000 平方英里，规模大约和今天的丹麦差不多，就其整体范围而言，通常被认为非常小。

它的地理特征暗含了特定的长期历史特性：首先，以色列土地横跨海路，是最卓越的军事要冲，今日以色列的南北路线依然是交通要道，从加沙经麦基多山谷的要塞曾是通向北部的关键。因此，以色列土地在历史上就具有重要的战略意义，经常会成为当时亚非陆上强国的竞逐之地：如埃及人与赫梯人、埃及人与亚述人、托勒密王朝与塞琉古王朝、罗马人与帕提亚人以及拜占庭人与波斯人等之间的角逐莫不如此。

以色列的地形和气候为这里的经济、人口规模提供了条件，实际上在某种程度上说也为社会结构的形成提供了条件。它与埃及和美索不达米亚不同，这块土地并不依赖灌溉，而是依靠季节性降雨。它是一个农夫和田园诗作者们的国度，因此它几乎没有矿物资源。尽管被描述为"流淌着奶与蜜之地"，它的国家并不丰裕。生活标准也从未超过中等水平以上。其主要产品就是面包、奶制品和水果。国家的人口也并不稠密：在公元前 8 世纪的鼎盛时期，两个王国的全部人口也没有超过100 万，以色列王国大约有 80 万，而犹大王国只有 20 万。[①]所谓的"城镇"也极微小。[243]按照德富的说法，一个特拉法尔加广场就可以轻松地容纳下这里的大部分城镇人口，还有一些城镇甚至连国家美术馆都可以轻松地容纳。[②]作为当时国都的撒玛利亚，人口最多时也不过30000 居民，即使在基督耶稣时期的耶路撒冷，也只有大约 25000——

---

① R. de Vaux，《古代以色列史，制度与生活》，London，1961 2ⁿᵈ edn. 1965，pbk. edn. 1973，第 66—67 页。

② 同上，第 66 页。

35000 人。①

在君主制时期(公元前 11—前 7 世纪),它的社会结构非常平等。这和埃及以及美索不达米亚地区那种高度分化的二元阶层社会截然不同。它由那些有一定级别并且有影响力的人,包括行政长官、重要家族的头领们率领。这就是官员(sarim)或士师(gedolim),但他们绝不是那些拥有土地最多的世袭贵族阶层。大多数人都是自由农。随着先知们所深恶痛绝的不平等现象的增多,雇工们的数量也与日俱增,尽管他们有法律保护,但还是要经常遭受不平等的剥削。正如中东其他地区一样,工匠数量也在不断增加,贸易也日渐变成世袭,就像祭司职位一样。这里没有巨商大贾。大宗贸易要么被所罗门控制下的王室垄断,要么被后来的腓尼基人操纵。②奴隶的数量并不庞大,根据那些回归故土后的流散者的普查和统计,③奴隶有 7337 名,自由人为 42360 名。奴隶主要包括债务奴和战犯,大部分是家奴。这些奴隶受摩西律法严格保护,他们作为奴隶的法定年限只有 6 年。④

随着国家变得更加富裕,收入的不平等随之增加。一次缓慢的社会革命随之发生:官员和其他人从这块土地上牟利,所以引起了《弥迦书》中以赛亚的谴责。⑤ 受害者再一次受到了摩西律法的严格保护。比如,法律上的债务 7 年之后将会被免除,但是法律通常会被逃避。因此,贫穷者并不是一个阶层,仅只是一些不太富裕的个人。⑥

在士师时期,军队和强壮男性人口之间没有区别。当时的犹太人是勇猛的山地人,他们不同于那些依赖职业军队的敌人——迦南人和非利士人。[244]大卫引进了后者的模式,此后以色列和犹大王国的所有国王都建有自己精心挑选的卫队。但是民兵继续存在,并且在大规

---

① R. de Vaux,《古代以色列史,制度与生活》,London,1961 2nd edn. 1965,pbk. edn. 1973,第 66 页。

② 同上,第 76—79 页。

③ 《以斯拉记》2:64—65,《尼希米记》7:66。如无其他说明,本文关于《圣经》的引文均来自詹姆士国王授权本。

④ 根据《耶利米书》34:14. 不过,这些律法会被回避。

⑤ 《以赛亚书》5:8,《弥迦书》2:2,《阿摩司书》4:1,5,12;8:4,5,6。

⑥ De Vaux,《古代以色列史》,第 73 页。

模战斗中被征召来增援职业军队。简言之,民众被武装起来,这一点又增加了社会的平均主义。

最后,它的民众可以识字。当然,和其他社会一样,它也存在着一个训练有素的识字阶层——士师,而大卫和所罗门还能够进行书写。①到《申命记》时代为止(不迟于公元前 7 世纪,也有人认为更早些),据推测每户犹太人都应当能够书写律法,②哈巴谷就曾被告知把他的观点公布在写字板上,以便让那些路过的人读到。③

很明显,我们这里没有涉及埃及和美索不达米亚那些由奴隶和文盲组成的农业社会,而是关于一个由独立的、半文盲的小农组成的平等社会。一旦需要,他们都将会是战士,他们每个人都与上帝有约。

2. 从亚伯拉罕到大流散

大 事 年 表

公元前1800 年	传说中亚伯拉罕在迦南定居的时间。
公元前1750—前 1650 年	大约是传说中的亚瑟和犹太人在埃及定居的时间。
公元前1280 年	可能是犹太人在拉美西斯二世统治下出埃及的时间。
公元前1280—前 1220 年	西奈山启示:摩西十诫,以色列人与上帝立约;紧随其后的是在旷野中游荡的四十年。
公元前1220—前 1050 年	据说是十二支犹太支族在士师的带领下进入并占领迦南。
公元前1080 或前 1050—	由于受到亚扪人和非利士人的

---

① 《撒母耳记下》11:14;35:4。
② 《申命记》6:9;11:20。
③ 《哈巴谷书》2:2。

前 1011 年或前 1010 年	威胁,各部落立扫罗为王。
公元前 1011—前 1010 或前 970 年	大卫王粉碎非利士人,并以耶路撒冷为都城建国。
公元前 970—前 930 年	所罗门在耶路撒冷建立第一圣殿。
公元前 930 年	所罗门的帝国一分为二:北部的以色列王国(由十支族组成)[245]和南部的犹大王国(由便雅悯和犹大支族构成)。
公元前 722 年	以色列王国被亚述人攻破,十支族被掳走并失散。
公元前 621 年	以赛亚国王和犹大发现我们所谓的《申命记》。
公元前 587 年	巴比伦人占领犹大王国,并将其国人囚于巴比伦。
公元前 583 年	波斯国王居鲁士攻占巴比伦,允许流散者返回耶路撒冷,重建第二圣殿(重建于公元前 520—前 515 年)。
公元前 458 年	(或是争论中的公元前 444 年)埃兹拉携带摩西律法从波斯返回,并使摩西律法成为当地法律。
公元前 331—前 323 年	马其顿亚历山大大帝攻占波斯。
公元前 323—前 198 年	以色列土地成为埃及托勒密王朝的一个省。
公元前 198—前 167 年	埃及之地成为塞琉古王国的一个省。
公元前 168—前 165 年	安条克四世迫害犹太教,马卡比起义夺回耶路撒冷,哈斯蒙尼王朝建立第二联盟。

公元前 63 年	庞培在犹迪亚建立罗马保护国。
公元66年	犹太人起义反抗罗马人。
公元70年	罗马人攻下耶路撒冷。
公元73年	最后一批犹太战士在马萨达集体自杀。
公元132—135 年	巴尔·科赫巴起义反抗罗马人，犹太人最后被镇压，社团被驱散，大流散开始。

3. 圣经子民

> 当以色列人出走埃及之时，
> 他们曾在海中安全行走；
> 上帝在他们面前行走，
> 白天在云中，夜晚在火焰中。
> 它用万能的力量引领他们，
> 通过泡沫使他们足不湿水，
> 渡过刀光剑影，灾害饥荒，
> 岩石与沙土，
> 渴望与反抗，
> 家乡。①

上帝通过摩西之口，向它的特选子民传达了喜讯；上帝对于犹太人的救赎来自埃及之地，来自奴役之所；它在西奈山同民众立约，还有它的律法一直和犹太史的重要事件相伴。这是犹太教的起源，也是犹太人作为一个民族的开始。直到今天为止，二者的联系都是不能分割的。这是独一无二的。正如布赖特所指出，犹太人对以色列土地的占领[246]绝不是孤立地发生的，如果没有宗教因素，历史也不会给予它如

---

① A·E·Housman，《诗外集》（Jonathan Cape，London，1936）。

此多的关注。正是这一宗教反衬出了以色列的环境，并创造出以色列富于创造性的奇特现象。抛开这一点，以色列史不仅难以解读，也不会像有些人说的那么重要。①

西奈山到底曾经发生了什么？逃难之中的犹太人部落对于"约"的本质的认识和结论究竟是什么？

《圣经》中描述：犹太人在旷野中行走了三个月之后才到达西奈山。上帝在山上召唤摩西，晓谕以色列人："我向埃及人所行的事，你们都看见了；且看见我如鹰将你们背在背上，带来归我。如今你们若实在听从我的话，遵守我的约，就要在万民中作属我的子民；因为全地都是我的，你们要归我作祭司的国度，为圣洁的国民。"②

摩西向百姓汇报了上帝之言，百姓都异口同声地答道："凡是耶和华所说的我们都要遵守。"③此后他们被告知，接下来要连续自洁三日，并要冒死前去西奈山。到了那一天，山上密云笼罩，并且伴有雷鸣、闪电和非常嘹亮的羊角号声，他们此时才被允许爬到稍低点的斜坡上。山上被烟与火笼罩，上帝召唤摩西登上山顶，遍山大地震动。上帝让摩西返回并向众人宣读十诫。等摩西靠近，上帝继续给了他更多的戒律和声明，这些内容后来被归纳为"约书"，并以让他们拥有迦南之地的许诺作结。

这一描述极其复杂：摩西多次登山并返回。首先，他下山向民众告知上帝晓谕他们的话，民众再次表示"耶和华所吩咐的，我们都必遵行"。④摩西不仅把上帝的话全都写了下来，还将约书念给百姓听，并以血祭作为神与民众立约的凭据。他下山的时候带了两块法版，当他发现民众在崇拜金牛时，就摔碎了法版。上帝宽宥了百姓，告诉摩西制作第二块法版并将十诫书于其上，上帝说："你要将这些话写上，因为我是按这话与你和以色列人立约。"⑤

---

① 　J. A. Bright，《以色列史》第三版（Westminster Press，Philadelphia，1981），第144页。

② 　《出埃及记》19：4—6。

③ 　《出埃及记》19：8。

④ 　《出埃及记》24：3。

⑤ 　《出埃及记》34：27。

[247]有关这一故事曾有过无数争论，但今天的一个广泛共识就是：摩西确实是一个历史人物；西奈山（或何烈山）确实发生过重大事件；从这一天开始民众认为他们与上帝有了"约"这一特殊关系；"摩西十诫"确实是从这一时期开始的（一些学者甚至认为它确实是被书写了下来）。无论故事带有什么样的传奇色彩，它都是非常古老的，而且可以回溯到征服迦南之前。无论它有多少需要证实的神学因素，即使它是一个神话，也是关于犹太民族形成的神话。从实用的目的来看，它也许是完全真实的，因为八个世纪之前的先知们已经预言了这一事实。①而且，"约"后来再度重现。约书亚重述了上帝所行的奇事，重申了与上帝之"约"，要求民众在上帝与亚摩利人的神之间作出选择，他们回答说"不然，我们定要侍奉耶和华"，当日约书亚在示剑树碑定制，②与百姓立约。同样，六个世纪之后的约西亚王，发现了古老的律法书（通常认为是《申命记》），看到人们的崇拜偏离律法书是如此之远，于是他大声宣读约书内容，并立约要遵守它们，由此所有的百姓都开始遵守约法。③

约在以色列子孙中践行，并不是因为他们有任何特殊优点。而且，这不是平等双方之间的契约。相反，正如考古学一再显示的，它具有那种赫梯人"宗主权"条约的形式：霸主藉此将条件强加于附庸，要求顺从并承诺在将来提供支持。在这里，霸主就是上帝自身。上帝即是国王。④"约柜"是其王位的象征，摩西之杖即为其权杖。上帝和其他神一样——实际上是没有其他神的。名字（被使用辅音表达为"雅赫维"，对我们而言，其中的元音发音已经失传了）可能是关于希伯来语将来时的某些表达形式；也可能"造成这一情况的人"当知其意。⑤当它命令民众"在我面前，不可妄称其他神"时，其含义在于它既不需要，也没有作为传话人的助手。它没有神殿，也没有配偶和后裔。

---

① 参见《阿摩司书》3：1—2。
② 《约书亚记》24。
③ 见《列王纪下》23：2—3。
④ 参《出埃及记》15：18；《民数记》23：21；《申命记》35：5。
⑤ 参见 Bright，《以色列史》，157n. 第 36 页。

这里没有关于上帝的犹太神话。上帝是无形的，也是无法描述的，因此有关上帝的偶像是被禁止的。上帝也是独一无二的：尽管早期的《圣经》中还有其他神的存在。[248]看上去我们像是在讨论中国的诸神，这些神到处都是，但他们都不是"上帝"，"上帝"只有一个！① 最后，有别于周边地区其他所有神祇的是，上帝对人的唯一关注是道德行为。其目的是人们应当行善。因此，对生殖巫术、自然崇拜，以及对迦南邪教中性变态的诅咒都基于此。这些道德行为规范作为"约"的一部分被公之于众，而犹太人的义务就是遵守它们。这就是"约"如何被践行。

因此"约"的故事形式，以及它所预示的神的特性暗含着一部法典。"律法"和"托拉"（关于律法书的说明）都是约的关系的化身。在这里，宗教直接进入了政府和政治的范畴。"上帝是至高无上的"被解读为"上帝的律法是至高无上的"。这些律法并不像埃及人思想中的玛特神那样含糊不清，它们是清晰的，不仅数量众多而且被书写下来。对于任何现世权力而言，它们都是外在的，又是高于一切的。

《摩西五书》代表了当时曾作为上帝与民众中间人的摩西在西奈山发表的这部分内容。这一点是非常靠不住的。②就真实情况而言，从约西亚统治开始，通过犹大王国的王权转移，整个文本假摩西之手而成了上帝的律法。为了实用目的，他们通过践行约的方式遵守这部神圣律法。

我们早已指出，"西奈之约"就像赫梯人的隶属条约。二者都以历史介绍来唤起引出条约的事实，都以作为制裁的诅咒和祝福作结，都被书写在石版或石碑上，并被置于神的会所旁。有一些赫梯条约，还被命令在从属国的国王和臣民面前定期诵读，而《申命记》中的法律每七年也要宣读一次。

个中差异更令人震惊。首先是这些法律的不同特点。正如我们看到的，埃及根本没有留下法典，也没有任何关于法老曾是立法者的记录，其语言中也没有和"法律"类似的词汇。在巴比伦，《汉谟拉比法典》

① 参见 Bright，《以色列史》，第 160 页。
② 同上，173；W. Eichrodt，《旧约神学》，6th edn.（SCM Press，London，1961），i. 第 72 页。

一度造成这样的感觉，那就是此前它在美索不达米亚曾被多次使用：比如《乌尔纳姆法典》（约公元前 2050 年），以辛的《利皮特—伊斯塔尔法典》（公元前 1850 年）、《埃什努纳法典》（可能更早些）。[249]但是这些法典并未被装订成册，法官并非一定要遵从：法官依旧按照"正义"或习惯行事。在美索不达米亚，法的内容和传统被书写下来，看上去更有利于民众而非法官。大约在公元前 1100 年的《亚述法典》是一个"司法指南"，它只涵盖了特定领域，而不是一部国家律法典；而赫梯人的法律建立在习惯法基础之上，并未形成法典，仅仅是一个比亚述人的法律更为松散的汇集。至于在叙利亚和迦南，迄今还没有发现类似的法律汇编。①

实际上，《摩西法典》同上述法律汇编是根本不同的。首先，它只是一个宗教法律：上帝并不是律法的保证者（比如，像《汉谟拉比法典》那样）；上帝是律法的缔造者。其次，自从律法成为"上帝之约"的一部分后，其规定往往出于正义的动机。②而且，在道德规则和基本的宗教律令之间存在着明确的联系。③它们的主旨同样存在差异。由于立法与司法的设计初衷是为了维护"约"，因此对于所有背叛神的犯罪惩处都极其严厉：偶像崇拜、亵渎，包括玷污特选子民的纯洁，比如兽行和鸡奸。但与巴比伦律法相比，除了妇女社会地位相对低下之外，它对于其他的犯罪行为则较为仁慈。比如，它对于侵犯别人财产的犯罪没有设立死刑，而这在《汉谟拉比法典》中是不可饶恕的。奴隶在反对主人虐待方面是受保护的。它明确规定子女不必为其父亲的罪行代过受罚（这与中国的做法相反）。在《汉谟拉比法典》和亚述人的律法中被多次使用的残损肢体行为，在《摩西法典》中完全没有（除了特殊的情况）。鞭挞犯人也是有节制的。无论如何，"以眼还眼"的原则，即同态复仇法（lex talionis）在这里失去了作用，而这本身就是对血亲复仇的一个限制。④最后，有别于《汉谟拉比法典》那种根据不同社会群体（如特权阶

---

① de Vaux，《古代以色列史》，第 145 页。
② 比如，可参见同上，第 149 页。
③ W. Eichrodt，《旧约神学》，i. 第 76 页。
④ de Vaux，《古代以色列史》，第 149 页。

层、平民和奴隶）的需求实施不同的处罚，摩西法典设定了法律面前的平等性。祭司和贵族在法律中也没有特殊地位，即使奴隶也会受到法律保护。①

4. 犹太王权的形成

[250]《圣经》显示，对迦南的占领只是一次孤立行动，此后十二支族占领了他们的指定位置，有的在约旦河东岸，有的在约旦河西岸。事实上，《圣经》历史和考古学的诸多发现同时显示，占领是一个逐步的、缓慢的、艰难的过程，也是不完全的过程。一部分占领者一度跨过约旦，进入撒玛利亚和约旦高地，与低地上的众多迦南城邦对峙。相比他们的犹太支族，他们的物质文化有所进步，作为奴隶的第二代，②他们没有任何职业贵族的领导。犹太定居者使用的陶器是粗糙的，甚至是原始的。而迦南人的城镇用墙筑成，并建有堡垒。每一个城邦都由他们的王来统治，通常由训练有素的卫兵和民兵来护卫，他们使用铁制武器在战车上作战。在与迦南人作战的同时，高地上的新犹太占领者也与他们的新敌人对峙。在进入迦南途中，他们还不得不在约旦东边的以东、摩押、亚扪快速建立王国以便侧翼作战。再往东就是在沙漠中骑着骆驼的米甸人联盟，他们经常会冷酷无情地攻击犹太人和迦南人。西南部则是非利士人建立的五城联盟。《士师记》反映了这一情形：这些故事当时是可信的，只是到了后来才被人做了比较和整理。

在这个较长的历史时期里，各支族并肩作战，每一支族都在自己占据的领土内行事，有时与邻居结盟反对共同的敌人，有时候则会反目成仇。但是其最为主要的共同点建立于种族纽带和共同利益之上，首先是雅赫维宗教以及他们冲出埃及、与上帝立约的共同经历。

当这些占领者定居下来后，他们接受了很多迦南人的习俗。③但这只是"流行性"宗教，也是地方性的和家族性的宗教：因为并不存在对雅

---

① 　W. Eichrodt，《旧约神学》，i. 第 79—80 页。
② 　[译注]此处是指犹太人在埃及为奴的历史。
③ 　《士师记》6：25—6，参见《士师记》17：3—5。

赫维及其宗教的集体性背叛。巴力神也从未被接纳为部落的神。相反，雅赫维并未遇到竞争对手，他受到了所有部落的崇拜。它的"帕拉斯像"（palladium）①就是神圣而轻便的约柜，被置于帐幕之中。有时候会在放在一个圣地，可能是示剑、伯特利或吉甲，有时会在其他地方。不过它最终被安置在了示罗。

和雅赫维宗教一样，"上帝"也是让这些松散的支族团结的一个因素，[251]有一个派别的历史学家认为这些支族曾经建立过一个正式联盟，每个支族都按月值勤，轮流守卫放置约柜的圣地。不过根本没有直接的证据来支持这样的假说。②还有人煞有介事地争论说，约书亚领导下在示剑重新立约的事实，只是正在攻伐中的各犹太支族为维持宗教团结而签署的一个正式协定。③通过它，他们承认了共同的神和约柜，并得以实行共同的律法和条令。④与各支族的习惯和部落法相比，这只能是包含有"约书"的泛以色列人的律法。⑤

但是，当时还不存在一个集中的领导。一些学者承认，在重要事务上曾经召开过部落全体会议。在其他一些部落决定惩罚便雅悯部落时，确实发生过这样的情况。⑥还有人甚至认为，《士师记》中提到，一些轻微的违法事件是由"普通审判官"来裁决的。不过，看上去当时的管理还没有系统化到如此地步，正像文献中所有被提及的士师一样，通常在重大事件发生后，由"主要"和"次要"审判官来分工裁决或率众作战。⑦

缺乏核心领导组织这一问题在战争中更为明显，《士师记》的大部分故事基本上都是关于如何应对敌人的内容。所有的"大审判官"都是

---

① ［译注］原意指希腊智慧女神帕拉斯"Pallas"的神像，此处意为神圣之物。

② M. North，《以色列史》（Black，London，1960）；参见 K. W. Whitelam，《正义之王，古代以色列的犹太君主权威》，《旧约研究（Journal for the study of Old Testament）》ser. 12，Supplement（1979），第 47—48 页。

③ 同上，第 247 页。

④ 参见《约书亚记》24：25；de Vaux，《古代以色列》，第 93 页。

⑤ 《出埃及记》21—3；M. North，《以色列史》，第 103—104 页；de Vaux，《古代以色列史》，第 143 页。

⑥ 《士师记》19—21。

⑦ A. Malamat，《起源与定格时期》，见 H. H. Ben-Sasson 编，《犹太民族史》（Weidenfeld & London，1976），第 68—69 页。

英雄,底波拉故事中的主人公是一位女英雄,在战败的当口力挽狂澜。这里有一系列英雄的名字:底波拉、巴拉克、参孙、基甸、以弗他等。底波拉和巴拉克在麦基多附近击败了迦南人,从而在北部的但部落和南部的以法莲、玛拿西部落之间开辟了一个陆桥。基甸打败了阿拉伯沙漠的米甸人。以弗他大胜亚扪人,十二士师中的最后一个参孙则打败了他们的新仇敌——非利士人。

希伯来语中"审判官"一词被译为"士师"(Shoft)。考古学家帮助我们释读了这一词汇。大约在公元前1700年的马利文本使用了这样的词汇和释义,即"士师"是指那些在司法审判权之外,还拥有更多权威的杰出部落首领。[252]这一说法主要在乌加里特和腓尼基城邦使用,流传在拉丁文献中的是"执政官"(Suffetes)一词,意为文职官员。[①]"士师"们往往具有复杂的背景:底波拉是个预言家和女先知,基甸是一个贫穷的乡村家庭的孩子,以弗他是个强盗领袖。他们的共同特点就是非制度化和自发性,特别是他们的领导权。士师们是拥有超凡魅力的领导人,他们中的每一个都被认为是神意的安排,以带领其子民逃离压迫者。关于俄陀聂,"耶和华的灵降在他身上,他就做了以色列的士师,出去征战";[②]底波拉宣读了上帝的指令(士4:6);耶和华的信使告诉基甸"你靠着你这能力去从米甸人手里拯救以色列人"(士6:14);参孙被耶和华指定要从非利士人手里拯救出以色列。[③]这些信仰并非是后来编撰者的虔欺诈,[④]它是发生在这块土地上的一系列有关圣人和大公无私者的寻常故事被修饰后的模样。[⑤]圣灵、圣魂都在他们身上,因此他们以"神人"或"圣人"之名行事。[⑥]早期犹太文化中浸透了"神圣"的观念。在扫罗的故事中,一个平民之子通过获得上帝之灵而行奇事的

---

① A. Malamat,《起源与定格时期》,见 H. H. Ben-Sasson 编,《犹太民族史》(Weidenfeld & London,1976),第 68 页。

② 《士师记》3:100。

③ 《士师记》13:5。

④ [译注]是指在神职人员和教徒之间存在教义上的疑问,或发生争执之后,为使教徒继续保持对宗教的虔诚而对教义进行曲解的行为。

⑤ 《列王纪下》1:8。

⑥ 《士师记》13:8;《撒母耳记上》2:27;9:6。

故事，可以说是对这一观念的最重要描述。

扫罗是列王中的第一位，但同时也是士师中的最后一位。古代犹太统治在这里出现了一个分水岭：即从部落联盟到王权的转型，也就是从部落向国家的转变。向君主制转型的时机就是非利士人对撒玛利亚的占领。非利士人在亚弗打败了利未部落，掳走了约柜，洗劫了位于示罗的大圣殿，此后他们的卫队占领了这个山地之国的要地。部落联盟似乎就要解体，只有便雅悯和犹大部落还是独立的。① 这时候，又一位救世主般的英雄出现了。他拥有的神赐般的才能使之能够在当时脱颖而出。扫罗来自弱小的便雅悯部落中一个卑微的家庭，当来自基列雅比城的信使降临时，他正在用公牛犁地。信使告诉扫罗，他们的城正在被亚扪人围困，投降的唯一条件就是剜出所有人的右眼。[253]耶和华的灵降临到扫罗身上，他将一对公牛切碎送到各支族中去，号召众人出战。一旦失败，他们就会像被切碎的公牛一样。第二日，所有的人都站出来跟随他作战，彻底击溃了敌人。② 扫罗因此扬名，被拥立为魅力型领袖"那基德"（nagid）。③

从这时起，扫罗开始为王。关于扫罗的王权有两点解释：一种是反对；一种是支持。这两种对立的看法是大流散之前犹太人中间常年争论不休的前奏：即关于神权和王权的争论。

拥戴者的理由是，④ 扫罗之所以获得王位是由于上帝的倡议，耶和华选择了他作为解放者。⑤ 耶和华告诉撒母尔："我眷顾他们，因民的哀声已上达于我"，"你要膏他作我民以色列的君，他将救我民于非利士人之手。"⑥ 如上所述，扫罗召集各部落击败了亚扪人。那些怀疑者被迫保持沉默，撒母尔召集众人前往吉甲，并在那里当着耶和华的面立扫罗为王。⑦ 此

---

① 尽管《撒母耳记上》没有论及犹太人在俄本—埃泽（Eben-ezer）的聚会，以及他们收复的要地。

② 《撒母耳记上》11。

③ 《撒母耳记上》16；10：11 此处不是国王（melek），而是魅力型领袖（nagid），修订本中译为王子（prince）。

④ 《撒母耳记上》9：1—10，16；11：1—11；13，14。

⑤ 《撒母耳记上》9：16。

⑥ 同上。

⑦ 《撒母耳记上》11：14—15。

后,扫罗在同非利士人和约旦河东岸的敌人作战方面确实屡建奇功。①

反对者对此事有着不同的见解。②这里的"长老们"(zekken-im)——出埃及以来那些参与决策的有影响的家族头领③——组成了一个代表团来到撒母尔那里,要求他"为我们立一个王治理我们,像列国一样"。毕生担任部落士师的撒母尔对此感到不悦,就向耶和华祈祷。于是就发生了最为重要的一幕:耶和华告诉撒母尔要依从众人的意见,同时安慰他说以色列人素来如此。因为"他们不是厌弃你,乃是厌弃我,不要我作他们的王"。④

随后撒母尔在长老大会上发表演说。他重复了神的责备,预言了未来管辖百姓的王将要行的事情:王的军事、征召、劳役、税收和征用。(一些学者发现关于所罗门统治的描述是如此精细,以至于宣称这是后来人的篡改。为什么?撒母尔的情况在当时的埃及、外约旦王国以及毗邻的叙利亚有着足够多的例子。)[254]但是长老们不为所动:"不然,我们定要一个王治理我们,使我们像列国一样,有王治理我们,统领我们,为我们征战。"⑤这一描述在扫罗就任时再次出现,不过不是在吉甲,而是在米士巴。⑥这里,撒母尔再次以"背弃耶和华"来指责聚会的民众。在《撒母耳记上》第12章中,他再一次指责民众,并亲自来管理政务。尽管此时民众对要求立王的罪恶已表示出忏悔,撒母尔拒绝取消他所行之事。相反,他告诉民众一切自会照旧:规定他们和王"不要违背上帝的命令,你们和治理你们的王,要继续顺从你们的神耶和华"。⑦

犹太历史上的两种传统自此开始互相交织:首先是君主制的传统,它在第一圣殿时期得到前所未有的加强;另一个是与之相反的传统,那就是回归到神权制。因为如果上帝早已制订了律法,并且是永

---

① 《撒母耳记上》13,14。
② 《撒母耳记上》8:1—22;10:18—25;12:13。
③ 《出埃及记》3:16。
④ 《撒母耳记上》8:7。
⑤ 《撒母耳记上》8:19—20。
⑥ 《撒母耳记上》12:13—14。
⑦ 《撒母耳记上》10:19。

恒不变的,国王在这里又有何用? 组织防务自然毫无疑问,当然也可能是评判有争议的案件。但是,那些传统主义者争论说,这些可以经由古老的方式实现,即笃信上帝会在合适的时间作为救世主出现。在犹太君主制中,二者之间的紧张关系从未得到解决。撒母尔妥协的立场其实是最后的放弃:民众和国王都必须遵从上帝律法。简言之,相对于法律而言,一个权力仅只是行政性和工具性的君主制只能是有限君主制。

5. 犹太国家和君主制

从历史比较的角度看,犹太国家被组织起来的方式并无新意。相比之下,国王的角色和特性倒是独一无二。然而,人们在《圣经》中看到的却是王权同保守势力坚持的约法至高无上之间的摇摆,这个不断扩大之中的王权更为接近旧的中东国家范式。这就是犹太史为什么会被描绘成基督教历史的原因所在。

不仅扫罗(他看上去没有立下什么制度),还有大卫和所罗门都是犹太国家的缔造者。大卫王开始了对宫廷官员的集中管理,进行了人口普查——这也暗示着军事征召和可能的税收,他建立了卫队——一个经过精选的来自各个部族的职业精锐之师。他所征服之地深远辽阔,北到哈马,东至叙利亚沙漠。[255]他控制了两条南北商业线路:海路和王道,使所罗门能够沿安纳托利亚—埃及—红海商业线路追求利润丰厚的沙漠贸易。所罗门将这个小帝国分成了几部分:为税收和劳役而设立的行政区域,由他指定的官员治理;大兴土木,兴建与耶路撒冷宫殿毗邻的圣殿;具有战略性的城堡要塞。和他的父亲不同,所罗门组建了一支庞大的战车部队,这是当时最为先进的军事武装。所罗门的横征暴敛激起了北部的以法莲和玛拿西两部落在其儿子登基之时揭竿而起,由此形成了以色列和犹大两个分别独立的王国。

我们只知道管理体系的轮廓:宫廷内官员是世袭制,十二行政区分别由王室官员治理,地方事务由长老处理。宫廷主要官员就是“总管”、王室书记官和信使。“宫廷总管”最早源自王宫的干事,后来发展成为首席部长，与埃及的维齐尔①相同。书记官对所有的内外通信和圣殿税收负责，他是埃及官僚机构的一个小复制品。信使也与埃及的一个官僚机构相似，其职责就是保证国王在事关国家和民众的任何重要事务上保持信息畅通，并将君主的命令下达于人民。②另外，国王还任命圣殿的祭司（他在整个王国内熟练地控制了祭司部落利未支族）、军事指挥官、强制性劳役的负责人（与役工制度相始终）。③

所罗门之下的长官制度也是如此。后来的统计是 12 个，北部每区一个，犹大国另有 12 个。后来希西王（公元前 715—前 687 年）将之重组为四个。这些区划的目的主要在于国家税收、军事和劳役。有关税收制度我们知之甚少。王室和公共财政之间没有区分，国王支付所有的开支。同样，在公共财政和宗教之间也只是名义上的区分；圣殿的珍藏经常被用来收买那些外族的入侵者。税收、国王商业活动的赢利、交通税、沙漠贸易的收入都被用来充当王室的开支和产业，额外的紧急支出将会由额外的税收来填充。以色列的米拿现国王就曾征税以收买亚述人，向"有钱有势的人"每人征收 50 个谢克尔；④[256]约雅敬也曾根据本国的办法向百姓征税，用以收买尼科的法老。⑤日常税收通过"以货代款"的形式支付。根据《列王纪上》第 4 章第 7 节，12 个地区必须分别为王室支付一个月的开销。⑥

另外，所罗门还强迫劳工伐木建造圣殿与王宫，并加固边境城镇的要塞。⑦30000 名伐木劳工每季度才能轮换一次，另有 150000 人在以色列地开挖和搬运石头。⑧当罗波安继承所罗门之位时，以法莲人拒绝继续执行命令，利未支族的头领前去抗议反被谋杀。看上去使强制性劳工恢复过去常态的情况已不大可能；我之所以如此推断是因为后来的

---

① 　de Vaux,《古代以色列史》，第 132 页。
② 　同上，第 132 页。
③ 　同上，第 125 页。
④ 　《列王纪下》15:20。
⑤ 　《列王纪下》23:34—35。
⑥ 　很难说这是否耗尽了日的常税收，参见 de Vaux,《古代以色列》，第 140—141 页。
⑦ 　《列王纪上》5。
⑧ 　《列王纪上》5:17—18。

参考资料极少，情况又比较例外。唯一的例子是：亚撒号召所有男丁去加固米士巴和迦巴要塞，以便阻止以色列王巴沙的进攻。①

如同以色列的大多数邻国一样，首都之外的地方事务被交由长老们去处理。他们成立了一种村镇委员会。村镇长老们端坐其中，主持正义。约沙法可能是第一位承认这种制度安排的国王，他在每一个设防的城镇中安插了自己的审判官。在耶路撒冷，曾有一个由祭司、利未族人、家族族长组成的法庭，不过其权限并不是很清晰。与耶和华有关的事务将会交给更高级别的祭司来处理，但是事关国王的事务则由犹大王国的王室总管来处理。②祭司一定参与了裁决，但是我们尚不知道其确切的能力。看上去他们似乎在所有的宗教案件中都有权涉及，他们还同时介入了一些与宗教法律程序相关的民事案件。③

简言之，国家就是一个毗邻地区王室政权的复制品：世袭官员制度、祭司制度、王室卫队、多妻制、原始的税收制度。这一切并无引人注目之处。但是当我们转到国王的地位和角色时，就会发现有所不同。不过，它的王权就像我们曾经强调过的那样，是有限的而非绝对的。无论如何，它被限制在一系列摩西律法的范围之内。这些律法并未涵盖所有可能发生的事情。最重要的是，律法没有包括外交政策的原则和影响这些政策的手段，特别是招募军队[257]和征收军费。那么，王室的特权究竟止于何处？

犹太王国的法律同时也是宗教戒律，违反法律的犯罪也等于违背了上帝。就这一点来说，第二戒律在早期对于所有人来说都很明确，那就是"除我之外，不可有其他神"。所罗门自己同意为他的埃及妻子的神灵建造一座庙宇，所以《圣经》上说，所罗门在统治晚期由于被蛊惑而开始了异教崇拜。在这方面，无论是犹大王国还是以色列王国的国王们都是如此。犹太教的大众化特性使之成为君主制的一个全新的制约。它的宗教并不像埃及和其他中东国家那样是一个王室宗教。它是一个会众（以色列圣会）的信仰。国王和支持国王的祭司都不能指使民

---

① 《列王纪上》15：22。

② de Vaux，《古代以色列史》，第153—154页。

③ 同上，第155页。

众参与宗教。民众有权坚持履行第二戒律，也有兴趣来这样做。因此，固守约法的祭司和君主之间为争夺民众的效忠而常年争斗。在这一点上，没有比以利亚和巴力先知之间的争斗更为精彩的事件了。以利亚没有一官半职，身着毛发编织的衣服，是一个少有的令人难忘的人物。百姓被亚哈王和他的提尔人王后耶洗别引入歧途，开始像王后一样崇拜巴力神。在众人面前，以利亚挑战了450位"巴力先知"，他利用上帝之力和他们进行了比试。他将这一争论公布于众，让民众自己来决定："你们心持两意要到几时呢？若耶和华是神，就当顺从耶和华；若巴力是神，就当顺从巴力。"①

　　和中东其他地区相比，犹太人的王权是一个非常精简的制度。被其他地方认为是关键的内容在这里完全缺失。首先，国王并不像汉谟拉比那样是一个立法者。犹太人的律法早已成定制，只可按照传统，不能增减。②国王拥有广泛的统治权威：组织王国、任命官员、制订政令。但是他不能立法。因此，他的指令就是我们今天所说的"子法"，必须在"母法"权威范围之内，这个"母法"就是摩西律法。《旧约》中有两段学者们所谓的"王法"：这些"王的法律"规定了国王[258]能够或者不能够做的内容。③值得一提的是，这里没有任何关于国王发号施令的权力的暗示。相反，却存在着撒母尔警告百姓要反对国王独裁专制行为的早期例证。国王根据上帝之命复制了律法，每日咨询，并将律法和法版的释义都牢记于心，"他的心不能高于他的同胞"。④国王的功能并不是成为审判官。希伯来语使用的词根"士师"和《士师记》中使用的"审判官"相同。审判并不仅只是在对立的当事人双方之间的裁决，尽管这是应有之意，就像所罗门王审判有争议孩子的著名案例一样。这里的"治理"就是希腊语中的"驾驭国家"，但是要在规定的限制之内。押沙龙拼命地获取他父亲大卫的王位，但是他大声呼喊的是："噢，我被认定做这里的士师！"⑤

---

① 《列王纪上》18：21。

② 《申命记》4：2。

③ 《撒母耳记上》8：11—18；《申命记》17：14—20。

④ 《申命记》17：20。

⑤ 《撒母耳记下》15：4。

国王也不是一个祭司。当然，他规定了祭司制度。在其他所有相邻的中东地区，祭司一职通常都是世袭的，但犹太人却将其严格限制在利未部落中。这一部落的分支，亚伦后裔取得了永久祭司的地位；利未支族的其他后裔则转而承担一些次要的宗教功能。在亚伦后裔中，撒都和亚比亚他两支又曾争夺首席祭司职位。后者曾经密谋反对大卫，所罗门将其发配到一个次要的圣殿中去，这可以说是王室权力影响宗教的一个例证。当然，一个更为显著的例子就是所罗门和大卫将耶路撒冷建成了宗教中心。大卫把放置在基列耶琳村的约柜带回了耶路撒冷；所罗门修建了第一圣殿用来存放约柜。所罗门还建立定制，由祭司在此举行仪式，维持圣殿，并规范仪式使之成为所有后裔必须遵从的重要内容。但是国王自己并不是祭司。国王乌西雅无视大祭司和 80 位祭司的劝阻，坚持在祭坛上焚香，从而身患大麻风病。这些祭司们认为只有被视为神圣的亚伦子孙才可以焚香，并要求国王离开圣殿。[1]国王主持祭祀仪式的情况确实曾经发生过，但都是特殊的和例外的情形：诸如转移约柜，向圣殿进贡以及每年一度的大节日。[259] 简言之，在庄严的场合，他可以作为人民的宗教领袖，但是日常的宗教管理则专属于祭司。

犹太国王们和他们当地同行之间的最大区别在于，他们并非是神与民众之间、人与自然之间独一无二的沟通渠道。从所罗门时代开始，犹太王国的国王们在登基时，会举行一些庄严的宗教仪式和典礼，一些词汇如"救世主"、"上帝之子"等也会用到他们身上，看上去似乎把他们提升到了超人的地位。但这些词汇并不经常出现，这反映了王室包括王室祭司们的一个明显意图，那就是将君主提升到一个超越凡人而接近神的地位。尽管如此，无论在官方宗教还是在民间宗教中，君主从未被神化或是被认为等同于神。正如德富所说："先知们曾经指责国王的很多罪过……从未指责他们宣扬神性。以色列从未有过，也不可能有过任何国王就是神的观念。"[2]

---

① de Vaux，《古代以色列史》，第 113 页。

② 同上。

国王没有解释过神的旨意。但是,祭司们在早期则通过抽阄的方式来释读神的旨意。任何人,无论多么卑微都可能成为上帝的代言人——也就是先知。最终,没有一位犹太国王可以达到他们邻国君主们的那种神圣角色——自然与社会合而为一,因为犹太教是完全排除这一点的。在犹太教中,神是超然的,它是世间万物的唯一来源。自然本身缺乏神性,它们只是上帝的创造,只有顺从造物主才能给生活带来善。国王和其他犹太人一样,也要接受上帝的裁决。①

我们可以说,王权是个附属品。除了犹大王国的王室试图将之变得像这一地区的其他神圣君主们以外,它基本上是个世俗的制度。②正如我们将要看到的,犹大国王室要求在大卫家族和神之间有第二个专门的约;这个约专为大卫,而不是民众。它将和"西奈之约"共同发挥作用,但与后者并不完全一致,这方面犹太王国在古代中东地区是独一无二的。这样,一方面国王是战争领袖;另一方面,民众直接与上帝有约。它通过亵渎和神圣的区分,君主保护宗教的义务被融入到了王权之中。③

一旦王权通过大卫的即位开始制度化,就不乏有人准备将这两条平行线接合起来。[260]值得一提的是,国王非常富有,这并非相对而言。比如,耶路撒冷就是大卫王的个人所有。他的广泛征伐给他带来了大量产业,其中许多被他和族人据为私产。所罗门和后来的以色列暗利王室通过交易税和贸易牟取暴利。亚哈在撒玛利亚的"象牙屋"也成了传奇(这一点已得到考古学家证实)。尽管犹大王国只有200000居民,它的国王约西亚能够献出30000只羊和300头阉牛作为个人祭品。④国王们通过赠予产业支付大臣们俸禄,并管理祭司,拥有正规的宫廷卫队。这些人形成了一个从国王这里寻求工作机会和财富的食客圈子,也正是这个圈子在拥戴着君主制。

当北部的部落拒绝接受所罗门之子罗波安做他们的王时,他们也

---

① 参见 Fankfort,《王权》,第 342—344 页。

② M. North,《以色列史》,第 223 页。

③ 参见 Fankfort,《王权》,第 341—342 页。

④ 《历代志下》35:7。

正式表达了不接受大卫族系的世袭统治规则的立场。然而，在犹大王国，王朝也是由所谓的"大卫之约"来支撑的。这个"约"与我们所知的登基大典，是被王室中阿谀奉承之徒用以提升君主制地位的两个发明。

前者是上帝通过先知拿单之口给予大卫的承诺："我将为他的王国设立永久的王。"①不仅是大卫的王位，还有大卫王的住所耶路撒冷也是如此。在很长时间里，大众信仰中的这个"约"胜过了摩西律法：国家的存在，其首都和圣殿之安全，在上帝对大卫的无条件承诺中均可见到，而不是匆忙草率的"西奈之约"。对于"摩西之约"，约西亚并不认为仅仅通过口舌之言就能拯救国家，但是他最后相信王朝和锡安将会被保存下来。②

国王的登基大典融合了"大卫之约"。加冕礼通常在圣殿举行，高级祭司在这里给即将登基之人加冕并予见证，然后庄严地为他行膏礼。扫罗之前的所有国王（可能后来的所有以色列国王也是如此）都曾受膏为王。自此，国王开始分享上帝的神性，并开始变得不可侵犯。[261]然后，新国王开始为百姓或代表他们的长老欢呼拥戴，这并非选举而是承认。这是一次神灵的显现，国王取得了王位，这是上帝许诺过的以色列国的王位。③

从这两个根源：即"大卫之约"和膏礼出发，引发出了一个充满活力的君主礼仪制度。这在《王室诗篇》中非常明显，圣歌中的一些表达，让有些学者匆忙地断言君主制是半神圣的，甚至是神圣的制度。在《诗篇》第 2 章中，国王被称为"上帝之子"。④与汉谟拉比法典中收养孩子的人会说"你是我的儿子"⑤相比，这是一个客套的公式。它并不意味着国王已被神化，正如先前曾经提到的，这在早期犹太人中将会是无稽

---

① 《撒母耳记下》7:13。

② 正是由于这一关于国家和王朝长生不灭的信仰，公元前 586 年为巴比伦人所攻占的史实成了犹太民族的一个历史性创伤。这就是为什么流散者中间的耶利米、以西结以及以赛亚第二在整个民族中从根本上重释犹太人使命的原因，同样也是犹太教如何得以重生以及今天大多数学者将这一时期作为犹太教发端的原因。

③ 《历代志上》28:5。

④ 《诗篇》2:7。

⑤ de Vaux，《古代以色列史》，第 112 页。

之谈。《诗篇》第 72 章中提到"王"是穷人的救世主，其实士师们也曾经如此。①

在充满溢美之词的《诗篇》第 45 章中，第六行被钦定本《圣经》译为："神啊，你的宝座是永永远远的。"由此可推断歌手当时欢呼国王为神。但是这一段也可以被引申为修订本《圣经》中的说法："他的王位就是神的王位"，②也有将其翻译为"它的王位像神一样永久。"有人认为这纯粹是一个插入语。无论如何，正如德富指出的，"神"（elohim）也会被用以指超凡之人。③尽管这些表达并不意味着所有犹太人将他们的王认作是神圣的甚或是半神圣的，但这无疑是一种阿谀奉承。这些也可能是所谓的"王室先知"的作品，④他们作为一个职业阶层，在王室和祭司开始混杂融合的以利亚时代就已形成。圣殿预言开始被融入了日常礼仪，成为宗教仪式中的一个特别之处和指定的祈祷信息。⑤

王权实践受到人与神性的制约。王位继承成为令人不安的交易，起义和篡位时有发生。自从犹大王国所接受的王位继承原则遭到北部地区拒绝以后，王位尤其不稳。《列王纪》和《历代志》为我们描绘了一幅幅关于谋杀、阴谋和暗杀的可怕画卷。巴沙从耶罗波安之子的手中篡夺了王位，并将耶罗波安全家悉数杀死；他的儿子以拉，在和全家人饮酒时被骑兵指挥官心利杀死；心利在一周之内又被另一军事指挥官暗利推翻，自己则在宫中纵火自焚；暗利的后裔统治了只有大约 30 余年，就被一个叫耶户的战车骑兵指挥官推翻。[262]在犹大王国，谋杀和阴谋发生在统治者家族内部；约押杀害了他所有的兄弟，亚他利雅王后杀害了她丈夫的所有男性继位者而篡位，只剩下一个人被藏匿了起来。她自己也被一场祭司领导下的宫廷政变推翻，唯一幸存的儿子在政变中被扶上了宝座。

众所周知，类似的故事在其他中东地区也曾发生（确实，我们应当

---

① 《士师记》3：9—15。

② 新英文《圣经》译为："你的王位和上帝的王位一样，是永恒不灭的。"

③ de Vaux，《古代以色列史》，第 112 页。

④ 参见第 264 页以下。

⑤ Eichrodt，《旧约神学》，i. 第 333 页。

看到，这也同样存在于其他亚洲宫廷政治之中），但是在犹太王国中还存在着其他的制约因素。一方面，长老们的古老部落制度，就是被称为"圣会"或"聚会"的长老聚会并未完全失去作用。长老们都是地方上的审判官。①亚哈就曾向长老们询问是否抵抗叙利亚的便哈达；约西亚也曾召集长老们，向他们诵读新发现的"律法书"。②长老们还参与选择立大卫为王，他们的建议也是罗波安绝对不能忽视的。他们的军事干预确保了年幼的约西亚登基为王。③

长老们对法律根深蒂固的崇拜可能是独一无二的。君主制本来可以反其道而行，但是它同样没有忽视法律。拿伯的葡萄园④和赫梯的乌利雅⑤是人们熟知的故事，它们精彩地描绘了这一点。犹太国王并不是臣民们生命和财产的主人，他不能随心所欲地获取它们。因此，大卫必须使乌利雅之死看上去像是意外。在拿伯的故事中，王后耶洗别质问以色列的亚哈王，谁在迦南事务上更为老练，"你是不是以色列的国王？"⑥虽然如此，葡萄园也不是强制获得的。相反，拿伯先是被指控有罪，然后审判、查明罪行并被执行。案件是捏造出来的，审判官也是受过唆使的，但是这一点也表明类似的案件在当时是依法进行的。

然而，在所有的制约性因素中，后果最为持久、影响最为深远的当数西奈约法传统和被神圣化了的摩西律法文本。正如我们此前反复强调的，在这一点上古代以色列是独一无二的。法律曾经受到了来自各方面的威胁，比如我们前面提到的君主制、迦南邪教的诱惑性力量、各种其他宗教以及放荡的节日狂欢等，但是所有这些"威胁"都遇到了"摩西律法"的抵制，即由国王、民众、先知或是三者的共同回应。[263]以利亚代表了先知和民众的联合来反对亚哈；以利沙是膏耶户为王并煽动他发动兵谏的先知，他们促成了暗利王室和耶洗别的毁灭，同时根除了巴力邪教（尽管是暂时的）。在犹大王国，笃信巴力神的亚他利雅王

① 《列王纪上》21：8；《申命记》19：12。

② 《列王纪上》20：7，《列王纪下》23：1。

③ 《撒母耳记下》5：3；《列王纪上》12：1，6；《列王纪下》21：23；也可参见《列王纪下》23：30。

④ 《列王纪上》21。

⑤ 《撒母耳记下》11。

⑥ 《列王纪上》21：7（NEB）。

后篡夺王位后被圣殿内祭司领导下的起义所推翻。《旧约》史书描绘了在亚撒、①约沙发、②约阿施、③约珊④尤其是希西⑤和约西亚⑥领导下的"约崇拜"与偶像崇拜之间的暴力斗争。以利亚和以利沙之后，涌现出了一批后来学者们所说的"写作先知"——何西阿、以赛亚、耶利米，他们激烈的批判性信息中都援引过"约"的内容。"约法"传统的影响可能比《列王纪》和《历代志》所显示的还要深刻。此外，《申命记》的突然浮现也有点令人费解。

　　《申命记》是对《出埃及记》以及西奈山之约和整个摩西律法的重述。（当这些律法在波斯行省中使用时，波斯王室称之为"犹太人的惯例"。）按照《圣经》的说法，公元前621年圣殿的高级祭司们发现了这些新的律法书之后，圣耶罗米是第一位将《申命记》认定为律法书的人。当时正处在约西亚的统治之下，耶罗米的认定为今天大多数学者接受。当这些古卷被读给约西亚的时候，他意识到他和普通民众已经严重背离了约法。他召集长老们，和他们一起与百姓立约，表示对律法规定的严格忠诚。他的清理性宗教改革与其说是复归，倒不如说是一个创新的标记。根据古卷，必须有一个而且只能有一个崇拜耶和华的祭仪中心，早期举行燔祭的乡村祭坛悉数被摧毁。原因虽暗含其中，但是却很清楚，这些被摧毁的燔祭地点——山顶、高坡、树林都曾是以前迦南人的自然崇拜之地。⑦我们无需太多想象就可以看出，这些被认为是民众常年落后的诸多根源——迦南人的祭坛、柱子、圣竿、偶像在这里依然被使用。⑧古卷命令他们要把这些东西悉数烧毁并撕得粉碎，这些场所则弃之不用。[264]从那时起，改革派创建了一个致力于这一新正统的学派，正是这个学派铸就了被囚禁于巴比伦的犹太人的宗教认知。

---

① 《列王纪上》15:11—14。
② 同上 22:43。
③ 《列王纪下》12:2—16。
④ 同上 15:34。
⑤ 同上 18:3—5。
⑥ 同上 22,23。
⑦ 《申命记》12:2。
⑧ 同上 12:3。

因此，对于犹太教的前途而言，《申命记》的发现是一个极其重要的事实。但是它对以往情况的披露也同样令人关注。这一文献究竟来自何处？一些学者如斯塔尔克（W. Staerk）、考夫曼（Y. Kaufman）、伊文（S. Yeivin）、罗伯特逊（E. Rbertson）认为它形成于所罗门时期，或者所罗门之后不久。①然而，大多数人认为，它包含的资料无疑可以回溯至摩西时代，这些文献在公元前 7 世纪的某个时期被汇集到北部以色列王国，然后在公元 721 年撒玛利亚陷落之后又被带至耶路撒冷，也就是在它被重新发现之前经历了整整一个世纪。②不过，即使《申命记》编纂于约西亚统治时期，它的"发现"也只是一个伪装，正如有人所坚持的那样，事实的关键在于：只有在几乎非常接近于独立的王国中，宗教和国家律法才能出现一次权威性的巩固和强化。这一律法传统，不仅回避了经由"大卫之约"来巩固君主制的企图，而且从那些迫使其遵从邻国异教徒君主制模式的长期压力中幸存下来。它通过拒绝使君主制高于法律之上而成功地再现异彩。③

有人④指出，约西亚和改革派热衷《申命记》并努力践行的热情另有原因，那就是犹太王国历史上的士师们。士师们的活动体现了犹太国家和这一地区其他所有国家之间的根本不同。祭司们为捍卫宗教而反对君主制的情况并非无人知晓，比如，达甘和哈达的祭司们根据马利的要求使国王退位；巴比伦马尔杜克的祭司们密谋反对纳波尼奥斯。因此，犹太祭司谴责王室偶像崇拜的情况并非没有先例。但是他们的谴责已经超越了上述内容。在一个法律神圣的社会，违背法律是一种背叛上帝的罪恶。在一个法律和戒律是由上帝的旨意所引导的社会中，那些表达和解释上帝旨意的人就会反对那些破坏者。先知们就是表达这些上帝旨意的人，即使他们有时违背了自己的意愿。那些违背上帝旨意的人就是叛逆者，有时候包括国王在内。宗教和政治开始变得合而为一。先知们谴责整个民众的背叛，[265]他们谴责对宗教仪式

---

① G. Cornfield，《插图圣经百科全书》（Macmillian，London，1964），第 262 页。

② Bright，《以色列史》，第 318—319 页。

③ Eichrodt，《旧约神学》，i. 第 90 页。

④ Bright，《以色列史》，第 320—321 页。

的空洞遵守，号召真正的信仰和守约。他们用那些即使在今天也能引起共鸣的热情洋溢的话语谴责腐败、非正义以及富人对穷人的压迫。他们那些汗牛充栋般的评论和注释，就是世间敬仰的圣谕。

人们普遍承认，犹太先知运动既没有先例，也不是并行不悖的。值得我们关注的是这些活动的政治层面。在那个地方，那个时候，有谁能够驳回像亚哈这样一个万能的国王的颜面？或是发动对王室的反抗？这些伟大勇敢的先知始于阿摩司和何西阿，他们谴责社会压迫和宗教叛变，是完全不妥协的政治煽动者。其目标有时指向君主个人，有时指向君主制本身。何西阿通过谈论君主制起源的罪恶的方式谴责北部王国的王权，即扫罗在吉甲的抗命，①上帝在那里告诉他，"我在愤怒中为他们立王，然后又生气地把他带走"。②耶利米和以西结也都通过自己的方式期盼新秩序的降临。耶利米谴责破坏上帝之牧的"牧人"，并预言有朝一日，作为对他们不忠的惩罚，将会有一个来自大卫支族的真正的新王，为他们行使"公平和正义"。他的名字将是"上帝我们的正义"！③ 以西结预见了上帝和他的那些无辜的民众之间所订立的新的永恒之约，这些民众紧紧团结在一个君主——他的仆人大卫下面。④

那些先知们，即使是来自富裕家族的以赛亚、西番雅、以西结，也都猛烈抨击和反对富人。他们不是民主人士，其最大的支持和同情来自长老们。令国王们最为担心的是先知们对于外交政策的看法，世俗王权和神权宗教之间的冲突在这里表现得更为明显。如果说国王有什么功能的话，那就是组织防务。先知们对于王室的军队、骑兵战车、防御工事以及外交政策毫无兴趣。这些都是冒犯上帝的。如果上帝想要帮助以色列，他就会敦促以赛亚这样做。在巴比伦军队逼近之时，耶利米向那些投降的人承诺了体面与生存。在这一例子中，上帝用中东地区特有的情节来影响以色列：因此有"亚述，我愤怒之棒！"潜在的假设通常都是一样的，那就是把犹太人带回他们作为一个民族的起点——出

---

① 《何西阿书》9：15—17。

② 同上 13：11。

③ 《耶利米书》23：5—7。

④ 《以西结书》37：24。

埃及与约。民众是变节者，他们背弃了"上帝之约"。[266]诅咒会加在他们身上，征战和结盟都是徒劳的，唯一的希望就是真正回到上帝的约和律法。这样，上帝就会让他们在强大的敌人中间变得安全，就像当初上帝曾救他们于法老之手，并安全地带至"应许之地"一样。

韦伯准确地描绘了先知们的政治角色，称他们为"政治煽动家，有时还是小册子的撰写人"。①他们公开在听众面前发表演说，甚至是在难以想象的埃及、亚述和巴比伦等地。韦伯还描述了先知们的"诅咒、威胁、个人的谩骂、绝望、愤怒以及复仇的渴望"。②先知们是令人恐惧的，因为他们有时倾向于恐吓。耶利米曾当众摔碎了一个水壶，他还埋下一个皮带子，在快要腐烂时又把它取了出来；他还曾项戴马轭，裸行于市。其他先知们也曾戴过铁角。以赛亚曾长时间裸体行走，这是当时民众中极为羞耻之事。先知们听到了声音，看到了景象，就会断断续续地说出来，或是突然地大声说出。他们为民众所惧，也同样被民众所嘲弄。有些人会对他们的预言给予极低的回报。以赛亚就曾被嘲弄过，③耶利米也曾受到过虐待，并在流散中终其一生。韦伯还谈到了古代的先知们所遭受的血腥迫害。④

公元前 621 年，当约西亚发现所谓的《申命记》时，他将其背诵给长老们并立约遵守它：他自己则另外同上帝立约，"追随上帝，遵守他的诫命、说教和法令"。⑤这一律法书宣称"如若你们（民众）顺从上帝你们的神，坚持遵守所有他的戒律，你们的神上帝将会使你们高于地上的万民"。⑥但是它也警告说"但是，如果你们不顺从……那么所有的咒语都会降落到你们身上"。⑦随后就是非常可怕的咒语名单，比如个人的疾病与死亡，社团的囚禁与流放。⑧

---

①　M. Weber,《古代犹太教》，H. H. Gerth 和 D. Martindale 编译（Collier-Macmmillan, Free Press, London, 1952），第 267 页。

②　同上，第 272 页。

③　《以赛亚书》28:18。

④　《耶利米书》2:30。

⑤　《列王纪下》23:3。

⑥　《申命记》28:1(NEB)。

⑦　同上 28:15(NEB)。

⑧　同上 28:15—68。

利用同样令人畏惧的启示录精神,以赛亚、耶利米和以西结实现了整个犹太民族的忏悔和约的回归,以及排除所有世俗希望和恐惧的上帝崇拜。在来自犹大王国崩溃后的先知们和《申命记》作者关于末日论的喧嚣中,王室一脉得以维系,而圣殿则遭到毁灭,民众被流放至巴比伦。[267]国家被淹没于它曾赖以立国的信条:神权。"以色列人是雅赫维的子民,除他之外没有其他的神……人主是由上帝所挑选,并为他所接受或容忍,但是他们依然从属于上帝,他们将被依据对雅赫维与其子民之间不可分割的约的忠诚度得到评判……在国家实践中——君主制仅只是一个附属要素。"①

6. 传播

对于绝大多数犹太人来说,圣殿的毁灭,大卫家族的衰落,犹大国全部上层被放逐巴比伦都像是晴天霹雳,因为他们一直在坚守那个曾无条件保证犹太王权和耶路撒冷无虞的"大卫之约"。从这个意义上说,"大卫之约"已经死亡,同时死亡的还有以摩西约法为代价的君主制崇拜。可以确信,"大卫之约"并未消失,但被重新解释;它成为来自耶西支族君主统治下,民众关于以色列重生的以赛亚式期盼的基础。

公元前 722 年,当北部首都撒玛利亚被亚述人攻陷之时,它的民众被放逐,并招致了完全的政治屠杀。国家、社区,事实上所有与他们有关的历史如石沉大海,杳无音信。这也许就是犹大国的命运,但事实上却不是。在犹大王国,尽管其国家被毁,但政治共同体仍在:流散被证明仅只是轻微的历史脱节,600 年之后,犹太人和他们的民族崇拜在他们的土地上再次结合。

流散是犹太历史的一个分水岭,其地位仅次于出埃及和西奈山救赎。申命律法最终成为普通民众的生活方式,而关于第一次联盟的历史传统和文献则被放在一起进行比较和编辑以阐述《申命记》的道德。与之相应,本章就可能会有两种结尾:一个是继续追踪第二圣殿的后续

---

① de Vaux,《古代以色列史》,第 99 页。

历史，直至公元 70 年圣殿被毁；另一个是考察第一圣殿传统的传播，以及它对后来政体的影响。作为从事统治史研究的学者，我们对于前者的兴趣在于君主制与那些尚未得到解决的神权传统之间的紧张关系。我们对于后者的兴趣在于这种紧张关系是如何通过《圣经》在中世纪西欧新兴国家和哈里发国家中传播的。在统治史的观察中，后者远比前者重要，因此本章的其余部分将会就此展开论述。[268]但是简要论述第一个题目也有必要，部分是因为它阐明了犹太王权的内在问题；更为重要的是，它的类似形式随后在一个神权国家——伊斯兰哈里发中进行了更为宏大的试验。当本杰明·狄士雷利将阿拉伯人描绘成"马背上的犹太人"时，这种刻薄的评价已经远远背离了他的初衷。

我曾试图揭示犹太王国中的冲突：即以国家/君主制为一方，以宗教/律法为另一方的规则之间的冲突，以及如何向一方倾斜而成为神权政治（也许我们应该称之为僧侣统治）的过程。在这种神权政治体制中，由宗教领导人在政教合一体制下根据神圣规则来统治。在兼任宗教头领的世俗领导人统治之下，宗教附属于国家利益。这一冲突在大流散之后构成了犹太历史中一个不断再现的主题，正如它之前所展示的那样。

在《申命记》的影响下，犹太人的流散让人相信，这一灾难是因为他们背教而导致的上天惩罚。他们通过制订《托拉》——日常生活中的律法来维持其认同。律法作者——士师们通过学校和典礼仪式来解释律法，在流散的 50 年中，《申命记》开始成为大众宗教。不过，民众的认同并未扎根于本土、国家或是圣殿的仪式之中。犹太人现在是一个与众不同的民族，因为践行着独特的宗教，他们已成为《圣经》的子民。

直到公元 70 年圣殿被毁灭为止，这段历史中神权和世俗的君主权之间固有的摇摆一直存在。在波斯居鲁士统治时期（公元前 559—前529 年），流放的犹太人被允准返回耶路撒冷，他们于公元前 516 年重建了圣殿，此时距大流散开始已有 70 个年头。公元前 454 年（或公元前 444 年），以斯拉获得了波斯帝国的授权，"上帝律法"被授予与"王中之王"——波斯国王的律法同等重要的法律地位，民众公开聚会，与以斯拉所背诵之律法立约。自此以后，犹太社团严格按照摩西律法行事，这些律法被先知们用专门的禁令和指令标识出来。这一内容详尽的律法通过学校、礼仪、日常崇拜或阅读广泛地教导给民众。在组织宗教集会之人——士师的下面，犹太人至少建立了一个真正的神权。犹太人之所以如此，是因为他们已没有主权国家。他们在庞大的、操多种语言并且容忍所有宗教的帝国中是一个同种同文的民族，正是这一帝国，而非犹太人，承担了以往犹太君主制的世俗功能。

[269]但是在希腊托勒密和塞琉古王朝的统治之下，富有的土地所有者和圣殿祭司都屈从了希腊文化的诱惑。他们和民众中的哈西德派教徒以及律法作者之间产生了巨大的裂痕，后者震惊于前者对割礼的漠视，对安息日的亵渎，以及偶像崇拜的再现。当塞琉古国王安条克四世（公元前175—前169年）疯狂地自立为神，亵渎圣殿并禁止犹太教的时候，犹太爱国者们和哈西德派教徒都加入了哈斯蒙尼家族马卡比（又称"锤子"）领导下的起义队伍。起义在20年之内就赢得了独立并建立了第二联盟，即哈斯蒙尼家族统治下的独立主权国家，他们还取得了高级祭司的权力。然而，王国的权力却是由长老会，即犹太公会（Sanhedrin）控制。因此，神权政治和国家至上的原则之间再次出现竞争。哈斯蒙尼家族以及王室圈子也开始和希腊文化妥协，但是却遭到了士师和哈西德派教徒这些宗教教义精神继承者的激烈反对，后者即是我们所熟知的法利赛派教徒。这种局面使国家再度陷入混乱。

现在罗马人开始涉足了。公元前63年，犹太王国开始变为罗马人的一个保护国：起初是在卫星国国王们的统治之下（安提帕特家族以土买[Idumenan]王朝），然后是由罗马帝国行省的代理人直接统治。表面看来，这好像是回到了"波斯人的办法"，即一个宗教宽容的世界帝国内的犹太神权政治。然而，其时已非波斯时代。正统派犹太人毫不妥协，犹太爱国者们狂热地维护他们的独立，与波斯人相比，罗马人的干涉更是有过之而无不及。神权政治的支持者们和已经与帝国权威妥协的圣殿建立者们之间的冲突公开化。公元64年，这一冲突最终爆发：犹太人发动起义。公元70年，犹太人的圣殿在大火中被付之一炬。公元73年，最后一批犹太勇士们在马萨达集体自杀。犹太国家与宗教均告终结。公元132—135年，最后一次摆脱罗马人枷锁的努力（巴尔·

科赫巴起义）失败之后，犹太人开始变成了仅只是散落于世界各地的一个宗教少数派网络，神权如何与世俗主权共处的问题开始变得毫不相干起来。

但是，最为自相矛盾的是，这些关于君主制的早期经历并非如此简单。表面看来，这些似乎都是荒谬的，但是却可以通过两个层面的考察来理解：第一个值得关注的层面是，政府以何种形式传播？第二个关注层面是，在这一特例中传播了什么？

大多数情况下，传播都发生在具有连贯性的政治共同体之内，发生在这一政治形式最早出现的地方。[270]也就是说，在原地停滞不前后，它往往会通过代际继承来修正。这就是人们所谓的物理传播，它几乎是"假手而传"。但这并不是唯一的传播模式。从原始形态中分离出来的政府形式当时有可能传播到其他地区，尽管这种情况极少发生。在此情况下，一个社会将会是另外一个结局与之不同的社会的革新力量。这也许就是人们所谓的"理想化传播"：这也正是古代犹太君主制所经历的传播模式。

传播包含两个东西：所携带的信息或对象以及载体。在这一案例中，信息是什么？载体又是谁？要寻找这些与传播有关的信息，我们必须返回到前面关于"巴比伦之囚"的讨论。正如我们所提到的，这些流散者深受《申命记》中有关"上帝万能"叙述的影响，包括摩西约法中关于犹太人义务的具体说明，它对耶路撒冷作为信仰崇拜中心的坚持，以及它对那些拒绝律法的人的恐吓威胁。流散中的犹太律法作者和学者们无以为靠，只能依赖于传统和宗教规则，并将其系统化。《圣经》中的"历史书"，从约书亚到《列王纪》，都早已根据古代传奇、王室记录、家族谱系等在犹太王国晚期被编纂成书，而这些作者们也都深受《申命记》的影响。最后的编辑工作在巴比伦完成，在这里所有的描述都被统一起来，尤其是与《申命记》神学保持了一致。这就是我们今天见到的形式。

从科学的意义上说，这些作品都不是历史著作。他们提供了历史信息，但却做了有倾向性的选择以论述《申命记》的教条。编纂者们评判国王统治的依据不是他的军事成功、财富积累，或者是全面繁荣，而是根据一个始终如一的标准：即他对上帝律法的忠诚度。通过考古学而非《圣经》，我们知道亚哈是如何强大；《圣经》关注的只是他与以利亚和偶像崇拜的争斗。对上帝律法的忠诚意味着两个特殊的东西：只有上帝必须被崇拜，相应的其他偶像崇拜都必须被根除；山上的神祠也必须被清除，祭拜上帝只能在耶路撒冷。这就是为什么书中很少告诉我们关于北部以色列王国所发生的事情的原因。以色列王国的国王因为跟从耶罗波安（他应当被记住，因为它建立了与耶路撒冷相对的圣所，也因此"导致了以色列的罪"）而经常性地受到谴责。即使是耶户，虽然压制了巴力神的崇拜者并恢复了上帝宗教，但因维持了两个相对的圣所而受到责难。[271]犹大国诸王是根据他们容忍迦南人信仰的程度而被评判的，只有希西和约西亚受到了并不相称的称赞。神学评判完全按照对上帝的信仰来裁定，历史作品的编纂也受此影响。比如，在所罗门传记的结尾，所罗门丧失土地的原因被归结于他在统治晚期的一夫多妻和偶像崇拜。①

　　《列王纪》中的事迹在《历代志》中被一再重述。从内部证据来看，《历代志》编纂的时间要晚一些，大约在公元前300年。由于编纂者的观点有别，为了论述的需要，他们歪曲了真实历史，其程度甚于《列王纪》。

　　　　所有的历史成败都是上帝对忠诚于《托拉》的奖励，或是惩罚变节者的直接结果。大流散之后，犹太教的这些伟大制度、宗教仪式与实践、圣殿、利未家族的说教和祭司制度、节日尤其是逾越节的庆祝、救世主的角色都受到了同样完整的对待：对流散之后犹太教上述特点的理解，可以追溯到流散之前，对"上帝子民"历史的叙述就是为了证明利未家族所讲授的《托拉》的远见。②

　　因此，古代以色列的整个君主史就被描绘成好国王和坏国王们的

---

① 《列王纪上》11:4。
② A. S. Herbert，《历代志上、下》，见 M. Black 和 H. H. Rowley 编，《培克圣经批注》（Nelson，London，1962），第358页。

历史。好的国王们如大卫、希西和约西亚认识到律法至上，并严格遵守，他们得到了酬劳。坏的国王们将自己置于律法之上，他们得到了惩罚。先知们的谴责其实包含了同样的信息。

这些信息为什么能够存留下来？谁携带了这些信息？为什么这些信息具有影响力？

这些信息存留下来并具有影响力首先是因为基督教。基督教始于一个犹太教派。早期的基督徒曾通过《旧约》为他们的主张寻求实证，他们用一种新的基督教的方式解读了这些传说和史实。离开《旧约》，《福音书》将会变得莫名其妙、漏洞百出。因此，《旧约》也就成为基督教教堂中圣书的一部分。这可以回答"为什么这些信息会被存留下来"的疑问。随着基督徒的教堂日益扩展，其影响也与日俱增，最终发展成为罗马帝国官方的正统宗教，这些信息就被新宗教的传教士们传播得更远、更广。这就回答了"谁携带了它们"的问题。

[272]它们为什么会具有影响力？帝国权威在西方的崩溃使得教堂成为蛮族君主们及其继任者的导师，《圣经》成为他们的常备手册。《圣经》在大约公元4—5世纪时由圣徒耶罗米翻译成拉丁文，拉丁文本《圣经》是中世纪统治思想中最具影响力的思想来源。①"人的律法不能与圣律相悖，这一点已为《圣经》所证明，一旦发布，圣律就会成为世界秩序的一部分。退而言之，这就是为什么中世纪的律法是如此重要，能够扮演前所未有的角色的原因所在。"②这一律法观念"能够带来最大限度的法治"。③不只如此，"当查理曼大帝需要一个上帝指引下的国王

---

① W. Ullmann，《中世纪的法律与政治》（Hodder and Stoughton，London，1975），第41页. 参见F. Kern，《中世纪的王权与律法》（Blackwell，Oxford，1939），"根据教父的观点，地方行政长官的执法权并非与生俱来，而是来自比国家层面更高的自然法和圣律"（第28页），以及亚历山大的克莱门特的原话："它是依照律法来统治的王。"有关中世纪和《圣经》知识，参见E. H. Kantorowicz，《王的两个实体》（Princeton UP，Princeton，1957），索引中"圣经"下面关于《旧约》的注解。也可参见A. J. Carlyle，《中世纪政治思想史》（William Blackwood Press，Edinburgn and London，1950），第3卷，章3和4（"法律的来源"，"法律的维持"），以及第二部分关于"11到12世纪的政治理论"，和第五卷，章4（"法律的性质"），5，6（"国家法的来源"），7（"统治者权威的来源、性质及其制约"）。

② W. Ullmann，《中世纪的法律与政治》，第46页。

③ 同上，第47页。

如何行事的图景之时,他的注意力被《旧约》,尤其是《撒母尔记》和《列王纪》所指引"。①诚然,与犹太王权的偶然性特点相比,他们对罪恶性反叛的印象更为深刻。虽然如此,查理大帝的榜样却是摩西、大卫、约西亚和所罗门。②

如果我们在本章中给人以这样的信息将会是非常错误的:那就是《旧约》中国王为律法所征服,或者《新约》中更为模棱两可地对待世俗王权的态度可以被忽视。事实上,《圣经》中的《旧约》和《新约》,是"中世纪最为愚蠢之书",③由于《圣经》的神圣权威,它是任何有关王权特质及其局限性,或是其他如抗命的权利,或被动服从的义务等争论的真正宝典。国王同时也完全是祭司,这一点可以在《诗篇》第 110 章中关于麦基洗德的模糊形象中得到证实;④[273]其神圣不可侵犯性可以通过诸王的膏礼得到证实;其至高无上的圣洁性则可以从《王室诗篇》中那些对于君主制的令人肉麻的奉承中得到证实。众所周知,"撒旦自己也可以引经据典",更不用说那些为支持或反对君主至高无上而动笔的祭司和神学家们。

然而,西欧的情况与拜占庭和莫斯科大公国正好相反,至高无上的法律高于国王。正如布兰克顿所指出,这一关于国王"除了上帝和法律之外,不受制于任何人"的信仰得到了其他方面的佐证。这其中就有罗马自然法的传统和万民法的观念,习惯法在日耳曼民族中广为人知。在当时的这一政治架构中,国王们和传承了"圣卷"的教堂等级制以及对君主表示有条件忠诚的封建诸侯们发生了冲突。值得一提的是,直到中世纪末,当君主制的权力在 16—17 世纪开始上升,而教堂的权力开始下降的时候,膏礼、《王室诗篇》、国王的神圣权力都开始被用以证明君主专制主义的正当性。我们在讨论中世纪欧洲封建政权的发展时将会详谈有关这一系列发展的细

---

① M. Wallace-Hadrill,《加洛林时代的跨区大道》,见 B. Smalley 编,《中世纪政治思想趋向》(Blackwell,Oxford,1965),第 25 页。

② 同上,第 26 页。

③ B. Smalley,《中世纪圣经研究》(Hodder & Stoughton,London,1952),xxvii。

④ 《创世记》14:18。

节。我此处的关注仅只是勾画一个轮廓，为什么《旧约》中关于"有限君主制"的信息变成了政治体制框架中最为主要和有力的要素之一。

参 考 文 献

ACTON, J. E. E. (Lord), 'The History of Freedom in Antiquity', in *Essays on Freedom and Power*, with an introduction by G. Himmelfarb (Meridian Books, New York, 1955), 53—81.

——'The History of Freedom in Antiquity', in *Essays on the Liberal Interpretation of History* (University of Chicago, Chicago, 1967), 243—70.

ANTHES, R., 'Mythology in Ancient Egypt', in Kramer (ed.), *Mythologies of the Ancient World*, 15—92.

ASSMANN, J., *Ma'at, l'Egypte pharaonique et l'idée de la justice sociale* (Collège de France: Conférences, essais et leçons, Paris, 1989).

——*Ma'at: Gerechtigkeit und Unsterblichkeit im alten Agypten* (C. H. Beck, Munich, 1990).

BAER, K., *Rank and Title in the Old Kingdom* (University of Chicago, Chicago, 1960).

BAINES, J. R., 'Egypt—History' (up to the end of the First Intermediate Period), *Encyclopaedia Britannica* (15th edn. 1989), xviii. 145—56.

——'Kingship, Definition of Culture and Legitimation of Rule', in O'Connor and Silvermann (eds.), *Ancient Egyptian Kingship*, 3—47.

——and Malek, J., *An Atlas of Ancient Egypt* (Phaidon, Oxford, 1989).

BARKER, E. (ed./trans.), *The Politics of Aristotle* (Clarendon Press, Oxford, 1946).

BERMANT, C., and WEITZMANN, M., *Ebla: An Archaeological Enigma* (Weidenfeld & Nicolson, 1979).

BLACK, M., and ROWLEY, H. H. (eds.), *Peake's Commentary on the Bible* (Nelson, London, 1962).

BREASTED, J. H., *Ancient Records of Egypt*, vol. 1: *Texts* (University of Chicago Press, Chicago, 1906).

BRIGHT, J. A., *A History of Israel*, 3rd edn. (Westminster Press, Philadelphia, 1981).

BURY, J. B, COOK, S. A., and ADCOCK, F. E., *Cambridge Ancient History*, 5 vols. (CUP, Cambridge, 1927—39; 3rd edn. 1970—94).

CARLYLE, A. J., *A History of Medieval Political Thought* (William Blackwood Press, Edinburgh and London, 1950).

CERNY, J., 'Papirus Salt 124 (Brit. Mus. 10055)', *Journal of Egyptian Archaeology* (1929), 243—58.

CLARK, G., *World Pre-History in a New Perspective*, 3rd edn. (CUP, Cambridge, 1977).

CORNFIELD, G., *Pictorial Biblical Encyclopaedia* (Macmillan, London, 1964).

DALLEY, S. M., *Mari and Karana: Two Old Babylonian Cities* (Longman, London, 1984).

DERCHAIN, P., 'Le Rôle du roi d'Egypte dans le maintien de l'ordre cosmique', in *Le Pouvoir et le sacré* (Annales du Centre d'Étude des Religions, Brussels, 1962).

DE VAUX, R., *Ancient Israel: Its Life and Institutions* (Darton, Longman and Todd, London, 1961; 2nd edn. 1965; pbk. edn. 1973).

DIAKONOFF, I. M., 'The Rise of the Despotic State in Ancient Mesopotamia: Ancient Mesopotamia: Socio-Economic History' (1956), repr. in I. M. Diakon-off (ed.), *Ancient Mesopotamia, Socio-Economic History: A Collection of Studies by Soviet Scholars* (Nauka Publishing House, Moscow, 1969), 173—203.

DIODORUS SICULUS, *Library of History*, trans. C. H. Oldfather (Loeb Classical Library, London, 1935; repr. 1961).

EDGERTON, W. F., 'The Government and the Governed in the Egyptian Empire', *Journal of Near Eastern Studies*, 6: 3 (1947), 152—68.

EDZARD, D. O., 'Mesopotamia and Iraq, History of' (up to *c.* 1600 BC) in *Encyclopaedia Britannica* (15th edn. 1974), xi. 963—79.

EICHRODT, W., *Theology of the Old Testament*, 6th edn. (SCM Press, London, 1961).

ERMAN, A., *Life in Ancient Egypt*, trans. H. M. Tirard (1st English trans., Macmillan, London, 1894; reprinted Dover Publications, New York, 1971).

——and Rank, H., *La Civilisation égyptienne* (as revised 1922), trans. C. Mathien (Payot, Paris, 1952).

FALKENSTEIN, A., 'La Cité-temple sumérienne', *Les Cahiers d'histoire mondiale/Journal of World History*, 1: 4 (1953), 784—814.

FAULKNER, R. D., 'The Installation of the Vizier', *Journal of Egyptian Archæology*, 41 (1955), 18—29.

First, Second and Third Interim Reports of the Commission of Inquiry in Bribery and Corruption, Accra, Ghana, 1972.

FRANKFORT, H, *Kingship and the Gods* (Chicago University Press, Chicago, 1948).

——*The Birth of Civilization in the Near East* (Williams & Norgate, 1951).

GARDINER, A., *Egypt of the Pharaohs* (OUP, Oxford, 1961).

GARELLI, P., *Le Proche-Orient asiatique : Les Empires mesopotamiens : Israel*, 2 vols. (Presses Universitaires Française, Vendome, 1974).

——'L'État et la legitimité royale sous l'empire assyrien', in M. T Larsen (ed.), *Power and Propaganda : A Symposium on Ancient Empires* (Akademisk Forlag, Copenhagen 1979), 319—28.

——(ed.), *Le Palais et la royauté : archéologie et civilisation : Compt rendu* (D. Geuthner, Paris, 1974).

GRÉGOIRE, J.-P., 'L'Origine et le développement de la civilisation mesopotamienne du IIIème millenaire avant notre ère', in *Production, pouvoir, et parenté dans le monde méditerraneen de Sumer à nos jours* (Actes du colloque L'ERA, CNRS/GHESS, 1976, Paris, 1981).

GURNEY, O. R., *The Hittites* (Penguin, Harmondsworth, 1990).

HELCK, H., *Zur Verwaltung des mittleren und neues Reiches* (Series: *Probleme der Aegyptologie*, E. J. Brill, Leiden, Netherlands, 1975).

HERBERT, A. S., 'I and II Chronicles', in Black and Rowley (eds.), *Peake's Commentary*, 357—69.

HERODOTUS, *The Histories*, trans. George Rawlinson, 2 vols. (Everyman edn.; Dent, London, 1940).

HORNUNG, E., *Conceptions of God in Ancient Egypt*, trans. J. Baines (Cornell UP, Ithaca, NY, 1982).

HOUSMAN, A. E., *More Poems* (Jonathan Cape, London, 1936).

JACOBSEN, T., 'Early Political Development in Mesopotamia', *Zeitschrift für Assyriologie*, 18 (Aug. 1957), 91—140.

JANSSEN, J. J., *Commodity Prices from the Ramessid Period* (Brill, Leiden, 1975).

KANAWATI, N., *The Egyptian Administration in the Old Kingdom* (Aris & Phillips, Warminster, 1977).

——*Governmental Reforms in Old Kingdom Egypt* (Aris & Phillips, Warminster, 1980).

KANTOROWICZ, E. H., *The King's Two Bodies* (Princeton UP, Princeton, 1957).

KATARY, S. L. D., *Land Tenure in the Ramesside Period* (Kegan Paul International, London, 1989).

KEMP, B., *Ancient Egypt: Anatomy of a Civilisation* (Routledge, London, 1989).

KERN, F., *Kingship and Law in the Middle Ages* (Blackwell, Oxford, 1939).

KINNEAR-WILSON, J. V., *The Nimrud Wine Lists* (British School of Archaeology in Iraq, 1972).

KITCHEN, K. A., *Pharaoh Triumphant: The Life and Times of Ramesses II* (Aris & Phillips, Warminster, 1982).

——*The Third Intermediate Period in Egypt* (Aris & Phillips, Warminster, 1973; 2nd edn. 1986).

KLAUBER, E. G., *Politische-religiöse Texte aus die Sargonenzeit* (Leipzig, 1913).

KRAMER, S. N. (ed.), *Mythologies of the Ancient World* (Doubleday, New York, 1961).

——*The Sumerians—Their History, Culture, and Character* (University Press of Chicago, Chicago, 1963).

KRUCHTEN, J.-M., *Le Décret d'Horemheb* (Universitaire Libre de Bruxelles, Faculté de Philosophie et Lettres 82, 1981).

LABAT, R., *Le Caractère religieux de la royauté assyro-babylonienne* (Paris, 1939).

LARSEN, M. T. (ed.), *Power and Propaganda: A Symposium on Ancient Empires* (Akademisk Verlaag, Copenhagen, 1979).

LICHTHEIM, M., *Ancient Egyptian Literature: A Book of Readings*, 3 vols. (University of California Press, 1973).

——*Ancient Egyptian Autobiographies Chiefly of the Middle Kingdom: A Study and an Anthology* (Orbis Biblicus et Orientalis 84, Universitätsverlag, Freiburg, 1988).

McDOWELL, A. G., *Jurisdiction in the Workmen's Community of Beir el-Medina* (Neder-lands Institut voor het Najige Oosten, Leiden, 1990).

McEVEDY, C., and JONES, R., *Atlas of World Population History* (Penguin, Harmonds-worth, 1978).

MALAMAT, A., 'Origins and the Formative Period', in H. H. Ben-Sasson (ed.), *A History of the Jewish People*, (Weidenfeld & Nicolson, London, 1976), Pt. I, 1—87.

MALBRAN-LABAT, F., *L'Armée et l'organisation militaire de l'Assyrie* (Droz, Geneva-Paris, 1982).

MATTHIAE, P., *Ebla: An Empire Rediscovered* (Hodder and Stoughton, London, 1980).

MONTET, P., *Eternal Egypt* (Mentor edn. 1968; first published Weidenfeld & Nic-ol-son, London 1964).

MORET, A., *Du caractère religieux de la royauté pharaonique* (Ernest Leroux, Paris, 1902).

NORTH, M., *The History of Israel* (Black, London, 1960).

O'CONNOR, D., and SILVERMANN, D. P. (eds.), *Ancient Egyptian Kingship* (Brill, Leiden, 1995).

ODED, B., *Mass Deportations and Deportees in the Neo-Assyrian Empire* (Ludwig Reichert Verlag, Wiesbaden, 1979).

OLMSTEAD, A. T., *History of Assyria* (University of Chicago Press, Chicago, 1923; repr. Midway, 1975).

OPPENHEIM, A. L., *Ancient Mesopotamia*, rev. edn. (Chicago, 1977).

PARROT, A., *Mari: Capitale fabuleuse* (Payot, Paris 1974).

PEET, T E., *The Great Tomb Robberies of the Twentieth Egyptian Dynasty* (Hildesheim, Olms, 1930; repr. 1977).

POLANYI, K., 'Trade and Market in the Early Empires', in K. Polanyi, C. M. Arensberg, and H. W. Pearson (eds.), *Economies in History and Theory* (Glencoe, 1957).

POSENER, G., *De la divinité du Pharaon* (Imprimerie Nationale, Paris, 1960).

POSENER-KRIEGER, P., *Les Archives du temple funéraire de Néferirkare-Kakai: les papyrus d'Abousir* (Cairo and Paris, 1976).

POSTGATE, J. N., 'Royal Exercise of Justice under the Assyrian Empire', in P. Garelli (ed.), *Le Palais et la royauté.*

——'The Economic Structure of the Assyrian Empire', in Larsen (ed.), *Power and Propaganda*, 193—221.

——*Early Mesopotamia: Society and Economy at the Dawn of History* (Rout-ledge, London and New York, 1992).

PRITCHARD, J. B. (ed), *Ancient Near Eastern Texts* (*ANET*), 3rd edn. (Princeton UP, Princeton, 1969).

ROUX, G., *Ancient Iraq*, 2nd edn. (Penguin, Harmondsworth, 1980).

SAGGS, H. W. F., *The Might That Was Assyria* (Sidgwick & Jackson, London, 1984).

SIMPSON, W. K., *The Literature of Ancient Egypt*, 2nd edn. (Yale UP, New Ha-ven and London, 1973).

SMALLEY, B. (ed.), *Trends in Medieval Political Thought* (Blackwell, Oxford, 1965).

——*The Study of the Bible in the Middle Ages* (Hodder & Stoughton, London, 1952).

STRUDWICK, N., *The Administration of Egypt in the Old Kingdom: The Higher*

Titles and their Holders (*Studies in Egyptology*, KPI, London, 1985).

Trigger, B. G., Kemp, B. J., O'Connor, D., and Lloyd, A. B., *Ancient Egypt—A Social History* (CUP, Cambridge, 1983).

Ullmann, W., *Law and Politics in the Middle Ages* (Hodder and Stoughton, London, 1975).

van den Boorn, C. P. F., *The Duties of the Vizier: Civil Administration in the Early New Kingdom* (Kegan Paul International, London, 1988).

Von Beckerath, J., 'Notes on the Viziers "Ankhu and Iymeru"', *Journal of Near Eastern Studies*, 17(1958), 263—8.

Wallace-Hadrill, M. A., 'The Via Regia of the Carolingian Age', in Smalley (ed.) *Trends in Medieval Political Thought*, 22—41.

Weber, M., *Ancient Judaism*, trans. and ed. H. H. Gerth and D. Martindale (Collier-Macmillan, Free Press, London, 1952).

——*Max Weber. Selection in Transltion*, ed. W. G. Runciman and trans. E. Matthews (CUP, Cambridge, 1978), i. 381.

Whitelam, K. W., *The Just King: Monarchical Judicial Authority in Ancient Israel*, *Journal for the Study of Old Testament*, Supplement Ser. 12, (1979).

Wilson, J. A., *The Culture of Ancient Egypt* (Chicago UP, Chicago, 1951; Phoenix edn. 1956).

Woolley, Sir L., *Excavations at Ur* (Ernest Benn, London, 1954).

——'The Urbanization of Society', *Journal of World History*, 4: 1 (1957), 236—72.

Xenophon, *The Cyropaedia*, trans. W. Miller (Heinemann, London, 1914).

第二部分
波斯、希腊、罗马、华夏

背　　景

[281]公元前 539 年,波斯皇帝居鲁士攻占巴比伦,这标志着一个崭新历史时代的到来。在此前的 2500 多年里,一种单一的统治模式一直牢牢主导着尼罗河流域和美索不达米亚地区。这种牢固性和长久性应该归功于其信仰体系、社会结构和政治组织之间的完美结合。现在这三者都要发生变化,这些变化独立进行,互不干涉。就这样,各种前所未有的统治模式纷纷登上了历史舞台。

社会结构的变化是由三项巨大的技术进步带来的。公元前 800 年左右,铁器开始得到广泛使用。几乎在同一时期,以希伯来和腓尼基字母表为基础而创造的新字母表也推广开来。腓尼基字母表出现于公元前 1000 年,但实际上其原型可以追溯到公元前 1500 年。公元前 7 世纪后期,吕底亚出现了铸币。以上三者都刺激了民主的发展:铸币促进了贸易的发展,进而导致了商人阶级的出现;字母表结束了少数人对法律、知识和宗教的垄断;比起昂贵的青铜,铁价格便宜,资源丰富,这就使更多的人可以携带武器。由此,战车在战争中的地位开始衰落,武装精良的步兵和骑兵开始发挥越来越重要的作用。

由于有了铁制武器,新兴民族征服古老文明的中心成为可能,波斯对巴比伦和埃及的征服只是其中一个例子。这些新兴民族使用的语言多是印欧语系的分支，他们似乎源于黑海和里海以北的地区。在青铜时代，他们有的东进，到了印度北部，成为雅利安人。有的西进，进入巴尔干半岛，到了安纳托利亚。还有的到了希腊，成为亚该亚人，建立了迈锡尼文明。后来又有一部分向东迁徙，到了伊朗，成为米底人。紧随其后的还有波斯人和另外一个说希腊语的民族，即多利安人。多利安人大举入侵迈锡尼王国，将其彻底摧毁。还有另外一波西进，到了欧洲中部，其中又有部分南下，到了阿尔卑斯山，成为拉丁人。此后的历史将成为上述这些民族的历史。

大草原上的这些半游牧部落对神圣王权一无所知。他们是武士，因此他们的国王首先是战争首领。他们自愿跟从国王，自备武器，既不是奴隶，也不是附庸。在青铜时代，武士仅限于贵族化的圈子，[282]因为只有他们能够负担得起战车、战马、武器和盔甲的高昂费用。到了铁器时代，武士变得不那么贵族化了，人数也大大增加。在我看来，这些民族在征服之地上建立的政体就源自于这样的部落制度。因此，那些青铜时代迁徙出去的民族建立的城邦实行的是贵族君主制。例如在印度，雅利安人原来的种姓制度包括三个等级，即僧侣、武士和农民，后来他们把被征服的民族当作奴仆，使其成为一个新的等级，即首陀罗。赫梯人实行的是君主制，君主受到贵族武士的支持和制约。伯罗奔尼撒半岛上的亚该亚人建立了许多小王国，就像荷马所描述的那样（虽然这种描述不太准确），国王住在自己的城堡里，对周围地区实行统治。

铁器时代的城邦更加民主化，尤其是在希腊和意大利。在希腊，铁器时代的第一批武士摧毁了迈锡尼文明，历史进入了为期两百年的黑暗时代。后来一波波入侵者竟然找不到强有力的政治结构来进行有效统治。他们分散定居在山海之间一块块可以耕种的土地之上，互相独立，建立了各自的城邦。城邦的领导由三部分构成，国王、长老和武士，后来这三部分逐渐演变为长老议会和公民大会两部分。此后很久才进入意大利的拉丁人也定居在山海之间的土地上，他们成为伊特鲁里亚人，并建立了一些小城邦国家。公元前12—前11世纪进入伊朗西部的米底人和波斯人则征服了巴比伦帝国，接过了其庞大、富有、高度组织化的统治机构。作为原来统治者的继承人，社会成员之间地位的突然变化大大削弱了部落民主,虽然此后"大国王"和"七大家族"之间的平等主义关系还会持续相当长的一段时间。

这些新民族有新的信仰体系,他们有一个共同特点,即都认为王权是工具性的,世俗的,而不是神圣的或者天赋的。赫梯的君主,还有埃及和中东的君主之所以自称为神或者声称自己具有神性,都是从其闪族邻居和其先辈那里学来的。希腊帝国及其后继者罗马是非常世俗化的,可以说宗教和政府机构之间没有什么关系。在波斯帝国,这种世俗化却不得不因为琐罗亚斯德教的兴起而打些折扣。在犹太地,这种世俗化观念和希腊化时代改革后普世主义的犹太教产生了正面冲突。其后,随着犹太教和希腊因素的融合,[283]产生了一个新的宗教,即基督教,而基督教却和罗马的世俗主义发生了冲突。后来,君士坦丁将基督教定为帝国正统,这标志着一个时代的结束,一个新时代,即信仰的时代开始了。印度的宗教独立于这些发展之外,就在琐罗亚斯德向波斯人宣教的同时,印度教得到了进一步的完善。也是在这个时期,约西亚在耶路撒冷发现了律法书,乔达摩·悉达多也开始传教,并创立了另外一个世界性宗教,即佛教。

就这样,在不同的地方,社会结构和信仰体系以不同的方式朝着不同的方向发展着。文化的普及,铁器的使用,铸币的出现,这些都使以前社会严格的双层等级结构有所松动,而与此同时,新的信仰体系,尤其是希腊的智识主义,对原有的信仰体系构成挑战,使其大大削弱,甚至要取而代之。在埃及和整个中东的古代文明中心,政权易手,新的统治者走上历史舞台。随着这三个因素自身的变化和相互之间的影响,新的统治模式出现了。波斯帝国是一例外,它只是对新巴比伦王国的统治模式加以重组,使其更加恢宏壮观而已。在北印度出现过16个小王国和10个短命的部落共和国,直到公元前321年,孔雀王朝征服诸国,建立了统一的孔雀帝国。此后不久,信奉佛教的阿育王继承了这个帝国,成为世界上最仁爱、最杰出的统治者之一。印度的部落共和国是一种政治上的创新,但其存在如同昙花一现,最终未能将这种创新传承下去。

在西方,希腊和后来的意大利产生了一种崭新的统治模式,它不仅是一种创新，而且就其本质而言十分具有革命性。这种模式和以前所有的统治模式都大相径庭，是世界历史上的首创。它是世俗的，不受宗教价值的侵蚀；它实行的是共和制，而不是君主制；它不是宫廷国家，而是广场国家。在宫廷国家，国王、朝臣和祭司的权威不容置疑，全国人民都是其附庸和奴隶，而广场国家则完全是或者部分上是民主的；它不是悠久历史传统的产物，其政治制度是智识之士精心谋划的结晶。希腊的城邦和罗马的共和国是历史的奇迹，继前面说过的犹太王制之后，它们代表了统治理论和实践上的一次革命性转折。

按照世界历史的标准来看，这两种统治模式都十分持久，但最终它们都解体了，而两者解体的原因全然相反。希腊城邦之所以衰亡，是因为其小国寡民的状态，根本无法抵御外来的侵略，而罗马共和国的灭亡却是因为其过于庞大，无法有效治理广袤的帝国。[284]虽然最终两者都回复到了先前的典型统治模式，即君主制，但它们开创的传统并没有随着其消亡而湮灭。就像犹太王制的传统一样，这种传统也将会以种种分散的形式延续下去，直到最后以制度的形式确立下来。

行文至此，这个时代统治史的轮廓尚不能完全浮现。读者可以注意到，在前文的论述过程中，我们对统治模式的探讨所覆盖的领域已经扩大。随着波斯帝国和希腊帝国，我们研究的范围已经向东扩张，到了中亚地区，并和那里的新兴国家与印度北部的早期帝国汇合。与此同时，我们也将视线西移，投向希腊和意大利，投向腓尼基的殖民地，投向地中海西部盆地的南北两端。

所有这些地区都互相毗邻，因此观念、技术和统治模式会以模仿、迁徙和征服的形式从一个地区传到另一个地区，这并不难理解。但就在公元前 1700 年，印欧各民族南下进入巴尔干半岛、安纳托利亚和印度的时候，在从巴比伦向东越过 3000 英里人迹罕至的大草原和沙漠的地方，另外一个与其毫无关联的民族建立了一个国家，那就是中国的商朝。公元前 1400 年左右，这个灿烂但粗犷的文明已经很发达了，在其首都安阳出现了巨大的墓冢、精美的青铜器、象形文字，还有制作精良的战车和青铜武器。这是一个农业社会，组织严密，国王君临天下，下面有复杂的等级体系，城市城墙高筑。至于其宗教，就像我们所知道的那样,是一种祖先崇拜。他们有些技术也许是从远隔大草原的美索不达米亚地区学来的,因为战车似乎不可能被发明两次。尽管商朝的青铜冶炼工艺和西方的完全不同,但青铜器的使用和获取青铜的方法可能也是从大草原另外一边学到的。虽然如此,这个文化的许多特征都是土生土长的,独立于我们前面所提到的文化,从这个意义上讲,这个文化极其早熟。商是一个组织松散的帝国,在公元前 11 世纪时被周征服并取代。周是更加严格意义上的封建帝国。后来周朝解体,分裂出了许多互相敌对的诸侯国。就在希腊和波斯展开鏖战,亚历山大到处征伐的时候,各诸侯国之间也在勾心斗角,战争频仍,直到公元前 221 年秦灭诸国,统一中国,这次统一为汉帝国(公元前 206—公元 220 年)做好了铺垫。

随着这个历史时代的终结,在欧亚大陆的两端,中央集权的君主专制制度经历了两次风格迥异的成功重组。[285]在欧洲,罗马的法治思想和基督教将影响后来所有的政体类型。同样,在中国,汉代的官僚体制和孔圣人(公元前 551—前 479 年)的思想也将渗透到后来所有的政府之中,这种渗透将一直延续到大约半个世纪以前。

本书下面将首先探讨波斯帝国,接着是希腊城邦,然后是罗马共和国,此后我还会将目光转向遥远的中国,分析一下秦朝统一以前统治模式的源头。其后的一章将论述汉帝国,最后我将再次把目光投向西方,比较汉帝国和罗马帝国的异同,并以此结束本部分的讨论。

第一章 波斯帝国

[286]对于波斯帝国统治的具体细节我们所知甚少,我们掌握的信息大多来自书面文献,而其中大多都是希腊语的文献,也就是说我们拥有的只是其敌人的一面之词。不久前,两件波斯档案,即国库碑刻和波斯波利斯筑城碑刻从某种程度上加深了我们的了解。

人们对于波斯政府的统治模式和方法也知之不详。在历史学家的眼中,波斯帝国主要是理解其后某些情况的敲门砖,如宗教的调和,文化的融合,或者是希腊化文明的传播,或者是伊朗国家的创建。对于波斯统治的效果,多数人持肯定看法。据称在阿契美尼德王朝的统治下,这个广袤帝国的大部分地区安享长达两个多世纪的和平。波斯统治者尊重人民的宗教和社会组织,镇压活动也不过是针对公开的暴动而已,再说除了巴比伦、埃及和腓尼基这些省份之外,税赋的负担是可以忍受的,只要普通百姓不犯上作乱,能够按时缴税,波斯的统治相当宽厚仁慈。这种统治经常被用来和亚述人的凶狠残暴、横征暴敛以及其后希腊君主的贪婪成性和敲诈勒索作对比。

因此人们很自然地会问这样一个问题:既然我们对其统治模式的确切事实所知不多,我们所掌握的些微信息又只能证明其本质上似乎非常简单,那么对其研究的意义究竟何在呢? 对此问题的回答可长可短,简短的回答是:统治史的研究很难忽视这样一个虽然地域辽阔,却能够持续两百多年,最后仅仅因为军事上的失利而灭亡的国家。详细一点的回答如下:第一,一个落后的部落民族突然要接管被其征服的先进政治体制,这在历史上并不是第一次,这样的例子还有阿拉伯哈里发王朝的征服,以及游牧部落对中国北部地区的多次占领,但对于他们究竟是怎样做到的,这还是第一个有证可循的例子。其次,作为一个中央集权的君主专制政权,波斯帝国显然属于"宫廷式"政体,但它却和苏美尔和埃及的统治模式大相径庭。在苏美尔和埃及,国家由国王、官僚和祭司共同统治,[287]而在亚述帝国,官僚和祭司的权力由于地方贵族势力的抬头而被削弱。波斯显然更进一步,进行统治是国王、王室和强大的地方贵族,他们有为数众多的中央官僚为其服务,而祭司的政治作用却微乎其微。与此相应,苏美尔和埃及那种典型的信仰体系、社会分层和君主制度的高度一致也随之消失。没有无所不在的宗教,也没有国家祭典。社会结构不再是简单的双层结构,因为帝国太庞大了,社会结构也更为多样化。君主制作为最核心的政治制度和两者的关系都不再像以前那么密切。维系其存在的是一套与众不同的价值观,其作用和过去的神圣君主制不同。最后,这个帝国的疆域比以前任何帝国都更加辽阔,民族也更为混杂。

这些说法与其说是答案,不如说提出了更多的问题。例如,在如此漫长的时间里,波斯的 100 万部落民是怎样牢牢控制着帝国治下的5000 万人民的呢? 是什么样的制度使其能够胜任这一艰巨任务的呢?如果没有希腊的征服,这些制度能否让这个帝国继续延续下去呢?

1. 土地和人民

米底人和波斯人都属于印欧民族,他们都自称雅利安人(Aryans,梵文 Arya,"高尚"),即优等种族的人。公元前 2000 年左右,他们占据着东起今阿富汗,西至扎格罗斯山之间的广大区域。这个民族还包括生活在里海以东的赫卡尼亚人(Hyrcanians),生活在库拉珊地区的帕提亚人,生活在今巴尔克地区的巴克特里亚人,生活在今希瓦地区的花剌子模人等。他们都是部落民族，没有文字，过着定居或半定居的生活，还有的过着沙加迪亚人（Sagartians）那样的游牧生活。在所有这些民族中，生活在最西端的是米底人和波斯人。米底盛产宝马良驹，这在公元前 836 年已经被其敌人即生活在扎格罗斯山地区的亚述人提及。亚述人还提到过当时生活在乌尔米亚湖地区的帕尔苏阿人（Parsua），至于他们提到的这些人是否是波斯人，还有不少争议，因为公元前 6 世纪，当波斯人正式出现在历史舞台上时，他们生活在东南部，即今伊朗的库希斯坦地区。根据色诺芬的记载，①在他所生活的时代，即公元前 4 世纪，[288]波斯的成年男性有 12 万，比米底人要少，这个估计被认为是合理的。②

波斯人组成 10 个大的部落，他们的生活方式非常多样，其中 3 个部落担任首领，3 个部落是定居农民，其他 4 个从事牧业。③他们的生活艰苦而简单，他们崇拜月亮、河流和风，但最尊崇的是太阳和火。他们主要的神灵是太阳神密特拉（Mitra）和掌管流水与生育的女神阿奈提斯（Anaitis），但他们并不为神灵塑像，神庙也只是放置祭坛的简单建筑。波斯的社会结构由三部分组成，分别是武士、祭司和农民，这和印度的雅利安人是一样的，而后者后来却固定成为种姓制度。波斯人的祭司叫"玛吉"（Magi），由专门的部族来担任，是世袭的。没有玛吉的参与，任何祭祀行为都无法举行。此外，他们似乎从一开始就有一些贵族，可能是武士。

从希罗多德的著作中我们可以看出他们早期的政治制度非常简单。他说米底人最早生活在"散落的村庄中，没有什么中央政权"。他们建立的王权与记载中的古代以色列颇为相似。④希罗多德是这样说的：没有政府的管理，也没有法纪的约束，人们"不得不背井离乡"，有位名叫戴奥凯斯（Deioces）的人处事公正，名声在外，于是他的朋友就建

① 色诺芬，《居鲁士的教育》，W. Miller 译（Heinemann，London，1914），第 12，15 页。
② J. M. Cook，《波斯帝国》（Dent，London，1983），第 38 页，M. A. Dandamaev 和 V. G. Lukonin，《古代伊朗的文化和社会制度》（剑桥大学出版社，Cambridge，1987），P. L. Kohl and D. J. Dadson 译，第 223 页。
③ 希罗多德，《历史》，第 1 卷，第 125 节。
④ 见原书第 252 页。

议人们"推选出一个国王,以便把国家治理得井井有条",当然,他们推
荐的人选就是戴奥凯斯。①这是关于米底人的记载,对于自己同时代的
波斯人,希罗多德是这样说的:"对他们来说,世界上最可耻的事情就是
说谎,其次就是欠债。"②"在孩子从 5 岁到 20 岁之间的时候,他们受到
精心的教育,大人只教给他们三件事情,那就是骑马、射箭、说真话。"③
我们没有必要对这些说法望文生义,但大致情况已经十分清楚,也是完
全可信的。

2. 帝国的诞生

从公元前 836 年到 626 年的两百多年间,亚述帝国是世界历史舞
台上的主角,米底人要么与其分庭抗礼,要么对其俯首称臣。在亚述
人的上升阶段,米底的国王成为其封臣,但是在多事之秋,他们不得
不承认米底的独立地位。[289]亚述最后一个世界征服者亚述巴尼
拔(Assurbanipal)去世以后,亚述王权频频易手,而巴比伦再次起兵,
发动叛乱。国王拿波帕莱萨(Nabopalassar)和米底国王西拉克拉里
斯(Cyaxares)结盟,两股势力联合,对亚述发起进攻。公元前 612 年,
尼尼微城陷落。公元前 609 年,亚述位于哈兰(Harran)的最后一道
防线被攻破。西拉克拉里斯吞并亚述,并一鼓作气,经由亚美尼亚继
续向前推进,企图兼并安纳托利亚。在哈里斯河附近,受到吕底亚国
王阿律阿铁斯(Alyattes)的阻挡。吕底亚富藏贵重金属,是公元前 7
世纪时由印欧侵略者建立的国家,当时支配着小亚细亚。双方的战
争持续了 5 年之久,但一直没能分出胜负,最后一战时正好发生日食,
双方均十分惊骇,战争亦不了了之。最后双方达成一致,以哈里斯河
为界。米底帝国就这样诞生了,领土包括安纳托利亚东半部,原来的
亚述,伊朗的整个西部和东部的很大一部分地区,据说远到今日之德
黑兰。

---

① 希罗多德,《历史》,第 1 卷,第 97 节。
② 同上,第 1 卷,第 139 节。
③ 同上,第 1 卷,第 136 节。

西拉克拉里斯号称"大国王"，或者"万王之王"，按照以前的原始方式实施统治，而波斯国王冈比西斯一世则成了其封臣。伊朗的两个部族米底人和波斯人关系一直都很密切，后来西拉克拉里斯的继承者艾斯特亚格（Astyage）把女儿嫁给冈比西斯的儿子居鲁士二世，他们更是亲上加亲。居鲁士二世才华出众，他把各个部族联合起来，起兵反对自己的岳父，于公元前550年将其推翻，并建立了第一个波斯帝国。他把下一步行动的目标指向吕底亚，并于公元前546年左右将其征服吞并。此后不久，他又迫使安纳托利亚海岸的伊奥尼亚城邦接受他的宗主地位。他的下一个目标是巴比伦，公元前539年，对原有统治者十分不满的巴比伦人为他打开了城门。此时，只有埃及还是独立的，因为居鲁士不得不分心应付伊朗东部边境的问题。他人生的最后10年都将要在那里征战，并最终把命丢在那里。尽管如此，他已经将波斯的势力影响范围延伸到奥克苏斯河和贾克撒特斯河（Jaxartes），即咸海和今阿富汗之间的河间地区。公元前525年，其继承者冈比西斯最终将埃及并入波斯帝国的版图，而冈比西斯的继任者大流士一世则将宗主权扩大到了西北部的马其顿和色雷斯，而向东南，他则征服了印度远至印度河的许多地区。这么庞大的帝国在世界历史上首屈一指，却只用了30年左右的时间就建成了。

3. 大事年表

大流士一世（公元前521—前486年）第一个把帝国分成行省，并建立了系统的行政机构。大流士属于阿契美尼斯家族的一个旁系。[290]居鲁士大帝的继承者是冈比西斯（公元前530—前522年在位），冈比西斯长期出征埃及，卒于回朝路上，王位落到一个名叫巴迪亚（Bardiya）的人手中。巴迪亚要么就真的是他的弟弟，要么就像官方版本所说的那样，是冒充其死去弟弟的篡权者。七大贵族世家的首领合谋，在米底的一个城堡里杀害了巴迪亚。大流士是七人之一，他们一致决定让大流士继承王位。这时帝国之内叛乱四起，觊觎王位者以军队作为后盾，纷纷自称是合法的王位继承人，而在原来的埃兰、巴比伦和米底等王国,那些企图称王者也打着独立的幌子发起叛乱。大流士力挽狂澜,连续作战 19 次,擒获 9 个叛乱首领,帝国实现了统一,他也成为不容置疑的统治者。①

在大流士统治末期,安纳托利亚沿海一些城市的伊奥尼亚人在雅典和埃雷特里亚(Eretria)的帮助下发起叛乱。大流士镇压了这场叛乱,派遣军队进入希腊。公元前 490 年的马拉松一役,波斯军队被雅典人击败。从此以后,波斯帝国地中海以东地区就麻烦不断,不仅在希腊,还有塞浦路斯和埃及。大流士的儿子薛西斯一世(公元前 486—前 465 年在位)继承王位,他即位后的第一件事就是镇压埃及的反叛。后来,由于他废除了巴比伦王国的地位,并且拒绝像其他统治者那样承订主神马尔杜克(Marduk)的护佑,巴比伦于公元前 484 年和 479 年分别发起两次叛乱,但都被他成功镇压。他最宏大的计划是旨在征服希腊的远征,但却以惨败告终。公元前 480 年,先是萨拉米海战受挫,接着又在普拉提亚一役败北,一年后又在小亚细亚的密卡尔(Mycale)遭到同样的命运。关于薛西斯大军的规模和他所遭受损失的数据很不可靠,但这次远征的失败是决定性的。希腊远征是波斯帝国历史上的转折点,后来在爱琴海取得的胜利并不是因为其军事上的威力,而是由于巧妙利用了希腊各城邦之间的矛盾,坐收渔翁之利。

公元前 465 年,薛西斯被其贴身侍卫首领杀死,他的宰相可能也参与其中。在宰相的支持下,薛西斯的儿子"右臂长"阿尔塔薛西斯一世(公元前 465—前 423 年在位)即位。公元前 460 年至 454 年,又一次埃及叛乱被镇压。同样被镇压的还有两次总督叛乱,一个是巴克特里亚总督,另外一个是埃及的征服者,总督麦加比苏(Megabyzus)。公元前 449 年,波斯和雅典签订了"卡里阿斯和约"(Peace of Callias),双方战争正式结束。

公元前 423 年阿尔塔薛西斯去世以后,帝国江河日下的迹象变得

① R. G. Kent 编,《古代波斯读本》(耶鲁大学出版社:New Haven,Conn. ,1950),第 119—130 页,此处可以找到对著名的贝希斯敦铭文的翻译,这个铭文讲述了大流士即位之年对各地爆发的暴乱的镇压。

日益明显,继承人之争,内战和叛乱,闹得国无宁日。[291]薛西斯二世(公元前425—前424年在位),即阿尔塔薛西斯的儿子,被其弟弟杀害,而后者又被赫卡尼亚总督,他同父异母的弟弟欧克斯(Ochus)杀害。欧克斯登上王位后成为大流士二世(公元前424—前404年在位),他联合斯巴达,再次对雅典发起进攻。他把小儿子居鲁士送到小亚细亚去作战,大儿子阿尔塔薛西斯则继承了他的王位。居鲁士集结了一支希腊雇佣军,要和哥哥争夺王位,结果却在公元前401年的库纳克萨(Cunaxa)一役中丧命。这就是著名的万人远征。希腊人杀出一条血路,从波斯逃出来,这让所有的希腊人看到波斯帝国的防务是何其空虚。尽管如此,阿尔塔薛西斯二世还是凭借金钱外交和巧妙手腕迫使希腊人签订了"国王和约"(公元前387—前386年)。根据这份和约,希腊人放弃了小亚细亚,这就再次将伊奥尼亚城邦交给了波斯人。阿尔塔薛西斯二世在位期间叛乱不断,烽烟四起。埃及的叛乱取得成功,公元前373年企图收回埃及的远征失败。公元前366年,小亚细亚所有的总督联合起来,发起叛乱,但由于内讧,叛乱失败,到公元前359年阿尔塔薛西斯二世去世时,中央政府已经完全恢复了对那里的统治。在一系列后宫阴谋,勾心斗角的过程中,残暴的阿尔塔薛西斯三世即位。为了巩固自己的王位,他杀害了所有的亲属,还强迫所有的总督解散雇佣军。佛里基亚总督抗旨不遵,被他镇压下去。公元前351年至350年,他重新征服埃及的第一次努力失败,导致了西顿和其他腓尼基城市的叛乱。这次叛乱非常严重,颇费周折才镇压下去。公元前343年,他又一次进攻埃及,成功地结束了埃及第三十王朝,也是最后一个本土王朝。

两位将军指挥了这次战争,其中一位是宦官,名叫巴古阿(Bagoas),深受国王器重。他积聚了大量财富,还成为阿尔塔薛西斯三世的宰相。公元前338年,他毒杀阿尔塔薛西斯三世,将其子阿西斯(Arses,公元前338—前336年在位)扶上王位。阿西斯想对巴古阿以其人之道还治其人之身,结果事情败露,反而被毒死。阿尔塔薛西斯二世的直系后代要么已死,要么被杀,巴古阿转而扶植大流士二世的旁系后代。新国王自号大流士三世,强迫巴古阿服毒自尽。同年,马其顿国王菲利普派兵进入小亚细亚。公元前 334 年,菲利普之子亚历山大继承父业。公元前 330 年,大流士三世已死,波斯帝国也灰飞烟灭。

如上文所述,这段历史充满了"叛乱和谋杀,国君无能,后宫乱政,错失的良机,愚蠢的政策",但就像有人公正地指出的那样,"这绝非事情的全貌。[292]我们所了解的情况大多来自希腊语文献,因此常常对波斯带有偏见,往往会过于片面。如果没有许多优点抵消其种种弊病,任何政府都不可能延续如此之久,也不可能战胜这么多困难,并最终顽强地反抗征服者"。①也许从下文的论述中我们可以对这些优点有所管窥。

4. 王权和贵族

波斯帝国的统治者是一批富可敌国的地方贵族,他们得到了波斯平民,也许还有米底平民的支持。"大国王",又叫"万王之王",是最高首领,所有的贵族都听命于他。

大国王君临天下的资格来自何处呢?国王大流士一世登上宝座后于贝希斯敦(Behistun)树立了一块纪功碑,铭文用三种语言撰成,我们也许可以从中有所洞见。他声称王权在他的家族"源远流长",而自己只是从篡权的巴迪亚手中把权力收回而已。②他追根溯源,将家族的王权追溯到一个名叫阿契美尼斯的祖先,"因此我们就被称为阿契美尼德家族……族中先我而称王者已有八人,我乃第九个王"。③碑文第一段说王权乃由"最高神明阿胡拉·玛兹达(Ahura-Mazda)"授予,但第二段是这样说的:"我乃大国王大流士,波斯人阿契美尼德家族叙塔司佩斯(Hytaspes)之子,雅利安人之后。"简而言之,这就是说伊朗人是所有民族中最受神恩宠的民族,波斯人又是所有伊朗人

---

① T. Culyer Young, Jr., "波斯帝国",《不列颠百科全书》(第十五版, 1979),第九卷,第836 页。
② Kent 编,《古代波斯读本》,第 120 页。
③ 同上。

中最受神眷顾的部族，而阿契美尼德家族则是所有波斯人中最受神垂青的家族。按照阿胡拉·玛兹达的神谕，伊朗的王权应该属于一个特殊的王室家族，这就意味着王位应该在这个家族内部代代传承下去，但就像人们注意到的那样，①这不过是一种常常落空的美好愿望而已。但要当国王，就要符合一个最基本的条件，那就是必须同时是雅利安人和波斯人，还要是阿契美尼德家族的成员。因此，国王和其后代绝对不能和外族人通婚。实际上按照公元前 522 年七大家族之间的协定，他们只能和帮助大流士登上王位的其他六大家族的成员通婚，后来这六大家族变成了五个。

宗教和祭祀行为在君主合法化的过程中所起的作用并不大，这一点与以前中东和埃及的君主制几乎完全不同。起初波斯的国王的确要在巴比伦接受主神马尔杜克的护佑，还要在埃及扮演法老的角色，[293]但这些只是为了尊重当地的传统而已，并非波斯人原有的传统。无论如何，从大流士时代起，这些做法都被抛弃了。

对于波斯人的宗教信仰我们知之不多，例如，玛吉是哪些人担任的？他们和宫廷有何关系？他们和对阿胡拉·玛兹达的崇拜有何关系？大流士是琐罗亚斯德信徒吗？琐罗亚斯德教当时是什么样子的？我们无从知道琐罗亚斯德准确的生卒年月，因此很难说他是否和大流士是同时代人。他认为善神玛兹达和恶神阿里曼（Ahriman）之间，光明和黑暗之间，真理和谎言之间处于无休无止的斗争之中。这种看法来自于《阿维斯陀经》，因此被认定为阿契美尼德时代的思想，而实际上《阿维斯陀经》出现的时间要更晚。据说担任玛吉的是米底人，而不是波斯人，他们是一个特殊的阶级，或者说是部落，其主要职责是主持仪式，参加和火有关的祭祀活动，因为火在古伊朗的祭神活动中起着十分关键的作用。当然玛吉也要参与宫廷事务，但希罗多德在谈到冈比西斯的继承者时说那个所谓的篡权者，即巴迪亚，其实是一位名叫高墨达（Gaumata）的玛吉。如果事实的确如此，这也许意味着玛吉反对崇拜阿胡拉·玛兹达，因此才企

---

① 见原书第 290—291 页。

图篡位，只有当大流士上台之后，他们才和王室重归于好，但所有这些纯粹是猜测。

只有两个事实是明白无误的，但这就足够了。首先，玛吉不是有组织的祭司，而且从大流士即位以后并没有起到任何政治作用。其次，大流士和其子薛西斯把阿胡拉·玛兹达尊奉为最高神明，但并非是唯一神明。阿胡拉·玛兹达创造了天地和人类，还会保佑崇拜他的人多子多福，长命百岁。大流士崇拜阿胡拉·玛兹达，他就将王位赐予大流士。大流士并没有提到其他两位波斯神祇密特拉和阿奈提斯，而阿尔塔薛西斯二世在其铭文中则提到了。

尽管大流士声称自己的王位来自于阿胡拉·玛兹达的恩宠，但这并非是某种具体的君权神授，也不是什么天赋使命。在古代的伊朗宗教里，阿胡拉·玛兹达创造了"hvarena"，即"神圣的荣光"，并将其赐予伊朗神话中的英雄和首领，因此自然也要赐予国王。这种"神圣的荣光"是一种具体的、闪亮的光环，在国王雕像上有时以头上光轮的形式出现，[1]就像围绕阿胡拉·玛兹达全身的光环那样。国王出行时，前面是阿胡拉·玛兹达的车子，由白马拉着，[294]紧随其后的是密特拉和阿奈提斯的车子，接着是托着祭坛圣火的人，也许是玛吉，而火是王室的象征。最后出现的是气势非凡的国王，他头戴王冠，身着白紫相间的长袍，猩红色的裤子，紫红色的披风，这种装束乃国王专用。所到之处，万民敬拜。[2]

事情并非向来就是如此，从大流士时代起，国王的登基大典都是在居鲁士简陋的首都帕萨伽达（Pasargardae）举行的，新登基的国王还要像贫苦农民那样吃麦饼和猪奶。比起后来 15000 位客人济济一堂，尽情享用满桌的美酒珍馐和远方运来的罐罐清泉，简直是天壤之别。国王大流士和人民之间的距离越来越远，变得高不可及，只有六大贵族才能够和他直接接触。他深居浅出，住在宏伟壮观的宫殿里，处处以香柏和宝石为饰，华丽的彩陶浮雕描绘了接受进贡的场面和胜利之时的喜

---

[1]　F Dvornik，《早期基督教和拜占庭的政治哲学：源头和背景》，两卷本，Washington DC，1966，第一卷，第 84—87 页。

[2]　同上，第一卷，第 114 页。

悦。所到之处，周围簇拥着上千名弓箭手和武士作为贴身护卫。他的宝座乃纯金制成，每次无论是坐上去还是走下来都要牵涉到十分繁琐的仪式。①臣民觐见国王时匍匐拜倒的场面、黄金权杖、全身的珠宝（按照普鲁塔克的说法，价值 300 万英镑，而这只是 1982 年的价格），对所有这些都有栩栩如生的描绘。②同样被描绘的还有国王大宴宾客的场面，宴会之后的秘密会议，还有后宫的近 300 名嫔妃和千夫长率领的1000 多贴身卫士。当然，无论是埃及的法老、巴比伦和亚述的国王、中国的皇帝，还是罗马、拜占庭和阿拉伯的君主，在排场之壮观上也毫不逊色，关键的一点是，所有这些深宫内院的神秘莫测和繁文缛节，只是为了说明国王之与众不同，无论他是神圣真主，还是上天代理或者其他的什么头衔。无论如何，由于某种难以言说的原因，国王高人一等，其他人必须对其俯首听命。就我们所知，国王权威的象征也许要比其君临天下的资格更有说服力。"在 40000 禁卫军的重重保卫之下，大苏丹安居在华丽的后宫，这的确让人很难等闲视之。"③实际上，为了让芸芸众生能够坦然接受国王的无上权威，必须要造成这样一种君主超凡脱俗的视觉效果。君主的权力是绝对的，[295]除了不能和外族人通婚之外，不受任何传统习俗和宗教戒律的约束。他是"王法"的唯一源头，是公正之所出，任何时候都不会犯错误。从原则上讲，普天之下，莫非王土；率土之滨，莫非王臣。所有的人民都是他的臣仆。总之，他对他们拥有生杀予夺之权。

在现实中，国王的绝对权威要受到三个方面的限制。第一个是天然的限制，会由于对信息的掌握情况而或膨胀或缩小，后面还会谈到这一点。第二个限制是宫廷阴谋，历史上这样的例子俯拾皆是，最常见的形式如弑君篡位，要么就是为了争夺王位的继承权而手足相残。但是，所有这些只是谁来做国王的问题，丝毫不能动摇君主统治的本质。第三个方面的限制影响最大，那就是地方贵族势力。

---

① F Dvornik，《早期基督教和拜占庭的政治哲学：源头和背景》，两卷本，Washington DC，1966，第一卷，第 120 页。
② Cook，《波斯帝国》，第 138 页。
③ Pascal，《沉思录》（Dent，London，1932），第三卷，第 3 节。

就像开头提到的那样，波斯帝国是由国王领导之下的贵族阶级所统治的，而这些贵族统治者中很大一部分都是王室成员。①剩下的那部分贵族是什么人呢？根据其他的游牧民族（如曾经侵犯中国达数个世纪的突厥人）的情况来判断，血统是至关重要的因素。从《韦陀经》中可以看出，印欧民族的各个部落更是如此。王室成员之外的那部分贵族都是部落酋长和大家族的首领，起初，他们的地位和王室成员是平等的。居鲁士大帝统治期间，这部分贵族的比例增加，因为据说他把波斯各部落和其他部落全都纳入扩大的王国。当然，原来各个部落的首领还会继续保留其贵族地位和原部落的人民。这些贵族被称为"eugeneis"，意为"出身高贵者"。他们率领本部落人民参加居鲁士对米底人的战争，后来又随其征战中东。作为回报，他们得到了大面积的土地和对当地人民的统治权。其中有六大家族享有与众不同的政治地位，因为这六大家族的首领曾帮助大流士铲除篡权的巴迪亚，将其推上王位。尽管后来六人中有一个因为叛逆罪被处死，但据我们所知，其他几个家族的确备受王室的恩宠。②

各个行省的总督来自王室和贵族，后面我们将对此展开深入探讨。在这种情况下，大国王面临的问题和中世纪欧洲的帝王差不多，我们不妨称其为"贵族管理"，[296]其特点是国王的律令只有通过这些总督才能得以执行。因此，对于国王来说，最好是能够获得他们的积极支持，最少要努力争取其认可。只有这样，他们才不至于敷衍了事，有意拖延，甚至是公开抵制，而要想做到这一点，就要实现某种分配上的公平，有效运用奖惩。帝国面积过于广袤，任何监督和制约机制都很难有效。因此，一方面要奖赏以荣誉、权力和财富，另一方面也要分而治之，利用各个总督之间的敌对情绪，削弱心怀叵测者对王权的威胁，坐收渔翁之利。正是利用这种分而治之的办法，阿尔塔薛西斯三世成功镇压了公元前366年与公元前360年之间的总督大叛乱。③

---

① 见原书第 296 页。
② 参见 Cook，《波斯帝国》，第 167—171 页。
③ 参见 Olmstead，《亚述史》，第 417—422 页。

总的说来，这些贵族总督们对国王忠心耿耿，勤于王事。这种忠诚绝不仅是物质和荣誉上的奖赏所能换来的，一个关键因素就是忠于合法领主的传统，这个传统从他们还是伊朗的部落时就已经形成。这对大家都有好处，因为这些总督也需要获得其家臣和附庸的忠诚，实际上他们也得到了这种忠诚。下面的事实非常能够说明问题，大流士三世本非帝王之才，曾三次被亚历山大赶得到处逃窜，但贵族们并没有因为他境遇的恶化而背弃他。虽然他最终没能逃脱众叛亲离的命运，死在柏萨斯（Bessus）①的手中，但这并没有什么奇怪的，奇怪的是那些贵族们竟然能够追随他那么久。个人忠诚的确非常重要，但除此之外，这些昨日乞丐，今日王侯的贵族们非常清楚，作为互相通婚的统治阶级，他们之间有着千丝万缕的联系，一荣俱荣，一损俱损。他们有共同的、不同于附庸者的语言；他们有共同的风俗习惯；他们供奉共同的神灵。在攻城略地的过程中，他们一起积聚了无数的财富。贵族总督们为这些特点而自豪，这种自豪感使他们自认为有责任团结在大国王周围，与其共同统治这个帝国，并共同分享这种统治所带来的种种好处。

5. 中央和地方政府

历史上曾有不少庞大的帝国在其开创者或其第二三代继承者死后就土崩瓦解。说起这样的例子我们马上可以想到成吉思汗和帖木尔开创的"征服帝国"，同样的命运也降临到亚历山大大帝的帝国身上，我们正在讨论的波斯帝国就是其前身，但居鲁士所创立的波斯帝国却延续了两百多年，究竟原因何在呢？

[297]一边是 12 万成年波斯男性，他们不通文墨，缺乏治国经验，另一边是历史上面积最为广大的疆域和民族最为多样的统一帝国。按照后来的分界，其疆域包括下面这些主权国家的全部或部分，它们是色雷斯和马其顿（今希腊境内）、从埃及一直到利比亚边

---

① ［译注］柏萨斯是波斯帝国巴克特里亚行省（今阿富汗）的总督。

境、土耳其、叙利亚、黎巴嫩、以色列、约旦、伊拉克、伊朗、阿富汗、巴
基斯坦,还包括原苏联的一些共和国,如格鲁吉亚、阿塞拜疆、亚美
尼亚、土库曼斯坦和塔吉克斯坦,总面积达到了 2503838 平方英里。
要知道,亚述帝国面积最大时只有 638368 平方英里,罗马帝国的疆
域也只有 1600000 平方英里。如果换个说法,波斯帝国的面积相当
于今天美国土地面积的 70%。无论是从西北到东南,还是从西南到
东北,距离均长达 3000 多英里。波斯帝国的行政首都大致位于马
其顿和犍陀罗中间,距两地各 1600 英里。大流士在小亚细亚最西
端的苏萨和萨迪斯之间修建了长达 1600 英里的"王家大道",专业
的信使日夜兼程可以在 7 日之内将信件从一端送到另一端。①通常
情况下,旅行者要用 67 天半的时间才能走完这段路程,而军队要用
90 天。②

　　不仅如此,生活在这片广袤土地上的 5000 万人口有着迥然不同的
社会状况、政治体制和宗教信仰。按照希罗多德的说法,在波斯帝国生
活着 70 多个不同的民族和部落。③他们有的像巴比伦和埃及那样实行
统一的官僚统治,有的像腓尼基和伊奥尼亚那样实行城邦制,也有的像
阿拉伯、扎格罗斯、米西亚(Mysia)、帕弗拉戈尼亚(Paphlagonia)和比
西尼亚那样实行酋长制。还有不少面积广大的部落只是偶尔听命于大
国王,有的甚至不受大国王的管辖。在宗教信仰方面,他们有的信奉马
尔杜克,有的信奉阿蒙。在叙利亚,人们崇拜的是巴力神和亚斯他录
(Astarte),而在犹太地,古老的犹太教又复苏了。总之,这些民族除了
共同受波斯人的统治之外,其他没有任何共同之处,当然也没有共同的
语言。

　　波斯人统治帝国的方式非常简单,而历史表明这种方式非常有效,
那就是在不丧失统治权的前提下,管得越少越好,[298]也就是说对于
所有疆域的统治,目的只有两个,即获得贡奉和服从,其他的一切都可

---

① 　9 世纪时,阿拉伯的信使要从梅鲁(Meru)到德黑兰要用 3 天,行程 750 英里,可供参照。

② 　希罗多德,《历史》第 5 卷,第 52 节;第 7 卷,第 98 节;Cook,《波斯帝国》,第 108 页;Dan-
　　damaev 和 Lukonin,《古代伊朗的文化和社会制度》,第 233 页。

③ 　参见 Dandamaev and Lukonin,《古代伊朗的文化和社会制度》,第 98 页。

以忽略，当地的宗教信仰、法律传统和执法过程、社会政治结构都不受干涉。大流士也曾专门铸造钱币，即达里克，但同时也允许其他货币的流通。他改造了楔形文字，用来书写波斯文，但他的铭刻除了用波斯文，还用了阿卡德文和埃兰文。波斯帝国的官方通用语不是波斯语，而是亚拉姆语（Aramaic），必要时还会使用希腊语和埃兰语。总之，没有实行一刀切。波斯帝国最为接近洪堡所说的"守夜人国家"。从一定程度上说，这种统治方式有点无为而治的味道。附庸只要按时缴纳贡奉，不犯上作乱就可以平安无事。这样就形成了两种关系，第一种是国王与贵族、官僚和祭司的关系，他们共同构成统治阶级。另外一种是统治阶级和广大被统治者之间的关系。

所有的希腊作家一致认为重大事件都是由大国王一人来决定的，[1]但对于这些决定是在什么背景下做出的，我们只有极其零碎的了解。虽然我们后面会引用国库碑刻和筑城碑刻的证据，但对于宫廷的组织方式我们几乎一无所知。通过碑刻我们只能对于某些王室人员，如"持矛者"、"持弓者"和"侍酒者"有所了解。尼希米（Nehemiah）是国王的侍酒者，却可以到耶路撒冷去担任总督，可见侍酒者这个职位深受信任，也是很有势力的。有的王室内务职务头衔虽然卑下，但实际上却行使着极为机密和重要的职权，而这种职权往往会变得和本来的头衔一点关系也没有，[2]由此我们可以推测，其中提到的这些职位一定都十分重要，非比寻常。

这些人中有一个被希腊人称为"千夫长"，因为他统帅着为数千人的王家侍卫。爱德华·梅耶尔和其后的许多学者都认为千夫长已经成为首席大臣，或者说是宰相，不仅负责整个宫廷，还要负责帝国的行政。[3]显然，千夫长能够决定哪些人可以觐见国王，仅这一点就足以使这个职位十分关键。此外，由于所有的信息都由他带给国王，在外交事务上他也扮演着十分重要的角色。[299]这两点都已经得到证实，因此我们完全可以推出一点，那就是千夫长实际上就是总理大臣，现在这个

①　Cook，《波斯帝国》，第 145 页。

②　参见原书第 693 页；第 826 页。

③　E. Mayer，"波斯"，《不列颠百科全书》（第 11 版，1911 年出版），第 21 卷，第 208 页。

推论已经为人们广泛接受。①

虽然在《以斯拉记》中提到了朝廷上"七人委员会"，②但我们无法证实其存在。他们可能是由七人组成的一个陪审团，③但是希罗多德曾三次提到"参议会"，并且这三次都是非常特殊的场合，波斯最重要的人物都在场。特指意义上的"大臣"是不存在的，朝廷组织是家族式的，作为王室的内廷官员，各司其职，当然职权也会根据国王的需求和信任程度有所改变（上文脚注中法内克斯没有任何头衔就很好地说明了这一点）。看起来似乎只要国王愿意，他可以随时与身边的任何人商讨国事。这并不意味着他缺少外界的信息渠道，因为越来越多的王孙贵胄被派往各省任职，他们可以向朝廷提供大量的信息和建议。对于某些方面的事务，似乎还有专家，供国王咨询，如关于希腊和埃及的问题。此外，大国王还可以问政于各省总督、城主和专门驻守在总督府的钦差。这些钦差独立于地方政府，直接对中央负责。④还有就是被称为"国王耳目"的情报网络，但对于他们应该向谁报告，以什么方式报告，情报又是怎样传达给国王的，我们无从知晓。

虽然我们对于朝廷和王室的内部组织知之甚少，但它们显然是存在的。前者从遍布帝国境内各处的刻石、碑刻和用亚拉姆语撰写的公文中都可以推知，更不要说《圣经》上的间接描述了。《圣经》提到了居鲁士关于犹太圣殿重建问题的诏令，此事曾一度受到质疑，直到后来在王家档案馆中找到一份该诏令的原文。⑤

---

① 参见 Cook，《波斯帝国》，第 144 页；Dandamaev 和 Lukonin，《古代伊朗的文化和社会制度》，第 111—112 页都明确持此观点。筑城碑刻中提到一个名叫法内克斯（Pharnakes）的人，显然是个十分重要的人物，主要管理经济事务。但是上面并没有提到他的任何头衔，因此有人将其视为王室大总管，还有人视其为"千夫长"。显然，他支配着大量的书记人员，他们会写帝国的所有重要语言，此外他还支配着其直接下属芝撒维斯（Zissawis）的书记团。参照 D. M. Lewis 所著的《斯巴达和波斯》（Brill, Leiden, 1977），第 7—11 页。路易斯将这些人称为其内阁，但是否是最重要的内阁，这又是另外一个问题。

② 《以斯拉记》7∶14。

③ Cook，《波斯帝国》，第 145 页。

④ Lewis，《斯巴达和波斯》，第 24—25 页。

⑤ 《以斯拉记》，第 2 至 6 章，这个记录应该一读，从中我们可以看到行政活动是怎样进行的，这十分难得。由于这份抄件最后是在位于埃克巴塔那（Ecbatana）的偏僻档案库发现的，文件的归档整理和保存都是可以信赖的，但检索系统显然相当落后。

王室的内部组织很好理解，因为如果没有自己的管理机构，后宫的300嫔妃，能够供15000名宾客同时宴饮的宫廷是无法运作的。［300］这一点可以从其他情况类似的帝国那里得到佐证，如罗马、拜占庭、阿拉伯和中国等。波斯波利斯筑城碑刻和国库碑刻的重要性就在这里：关于那位法内克斯的其他信息暂且不管，从中我们的确可以知道他负责分配各个王室成员和官员的定量配给，还通过其下属控制着一批负责工作细节的工头和那些具体负责分发的人。①这让多位研究者认为法内克斯就是王家大总管。②根据这些档案，有两点是可以肯定的：第一，王室内廷官员人数众多，组织严密；第二，这些官员和工作人员都是按照配额获得报酬的。③宫廷实际上就是一个庞大的家庭。

宫廷官僚制度的一个明显标志就是太监的存在，这一点在波斯的宫廷里得到充分的体现。无论是在后期的罗马帝国、拜占庭帝国，还是在奥斯曼帝国和中华帝国，太监都是地位卑下的体力劳动者，但也有一些受过教育、才能出众的太监变得位高权重。④这样的事情就发生在波斯帝国，从阿尔塔薛西斯一世时起，这些太监在朝廷上形成了自己的力量，和王家侍卫与波斯贵族平起平坐。对于他们的活动，我们的了解并不多，因此无法像对罗马帝国、拜占庭帝国、尤其是中华帝国的太监那样准确判断他们在政治上的影响。虽然如此，他们还是值得引起我们的注意，因为有史以来第一次，我们可以找到一个最为简洁的理论来解释为什么太监会如此广泛地存在，这个理论来自色诺芬的《居鲁士的教育》。

如前文所述，亚述的君主可能曾经大量使用太监，⑤因此波斯人可能是从他们那里学会的，并且从太监的数量上讲，有过之而无不及。按照希罗多德的说法，每年仅仅巴比伦和亚述就要向朝廷提供500名年轻太监。⑥

---

① 参见《剑桥伊朗史》（剑桥大学出版社，1985），第二卷，第588—609页（"波斯波利斯筑城碑刻的证据"，作者是已经过世的 R. T. Hallock）。又见 D. M, Lewis 的《斯巴达和波斯》，第一章。

② 如 Hinz，"Achamendische Hofverwaltung"，《亚述学杂志》，61(1971)，第260—311页，比较 D. M, Lewis，《斯巴达和波斯》，第8页。

③ 就像自然经济状态下的情况那样。在这方面，波斯的宫廷与亚述和埃及相似。

④ 见原书第495页。

⑤ 见原书第230—231页。

⑥ 希罗多德，《历史》，第3卷，第92节。

[301]起初他们以皇家密使的身份出现，后来从阿尔塔薛西斯一世时起，他们开始占据非常重要的职位。例如阿尔塔薛西斯一世死后，太监阿托克瑟里斯（Artoxares）将新的国王扶上了王位。太监巴古阿曾任禁卫军首领和远征埃及的将军，后来又把大流士三世扶上宝座。①

对于太监们获取高位的原因和方式，色诺芬做出了一个解释。他的说法也完全适用于后来的宫廷，如后期的罗马帝国、拜占庭帝国和中华帝国。②色诺芬提醒人们说太监们绝对不像一般人所认为的那样都是些无能之辈，他说："作为骑手和长矛手，他们一点也不比常人逊色，他们的抱负一点也不比常人小……恰恰相反，即使他们体质上比常人要差（对此他持怀疑态度），但是在战场上，坚定的意志使弱者可以和强者相抗衡。"他认为太监们比常人更加忠诚，因为后者首先考虑的总是孩子、老婆和情人，而太监则没有这方面的顾虑，他们的忠诚属于那些能够给他们高官厚禄的人。此外，太监们往往会受到种种的蔑视，因此他们需要获得恩主的保护。③

这使我们不由想起典型的东方宫殿：富丽堂皇，处处充满繁文缛节，天天歌舞宴饮，无数的宫女、奴仆、太监和那些名不高而位显的内廷官员往来其间。总之，我们知道的只是朝廷装饰性的一面。至于其内部组织中真正起作用的那部分，即官僚和国库的情况，我们除了前面提到的部分，其他的所知甚少。对于其税收系统我们也知之不多，似乎居鲁士在征收贡奉方面非常随意，因此获得了慷慨大方的美誉，而大流士则使税收体制更为系统化，并因此获得了小气贪婪的恶名。他把帝国分成多个行省，向每个行省征收固定数量的贡奉。④据说他还进行过一次地籍测量，以便按照各行省的财富情况确定贡奉的多少。但即使他真的这样做了，这种地籍测量也一定是非常粗糙的。在我看来，他不过是要求在埃及、巴比伦和帝国其他地方的行省机构更新其名册而已，这

---

① Olmstead，《亚述史》，第 312，344，355 页，437—438，440，488—492，508，512 页。
② 见原书第 574 页，641，787 页。
③ 色诺芬，《居鲁士的教育》，第 7 卷，第 5 章，第 60 节。
④ 见原书第 492—493，574 页。

些地方早就官僚化了。

每个行省需要缴纳的贡奉只是上缴给国库的那部分，[①]而地方总督在实际征收时可以任意而为，上缴后剩下的部分被用来满足自己的需要。[302]对于朝廷来说，这是一种简便易行的税收方式，和波斯帝国的整个统治理念是一致的，那就是把国王的要求告诉各个行省总督，剩下的就是他们自己的事情了。这并不意味着人民的负担被减轻，因为显然这样更会使他们遭受无休止的盘剥和勒索。[②]税收是以银子来计算的，但除了已经有金属货币流通的西部地区之外，其他地方主要是缴纳实物。波斯的帝王们热衷于聚敛金银，并将其囤积于位于苏萨和波斯波利斯的王家财库，这些财库后来被亚历山大发现。除了希罗多德列举的以货币和实物形式缴纳的固定贡奉，朝廷还会强制性地征用劳力，战时还要征收粮食和器具。对于那些生活在经常发生战争的地区的人民来说，负担是非常繁重的。公元前352年西顿发生的大叛乱，就是因为一次次向当地人民征收和埃及作战所需的物资而引起的。

在地方层面，税收制度可能与米底和波斯征服之前差不多，因此在有些地区，尤其是埃及，可能还有巴比伦，税收依然保留了以前重新分配的性质。从整个帝国的层面来看，税收已经完全失去了这种重新分配的性质，甚至连亚述帝国那种原始的直接将资源分配到特定领域的体制都没有了。税收只是从地方到中央的单向流动，为提供朝廷的经常性开支服务，如建设宫殿的经费、官员的薪俸和雇佣军的军饷。如果原来亚述帝国的体制还有一些遗留的话，似乎也只是体现在两个方面，第一个是要求巴比伦行省负责王宫一年中4个月的花费，[③]第二个是对波西斯（今法尔斯省）的政策。波西斯和其他行省不同，是王畿，不是隶属省，因此不用贡奉金钱，但要缴纳实物税。[④]这种管理方法似乎是官僚化的，最上头是财政总管，生活奢华，威风八面。他控制着整个行省的各个行政部门，掌管着中央财库。中央财库则下辖着各个地方财

---

① 参见希罗多德的《历史》第3卷，第89—94节的清单。

② 参见原书第81页。

③ 希罗多德，《历史》，第1卷，第192节。

④ Dandamaev and Lukonin，《古代伊朗的文化和社会制度》，第179页。

库和工场,由它们负责向各个部门发放粮食、牲口、水果和蔬菜等物品。最后再由各个部门向高级官员发放其应得的配给,这些官员中包括国王的持弓者和持矛者,当然也包括财政总管本人。①

除了波西斯,整个帝国的管理原则非常简单,[303]那就是将绝大部分权力下放给各省的统治者,即总督。几乎可以肯定的是,大流士之前就有省的划分,但是他却第一个将帝国系统地划分为行省,并在每个行省设置总督。希罗多德列举并描述了 20 个行省,也有学者声称他提到的这些行省实际上只是税区,真正的行省应该是军区,②这种看法必然意味着总督和税官的职权是互相独立的。同样,也有不少学者采纳爱德华·梅耶尔的看法,认为帝国的管理并不像今天的历史学家所认为的这样松散。在 1911 年版的《大英百科全书》词条"波斯"下面,我们可以毫不费力地找到这个观点。根据希罗多德(第 3 卷,第 128 节)一句孤零零的注释性话语,他推导说总督要受到钦差的制约,而这个钦差直接向国王汇报,军权则掌握在一个直接对国王负责的将军手中,此外还会有"国王耳目"不定期地对治理情况进行突然检查。③

近期的研究对此有了更加确定的说法,认为希罗多德关于 20 个行省的说法大体上是正确的,虽然在帝国晚期有的行省被进一步分划。总督大权在握,不受任何常规的、系统化的制度约束。④因此我们完全可以这样理解,辽阔的帝国被分成 20 来个行省,每个行省由各自的总督全权负责,而总督的背后是驻军将领,封地领主和军事殖民地,他们之间的具体关系则因地而异。简而言之,这是一种内部殖民关系,即不剥夺原地方统治者的权利,而是要让他们为其所用,受其管理,并且在他们中间安插一些自己的人,共同实行统治。

---

① Cook,《波斯帝国》,第 89—90 页。

② 参见 A. Toynbee,《历史研究》,十卷本(牛津大学出版社,Oxford,1934—1954),第 7 卷,第 580—689 页。

③ Meyer,"波斯",又 R. Ghirshman,《伊朗》(Penguin, Harmondsworth, 1954),第 144—145 页。

④ Dandamaev and Lukonin 在《古代伊朗的文化和社会制度》中不这样认为,在该书第 111 页,他们认为通过"国王耳目",中央对行省进行着强有力的控制。

　　我们对于行省的了解大多与西部的行省有关，尤其是安纳托利亚一带，对于东北部地区（即伊朗一带）的行省，我们几乎一无所知。他们也许和南部行省有不少重大差异，因为当大流士三世在亚历山大的攻势之下步步后退时，他们依然对其忠心耿耿。就我们所知，这些行省的总督似乎要么是王室成员，要么是其他波斯贵族。[304]前者往往会得到最富有的行省，但人事的变动也很频繁。随着时间的推移，许多贵族的总督职位成为世袭，当然朝廷依然可以将其收回。

　　现在让我们回到前文引用过的希罗多德的描述，对于总督到底是文官，是武官，还是亦文亦武，我们并不清楚。即使他们能够统帅军队，也要受到一位"军事长官"的控制。这样的军事长官约有四位，一旦遇到突发事件，他们是自己辖区内军队的最高指挥。虽然有时地方卫队首领的确能够独立行使权力，但总的说来，即使在和平年代，总督们也掌管着大量的军队，面对外敌入侵时更是如此。除了常备军之外，他们还可以从当地征兵。

　　实际上随着时间的推移，总督的职权可能也发生了变化。起初他们只负责管理地方行政，后来到了公元前 4 世纪时，他们开始掌握军权。[1]从公元前 366 年到 360 年之间的总督叛乱可以看出，他们似乎可以任意扩军。后来西部地区的一些总督甚至"很不负责任地"[2]采取军事行动，还雇用大量的雇佣军为自己服务。他们的军事权威绝对不仅限于自己的行省，而是要随国王出征，参与大规模的战役，例如埃及总督就曾参与萨拉米一役。这是因为除了 10000 人的"不朽军团"[3]之外，大国王并没有常备军。

　　当然总督的军事活动和外交有着密切的联系，在外交上，他们享有极大的自主权。[4]对于财政的具体情况，我们不甚了了，但财政大权完全掌握在总督手中。由于他们要向朝廷缴纳一定数量的贡奉，又可以将缴纳后剩下的部分用于地方上的支出，总的税额由他们自主决定，税

---

① Dandamaev and Lukonin，《古代伊朗的文化和社会制度》，第 101—102 页。

② S. Hornblower，《摩索拉斯传》（Clarendon Press，Oxford，1982），第 146 页。

③ 见原书第 311 页。

④ Hornblower，《摩索拉斯传》，第 146—148，152 页。

款则由包税人征收。前面我们提到过总督的地方行政职能,根据色诺芬的说法,他们的职责在于"统治人民,征收贡税,分发军饷,处理其他各种需要关注的事务"。①接着他还说:"在行省他们要有自己的土地和房屋,这样才方便征收贡税。"

总督有自己的府邸,仿照大国王的宫廷而设立,生活在行省内的波斯显贵和要人都要参加。[305]这些人是波斯的"当权者",是总督的支持者,其中包括驻军将领,在孟菲斯这样的重镇,通常会有大量军队驻扎,也有一些地方,如象岛,驻扎着部分犹太雇佣军,还有的驻扎在埃及的底比斯和阿拜多斯等地。沿着东北部的奥克苏斯河是一连串的要塞。萨迪斯是西安纳托利亚的军事重镇,这里土壤肥沃,气候宜人,作为对其参加战争的奖赏,生活在这里的波斯人被赐予大量的封地。他们富可敌国,有自己的军队、府邸、幕僚、财库、警察,还有大量的书记员、管理员、司库和簿记员。这些波斯人并不在封地上生活,他们更喜欢城市里天堂般的诱惑和种种娱乐活动。②这些显贵们集合到总督的府邸上,有说亚拉姆语的书记员专门为其服务。

再往下没有统一的基层组织,也没有统一的征收贡奉的方式。③在埃及和巴比伦,原有的复杂行政体系和神殿一起被完全保留下来,西顿则保留了自己的君主。波斯人称幼发拉底河以西的地区为亚巴那哈拉(Abarnahara),意为"河外之地",在这里,城邦的君主(如在腓尼基和塞浦路斯)、祭司统治者、当地专制者和部落酋长进行统治。④在安纳托利亚西部的伊奥尼亚城邦,波斯人则通过受其支持的地方寡头实施统治。总之,当地原有的统治机构基本上原封不动,司法、税额的评估和征收、宗教信仰都和以前一样,只不过要受到波斯人的监督,并且法官要由波斯人来担任。这个系统看起来简单而完美,但因其过于简单,也难免会有弊病。一个问题是总督怎样才能有效控制其治下的百姓,另外一个问题是大国王怎样才能有效控制这些总督。

①　色诺芬,《居鲁士的教育》,第 8 卷,第 6 章,第 3 节。
②　Dandamaev and Lukonin,《古代伊朗的文化和社会制度》,第 134,141 页。
③　Cook,《波斯帝国》,第 173 页。
④　同上,第 174—175 页。

第二种控制建立在一个原则之上，那就是效忠。大国王是总督的领主，总督承认大国王的绝对权威。在大多数情况下，在大部分地区，仅这一点就足以保证国王获得他们的服从和支持。对于行省内部的封臣和显贵，总督本人也要依赖同样的效忠原则。总督和贵族都要受到这种荣誉感的约束。这种确保下属忠诚的方式看起来似乎有点奇怪，[306]这只是因为到了 20 世纪后期，荣誉感已经不再是西方社会的主要价值观，但是在其他社会，这种情况并没有改变。如果不相信骑士精神和武士道精神，我们就无法真正理解中世纪欧洲和日本的政治组织原则。具有矛盾意味的是，有的总督之所以会发起针对大国王的叛乱，正是出于这种荣誉感。这方面最突出的例子就是阿尔塔薛西斯一世时总督麦加比苏的反叛，他是当时的名将，曾率军再次征服埃及。他之所以会发动叛乱，就是因为大国王处死了反叛者伊纳罗斯（Inaros）和一些雅典战俘，而这样做就置麦加比苏于不义，因为他曾经向这些人承诺不会加害他们。另外一个例子是居鲁士，他之所以会反对自己的哥哥国王阿尔塔薛西斯二世，就是因为他在朝廷上受到了侮辱。

虽然如此，也有总督会为阴险的动机所左右。就像我们前面提到过的那样，要想避免这种情况的发生，降低这类事件造成的损失，最重要的就是用人策略。在这方面，大国王的手段绰绰有余。他们的第一个法宝就是可以随意任免的权利，此外还有很多间谍和情报人员，其中包括"国王耳目"，总督府内人员，甚至包括总督的儿子们，此外还有邻省的总督，因为邻省总督之间往往是一种对手关系。这些人各尽其职，只要一有叛乱的苗头，马上就可以发觉。如果一个总督想要造反，没有邻省总督的支持，是成不了大气候的。他们之间多为争权夺利的关系，没有共同利益，这样造反者就会遭到孤立。实际上反叛成功并建立独立行省的只有一个人，他就是达塔姆（Datames）。达塔姆被任命为总司令，率领军队远征埃及，但在途中他得知宫中有阴谋要加害于他。别无选择，他只好率部到了卡帕多细亚。由于该地地势险要，他得以成功据守。后来达塔姆被忠诚于国王的总督背叛并杀掉，但他的儿子继承了卡帕多细亚省，并在公元前 362 年建立了独立的伊朗王朝。

实际上几乎所有的总督叛乱都发生在安纳多利亚一带,几乎所有这些叛乱都是阿尔塔薛西斯二世统治后期"总督大叛乱"的一部分。这首先是因为安纳多利亚距首都所在地苏萨有 1600 英里,行军要用 90 天才能到达。其次,由于和敌对的希腊相邻,为了有效应对外敌,小亚细亚和叙利亚地区的行省总督被授予极大的军事和外交权力。第三,由于来自希腊人的军事和外交威胁,波斯的进贡国塞浦路斯和埃及总是很容易就会发起叛乱。到了公元前 4 世纪,战争变得越来越专业化,[307]希腊的重甲步兵是当时最为专业化的士兵。波斯帝国边界行省的总督们要么站在斯巴达一边反对希腊,要么站在希腊人一边反对斯巴达,他们已经习惯于如此,因此很容易就会利用希腊雇佣军为自己服务,或者是挑起希腊人之间的内斗。本来希腊军队是用来打击敌人的,但也有可能会被用来与王室作对。

阿尔塔薛西斯二世统治后期的"总督大叛乱"很好地说明了以上几点。这次叛乱是波斯帝国历史上唯一一次有组织的叛乱,这是值得我们注意的。叛乱的具体细节非常复杂,但首先,最初发动反叛的三位总督之所以会铤而走险,是因为他们感觉到或者已经知道国王要剥夺其总督职位。而第四个总督则是忠实于国王的,参与叛乱是由于受到胁迫。四个总督之间并不团结,而是存在着争权夺利的关系。朝廷正是利用了这一点,最后,两位总督退出暴乱,向国王求和,另外两位也遭到背叛,被人杀掉。总督们各行其是,互相孤立,因此很少能够成功。考虑到波斯帝国辽阔的疆域和长久的统治,在维持总督的忠诚方面还是非常成功的。

在维持臣民的忠诚方面波斯帝国也同样十分成功,但这并不是说朝廷可以高枕无忧,不用再为镇压国内的反抗而发起战争。有两种战争还是必要的,第一种针对部落民族,第二种针对三四个经常发生动乱的地区。伊朗的政府一直在为应付部落民族而煞费苦心,这种情况直到今天都没有改变。①只有在定居文明和城市文明的中心地

---

① 参见 V. Cronin 编,《最后的迁徙》,Rupert Hart-Davies(1957),其中提到多达 10 万人的 Falqani 部落的斗争。

区大国王的统治才完全有效，而分布其间的是大面积的山地和沙漠，这里生活着野蛮的化外之民。除非是为了保障通讯路线的畅通，或者是为了防止他们扰民，否则和他们纠缠是不值得的。针对部落民族的战役是"为和平而进行的野蛮之战"，是波斯捍卫文明过程中致命的一面。扎格罗斯山的卡杜卡亚人（Carduchians）、埃兰的尤克希安人（Uxians）、厄布尔士山脉的卡都西亚人（Cadusians）、皮西底人（Pisidians）、托罗斯山的利考尼亚人（Lycaonians），还有奥林匹斯山的米西亚人，波斯人和这些山地居民之间战争不断，但每一次战争都是无果而终。色诺芬公元前400年写作的《远征记》中生动描述了这些凶悍的山地居民，从中可以看出在亚美尼亚以北地区，大国王的权威是不存在的。

除了这种部落地区之外，波斯统治者只在四个地方遭遇到抵抗，而其中只有两个地方的抵抗比较持久。公元前482年，巴比伦由于薛西斯轻慢了其首都地位而发起反叛，[308]结果遭到镇压，神殿被毁，主神马尔杜克的金像也被运进了冶炼场。此后，巴比伦就偃旗息鼓了。另外一次叛乱发生在腓尼基和西顿，原因似乎是波斯为了筹措资金进行无谓的埃及远征，多次向那里征收苛捐杂税。这次叛乱发生在公元前352年，而此前他们和波斯的关系一直非常亲密。腓尼基的城邦在各自国王的统治下享有自治权。只有伊奥尼亚和埃及顽强反抗。波斯人似乎并没有严厉地对待伊奥尼亚城邦，他们也享有自治权，但城邦中的民主势力是注定要反对波斯人的，因为波斯人支持那里的专制者和寡头统治者。此外，所有的希腊城邦都希望能够完全独立。人们的目光越过大海，向往着能够像希腊大陆上的自由城邦（尤其是新兴的民主城邦雅典）那样独立自主。因此就有了公元前498年的伊奥尼亚叛乱。这次叛乱遭到了波斯的残酷镇压，但此后的政治解决却是明智而大度的。民主势力可以接管城邦的统治权，波斯对其内政几乎没有任何干涉。但此时伊奥尼亚城邦已经成为波斯和希腊开战的理由。

当然，埃及有其独特的文化，这个文化建立在历史悠久的排外情绪和无所不在的神殿崇拜基础之上，此时这个基础依然原封未动。其实赛特王朝时期(公元前 664—前 525 年),埃及经历了一场巨大的文化复兴。希罗多德曾列举冈比西斯对埃及人的信仰所犯下的罪行,这些都是虚构的。实际上冈比西斯拥有"法老"的所有头衔,也尊奉赛伊斯的奈特女神(Neith of Sais)。希罗多德告诉我们的故事来自心怀敌意的祭司们。[①]大流士非常渴望能够得到埃及的支持,他出资修复神殿,还第一次为埃及制定了成文法。虽然埃及拥有肥沃的土地,但其赋税负担相对并不太重。大流士在这里修建灌溉工程,更重要的是开挖了通往红海的运河。从这种意义上讲,大流士对埃及做出了足够的回报。公元前 490 年,波斯人在马拉松一役中失利,这标志着一个转折点。公元前 485 年左右,埃及发动叛乱,后来叛乱被薛西斯镇压,他开始将埃及当作一个被征服的行省来对待,再也没有去过那里,还把埃及人从政府管理中排除出去,但这些都没有用。公元前 465 年,薛西斯去世,此后不久埃及再次发起叛乱,直到公元前 454 年才镇压下去。但没过多久,公元前 404 年大流士二世死后,埃及就成为一个独立国家,直到公元前 343 年,再次被阿尔塔薛西斯三世欧克斯征服。欧克斯对埃及毫不客气,把神殿里的财宝洗劫一空,还运走圣书,毁掉城墙。公元前 337 年欧克斯去世的消息再次引发了一场叛乱。[309]公元前 335 年,大流士三世镇压了这次叛乱,因此当亚历山大征服波斯时,埃及依然是波斯帝国的一部分。

当时不满波斯统治的只有伊奥尼亚和埃及两个地区,他们对波斯统治者恨之入骨,并予以持之以恒的抵抗。没有证据能够表明同样的抵抗在其他地区发生过,尤其是东部的伊朗一带,一直到帝国的后期都非常忠诚。除了巴比伦之外,税收并不过分苛刻,也没有发生过宗教迫害事件。巴比伦的埃萨吉拉神殿(E-sagila)和埃及的神庙虽然遭到劫掠,但其矛头所向是发起叛乱的政治中心及其象征,而神庙的僧侣从未被驱散,他们一直保留下来,后来甚至还为亚历山大加冕。从政治上讲,各族人民的生活和以前没有多大区别,伊奥尼亚人保留了他们的民主,埃及人保留了他们的法老(波斯人),腓尼基人保留了他们的城邦

---

① Culyer Young,"波斯帝国"。

王,而犹太人也保留着他们的"大议会"。各地的法律、习俗和社会结构都受到了尊重。和亚述人与罗马人不同,波斯人在战争中表现出杰出的人道主义精神。被征服的国王被给予礼遇,除了像米利都和西顿那样坚持顽抗到底的城邦外,其他城邦都得以保全。帝国的所有公民都可以参军,驻军的构成是多民族的。

波斯人没有留下什么文学作品,他们的艺术完全是衍生性的,他们一点也不崇尚知识,也不是宗教狂热分子。正是这些看似消极的品质使他们能够如此宽松而宽容地统治这样一个多民族的帝国。他们有极其强烈的尊严和民族自豪感,他们忠诚于自己的王,这些是他们的优点。这些优点使他们能够有足够的信心,让统治下的人民按照各自的方式生活,也正是这些优点使他们能够有足够的凝聚力,维护帝国的统一。此外,这些优点还使他们产生一种帝国意识,在这一方面他们和那些大肆杀戮抢掠的亚述人截然不同。爱德华·梅耶尔说:"阅读这段历史,虽然我们这方面所知不多,依然可以通过这些战争,看到波斯人为了完成其文明使命所做的不懈努力。"①也许他这种说法有点过于多愁善感,但他所列举的波斯人的贡献是值得我们尊敬的。大流士在希拉特(Herat)开挖了一个巨大的水库;派遣赛拉克斯(Scylax)沿着奥克苏斯河一路航行,直到印度洋;此外还挖掘了连接红海的运河,并在波斯沿海一带设立了港口。在两百多年的时间里,在波斯帝国的庇护之下,除了西部边境之外,帝国内部广大地区的人民过着和平的生活,各族人民之间相安无事,也没有受到山地部落民族和沙漠游牧民族的劫掠。

6. 波斯帝国的弱点

[310]波斯帝国最大的优势有两点,一是作为统治阶级的贵族能够团结在国王的周围,二是他们给了人民很多的自由。但是按照梅耶尔的看法,公元前 490 年至公元前 466 年和希腊人的战争遭遇失败,这是

---

① Meyer,"波斯"。

波斯帝国命运的转折点,帝国从此开始走下坡路。梅耶尔认为自从经历了这些失败,波斯帝国开始变得"止步不前,死气沉沉"。①雪上加霜的是随着领土的扩张和文明的进展,"统治种族"却变得越来越堕落。"后宫、太监和与其类似的内廷官员的势力急剧膨胀,对于精明强干之士来说,权力的诱惑要超过爱国主义和对国王的忠诚。"②他举的例子是总督大叛乱③和薛西斯与阿尔塔薛西斯三世的谋杀。梅耶尔还声称"王室血统在退化",因此"帝国再也没有创立什么丰功伟绩,而是日益忽略其推广文明的使命"。④

但是总督叛乱并不能当作典型,⑤对于波斯皇宫中发生的恐怖阴谋、谋杀和报复也可以有多种解释,尤其是当这种事情发生在有施虐狂倾向的嫔妃身上时。多位波斯君主被谋杀,惊人之处不仅仅在于这类事情发生的频率之高,还在于多数君主统治的时间之长。这两点看似矛盾,实际上却很可能是有联系的。薛西斯被阿塔巴努斯(Artabanus)刺杀时约 60 岁,这就意味着其明显的继承人阿尔塔薛西斯一世还要等上 30 年,甚至更长的时间,才能继承王位。阿尔塔薛西斯三世被巴古阿毒死时也是这个年龄,后者先是把阿西斯扶上宝座,后来又把大流士三世推上王位。波斯国王在位时间是很长的,如果不包括薛西斯二世和索戈代安努斯(Sogdianus)手足相残这一情节,从公元前 522 年到公元前 337 年这段时间里,每个国王的平均在位时间为 30 年。对于本书中所提到的所有王朝来说,如果这个数字算不上最高,也一定是很高的了。虽然在人们印象中波斯朝廷上似乎永远充满了阴谋和骚乱,但王权还是相当稳固的,这也一定促进了整个体制的稳定性,因为王权是整个体制的关键所在。

我的看法和梅耶尔恰恰相反。我认为波斯帝国并非已经腐朽不堪,只是没有向前发展而已。即便如此,也完全可以满足帝国的需要。因为在帝国最后几年里,并没有任何从内部垮掉的迹象。只有一个方

---

① Meyer,"波斯"。
② 同上。
③ 见原书第 307 页。
④ Meyer,"波斯"。
⑤ 见原书第 307 页。

面是例外，但这个例外是致命的。[311]虽然其行政管理体制依然能够各尽其职，但军队的战术却大大落伍。从这个意义上讲，波斯帝国并非灭亡于腐朽和分裂，而是被谋杀。

大流士在位时，波斯军队包括保护王室的禁卫军，万人的不朽军团，还有来自帝国内部其他民族的士兵。需要他们的时候，他们就到特定地点集合，然后组成十人小分队，并进而组成千人分队和万人分队，分别由千夫长和万夫长统帅。不朽军团全部由波斯人构成，其中有一千人构成禁卫军，即前文提到过的王室侍卫，他们手执弓箭和长矛，身穿带有铁制铠鳞的护胸甲，能够有效防御来自敌人的攻击。战斗时他们会立起柳条编织的盾牌，保护自己在张弓射箭时不会受到伤害，但他们的头部没能得到保护。波斯的骑兵是马上步兵，他们备有长矛和弓箭，其中许多头戴铁盔。由其他民族构成的辅助部队各自携带与众不同的武器。军队的设计并不适合近距离的赤膊战，战术主要是先以乱箭压制敌人，然后再出动骑兵。因此，普通士兵穿戴盔甲的相对较少。他们的盾牌是用兽皮做成的，轻便易携。在居鲁士、冈比西斯和大流士的率领之下，他们所向披靡，征服了和他们武装类似的米底人，战胜了吕底亚的长矛骑兵，还击溃了亚述和埃及的重步兵。

但此时波西斯和米底西部那些地区的国王却正在使用一种与此完全不同的军队。从公元前 7 世纪中期，埃及的萨姆提克一世就开始雇用来自卡里亚（Caria）和伊奥尼亚的"铜人"。他们构成了赛特王朝的军事主力。要不是吕底亚的科里瑟斯让希腊雇佣军回去过冬，也许就不可能会被居鲁士打败。希腊分队也同样参加了巴比伦的新军队。这些希腊军队被看成是战场上的征服者。他们是装备齐全的步兵，使用投枪作战，盾牌是圆形的，重量很轻。他们善于近距离作战，坚守阵地时列成方阵，冲击敌人时则长驱直入。直到公元前 5 世纪，没有任何军队能够与他们相匹敌，其中的斯巴达方阵尤其英勇善战，但是在战斗中他们并不用骑兵来冲杀，也不使用弓箭手。

这些不同种类的敌对队伍在马拉松开战，最后雅典的重步兵取胜，但此时波斯并没有使用其骑兵。薛西斯对希腊的入侵更能说明问题。在普拉提亚，波斯人动用了骑兵，并且增加了重步兵的比例。至于他们是否拥有人数上的优势,这一点值得怀疑,但骑在马上的弓箭手给希腊的重步兵造成极大的伤亡。但是他们犯了企图将敌人赶尽杀绝的错误,结果希腊人最后反败为胜,取得决定性的胜利。[312]这场战争暴露了波斯军队的三大弱点。首先,弓箭手和长矛手之间没能很好地配合,一旦敌人迫近,就无力反击。其次,希腊的重装备步兵能够更好地抵御发射过来的武器,在近距离搏击时可以得到更好的保护。第三,波斯人将其骑兵用作马上的步兵,而人数又太少,不足以保护步兵应对希腊的重装备步兵。

一个半世纪之后,波斯人(不如说是伊朗人)构成大国王军队的主体,他们和以前没有多少不同,而希腊的军队已经有了长足的进展。到了公元前 4 世纪,尤其是公元前 404 年战火停息之后,希腊培养出了一大批训练有素的军人,随时待命。这是因为由于希腊各个城邦战乱不止,希腊人不得不放弃原来的民兵制,开始征募专业的军人,只有这样才能有效抵御斯巴达人。此时战争已经不再是业余的,对于战术的研究也开始了,并且有专业的雇佣兵作为其实施者。从公元前四世纪起,开始有轻装备的士兵保护重装备步兵方阵,由骑兵保护其侧翼,并从两边斜向发起进攻。

安纳托利亚和亚巴那哈拉的总督无论在哪里应对波斯的敌人,不管是在伊奥尼亚和塞浦路斯,还是在埃及,他们遭遇的总是希腊士兵,要么是雇佣军,要么就是希腊城邦为自身利益考虑,想从战利品中分得一杯羹。但是波斯人自己的士兵却没有像希腊人学习,既没有重新装备,也没有重新训练,而是依然故我。就像 15 至 17 世纪时法国国王应对瑞士和德国的长枪兵时那样,既然不能战而胜之,何妨雇而用之。于是从公元前 5 世纪末期开始,总督们开始利用财政收入雇佣希腊人。公元前 404 前,希腊战火停息,居鲁士觊觎其兄阿尔塔薛西斯的王位,于是就征用斯巴达人克利尔库斯(Clearchus)手下的雇佣军,名义上是为了镇压反叛的部落民,实际上是为了篡夺王位。公元前 401 年居鲁士在库纳克萨被杀,但他的军队却已经出尽风头,从此以后,大国王也开始利用雇佣军为自己服务。公元前 386 年,他利用雇佣军对抗塞浦路斯国王埃瓦戈拉斯(Evagoras)。狄奥多罗斯甚至声称大国王之所以会再次促成希腊的和平,就是为了要创造一个雇佣兵市场,以便利用他们为重新征服埃及服务。①从此直到阿尔塔薛西斯二世登基，安纳托利亚和亚巴那哈拉的总督加强了希腊军队。在总督叛乱的过程中，他们将把矛头转向大国王。[313]生性残暴的阿尔塔薛西斯三世欧克斯解除了这些总督的武装。其中一个总督抗旨不遵，拒绝解散雇佣军，起兵造反，却命丧黄泉。通过这个举措，大国王积累了自己的希腊雇佣军，用来重新征服利凡特地区。②西顿被征服，塞浦路斯的叛乱被镇压，埃及最终被成功突袭。埃及的奈科坦尼布二世（Nectanebo Ⅱ）拥兵 10 万，其中埃及人 6 万，利比亚人 2 万，希腊人 2 万，③而阿尔塔薛西斯三世只有 34000 名希腊雇佣兵。④虽然人数相差悬殊，阿尔塔薛西斯和两位将军还是以迅雷不及掩耳之势占领了埃及。

公元前 334 年亚历山大入侵小亚细亚时，波斯骑兵和以前没有什么两样，他们的装备比马其顿骑兵还要轻，但其步兵的装备比以前更加沉重。禁卫军似乎还在使用弓箭和长矛，但 5 万希腊雇佣兵已经成为波斯军队的主力。⑤

可见，波斯帝国的致命弱点不在于其行政管理体制，而在于一个以军事征服起家的帝国对自身战斗力失去信心，以至于要雇佣敌人去打击敌人。在此 60 年前，色诺芬就一针见血地写道："波斯人认识到自身军事力量的虚弱，于是就放弃抵抗。因为离开希腊人，战争根本就没法打，无论是在内讧时，还是在希腊人对其发动攻击时都是如此。他们甚至决定利用希腊人抵抗希腊人。"⑥最具有讽刺意味的是这些希腊雇佣军根本就不能拯救这个帝国，这并非是因为他们有心背叛，恰恰相反，这些希腊人也痛恨马其顿人，⑦而仅仅是因为在伊苏斯战役中他们根

---

① 西西里的狄奥多罗斯，《历史丛书》，第 15 卷，第 38 章。

② Cook，《波斯帝国》，第 223 页。

③ 同上，第 224 页。

④ N. G. L. Hammond，《公元前 332 年前的希腊历史》第二版（牛津大学出版社，牛津，1967），第667 页。

⑤ Cook，《波斯帝国》，第 226 页，关于波斯军队中的希腊雇佣军的具体情况，又见 Hammond，《公元前 332 年前的希腊历史》，8。

⑥ 色诺芬，《居鲁士的教育》，第 8 卷，第 8 章，第 26 节。

⑦ Arrian，《亚历山大远征记》，A. de Selincourt 译，J. R. Hamilton 注（Penguin, Harmondsworth, 1971），第 119 页。

本就没有足够的斡旋空间,军队驻扎的位置使他们置身于被分割并被各个击破的危险。①虽然波斯帝国灭亡的最根本原因是军事上的,其直接原因却是个人的。正如阿里安所言,大流士三世是"最软弱无能的"士兵,而其对手亚历山大却是历史上最伟大的将军。

虽然如此,亚历山大对波斯帝国的征服并非一帆风顺。即使大流士三世是军事上的傻瓜,即使他的军队从战术上不是马其顿人的对手,即使他面对的是一个军事天才,但他还是两度迎战亚历山大,直到被柏萨斯刺伤,生命危在旦夕的时候,他还试图要在巴克特里亚重整旗鼓,发起第三次抗争。[314]亚历山大花了三年时间才征服波斯,不妨将其和艾斯特亚格对尼尼微的征服比较一下,后者只在哈兰遇到一些抵抗,并且这些抵抗并不十分有力。再比较一下居鲁士对米底的征服,他根本就没有遇到抵抗,在其征服吕底亚的科里瑟斯时,也只是遭到几个希腊城邦有限的抵抗。但是亚历山大却不得不经历一次又一次的战斗,从小亚细亚的海滨一直打到伊苏斯和高加米拉,接着又遭到东部的柏萨斯和伊朗的总督们的反抗。由此可以看出从凝聚力上讲,波斯帝国要远胜其前的帝国。我想原因也许有两点,一是总督和统治阶层之间的家族关系,二是统治阶级作为帝国精英等级的自我意识。这种凝聚力延续了两百多年,其间只有两次遭到严峻的考验,第一次发生在大流士和巴迪亚争夺王位时,第二次发生在总督叛乱时,而两个事件的结局都是中央政府统治和帝国凝聚力的恢复。但是亚历山大死后,他的帝国马上就分崩离析,再也没人能够将其完整统一。

7. 回顾和展望

为波斯帝国说好话的是历史学家,而不是希腊人。我们已经引述过 75 年前梅耶尔的观点,有一位现代学者也赞同他的看法。

---

① Arrian,《亚历山大远征记》,A. de Selincourt 译,J. R. Hamilton 注(Penguin, Harmondsworth, 1971),第 119 页。

　　比起其前的帝国，波斯帝国是个奇迹。它带来了和平，使帝国内部的人民免受外界的攻击和侵扰，在这方面米西亚人臭名昭著……它带来了公正……这一点只要看看那些以公正而闻名于世的王家法官就知道了……它带来了繁荣，因为波斯人致力于改进农业。在古代，波斯人是杰出的园艺家……他们精心维护巴比伦的古老运河，因为这条运河阻碍了"万人大军"的前进。他们还对整个帝国的灌溉系统做出重大改进。对于交通事业他们同样做出了巨大的贡献，虽然他们修筑道路的目的是为了方便行军，但客观上也起到了促进和平的作用。大流士一世开挖苏伊士运河完全是为了方便贸易，这样整个帝国从印度一直到爱琴海就既有陆路相通，又有水路相连。总之，波斯帝国大大促进了世界文明的发展，而希腊人却称他们为"野蛮人"，就像他们称呼其他不使用希腊语的民族那样，这对于后世起到了极大的误导作用。①

　　作为一个政治实体，波斯帝国也和以前的政体模式分道扬镳。虽然其政体的类型和其前的埃及帝国、亚述帝国与巴比伦帝国一样，也是宫廷式的，但又与它们有所不同。[315]其前的帝国主要由三部分组成，即朝廷（或者宫廷）、祭司阶层和官僚机构。前者通过后两者起作用，而后两者则对前者起到支撑作用。他们的关系如下图：

图 2.1.1　宫廷类型的政府

　　波斯帝国没有祭司阶层，朝廷由许多高度组织化的官僚机构组成，地方的自我管理能力高度发达。有一点是其他帝国所没有的，那就是各地十分发达的世袭贵族。朝廷正是通过这些贵族进行统治的，而不

①　　G. Caukwell，《色诺芬：波斯远征记》（Penguin，Harmondsworth，1972），第 32—33 页。

是通过官僚机构或者祭司阶层。他们的关系如下图：

图 2.1.2　波斯宫廷类型的政府

　　尽管如此，波斯帝国仍然属于一系列专制王权中的一员，而它将要遭遇的是一种完全不同的政治体制。波斯帝国以前的中东政权都是君主专制的宫廷式政体。和它们比起来，波斯帝国已经有所进步，而它所遭遇的希腊城邦却将原来的政体完全颠覆。希腊的城邦是共和制的，是民主的，是一种广场式政体。在雅典，这种革命性的政体发展到了历史上最登峰造极的程度。我们下面就要谈到这个和以前所有政治模式的彻底决裂。

第二章　最早的共和国：希腊人

[316]希腊人把我们带到了一个崭新的世界。对于这个民族令人赞叹的创造性，我们怎么夸张也不为过。就像彼得·莱维指出的那样，"到了公元前5世纪，人类历史经历了一场危机，一场启蒙的大爆炸影响了一切，并且一直影响到今天。欧洲是其结果，而希腊就是其关键"。① 希腊人对统治实践和理论的影响是其中非常重要的一个方面。他们所完成的是一项革命性的事业。自从苏美尔和埃及开始出现有记录的历史以来，在2500多年的时间里，每一个国家实行的都是君主制，不仅我们所了解的中东和地中海东部地区如此，在印度和遥远的中国也是如此。这些君主实行专制，被其臣民视为神明，只有犹太王国例外，因为在那里国王要接受上帝的统治。一种新的统治模式仿佛突然就出现了，没有国王，也没有上帝，只有公民自己建立的共和国。这些希腊人所使用的词汇我们非常熟悉，下面这些政治术语都是他们创造的："君主制"、"独裁"、"僭主制"、"专制"、"贵族政治"、"寡头政治"，当然还有"民主政治"。

希腊人在统治理论和实践方面的革命对于后世的影响要比犹太人

---

① P. Levi,《希腊世界地图集》(牛津大学出版社,Oxford,1980),第10页。

重要得多。后者的创新之处在于由于一个超自然神的律令的存在，因而对君主的权力有所限制，而这只是其神学革命的一个附带结果而已。对于希腊人来说情况就不是这样了，他们直接针对的就是政体模式的问题，并且对此他们有十分清醒的认识。因此，他们的政体就变成了为实现特定目标而发明的手段，是完全人为的，因此可以有意识地加以调整。这实际上就是黑格尔"作为一件艺术作品的国家"①思想的发端。无论从哪个意义上讲，他们所设计的政体模式都和以前的政体完全背道而驰。就像我们看到的那样，在过去的宫廷式政体之下，所有的决定都源自于宫廷附近的区域，专制君主控制着各个官僚机构、常备军、大祭司和贵族的首领，而他们所管辖之下的人民都是其附庸。[317]典型意义上的希腊城邦把这一切都颠覆了。没有了国王、军队和官僚，也没有了祭司。决策不再是从宫殿强压到人民头上，而是在公民大会上由人民亲自参与制定。政体不再是宫廷式，而是广场式。即使当这种政体受到政治巨头（例如寡头）制约时，其本质也没有发生变化，就像波斯君主的权力虽然受到地方贵族的制约，但其宫廷式政体的本质并没有发生变化一样。广场式政体"由下及上"的权威取代了宫廷式政体"由上及下"的权威。

　　还有另外一个方面，新生的希腊广场式政体和其前的多数（并不是所有的）政体截然相反，具体说来应该是和一些大国的政体相反，如埃及和被我们称为帝国的国家。这些大国的一个共同之处在于其面积广大。比较起来，希腊的城邦不仅是"小"，而是"渺小"。雅典虽然算不上是最大的广场式政体的代表，但是其发展最为完善，也最为稳定。其领土的长度和宽度都只有 33 英里左右。②无论是从面积，还是从人口来看，希腊城邦都和苏美尔的城邦属于同一级别，但是从政体模式来看，二者却截然相反。就像亚里士多德所定义的那样，希腊城邦的最显著特点和创新之处在于它是公民的联合体。实际上真正的创新之处也许

---

① 黑格尔，《历史哲学讲演录》，J. Sibree 译（Bell and Daldy，London，1872），第二部分，第 3 章。

② 要知道和其完全同时代的波斯帝国面积多达 250 万平方英里，相当于长和宽都是 1581 英里。

正在于公民地位的变化，因为这就意味着公民可以在某些方面，或者是许多方面，分享国家财富，参与国家事务。这样一些人的联合体构成城邦，并享有相应的权利，是权利依附于公民身份这一事实决定了城邦的大小，而不是反之。①

但希腊城邦和苏美尔城邦之间的确有一个共同之处，那就是各个城邦之间也战乱不断。和美索不达米亚的情况差不多，希腊的一些城邦，如斯巴达、雅典和底比斯，一直试图支配其他城邦。希腊城邦过于弱小，无法应对外来的军事打击，这一点也很像苏美尔城邦，而这正是其致命弱点。在经历了一次次的战败和征服之后，有的希腊城邦亡羊补牢，设计出了第二项伟大的政治创新，那就是邦联制。

[318]本章后面部分将围绕两个主题展开，第一个是这些城邦的共同特点，第二个是雅典的独特之处。这两个主题分别与"共和"和"民主"相联系。另外一个主题，即邦联制，正如公元前二三世纪的埃托利亚同盟和亚该亚同盟所体现的那样，将留到后面探讨。

1. 希腊社会的发展

大 事 年 表

约公元前 3500—前 3000 年	克里特早期米诺安文明（宫殿出现之前）的开端。
约公元前 2200—前 1950 年	米诺安人第一次建造宫殿。
约公元前 2000—前 1600 年	青铜时代中期，"希腊人"开始逐渐南迁。
约公元前 1600—前 1100 年	迈锡尼时代（青铜时代后期）。
	公元前 1600—前 1400 年　早期
	公元前 1400—前 1200 年　宫殿时期
	公元前 1200—前 1100 年　后宫殿时期
约公元前 1520 年	瑟拉岛（Thera）火山爆发。

---

① 原书第 334 页。

约公元前 1450 年	米诺安文明的多数宫殿被毁，原因不明。迈锡尼人接管克诺索斯和克里特大部分地区。
约公元前 1375 年	克诺索斯的宫殿被毁。
约公元前 1250—前 1200 年	特洛伊Ⅶa① 灭亡。
约公元前 1250—前 1150 年	海上民族出现于利凡特和埃及。
约公元前 1200—前 1100 年	迈锡尼和其他地区多次被毁。
约公元前 1100—前 1000 年	多利安人、伊奥尼亚人和伊奥利亚人进入希腊半岛和附近岛屿。
约公元前 1050 年	铁器时代的开始。
约公元前 900 年	几何时代。
约公元前 776 年	奥林匹克运动会的开端。
约公元前 800—前 750 年	腓尼基字母表的演变和使用。
约公元前 750—前 600 年	荷马和赫西俄德。殖民化的黄金时代。
约公元前 700 年	开始使用重装甲步兵。
公元前 683/2 年	第一位任期一年的执政官。
公元前 625 年	伊奥尼亚出现铸币。
公元前 600—前 480 年	古风时代；斯巴达和雅典兴起；伊奥尼亚的科学和哲学；萨福和阿纳克利翁（Anakreon）；物化奴隶制② 的开始。
公元前 594/3 年	梭伦任雅典执政官。
公元前 546—前 528/7 年	庇西特拉图在雅典实行僭主统治。
公元前 528—前 527 年	庇西特拉图去世；希庇亚斯（Hipp-

---

① ［译注］小亚细亚西南部的希萨利克被认为是特洛伊的遗址，其地层计 47 个，归属为 9 个依次而成的主要层面（考古报告分别由特洛伊Ⅰ-Ⅸ 表述），分别代表着公元前 3000 年至公元 400 年的 9 个时期。这些年代的划分主要是根据陶制品的遗存来界定的。如果与爱琴海青铜器时期加以比较，特洛伊Ⅰ、Ⅱ、Ⅲ、Ⅳ、Ⅴ属于青铜器早期，特洛伊Ⅵ 的前半段属于青铜器中期，而特洛伊Ⅵ 的后半段与特洛伊Ⅶa 和Ⅶb 则属于青铜器晚期。

② ［译注］或译为"动产奴隶制"。

	ias)统治。
公元前 510 年	希庇亚斯被逐出雅典。
公元前 508—前 507 年	克里斯提尼在雅典进行改革。
公元前 493 年	地米斯托克利（Themistocles）任雅典执政官。
公元前 490 年	希腊波斯战争（后文简称希波战争）开始；马拉松战役。
公元前 485—前 425 年	希罗多德。
公元前 483 年	劳里温地区发现新的银矿脉。
公元前 480 年	阿提密喜安（Artemisium）战役；温泉关（Thermopylae）战役；萨拉米战役。
公元前 479 年	普拉提亚战役。
公元前 479—前 400 年	古典时代；修昔底德；埃斯库罗斯；索福克勒斯；欧里庇得斯；菲迪亚斯（Pheidias）；[319]苏格拉底。
公元前 461—前 446 年	第一次伯罗奔尼撒战争。
公元前 427—前 347 年	柏拉图。
公元前 431—前 404 年	第二次伯罗奔尼撒战争。
公元前 406 年	阿吉纽西（Arginusae）海战，雅典获胜。
公元前 405 年	斯巴达在阿哥斯波塔米（Aegospotami）海战（也叫羊河战役）中击败雅典。
公元前 404 年	雅典向斯巴达将领莱山德（Lysander）投降。
公元前 404 年	"三十僭主集团"开始统治雅典。
公元前 403 年	雅典恢复民主制度。
公元前 399 年	苏格拉底受审并被判死刑。
公元前 384 前	亚里士多德出生。
公元前 378—前 371 年	雅典和底比斯联合对抗斯巴达。
公元前 371 年	底比斯的伊帕米农达（Epaminon-

	das)在留克特拉（Leuctra）战胜斯巴达人；斯巴达霸权结束。
公元前 367 年	柏拉图在叙拉古。
公元前 362 年	曼提尼亚（Mantineia）战役；伊帕米农达去世。
公元前 359 年	马其顿的菲利普即位。
公元前 354 年	德摩斯梯尼第一次公共演讲。
公元前 347 年	柏拉图去世；亚里士多德离开雅典。
公元前 338 年	马其顿的菲利普在凯罗尼亚（Chaeronia）击败雅典和底比斯；马其顿霸权开始。
公元前 336 年	马其顿的菲利普被杀；亚历山大即位。
公元前 334 年	亚历山大入侵波斯。

公元前 2500 年左右，使用希腊语的部落民族开始在色萨利定居下来。与入侵印度北部和伊朗的雅利安人一样，他们的语言也属于印欧语系。两者的部落结构和信奉的神灵似乎也很相似。在此后的几百年里，这些野蛮的新来者逐渐南下，有的一直迁徙到克里特附近地区并受到了米诺安文明的辐射。所谓的"青铜时代"开始于公元前 1600 年至公元前 1530 左右，这也是迈锡尼文明的开端。身兼祭司的武士国王从宫殿里进行统治，迈锡尼和皮洛斯是当时的大城市，也是他们储存大量金器和青铜武器的地方。不知何故，米诺安人的势力急剧衰落，到了公元前 1450 年左右，随着迈锡尼人占据克诺索斯，降到了最低点。就像荷马在《伊利亚特》和《奥德赛》中描述的那样，迈锡尼文化繁盛时期的一件大事是对特洛伊的占领。但是至于此事究竟是否发生过，时至今日仍有不少人持怀疑态度。[①]无论怎样，公元前 1250 至前 1200 年（传

---

① 参见芬利，《古代社会研究》（Routledge and Kegan Paul，London，1974，1978）和《古史面面观》（修订版，Penguin，Harmondsworth，1977），第 31—42 页。

说中特洛伊的陷落就发生在这段时间）后，一些可怕的灾难降临到了迈锡尼人头上。这和"海上民族"的迁徙有关，迁徙过程中他们消灭了赫梯帝国，后来又入侵埃及，埃及人历尽艰难才把他们从沿海地区击退。[320]从公元前 1200 年至前 1100 年，迈锡尼多次遭受劫掠，以它命名的迈锡尼文明也遭遇了灭顶之灾，从此开始了延续 300 来年的黑暗时代。

就在这种民生凋敝、时局萧索的情况下，新的民族继续迁移进来。他们都使用希腊语，但是根据其方言，又将他们分别称为多利安人、伊奥尼亚人和伊奥利亚人。他们占据了整个希腊半岛和附近的岛屿，有的定居到了小亚细亚沿海地区。公元前 900 年左右，他们受到了东来的影响，最终出现了经济和文化上的复兴。所谓的"几何时代"得名于当时陶器上盛行的图案，这一时代一直延续到公元前 6 世纪初。人口急剧增长，一波又一波的殖民运动延伸到了黑海，向南则延伸到了小亚细亚，向西到了西西里、意大利、利比亚的昔兰尼和埃及的诺克拉提斯（Naukratis）。这些希腊定居点和希腊大陆共同构成比大陆本身广大得多的希腊文明，其中包括（但并不仅限于①）上百个小的据点。这些据点享有极大的独立，但又承认共属于一个民族和文化。他们会聚到特定的地点祭拜神灵，传统上认为奥运会正式开始于公元前 776 年。这些定居点就是城邦的源头，城邦是独立希腊特有的政体模式，其演化也就此开始：首先是君主制，接着是贵族统治，然后又往往会演变为僭主统治，②接着要么退回到寡头统治，要么进步到民主制。与此同时，大约公元前 800 年左右，希腊人还采用了腓尼基字母表，并将其巧妙改编，用来表达希腊语的发音。此时希腊还进入了其文学上最光辉灿烂的时代，公元前 700 年左右出现了荷马和赫西俄德。

古风时代后期，斯巴达的军事力量得到巩固，其最大的对手雅典也经历了快速发展。与此同时，作为对贵族统治的一种反抗，僭主统治也开始出现。在小亚细亚的伊奥尼亚城市里出现了科学和哲学的萌芽，

---

① 参见原书第 334 页。

② 参见原书第 332 页。

莱斯博斯岛（Lesbos）的萨福和阿纳克利翁创作了大量的抒情诗。伊奥尼亚城市对波斯君主的反抗，雅典人的参与，波斯对希腊大陆的入侵，还有希腊人在马拉松战役（公元前 490 年）、萨拉米战役（公元前 480 年）和普拉提亚战役（公元前 479 年）中的胜利，这些共同构成了希罗多德（公元前 485—前 425 年）《历史》第一部分的主题。公元前 5 世纪是希腊伟大的古典时代，它见证了希腊在散文（修昔底德）、戏剧（埃斯库罗斯、索福克勒斯和欧里庇得斯）、建筑（帕特农神庙）和雕塑（菲迪亚斯）等领域的卓越天才和想象。就这样，希腊正式成年了。同一时期，苏格拉底开创了哲学研究的一种新走向。[321]从政治上讲，这一时期见证了雅典城邦民主的高峰，但也同样从斯巴达和雅典的破坏性对抗中见证了城邦自主理想的破灭。第一次伯罗奔尼撒战争开始于公元前 460 年，结束于公元前 446 年，第二次伯罗奔尼撒战争开始于公元前 431 年，结束于公元前 404 年。这场战争最终以雅典的彻底失败而告终，其霸权之梦也随之灰飞烟灭。

到了公元前 4 世纪，城邦之间的对抗并没有停止，先是斯巴达取得霸权（公元前 404—前 371 年），接着是底比斯。雅典也东山再起，在瞬息万变的联盟格局中扮演着十分重要的角色。但是希腊大陆的繁荣开始走下坡路。雅典战败之后，人们对民主深感失望，但即使如此，恢复后的民主制依然比原来更加专业化。在其他地区，民主政治大部分被某种形式的寡头统治所取代，主要原因就是由于雅典的军队无力支持各地的民主力量。在柏拉图（公元前 427—前 347 年）和亚里士多德（公元前 384—前 322 年）的作品中，这种对于民主的失望情绪都有所反映，但两人的著作标志着希腊哲学的绝对顶峰。有句话说得好，即所有的西方哲学史都是对两人作品的脚注。

鹬蚌相争，渔翁得利。城邦之间无休无止的争斗，最终受惠者是实力更强的掠夺者。波斯是直接受益者，它不遗余力地利用金钱和权谋煽动战争，并于公元前 387 年后重新获得了伊奥尼亚的城市。而最终的受益者却是北方的马其顿王国，经过菲利普二世（公元前 359—前 336 年在位）的重组，这个王国已经拥有了惊人的军事力量。以雅典为首的希腊城邦认识到了这种力量对其自由的威胁。公元前 338 年，这些城邦在凯罗尼亚遭受决定性的失败，从此就不得不成为马其顿战争机器的一部分。从公元前334年到公元前323年，在马其顿的亚历山大率领下，这支联合大军入侵波斯，并最终将其征服，这就进入了希腊化时代。此时亚洲也处于希腊的统治之下，向东部大规模殖民的过程也重新开始，其后就是希腊语言、文化的传播和城邦的扩展，这就是我们所说的希腊文明。但是在希腊大陆，马其顿最后几个王朝仍然试图维护其霸主地位。为了应对这种威胁，一些城市结成同盟，比起以前的同盟，其权力更加集中，也更加持久。为了实现这一目标，他们发明了联邦制度，就像埃托利亚同盟和亚该亚同盟所体现的那样。从公元前200年起，一支新生军事力量的崛起给这些同盟和马其顿笼上一层阴影，这就是罗马共和国。公元前168年，它在皮德那（Pydna）战役中击败了马其顿，并于公元前148年将其变为一个省。两年后，罗马又战胜了亚该亚同盟。公元前146年，科林斯被洗劫一空，按照传统的说法，这标志着希腊独立的结束。

2. 国家和人民

[322]希腊大陆山岭纵横，大海深入其间。海岸线犬牙差互，从崎岖的海角上可以将地势同样崎岖的岛屿尽收眼底，而从这些岛屿之上，也同样可以将更多的岛屿一览无余。因此无论向东还是向西，这些岛屿都形成了很好的踏板，即可以通往小亚细亚和利凡特，也可以通往意大利和西西里。这里凡是能够耕种的土地都非常肥沃，但这样的土地实在不多。希腊大陆的四分之三都是山脉，只有五分之一适宜耕种。不仅如此，除了一些银矿之外，这片土地再也没有什么其他的资源。希腊的确是非常贫瘠的，因此古代的希腊人也非常贫穷。这一点非常重要，我们必须时刻记在心头。

这个地区被许多纵横交错的山脉和海湾分割开来，一块块可以耕种的土地互相隔离，没有一块平原不受到海洋或者山脉的阻隔。希腊的部落民族先是迁徙经过这里，接着又定居在此。从一开始这些外来定居者就被分成了许多政治单位，每一个政治单位都竭尽全力维护自己所占据的地区。要想扩充自己的地盘，即使不是完全不可能，也是十分困难的事情。结果他们之间的关系非常紧张，这就更加刺激着他们去寻找并占据更多的土地资源。总之，无论是人口增长对当地资源的压力，还是这种压力所引发的政治争端，还是为了扩大贸易，他们都急于向外殖民。古时候，水上交通通常要比陆上交通更快捷，花费也少很多，再加上有众多的岛屿可以用作大陆桥，于是希腊人选择了海上运输。海上城市也随之发展起来，其生活必需品来自周围的农田，但其财富则来自贸易。就这样，到了公元前 5 世纪，希腊已经成为西半球的贸易中心。我们这里所说的希腊不仅仅指希腊半岛，还包括从马赛一直延伸到安纳托利亚的其他上百个城市。

此时经济的发展受到了三项重大革新的影响。一个是公元前 800 年左右希腊人对腓尼基字母表的改进和使用。据估计，到了公元前 500 年，雅典的普通男性公民也能读会写了。即使在雅典之外的其他地方，识字能力也很普及，而不仅限于特定社会阶层。大众识字，又没有专门的祭司阶层和教义教典，这就促成了希腊文化独特的也是主要的创新，那就是思维方式中的“形式理性”。在这一方面，政府海纳百川的本质也起到了一定促进作用。①

[323]第二项革新是铸币的使用，其历史可以上溯到公元前 625 至 600 年左右。铸币的使用是从利比亚经由沿海的希腊城市传到希腊的，从一开始就很成熟。按照希腊的传统说法，这项发明在公元前 585 年传到爱琴那岛，于公元前 570 年传到科林斯，此后不久传到雅典。采用铸币的原因似乎是它大大简化了记账②和交易过程。

第三项革新是“物化奴隶制”，这一点是相当激进的。古代世界一直就有奴隶和其他形式的依附劳动者，如农奴、佃农、契约农（为偿还债务而为主人提供劳务的自由农）等。希腊以前也有过这种形式的奴役关系，即斯巴达的黑劳士（Helots，又译为希洛人），他们本来是当地土著居民，后来沦为农奴。在公元前 6 世纪，希俄斯岛上的人开始购买蛮

---

① 参见 O. Murray，《早期希腊》(Fontana，London，1980)，第 96—99 页。
② 参见 O. M. L. Murray，《早期希腊》(Fontana，London，1980)，第 225—226 页。

族人作奴隶，这种新的依附关系有两点独特之处。第一，从社会学上讲，这种劳动者不仅完全丧失了对自己劳动的控制权，还丧失了对自己人身和人格的控制权。第二，从法律上讲，他不再是一个人，而是一件商品，没有任何权利可言，这和公民所享有的"自由"是完全背道而驰的。

从公元前 6 世纪开始，物化奴隶制迅速蔓延开来。用马克思的话说，这种奴隶制成为"占主导地位的生产方式"，而希腊罗马的经济也相应成为"奴隶制生产方式"。但这些说法是什么意思呢？人们一致认为希腊世界的大量劳动都是由自由农、有一定依附关系的佃农和工匠来完成的。"占主导地位的生产方式"似乎意味着"无论是在农村还是在城市，在大规模的生产中奴隶起着主导作用，甚至是垄断作用"，[1]因此他们"提供了大部分来自土地的直接收入"。通过引申，[2]这个说法可以理解为"古代世界处于主导地位的有产阶级获得剩余价值的主要方式，不管其生产总量的大部分是否来自于不自由劳动"。[3]

无论怎样，物化奴隶制规模庞大，虽然奴隶的具体数量无从知晓，但芬利认为在公元前四五世纪的高峰时期，奴隶和自由公民的比例为三比一或者是四比一，但据安德鲁斯估计在雅典其比例更可能为二比一。[4][324]物化奴隶制不仅增加了希腊城邦的财富，还使有闲阶级的出现成为可能，使他们可以有时间参与城邦的管理。要想实现"公民权利"和"论坛政体"，需要奴隶阶级的存在，只有这样公民才不必终日忙于劳作。当城邦像雅典那样实行民主制时，情况更是如此。将近三分之二的人口被他人当作商品完全拥有，难道这还叫"民主"吗？围绕这个问题有不少

---

① 芬利，《古代世界的政治》（剑桥大学出版社，Cambridge，1983），第 82 页。

② 德·圣·克鲁瓦，《古代希腊世界的阶级斗争》（Duckworth，London，1981，1982），文中各处。

③ 德·圣·克鲁瓦，《古代希腊世界的阶级斗争》，第 52 页。我不确定这不是说奴隶制是"占主导地位的生产方式"，因为它是"占主导地位的阶级"获得财富的主要渠道。这和马克思的观点大相径庭，循环论证的味道十足。

④ S. Andrewes，《开明专制：问题和历史视角》（Longman's，London，1967），第 135 页。这和芬利对于城邦的估计相差不大，见芬利，《古代世界的政治》，第 80 页。

争议。芬利认为这种争议有违历史，是一种"根据历史学家自己的价值体系判断历史功过的游戏"。①克鲁瓦对此看法更加明确："我们认为即使按照当时最高的标准来衡量，希腊的民主程度也是非常高的。虽然从永恒的观点来看，奴隶制是任何人类社会一大不可饶恕的罪恶，但我们绝不能因为希腊民主制度下存在奴隶制而对这种制度有所贬低。因为无论在任何形式的体制之下，希腊的城邦都不可能脱离奴隶制而存在，而古时候对于奴隶制的存在几乎没有产生过任何异议。"②

城邦包括其公民、外邦人和奴隶，奴隶和公民的比例在二比一与三比一之间。这些奴隶中有些是国家奴隶，例如在雅典有些奴隶不得不长年在劳里温银矿暗无天日的矿井下劳动。构成城市治安力量的 300 名西徐亚奴隶也属于这一范畴。外邦人是自由的外国人，他们不参与"统治机构"，也就是说他们不是雅典公民，但是根据雅典法律，他们有自己的权利。此外，他们还会被要求参与保卫城邦的工作。多数外邦人是商人。公民中有的是"出身高贵者"，这部分人通常很富有，还包括其他的土地和房产拥有者。他们共同构成富有的少数人，而剩下的就是大多数的穷人。两者之间的紧张关系是城邦内部政治活动的驱动力量。

希腊文化丰富多彩，全面发展，在很大程度上决定了欧洲文明的走向，而我们能做的只是从中选出和政治行为有关的主要因素。虽然希腊曾经历多次分裂，但我们首先要提到的仍然是人们对希腊身份的普遍认同感："我们情同手足……拥有共同的语言，在共同的祭坛一起举行祭祀，我们有相同的性格。"③就像犹太人将自己和非犹太人区分开来一样，希腊人也和蛮族人或者说是"未开化的"民族界限分明。[325]普鲁塔克讲述了这样一件事，地米斯托克利将一个为波斯使节作翻译的人判处死刑，而这个不幸的人罪过就是"竟敢妄用希腊语传达蛮族人的命令"，而地米斯托克利的这一做法得到了人们的景仰。④

---

① 芬利，《古代世界的政治》，第 9 页。
② 德·圣·克鲁瓦，《古代希腊世界的阶级斗争》，第 284 页。
③ 希罗多德，《历史》，第 8 卷，第 144 节。
④ 普鲁塔克，《名人传》(Dent，London，1948)，"地米斯托克利"，Dryden 译，第 6 页。后来地米斯托克利叛逃到了波斯，却专门学习了波斯语。同上，第 29 页。

　　对于宗教问题，希腊人不像对待语言那么排外。希腊有些神祇是外来的，阿多尼斯就是其中之一。希腊人毫不费力地将这些神祇和自己原有的神祇认同，于是埃及的众神之神阿蒙被看成是希腊的众神之神宙斯。但所有的希腊人都承认同样的万神殿，因此"一起举行祭祀"这一点是成立的。为了向这些神祇表示敬意，希腊举办全境范围的运动会，例如为宙斯举办的奥运会，为阿波罗举办的皮西安竞赛，还有为雅典娜举办的泛雅典竞赛。此外，所有的希腊人都相信神谕的权威，尤其是来自德尔菲和多多纳（Dodona）的神谕。

　　从某种意义上讲，我们这一部分谈论的全部内容，都属于希罗多德提到的"相同的性格"。尽管如此，希腊人在有些方面和其他民族有巨大的差异，而这种差异使他们在看到其他民族时充满震惊和蔑视。例如男性裸体问题，《圣经》里写得很明白，暴露男性的生殖器官是对其最大的侮辱，而如果他主动这样做，则是最大的耻辱，但是希腊人却对健身房里的裸体赞颂有加。同样，希腊人对于运动的崇尚也让东方人无法望其项背。希腊不仅男风盛行，还发展到大张旗鼓的程度。按照希罗多德的说法，在这方面希腊人是波斯人的老师。[①]他们认为自己的饮食习惯和礼仪规范与众不同，当然也更为优越。公元前 4 世纪的讽刺剧作家阿那克安瑞得斯（Anaxandrides）笔下有一个人物是这样说埃及人的："我不能和你结盟，因为我们的风俗习惯全然不同。你们崇拜母牛，我们则将其献祭给神灵。你们不食猪肉，我们却视其为美味。你们崇拜母狗，我则会因其偷吃我的美餐而大打出手。我们的祭司都是完整的人，你们却要将祭司阉割。看到猫遇难，你们会悲伤不已，而我则将其抽筋剥皮而后快。"[②]

　　从政治上讲，造成分裂和政治冲突的因素要超过促成团结的因素。我们往往会将希腊内部的竞争归因于当时的客观情况。例如，就像埃伦伯格所说的那样，"希腊境内城邦林立，人口密集，这是造成相邻城邦之间你争我夺的本质原因"。[③][326]当然，城邦之间会寸土必争，这种因土地引

---

① 　希罗多德，《历史》，第 1 卷，第 135 节。

② 　引自 Olmstead，《亚述史》，第 418 页。

③ 　V. Ehrenberg，《希腊城邦》第二版（Methuen，London，1974），第 7 页。

发的争端会延续几百年，但这未免将问题过于简单化。无论是后天形成还是生来如此，希腊人作为"政治人"有些非常不好的特点。就像霍恩布洛尔指出的那样，城邦之间争斗的原因并不仅是经济利益，还因为一个恶劣的性格特点，这个特点就是嫉妒。对此我们还要补充一点，那就是城邦内部的勾心斗角也是因为同样的原因。"嫉妒"一词结合了羡慕嫉妒恨等意义[1]，因此在整个希腊文化中激烈的竞争无处不在。这种竞争好的一面体现在运动、音乐和戏剧比赛中，而不好的、破坏性的一面则体现在政客之间的敌对、争吵和背叛中。希腊人并不总是以拒绝受贿为荣，我只好得出这样的结论，即三个恶习充斥着希腊文化，那就是贪婪、好胜和嫉妒。许多政治人物的人品有问题，有的贪污腐化，尤其是斯巴达的国王和将军们；有的野心勃勃，如地米斯托克利；有的则背叛了自己的城邦，如阿尔喀比亚德。个人野心、互相敌对，再加上轻率的大众舆论，不难理解为什么会有那么多要么危险，要么愚蠢，要么就显然是邪恶的决定了。亚述和波斯所犯下的罪恶可以归罪于其统治者，而希腊一心想着要征服扩张，要征收贡奉，要将对手斩尽杀绝，并让其妻子儿女沦为奴隶，这一点恐怕希腊的普通公民难逃其咎。竞争欲望和占有欲望都很强，又喜欢嫉妒、暴力和争吵，贪婪又急躁，聪明又机灵，这些性格中的缺陷在希腊人身上都有体现。作为附庸，他们桀骜不驯；作为公民，他们拉帮结派；作为主人，他们自负而刁蛮。

在埃斯库罗斯的笔下，希腊宗教里的神有时会对不道德的行为进行惩罚，使正义得以伸张，但总的说来希腊人对待宗教的态度是极其世俗化的，宗教并不能纠治社会弊病。希腊的神和埃及与美索不达米亚的神一样，也是神力，"最古老的神灵中，有的头是方形的，目光淫荡，色欲十足，有的形如蜥蜴，匍匐而行"。比较起来，奥林匹亚众神都是"人性化"的，如人们所熟悉的宙斯、赫拉、阿波罗、波赛东、阿芙罗狄蒂和阿特米斯（Artemis）等。这就意味着他们以人的形体和不朽的存在代表着更为强大的自然力量。因此最好是崇拜他们，安抚他们，[327]最重

---

① S. Hornblower，《希腊世界——从公元前 479 年至公元前 323 年》（Methuen, London, 1983），第14 页。

要的是要惧怕他们，这三种行为都是以仪式和献祭的形式实现的。除了缺少有组织的祭司集团之外，希腊的宗教与美索不达米亚和埃及的宗教同样古老。①宗教行为体现为一种狂热的崇拜，和神灵的沟通是通过膜拜和献祭来实现的。这种崇拜为神话和仪式所环绕，没有宗教集会，膜拜者来去匆匆，只在神殿外短暂停留。这种宗教将宇宙秩序系统化、合理化，但它重视的是"此岸"的人生，希腊的宗教在这方面尤其突出。坟墓之后只有面色苍白、呓语不休的鬼魂。一旦进入坟墓，即使神灵也无能为力，因为死亡是命运之神的辖区，就连神灵也要受其约束。

宗教起着非常重要的政治作用，这首先是因为如果没有适当的仪式和吉兆，任何重大活动都无法进行。斯巴达之所以能够击败雅典，就是因为后者当时正忙于新月仪式。阿尔喀比亚德之所以被从西西里召回，就是因为他被指控损毁了赫尔墨斯的雕像（在雅典所有的公共场所都有赫尔墨斯的半身像），而这是十分可怕的渎神行为。其次，每一个城邦都有自己的保护神，每个公民都和这种崇拜有着千丝万缕的联系。在雅典，一年中有 60 多天的时间被专门用来庆祝节日，不是为了这个神灵，就是为了那个神灵。所有的希腊社区都是宗教社区，所有的社会组织都是宗教组织，无论是家庭还是阶级，无论是部落、部族还是城邦，每个组织都有自己的崇拜，每个成员都要参与。②

奥林匹亚众神并不邪恶，这一点并无异议，但这只是因为他们"没有任何道德色彩"。凡人在事务和活动中可以向他们祈求帮助，也的确是这样做的，但从他们那里，凡人得不到任何道德指导，这方面他们无能为力。③受到崇拜的并不仅仅有奥林匹亚众神，还有"形如蜥蜴"的古老神灵。酒神狄俄尼索斯也受到人们的崇拜，其仪式通常在夜里秘密举行，参与者为女性，其特点是纵情狂欢。虽然人们认为"奥林匹亚的宗教""使神灵人性化"，④废除了神秘的仪式和将活人献祭给神灵的行为，但这

---

① 见原书第 23,141 页。

② Ehrenberg，《希腊城邦》，第 17 页。

③ 芬利，《古代社会研究》，第 137,138 页。

④ 同上，第 135 页。

类行为依然存在。在西方传说中享有永恒魅力的"希腊罗马神话"完全误导了人们对希腊宗教的看法，掩盖了其中十分阴暗肮脏的一面。普鲁塔克告诉我们，在萨拉米海战之前，希腊人拉来三位被俘虏的波斯贵族，即国王薛西斯的三个侄子，[328]将他们献祭给"食肉之神狄俄尼索斯"，因为他们认为这样做可以给希腊带来救赎和胜利。①

在同一段文字中，普鲁塔克批判了这种行为，他说："这些人……宁可向奇迹寻求救赎，也不愿按照理智行事。"既然神灵"没有任何道德色彩"，只有人能够弥补这种缺失。于是就有了柏拉图和亚里士多德对奥林匹亚众神的批判，后来的犬儒主义者、伊壁鸠鲁主义者和斯多葛主义者对其批判更是激烈。除了共同崇拜和仪式所产生的凝聚力之外，这种宗教难以满足个体的需要。希腊人将神灵视为比人类更为高大的人，这就使神灵可以按照人类的评判标准来判断（比较《约伯记》）。这种宗教引导着希腊人以理性和世俗的眼光看待自然和人本身，而埃及人、苏美尔人、巴比伦人、亚述人和犹太人则做不到这一点。

希腊人是理性思维的先驱。最早的希腊思想家主要关注对象是自然本性，泰勒斯、阿那克西曼德和阿那克西美尼采用的方法是分析性的，而不是发生性的。本原不是时间的开始，而是逻辑的第一原则。他们还将同样的分析性、评判性思维应用到对神灵的认识上。色诺芬尼指出，每一个民族都是按照自己的形象创造神灵的，而他本人则提出一个高级的抽象神灵，这个神灵无所不知，无所不能。后期的思想家从自然转向人本身，但是沿用同样的传统，他们寻求的是对人性的理性认识。"从此以后，人就不再仅仅是宇宙的一部分，而是成为宇宙的中心。普罗泰戈拉说人是万物的尺度。"②这一点在城邦的政体模式上表现最为突出，的确有人从中看到了这种思维方式的源头，③因为"希腊的政治制度体现了政治、自由辩论和法的概念形成过程中的理性原则"。

这种抽象的理论思维源自米利都，一个重要的殖民地，也是公元前10 世纪时第一个被开创的殖民地。米利都本身也是很大的殖民者，在

---

① 普鲁塔克，《名人传》，"地米斯托克利"，第 13 页。
② E. Cassirer，《城邦的神话》（耶鲁大学出版社，New Haven，Conn.，1946），第 56 页。
③ Murray，《早期希腊》，第 233—236 页。

欧克西涅海（Euxine）上建立了库齐库斯（Cyzicus）和阿拜多斯，还参与了埃及的诺克拉提斯殖民地的建立。这和我们正在讨论的话题有什么关系呢？因为政治上的事情再没有比殖民地的创立更需要深思熟虑，更要量体定制的了。母邦城市首先做出殖民的决定，然后任命一位首领。从瑟拉人建立昔兰尼的过程①可以看出，为了保卫殖民地，母邦城市需要征用一定数量的公民。[329]此后，多利安人在科孚岛殖民地发布了一项命令，从其残片中我们对此有了更为深入的了解。命令要求第一批殖民者筑起城墙，并在城墙里给每人一个房子，一小块地皮。此外，还要在城墙外面再给每个人一块土地。它还规定了后来殖民者的权利。从此以后殖民地就要在首领的领导下自力更生了，而这个首领是终生制的。②

这一切距离希腊的另外一个发明只有一步之遥。为了解决城邦内部的政治冲突，会让某些个体颁布新的法律，于是就有了雅典的德拉古（公元前 621 年左右）和梭伦（约公元前 638—前 559 年）的立法，还有传说中斯巴达的来库古（约公元前 9 世纪）的立法。此后城邦制度的规范和调整就成了城邦发展史上的常见现象，如雅典的克里斯提尼改革（约公元前 508/7 年）。除了犹太王国之外，此前的国家政体只是自然演化，现在希腊人开始有意识的进行构建。在此前的政体中，权威应该是"传统的"，这一点很自然，但现在一切都显而易见，任何改变都会遭到质疑，其合法性要遭到挑战。城邦是人为而建的，人便是其衡量者。黑格尔在谈论希腊民主时说："城邦不是父权制的，它不是建立在缺乏考虑、尚不发达的信心之上，而是建立在以公平和道德为基础的法律之上，他们认识到这些法律会起到积极的作用。"③在此他犯了一个错误，那就是不应该把这个言论仅限于城邦，而是应该将其扩大到其他许多"城邦制度"的变体上。

---

① 就像希罗多德描述的那样，见《历史》，第 4 卷，第 156—159 节。
② 参见 L. M. Jeffrey，《希腊古风时代：城邦，公元前 800—前 700 年》（London，1976），第 52—55 页。
③ 黑格尔，《历史哲学讲录》，第 261 页（第三章，第二节），本文所在这一章节的题目概括了前面所有论据的要旨，即"作为一件艺术作品的国家"。

对于上文我要做三点简短的补充。第一是希腊的军队。公元前 7
世纪,希腊的军队由骑兵发展成为重装甲步兵,他们的军队要优越于当
时已知世界的任何国家。此外,城邦之间无休无止的斗争也大大促进
了战术的改进,使他们成为不可战胜的可怕对手。通过对马其顿方阵
的改进,再加上亚历山大的军事天才,最后他们粉碎了波斯帝国。这样
希腊移民就可以畅通无阻地进入亚洲,直至迁移到巴克特里亚和印度
边境地区。其次,就像我前面提到过的那样,希腊人不仅仅是指希腊大
陆上的人,还包括地中海东部盆地的所有居民,他们富有活力,也有很
强的战斗力。[1]最后,还要再次提一下前面谈到过的话题,那就是希腊
人对自己文化的自信发展到了目空一切的地步,[330]他们坚信自己比
其他所有民族都要优越。这并不是说他们仇恨其他民族(冷漠倨傲的
犹太人除外),对他们来说其他民族不屑一顾。伴随着对亚洲的征服,
他们的语言和习惯也迅速传遍各个城市。流风所至,致使当地的楔形
文字和一度辉煌的宗教也萎缩并最终消亡。在埃及,这种命运只是延
迟了一点而已。此外,希腊人还导致了古代中东文明的灭亡。

3. 城邦的构成

希腊部落的基本政治结构由三部分构成,这在荷马的作品中都有
涉及,这种结构贯穿整个希腊历史,没有发生多少变化,变化的只是他
们之间的权力分配和对于成员的标准。首先是行政首脑,在荷马作品
里是"巴赛勒斯"(basileus),我们将其翻译为"王"。其次是人数有限的
长老议事会。第三个是所有武士参加的民众大会。最初,国王向议事
会咨询政事,然后再将他们的决定拿到民众大会上去讨论。民众大会
倾听长老们围绕决定展开的辩论,但其本身却不参与辩论。[2]"英雄时
代"的这一制度将要经历极为多样化的发展。

入侵者建立的政体主要有两种,一种是"ethnos",通常翻译为"部落

---

① 据估计,在公元前 5 世纪,生活在希腊大陆的希腊人有 400 万,生活在海外的希腊人也有
400 万。

② Murray,《早期希腊》,第 58—59 页。

国家"，没有城市中心，一般是北部和西部地区的国家，这里还没有被迈锡尼人定居。但是中部地区也有一些这样的国家，如洛克里斯（Locris）、埃托利亚（Aetolia）和艾里斯（Elis）。在这些国家，人们有的分散而居，有的生活在开放的村庄里。在有些国家，尤其是马其顿，王权得以延续，但是赛萨利却被分割成四部分，每部分都有一个大家族进行统治。一旦发生突发事件，这些家族就会集合起来，推选出一位战争首领。伊庇鲁斯则有十四个部落构成。在东部的洛克里斯，早期的定居者联合起来，结成同盟，由所谓的"百大家族"统治，而议会则被命名为"千人议会"。

最常见的政治单位是城邦，数量达几百之多。城邦大概在公元前8世纪左右发展成为典型的政体模式，这一时期正好发生一场经济上的革命。随着农业取代养殖业，人口出现急剧增长。此外，王制也是这个时期消失的。关于城邦的源头和其形成的具体细节，我们设有明确的了解。显然，无论是筑城，[331]还是城市化都不是其出现的必要或者充分条件。最近的观点和猜测倾向于认为宗教中心的出现刺激了城邦的出现。①城邦有五个基本特点，即主权独立，政治统一，宗教认同，周围有农业地区形成其延伸，还有就是没有王权（只有极少数例外，下文将会谈到）。换句话说，它们是共和国。最后一个特点是城邦存在的前提条件。因为从柏拉图和亚里士多德直到以后的许多评论者，都将其视为城邦与以前的政治制度分道扬镳之处。没有王权也就意味着公民权的兴起，这一点非常重要。

当然有些地区依然是实行君主制，例如在马其顿，还有南部的一些地方，其中只有斯巴达的王权延续到了公元前4世纪，但国王的权力已经受到种种限制。其他地方的王权都要么被废除，要么就是被"横向扩展"所扼杀：王室的附属分支都要求获得王权的一部分，通过努力他们成功了。就这样，国王在军事、宗教和司法等方面的权力被逐渐削弱，分散到了王室不同家族的手中。

与此同时，希腊政府的三个原始分支，即行政机构、议事会和民众大会之间的关系在逐渐发生变化，其成员构成也在逐渐发生变化。这

---

① A. Snodgrass,《希腊古风时代》(Dent,London,1980),第36—38页。

种发展变化可以这样总结，即那些选举出来辅佐国王的官员本来任期只有一年，最终却干脆取而代之。这些官员（后来被称为行政官）是贵族寡头阶层提名或者任命的，他们构成议事会。这里要补充一点，即那些出身不是贵族，但又野心勃勃的富人很容易就可以进入这一贵族圈子。但是在议事会权力增大的同时，民众大会也变得比以前更加重要，这是因为那些无法进入议事会的寡头不得不诉诸民众大会，这里他们可以组织支持者为自己投票。就这样民众大会也发展成为政治斗争的舞台。当然上面的总结非常笼统，但从这种笼统本身我们可以看出一个自我生成的过程是怎样发生的，这个过程使少数人、甚至是多数人参与到公共决策的制定过程中来。

以自己独特的方式，早期这些城邦都在某个时间段形成了各自的政治制度，由此产生的多样性是非常有趣的。不同阶层围绕城邦的资源展开无休止的争夺，这是导致这些城邦政体模式不断演化的根本原因。[332]他们之间的权力和地位随着形势的变化而不断发生变化。当然我们前面提到的人口爆炸（公元前 7 世纪和公元前 6 世纪早期）也给有限的土地资源带来严峻的压力，于是不可避免地，那些生活艰难的人将矛头指向那些有产阶级。后者积聚了大量的财富，过着贵族式的生活。权力关系的变化加剧了这种经济冲突，而导致这种变化的是希腊战术的缓慢变革。

从公元前 750 年左右，护身甲胄变得越来越沉重，因为要从上到下把全身武装起来，要有封闭起来的头盔，有青铜护胸甲和胫甲，还要有圆形的盾牌。这些重装甲步兵使用的武器是长矛和利剑，就像我们在波斯帝国晚期所看到的那样，在此后的三四百年里，他们将支配地中海东部地区。对于武装完善的重装甲步兵的出现，能够确证的时间是公元前 675 年之后，他们的典型阵形是由盾牌保护的长矛方阵，大约出现于公元前 650 年。这种军事上的发展引起了社会权力关系的深刻变化。随着步兵在战争中起到主导作用，骑兵的地位就相应下降。骑兵由骑士组成，他们实际上都是贵族出身。重装甲步兵是那些能够买得起新甲胄的人，而这些甲胄非常昂贵，只有三分之一的富有公民才能够负担得起，而这些人主要是那些拥有一定土地的独立农民。随着贵族地位的下降，这个阶层的权力越来越大。这至少可以作为一种假设，并且我也不是第一个做此假设的人，这种说法从亚里士多德的书上也可以找到，要知道他是在公元前4世纪写作的。①

我们必须小心，不能将军事上的演变和大众对贵族的厌恶之间的关系过于简单化。在很多（不是所有的）地方，这种关系导致了一种新的共和政体，那就是僭主制。有些城邦的贵族将贵族的大门关起来，不再接受新的加入者，还有意识地适应新形势，为此常常会请进一位"立法者"，②科林斯、雅典和斯巴达（后文还要展开具体讨论）就是这样做的。但是在有些地方，或者是因为没有采取这些措施，或者是因为其他什么原因，社会的紧张关系没有得到缓解，有时权力会被某些个人从寡头阶层手中强行夺走。起初这样的政府可以被称为"君主制"，意味着"一人统治"，也可以被称为"僭主"统治。"僭主"这个词并非希腊语，似乎源自利比亚。几个世纪以来，"僭主"和"僭主统治"总是让人想起不好的、压迫性的统治，[333]但这根本就不是其本来的意义。对于"tyr-annos"这个词是怎么从"僭主"沦为"暴君"的，后面我将提出一个假设。多数僭主都有下面这些特点中的部分或者是全部，即权力的获取不合常规，或者是权力的行使也不合常规；一人统治；专制统治；武力威胁；爱讲排场；但是执行的却是平民化的政策。僭主统治在公元前六世纪达到高峰。在实行这种政体的城邦中，最广为人知的如雅典、以弗所、萨摩斯（Samos）和纳克索斯（Naxos）等。

仔细考虑一下这些城邦的情况，我们可以发现僭主统治之所以会出现，并不仅仅是因为受压迫的农民和拥有土地的寡头之间的矛盾，还有其他原因。例如，有的地主虽然同样富有，在政治上却被排除在外，为了能够进入这个封闭的贵族圈子，他们不得不铤而走险。此外，民族之间的对抗也可能成为原因之一。而米利都的色拉希布洛斯（Thrasybulus）则因为一场军事上的突发事件而成为僭主。因此要想接受关于重装甲步兵的假设，我们必须承认一点，那就是并没有直接证据支持这一说法。

---

① 亚里士多德，《政治学》1321a，又见 1289b，10，11。
② Hammond，《希腊史》，第144—145页。

此外还有一点需要指出,那就是许多僭主统治出现在重装备步兵之前。

对于僭主的成就也同样很难以说清。有些僭主甚至赢得了十分苛刻的亚里士多德的赞扬,尤其是雅典的庇西特拉图。亚里士多德称其统治为"黄金时代"。"好国王,坏僭主"的对立是公元前4世纪以后才确立起来的,直到那时,"国王"一词更多地被用于传统意义上的一人统治,而"僭主"一词则被用来指代专制统治。将两者尖锐对立起来的是柏拉图和亚里士多德,他们认为僭主制和君主制不同,是不合法的,邪恶的,是一种暴君统治。

我本人认为这种意义上的突然变化有两个原因。第一,这两位哲学家在世期间,僭主制又复兴起来,并且这些僭主的行为的确和他们描述的相符,如西西里的迪奥尼修斯(Dionysius,公元前430—前367年),斐利尔的伊阿宋(Jason,卒于公元前369年),还有赫拉克里亚的克利尔库斯(Clearchos,卒于公元前353年)。其次,无论是柏拉图的《政治家》,还是亚里士多德的《政治学》,都在努力使政治学的研究更加系统化,这就必须要将纷繁复杂的统治形式分成几个易于处理的范畴,不仅对他们来说是如此,对其他的政治科学家来说也是如此。众所周知,柏拉图根据统治者的人数,将其分为三类,分别是"一人统治"、"少数人统治"和"多数人统治",每一类都可能以好的形式出现,也可能会以不好的形式出现,这样就有了六种统治模式。对柏拉图来说,区分好与不好的标准就在于统治者是否守法,而亚里士多德的划分则是根据统治者谋取的是公共利益还是一己之私利。显然要想建立一种分类就要给每一个类别贴上标签,这里的问题在于如何给"不好的一人统治"命名。传统的"君主制"由来已久,而"僭主"在多数情况下都是篡位者,[334]因此"僭主制"就可以用来指代君主制的对立面。简而言之,在我看来,两人创造并使用两个术语的目的是为了便于分类。显然,亚里士多德对于这种术语的选择有点为难,因为他不得不承认如下两点:第一,有的僭主也很有作为,而有的国王却和僭主无异,反之亦然。第二,僭主如果能够按照某些特定的行为模式做事,也可以变得像贤君那样好。①

---

① 亚里士多德,《政治学》1314—1315。

到了公元前 5 世纪,希腊文明已经发展到了伟大的"古典时期",希腊由三部分构成的古老部落政体已经变得十分多样化。几百个拥有主权的政治单位相互独立,互不相同,这种差异也体现在许多不同方面。在有些城邦,如雅典,所有的土地都归公民所有,而在其他一些城邦,如斯巴达,有些土地属于周边的居民,这些人被称为"边民",要被迫服军役。从土地面积上讲,这些城邦也相差悬殊,斯巴达有 3300 平方英里,雅典为 1000 平方英里,西息温为 140 平方英里,而小小的提洛斯(Delos)则只有 2 平方英里。有的城邦虽然从功能上讲是一个政治单位,却由一些小的城邦组成,如波奥提亚(Boeotia)同盟就是由 10 个城邦联合而成的,后来城邦的数目增加到 17 个,而其总面积却不过 1250 平方英里。人口的多少也相差悬殊,但就像前面已经提到过的那样,在所有的城邦,公民都只占少数,更多的是这些公民的家人,外邦人及其家人,还有就是奴隶和其他附庸,如斯巴达的黑劳士和边民。

在所有这些政治单位中,主要的统治机构都可以上溯到部落政体时最初的三个基本分支,即国王或行政官、议事会和民众大会。这些城邦之间的不同之处在于各个分支之间的力量对比,还有就是其成员构成。要探讨第二点,我们就要回到开头,即公民身份的问题。换句话说,公民与附庸的地位完全不同,正是这一点构成了城邦和以前所有政体的革命性决裂。亚里士多德说城邦是"城邦所有公民的联合体",[①]因此要想理解各个城邦之间的差异,有必要像亚里士多德本人明确提出的那样,考察一下公民地位的问题。在我看来,公民概念的本质在于能够参与城邦事务,无论以何种形式参与。

为了使城邦的本质更易于当代人理解,有人将其比作一个由股东控股的股份制公司,但不幸的是,这种比喻只能给人一种干瘪、疏远、缺少人情味的印象。我们最好将其看成一家合作社。在英国,只要你购买一家零售合作商店的商品,就可以成为其会员,并以信用票的形式参与分红,[335]这相当于公民的消极权利。以色列的集体农庄也是一种合作社,其成员的参与程度要比这高得多。他们共同劳动,分

---

① 亚里士多德,《政治学》1275a。

享劳动果实，还可以参与政府和行政。总之，他的整个生活和集体密不可分。此外，这种合作社还是排外的，由于其财产和收入属于所有成员共有，如果打开大门，任何人都可以成为其中一员，这就无异于将所有的财产拱手让人。因此其成员资格的限制非常严格，要想加入，就必须购买属于自己的一股，城邦完全是按照这种原则运作的。很长一段时间，当然公元前 5 世纪依然如此，要想成为公民，还要求满足两个绝对的前提条件，即出身和土地所有权。这两个条件往往互相照应，因为最早的定居者在占有土地之后，会将其瓜分给各个家族，作为份地。拥有土地不仅仅是公民身份的先决条件，也被广泛看作是生来就有公民资格者的权利，这就是为什么城邦会采取措施阻止富有的地主吞并小农的土地。国家有自己的一部分，这是一个公民参与"分享"的最基本方式，也是一种消极方式。但是一旦城邦获得了一笔意外之财，这种地位就非同小可了。例如在劳里温发现银矿之后，本来雅典人是打算平分掉的，后来地米斯托克利说服他们将其用来建立一支舰队。公民身份意味着可以分享权利，同时也意味着要承担一定的义务，如捍卫城邦、服从法律、信仰宗教，如果可能的话，还要担任某些职务。

就其本质而言，君主制和僭主制使公民的权利受到限制，也许使其仅仅拥有土地所有权。从此以后，真正在政权中起作用的就变成一部分享有积极权利的公民，尤其是那些参与决策制定、担任官职的公民。按照希腊人的思维，"城邦是数量足以自给自足的公民的联合体"。[1]因此，柏拉图和亚里士多德根据享有积极参政权利的公民数量，将政府分为一人统治、少数人统治和多数人统治，这也就是很自然的了。此外还要说明一点，即不同城邦的统治机构也不一样，因为如果议事会权力很大，在议事会的选举权和任职权显然就会十分重要，但是如果议事会要听命于民众大会，这种权力就会变得无足轻重。

公民的参政权受到限制最早开始于寡头统治，对于财产的要求构成整个公民资格的基础。后来在有些城邦，各种形式的财富都可以和

---

① 亚里士多德，《政治学》1275b。

土地同等看待，[336]公民的权利和义务根据其财富来确定。这就是亚里士多德在其《伦理学》中所谓的"金权统治"，①到了 19 世纪，法国人称其为"纳税人民主"。在有些城邦，如奥普蒂恩-罗克里斯（Opuntian Locris），要想获得完整的公民资格，就需要能够把自己武装成为重装甲步兵。成为公民的资格不同，公民的权利也不一样，这种差异正是公元前 5 世纪遍布各地的激烈内战的焦点，而使这种资格更加平等的过程也是走向民主的过程。

4. 斯巴达

斯巴达是希腊最大的城邦，面积是其主要对手雅典的三倍。同时，它也是军事化色彩最为浓厚的城邦，公元前 5 世纪和雅典的漫长斗争表明它也最为强大。根据修昔底德的说法，伯里克利曾把斯巴达看成是雅典的对立面，而历史表明事实也的确如此。

从政体的创新性上讲，斯巴达难望雅典之项背。实际上雅典的政体代表了一种革命性的变革，就连普通希腊人对于公民身份的理解本身也极具革命性。在非公民阶层，尤其是奴隶存在的情况下，雅典公民身份的重要性可以说被推到了极致。从整个统治史的大背景来看，斯巴达是一个异数，即使和其他的希腊城邦比起来，它也是独具特色的。虽然如此，它还是对后来的欧洲人产生了深远的积极影响，这在当代人看来也许会有些奇怪，因此我们有必要在此对其进行简单的描述。

和其他城邦的政府一样，斯巴达政府也是围绕着古老部落时的三个机构建立起来的，但它有一点和许多其他城邦不同，那就是君主制的存在。不仅如此，这种君主制还是一种二王制，这在世界上任何地方都是一种非常奇怪的制度。此外，在征服一个地区之后，这些希腊部落民族把当地的土地按照家族分成份地，而当地人民则成为依附在土地上的农奴，即黑劳士，他们不得不为这些霸占自己土地的人劳动。和君主制一样，这项制度并非斯巴达所独有，因为同样的情况也发生在色萨利

---

① 亚里士多德，《尼各马可伦理学》1160a31。

和克里特。到了公元前 700 年左右,斯巴达人已经征服了邻近的麦西尼亚(Messenia),但他们并没有把所有的非斯巴达人都变成农奴,[337]而是放过了近百个村落(这些村落绝大多数位于塔伊格图山以东),前提条件是他们要成为其附属的联邦,无论何时何地,只要有需求,他们就有义务和斯巴达人并肩作战。这些附庸就是边民,他们保留了原有的政府和生活方式。他们是斯巴达的附庸,而不是其公民。同样,这种制度也不为斯巴达所独有,因为还是在色萨利我们可以找到与此类似的情况。“斯巴达”这个名字本身就是一个错误的叫法,因为斯巴达只是其首都的名字,当斯巴达的重甲步兵奔赴战场时,他们盾牌上刻的是“lambda”或者是代表拉斯第孟(Lacedaemon)的字母“L”。

真正使斯巴达与众不同的是第三步演进。斯巴达征服者人数很少,是被征服人口的 2% 左右。①从公元前 6 世纪起(也有可能更早,但当时的传说使我们的观点模糊不清),斯巴达人组织起来,目的只有一个,那就是成为一支征服的军队,这样才能够压制黑劳士,让他们永远为自己服务。为了做到这一点,他们限制公民资格,对公民进行严格的训练,正是这些做法使原来政府系统的三个基本分支变得与众不同。

斯巴达公民以外居地主的身份生活在首都,他们的收入则来自各自的份地。他们不从事任何体力劳动,不经商,也不从事手工业活动。他们把这些事情都交给边缘人,自己只作士兵和公民。畸形或者病弱的婴儿一生下来就被抛到荒郊野外。7 岁时,小男孩还在家中生活,但是要加入儿童连队,在那里接受体力训练,学会竞技。一个年龄更大的男孩负责监督他,如果出现不良行为,大男孩有权力也有义务对其进行惩罚,就此而言,任何不满其行为的男性公民都有这种权力和义务。普鲁塔克在其《来库古传》中提到,如果小男孩回到家中向父亲诉苦,说受到一位年长者的鞭打,他的父亲一定会再打他一顿。

男孩 12 岁离家到少年连队,在那里一直生活到 18 岁。他们学习读书写字,学会唱国歌和跳舞,还要学习本族诗人提尔泰欧斯(Tyrtae-

---

① V. Ehrenberg,《从梭伦到苏格拉底》第二版(Methuen,London,1973),第 31 页。

us)的诗歌。他们被编成小队，由最勇敢最能干的人担任小队长。小队长本人要服从 25 岁的"队长"（eiren）的领导，而队长也要服从督导的权威。这些孩子只穿一件长达膝盖的外衣，即使在最寒冷的冬天也是如此。他们每天都食不果腹，以此鼓励他们去偷窃食物，而一旦被抓到就要受到惩罚。他们可以结交成年男性爱人。①[338]吃饭时会受到长官无休无止的提问，如果回答不够充分，马上就会受到惩罚。鞭笞教会了他们铁的纪律和对上级的绝对服从。打架斗殴受到鼓励，此外他们还要接受准军事化的训练并参与模拟战斗。这一阶段到 18 岁结束，接着他们还要再接受两年的强化军训，学习重甲步兵的作战技术。这时他们就可以参加秘密的"克里普提"（krypteia），到农村肆意劫掠，据说还要完成恐吓黑劳士的特殊使命。

一个男孩可能成功地完成这种军事训练的每一个阶段，但他还不是一个完全意义上的公民。他还要加入一个由 15 人组成的共餐团，要想成为公民就必须是这种团队的成员，而要想成为其中一员就要每月缴纳一定数量的粮食，当然这些粮食来自其家族的份地和黑劳士的劳动。完全意义上的斯巴达公民人数长期减少，原因很让人费解，有时人们将其归因为个体无力负担每月的费用，而根据人们的猜测，这本身是由于份地要么完全丧失，要么面积减少，要么转让他人而造成的。这里人们说的都是军营里的话，这里的年轻人大口吃着臭名昭著的猪肉猪血汤，其他地方的希腊人看了这东西都会觉得恶心。他们生活在远离家乡的"共餐团"，即使这个期间可以结婚，也要等到 30 岁才能回家。

从 21 岁进入共餐团，直到 60 岁，男人都要服军役。由于黑劳士和妻子帮其解决了所有物质方面的顾虑，他们可以全身心地投入打猎、训练和履行公民义务。普鲁塔克讲过这样一个故事，非常富有启迪：一个斯巴达人到雅典去旅游，他听说有位雅典公民因为无所事事而受罚，于是他就想要见见"这位因为像自由人一样活着而受到谴责的人"。②

---

① 对于他们之间的具体关系是有争议的，见 K. J. Dover，《希腊人的同性恋》（Random House，New York，1980），第 185—189 页。

② 普鲁塔克，《名人传》，"来库古"。

这种教育的最终结果就是斯巴达方阵，在长达 150 年的时间里，这种方阵从来没有被打败过，直到公元前 371 年那场致命的留克特拉战役。出征作战时，身穿红色斗篷的斯巴达士兵伴着一种管乐器的声音向前行进，要想保持队形整齐，这一点非常关键，而整齐的队形也是方阵和纵队的前提。战斗的指挥高度系统化，这一点在希腊似乎是独一无二的。队伍的基本构成以 30 人为一个排，再由排组成连，连再组成营，营则进一步组成团。每一个单位都有自己的军官，似乎还有副官。战斗时队伍排成 8 列，长矛密集而整齐，每个人都可以得到右侧战士手中盾牌的保护。[339]战场上有铁的纪律，战士们坚定不移，勇敢无畏，因为大家都知道临阵逃脱者注定要终生生活在耻辱之中。①

斯巴达人自称"平等人"，因此无论是古代还是现代的作者都以为所有的份地都有相同的面积，所有的斯巴达人都拥有相同数量的财富。这肯定不是真的，因为有的斯巴达人非常富有，可以建造高楼大厦，而有的却穷得无法缴纳会费，不得不退出共餐团。实际上如果仔细考察这种政治制度，我们就会发现其后似乎有一个历史悠久、相对富有的贵族阶层。"平等人"仅仅意味着"大致拥有同等的政治地位"。

就像我们看到的那样，在希腊的其他地方，除了伊庇鲁斯和马其顿之外，国王都丧失了行政权力，其地位被执政官所取代。斯巴达的独特之处不仅仅在于它保留了君主，还在于它有两位国王联合执政。此外，它还开始选举执政官和 5 位监督官。这些监督官和国王一起构成行政机构，和元老院与公民大会共同进行统治。

两位国王来自两个不同的古老家族。没人知道这种奇怪的制度是怎样产生的，也没人知道为什么会有这种制度。两位国王保留了某些祭司的功能和司法权，但其最重要的作用在于领兵打仗，而这种作用也会延伸到外交事务上。一旦到了战场，他们就拥有无限的权力，但总会有两位监督官在其左右，这两位监督官代表了国内的政治力量。希罗多德曾提到这样一件事，在和雅典作战时，两位国王因为意见不和争执

①　有一点应该注意，斯巴达的重装甲步兵得到了边民和大量黑劳士的支持，作为勤务兵，黑劳士为他们搬运行李和物质供应。

起来，结果最后无功而返，于是从此以后每次军事行动就只有一位国王指挥。两位国王和选举产生的 5 位监督官之间一定会有摩擦，无论在名义上后者对前者的牵制作用有多大（这种牵制本身也有疑问），精力充沛、气势压人的国王总是能够发挥很大的作用。

5 位监督官的职权的范围很广，也很重要。他们可以动员军队；只有他们才能召集元老院会议；多数民事案件都由他们来审理；他们监督教育体制；管理着所有的基层行政官；接见外交使节，还负责向战场上的将领发布命令。总之，他们是城邦的主要管理者。

[340]5 位监督官任期只有一年，来自全体"平等人"组成的公民大会，也由公民大会选举，按照亚里士多德的说法，其选举方法是"非常幼稚的"。①他们不必行动一致，本来是作为斯巴达民众的一般代表选举出来的。他们很可能会受到元老院某些成员的操纵甚至贿赂。②

元老院由两位国王和 28 位元老组成，他们名高位尊。一切提案只有经过元老院的审议之后才能到达公民大会，只有元老院才有提出议案的创制权。重大罪过的审判也由元老院组织进行。元老院的权威来自其成员的身份和其选举方式。只有到了 60 岁才有资格成为其中一员，而被选入元老院是城邦所能授予的最高荣誉。一旦当选，就可以终生享有这种身份。元老的选举方式非常独特，专门任命的评委们被隔离起来，候选人则排成一列静静地从公民大会面前通过。每一位候选人通过时，公民大会都会高呼示意，而评委们则根据呼声的高低做出决定，这样他们自然就无从知道自己选了哪位候选人，而那些得到最高呼声的候选人就会当选。③一般认为任何年满 60 岁的斯巴达公民都可以参加选举，但亚里士多德似乎认为虽然任何人都可以参加，但并没有人必须要参加。④从这一点也可以看出在公民大会的这些"平等人"之间，也有一批富有的寡头很有影响。⑤

---

① 亚里士多德，《政治学》1271a，10。
② J. V. A. Fine，《古希腊人：一部批评史》（哈佛大学出版社，Cambridge，Mass.，1983），149n。
③ 普鲁塔克，《名人传》，"来库古"。
④ 亚里士多德，《政治学》1271a，10。
⑤ 参见 Fine，《古希腊人：一部批评史》，第 150—151 页。

和雅典一样,斯巴达的公民大会也由年龄在 30 岁以上的所有男性公民组成。公民大会负责选举五位监督官和元老院成员,也负责选举地方行政官。同时,公民大会也是立法机构,要就元老院提出的议案做出表决。这个过程是有问题的,因为提出议案的似乎是五位监督官,这就会出现两个问题:第一,是公民大会全体围绕议案展开讨论呢? 还是先听国王、5 位监督官和元老院成员的决定,再做出表决呢? 第二,如果公民大会做出否定的表决,执政者和元老院能否将议案收回,并做出最终决定呢?

对于第一个问题,我们的回答是只有一部分人能够根据职权参与讨论,这和罗马后期一样,而执政者可以根据自己的喜好决定由谁来表达观点。对于第二个问题,元老院当然可以收回议案,不让公民大会对法令做出修改。总之,比起民主城邦的公民大会,斯巴达的公民大会要软弱很多。

5. 雅典的民主

[341]雅典的民主制度可以说前无古人,[①]后无来者。要追溯其历史将颇费笔墨,也会淡然无味。雅典人的大胆实验要求我们直奔主题。

5.1　经济状况和社会阶层

古希腊的总面积只有大约 1000 平方英里,首都是雅典。按照今天的标准是很小的,[②]和香港(包括新界)的面积正好一样,考虑到香港日后在商业上的重要性,这是一种有趣的巧合。据估计,在公元前 432 年,其人口在 21.5 万到 30 万之间。公民及其家人约有 8 万到 11 万,外邦人及其家人的数量在 2.5 万到 4 万之间,奴隶的数量在 8 万到 11 万之

---

①　当然,事实并非完全如此,公元前 6 世纪的希俄斯是希腊的第一个民主政体,但无论是从城邦的大小,还是从其完整性和持续性上看,雅典都更为突出。

②　1979 年,在全球 188 个国家中,有 153 个国家的面积超过 1000 平方英里,占总数的 81%。剩下的 35 个国家中,最大的是留尼旺,最小的是摩纳哥和梵蒂冈,面积分别为 0.5 平方英里和 0.1089 平方英里。

间，而公民只有 3 万到 4.5 万。①直到公元前 5 世纪，雅典的经济主要依靠种植谷物。随着这个城邦发展成为巨大的贸易中心，开始从黑海附近地区进口粮食。到了公元前 403 年，有四分之三的公民拥有一定面积的土地，最多的达 75 公顷。希腊战胜波斯（公元前 490—前 479 年）之后，商业和工业中心从小亚细亚地区的城市转移到了希腊东部沿海。由于科林斯地位衰落，爱琴那被征服，雅典就成为第一大商业和工业中心。雅典城邦的两个决定促成了这种变化的发生，第一个决定是利用劳里温银矿的意外之财建立一支舰队，第二个是在公元前 485 年，将比雷埃夫斯和法利龙湾设为贸易港口。这样雅典就成为爱琴海地区最大的贸易中心。促进这种发展的还有其他因素，例如雅典人并不歧视体力劳动，这一点和斯巴达人与底比斯人不同。在斯巴达和底比斯，体力劳动是遭到禁止的，从事体力劳动的人无法担任公职，但雅典却鼓励体力劳动。此外，在所有的城邦中，雅典的私有财产受到了最好的保护。雅典不但没有采取措施阻止外邦人在商业和金融方面的发展，还调整了度量衡，[342]货币也比其他城邦更加统一。这一切都得益于其海上霸权地位，在短暂的雅典帝国时期，还受益于其盟邦的贡奉和援助。②

雅典与其说是工业中心，不如说是市场。它是希腊花瓶的主要出口者，此外还出口橄榄油、葡萄酒和白银，这些白银来自劳里温的银矿。它进口的是造船用的木材、鱼和粮食。其工业主要是冶金，比如铜和银，有许多从事生产的小型作坊。事实上人们所知道的最大企业是一家生产盾牌的工厂，雇用了 120 个奴隶，而普通的作坊只有 10 到 30 个工人。在社会地位方面，身为公民的手工业者和工人之间有很大的差距，因为后者通常是奴隶。也有不少手工业者是外邦人，如果他们和雅典公民在同一个工厂工作，会获得同样的报酬，即每天一个德拉克马（drachma）。按照当时的标准，一个四口之家每年要花费 280 个德拉克马。③

---

① Ehrenberg，《希腊城邦》，第 31 页。还有人（以芬利为代表）认为公元前 5 世纪末期，奴隶的数量约 6 万，总人口约 20 万。

② J. Ellul，《制度史》（法国大学出版社，1955），第一卷，第 73 页。

③ J. Ellul，《制度史》，第一卷，第 76 页。

雅典的社会分成四个等级,据说这是公元前594年立法者梭伦划分的,划分的依据是一个人的土地所生产的粮食和橄榄油的产量。那些拥有土地能够生产500斗以上的是五百斗级,生产500斗以下、300斗以上的被称为骑士级,产量在200至300斗之间的叫双牛级,他们实际上就是重装备步兵中的自耕农,剩下的是日佣级。在近100年的时间里,每个等级的人数都发生了变化,随着报酬的提高,公共建设的开展和军事殖民地的建立,日佣级的地位有所提高,其中许多人进入了更高的等级,参见下图数据。

表 2.2.1　雅典的阶级普查

	公元前 480 年	公元前 430 年
1—3 等级	10000	22000
日佣级	20000	20000

来源:Ellul,《制度史》,第82—83页。

虽然这些人都同样是公民,但在有些方面他们并不平等。富有的氏族贵族依然在政治上扮演着十分重要的角色,甚至可以说起着主导作用。由于他们比较富有,所以繁重的公益捐主要由他们来承担,公益捐是义务的,没有任何报酬。在公众庆典、戏剧表演和音乐会上,他们慷慨大方地发放礼品,这些活动是雅典户外公共生活的一部分。民主派的领导人也来自他们中间,直到公元前404年被斯巴达击败,他们一直是共和国的主人。但另一方面,和民主派作对的寡头派也来自他们中间,[343]其成员会集合到一起,讨论一些和"进步的"思想为敌的计划。他们是倾向斯巴达的教条主义者。雅典被斯巴达击败之后,他们曾经短期内掌握统治权。自耕农(即双牛级)阶层高度独立,富有个人主义精神,虽然从许多方面来讲是传统主义者,但也属于民主派。他们不常参加公民大会,大部分时间在农田劳动,只有在节日庆典时才进城。民主派的政治力量主要是商人和手工业者,而不是自耕农。此外,随着城邦海上力量的增强,水手也上升到了非常重要的地位,他们是所有阶层中最为激进的力量。他们和城邦的命运息息相关,因此他们一方面积极支持民主派领导人促进平等的举措，另一方面也大力支持海外扩张。

5.2　政区划分

雅典是一个统一的城邦。到公元前 700 年左右，分散的定居点已经和雅典联合起来，形成统一的城邦联盟，因此所有的公民都是一个政治共同体的成员。虽然对我们来说阿提卡半岛的面积微不足道，但即使这里也有党派意识的存在。例如从希罗多德对庇西特拉图的讲述中我们可以清楚地看到这一点，三个互相竞争的派别分别是"山地派"（即东部地区）、"平原派"和"海岸派"，地方主义更是根深蒂固。人们生活的定居点被称为"村社"。每个村社都有自己的崇拜和自治机构。公元前 507 年，克里斯提尼把阿提卡分成 30 个三分区，分别代表城市、内陆和沿海。每个三分区都包括很多村社，多数村社是古老的定居点，但也有一些（尤其是在城市）是人造的新村社。三分区只不过是地理分界而已，而村社却是政治活动的中心。每个村社都有自己的议事会、村长和其他官员，其中包括一名司库。每个村社在当地的神殿里举行各自的崇拜活动。每个村社都有自己的公共田地，租出去并征收田租。虽然如此，村社和中央政府的联系还是非常密切的，这些我们后面将详细说明。每个公民都要在村社登记注册，一些官员候选人也要由村社提名。因此，村社是进入公共政治生活的跳板。①

5.3　公民

[344]全体公民的构成非常奇特，它是由政体的模式来决定的，但是另一方面，如果不弄清公民的构成，政体模式也难以把握。直到公元前 6 世纪末期，雅典人被分成四个伊奥尼亚"部落"。这些部落在多大程度上是根据真实的亲缘关系划分的，还是根据一种虚构的亲缘关系而划分的，我们并不确定。

克里斯提尼改变了这一切，他在现有的体制之下，又增加了一个新

---

① 　参见芬利，《古代世界的政治》，第 44—47 页。

的体制。无论是有心还是无意，这个新体制将所有公民"混合"到了一起，为公民资格的确定提供了一个全新的依据。

就像前面提到的那样，阿提卡被分成 30 个三分区，每个区由许多村社组成。在三分区的基础之上，克里斯提尼又将所有公民分为 10 个部落，每个部落的名字都来自一个雅典英雄，每个部落里都有来自各个三分区的公民，即有的来自城市，有的来自沿海，还有的来自平原。

这些部落具有真正的法人身份，有自己的神殿和以其命名的英雄，有自己的财产和地租账簿，也有自己的官员和议事会。这样，决定公民身份的不再是"氏族"，而是村社。改革时生活在村社的所有居民都在该村社登记，成为该村社的成员，也就成为公民。他们的儿子长到 18 岁时也要到村社进行登记，成为公民。公民身份是可以继承的，无论搬家到了阿提卡的哪个地方，这个公民永远属于其原来的村社。

这种安排具有决定性的意义，首先是因为在征兵和推举官员候选人时，村社的登记可以提供必需的信息。其次，无论是军队、议事会、行政机构，还是法庭，其人数都是根据这 10 个部落的人数来确定，并且也是从中选出。对全体公民的这种划分是由城邦各个部门的运作方式决定的。①

关于公民身份的可继承性需要强调一下，因为虽然后来也有入籍的可能性，但在公元前 5 世纪这样做很困难，成功的很少。

5.4 政府的构成（约公元前 431 年）

雅典实行的是最早也是最典型的"直接"民主，即由公民亲自做出决定，而不是通过选举代表。实际情况要比这个简单化的定义复杂得多。[345]现代的行政部门通常包括政府首脑和永久性的官僚机构。前者是选举出来的，要么是直接选举，像美国总统那样，要么就是间接选举，像英国的首相和其内阁那样。雅典人认为选举制还不够民主，当然极少数需要特殊技能的职位除外。在雅典，行政官的确定是以抽签的方式进行

---

① 见原书第 345 页"公民大会"部分，第 347 页"长老议会"部分。

的。此外，雅典并没有真正意义上的官僚机构，只不过有几个附属于某个专门行政官的奴隶而已。就连司法人员也是通过每年抽签产生的，对于资格的要求很少，后面我们将谈到这个问题。这种政治体制的指导原则是除了极少数例外，所有的职位，无论是行政、立法，还是司法，都应该对所有公民开放，大家轮流，任期一年；所有的诉讼最终，甚至从一开始都要由可能集合到的所有公民集体审理。①这就是"民主"，而这个重要术语似乎直到克里斯提尼时代才得到普遍使用②。

当然，雅典也拥有一般政府的三个机构，即行政官、议事会和公民大会，但针对雅典的情况，最好能够将法院看作独立于其他机构的第四个机构。

5.4.1 公民大会

公民大会由所有公民组成，但究竟有多少人参加我们并不清楚。最热心于此的通常是手工业者和商人。公元前 5 世纪初，公民大会每年大概召开 10 次，到了公元前 5 世纪末期，有的年份甚至召开 40 次。③大会议程在会前 4 天公布于众，但可以对其进行修改。对于紧急情况下召开的大会也有规定。起初公民大会在位于普尼克斯山上的广场召开。

现在我们开始谈论克里斯提尼所划分的 10 个部落。雅典每年的政治生活被分成 10 部分，在不同的时间段里由 10 个部落的成员分别召集并主持议事会和公民大会。议事会由 500 人组成，每个部落各 50 人。④这样在一年之内，每一个部落都有当权的机会。这些主持会议的人被称为五十人团，他们每天抽签选出该天的主持人。[346]这样，10 个部落就可以轮流得到召集公民大会的机会，而在每个部落内部，大家也可以轮流得到担任主持人的机会，但是任期只有一天。

---

① 任何人担任长老议会议员的机会不能超过两次。假如每个议员任职两次，其政治生命为 20 年，这样就将其人数限制在 5000 人。如果他们中只有一半任职两次，其人数将限制在 7500 人。公民大会的集会地点普尼克斯山能容纳 6000 人。

② Fine，《古希腊人：一部批评史》，第 208 页。

③ 同上，第 408 页。

④ 见原书第 347 页。

提案由议事会交给公民大会，但任何公民都可以提出修正意见。公民本人也可以提出新的法案，但必须经过公民大会的同意，然后再移交给议事会。这绝不能轻率为之，因为任何公民都可以通过提出"违宪诉讼"反对这项提案，使其"不合法"。在这种情况下，争议会由陪审法庭来裁决。我们必须提前交代一点，即陪审法庭由多达 1000 个公民构成，他们全部是通过抽签选出的。他们可能会反对这项提案，这样提案的首倡者将遭到重罚，有时甚至会被处死。而一旦通过，这些法律将不容更改，虽然可以对其进行补充和说明。

在公民大会，当一个提案被提出之后，大家对其进行举手表决。有些特殊情况是例外，如利用陶片放逐法将某一位公民流放。①如果选举可能过于草率，或者主持人认为公民大会的民意有所转向，他会允许进行重新表决。

公民大会的职权范围很广，宣战、议和、结盟、军队的规模、财政、货币和关税，这些最终都要由公民大会来决定。凡是不以抽签方式产生的行政官都由公民大会选举产生，其中包括最重要的行政官，尤其是将军。所有行政官都要受公民大会的监管，每年要向其做 10 次工作汇报，接受其信任表决，当然有时也会是不信任表决。就像对待伯里克利那样，公民大会任何时候都可以免除将军的职位。②对于其立法方面的职能，前文我们已经提到过。此外，针对城邦的犯罪也由公民大会来裁决。公元前 489 年，米尔泰亚德斯（Miltiades）受到公民大会的审判，罪名是"欺骗人民"，因为他没有像许诺的那样带回波斯的黄金，被控通敌罪。对于这种情况，最通常的诉讼程序就是检举告发和预指控。前者相当于现代的"弹劾"，先由控诉人在公民大会发起控诉，而公民大会就像美国的大陪审团一样，决定表面证据是否成立。如果能够成立，案件就会到达议事会，由其决定是由陪审法庭审判，还是由公民大会来审判。一旦罪名成立，公民大会就可以根据情节轻重施以惩罚。在预指控阶段，公民可以对他认为有损城邦利

---

① 见原书第 356—357 页。
② 修昔底德，《伯罗奔尼撒战争史》，第 2 章，第 59 节，说这是因为人们为战争中遭受的苦难而对其不满。

益的人提出控诉，[347]公民大会对控诉和反驳进行审理，并决定控诉是否成立。如果控诉成立，控诉人就可以将诉讼提交法庭。

要行使权力，公民大会没有法定人数上的要求，只有三种情况是例外，一个是陶片放逐，一个是投票表决是否允许个人提出废除某项法律，还有就是公民身份的授予。这三者都需要至少 6000 公民到场。

5.4.2　议事会

议事会即"政府"或者说是"行政机构"，毫无疑问，它要服从公民大会的权威。作为行政权力的关键机构，议事会成为这个民主政体的核心。从克里斯提尼时代（约公元前 507 年）起，议事会由 500 人组成，每人任期一年，并且只能连任一次。他们来自 10 个部落，每个部落各 50 人，以抽签的形式产生，年龄不得低于 30 岁。候选人的名字来自村社的人口登记簿，尽量根据村社的大小来决定候选人的人数。

候选人相对较少，因为议员的责任繁重，花费也很大，而每天的津贴只有工人的一半，就连这种津贴也是公元前 461 年才开始的，因此议事会里贫穷的公民很少。①议事会每天都要集会，由主席团②负责召集并起草议程。会议是公开的，如果主席团或者公民大会同意，任何公民都可以参与审议过程。

主席团由前面提到的五十人团组成。每个部落轮流主持会议，每年一个轮回，负责会议进程，代表整个议事会行事。每天任命一位执行主席，作为雅典共和国的首脑，因为他掌控着各个神殿的钥匙，而国家的财富和公文都储藏于此。除了主持议事会，如果要召开公民大会，也由他来主持。这个职位每个公民一生中只能担任一次。

议事会之所以如此重要，第一个原因就在于它牢牢控制着公民大会的议程。公民大会所讨论的只能是议事会讨论过并且已经形成"决议"的内容。公民大会可以提出修正案，他们经常这样做，但是如果说他们是一群冲动的乌合之众，这是不正确的，虽然这种看法至今依然广

① 参见 Fine，《古希腊人：一部批评史》，第 400—401 页。
② 见原书第 348 页。

泛流传。[348]公民大会的确做出过一些灾难性的决定，有些决定非常残酷，还有的反复无常，但其议事主题和规程都是严格控制的，根本就不是随意而为。

议事会的第二个重要性在于它协调并控制着众多的十人委员会，这些委员会地位平等，互相独立，日常的行政事务是由他们来完成的。①按照我们的划分方法，其数目在 15 至 20 个之间，不会比这更少。②他们中有的负责军械，有的负责宗教仪式，还有很多分别负责财政、审计和军需供应等。此外，议事会也要从事外交活动，虽然要听命于公民大会。

议事会还有一些司法功能。虽然不能监禁或处死一个人，但凡针对官员的指控，对危害公共秩序的犯罪，还有前面提到过的检举告发，这些都要由议事会来判决。质疑权或审查权是指质疑公民资格、执政官候选人资格、议员资格和获取公共救助资格的权力，这是议事会最重要的司法权之一，也经常使用到。

5.4.3 行政

行政官

行政官是议事会和公民大会意志的执行者。似乎体制的设计者一心想着要防止寡头政体的出现，每个年龄超过 30 岁的公民都可以担任行政官。为了保证 10 个部落每个都能够获得平等的任职机会，任期为一年，除了下面将提到的少数例外，禁止连任。因此多数行政机构都是由 10 名成员组成的委员会，每个部落各一名。每个委员会的选举都独立于其他的委员会，但要集体行动。这里的"选举"包括两种截然不同的任命方式，一种是抽签决定，一种是投票选举。抽签时候选人的名单由部落或村社提出，通常只包括那些自愿报名者。最重要的选举就是如此，议事会成员就是以这种方式产生的，③就像我们后面会看到的那样，这种选举方式有时也有操纵的因素。[349]投票选举则要么由议事

---

① 比较威尼斯的"小议会"（Collegio），本书第三部分，第七章，第 1003—1005 页。
② 亚里士多德，《雅典政制》（Hafner Press，New Yale，1974），第 47—61 页。
③ Hornblower，《希腊世界》，第 119 页。

会,要么由公民大会进行。

行政官被指定之后,要受到议事会的资格审查,经过"指控"和"反驳",再进行投票表决。

这里的"行政官"包括三类官员,他们是执政官、行政人员和下属人员。下属人员由被解放的奴隶或奴隶来担任,作为办事员、秘书或者文档管理人员。

执政官是古风时代行政权力的遗留,现在成为威严的象征,原有的职能已经丧失。以前只有五百斗级的公民才有资格当选,但到了公元前5世纪,财产方面的限制不断放松。到了我们所讨论的时代,执政官和其秘书(依然是每个部族一个)都是通过抽签从初步确定的名单中选出,而这个名单本身也同样是以抽签的方式产生的。①一个执政官被称为王者执政官,是早期王权的遗留。从他身上可以看出王权是怎样消失的,因为就像前面描述的那样,国王的权力被分解。②他主持着古老的战神山议事会,这个议事会本来拥有广泛的司法权,但现在只起一些宗教上的作用。王者执政官主持祭祀仪式,处理和祭司、圣地、不敬和渎神等有关的诉讼,因此又译为宗教执政官。名年执政官,顾名思义,以其名字命名其任职的那一年,因为他控制着历法。在涉及家庭法和财产保护的诉讼时,他还起到某种最高检察官的作用。直到大约公元前490年波斯战争爆发,军事执政官一直保留着陆军元帅的重要作用,但现在只负责战争中和宗教有关的事务,如祭祀和仪式。剩下的6位执政官是司法执政官,他们是法律的保护人。每年他们都将议事会的注意力引向法律上的漏洞,并且负责执法过程中行政性的一面。例如,确定法庭的开庭时间,指定主持人和辩护人。政治方面的多数诉讼都在司法执政官的管辖范围之内,如针对议事会律令的上诉,针对资格审查的上诉,还有关于腐败和法官渎职行为的案件。他们的职权也延伸到一些民事诉讼,如涉及到通奸、人身攻击和伪证的案件。

行政人员通过两种方式产生,即抽签和选举,主要是前者。行政人

---

① 秘书的问题比较复杂,见 P. J. Rhodes,《雅典议事会》(牛津大学出版社,Oxford,1972),第 134—141 页。

② 见原书第 331 页。

员包括各个级别的所有司法官、财政官(其中包括雅典最大国库的司库)和管理人员。[350]管理人员通过抽签的方式选出，包括市场监督、度量监理和负责粮食销售的专员。

和完全偶然性的抽签不同，选举留给那些需要专门技术的，或者品格和能力十分关键的职位。因此在帝国(即所谓的提洛同盟)时期，同盟金库的司库就是选举产生的，而不是通过抽签。其他技术性的公共服务，如供水、建筑、海军工程和防御工事，也由选举产生的专业人员负责。还有大量的宗教和仪式(如神秘的礼拜和泛雅典运动会)的司仪也由选举产生。最为重要的是，所有的军事指挥官都是选举产生的，这一点在政治上意义重大。①

公共事业

税收和财政

除了战争特别税之外，雅典人一点也不喜欢缴纳直接税，他们从来就是如此。直接税只有在紧急情况下才会征收。国家收入主要来自劳里温的银矿，对外邦人和被解放的奴隶的直接税收，还有关税和市场税。通常这些就足够了，因为和平时期的花销很小，主要用于宗教活动、公共建设和一些海事和军事工程，还有一些用于微少的津贴和官员的花费。起初只有议事会和陪审法庭的成员才能领到津贴和补助，但到了公元前 4 世纪，所有参加公民大会的人都可以享受这种待遇。后来又有一部分财政收入被用来支付社会救助和抚恤金。

财产超过一定数额就要缴纳战争特别税，虽然这一做法引起很多争议，②但似乎所有应该纳税者都要按照同样的比例上缴，无论其财产相差多少。这样的纳税者有 6000 人，③税款总数并没有多少。④

收税少，花销也少，一个重要原因就是公益捐制度的存在。从广义上讲，任何私人出资完成的公共建设和服务都属于公益捐，[351]按照

---

① 见原书第 352 页。

② 参见 A. H. M. Jones，《雅典民主》(牛津大学出版社，Oxford，1960，1969 年重印)，第 23—28 页。

③ 同上，第 28 页。

④ 同上，第 29 页。

这个定义，军役和劳役也包括在内。我们这里所说的公益捐是指最富有的那部分人出资为国家完成的公共事业。在雅典，公益捐有很多用场，如用于在 10 个部落中各建立一支信使队伍，更为繁重的是战时对舰队的维护和供给。①

这些税由两个十人委员会负责征收，委员会成员通过抽签来选定，每个部落一人。一个是公共事业承包委员会，由公共事务官组成，他们负责将矿山承包给获得特许权的人，还负责对没收的财产进行拍卖，更为重要的是他们可以通过拍卖，将税区承包出去，但拍卖时议事会要在场。承包委员会先将包税人的名单和他们的定金交给议事会，再给办事人员一个清单，列举哪些包税人应该在何时分期缴纳税款。包税人按时缴纳税款时，办事人员就会从档案架上拿出这份清单，将其交给第二个十人委员会，即出纳总监，这部分人也是通过抽签产生，每个部落一人。缴纳完毕，他们就将相应的条目勾销掉。接着，出纳总监就会把收到的款项分派各个需要花钱的部门。这是一个机械的过程，因为法律已经将税款分拨用于各种特定的用场，如作为市场管理员和庙宇维修人员的工资，等等。各项不同支出都有各自的司库。所有这些活动都是由出身卑微的公民来完成的，这种定额备用金制度虽然琐碎而复杂，却十分有效，并且据我们所知，并没有出现腐败现象。当然这是因为一切都一目了然，无隙可钻。这种体制的主要缺陷就是款项的分拨过于僵化，一旦不够使用，只有通过特别法令才能做出调整。但是在税收史上，这种拨款制度的确是相当常见的，因为一般认为各个部门可以根据拨款的数量进行自我调节。在英国，这种制度一直使用到 18 世纪末，英国首相威廉·皮特开始实行统筹基金制度。

所有的盈余都储藏在神庙里，其中以雅典娜神庙最为重要。当城邦日薄西山时，公民大会曾通过特别法令，从中借款，后来偿还时还要付利息。

陆军和海军

在萨拉米海战（公元前 480 年）和阿哥斯波塔米海战（公元前 405

---

① 见原书第 353 页。

年)之间的岁月里,雅典有 56 年的时间处于战争状态。这么长期的征战是怎样维持下来的呢?

这首先要归功于雅典控制下提洛同盟,其成员起初是自愿参与,后来则是被强迫参与。雅典有效地将这个同盟变成了自己的帝国,[352]这个帝国可以为其商业提供安全的海上航线,这样雅典就成为地中海贸易的中心,从中获利颇丰。同时,通过在希腊的不同地区建立军事殖民地,雅典缓解了当地土地短缺的问题。其次要归功于雅典的自然资源(如劳里温的银矿)和前面提到的税收和公益捐。此外,通过对被占领城市的勒索、强制性征税和劫掠,雅典还可以做到以战养战。虽然如此,雅典的主要资源是其公民,其陆军和海军都是民兵,除了战时需要一些食品津贴之外,并不需要太多的开支。

军队是按照四条基本原则组织起来的。首先,除了划桨手大部分是雇佣军之外,军队主要由公民组成,其中也有些外邦人。其次,所有这些人都要负责购置自己的军械。第三,高级军官通过选举产生,直接对公民大会、议事会和法庭负责。最后,军事防御最终依赖的不是陆军,而是海军。这是因为到了该世纪末期,雅典只有通过从黑海地区进口粮食才能维持下去,随着阿哥斯波塔米战役的失败,雅典不得不投降,否则只有被活活饿死。

陆军是按照两条线组织起来的,第一条是 10 个部落,他们构成军队指挥的基础,其次是梭伦的社会等级划分。①骑兵由 10 人组成的征兵委员会负责征募,委员会则由公民大会以举手表决的形式产生。骑兵包括来自第二等级,又能够买得起马匹的人,即骑士。当他们的名字在议事会被宣读的时候,他们可以以身体有残疾或者经济有困难等理由主动退出。同样,如果议事会认为某人不够资格做骑士,也会将其拒绝。骑兵由两位骑兵司令领导,他们由全体公民在公民大会上选出。每个骑兵司令各率领 5 个部落联队,而各个联队又选出自己的部落司令,并受其指挥。重步兵和重装甲步兵来自第三等级,双牛级,即家境殷实的自耕农。陆军和海军都要接受最高军事机构的领导,该机构由

---

① 见原书第 342 页。

10 位将军组成，他们也是由全体公民在公民大会上选举出来的，但是和其他官员不同，他们可以连任。另一方面，任期之内他们每月都要接受考察，如不合格，任职可以随时被中止。到了公元前 5 世纪末期，公民大会有时任命 10 位将军中的一位率兵远征。[353]10 位将军下面是 10 位部落团长，也由公开选举产生，各自率领着自己部落的队伍。部落团长可以任命手下的低级军官作为中队长。

舰队的建设和维护由议事会控制的委员会负责。造船总监由公民大会投票选举产生，船只、船上的锁具和船篷都要受到议事会的检查。自供军械的原则也适用于比较高级的公民，即五百斗级和骑士级。他们轮流担任战船船长，为期一年，任期内舰长要负责三层桨战船的维护和保养，还要征募并训练船员，在海上时是战舰的实际指挥。

对于级别最低的公民（即日佣级）来说，情况又是怎样的呢？他们一般和雇佣的非雅典人一样，作划桨手，还有的参加轻步兵队伍。公元前 5 世纪初期，轻步兵无足轻重，到了世纪末，他们变得更为重要，政治地位也大大提高。这是因为公元前 404 年斯巴达人占领雅典之后，政权落入作为傀儡的三十僭主手中，是轻步兵成功击退了三十僭主的大军。

通过这些方法，雅典建立了庞大的陆军和海军。根据伯里克利提供的数据，陆军最强大的时候可能是公元前 431 年。和公元前 5 世纪初比起来，人口大大增加，重装甲步兵的人数也大大增加。作战部队中有重装甲步兵 13000 人，此外还有 16000 人负责城防，其中包括正在接受军事训练的男青年和年长者，也有外邦人。此后由于瘟疫和战争伤亡，城邦民生凋敝，总人口减少。①到了公元前 4 世纪，遇到紧急情况最多只能动员 5000 重装甲步兵。我们可以将其与早期英格兰做一个比较，黑斯廷斯战役时撒克逊士兵的数量在六七千与七八千人之间，到 1513 年亨利八世和法国交兵时，参战士兵达 27000 人。②雅典的舰队

---

① Jones，《雅典民主》，第 161—180 页。

② 1346 年的克雷西战役中，爱德华三世部署了 20,000 士兵。1415 年的阿金库尔战役中英国六七千人打败了法国 23,000 人的队伍。在 17 世纪的三十年战争期间，瑞典国王古斯塔夫·阿道夫只有约 2 万士兵。

也很庞大,约有 200 多艘战船。

雅典的陆军比起其他任何城邦都毫不逊色,当然骁勇善战的斯巴达职业士兵除外。雅典的骑兵主要由贵族青年组成,按照色诺芬的说法,他们纪律松弛,缺乏训练,这种判断应该是非常专业的。但另一方面,雅典的海军却十分强大。[1]一旦战败,参战的统帅很容易成为人们憎恨的对象,这一点也许正是雅典军事制度的薄弱之处。[354]公民大会动辄将其免职,甚至不惜动用惩罚,以期杀一儆百之效。我认为这种憎恨往往是由一心谋取私利的政客所煽动。阿尔喀比亚德因为受控亵渎赫尔墨斯,被从西西里战场召回,就是这样一个例子。[2]但是最不幸的是阿吉纽西海战中的 6 位将军,他们凯旋而归,结果却被无耻地判处死刑。[3]

在政治上,军队拥有举足轻重的作用,最为突出的是十人构成的将军委员会。在公元前 5 世纪,他们以其政治地位当选,而不是以其军事指挥才能。到公元前 4 世纪,情况就不是这样了。候选人名单上都是当时最杰出的政客,他们要么十分富有,要么出身贵族,要么就是两者兼备。伯里克利政治生涯的主要角色就是将军。他的政治生涯约始于公元前 465 年,从公元前 443 年起,他就连续担任将军,一直到死。将军似乎有权召集公民大会,也许还能够阻止其召开。他们的意志可以直接到达公民大会。更为重要的是他们可以出席议事会的会议。无论是陆上还是海上的远征,他们都享有最多的自由行事的权力。[4]由于雅典长期处于战争状态,将军们也就成为城邦地位最为显赫的官员。

雅典的陆军和海军都来自公民,从政治上讲,这一点十分重要。公元前 404 年,三十僭主试图将“积极”公民的资格限制于 3000 位骑兵和重装甲步兵,以此巩固自己的权力。通过欺骗城邦中部分重装甲步兵

---

① 参见 Jones,《雅典民主》,第 99—100 页。
② 见原书第 327 页。
③ 色诺芬,《希腊史》,R. Warner 译,G. Cawkwell 引言并注释(Penguin, Harmondsworth, 1981),第 1 卷,第 6 和第 7 章。
④ Hornblower,《希腊世界》,第 121—122 页。

解除武装，他们取得了一定程度的胜利。即便如此，这些人中有的保留了自己的武器，投奔被流放的民主派，而比雷埃夫斯的日佣级公民也在为自己制造武器。面对来自一半公民的武装抵制，三十僭主政权垮台，民主政体得以恢复。①

5.4.4　司法机构

在公民参与政治事务的所有方式中，最为直接的就是在陪审法庭上担任陪审团成员。这一点使雅典的民主比现在的极左人士最为激进的要求还要走得远。但这并不是做出判断的唯一方法，[355]我们不妨从一些一般原则开始说起。最突出的一点就是行政和司法人员的分工，或许除了公元前 6 世纪的犹太之外（对此我们所知甚少），这是最早的。此前，在埃及、亚述和波斯，主持公正的通常是省长和总督之类的地方长官，他们所依据的是最初"长老们"确立的传统正义观念。亚里士多德明确区分了审议权、执行权和司法权的差异。②这是希腊人发明的又一个"第一"。第二个突出特点就是所有的诉讼都要由私人提出，就连针对国家的犯罪也不例外，因此所有的诉讼都成为当事人之间的诉讼。第三个特点是针对司法或执行机构判决和行为的上诉。第四个特点是巡回法官的存在，他们主要负责审理一般的民事诉讼。

由于陪审法庭需要处理的诉讼太多，压力太大，公元前 453/2 年出现了村社法庭。每个部落出 3 个人，通过抽签的方式产生，任期一年。他们负责审理涉案金额不超过 10 个德拉克玛的诉讼。对于金额超过 10 个德拉克玛的诉讼，有 10 个仲裁小组来审理。如果诉讼人对判决不服，可以向陪审法庭提出上诉。所有的证据都要以书面形式呈交上去，陪审法庭会做出自己的判决，而这个判决就是最后判决。

雅典的诉讼要么是私人之间的，要么是涉及公众的，无论哪种情况都要由私人提出起诉。为了鼓励私人提出公共诉讼，如果起诉成功，起诉人可以分享部分罚金，但一旦被告被宣布无罪，起诉人也要受罚，

---

① Mary Renault 的历史小说《残酒》(*The Last of the Wine*，London，1966)对整个事件进行了精彩的讲述。

② 《政治学》，第四卷，第 14—16 章。

这对鼓励人们提出公共诉讼是不利的。当时杀人罪是私人诉讼，而不是公共诉讼，在我们今天看来这是很奇怪的错位。支持这种诉讼过程的是血仇传统，杀人罪被看成是一种宗教犯罪，因此应该由宗教法庭来审理，尤其是战神山议事会。[①]这种诉讼程序非常复杂，这里无法深入探讨，但有一点要提一下，即只有受害人的家庭成员才能提出控诉。

司法系统由两部分构成，分别是行政官和法庭。前者根据各自的专门职权，负责审理诉讼。因此王者执政官[②]负责审理一些杀人案件和宗教犯罪，将军负责军事犯罪，而"十一人看守委员会"负责盗窃案，涉及经济贸易的案件也由专门的委员会负责审理。

[356]法庭的职责只是判决行政官提交的案件。除了提交专门法庭的诉讼之外，其他所有的诉讼都要由最大的法庭，即陪审法庭来判决。[③]所有超过 30 岁的公民都可以参加，但不是强制的。陪审员来自每个村社，每个部落有 600 人的名额，通过抽签的方式产生，这样每年都有 6000 名陪审团成员，每天的报酬有两三个奥卜尔，只相当于一个工人半天的工资。这些公民组成陪审法庭，有的由 200 人组成，审理私人诉讼，有的由 500 人组成，审理公共诉讼。一年中除了 60 天的节日之外，这些陪审法庭天天开庭。大致说来审理程序如下：首先原告在两位目击者的支持下向行政官提出起诉，行政官会定下日子进行预审。通过预审就可以确定是否有必要提交诉讼，如果有必要，就会由六位司法执政官确定一个日子，还要"预定"法庭和陪审团，以进行正式审理。到了确定的那天，由提交诉讼的行政官主持审理过程，判决由多数人来决定。

这种执行司法的系统是非常卓越的，这里有三个问题还要说明一下，分别是上诉（ephesis），对杀人罪的惩罚和陶片放逐。

"ephesis"一词的词根原意为"提交"，之所以要提到这一点，是因为它可以帮助我们更好地理解希腊人"个人自由"的观念。这个观念是整个"城邦"概念的核心含义和驱动力量。一个公民，正因为他是公民，

---

① 参见伊斯兰教法，原书第三部分，第二章，第 691 页。

② 见原书第 349 页。

③ 见 H. M. Hansen，《德摩斯梯尼时期的雅典民主》(Blackwell，Oxford，1991)，第 191 页。

而不是附庸，就和城邦的各个机构形成了一种契约式的关系。因此他本人必须要接受城邦对自己的判决，这种判决可能来自村社，甚至来自"十一人看守委员会"或者行政官。通过上诉，公民可以阻止这种判决的执行。这种上诉本身也会被驳回，但只能以另外一个公民发起私人诉讼的形式进行。这样上诉人就必须将诉讼提交陪审法庭，只有陪审法庭才能做出最终判决。①

从严格意义上讲，陶片放逐并不属于司法事件，而只是暂时把公民流放出去。据说陶片放逐开始于公元前 507 年，首创者是克里斯提尼，是在庇西特拉图僭主集团被驱逐出去之后，为了震慑那些试图实行僭主统治的人而设计的。一旦一个常规的程序被引入，往往会成为城邦内部不同派系用来排除异己的工具。这方面最臭名昭著的事件是对"公正者"阿里斯底德的放逐。[357]普鲁塔克告诉我们，有个文盲让一个人帮他在陶片上写下"阿里斯底德"的名字，而这个人就是阿里斯底德本人。他照办之后，问这个文盲为什么这么厌恶阿里斯底德，得到的回答是他不喜欢人们总是称其为"公正者"。这个故事使陶片放逐法听起来有点浅薄无聊，但实际上这个过程是经过深思熟虑的。每隔 6 个月，到了第六个部团期，公民大会就要决定是否有必要进行陶片放逐。如果有必要，实际的投票要推迟到下一个部团期进行，这样其间就有整整一个月的时间可以从事游说活动，让人们决定是赞同还是反对放逐某些公民。投票用的是陶片，上面写着要被放逐的人的名字。投票时，10 个部族通过各自的入口进入已经封闭起来的公民大会堂，如果总的投票少于 6000，就不进行放逐。如果达到了法定人数，票数占多数的那个人就要被从雅典流放 10 年。我们不能因为一个程序有时会被滥用就认为它一无是处。考虑到城邦中残酷政治斗争的历史，斗争中胜利一方对其对手的野蛮待遇，我们甚至可以得出这样的结论，即放逐富有争议性的派系领导者可以起到缓和矛盾的作用。无论如何，陶片放逐并不经常发生，公元前 415 年以后，这种做法逐渐退出了历史舞台。

从惩罚的方式可以看出城邦政治的复杂程度。在雅典，惩罚方式

---

① Ellul，《制度史》第一卷，第 128 页。

包括意在让人蒙羞受辱的放逐，还往往伴随有查抄财产和罚款。对于最为严重的罪行，惩罚就是死刑。苏格拉底饮毒而死，该事件本身已经成为一个象征，它意味着死刑的执行已经相当温和。在公元前5世纪的大部分时间，处决死刑犯的方法极其残忍，如地坑和枷刑。①前者是指将受刑者扔入死亡的深渊，后者则一直延续到饮毒法被采用之后。

5.5 政治过程

尽管最初传授演说术的是叙拉古人，但"演说术"作为一门学科却是在民主制时期的雅典达到高峰的。这并非偶然，实际上，伊索克拉底（公元前436—前336年）曾相当明确地将演说术说成是"实用政治的工具"。②根据伊索克拉底和亚里士多德的理论，[358]演说术是广场式政体的必需伴随物，而随着这种广场式政体本身在罗马专制下日益萎缩，就在昆体良对其进行最为详细周密的阐述时，演说术的发展却开始走向衰落。在演说术方面，雅典和罗马的共和制与中国的政治文化形成极为鲜明的对比。在中国，日益官僚化的文化完全依赖书面文件，相应地其教育体制也完全以读写为中心，而从来没有关注过演说的艺术。实际上，他们也没有必要关注演说术，因为中国的官员根本没有必要通过雄辩去讨好或说服除皇帝之外的其他人。从一定程度上说，我们已经遇到的和即将遇到的所有官僚兼宫廷式政体都是如此。宫廷体制是文书命令体制，而广场体制是演讲游说体制。

希腊城邦是历史上第一个广场式政体，正是因此，其政治话语也是我们今天所使用的话语。可以考虑一下宫廷体制和广场体制各自"风格"上必然存在的差异。在最极端、最纯粹的宫廷体制中，政治过程就发生在小小的宫廷之内，其参与者只包括由廷臣、官僚和祭司构成的小圈子。他们的活动也就是想方设法接近专制统治者，无论是国王还是皇帝，然后对其进行说服，或者施压，甚至是取而代之。在广场体制之

---

① "罪犯被用铁夹子固定在一块木板上，然后把木板立起来。我们不确定他是死于多日风吹日晒的痛苦，还是死于铁夹子的逐渐紧缩。"J. V. A. Fine，《古希腊人：一部批评史》，第420页。

② E. B. Castle，《古代教育和今天》（Penguin, Harmondsworth, 1961），第57页。

下，政治舞台非常广阔。在最纯粹的广场式政体，就像雅典城邦那样，本身就是人民当家作主。这个舞台上的演员要争取的不是君王的支持，而是人民的支持。要做到这一点，他们有两种方法：第一，必须操纵或者掌握政治机构的成员构成，这里的政治机构其实也就是作为听众的人民，他们才是决策者。第二，面对这些听众时他们必须操纵或者掌握其人心走向。

也许有人会说："可是这就意味着雅典也有领导者和被领导者，治人者和被治者，而前面我们明明被告知说这个体制只是随机的安排，职务的任命和决策的制定都很随意，大家轮流当权。"

毫无疑问，尽可能地让所有公民轮流担任公共职务，这就是雅典政治体制的目标。这就意味着对于每一个职位，所有的公民有同样的资格可以担任。但是就像我们看到的那样，雅典人很不情愿地意识到事实并非如此。有些职位是需要专门技能的，如将军和造船总监，因此这一类职位就要由选举产生的人来担任。对于雅典人来说，这种选举是"贵族式的"。但除了将军可以连任之外，其他职位的任期都不能超过一年，这个原则贯彻得非常彻底。以抽签的形式，每年换届的有500位议员，城邦内外约1400位行政官，[359]还有6000位法庭陪审员（可以连任）。所有这些换届都要由公民大会集体决定。

在近200年的时间里，这个体制没有经历多大的变动，最终也是因为外来破坏才结束的。如果每一个职务的任命和决策的制定都是随机的，由鱼龙混杂的公民大会以抛硬币或者其他某种异想天开的方法来决定，根据我们对政治体制的了解，这种持久性是不可能的。因此对于官员的任命和决策的制定一定有某种确定的程序。有两个因素显然是不存在的，一个是官僚机构，另外一个是政党。要想说明哪些因素存在是困难的，也很成问题，因为对于历史学家来说，雅典的政治体制要比罗马共和国模糊得多。我们能做的只有根据琐碎的信息，以我们的想象去填充。但透过前文的字里行间，对于他们怎样操纵民意，操纵公民大会的构成，我们还是可以窥见一斑的。

首先，议事会成员的选择并非完全随机。公民不会被强迫着必须要作候选人，由于责任繁重，只有富有者才会自愿参加选举。因此，在有些村社只有很少的人可供抽签选举。在外交政策的关键年份,如公元前 427 年和 346 年,为了获得议会中的席位,像克利翁和德摩斯梯尼这样富有的职业政客有可能曾经动手脚。他们可以通过影响依附于自己的人,甚至会行贿让他们不要参加选举,或者让某个派系在有些年份不要推出候选人,并向他们保证,作为报答,次年自己也会做同样的事情,还有就是到没人愿意当候选人的村社里代替他们参加选举。①

最终的决定权掌握在公民大会手中。公元前 5 世纪时,大概有6000 公民参加大会,这些人经常变动,因此政客们无法保证听众一定会支持自己。从公元前 411 年发生的事件中,我们可以看出人员的变动有何影响以及政客们是怎样利用这种变动的。安提丰和佩山德同谋恐吓议事会,接着又强迫公民大会通过寡头式的政体。他们之所以能得逞,部分上是因为热烈拥护民主的水兵都随舰队到了萨摩斯岛,[360]此外,还因为这次公民大会是在城墙之外的科伦那斯召开的,由于害怕受到敌人的攻击,很多公民不敢参加。但这种肆无忌惮的操纵是很少见的,总的说来公民大会的出席情况很难预料。由于操纵出席人数是不可能的,政客们就把重点放到操纵投票上。我们可以肯定当时有很多拉票和游说现象,但没有显而易见的证据能够说明这一点。②虽然如此,我们的确知道政客们是怎样拉帮结派并操纵投票程序的。普鲁塔克告诉我们,贵族派领导人修昔德(不是历史学家修昔底德)为了和伯里克利对抗,在公民大会上将分散各处的贵族成员"分离出去,并重新组织起来"。③公元前 4 世纪时,德摩斯梯尼也抱怨过同样的问题。④

当然任何议会式政体都会有人操纵投票程序。程序本身是为了避免议事会因为受到迫使而匆忙做出决策,但也有可能会被用来制造同样不良的后果。下面就是这样一个例子,公元前 406 年,公民大会讨论决定从阿吉纽西海战凯旋而归的 6 位将军的命运。⑤他们被控

---

① Hornblower,《希腊世界》,第 119 页;Jones,《雅典民主》,第 106 页。

② 芬利,《古代世界的政治》,第 83 页。

③ 普鲁塔克,《名人传》,"伯里克利"。

④ Jones,《雅典民主》,第 131 页。

⑤ 参见原书第 354 页。

置战争幸存者的生命于不顾，起诉人是塞拉门尼斯（Theramenes），辩护人是尤里普托莱莫斯（Euryptolemos）。会上对该诉讼进行了讨论，然后休会至次日清晨。这时有个叫凯里克赛努斯（Callixenus）的人代表议事会提议不再继续讨论，而是马上投票。尤里普托莱莫斯和其支持者们提出抗议，认为这种提议不合法。①这种抗议激怒了大多数人，于是反对这些将军的人利用这个机会提出，除非尤里普托莱莫斯和其朋友们撤销抗议，否则他们要和将军们一起受到公民大会的审讯。显然愤怒的公民大会是可以做出这种事情的，尤里普托莱莫斯只好收回抗议。事已至此，显然会议的主持人就只好提交提议。正好那天主持会议是哲学家苏格拉底，他拒绝这样做，说自己不愿做有违法律的事情。于是凯里克赛努斯坚持说如果主持人不赞同立即投票，整个五十人主席团必须这样做。当时这些人都吓得不知所措，于是就按照他说的去做了。②但事情并没有就此结束，因为尤里普托莱莫斯向议事会的提议提出一点修正，[361]即将军们必须逐个受审。第一次投票，他的修正得到通过，但将军们的一个敌人抗议投票程序有问题，于是不得不再次投票，而这次通过的是议事会原来的提议。③

这样的事情只是例外，公民大会很少会推翻自己的一些程序法规。在这种情况下，政客们通常要按规矩办事，因此他们的任务就是操纵民意，那些能够成功做到这一点的被称为"民众煽动者"，今天这个词已经被滥用，实际上它本来是指那些全职投入于收集信息的政客，这些信息是公民大会制定决策时所必需的。这类决策的制定往往技术性很强，例如颁布改变附属城邦贡税数额的法令，其过程就很复杂。④虽然我们没有直接证据，但是完全可以认为像克利翁这样的人有"非官方的、不领薪酬的随从人员"为他们效劳。无论怎样，他们的确掌握着大量的重要信息，通过所提出的措施和对这些措施的阐

---

① 参见原书第 346 页。
② 对此还有不同说法，参见色诺芬，《希腊史》，第 1 卷，第 7 章。
③ 色诺芬，《希腊史》，第 1 卷，第 7 章。
④ 芬利，《古代世界的政治》，第 76 页。

述，以及这些措施被接受的情况，可以看出他们对各种可能情况都有充分的应对策略。那些从另外一个角度看问题的人也承认这一点，①称他们是"半职业化的政客，起初由贵族构成，后来部分是贵族，部分是有雄辩之才的穷人，他们被作为使节送往外邦，在议事会和公民大会上提出建议，还作为起诉人或者辩护人出现在政治审判时。到了公元前 4 世纪，他们已经成为一个独立的阶层，有别于普通公民……"。②现代的学者已经得出结论，他们并不像这个词的贬义用法所说的那样，是误导人民的煽动家，而是像其字面意义所指代的那样，是人民的领导者。这些政客和其对手们虽然观点相反，但他们的观点都建立在同样的事实基础之上，并且在辩论之前都对这些事实和如何对其做出应对进行了深思熟虑，所有这些都被公民大会视为理所当然。公民大会知道这一点，政客的权力部分上在于大家公认他们对问题有深入的了解，部分上在于他们的雄辩之才，能够将解决方案清楚地表达出来。用芬利的话说，他们是"这个体制的有机组成部分"。③

雅典的政治体制组织并不严密，缺少有组织的政党和压力集团，也没有官僚和大臣，但它也不像表面看来那样完全是随机的。[362]举国皆盲的时候，一目能视者就可以为王了，对于雅典这些半职业化的政客们来说情况就是如此。

5.6　评价

麦迪逊在《联邦党人文集》第十篇中是这样说的："在纯粹的民主政体——我是指由少数公民亲自组织和管理政府的社会——不能防止党争的危害……因此，这样的民主政体和个人安全与财产权是不相容的，因此往往由于暴亡而夭折。"

自从公元前 322 年希腊的民主政体被马其顿毁灭之后，这个观点和比其更为极端的观点盛行了 2000 多年。"民主"本身也变成了贬义

①　参见 Hornblower，《希腊世界》，第 124—125 页。
②　Jones，《雅典民主》，第 130 页。
③　芬利，《古代社会研究》，第 21 页。

词，后来甚至连罗马帝政都可以用其来形容了，①最后被一贬再贬，从5世纪起，在拜占庭作家的笔下甚至成了"狂暴的乌合之众"和"造反"的同义词。②直到19世纪这个词才翻身，重新获得人们的尊重，并作为一种富有代表性的政体形式，被赋予新的含义。但就希腊的民主政体而言，麦迪逊的看法直到19世纪才开始得以限定。③从很大程度上说，至今依然有人持这种看法。无论这种看法对于希腊民主总体来讲是多么合理（对此我们只有支离破碎的信息），就雅典而言，我还是觉得麦迪逊的说法显然是不正确的，不仅不正确，而且与事实相违。

现代评论者有的抨击雅典，说它在民主的道路上走得不够远，有的则批判它走得太远了，还有的一方面嫌其走得不够远，一方面又嫌其做得太过。第一种是"左派"，第二种是"右派"，第三种是"自由派"。

说雅典不够民主，最为明显也最经常受到批判的一点就是奴隶问题。有人说由于雅典人口大多数都是奴隶，而公民只占少数，因此根本就不能被称为是民主政体。④如果这个论点不仅仅是语义学上的，我的回答是所有的希腊城邦都有奴隶的存在，罗马共和国也有，并且到现在为止我们所探讨过的所有统治模式中都存在奴役，只是形式可能不同罢了。[363]雅典之外的政府要么给所有的自由人法律面前的平等和参政资格，要么只对部分自由人这样做，要么就谁也不给，但是像雅典这样大规模地让所有的自由公民参政，希腊和罗马的其他政体都无法望其项背。⑤

这个论点的温和说法就是，正是奴隶的劳动才使公民参政成为可能，这是很有道理的。正如亚里士多德所说，唯一能够取代奴隶制的就是自动机，也就是现在的机器人和种种机械。但我们不能因此就认为雅典社会被分成两半，一边是富有的公民，无所事事，另一边是辛苦的奴隶，终日劳作，就像琼斯所讽刺的那样，"普通的雅典公民观看索

---

① 德·圣·克鲁瓦，《古代希腊社会的阶级斗争》，第323页。
② 同上，第326页。
③ 参见 H. Sidgwick，《欧洲政体发展史》，第一版（Macmillan，London，1903），第七章。
④ 如 B. Holden，《民主的本质》（Nelson，London，1974），第14，16页。
⑤ 见原书第344页。

福克勒斯的戏剧，担任行政官、议员或者陪审员，其间无事就到市场上闲逛，谈论政治和哲学，而奴隶们却辛勤劳动，供养着他们"。①当然，柏拉图和亚里士多德都歧视体力劳动，但雅典人并非如此。公民大会里到处都是劳动者，可能只有不到四分之一的自由人拥有家奴，有奴隶的农民很少，他们太穷了。只有采矿业和手工业才会大规模地使用奴隶，而这些都属于 1200 个最富有的家族。除此之外还有 3000 个家庭拥有奴隶，但奴隶的数量并不多。②还有一种批判与此有关，"帝国"取代了"奴隶制"，成为批判的理由，他们认为雅典制的民主之所以成为可能，离不开附庸国的贡奉、军事殖民地和贸易上的优势，等等，这些都是雅典的帝国地位所带来的。对此只要一个简短的回答就够了，即民主政体从公元前 403 年一直延续到公元前 322 年，而当时帝国早已不存在了。

对雅典在民主之路上"走得太远"的批判更为多样。第一种走的是麦迪逊的路线，认为雅典的民主政体是暴民统治、大众统治，是草率而仓促的，是一群无知之徒在演说家的煽动下，高高扬起他们"汗臭味儿十足的睡帽"。亚里士多德批判它没有实行"法治"，当然，在群情激昂时，公民大会的确会忘乎所以，像一群暴民那样行事，对六位将军的审判就是很好的例子。但如果把这件事和对苏格拉底的死刑判决看作典型，就像认为对萨科（Sacco）和万泽提（Vanzetti）的判决是典型的美国民主一样，是不合理的。雅典政体所提供的程序上的保障一丝不苟，政体研究者往往会对这一点叹为观止。这里我再次简述一下，首先，所有的行政官职位都向所有的人开放，需要专门技能的职位通过选举产生而不是抽签决定；所有的候选者都要受到资格审查，至少这样可以淘汰掉一部分可疑人物；所有的候选人都要将履历表交给由 10 人组成的审查委员会，每月都要受到议事会的信任投票；到了年底任期要结束时，他们的履历还要受到审查委员会（为了公正，通过抽签选出）的严格考核；[364]任何公民都可以就其在任期间的不当行为对其提出指控。十

①　Jones，《雅典民主》，第 11 页。
②　同上，第 11—18 页。

人委员会将围绕指控展开述职检查，这 10 人均来自议事会，通过抽签产生，如果经过初步审查，案件成立，受到指控的行政官就要受到陪审法庭的审判。议事会成员也不例外，无论是谁，只要被控有渎职行为，议事会可以将其免职。如果上诉，会进行正式的审判。此外，一届议事会任职到期时，也要向公民大会述职。如果公民大会对其任职不满意，就无法得到金冠。

公民大会本身并非愚昧无知，其中大多数成员都要轮流担任陪审员、行政官和议员，或者作士兵和水手。程序性的法规就是用来避免仓促而不明智的立法，似乎也成功做到了这一点。一般规定所有事项必须在议事日程上四天后才能进行会议讨论，这样就有效避免了仓促的决议。来自基层的提议必须回到公民大会后才能接受投票，如果因为种种原因，担心第一次投票"不安全"，还可以进行第二次投票。多亏了这一条，公元前 427 年米蒂利尼的居民才免于被处死的命运。违宪诉讼①就是为了避免政客们在公民大会上提出草率的（因此也是违宪的）提案。这些程序性法规是为了确保辩论能够深入有序地进行。我们不能仅仅因为形势紧张时几次喧闹的大会就称其为"暴民统治"，别忘了英国下议院里的嘘声、欢呼和吵闹，别忘了下议院的议长常常不得不宣布休会。

持第二种批判态度者主要是亚里士多德、伊索克拉底和冒名的色诺芬，他们认为雅典的民主"榨干了富人"。一方面，公益捐和战争特别税全部落在富人头上，骑兵和重装甲步兵也全部由富人来担任。另一方面，议员、行政官和陪审员（到了公元前 4 世纪，也包括出席公民大会的人）的津贴很少。这种批判和公元前 4 世纪的"戏剧基金"有很大的关系，这种基金是一年中去除开支后剩下的盈余部分的积累，用来在节日场合分发给贫穷的公民，让他们能够支付进入剧场所需的费用，每个人可以领到两个奥卜尔。

事实上，经济的优势和劣势并非像上文所说的这样截然分明，以战争特别税为例，由于不是累积性地征收，农民的负担要比富人重得多。

---

① 见原书第 346 页。

有时农民要离开家园,参加重装甲步兵,一去就是很长时间。除此之外,还有许多其他诸如此类的负担,①但无论怎样,如果按照我们今天的标准,从对财富的比例来看,战争特别税并不重,[365]琼斯认为大概相当于2%—2.5%的个人所得税。②引发人们强烈反对的并非赋税负担,对绝大多数政府来说,赋税问题都是关键问题,甚至是最为关键的问题,但在雅典却并非如此。真正让富人无法忍受的是他们缴纳的税款被用来供一些无名之辈变成重要人物,即让一般的平民百姓可以每天得到津贴,担任行政官和议员,出席公民大会。当然,民主制度的确就是如此巩固起来的,这样也使宪法规定的权力成为现实。但这只取得了部分上的成功,就像我们前面所提到的那样,这种津贴代表的是一种牺牲,而不是奖赏。这种论点的另外一个矛头指向法庭,说它是没收财产的工具,但根本就没有这方面的证据。③虽然有证据表明关于债务的法律严重偏向于债权人,也有证据表明贫穷的公民可能根本不敢和十分富有的人打官司,但由此可以看出这种指控是没有根据的。这方面有一个事实最为重要,即在整个希腊,真正让富人感到恐惧的革命性要求和其结果就是"废除债务,重新分配土地",可是虽然公元前4世纪的雅典是所谓的"激进"民主政体,两个要求根本就没有被考虑过。

第三种批判将矛头指向没有能力、只会误导大众的演说家们,即那些煽动民意者,说是他们导致了雅典的灭亡,克利翁首当其冲。我们前面已经说明公民大会的消息是相当灵通的,并且也为所谓的"煽动家们"做了辩护。实际上批判者只是在转述或者概括修昔底德对伯罗奔尼撒战争的观点。追随修昔底德,这些批判者认为雅典的帝国主义政策激起了其同盟的仇恨,这样说的含义就是雅典的灭亡是道德上的报应。对这种批判的回答也很简单,即雅典在每一个同盟和附庸城邦中都有敌人,就是那些寡头们,同样,也都有朋友,那就是民主派。修昔底德还把灾难性的西西里远征归因于民主政体,这没问题,但是他却没有将对斯巴达的三十年成功抵抗归功于民主政体。要知道公元前431

① Jones,《雅典民主》,第29—33页。
② 同上,第29页。
③ 参见芬利,《古代世界的政治》,第85—87页。

年，当双方开始交兵之时，斯巴达本来以为攻克雅典会易如反掌。下面我们看第三个例子，批判者指责这个民主政体在外交政策上的无能，但在这方面，再也没有比公元前404年赢得战争后的斯巴达更无能的了。短短几年的时间里，斯巴达就失去了新获得的海上霸权，[366]将其归还给刚刚被它击败的雅典。

如果那些批判雅典在民主之路上走得不够远的人可以说成是左倾或"激进的"，那些批判雅典走得太远的人可以说成是右倾或"保守的"，那么第三派批判者我们就完全可以称为是"自由主义的"。对他们来说，雅典的民主从一开始就存在结构上的弊病，一种无药可医的顽疾。这个弊病和顽疾可以有几种不同的表达方式：没有区分"国家"和"社会"；没有限制政府的职权范围；没有划分出一些不受任何政治干扰的领域；将法律的效力和高压政策带入私人生活。这些批判者引用的最有名的例子当然是苏格拉底，他被控"毒害青年"、"不信神灵"，接受审判并被判死刑。他们会说，在今天看来，雅典的理想就是极权主义体制。这种看法来自许多渠道，如自由主义者贡斯当关于"古代和现代的自由"的演讲，还有库朗热的《古代城邦》。这个论点认为城邦完全控制着人们的生活方式，个人唯一可以庆幸之处就是本身拥有其统治权的一小部分，没有"不可分割的人权"，也没有天赋人权。

但这种说法严重违背历史，和今天的政治行为比起来，雅典的做法并不逊色多少。之所以说它违背历史就是因为它忽视了一点，即之前的统治模式根本就没有"公民"这一概念，同样也没有从程序上或司法上保护公民不受国家官员的侵害。这种说法同样没有考虑希腊之后历史上的主要政体，如哈里发帝国和奥斯曼帝国，更不要提中华帝国。它拿雅典的政体和20世纪的民主政体进行比较，一个2000多年前的发明能够拿来和今天做比较，这本身就是对其最大的褒扬。希腊人不担心城邦对公民的权力太大，而是担心太小，对他们来说城邦的权力越大越好。由于法律面前人人平等，雅典城邦的权力不像其他地方那样等级森严，他们批判的正是这一点。①

---

① 参见芬利，《古代世界的政治》，第93—94页。

如果我们摆脱繁琐的条分缕析，而是专注于实际效果，这种批判同样是错误的。现代人会在脑海中明确区分"哪些是恺撒的，哪些不是"，而希腊人不会这样做。[367]如果我们在成文的权利法案上列举哪些东西不是恺撒的，我们会强化这种区分的实际效果。这样一来，在法律上，英国的议会就会像希腊的城邦那样拥有主权。正如雅典的法律可以用来强化大众道德观和风俗，就像在苏格拉底事件中那样，在今日受权利法案保护的国家里，大众道德观和偏见可以战胜法律条文的保护。在麦卡锡时代的美国，因观点不合潮流而对个人的迫害因公众的愤怒而火上加油。虽然有权利法案的存在，对个人的迫害还是大行其道。同样，即使没有权利法案的明文规定，宽容的舆论依然可以保护私人行为和观点不受迫害，例如在英国。无论怎样，就像约翰·斯图亚特·密尔意识到的那样，任何政治模式都会受到舆论暴政的侵害，他本人也深受其苦。当然，城邦和自由国家的区别是成立的，但是我认为在人权方面，比起现代西方的民主国家，雅典似乎一点也不逊色，甚至可能还要更胜一筹。

我们可以考虑一下这样一个事实，从公元前 479 年直到公元前 338 年，雅典每三年中就有两年处于战争状态，从来没有享受过 10 年以上的和平。不仅如此，除了银矿，它也没有什么别的自然资源，可是尽管如此，从击败波斯一直到伯罗奔尼撒战争，在长达半个世纪的时间里，它一直是希腊城邦中最伟大的一个，它创造了一个帝国，顽强地抵抗了军事力量最为强大的斯巴达，一直坚持了 30 年。公元前 404 年遭遇毁灭性的失败之后，在不到 10 年的时间，它又东山再起，再次成为一流的强国，直到最后才和其他城邦一起被马其顿所征服。从内部来讲，雅典也是希腊城邦中统治最为成功的。麦迪逊说雅典的民主政体由于暴亡而夭折，这说法大错特错。除了公元前 411 年的政变和公元前 404 年至 403 年受斯巴达支持的寡头统治之外，雅典的民主政体是相当稳定的。从公元前 510 年一直延续到公元前 322 年被马其顿消灭，长达 188 年。如果民主政体是指全体成年男性公民拥有投票权，那么我们历史最悠久的民主国家才有多少年的历史呢？雅典城邦是公平的。战争的主要负担交给了富有者，穷人仅仅以其公民身份，就可以领到一些补贴，虽然数额有限，但这样做的国家其前可曾有过？其后又有几个呢？不管财富和地位，也不管什么职位，所有公民轮流决定国家的方针政策，进行日常管理，这样的国家以前有过吗？其后有过吗？

　　这种政体非同凡响，是天才和技巧的奇迹，是整个统治史上最为成功的政治发明之一，也许它就是最为成功的一个。[368]不幸的是和希腊其他城邦（政体的设计更为粗糙）一样，它也有一个不可根除的缺陷，即人口不能太多，疆域不能太大。要想大规模地以轮流担任职位的方式操作政府，当时是不可能的，现在依然不可能。因此，在政治上，如果城邦要扩张，就只有死路一条，而如果城邦不扩张，其征服大业就只有死路一条。无论怎样都是死路，于是它就死掉了，而允许它生根发芽并茁壮成长的环境也注定一去不复返。①

---

① 可将其与意大利的城邦相比较，尤其是威尼斯，但威尼斯实行的是寡头统治，它更像是斯巴达，而不太像雅典。见第三部分，第七章，原书第 993 页。

第三章　城　邦　的　终　结

[369]希腊的城邦虽然雄心万丈,但却有一个致命的弱点,那就是它无法扩张自己,只能在别处以殖民地的形式进行复制。如果它扩张,其公民就无法集合参加公民大会,但如果不扩张,当强大的君主政体联合起来,它就会成为受害者。有人也许会认为还有第三种选择,即联盟,这个也尝试过,但依然无法解决上面的两个问题。他们不得不放弃公民大会的统治,如果理论上并非如此,实际上已经是这样了。他们还太弱小,无法捍卫自己的独立。不仅如此,城邦内部的发展也对民主不利。在外部打击和内部衰败的夹攻之下,城邦作为一种特殊的政体模式最终走向了末路。

要想知道这是怎样发生的,有必要了解亚历山大战胜波斯之后的事件。亚历山大的征服标志着希腊化时代的到来,而公元前32年屋大维在亚克兴海战中击败克里奥佩特拉意味着这个时代的结束。希腊化时代在文明史上的地位十分重要,在统治史上的地位尤其如此。从实际效果上来看,可以说它为亚洲和埃及的君主专制提供了新的推动力。

虽然在政治上被瓦解,原波斯帝国的疆域依然形成了一个辽阔的世界级大国,希腊人是其统治者,主要由希腊的雇佣军和马其顿人维持治安。其中点缀着一些新成立或者重新组建的城邦，这些城邦共同形成了希腊群岛。体操房、剧院、食堂和市场是人们生活的中心。附庸的农民依然使用各自的本族语，但希腊共同语占绝对优势。他们都有城邦的政治机构，即行政官、议事会和公民大会，但都要服从君主的意志，并且到处都是富人当权。这些君主制政体起源于凯旋的将军所建立的军事独裁统治，缺少合法性，依靠的是雇佣军，利用的是希腊和马其顿城市居民的利己之心，因为他们对当地人的统治地位和经济剥削也要得到君主的保护。这些君主享有绝对权力，在确立统治的过程中，他们在当地人中获得了一种传统上的权威，[370]因为这些人很早以前就已经习惯于专制统治，而就像这种情况下人们通常所做的那样，希腊的统治阶层开始将自己的能言善辩之才用于这种幸福生活，发明出一种相应的意识形态，一种阿谀奉承和自我辩护的混合物，将君主说成是"活着的法律"，并且还"证明"这一点，或者将其说成是"神圣的"救世主，他（在亚洲，还包括高级祭司）应该和其他神灵一起受到崇拜。对埃及当地人民来说，托勒密家族已经上升到了神圣法老的地位。[①]如果要概括希腊化时期君主制的新特征，可以总结如下：世袭的希腊官僚机构；以雇佣军为基础的军队；国王的专制统治。国王是法律的化身，享有更加"神圣"的地位。对当地人的经济剥削比以前的统治者更加有效，更加熟练，也更加无情。除此之外，他们继续和邻邦进行无休止的战争，到了公元前二三世纪，对于城邦之间的冲突有了一些新的仲裁办法，战争才有所缓解。

　　这段历史非常有趣，但也过于漫长，战乱频仍，盟邦之间的关系让人眼花缭乱，这里甚至无法对其进行概述。我们可以将其分成四个主题：希腊独立城邦经济和政治上的衰落；亚历山大的马其顿—波斯帝国分裂成三个帝国，后来又进一步分裂成为小亚细亚和伊朗的各个王国；城邦同盟和希腊大陆上马其顿的同时兴起；罗马最终将其全部吞并。这里能够提供的只是一个关于主要事件的简要年表，其中有些事件我们将在后面继续探讨。

---

① 　A. R. Burn，《鲜活的希腊史》（Herbert Press，London，1981），第 351 页。

大 事 年 表

约公元前 380—前 164 年	城邦的终结,城邦同盟的形成和灭亡。
公元前 380—前 320 年	城邦的衰落;行政官职责的分化和专业化;雇佣军取代由公民组成的军队;在雇佣军支持下僭主势力抬头。
公元前 300—前 200 年	希腊大陆的经济全面萧条。
公元前 261 年	雅典的劳里温银矿枯竭,银币不再流通;雅典发生奴隶叛乱。
公元前 250 年	斯巴达只剩下 800 人拥有充分的公民权;公元前 262—前 241 年阿吉斯四世(Agis IV)和公元前 241—前 222 年克莱奥梅尼三世(Cleomenes III)试图重新分配土地,[371]重新确定公民身份。
公元前 321—前 248 年	亚历山大的帝国分裂。
公元前 323 年	亚历山大去世。
公元前 321—前 283 年	亚历山大的继承者们将帝国一分为三,分别为马其顿的安提柯王朝、埃及的托勒密王朝和亚洲的塞琉西王朝。三个王朝为争夺希腊和爱琴海地区而发生战争。
约公元前 280 年	塞琉西王朝在小亚细亚的部分省份成为独立的王国,即亚美尼亚、卡帕多西亚(Cappadocia)、本都(Pontus)、比西尼亚和波格蒙(Pergamon)。
公元前 250 年	巴克特里亚独立。
公元前 248 年	在米底和法尔斯出现帕提亚帝国,塞琉西帝国只剩下叙利亚和小亚细亚西部地区。

公元前 447—前 146 年	城邦同盟。
公元前 447—前 386 年	第一次波奥提亚同盟。
公元前 379—前 338 年	第二次波奥提亚同盟。
公元前 367—前 189 年	埃托利亚同盟。
公元前 367 年	埃托利亚同盟建立。
公元前 280—前 279 年	击溃高卢人的侵略，军事鼎盛时期。
公元前 179 年	和罗马结盟，在居诺塞法利（Cynoscephalae）击败马其顿。
公元前 189 年	沦为罗马的保护领。
公元前 381 年—前 146 年	亚该亚同盟。
公元前 381 年	第一次亚该亚同盟崩溃。
公元前 251 年	阿拉托斯（Aratos）加入同盟；实行改革。
公元前 213 年	阿拉托斯去世。
公元前 146 年	被罗马征服；科林斯遭洗劫。
公元前 338—前 146 年	希腊独立的结束。
公元前 338 年	马其顿在凯罗尼亚击溃雅典。
公元前 322 年	雅典人得知亚历山大死讯，发起叛乱，被镇压。马其顿占领雅典，强制实行寡头统治。
公元前 266 年	马其顿击败雅典和斯巴达。马其顿第二次占领雅典，雅典丧失主权。
公元前 222 年	亚该亚同盟和马其顿击败斯巴达的克莱奥梅尼三世。
公元前 196 年	罗马在居诺塞法利击败马其顿。
公元前 189 年	罗马击败埃托利亚同盟，使其沦为附庸。
公元前 146 年	罗马击败亚该亚同盟；科林斯遭洗劫；马其顿和希腊成为罗马的行省。

1. 同盟和联邦

[372]上一章我们已经讲过,由公民当家作主的独立城邦是统治史上的一个革命性创新。有的学者称希腊人还创造了另外两个政治上的"第一",一个是"联邦制度",另外一个是"代议制政府"。①

分析起来,下面两种联合明显不同,一种是个体国家之间的联盟,另外一种是由几个国家或者类似国家的组织共同构成的国家。前者是单纯的国家之间的联合,后者则形成一种"复合国家"。前者在古希腊以多种形式出现过,其中最古老的是"近邻同盟",即相邻民族之间的联合。这种联合主要出于宗教上的考虑,这样就可以在主要的神庙共同庆祝节日,举行祭祀活动。昂塞斯托斯(Onchestos)的波奥提亚同盟,小亚细亚的泛伊奥尼亚同盟,还有提洛同盟和德尔菲同盟都属于这种联盟。其中以德尔菲同盟最为突出,对其记录也最为详尽。

这种联盟的另外一种形式是军事同盟。这种同盟的建立主要出于战争和外交上的考虑,是永久性的,或者至少要延续很长时间。从公元前6世纪开始,军事同盟就开始出现了,通常由某一个成员国占主导地位。这样的同盟包括斯巴达主导的伯罗奔尼撒同盟,还有第一次(又叫提洛同盟)和第二次雅典同盟,这些同盟在伯罗奔尼撒战争中和其后都十分重要。这种同盟关系建立在盟主国家和其他国家之间签署条约的基础之上,条约没有期限限制,必要时可以终止。实际上缔结这种军事同盟的目的就是为了共同攻防。盟邦之间并没有共同的公民权,但盟主国家逐渐获得了至高无上的权力,而其他的成员则失去了自主权,这样一来,同盟就成为一种帝国。同盟没有共同的公民大会,但有时会有议事会,如在以斯巴达为首的伯罗奔尼撒同盟。

在希腊的其他地方,在不同的时间,和独立城邦一起存在的还有一

---

① 尤其参见 E. A. Freeman 的开山之作《联邦政府史:从亚该亚同盟到美国》,卷一,《概论:希腊联盟史》(Macmillan,London,1863),还有 J. A. O. Larsen,《希腊和罗马历史上的代议制政府》(University of California Press,1955)和《希腊联邦型国家》(Clarendon Press,Oxford,1961,1967,1968 重印)。

种复合国家。在公元前 2 世纪，这种国家被称作"公民权同盟"（sym-politeia）。它距我们今天所谓的"联邦国家"还有多远，以及在这方面希腊人有多少创新，这个问题我们将在后面谈论较为重要的同盟时进行说明，其中包括波奥提亚同盟、埃托利亚同盟和亚该亚同盟。我们首先要注意一点，[373]即不但这里提到的，所有的这种同盟都源自于落后的或者是新形成的部落，而不是充分成熟的主权城邦。波奥提亚同盟最早似乎可以上溯到公元前 447 年，解散于公元前 386 年。波奥提亚地区是乡村，生活在那里的是自耕农，除了相互敌对的底比斯和奥尔霍迈诺斯（Orchomenos）之外，城邦都很小。这里有两种界限分明的权力，一种属于各个城邦，另外一种属于波奥提亚整体。城邦负责各自的内部事务，为了处理涉及整个同盟的事务，主要是战争，波奥提亚被分成 11 个区。每个区的代表人数可能是根据人口多少来确定的，一些区（甚至是区的一部分）的代表权"控制"在这些城邦的手中。底比斯起初控制着两个区，后来控制了三个，奥尔霍迈诺斯控制两个区，其他城邦有的也许只有三分之一个区。每个区派出一位同盟官和 60 位议员参加同盟议事会。如果不分具体职责，可以说波奥提亚是由 11 位同盟官和 660 位议员管理的。因此，这个议事会是很庞大的，毕竟雅典的议事会才 500 人。也许正是因为这个原因，波奥提亚没有公民大会。这个议事会和城邦政府的运作模式是一样的，被分成四个部分，每部分负责一年中四分之一的时间，在此期间，它对职权之内的事务拥有最终决定权，这些事务主要与外交和战争有关。每个区要向同盟军队提供 100 名骑兵和 1000 名重装甲步兵。如果需要，还要向中央财库缴纳同样数量的捐款。此外，他们还要派出同样数量的人参加面向整个波奥提亚的法官团和陪审团。在长达 60 年的时间里，这种复合式政体很成功，但到了公元前 386 年，同盟因为城邦之间和城邦内部民主势力与寡头势力之间的激烈斗争而解体。公元前 379 年重新组成的同盟被底比斯所支配，这个同盟解散于公元前 338 年。后来，这个同盟又经历了第三次重组，给予所有成员平等的地位，但不知因为何种原因，同盟已经雄风难再，只留下宴饮无度的恶名。

无论是在政治上还是在军事上，埃托利亚同盟和亚该亚同盟都比波奥提亚同盟重要得多。埃托利亚同盟更为古老,但是从大约公元前290 年到公元前 250 年,两者几乎同时获得了重要的政治地位。从此以后,两者有时联合起来,但更多的时候是势不两立,它们之间的关系决定了希腊中部和南部的形势。

埃托利亚位于山区,居民为部落或者半部落民族,是希腊的部落国家之一。公元前 5 世纪中期,修昔底德将他们说成是(引用弗里曼的精彩措辞):

> [374]希腊各族中最为落后的部族。他们的语言难以理解。据说其中最大的部落尤利塔尼亚(Eurytanes)还保留着原始人食生肉的习惯。最值得一提的是,他们依然散居在设有城防的村落里……我们可以这样将埃托利亚同盟和亚该亚同盟区别开来,前者是一些地区和自治城市的联合,而后者基本上是城邦的联合。①

在同时代的希腊人那里他们也名声不佳。对亚该亚情有独钟的弗里曼是这样形容其对手埃托利亚人的,他们"集强盗和海盗于一身,是希腊和人类的共同敌人"。②他还称他们为"一群山贼野寇,天不怕地不怕,内部之间很团结,有一种狭隘的爱国主义,性格粗暴,爱自吹自擂,贪得无厌,肆无忌惮,完全不考虑他人的权益"。③面对外敌时,这些埃托利亚人表现出很强的凝聚力,他们是凶猛可怕的士兵。他们的光荣时刻是公元前 280 年和 279 年,一群野蛮的高卢人横冲直撞,粉碎了已衰弱的马其顿,直逼德尔菲。他们怎么也没有料到这些部落民族和他们一样凶猛,结果"整个队伍要么全军覆没,要么就是逃到了亚洲……"。④

此时同盟的权力机构已经确定下来。同盟由几个城邦组成,城邦

---

① Freeman,《希腊联盟史》,第 326 页。
② 同上,第 323 页。
③ 同上,第 325 页。
④ 同上,第 228 页。

和中央政府之间偶尔还有自治城市。虽然无法肯定,但很可能每个自治城市也有自己的议事会,由一位执政官负责。①议事会的存在只有一个目的,那就是战争。埃托利亚同盟的权力中心不是一个,而是两个,一个在特尔蒙,另外一个在德尔菲,这样它就控制了整个德尔菲近邻同盟。在德尔菲保存的几百份档案表明,埃托利亚同盟就是通过这种控制兼并了希腊中部地区。这些被兼并的城邦并没有成为同盟的成员,而是沦为其附庸,这有点像 13 和 14 世纪意大利的城市对周围地区的控制。

除了同盟的附庸地区之外,组成同盟的其他城邦拥有完全的独立。埃托利亚的公民大会每年召开两次,由成年男性公民参加,显然公民大会就是军队本身,这实际上是一次全军总动员。公民大会在宣战和议和问题上拥有最终决定权。此外它还负责选举主要的行政官,如将军、骑兵指挥和一位秘书(后来是两位)。这些官员与议事会一起,各司其职。在公民大会休会期间,议事会实际上代表了全体公民。每个城邦根据其人口的多少推荐代表参加议事会。[375]由于议事会成员多达千人,就又从中选出一个常务委员会,由他们对事务进行秘密协商。只要担心可能越权,将军和其他官员就要咨询这个常务委员会。在公民大会,选票根据人头来确定,而不是根据城邦,军费由城邦负责征收并上缴。②

作为一支主要的军事力量,埃托利亚同盟和马其顿有时联合,有时斗争。公元前 197 年,在居诺塞法利,它帮助罗马击败了马其顿,但是后来不满罗马的待遇,又倒戈向罗马发起战争,而这时亚该亚同盟站在了罗马一方。埃托利亚军队失守温泉关,结果其最主要的同盟叙利亚的安条克被罗马人打败。公元前 189 年,罗马人强迫他们签订和约,将埃托利亚同盟的势力范围限定在埃托利亚地区,还控制了其外交。更为重要的是,同盟失去了德尔菲,也就失去了整个希腊世界最为重要的宣传工具。这样埃托利亚同盟实际上已经名存实亡。

---

① Larsen,《希腊联邦型国家》,第 197 页。
② 同上,第 212 页。

亚该亚同盟的源头有点模糊不清，它似乎出现于公元前 4 世纪，本来是由 12 个城邦组成的军事同盟，目的是为了共同防御来自科林斯海峡对岸的海盗（可能就是埃托利亚人）。公元前 323 年亚历山大去世后，同盟解体。亚该亚同盟的历史真正开始于公元前 280 年的重组，先是原来同盟中的 4 个城邦重新联合起来，不久其他 6 个也加入其中。这些城邦都很小。著名的阿拉托斯成为西息温僭主时，为了自保，也于公元前 257 年加入同盟。从此，亚该亚同盟才开始成为一个重要的军事力量。阿拉托斯实际上支配着整个同盟，直到其去世。同盟章程规定每年都要选出一位将军，中间只有隔一年才能连任，但阿拉托斯每隔一年就担任一次，不担任将军的那些年份也常常可以指定继承者。他死于公元前 213 年，因此其"统治"延续了 38 年之久。

西息温的实力不可小觑，它的加入只是一个开头。此后不久，科林斯、麦加拉（Megara）、特洛真（Troizen）和艾比达罗斯（Epidaurus）也纷纷加入。这样一来，亚该亚同盟的疆域就从伊奥尼亚一直延伸到爱琴海，涵盖了整个至关重要的科林斯半岛。

和埃托利亚同盟一样，亚该亚同盟政府的主要职能就是负责外交和防御，其他事务都由各个城邦通过自己的机构各负其责。这个政府也由三部分组成，即公民大会、议事会和行政官。[376]公民大会相对比较软弱，而行政官却十分强大，各个机构都被富人和贵族所占据，这些都是毫无疑问的。单单是遥远的距离就让贫穷的公民无法抽出时间参加公民大会。行政官没有津贴，这就使这些职务很自然地落到富人手中。弗里曼并不认为亚该亚同盟实行的是寡头统治，而是称其为贵族统治，但他对"出身、财富和职位"①的区分却更加突出了一点，即统治阶层的范围很小，极其精英化。

公民大会似乎每年集会两次，至少直到公元前 217 年和公元前 200 年之间都是如此。行政官由公民大会选举产生。此后就有了一个规定，除了讨论结盟和宣战之事外，"多数人"不用再参加公民大会。在

---

① Freeman,《希腊联盟史》，第 264 页。

讨论结盟和宣战之事时，议事会、行政官和公民大会连续集会三天。如果某一年没有召集公民大会，那么该由谁来选出行政官呢？"似乎"[1]是议事会，但并没有直接证据可以证明这一点。

所有年龄超过 30 岁的公民都可以参加公民大会。投票根据城邦进行，而不是根据人头。有人认为投票是根据人头进行的，如拉森，还有人认为所有城邦地位平等。[2]公民大会的辩论和决策在很大程度上受到行政官和议事会的影响。议事会由来自各个城邦的代表组成，代表的数量和人口多少成正比，这里的投票也按照城邦进行。议事会非常重要，因为公民大会很少召开，即使召开，时间也很短，因此议事会必须代其行事。拉森认为亚该亚同盟实际上一种"代议制"政府，正是因为这一点。[3]

行政官是这种体制中最有影响力的因素。行政官的任期为一年，但是和雅典不同，在行政官任期结束之前，谁也无法将其免职。最重要的行政官是将军，他是军队总指挥，实际上也是同盟外交政策的决定者。此外，将军还要在议事会和公民大会上启动议程，从事外交谈判。所有同盟事务在到达公民大会或议事会之前，也要由将军负责。协助他的有一位骑兵指挥官和一位副将军，也就是副总指挥。执行官主持议事会和公民大会，还负责提出政府决议，并执行外交和行政事务。[377]此外，还有其他一些选举产生的官员，他们和主要的军官，还有执行官共同构成一个秘密议事会，作为同盟政府的"内阁"。

同盟的司法机关负责审理涉及同盟法律的问题。同盟的所有公民都享有同样的公民权，即平等公民权，这意味当公民搬家到了同盟的另外一个城邦之后，他依然拥有自己的公民权，如通婚和拥有财产的权利。和城邦的法律不同，同盟的法律涉及战争税、铸币和军役。这些法律和有关事件，如叛国罪，都属于同盟法庭的管辖范围。

除了防御、外交和前面列举的事务，其他的都由各个城邦通过自

---

① Larsen，《希腊联邦型国家》，第 220 页。

② Freeman，《希腊联盟史》，参见 Larsen，《希腊联邦型国家》，第270 页。

③ 见原书第 380—381 页。

己的行政官,以各自的方式进行处理。城邦负责评估、收集并缴纳战争税,还要为同盟的军队征募新兵。毫无疑问,亚该亚同盟的人民受到两种权力的统治,一种是作为亚该亚同盟的公民,另外一种是作为某一特定城邦的公民。第一种权力负责一部分领域,另外一种权利负责另外一种完全不同的领域。前者在整个同盟都一样,后者则因城邦不同而有差异。许多人认为这些特征符合成为联邦和联邦政府的必要和充分条件,但事实真的如此吗? 同样,拉森称亚该亚同盟(而不是埃托利亚同盟)为"代议制"政府,截然不同于雅典式的"直接"民主,这样对吗? 这些问题只有等到将这两个术语进行定义后才能回答。

　　首先要说明的是,希腊人将所有这些同盟都称为"koinon",意为"共同体"。这是一个指代很宽泛的词语,可以指从事同一行动或者同一追求的人的各种联合,大到国家,小到两三个人。希腊人并没有将其细分,他们没有我们所谓的"联邦"和"联邦制度"的概念。和"koine"(希腊共同语)不同,它们不是专门术语,但是却有很强的专业性。虽然政治学家们对其细微含义的理解有所分歧,但对其大意的认识还是基本一致的。作为在希腊"同盟"研究方面最为杰出的学者,拉森将其著作命名为《希腊联邦型国家》,虽然他在个体章节中使用"邦联"一词对这个表达进行了补充。①拉森将联邦国家简单地定义为"既有较小共同体的地方公民权,又有联合的或者说联邦的公民权,公民既受到联邦权力的管辖,又受到地方权力的管辖"。②可是,这个定义同样也适用于单一制国家,即最终权威在于中央政府或机构的国家。[378]多数单一制国家的中央政府也将很多权力下放给一些选举产生的地方机构,并且后者也享有很大的自由。

　　我本人认为"联邦制度"是一个法学上的概念,当然在本书后面部分这个词还会反复出现。其特点如下:

　　1. 政府职责一般被分给两套机构,一套负责整个国家的事务,另

---

① 　Larsen,《希腊联邦型国家》。

② 　同上,xv。

外一套只负责地方内部事务。

2. 从司法上讲，这些统治机构地位平等，不经对方同意，任何一方都不能侵犯另外一方的辖权，也不能推翻、否决或者废除另一方的决策和行动。

3. 每套机构通过各自的机构制定并执行决策，除非双方达成一致，否则任何一方都不能侵犯、阻碍或者推翻另外一方决策的制定和实施。

由此可以得出如下推论：如果将上面第三点推而广之，也就意味着中央政府可以通过其代理直接作用于全国的人口，这和地方政府无关。在其有限的职权范围内，中央政府可以自由行使自己的权力，就像地方政府根本不存在一样。这就是汉密尔顿在《联邦党人文集》第九篇中所谓的各州的"合并"。正是因为这一点，1787 年美国宪法使以前所有对联邦制度的定义都变得过时，因为那些定义都是根据早期的复合国家而得出的。

与此相反，在有些复合国家，中央政府只能代表地方政府，其活动被委托给后者来完成，其权力只在于告诉后者应该做什么，如征兵、收税等等。这种复合国家不是联邦国家，而是邦联国家，或者如果你愿意，可以直接称其为邦联。①

那么，我们应该怎样描述波奥提亚同盟、埃托利亚同盟和亚该亚同盟呢？它们都有成为联邦的必要条件，即分级的政府。至于第二个必要条件，即中央和地方政府地位平等，任何一方都不能侵犯另外一方的辖权，也不能将其废除，实际上，从前面的描述可以看出，它们基本上也符合。我们从哪里也看不出中央政府有压制地方政府的想法。同样，也没有心怀不满的地方政府反对中央权威，想要分裂出去的迹象。[379]最关键的是第三个条件，即中央政府是否通过其代理直接作用

---

① 联邦（或邦联）国家的司法关系就是这些，但法律和实践有时会分道扬镳。和联邦国家比起来，在实践中一个中央集权的国家可能会授予其他地方单位更多的权力。这里我们所考虑的不再是作为司法术语的联邦制，而是经验式的分权制，两者大相径庭。权力的分散或集中是可以衡量的，但衡量的是中央权威允许地方权威拥有多少自由裁量权。

于全国人民。对此还可以再加上一条,即中央政府的职权范围。在第一次波奥提亚同盟中,①"泛波奥提亚"的中央政府由议事会和行政官构成,他们分别代表着 11 个区,即地方统治机构,同样,法官也代表着各个区,并且负责征兵工作的也是各个区。这就意味着波奥提亚同盟实行的是邦联制,而不是联邦制。由于这方面信息缺乏,我们只能得出这样一个尝试性的结论。

埃托利亚同盟的情况更为复杂,因为我们不知道其议事会是怎样进行投票的,是按照城邦,还是按照人头呢? 有三点我们是知道的:第一,城邦根据人口进行收税,并将税款上缴给中央政府。第二,城邦士兵有足够的自由,可以自行从事一些掠夺式的远征,而不用经过中央政府的许可。②第三,城邦自己铸造钱币,但是可能要受到中央政府的一些监督。③没有中央行政机构直接作用于所有公民,只有城邦的机构这样做。另一方面,公民大会的投票按照人头进行,而不是按照城邦。军队由整个同盟的将军统领,外交事务由行政官负责。那么谁是实际上的最高权力机构呢? 中央政府的权力仅限于战争和外交,但公民大会不就来自由人民武装组成的军队吗? 一个个小定居点按照自己的传统方式各行其是,但是他们都团结在一个共同的领导机构之下,在宣战和议和问题上共同协商,这和早期的部落国家更为接近,如马其顿王国和伊庇鲁斯王国,而不像"联邦制度"所指代的那么复杂。

关于亚该亚同盟的证据更为丰富,在我看来结论也很明显。公民大会按照城邦投票,而不是按照人头,议事会也是如此。城邦自己铸造钱币,还要为同盟军队募集士兵,为中央政府征收战争税。亚该亚同盟显然是一个邦联。

那么,希腊人是否发明了"联邦制"呢? 就像我们前面说过的那样,他们没有关于这一概念的专门术语。他们有"共同体"一词,对此前面我们已经解释过。此外,他们还有"公民权同盟"一词,其实在这里最好翻译为"复合国家"。[380]可见,对这种国家他们似乎并没有形成什么

---

① 见原书第 373 页。

② Freeman,《希腊联盟史》。

③ Larsen,《希腊联邦型国家》。

解释性的理论，除非还有些政治文献没能流传下来。虽然事实的确常常先于概念而产生，但一旦人们意识到他们在做什么，或者在创造什么，与此有关的概念马上就会产生，这一点也是真的。假如希腊人对这个问题真的是无话可说，而不是他们的观点没有传下来，那么由希腊人对此没有意识这一点，我认为对他们来说当时的复合国家一点也不先进，所以根本就没有必要对其特殊性进行思考。他们没有发明联邦制度，这要等到 2000 多年后。他们的确发明了邦联制度，但这有点无心插柳柳成阴的意味。

现在我们转向第二个说法，即希腊人还发明了"代议制政府"。严格说来，就这三个同盟而言，这个概念只能适用于波奥提亚同盟，因为它没有全体人民都参加的公民大会，议事会成为统治机构。亚该亚同盟是有公民大会的，虽然集会的频率不高，埃托利亚同盟也是如此，每年只召开两次。拉森认为是希腊人和罗马人"发明"了代议制政府，而不是像人们通常认为的那样，将其归功于日耳曼蛮族，但他也只是说这些同盟"在本质上"是代议制的。[1]为了支持自己的观点，他还提供了另外两个例子，一个是公元前 194 年之后出现的色萨利同盟，另外一个是公元前 167 年罗马人建立的短命的马其顿共和国，两者都没有公民大会。[2]

从拉森列举的例子初步可以看出，他将共和国分为两种，一种既有公民大会，又有议事会，另外一种只有议事会。前者是直接政府，后者是代议制政府。对"代议制政府"的这种定义没有多大用处，因为它回避了几个本质性的问题，即谁是"代表"，什么时候"代表"，他们是通过什么方式选举产生的。他只是说"代议制政府……就是由代表根据自己的判断代表自己的选区对重大问题做出最终决定"。[3]

但是"代表"的含义比这个定义要丰富得多。议事会可能是具有代表性的，因为它反映了选民的社会背景，也可能不具有代表性，因

---

① Larsen,《希腊和罗马历史上的代议制政府》，第 86 页。关于"代议制"的概念，见本书卷三第三部分的第九章。

② Larsen,《希腊联邦型国家》，第 102—103 页。

③ Larsen,《希腊和罗马历史上的代议制政府》，第一部分。

为它没有反映选民的观点，或者虽然反映了其观点，却没有反映其客观利益。我认为希腊人所试验的"代议制政府"更像是"代理人"政府或者说是受委托的政府，[381]而除拉森之外，人们普遍认为现代代议制的理论和实践来源于中世纪概念中的"代议制"，两者之间有本质上的不同。我们完全可以做出这样的推测，出席议事会的议员们和出席联合国会议或者欧盟部长会议的大使们一样，都是为了维护各自国家的利益。

中世纪的代议制概念根本就不是这样的。根据这个概念，代表应该代表整个共同体，这样的代表组成的议事会应该代表整个"王国共同体"。中世纪英国用于表达同意陪审团判决时使用的一句话"托付给祖国"很好地体现了这一点，陪审团里的公民代表被看成是祖国的缩影。引用博克的话，这些代表不是"来自分裂的敌对利益集团的使节集会，作为各自集团的代理人，互相之间勾心斗角，而是一个国家的协商会议，他们有共同的利益，即整体利益"。①就我们所知，亚该亚同盟议事会的"代表们"按照城邦，而不是按照人头进行投票，这一点就可以否定这个概念在当时的存在。

拉森不辞辛劳地从希腊历史中找到的那些短暂的代理人政府为什么会出现呢？在我看来，原因很简单。他提到的这种体制出现并不多，即使出现，也不外乎两种情况。第一，古老的王权或者其后的寡头统治被扩大，包括的阶层更广，但此时由全体公民组成的公民大会还没有获得最终决定权，例如梭伦和克里斯提尼之间的雅典。第二种情况与此相反，即在古希腊后期，富有者和贵族为了巩固自己的权力，限制了公民大会的权力，减少了其召开次数。在我们所讨论的同盟，由于距离遥远，经常召开公民大会困难重重，对于波奥提亚同盟来说，这是另外一个原因，而对于埃托利亚同盟和亚该亚同盟来说，这是一个额外的原因。拉森抓住了历史上凝固的一个时刻，在寡头统治上升到民主制的中间，或者在民主制沦为寡头统治的中间，因此才会认为希腊人发明了一个条理化的制度，而实际上这只是他们偶然想到的权宜之计。

---

① Burke，《致布里斯托尔选民的信》(1774)。

2. 希腊民主制的终结

[382]希腊城邦自治的结束不难解释，但要想解释其民主制的消失却不这么简单。城邦失去独立是因为军事上过于薄弱，无法抵抗希腊化君主政体和罗马共和国的进攻。被打败两次以后，雅典就无法自保了，一次是公元前 322 年的拉米亚（Lamia）战争，另外一次是公元前 262 年的克里默德战争。在克莱奥梅尼三世（公元前 227—前 222 年在位）和内比斯（Nabis，公元前 207—前 192 年在位）统治下，斯巴达开始复兴，但先是遭到亚该亚同盟和马其顿的联合压制，后来又受到亚该亚同盟和罗马的联合打击。公元前 189 年，埃托利亚同盟被罗马征服。公元前 147 至前 146 年，科林斯被毁，亚该亚同盟也被征服。亚洲希腊化王国的国王们常常大肆宣扬自己城邦的自治，但这却正意味着"城邦对外交政策总是不能完全当家做主"。①

民主制的终结是另外一种情况。到了公元 2 世纪末，公民大会已经基本上丧失了权力，但毕竟这比城邦总体失去独立晚了四个世纪。现存的零散证据表明民主制的结束用了很长时间，在雅典尤其如此。公元前 322 年，马其顿打败雅典之后，将其民主制变成了寡头统治。②公元前 318 年，公民大会有所壮大，但公元前 307 年至公元前 261 年之间，政权频频易手，政体发生了至少 7 次变化。雅典曾经三次发动起义，但都被镇压下去。直到公元前 86 年苏拉洗劫雅典，这个周期才停止。简而言之，雅典的民主亡于外敌的军事占领和其对当地寡头的扶持。人们很容易会以此解释整个希腊大陆所有城邦民主政体的命运，但这样就错了，因为希腊化的君主和罗马共和国常常发现支持当地的民主派比支持寡头对自己更有利。对他们来说，寡头们为了自己的利益会反对罗马，维护独立。③毫无疑问，在亚洲的有些希腊城邦里，直到西塞罗时代，公民大会还很活跃。公元前 59 年，在为瓦勒里乌斯·弗

---

① 德·圣·克鲁瓦，《古代希腊世界的阶级斗争》，第 303 页，引用 Bikerman。
② 见原书第 367 页。
③ Briscoe，见芬利，《古代社会研究》，第 53—73 页。

拉库斯(Valerius Flaccus)所做的辩护演说中,西塞罗谴责公民大会,说他们举手表决,过于轻率和混乱,说他们是"国家的渣滓",①等等。

　　罗马元首制带来了致命的变化,因为从此罗马称霸天下,再也不用为了外交上的利益讨好民主派,而是只要强制执行就可以了。[383]罗马的统治者一直就是寡头,在元首制时期,其统治阶级的想法并没有发生变化。我们知道,城邦中一直就有寡头势力,他们一心想着要破坏民主制。在外界力量的支持下他们成功了,就像公元前 5 世纪时,雅典曾经支持一些城邦的民主派夺取并维护其权力一样。罗马偏向于寡头的利益,于是民主制被一点一点地扼杀了。

　　我说"一点一点地",是因为这个过程中总是这里一点改变,那里一点修补,逐渐地就导致了一种彻底的革命,曾经的民主制现在成了寡头统治:城邦政府完全落到了由当地极其富有的有产者②组成的议事会手中。他们和宗主国罗马的统治者相勾结,成为罗马帝国晚期的统治阶级。③这种逐步发生的变化可以分为四种情况。第一种最显而易见,是对行政官或议事会操纵公民大会的压力,这种压力很谨慎,但有时也很残酷。第二种实际上是一种集体贿赂,富有的公职(无论是行政官,还是议员)候选人以公益捐的形式收买人心,如大方地为公共浴室、健身房和合唱队等捐款。圣·克鲁瓦引用亚里士多德的《政治学》表示,将公益捐和行政官的职位联系起来,这是在有预谋、有计划地颠覆民主制。④但是在《政治学》的其他地方,亚里士多德实际上曾建议民主派,要想维护民主,就要阻止富人"从事一些昂贵而无用的公共服务",如合唱和火炬赛跑。⑤因此,没有必要去假设有意谋划的存在。

　　另外一些招人怨恨的变化涉及行政官。选举行政官时,有时有财产要求的限制。有的行政官任期很长,甚至是终生制。有时议事会被按照罗马元老院的模式进行重组,即议员由以前的行政官和其他官

---

① 　德·圣·克鲁瓦,《古代希腊世界的阶级斗争》,第 310 页。
② 　参见原书第 427—428 页关于罗马共和国的元老阶层部分。
③ 　参见下文。
④ 　德·圣·克鲁瓦,《古代希腊世界的阶级斗争》,第 305 页。
⑤ 　亚里士多德,《政治学》1309a。

员担任。

最后一个变化是陪审法庭的衰弱。这个过程难以追溯，但与罗马法和罗马法庭的日益蔓延有关，罗马法庭和当地法庭同时存在。

这些变化中的任何一个都可能会对民主势力形成制约，但随着时间的推移，四者的合力完全改变了民主制的本质。与此同时，罗马和平已经使城邦最重要的问题（是和平还是战争）失去了意义。是实行僭主制还是共和制不再由地方决定，而是在其他地方决定。[384]这样，到了公元2世纪末，在罗马帝国的多数希腊城邦，公民大会已经不再召开，即使召开，也不怎么重要了。

随着民主实践退出历史舞台，对民主政治的呼声却越来越深入人心。语义变化之一就是一个本来意义很具体、也很严肃的词语，现在适用性越来越广。这种语义上的变化模糊了实践上的变化，而这种模糊常常是有意为之。例如，今天举世公认"民主"是好的，不可或缺的，是势在必行的。因此哪一个政府都不敢说自己不民主。因此我们不断看到一系列的军事独裁者给自己的统治贴上"总统民主"、"基层民主"、"主导民主"、"选择性民主"、"有机民主"或者"新民主"[1]的标签。古时扼杀民主者也采取了同样的策略。我们已经提到过，到了公元前二三世纪，"民主"一词被用于各种形式的共和政体，无论其统治是多么寡头式的。到了公元前1世纪末，它又被用来指代高度寡头式的罗马共和国。到了公元2世纪时，它实际上竟被用来指代罗马皇帝的统治。[2]随着这个词越来越冠冕堂皇，也变得越来越空洞无物，这两个过程齐头并进。

---

① S. E. Finer，《帕雷托作品中和今天的庇护者、被庇护者和国家》（《林琴科学院文集》，第9期，罗马，1975），第220—221页。

② 德·圣·克鲁瓦，《古代希腊世界的阶级斗争》，第322—333页。

第四章 罗马共和国

[385]要想在整个统治史上为罗马争取一席之地，这看起来一定很多余，也许还很不合时宜。西欧是罗马的继承者。罗马继承了希腊文化，并将其与基督教和罗马法结合起来，共同塑造了西方直到今天的价值观。罗马人是城市文明的播种者，是罗曼语系的传播者。他们创作了大量文献，包括政治史文献。一直到 19 世纪，这些文献和希腊与希伯来文献一起，为欧洲的学者、作家和政治家提供了取之不竭的共同历史经验和模式。……我们可以就这样一边列举下去，一边回顾罗马在工程、道路和重大建筑等方面的丰功伟绩。

当然，颂扬罗马是西方的先驱并不等于颂扬罗马帝国本身。我们所继承的是经过我们筛选了的，这就意味着其中有取其精华，弃其糟粕的过程。在评价罗马帝国本身时，学者们看法各异。赫德和黑格尔，马克思和韦伯，汤因比和斯宾格勒，他们都因为不同的原因，也以不同的方式，表达了对罗马帝国的反感。

本章谈论的不是罗马帝国，而是罗马共和国。要在统治史上给罗马共和国专门留出位置，其原因并非不言自明。虽然它的确承前启后，创造了罗马帝国，但这一点微不足道。实际上，我们之所以要对其单独讲解，主要有四个原因。第一，其统治模式的持久性，从公元前 509 年一直延续到公元前 27 年，或者最好说是到公元前 82 年，原因我们后面将谈到。其次，它成功统一了意大利本来截然不同的语言、种族和文化社群，将其改造得和我们今天所谓的民族共同体极其相似。第三，它以一种惊人的精力征服了地中海沿岸和西欧的大部分地区。第四是统治模式上的创新，即其与众不同的政体模式，上述所有的成就都是在这种模式之下取得的，根据波利比乌斯的说法，也都是由于这种模式才取得的。

在某些十分重要的方面，罗马共和国的确和希腊的城邦有许多类似之处。它也曾经是城邦，也就是说有一个城邦实体。和前面谈论的希腊城邦①一样，它也是一个由公民组成的政治共同体。[386]它甚至还拥有一套由三部分组成的政府机构，即行政官、议事会和公民大会。和多数希腊城邦一样，在一定程度上，它所依赖的基础也是人民大众。因此，它也同样属于我所说的广场式政体。②但是和实行民主制的雅典不同，那里的贵族势力最后被排挤出去，罗马的政治过程是世袭的服务贵族和人民大众之间的辩证互动，没有职业化的祭司阶层，没有职业化的官僚集团，也没有职业化的军队。这种统治模式③可以简单地用下图表达：

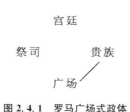

图 2.4.1　罗马广场式政体

罗马永远不会也从来没有想过要实行民主制。它实行的是共和制，和希腊人所谓的"波里德亚"（politeia）相照应。罗马政治生活的独

---

①　见原书第 317,324,335 页。

②　见原书第 43 页。

③　参见原书第 54—55 页。

特之处正在于其贵族统治者①不可避免地要受到公民大会的约束。公民大会的职权包括立法和选举行政官。于是,在大部分时间,主要政治过程都是贵族努力引导、争取或者操纵公民大会的过程。[387]直到公元前 133 年,这个过程都很成功,但此后就开始解体,并最终崩溃。

罗马是一个"公民社会"(civitas),这个词来自"civis"(公民),意思是由公民组成的政治共同体。这里要解释一下,和希腊城邦的公民一样,这些公民参与城邦事务,共同承担义务,共同分享权利。例如,公元前 133 年提供的粮食定量补贴就面向全体公民,无论是贫穷的还是富有的,因为大家都享有平等的公民权。

虽然在法律上所有公民地位平等,但是在物质上却有着天壤之别。从最早的国王统治时代开始,为数不多的一些家庭获得了与众不同的地位。由于拥有巨大的财富和地产,他们成为贵族等级。尽管其成员构成随着时间的推移发生了变化,但贵族等级延续了下来,一直到公元前 1 世纪后半叶罗马共和政体崩溃。贵族等级的衰落和罗马共和国的崩溃是同一枚硬币的两面,即罗马共和国是由贵族所统治的,而正是贵族使之成为一个共和国。罗马实行的是寡头统治,贵族之间为了争夺主要职位而斗争,这些职位如执政官和执法官。事实上他们之间存在一种轮流关系,谁对选举他们的公民大会更有吸引力,谁就可以当选。公民大会理所当然地认为候选人不是这个贵族,就是那个贵族。和雅典人不同,罗马人尊重官阶和财富,心甘情愿地接受附属和扈从的

---

① 这里的"贵族统治者"和文中作为其同义词使用的"贵族"(nobility)需要界定一下。就此问题,学者观点并不一致。R. Syme 在其《罗马革命》(牛津大学出版社,Oxford,1939,1960)一书中将"贵族"限定为"父系一方祖上担任过执政官,或更早时担任过与执政官级别相同或更高职位的人"。P. A. Brunt 在《罗马共和国的灭亡及有关论文》(Clarendon Press,Oxford,1988,5)中将其范围扩展,把执法官和高级市政官的后代也包括进来。K. Hopkins 在《死亡与复兴:罗马史的社会学研究》(剑桥大学出版社,Cambridge,1983,32)第二卷中特地舍弃了"贵族"一词,因为这个词总是使他想起封建时期以后欧洲贵族的特点,尤其是继承到的权利获得成功的保证。他将"贵族"的定义扩大,用来指代"罗马社会中的几个高等阶层,其中包括由国家高级官员和重要元老构成的政治精英,次要的元老,还有一批富有的公民,但后者并没有在某一时间参与精英政治"。要想判断一个人是否是"贵族",最好按照以下两个标准,一个是看他拥有多少地产,另外一个是看"他们所能担任的文武职位,而这是根据其地位和祖上的事迹而确定的"。这个定义我借自牛津大学古代史教授 Fergus Miller。

角色。

罗马是寡头政体，但又是一种特殊形式的寡头政体，其"统治阶级成员资格依赖于财产多少"，因此亚里士多德称其为"金权政治"。①公民之间法律上的平等和物质上的悬殊通过财产调查得以解决。根据财产多少，公民被分成不同等级，所有的权利和义务都和这种等级划分联系起来。直到公元前133年，罗马共和国的稳定和社会凝聚力都要归功于这种等级划分。除非十分紧急的情况，平时只有有产者才要服兵役，或者必要时缴纳赋税，从公元前167年开始，这种税就再也没有征收过。占人口绝大多数的无产者和其他穷人可以免于这些义务，但相应地，他们在公民大会（即百人团大会）中的选举权也要受到限制。百人团大会负责选举执政官和执法官。在有产等级中，相对富有的最高两个等级人数很少，但如果团结起来，他们可以在选票上战胜其他所有人。在负责立法的大会（即部落大会）中没有这种财产上的划分。[388]公元前2世纪，这种根据财产调查所做的权利和义务的分配遭到腐蚀，传统的政治权力平衡也随之被打破。

与此同时，城邦实体和公民社会之间的关系也遭到腐蚀。在授予公民身份方面，罗马人比任何希腊城邦都大方得多。因此公民人口越来越多，甚至无法全部参加集会。此外，多数公民生活在距罗马城很远的地方，他们也不是很乐意参加。随着这种距离感的产生，公民的罗马变得越来越不像温情的地方共同体，而越来越沦为一个抽象的法律实体，一种享有特权的男性公民的联合，这些人中有许多生活在远离城邦的地方，几乎遍布整个意大利。

在意大利，公元前89年之后公民身份被授予意大利人，罗马行省的情况与此相同。到共和国末期，罗马已基本接近其领土扩张的极限，面积多达160万平方英里，②这片辽阔的疆域被分成许多行省。每个行省都有一位罗马行政官，要么是代行执政官，要么是代行执法官，负责行政，维持治安，审理诉讼。但是对这些行政官的任命，对其管理不

---

① 亚里士多德，《尼各马可伦理学》1160，"timema"在希腊语里意思是"财产资格"。
② 吉本，《罗马帝国衰亡史》(David Campbell，London，1993—1994)，第一章。

当所造成问题的纠正,还有行省政策的最终决定,这些都取决于罗马城内的政治过程。行省的居民,除非他正好也是罗马公民,否则对这些问题没有任何发言权。对他们的统治是通过罗马这一个城邦的机构来实现的。

从所有这些可以看出罗马城邦的某些独特之处,但是比起罗马人对先前城邦的一大重要创新,这些独特之处都变得相形见绌,这个创新就是罗马政体的性质。在此之前,无论是在埃及、美索不达米亚和波斯这些古老的帝国,在古以色列这样的君主制政体,还是在雅典的民主政体,最终决策权都掌握在某个机构或者个人手中,而罗马共和国的政体却能与时俱进,不断设计出新的方法,避免最高权力落到某个人或者某个机构手中。罗马所做的就是发明了一种权力制衡机制,虽然当时这一说法还没有出现。下面我将对此进行解释说明。①

1. 国家和人民

梅特涅亲王曾经说意大利“只是一个地理上的表达”,他的话准确反映了那里长达 1300 年的政治分裂。[389]地理特征无法阻止分裂,同样也无法解释为什么罗马可以成功地统一这个国家,尤其是当我们考虑到公元前 753 年左右罗马建城时期那里的地形。罗马人属于拉丁民族,拉丁民族的人数并不多,而罗马只是众多拉丁城邦中的一个,也绝对算不上是最大的或者文明最发达的。恰恰相反,意大利的文明在于南部的希腊城邦,尤其是塔兰托和叙拉古,还有今天托斯卡纳所在的伊特鲁里亚的城邦。当时这些城邦的势力范围北到波河流域,南到卡布亚(Kapua),实际上还曾一度包括罗马城本身。罗马人从他们那里学到了基本的文明技术,如字母表、建筑和军事组织。除了他们之外,意大利境内还有很多其他民族。这些人有不同的历史和文化,使用不同的语言。伊特鲁里亚人使用的语言甚至不属于印欧语系。此外,从公元前 5 世纪起,一个新的民族(其语言属印欧语系)跨过阿尔卑斯山

---

① 见本章下文第 4.1 部分和本书第三部分,第七章,“共和的选择”。

东部，进入波河流域，将伊特鲁里亚人赶走。他们就是被罗马人称为高卢人的凯尔特人。到了公元前 4 世纪，他们已经完全占据了伦巴第平原（即山南高卢）。

罗马本来是一个没有城防的市镇，也可能是两个相似的市镇，人们还住在木屋或茅草屋中。罗马人控制了从泰伯河通往大海的水上交通，还控制了从北起伊特鲁里亚城邦，南至其附庸卡帕尼亚地区的交通路线。罗马平原土地肥沃，那里还有许多其他的拉丁人市镇。他们共同组成拉丁同盟，即希腊人所谓的近邻同盟，在同一个神庙举行祭祀活动，同时它也像是一个军事同盟。①他们四周是心怀叵测、侵略性十足的山地部落。

罗马面积很小。传统上认为罗马共和国建立于公元前 509 年，但两个半世纪后，其疆域仍然可以放进一个边长只有 16 英里的正方形里，虽然它已经组建了一支 4000 人的军队。在此后三个世纪里，随着对征服地区和人口的兼并，罗马的疆域和人口都大大增加，但是统治权却一直掌握在贵族阶级手里，这些人有原来的贵族世家，也有最为富有的"平民"。②从这种延续性可以理解"罗马人"的所指发生了什么样的变化。它不再是一个种族上的称谓，而是成为一种身份和心态。③"罗马人"不再是一个特定的种族群体，而开始指代公民社会的成员，[390]不管来自什么种族。与此同时，它也代表了一种特定的生活方式。我这里所说的"罗马人"都应该在此背景中理解。这种意义一直延续到公元 2 世纪中期，情况才开始发生变化。

最早的罗马人是农民，粗犷而朴实。直到公元前 3 世纪早期，罗马才开始出现真正的铸币，是模仿希腊而铸造的银币，其目的是为了便于和梅佐格尔诺（Mezzogiorno）地区的希腊城邦进行贸易。④即使在当时，罗马城也还没有今天的牛津这么大（牛津居民在 10 万至 15 万之间）。

---

① 见原书第 372 页。

② "平民"并不是指社会下层，而是指任何不是天生"贵族"的人。

③ 这个词语并不古老。

④ D. Dudley，《罗马社会》（Penguin, Harmondsworth），第 43 页。

罗马社会从一开始就不平等,还是威权主义的。氏族显贵主导一切,每个氏族包括许多家族。从某种程度上讲,这些家族就是早期公民社会的缩影,因为其中的"家长"对每一个家族成员都拥有生杀大权,包括他的儿子。公民的绝大多数都是小农或自耕农,而氏族显贵却是有钱有势的大土地所有者。从一开始他们就拥有家臣,其中有些是真正意义上的"被庇护者",在 20 世纪的许多文本中,这个术语被用来泛指各种各样的追随者。对于古典时期的希腊公民来说,这种做法和个人自由的理想是完全相冲突的,但是在罗马的所有社会和政治生活中,人们认为这种个人依附关系是正常的,实际上也是正确的,这一点对我们理解罗马人的生活非常重要。

如果不是所有的,也至少是大多数印欧人的部落社会,如希腊和早期罗马的城邦,都包括三部分,即国王、长老议事会,还有武士大会。公元前 509 年,国王被两位选举产生的行政官(即执政官)所取代,长老议事会也被改称为元老院,武士大会则发展成为各种形式的"公民大会",原来由三部分构成的政治结构延续了下来。和希腊一样,罗马的统治史是围绕着这三个机构之间的权力变化和关系而展开的。希腊和罗马的重大不同源自罗马人对依附关系的坦然接受,这一点我们刚刚提到过。逐渐地,原来的氏族显贵很不情愿地开始让出部分权力,与富有的平民一起,共同形成一种新兴贵族,但其专横傲慢丝毫不亚于以前。这种状态一直持续到大约公元前 134 年,民众当然会要求限制贵族的独断专行,但是和雅典的情况一样,他们从来没有要求过政策上的创制权。[391]虽然如此,所有事务都要有他们的投票才行,其中包括立法、宣战和议和,还有殖民地的建立。

罗马社会不但是家长式的、威权式的、不平等的、寡头式的,还具有强烈的军国主义色彩。在一位学者看来,这方面罗马比斯巴达有过之而无不及。①直到第一次布匿战争(公元前 264—前 240 年),罗马人一直都在意大利的土地上作战,有时是为了自卫,抗击周围的山地部落,

---

① M. Crawford,《罗马共和国》(Fontana/Collins, London, 1978),第 52 页;K. Hopkins,《征服者和奴隶》(剑桥大学出版社,Cambridge, 1978),第一章。

有时是出于领土扩张的野心。由此追溯到公元前 509 年罗马共和国建立时，很难找到一两年的时间罗马军队不是南征北战。每个年龄在 17 岁至 60 岁之间，又身强力壮的公民都要随执政官参加这些战争。这位执政官由百人团大会选出，而百人团大会基本上就是待命状态的城邦军队。一旦走上战场，他们要服从铁的纪律，执政官的权威不容置疑，掌握着生杀大权。公元前 2 世纪中期罗马人民开始厌倦战争，但他们基本上没有反抗过。他们的不满主要是针对赋税和履行义务等方面的不公正待遇。除了两三次例外，在百人团大会上战争本身从来没有被否决过，而只有它对此事才拥有最终决定权。①

今天我们可以说罗马人十分迷信，虽然他们自己会使用"虔诚"一词。他们最早的超自然观将自然现象看作许多"神力"，这种力量要么体现在自然物中，如石头、溪流和树木，要么就体现在自然过程中，如谷物萌芽。他们最初的神灵要么是没有实体的，要么就是自然物体。据说他们从伊特鲁里亚人那里学会了赋予神灵以人的形体，尤其是朱庇特、朱诺和米涅瓦三位主神。后来过了很久，到公元前二三世纪，他们把这三位主神和其他神灵纳入到希腊的众神谱系。由于缺少自己的神话，他们对希腊的神话传说进行了改编。这些神力或者神灵让人敬畏，"宗教"一词在词源上的含义就是通过仪式性的祈祷和献祭安抚神灵。对此罗马人增加了一些他们从伊特鲁里亚人那里学到的东西，他们相信通过念诵正确的符咒，可以揣测神灵通过种种征兆所做出的反应。罗马宗教的发达阶段成了一系列复杂的符咒、仪式和献祭。要想达到预想的效果，每一项活动都要执行得完美无缺，如果有必要，还要一遍遍地重复。这样就产生了一种"神律"（ius divinum），规定应该做什么，什么不可以做，[392]其内容只涉及崇拜行为和一部复杂的宗教历法，并没有道德因素在里边。朱庇特、朱诺和米涅瓦的祭司可以追溯到古代。无论是个体的祭司职位，如"祭典之王"和朱庇特的祭司，还是祭司团（如占兆官和大祭司），都被著名的公众人物所垄断。这也就意味着祭司的职位也被那些担任行

---

① 见原书第 415—416 页。

政官、占据元老院、统领军队的人所把持。由于罗马人极其迷信，又有宗教律令规定几乎每一种公共活动都要举行某种仪式，这种宗教垄断大大强化了统治阶级的权力。

既然宗教没有对道德做出规定，那么应该由什么来规定呢？答案是传统，即罗马人所谓的"祖宗礼制"。

早期罗马人大多数都是农民，最早的名字很多都和农业有关，如"皮索"（Piso）来自"碾磨（谷物）"，而"法比乌斯"（Fabius）、"兰特勒斯"（Lentulus）、"西塞罗"（Cicero）分别意味着"黄豆"、"小扁豆"和"鹰嘴豆"。因此，他们的德行也是农民的德行，如他们瞧不起放纵情感和有口无心的行为。希腊人高蹈的想象不合他们的胃口。他们顽固、狭隘、缺少同情心。军事上不是扎营就是行军的氛围，再加上平时生活中罗马家庭的本质，这些都强化了他们诚实、节俭、顽强，尤其是自律和顺从的品格。他们最看重的价值中有庄重、虔敬和简朴。"庄重"是指严肃，清醒，谨慎。"虔敬"是指恪尽职守，正确行事。"简朴"是指一种朴素的生活方式。

普通罗马人乐于接受权威，这就是为什么他们总能成为好士兵。虽然主要通过服军役和出席公民大会参与城邦的政治生活，他们之间有很强的集体亲切感。他们自称"罗马人民"（Quirites）不是没有原因的，这个词是"伙伴"的意思，这和威尔士的部落民族自称"同志"（Cymri）是一个道理。长期以来，正是这种休戚与共的凝聚力缓和了贫富之间、贵族和平民之间的社会冲突，使这些冲突能够得以解决。虽然也有内部摩擦，但却没有希腊城邦十分常见的屠杀和放逐。统治阶级是有点专横傲慢，野心勃勃，但是他们也遵循庄重、虔敬和简朴的美德，并且在很大程度上按照这些美德去生活，为普通人树立了楷模。除此之外，这些贵族还有另外一套行为法则，这套法则规定的不是应该怎样生活，而是应该为什么而生活。这些理想是竞争性的，[393]它们是"virtus"，指男性气概，勇气和胆量；"gloria"，指光荣；"honor"，指没有报酬的公职；"fama"，指美好的名声。虽然这些目标本身很高尚，但它们也种下了派系斗争的种子，就像伊阿宋播种的龙牙一样，它们最终会生出许多武士，引起战端。

2. 大事年表

我们的注意力必须限于两点,即罗马政体的发展和领土的扩张。这两个过程同时进行,互相影响,但为了便于说明,我们将两个年表分开列举。

2.1　政体的发展

罗马最初是一个很小的城邦,长只有 8 英里,宽只有 6 英里。它处于国王的统治之下,国王有长老议事会可供咨询。逐渐地,原本属于国王的职责,其中包括宗教的、司法的和军事的,被分给各个行政官,长老议事会变成了由以前的行政官组成的元老院,元老任期终身,并且最早的公民大会也变成不止一种。就这样,罗马成为一个共和政体。最初,行政官和元老院的职位可能都掌握在为数不多的古老贵族世家手中,但围绕哪些人属于这个封闭小圈子的问题,发生了一场激烈的社会斗争。在国王下面可能有 50 个大家族的首领,这种排他性受到最富有的平民的挑战,他们利用贫穷平民的不满情绪,实现自己的政治野心。贵族和平民之间的这种斗争被称为等级之争。一旦进入贵族圈子,富有的平民很快融入其中,这样寡头势力就得到壮大。针对这种情况,贫穷的平民迫使他们设立一个护民官的职位,以约束选举产生的行政官的绝对权力。等级之争和希腊城邦之间的内战有很大不同,其特点在于平民要闹分裂,来自平民的武士们相当于组织了一场静坐示威,威胁说如果要求得不到满足,他们就拒绝服从行政官和指挥官的命令。

2.2　领土的扩张

大 事 年 表

[394]传统日期

公元前 753 年　　　　　传统上认为的罗马建城时间。

公元前 578—前 535 年　赛尔维乌斯·图里乌斯(Servius Tullius)任国王

公元前 535—前 509 年	塔克文·苏佩布(Tarquinius Superbus)任国王
公元前 509 年	贵族势力驱逐塔克文;罗马成为共和国,由 300 名元老组成的元老院,百人团大会和两位执政官共同行使原来国王拥有的行政大权。
公元前 494 年	平民第一次闹分裂,贵族做出让步,承认其通过平民大会选举护民官的权力,护民官可以限制执政官在城邦之内的行政大权,向贫穷的公民发救助金。
公元前 445 年	允许贵族和平民通婚。
公元前 434 年前后	开始财产调查,确定公民等级;执政官此时几乎只负责军事。
公元前 336 年	一个执政官职位向平民开放。
公元前 312 年	由监察官负责任命元老院议员。
公元前 287 年	平民最后一次闹分裂;霍滕西亚法规定平民大会的决议可以不必经元老院同意就生效,成为平民大会决议。

领土扩张

公元前 509 年以前	罗马是拉丁同盟成员。
公元前 509 年	塔克文被逐;罗马宣告独立。
公元前 496 年	在里吉洛斯湖战胜拉丁同盟的军队。
公元前 494 年	与拉丁人签订同盟条约;罗马领导拉丁同盟,共同作战,分享战利品。
公元前 418 年	完成对周边山地部落的征服,这些部落包括萨宾人(Sabines)、沃尔斯基人(Volsci)和埃魁人(Aequi)。
公元前 396 年	征服维埃城(Veii)。
公元前 340 年	罗马解散拉丁同盟,每个城邦只能依附

	于罗马，不能和其他任何城邦缔结盟约。
公元前 294 年	完成对亚平宁山地部落的征服；罗马疆域横跨整个意大利半岛中部。
公元前 275 年	在贝内温图战胜伊庇鲁斯国王皮洛斯，兼并了意大利南部地区。

　　罗马人对整个意大利（除了还被凯尔特高卢部落控制的波河流域之外）的组织和希腊的任何同盟都大相径庭。它包括许多政治上互相独立的城邦，但每一个城邦都直接服从罗马。罗马没有给这些城邦平等的公民权，而是将其分成不同的公民等级，[395]即充分公民、没有投票权的公民，或者只是"同盟"。罗马完全控制着这些城邦的人力（罗马军队共 27 万人，而这些同盟可以征集 60 万人）。

公元前 270 年	完成了对勃罗丁（Bruttium）和卡拉布里亚（Calabria）的征服。
公元前 261—241 年	和迦太基人的第一次布匿战争。
公元前 241 年	罗马取胜，兼并西西里岛。
公元前 238 年	从迦太基人手中夺过科西嘉岛和撒丁尼亚岛。
公元前 229 年	针对海盗的第一次伊利里亚战争。
公元前 225 年	高卢人结成同盟，入侵罗马的意大利，被击溃。
公元前 219 年	针对海盗的第二次伊利里亚战争，亚得里亚海东部沿海地区成为罗马的保护领。
公元前 219 年	第二次布匿战争。汉尼拔入侵罗马，大获全胜。
公元前 202 年	扎马（Zama）会战，汉尼拔最后失败。迦太基将西班牙割让给罗马。
公元前 200 年	完成对高卢和波河流域的征服。

公元前 168 年	马其顿被征服,分成四部分;埃托利亚同盟被征服。
公元前 146 年	第三次布匿战争,迦太基被灭亡。
公元前 146 年	马其顿和亚该亚同盟最终失败;科林斯遭洗劫;希腊和马其顿成为罗马的行省。

3. 共和国中期的政体

罗马此时成了几乎整个地中海沿岸地区的霸主,而地中海也变成了"我们的海",成了罗马的一个湖。对这一时期的罗马,蒙森有此评价:

> 对经历过革命风暴洗礼的后来几代人来说,汉尼拔战争之后的时期似乎是罗马的黄金时代,而加图也似乎是罗马政治家的典范……从形式上讲,罗马的政体从来没有像西西里战争和第三次马其顿战争之间那样稳定过。但是和其他地方一样,政体的稳定并不是一个国家健康的迹象,而是即将患病的表征,是革命的预兆。[1]

所有的战争和征服,还有随之而来的战利品是如此的巨大,如此的突然,这些几乎都是在一辈子的时间里完成的,这导致了一种创伤性的情况变化,而正是这种情况才产生并一直维持着古代罗马的政体。就这样,原本牢固的基础变成了流沙,而原本雄踞其上的罗马政治建筑则失去了精心设计的平衡,最后分崩离析,轰然倒地。

[396]罗马是通过行政官、元老院和公民大会实施统治的。行政官由公民大会选出,任期一年,只有监察官除外,5 年选一次,任期 18 个月。行政官决定是宣战还是议和,还负责通过立法,而元老院完全是一个议政机构。但这只是开头,这种简单的安排因为四个因素而变得纷繁复杂。第一个因素是高级的或者平级的行政官可以否决另外一个行政官的提案。第二个因素是不止一个公民大会的存在。第三个是如果

---

[1]　T. Mommsen,《罗马史》(London,1911),W. P. Dickson 译,四卷本,第 2 卷,第 340 页。

没有一个行政官提出倡议，公民大会就无法行动。最后是护民官的存在，就像纸牌游戏中的万能牌一样，他们一方面可以中止任何公共活动，另一方面又可以启动立法。在雅典的政体中，权力的最终界限还是非常分明的，行政官每年轮流，要么抽签产生，要么选举产生；议事会为公民大会做预备工作；最后由公民大会对事务进行讨论并做出决定。这是一种一元政体，而罗马的政体显然不是一元的。要想履行一项政府职能，许多行政官或机构必须达成一致。这是一种团体合作式的政府，一个部门可以取消另外一个部门的行动。简而言之，这是历史上最早的"权力制衡"政府。在当代世界，这方面最完美的典范就是美国政府，虽然它权力分割所依据的原则很不相同，也没有罗马政府那么复杂。美国的政体是在理性原则基础之上一气呵成的，这些理性原则在《联邦党人文集》中已经得到清晰的阐述。而罗马的政体却是一个修修补补的拼凑物，是在几个世纪的时间里，在社会动荡的过程中逐渐演化而成的。每当发生政治危机时，都需要新的发明才能解决，这些新的发明都被结合到现存的政体之中。就这样，罗马共和国无意之中"发明"了权力制衡机制，它并非建立在某种明确的、公认的原则之上。如果说他们也发现了政府体制背后的某种原则，这种原则也和制衡机制大相径庭，即"混合政体"。在其《论共和国》和《论法律》中，西塞罗呼应波利比乌斯在其《历史》第六卷中的说法，将罗马政体的精神和优势归因于君主统治因素（执政官）、贵族统治因素（元老院）和民主因素（公民大会）的结合体。按照常理，它应该吸收每一个因素的长处，避开每一个因素的弊病。在欧洲历史上，这种模式将一直延续下去。①

3.1　政体模式（公元前 134 年）

[397]下面我们对严格制约罗马共和国政体的法规做一个总结。虽然这只是一个概述，但依然让人眼花缭乱。这里重要的是要理解这种政体是多么纠结和自相矛盾。要想说明这一点，我们要分两步进行，第一步是简单列举政府不同机构之间的相互联系。第二步是通过一系

---

① 见原书第三部分，第七章，第六节"中世纪共和国的遗产"。

列的讲解进一步说明各个机构的具体情况。

罗马共和国自称"元老院与罗马人民"。首先,它包括 20 位高级行政官,即两位监察官,两位执政官,6 到 8 位执法官,8 位财务官,还有 4 位市政官。简而言之,监察官负责管理公民的名册,执政官统率军队,执法官组织审讯,财务官负责国库,市政官管理城市的街道、建筑和市场。此外,还有 10 位在严格意义上并非行政官的官员,他们是护民官。这些官员各自的权力将在下文列举。除此之外,罗马共和国还有三个不同的公民大会和一个元老院。

从严格的法律意义上讲,元老院只是一个咨询机构,其成员是原来的行政官。元老任期终身,由两位监察官任命。元老院只有经行政官(执政官或执法官)①召集才能举行会议,也只能就行政官提出的问题进行讨论,元老院的观点就是"元老院决议"。因此,就我们当前的讨论而言,元老院只是一个额外的机构,我们将注意力转向那些拥有积极或者消极权力的部门。以一种一刀切、十分简单化的勾勒方式,我们可以将罗马共和国的政体看作两个系统,最好是将其看成一个系统和一个反系统,一方是用来限制和约束另外一方的。每个系统本身又包括两种互相制约的权威,一边是公民大会,一边是选举出来的官员。使这种模式更为复杂的是,这些选举出来的官员上级对下级和同僚之间可以互相否决。第一个系统包括 22 位选举产生的行政官和两个公民大会,分别是百人团大会和部落大会。第二个系统包括 10 位选举产生的护民官和平民大会。

我们首先从公民大会开始概述一下前一个系统。每个公民大会都拥有同样多的成员,但他们组织选举的方式差别很大。[398]百人团大会本来是公民军队,因此其选举单位被称为"百人团"。根据财富多寡,百人团又被分为五个等级,选举权也相应地有所不同。部落大会的成员和百人团大会完全相同,但是被人为地分成 35 个选举单位,即部落。部落实际上是拥有同样选举权的选区,因此比百人团大会更为民主。大致说来,百人团大会负责选举次年管理共和国的行政官,它拥有的立

---

① 还有护民官。

法权只是历史残留。部落大会负责宣战与议和、还负责通过法律。这种广泛的决定权给人这样一种印象，以为罗马所实行的一定是民主制，但是考虑一下对这种权力的种种约束，就会发现事实并非如此。这些公民大会没有任何的创制权，只有由适当的行政官召集才能举行会议，并且集会时只能就该行政官提交的议案进行投票，并且投票时只能简单地回答"赞成"或者"反对"，①而不能对议案进行辩论和修改。在立法问题上，他们通常要事先征得元老院的同意，虽然按照法律不一定非要如此。

行政官一旦被选举出来，公民就要听命于他们。在整个系统中，这些行政官构成和公民大会相对立的权力的另一极。对罗马人来说，财务官和市政官级别不高，而级别较高的两位执政官和六位执法官却权势显赫。独裁官的权力更大，但是公元前202年之后，这个职位开始衰落。和所有的行政官员一样，在自己的职权范围之内，财务官和市政官可以自由行使权力。执政官和执法官也拥有行政大权，从其出现之初，这种权力就是行政权的最高级形式。拥有这种权力者不仅拥有司法权和强制执行权，还拥有对公民的生杀大权。

乍一看来，这种压倒一切的行政大权似乎意味着公民大会的"民主"只不过是一种许可证，只要选出了执政官和执法官，所有公民都要任其作威作福。事实并非如此。首先，除监察官之外，所有行政官的任期都只有一年，并且还会受到指控。更为重要的是，对于发生在城邦之内的罪行，被行政官判重刑的公民可以向公民大会提出上诉，[399]如果有另外一位行政官诉诸"向民众申诉"的程序，这种上诉就会得以执行。直到公元前134年，这种上诉只能适用于严重的政治犯罪，一般的刑事案件由法庭按照适当的法律程序来审理。对行政大权最为有效的制约在于任何高一级的行政官都可以否决低一级行政官的提案，如执政官可以否决执法官，执法官可以否决市政官，以此类推。此外，同僚之间也可以互相否决，这样一位执政官可以否决另外一位执政官，实际上这样的事情经常发生。

---

① 但是可能问题已经在非正式会议上公布于众，见原书第420—421页。

　　总之,上述这些制度和机构共同构成罗马共和国的政体。除此之外还有另外一个制度系统,它使这个政体更为复杂。根据其由来和目标,我们不妨称其为"抗衡机制"。这是贵族等级和平民等级之间斗争的结果。一方面,从公元前 509 年开始,贵族等级就长期把持着公共生活。另一方面,平民等级被排除在各个机构之外并因此吃尽苦头。这一套新的制度和机构从产生和发展到公元前 287 年的霍滕西亚法,一直就既是对原有贵族政体的一种制约,又是除此之外的另一种选择。在这套系统内部,我们同样可以发现并列但又互相对立的两方,一方是行政官员,另一方是公民大会。

　　这个公民大会就是平民大会。和部落大会一样,平民大会的目的是为了进行选举,其组织也和部落大会相同,被分成 35 个"部落"选区。两者之间在构成上的区别如下:平民大会只能由其选举出来的行政官召集并主持,即护民官和市政官,贵族出身的公民被排除在外。这部分公民向来就不太多,后来随着时间的推移在政治上的作用越来越小。因此,平民大会实际上就是对部落大会的复制,不同之处在于它只能由"自己的"行政官召集。平民大会的权力和部落大会与百人团大会不同。它没有任何司法权,而百人团大会却可以审理诉讼并进行相应的处罚。它也不能就宣战和议和之事进行投票。但是另一方面,平民大会却可以通过投票使某个决议成为法律,无需征询元老院的意见,这个决议被称为"平民大会决议"。根据霍滕西亚法,这个决议对全体公民都有法律效力。这个抗衡机制通过两种方式和贵族机构产生联系,作为护民官和平民大会的产物,这个决议就是方式之一。

　　第二种方式在于平民大会所选举出来的护民官。这时约有 10 位护民官,其主要职权可以看作是和行政大权压倒一切的权力相对立的。[400]正如行政大权是行政权力的极致,同样,我们不妨将护民官的权力看成是与其抗衡的势力的极致。他们可以否决并中止共和国任何机构任何个人的任何行动,无论是行政官、元老院,还是公民大会。[①]如果

---

① 有两个例外,一个是独裁官,但就像我们看到的那样,这个职位从公元前 202 年以后就中止了,而这正是我们所讨论的时间。另外一个是监察官,但监察官并不拥有行政大权。

愿意，他们还可以阻止征集军队，实际上他们的确这样做过几次。这里我们同样可以发现护民官的权力和行政大权之间的惊人对称。执政官和执法官的行政大权可以受到同僚否决权的制约，而护民官"对抗行政大权"的权力同样可以遭到其他九位护民官中任何一位的否决。

上文的概述不为繁琐的细节所累赘，但是它毕竟只能提供罗马共和国政体的一个大致轮廓，这个轮廓有时也失于灵活。下文我们将补充一些必要的细节，虽然这些细节会使事情更加复杂。

3.1.1 行政官

监察官

在罗马共和国的历史上，一直都只有两位监察官。监察官的独特之处有两个方面。第一，他们每五年选举一次，而不是像其他行政官员那样一年一选，但是在任期的最初 18 个月，他们的工作不能出现任何差错。其次，虽然他们没有行政大权，却在所有行政官中最受尊重。只有前执政官才有资格当选，而一个人如果能够成为监察官，就算是到达了其政治生涯的巅峰，登攀到了晋升阶梯（cursus honorum，直译为"荣耀之阶"，后文将有交代）的最高层。在所有能够参与占卜的行政官中，监察官最为重要。他能够穿有带紫色条纹的长袍，而以前只有国王才能够穿这种颜色，其他的行政官是没有这种资格的。

表面上看来两位监察官没有互相否决的权力，但实际上他们可以这样做。和低级的市政官或其他行政官的权力一样，监察官的权力被认为是不可分割的，虽然可以同时由多人担任，但每个人都可以代表其他成员行使权力，只要他们不表示反对。要想行使权力，两位监察官必须协同一致。

从"censor"（监察官）和"census"（人口普查）的相似之处可以看出，监察官的主要职能是调查户口。但是，监察官的职责并不仅仅是清点人口那么简单，[401]而是具有很重要的政治意义，因为只有监察官才能决定谁是奴隶，谁是自由人，哪些人能够拥有公民权，哪些人不能。如前所述，和雅典的情况一样，根据其财富的多少，罗马公民被分成不同的等级，不同等级的公民在百人团大会上拥有不同的选举权，而将公民归为某一特定等级的就是监察官。不仅仅选举权,大部分公民权利和义务都要取决于公民的等级。就这样,监察官拥有结束一个人政治生涯的大权,这就是为什么公元前 312 年以后,只有他们能够提供名单,确定哪些前行政官可以担任元老院议员,将那些不合格的排除在外,还可以将名单上的名字删除。这种选择和偶尔的淘汰行为意味着他们可以取消某些前行政官进入元老院的资格。简而言之,他们拥有将某些不良分子排除在元老院之外的权力。不能恪尽职守,生活作风问题,滥用行政权力,这些都逃不过监察官作为道德监督者的眼睛。不难看出,最初简单的清点人数的权力,登记或者不登记的权力就这样膨胀开来,以至于影响到每一个公民的生活,同样也不难理解为什么前行政官虽然高傲,还是要接受地位比其更高的人对其生活作风进行严格审查。

最后,监察官不用为行使职权的方式负责任。对武断决定的唯一制约在于有两位监察官,他们意见必须一致。这样在制定新元老候选人名单时,两位监察官可以互相将对方提出的名字勾掉,因此哪位监察官要想把元老院都安排上自己的人是不可能的。

当行政官员的负担过于沉重时,罗马共和国会增加担任某一职务的人数,或者建立新的从属部门(如执法官),或者延长任职期限(如代行执政官和代行执法官),最后就是将工作从部分超负荷的部门转移到更为空闲的部门,即使工作的性质和这个部门的日常工作毫无关联。由此可以看出罗马共和国的行政制度是很没有条理的。正是因为最后一种情况,监察官负起了管理公有土地的责任。和雅典一样,罗马也是将公有土地承包出去,通过竞标来确定承包人,由监察官组织拍卖。但是这时监察官似乎要受到元老院的监督和管理,[402]还有一次甚至受到公民大会的监管,这是有据可证的,但是这究竟是严格的法律规定,还是传统,我们却不得而知。①

执政官

执政官是拥有行政大权的最高职位,是罗马共和国的最高行政官。

---

① 参见 A. H. J. Greenidge,《罗马人的公共生活》(Macmillan, London, 1930),第 231 页,尤其是注释 3,引用波利比乌斯,李维和阿庇安。

虽然监察官享有更高的威望，罗马共和国的年代却是以执政官的名字命名的。如果我们忘记一点，即所有行政官的权力都可能会受到任何一位同僚或上级行政官的阻碍，也许我们会认为执政官在其执政之年就是罗马的君王。实际上执政官的设立正是为了履行原来国王所履行的职能。国王塔克文被驱赶出去之后，就选举执政官取而代之，任期一年。执政官负责召集元老院，向其咨询政事，并以告示的形式颁布元老院或者自己的法令。此外，执政官还负责召集百人团大会和部落大会，还要代表罗马共和国接见外国首脑。虽然执政官放弃了对财政事务的管辖权，并且其刑事管辖权的许多领域也都转给了专门的机构，在战争时期他们依然是总司令。要知道，在罗马共和国的历史上战争基本上没有停息过。作为战时的总司令，执政官拥有更为狭义上的行政大权，实际上也就是即决裁判权和判处死刑的权力。因此我们要分清执政官的两种行政大权，一种是城邦之内的，一种是城邦之外的。就像我们前文提到的那样，城邦之内的行政大权因为"向民众申诉"的权力和护民官的否决权而逐渐削弱，但是在城邦之外，行政大权得到了充分地实现。可以这样说，只要执政官走出城邦的界限，他就是戒严法的执行者。

实际上两位执政官常常同时在战场上。如果两人在同一个战区①，则轮流指挥，每人一天。但是此时几乎总是会有不止一个军团在战场上，于是便分别指挥不同的军团。在公元前 264 年至公元前 146 年之间，最为常见的安排是一位执政官在意大利指挥，另外一个在其他的行省指挥，如希腊和马其顿。有一点需要重点强调，即元老院有权决定当年的战区在哪里，然后通过抽签决定两个执政官究竟谁应该到哪个战区。

除了前面已经提到的制约机制外，还有其他方式对执政官的权力进行限制。一年的任期结束时，执政官可能会面对公民大会，受到控诉。[403]执政官要想连任，中间必须有为期 10 年的间隔。虽然如此，能够当选执政官依然是一个人政治生涯的最高奖赏，执政官的家人和

---

① 译注 provincia：罗马共和国早期拥有统治大权的高级行政官的"行动范围"或"战区"，后为罗马人对其附庸地区的称呼，译为"行省"。

后代也会顺理成章地成为贵族。

执法官

执法官的设立本来是为了辅助执政官。虽然级别比执政官低，他们同样也拥有行政大权。在罗马，他们接过了执政官的司法权。当执政官不在城邦时，如果元老院同意，他们可以代执政官行使部分职权，如征集新兵等。作为行政大权的拥有者，必要时他们还可以指挥军队。他们的专职在于民法领域。起初有两位执法官，后来随着罗马疆域的扩张，更多的执法官被任命。到了公元前134年，执法官多达6位。和执政官一样，执法官也通过抽签决定谁应该负责哪个战区。有两个战区在罗马，其他的战区在意大利和境外。执法官中有两位专门负责城邦内部事务，根据法律，他们不能连续10天不在城邦。这两位执法官分别是内事执法官和外事执法官，前者负责涉及公民的案件，后者负责处理涉及外国人的案件。这些执法官主持司法程序，借助手中的行政大权，强制执行某些决定，例如他们可以责成涉案人员执行某项义务，或者宣布其行为无效。他们不仅负责司法程序，还可以制定法律。外事执法官通过发布一种程式进行立法。一个程式就是一个条件句，例如"如果被告做了某事，则判其接受如下惩罚。但是如果他没有做，则宣告其无罪"。裁判官的判决将这个条件句改为相应的绝对句。内事执法官上任之后会颁布法令，对成文的法律进行解释，这样他们就可以说"在下述情况下我会强制要求付款，或者我会要求发誓"。从原则上讲，这些法令只有在该执法官为期一年的任期内才能有效，但每位新任执法官都会继承其前任的法令，只是对其进行些微的修改。罗马的法律体系就是这样建立在逐年积累的法令基础之上的。大部分执法官都将任期内的时间花在指挥军队和管理战区上。

市政官

市政官有4位，他们都属于同一种行政职位，并且有相同的职能，但是却由不同的人民大会选举出来，法律上的地位也不相同。其中两位被称为平民市政官，[404]另外两位被称为高级市政官。严格说来，平民市政官不是行政官员，因此没有资格进入元老院。他们是护民官的属下，和护民官一样，也是作为平民抗衡机制的一部分由平民大会选举产生，必须来自平民。后来设立的高级市政官是贵族的一种反击，一年来自平民，另一年来自贵族，由部落大会选举产生。因此，他们属于行政官员，而不仅仅是一般的办事人员，有资格进入元老院。所有这些可以上溯到几个世纪以来，贵族等级为了牢牢把握统治权而对平民等级展开的斗争。除此之外，他们没有其他意义，因为此时四位市政官拥有相同的职能和权力。简而言之，他们都是为了满足城邦物质上的需要，负责维护治安，维修和清洁街道和建筑，还负责城邦的粮食供应。此外，他们还要为城邦提供各种娱乐活动，这实际上意味着他们要自己掏腰包赞助这些活动。虽然代价高昂，但要想施以恩惠，收买人心，以便当选级别更高的财务官，高级市政官依然是一个很好的选择。

财务官

这一时期有 8 位财务官，他们是那些拥有行政大权的行政官的代表，主要负责财政。他们掌管着国库的钥匙，保管着国家的文书和档案。他们负责从包税人那里收集税款和公有土地的使用税，还组织公共财产的出售，如公有土地或者战利品。

在城邦之外，每一位指挥军队的执政官和执法官都配有一位财务官，主要负责财政，后来对每位代行执政官和代行执法官也是如此。

护民官

此时护民官既拥有消极权力，也拥有积极权力。消极权力使其有权力，也有义务向任何因为行政官的行为而受害的平民提供救助金，同时也可以利用其否决权中止行政官的提案。护民官的抗诉能够使行政官的提案无效，这种权力只有在城邦内部才能有效。护民官不能在城墙之外过夜，他们家的大门必须日夜开放。为了支持这种否决权，护民官还拥有强制执行权，[405]这种权力即使对执政官也同样有效。不仅如此，执政官还不能打击报复，因为护民官的人身是神圣不可侵犯的。护民官手中握有逮捕、监禁、罚款、鞭笞，甚至还有生杀等大权。这样，护民官就又获得了另外一种权力，即他们能够将行政官的不法行为提交平民大会，这种权力被称为平民大会召集权。这种权力的实际效果就是护民官拥有召集平民大会的绝对权力。一旦大会召开，任何人都不能将其中止，这样他们就可以对不法者进行罚款或者惩罚。随着时间的推移,护民官的否决权扩大,不仅可以否决行政官员(监察官除外)的提案,还可以否决提交到元老院和平民大会的决议。

这种压倒一切的消极权力只受到一种限制,那就是另外一个护民官的反否决权。起初只有两位护民官,此时护民官的数量已经增加到10位。相应地,行政官或者元老院议员如果想要"劝说"10位中的一位否决其他护民官的否决权,成功的可能性大很多。

同样,平民大会召集权也越来越膨胀,这既有积极的一面,也有消极的一面。护民官有权向平民大会提交议案,但是由于平民大会并不等于所有平民,而只是其一部分,这些议案并没有法律效力,因此其实际地位是含糊的。但是如前所述,到了公元前287年,这些平民投票通过的议案获得了和部落大会决议同等的法律效力。和部落大会一样,平民大会也受到一个因素的限制,即它没有创制权,只有护民官召集时才能召开,并且只能表决护民官提交的议案,还不能对其进行修改和辩论,只能简单地回答是赞同还是反对。这就更加强化了护民官的权力,削弱了平民大会的力量。

虽然护民官在地位上低于行政官,他们没有行政大权,没有主持占卜的权力,也不能像行政官那样穿有紫色条纹的长袍,但是他们的权力不断膨胀。虽然没有资格进入元老院,他们却赢得了出席元老院会议并向其提交议案的权力。到了公元前216年,护民官甚至获得了召集并主持元老院会议的权力。但是随着护民官权威的大幅度膨胀,他们的实际权力却削弱了,也许正是其权威的膨胀才导致了其实权的萎缩,因为护民官渐渐地成为元老院统治阶级的一部分。这部分内容属于后面的章节,我们将在探讨这种政体实际上怎样运作时对其展开讨论。

行政官和其他高级官员

[406]显然,互相否决的原则是罗马政体的基本原则,其目的在于避免权力集中到某一个人手中,这是罗马历史上共和传统的主导动机。①

---

① 见原书第 390 页。

由于罗马人在政治上生来就缺乏想象力，除了增加官员的数量，使其互相否决之外，他们想不出其他的办法防止权力的过分集中。现在要想这样做，可以有其他的机制进行互相制约，例如强化人民大会的权力，削弱行政权力。在罗马，遏制绝对权力的唯一机制就是使其受到同样的绝对权力的制约。这样，行政权力缺少分级，也无法做出灵活的反应。这是一种要么全盘接受，要么全盘否定的解决方法。

限制绝对权力的一种方法是一年任期原则。这个原则实际操作起来会有困难，因为随着战争范围的扩大，罗马开始获得越来越多的附属地区。通过延长行政官的任期，这个问题得到了解决。这种做法开始于公元前 326 年，当时一位正在围攻那不勒斯的指挥官的行政大权得到延长，后来这就成为一种常规做法。到了公元前 3 世纪，根据惯例，是否应该延长行政官的任期由元老院来决定。这样即使在其为期一年的任期结束之后，执政官和执法官还可以继续以代行执政官和代行执法官的身份分别行使行政大权。

行政官和护民官职位还有第三个值得注意的特点，即它们是荣誉性的，没有报酬。虽然如此，任职者依然可以得到一定数量的津贴，尤其是在境外任职时，这种津贴是相当可观的。和这种荣誉性相关的一个特点是这些人是管理者，甚至可以说是执行者，但不是"公务员"。这里关键要注意一点，即他们没有官僚机构。官僚机构的一个特点就是其延续性，而实际上只有元老院有这个特点。至于行政命令的贯彻实施，每位行政官都有一些领薪酬的执法吏、书记员、信使和传令官为其服务。这些人数目并不多，当然，此时国家的事务也并不繁重。如前所述，公共建设、税收，还有对公有财产的处理这类事情都以竞标的形式承包给私人了。

所有这些不同的职位形成一个地位等级，这就是晋升阶梯，它规定了竞争各个具体职位的年龄要求和前提条件。[407]公元前 180 年，这些要求以法律的形式得以确定。对晋升阶梯的登攀始于 17 岁，这时就可以服军役了。较为富有的公民，骑士等级的成员必须服役 10 年，然后才能竞选财务官的职位。其他公民只能在步兵服役，并且要服役 16

年才能竞选同样的职位。竞选高级市政官的最低年龄要求为 36 岁,如果生来就是贵族,可以放宽到 34 岁。竞选执法官的最低年龄要求为 39 岁,如果是贵族,可以放宽到 37 岁。竞选执政官的最低年龄要求为 42 岁,对于贵族可以放宽到 40 岁。在登攀晋升阶梯时不一定非要担任高级市政官和护民官,但是很少有人会跳过这一环节,因为担任这些职务是赢得民心的大好机会。市政官可以资助各种娱乐活动,护民官可以平息民愤。在晋升阶梯的最高处是监察官一职,只有先前的执政官才有资格担任。

虽然晋升阶梯只限于上面列举的职位,我们还要知道其他一些不太重要的官员也是一年一选的,其中包括 24 位军事护民官和 26 位次要的行政官,如负责铸币的官员和低级法官。之所以要提到这些,是为了强调两点,第一,罗马政治精英之间对职位的竞争是十分激烈的。第二点是对第一点的推论,即最终决定竞选结果的是公民大会里的广大民众。

据估计,每年都有近 80 个职位可以竞选。要想当上执政官,就要在 15 年的时间里赢得至少 3 次,甚至是 5 次竞选。[①]可以推理,候选人的人数一定会超出选举所要求的总人数,因此在这场竞争中有胜利者,也有失败者。我们只知道胜利者,而失败者又是怎样的呢?我们甚至不知道有多少候选人参加竞选。我们的证据仅限于胜利者。许多来自执政官家庭的人无缘政治,这一点已经被证实。那些能够参与政治的人有的是执政官的后代,有的和这些大家族有其他形式的联系,这些大家族形成了罗马政治生活的中心。[②]这在一个非常重要的方面有很大的影响,我们将在下文就此展开讨论,但这里我们可以看出两点,第一,无论怎样,也无论是好是坏,公民大会是罗马贵族地位和权力的主宰者。第二,它打破了这样一种认识,即罗马实际上是由整齐划一的贵族精英通过一系列恩惠关系网所统治的。[③]

---

① Hopkins,《死亡与复兴:罗马史的社会学研究》,第 113 页。

② Hopkins,《死亡与复兴:罗马史的社会学研究》,第二章。

③ F. Millar,《罗马共和国中期的政治权力:是库里亚还是公民大会?》,《罗马研究》第 79 期 (1989),第 142 页。

3.1.2　元老院

[408]元老院的工作和运作方式将在后文详细陈述，这里简单说明一下。此时元老院是"一个独立存在，自动生成的机构，独立于各种行政官员"。①元老院的 300 位成员有的是以前的高级行政官，有的是在职期间表现突出的低级行政官，也有军队里的高级指挥官。如前所述，他们都由两位监察官提名。元老院议员终身任职。只有执政官或者执法官召集，元老院才能召开会议。如果执政官不在，护民官也能召集元老院会议。元老院表决通过的决议被称为元老院决议。元老院决议没有丝毫的法律效力，但是后来的描述清楚地表明元老院实际上是罗马共和国的权力核心，但这种作用是通过习俗和传统的力量而实现的。从法律意义上讲，它只是一个咨询机构。"它没有属于自己的管辖范围，无法独立于行政官和人民而行事。它可以控制，但是却无法篡夺人民的最高权力。它不能选举行政官，没有立法权，也不能宣战和议和……"②

3.1.3　公民大会

这一时期有三个公民大会，其中任何一个都可以通过法律。它们分别是百人团大会、部落大会和平民大会。③

百人团大会

百人团大会由执政官或执法官负责召集，其成员涵盖了所有公民。百人团大会的立法权是通过对提交的议案表示同意或反对来实现的，这些议案可以涉及宣战，缔结和约或盟约，对监察官权力的确认，还可以涉及一般的立法。此外，百人团大会还要选举出执政官、执法官和监察官。但是随着时间的推移，其审判重大罪行的权力转给了常设法庭。

百人团大会起源于公民军队的待命备战状态，其原始形式是在罗马最初三个部族的基础之上组织起来的。每个部族提供 1000 步兵和

---

①　《不列颠百科全书》，第 11 版(1910—1911)，"Senate"词条，作者为 A. M. Clay。

②　Greenidge，《罗马人的公共生活》，第 273 页。

③　实际上甚至还有第四个人民大会，即库里亚大会。

100 骑兵。这个组织被国王赛尔维乌斯·图里乌斯(公元前 579—前
535 年在位)一扫而空,取而代之的是一个以百人团为单位的征兵系
统。[409]根据使用武器的不同,百人团被分成不同等级,这是因为当
时所有的公民士兵都是自备武器。骑兵等级最高,然后是由高到低五
个等级的土地所有者,最后一个等级就很贫困了。在这些等级之外,还
有一些除了儿女就一无所有的人,这些人就被称为无产者。此外,熟练
的手工业者也构成了另外一个群体。

这样,百人团大会就成了百人团召开的大会。和其最初的军事
源头相一致,大会以号角召集,集会地点在城墙外面的战神校场,会
议期间所有的人都以立正状态站着。作为民众大会,每个百人团都
是集体投票,等级越高的公民,包括的百人团就越多,也就意味着投
票单位越多。划分百人团的具体细节我们知之不详,但是一般认为
骑兵有 18 个百人团,等级在骑兵之下的一级公民有 70 个百人团。他
们共同控制着 88 个百人团,百人团的总数为 183 个,这实际上就保证
了富有等级的胜利,而这种社会偏见从来没有消失过。

部落大会

部族大会的名称源自部落一词,因此被称为部落大会。就像雅典
的克里斯提尼所划分的部落那样,这些部落并非建立在亲属或血缘关
系基础之上。①公元前 471 年共有 21 个部落,其中有 4 个属于“城市”,
其他 17 个属于“乡村”。这些部落是根据地理位置划分的,每个部落占
据着一个城市或者城市周边的区域,只有这样才能方便进城参加投票。
这一时期的罗马很像典型的核心城邦。从公元前 387 年开始,更多的
部落被逐渐设立,但其数目总是偶数。这些部落是伴随着罗马的土地
征服和对当地人民的兼并而形成的。这个过程到公元前 241 年才结
束,部落的最后数量达到 35 个。此后,新兼并的人口被分到这 35 个不
同的部落。在此过程中,部落失去了其地理上的一致性,成为一种概念
上的选区。至于部落大会究竟是怎样出现的,为什么会出现,又是何时
出现的,这些我们都不知道。也许按照部落比按照 183 个百人团更易

---

① 见原书第 344 页。

于民众的集合，也有可能是当事务不够重要，没有必要召集百人团大会时，部落大会就成为一种更为简易的召集民众的方法。[410]因此，部落大会选举出来的行政官级别较低，没有行政大权，对于针对国家的重大罪行没有审判权。

当叛乱的平民要求"分裂"①并建立自己的大会（即平民大会）时，部落大会就已经存在了。平民大会也是按照"部落"召集的，因此，从构成上看，它和部落大会一模一样，不同之处在于它将数量并不太多的贵族排除在外，还有就是二者的权力是不一样的。随着护民官权力的膨胀，平民大会的权力也扩大了。公元前 287 年出现的霍滕西亚法标志着平民大会的权力已经达到了顶峰。②从这个事实可以看出，由于实际上的原因，平民大会也和部落大会一样，充分代表了所有公民。从此以后，两个大会只是在具体形式上有所差异。如果是护民官召集的，就是平民大会，如果是执政官召集的，就是部落大会，两者的权力也相应地有所不同。

就这样，部落大会和平民大会获得了极大的影响力，它们不但可以选举权力很大的市政官，还拥有立法大权。表面看来，它们比百人团大会更为平等，因为和百人团的等级划分不同，所有的部落都有同等的选举权。实际上，几百年来，这种平等一直是假象。相对富有的农村部落可以轻易地压倒城市部落所拥有的四张选票，这是因为前者是由大土地所有者和其依附者构成的，而后者却是由贫穷的城市居民构成的。但是自从罗马将公民资格授予整个意大利和境外的人口，这种情况完全颠倒了过来。农村的投票者确实更多了，但是"距离、社会地位和经济实力一定大大影响了众多在理论上拥有投票权的人，他们中究竟会有多少人不辞辛劳地前来投票呢？因此，我们不能认为这个制度为所有公民创造了平等的投票权，这种平等甚至是不可能的"。③此外，这时大量财富涌入罗马，使大土地所有者能够出钱收买城市里的农民。这

---

① 见原书第 393 页。

② 见原书第 399 页。

③ F. Millar,《罗马古典共和国时期的政治本质：公元前 200 年至前 151 年》,《罗马研究》第 74 期(1984)，第 17 页。

些农民因为失去土地，被迫进城，但是在城市里，他们似乎依然属于原来的农村部落，因为部落成员是按照出生地来确定的，无论搬家到哪里都不会改变。既然身在投票现场，这些失去土地的农民又何乐而不为呢？此外还有越来越多的奴隶获得自由，作为自由人，他们也拥有投票权。因此，几乎可以从定义上讲，四个"城市"部落都是由贫穷，甚至是赤贫的人构成的。他们就形成了一批"城市无产者"，[411]在部落大会和平民大会的投票中，他们是一股不可小觑的力量，实际上成了城市贫困者的代表。

4. 罗马公民和罗马"联盟"

前文我已经数次谈到罗马公民，当罗马面积还很小的时候，公民权和任何希腊城邦一样，并不难理解。到了公元前 270 年，罗马已经征服了波河流域以南意大利的所有区域。这时的罗马城邦和罗马共和国是怎么样的关系呢？罗马公民和共和国的关系又是怎样呢？虽然罗马人只占所有意大利人口的一小部分，但是无论他们生活在什么地方，都可以参加前文所述的政治过程，并且只能到罗马城参加政治活动。这些公民被集体称为罗马公民，他们统治着意大利的其他所有人口，而在公元前 270 年之前，这些人还不是罗马公民。下面我们将对此进行解释。

一种方法就是将问题大大简化，这样做不但基本接近事实，而且很能说明问题。①在罗马扩张的第一个阶段，它一心想要占有更多的土地，拥有更多的人力，试图建立一条防御带，北部是为了防御高卢人，东南部是为了防御莎姆尼特人（Samnites）。要达到这个目的，最好的做法就是直接兼并其他地区。这样，无论愿意与否，这些地区的居民就会成为罗马公民，而他们的土地也会成为罗马的公有土地。殖民地的建立与此同步，尤其是在沿海地区，每个殖民地约驻扎 300 罗马人。与此同时，还以罗马和拉丁同盟联合的名义，建立其他的殖民地，这样建立

① C. Nicolet，《罗马及其对地中海世界的征服》，第 1 卷，《意大利罗马的结构》，第 2 版，法国大学出版社，1979。

的殖民地被称为"拉丁殖民地"。公元前338年，罗马解散了拉丁同盟，但是此后却继续建立拉丁殖民地，后来又建立了一些纯粹的罗马殖民地，驻扎的人数也超过了原来的300人。这样，罗马就在自己和北方与南方的敌对邻国之间创造了一个牢固的缓冲地带。此后过了很久，罗马将这些邻国一并征服，可能也在这些地区建立了拉丁殖民地，例如在克雷默那（Cremona）和普莱森提亚（Placentia），但主要是强迫这些附庸部落和民族与其缔结盟约，这样他们就变成了罗马的同盟。

这个由罗马公民领导的巨大网络并没有一个正式的名字，今天我们称之为"联盟"，只是因为没有其他更好的说法。[412]后来的文本有的将其称为"罗马人、拉丁人和意大利人的同盟"，①虽然这个叫法有点拗口，但却很能说明问题，因为它实际上就是由这三部分人组成的。

先说罗马公民，起初他们可以分为两类。第一类是指拥有全部公民权的公民，他们是被兼并地区的居民。生活在这些地区周围的居民也被授予公民权，但是却没有投票权，也没有资格担任公职。他们似乎也没有参加军团，却可能提供了辅助部队，并且也像其他公民那样纳税。这些是没有选举权的公民。如果他们所在的市镇拥有行政官和市民政府，也就是说实行的是共和制，那么它就成为一个自治市。后来这种模式在罗马的境外地区十分常见。与其相比，实行部落制的不是自治市，而仅仅是市镇。到了公元前134年，所有这些"半公民"都获得了充分的公民权，结束了不正常的地位。

现在我们讨论一下殖民地的情况。在早期以300人为驻扎单位的纯粹的罗马殖民地，殖民者仍然还是罗马公民。但是从公元前338年开始，罗马建立了"拉丁殖民地"，这里的殖民者却成了某种"半公民"。他们可以和罗马公民通婚，可以遗赠财产，也可以和罗马公民签订合约。如果他们选择住在罗马城里，甚至可以获得罗马公民身份。此外，从公元前2世纪早期开始，他们还获得了上诉权。②如果在适当的时机身在罗马，拉丁人也可以投票，但是只能在其35个"部落"中的一个投

---

① Nicolet，《罗马及其对地中海世界的征服》，第270页。
② 见原书第398页。

票,具体哪一个通过抽签来决定。在其他方面,殖民地依然沿用当地的
法律,只是采用罗马民法中他们认为可以接受的部分。他们必须向罗
马提供辅助部队,还要缴税。这些拉丁殖民地人数众多,约有6000人。
拉丁殖民地的数量超过了纯粹的罗马殖民地。到公元前190年,拉丁
殖民地有35个,而纯粹的罗马殖民地只有18个。这些殖民地的人口
数量可能在431000左右,据我们所知,在公元前225年,他们要提供
10万大军。①在对汉尼拔的战争中,这些殖民地一直忠心耿耿。有一
段时间,这些人有些甚至能够不用住在罗马城就能获得罗马公民身份,
因为凡是能够在殖民地担任行政官的人都有资格成为罗马公民。这种
将公民身份授予地方行政官的政策继续发展,延伸到了罗马共和国的
境外自治市。这一做法十分成功。[413]因为在此过程中形成了遍布帝
国各处的地方寡头机构。这些寡头都拥有罗马公民身份,和罗马关系
密切,受到罗马的支持。

除了在被征服的山南高卢和南部的一两个重要地区之外,在核心
区域之外的罗马殖民地和拉丁殖民地很少。此外,其他地区的人民既
不是公民,也不是半公民,而是同盟者。这些人基本上完全自治,只有
两点例外。第一,根据条约,必须在罗马需要时经常向其提供大量援
助。第二,必须在罗马将军指挥下作战。他们的确可以分到一些战利
品,还不用向罗马缴纳贡奉,无论是现金还是实物。在公元前2世纪中
期,这些同盟提供的军队占罗马共和国军队的53%至59%之间。罗马
和其同盟之间的关系和一些希腊同盟没有多大区别,实际上也是一种
军事同盟关系。连接这个同盟与被兼并地区和各个殖民地的大路横贯
整个罗马。条条大路通罗马,整个意大利半岛上的所有关系也是如此。
罗马公民可以也的确掌握着意大利大部分地区的军事力量。

4.1 宪政的惯例

实际上,我们前文所述的那种政体是自我挫败的。三个公民大会,
每个都有权通过法律。20位任期一年的行政官(两位执政官,8位执法

---

① Nicolet,《罗马及其对地中海世界的征服》,第277—280页。

官，10 位护民官），每一位都既有权通过公民大会提出议案，又有权否决其同僚和下级官员的提案。虽然如此，罗马的政体依然发挥了其作用。它是如此行之有效，以至于在公元前 150 年左右，波利比乌斯认为这是它"几乎统治了整个世界"①的主要原因。和今天英国的宪政一样，罗马宪政的运作方式和任何宪法所提倡的都大相径庭。两者的运作机制也相同，即以不成文的惯例取代或避免明文规定。

这些惯例多数和一个机构的角色有关，前面谈到它时我们一笔带过，这个机构就是元老院。从法律上讲，元老院是向行政官员提供建议的议事会，但是由于惯例，它却成为行政官的指导者。从罗马共和国早期开始，元老院成为核心的国家部门，到了中期更是如此。②

作为由前行政官员组成的机构，元老院一直就拥有很大的权威。[414]元老院议员们面对的是一批新当选的行政官，并且这些行政官的任期仅有一年。除了这些亲身经历过这一切的前辈，这些新手还能到哪里寻求建议呢？元老院议员由监察官任命，但是作为一个集体，元老院独立于在任的行政官员。虽然只有行政官召集才能举行会议，但这似乎并不构成问题，因为有 16 位行政官有资格这样做。召集会议的行政官要主持该次元老院会议，这样他就有权提出自己的议案。任何元老院议员都无权启动讨论，只有当主持会议的行政官向他咨询意见时才能开口说话。必须承认，一旦站起来，他就可以谈论任何话题。据说加图就是在这种情况下提出与当时话题无关的一个主张，即"迦太基必须被毁灭"。既使元老院议员有机会发表观点，级别低的成员也会被边缘化，因为和投票权一样，按照级别高低，发言权应该依次归执政官、执法官和护民官这些原来的高级行政官，而那些低级议员会发现自己人微言轻、无足轻重。

前面我们提到过元老院决议，即元老院的建议，这些决议有很大的权威，但是仍然不能生效，除非行政官将其体现在政令中。这里有一条

---

① Mommsen，《罗马史》，第 340 页。

② 但是其核心地位受到 Millar 的质疑，见《罗马古典共和国时期的政治本质：公元前 200 年至前 151 年》和《罗马共和国中期的政治权力：是库里亚还是公民大会？》，原书第 417—418，421 页将对此作出解释。

革命性的惯例,即行政官会马上这样做。元老院的重要性就来自于这个基本的惯例。实际上有的行政官的确会违背这个惯例,独立行动,置元老院于不顾。这时元老院会说服一位听话的行政官,通常是十位护民官中的一位,劝他否决这位桀骜不驯的行政官的行动。例如,公元前167年,外事执法官在既没有咨询元老院,也没有告知执政官的情况下,提议让百人团大会投票反对针对罗德岛的战争,但是他的行动却遭到两位护民官的否决。

除了城邦内部事务之外,元老院还可以干预行政政策。在战争、外交和财政方面,行政官也要服从他们的意志。公民大会在议和问题上的决定权从来没有被正式反对过,但实际上元老院监督着其讨论过程。因此,公民大会的最终决定权只不过是一个形式而已。元老院在外交事务方面的其他权力使其实际上控制着行政官,因为它负责选定军事指挥。这一点意义重大,因为虽然有些战区既不能带来光荣,也不能带来战利品,有些却充满良机和财富。元老院不能决定谁应该到哪个行省,这要通过竞选者抽签来决定,但它却能决定是否应该延长执政官和执法官的任期,只有这样他们才能分别成为代行执政官和代行执法官。此外,在公共财政问题上,元老院拥有不容置疑的权威。[415]这样,在分配行政官作战和履行其他职责的花费时,它就能够要么大方,要么小气。

在和汉尼拔战争期间,元老院掌握了军事指挥权,此时它对行政官的支配最为突出,也最为成功。李维的著作一再表明元老院操纵着罗马的外交事务和战略决策,还决定着征兵的数量。蒙森毫不犹豫地将其行为称为"篡权",但是元老院成功地结束了这场可怕的战争,使这种"篡权"变得不但合理,而且合法。

既然元老院成了指导行政官的机构,公民大会又怎么样呢?毕竟高级行政官是由部落大会选举出来的,元老院怎样才能做到让这些行政官俯首帖耳呢?再说,护民官是由平民大会选举出来的,而平民大会本身就是一个"抗衡机制"。它怎么会不挑战元老院和普通的行政官呢?

实际上,有几次公民大会和护民官的确摆脱了元老院的约束。公元前232年,护民官弗拉米尼乌斯(C. Flaminius)绕开敌意的元老院,通过一条法律,将从波河流域一个高卢部落那里没收的公共土地分给公民。他还支持一位护民官提出的法律,禁止元老院议员拥有巨大的商船,以此阻止他们从事商业活动。公元前 217 年,汉尼拔的军队行进到了安布利亚,百人团大会不顾元老院的反对,选举弗拉米尼乌斯为执政官。在特拉西梅诺湖战役中,他率领的军团全军覆没,他本人也阵亡。百人团大会代表了军队的情绪,他们强烈反对元老院,因为元老院支持法比乌斯·马克西穆斯(Q. Fabius Maximus)对汉尼拔的"费边"政策,即试图以拒绝出战的方法,损耗汉尼拔的力量("费边主义"因此得名)。百人团大会要求一种更为激进的政策,于是公元前 216 年,他们选举特林提乌斯·瓦罗(C. Terentius Varro)为执政官。但他也失败了,在坎尼战役中,他领导的军团遭到毁灭性的失败。公元前 221 年,元老院推举年轻的西庇阿·阿菲利加努斯(Scipio Africanus)在西班牙指挥作战,而此前,他的父亲就是在那里战败并阵亡的。这次,罗马军队总算胜利了。

不仅如此,百人团大会还会表现出反对战争的一面。公元前 201 年,击败汉尼拔之后,元老院又想对马其顿再次开战。护民官昆图斯·巴比乌斯(Quintus Baebius)依照李维所说的"攻击元老院议员的传统",说服百人团大会拒绝发动这场战争。元老院要求执政官召集新的公民大会,重新举行投票,而重新投票的结果是支持发动战争。①更为成功的例子是,在共和国中期快要结束时,[416]平民厌倦了长期的战争,护民官通过救助不愿参军的平民,实际上曾三次使征兵不得不停止。②

总的说来,无论是护民官还是公民大会都是相当沉默的。前者已经被有效地纳入元老等级。如前所述,他们可以召集并参加元老院会议,还可以向其提交议案。这本身就部分上解释了部落大会和平民大会的沉默。这符合帕雷托的"精英循环"理论,在循环的过程中,统治阶级通过抽取人民大众的领导者达到削弱他们的目的。另

外一个原因是公民对土地的长期渴望因为大量小农场的建立而得以
缓解。公元前 170 年以后,这种重新安置活动结束,而战争依然在继
续,这时候问题才开始重新积累起来。①我们还要注意到一点,即其他
一些有利于平民的法律被通过,尤其是在减轻刑罚方面。到了公元
前 130 年,对罗马公民的死刑基本上消失了,公民可以通过"向民众
申述"抗议鞭刑。

公民大会在选举方面的权力被大大削弱。就像后来元老院偷偷篡
夺公民大会延长行政官任期的权力那样,②在对汉尼拔战争期间,一年
一度的执政官(即将军)改选被中止,连任也被允许。但是战争结束之
后,一个人两次担任执政官之间必须有 10 年的间隔。公元前 180 年,
晋升阶梯被以法律的形式确定下来。③这些措施反映了寡头统治一个
长期不变的特点,即寡头之间地位平等的原则,或者说是"轮流坐庄"的
原则。显然,这种措施限制了公民大会的选举权。

元老院由少数非常富有,也非常高贵的贵族构成,这样的机构怎样和
在构成上与其完全不同的公民大会和谐相处呢? 对此有不同的回答。传
统的回答是格尔泽在 1912 年出版的《罗马贵族》一书中最早给出的,④后
来罗纳德·塞姆在 1939 年出版的《罗马革命》一书中对其进行了润色,⑤
使其更具说服力。他们认为,作为罗马统治核心的元老院议员代表的是
一些关系密切的大家族势力。这些家族十分富有,声名显赫。通过大批
的依附者,他们控制着公民大会的投票活动。[417]最近的研究驳斥了这
种看法,在承认元老院和公民大会之间和谐关系的同时,研究者将这种和
谐归因于偶然因素。第三种观点更进一步,认为在城邦内部事务方面,公
民大会是和元老院相抗衡的,至少在公民权利和对当选行政官的限制性
规定方面不受元老院的支配。与此相应,这种观点认为公元前 170 年土地
资源短缺的问题开始再次浮现出来之前,元老院和公民大会之所以能够

① P. A. Brunt,《罗马共和国的社会冲突》(Chatto and Windus, London, 1971),第 63—
64 页。

② 见原书第 406 页。

③ M. Cary 和 H. H. Scullard,《罗马史》,第三版(Macmillan, London, 1979),第 181 页。

④ M. Gelzer,《罗马贵族》(Blackwell, Oxford, 1969)。

⑤ Syme,《罗马革命》(牛津大学出版社,Oxford, 1939)。

和谐相处，原因在于当时双方成功地各获所需，皆大欢喜。①

4.2 共和国中期的政治过程

在共和式的政府过程背后是寡头统治。从其建城开始，罗马实行的一直是自上而下的统治。当贵族取代国王时，这种情况没有改变。当有些平民通过个人努力进入贵族圈子时，这种情况同样没有改变。随着公民大会的领导者投入"贵族的怀抱"，成为新的贵族，公民大会的力量大大削弱。这股新的贵族势力高度排外，其成员的目标、抱负和理想就是能够在仕途上飞黄腾达。这样，他们形成了罗马精英统治阶级的核心。从公元前 200 年到公元前 134 年，除了极少数例外，执政官一职由 25 个家族轮流担任。

4.2.1 传统理论：庇护关系和操纵

对德行、权威、荣誉、光荣和名声的竞争十分激烈。为了达到目的，利用罗马独特的庇护制度，贵族世家控制着大量的依附者，他们遍布社会的各个角落。这种做法由来已久。从严格意义上讲，庇护关系类似于一种父子关系，"恩主"（patronus）一词就是从"父亲"（pater）得来的。受庇护者使用其恩主的姓，这种庇护关系父子相传。在法庭上，恩主有义务帮助他的受庇护者，对其多加关照。作为回报，受庇护者应该对恩主效忠，包括军事、法律，甚至经济上的服务。收纳受庇护者的一个途径就是解放奴隶，但这种方式在公元前 2 世纪之后才变得举足轻重，因为此时使用奴隶的现象已经变得非常普遍。[418]也有时是受庇护者采取主动，就像在欧洲中世纪时那样，进行自荐。

这种"传统"理论的提倡者似乎以为，在共和国中期，这种庇护关系依然保留了过去所具有的特征。因此，在公民大会举行投票时，贵族要仰仗其大批依附者的支持。总之，用格尔泽的话说：②

---

① 这两种与传统认识大相径庭的观点是由 Millar 提出的，见《罗马古典共和国时期的政治本质：公元前 200 年至前 151 年》和《罗马共和国中期的政治权力：是库里亚还是公民大会？》。
② 引自 Brunt，《罗马共和国的灭亡》，第 385 页。

构成罗马社会的所有罗马人,无论是统治阶级,还是他们所统治的广大选民,都生活在各种各样的社会关系之中。这些关系建立在忠诚和人际交往的基础之上,主要形式是法庭和社会上的庇护,还有政治交情和经济责任……势力最大的人是能够利用其依附者和朋友动员最多选民的人。

4.2.2　对传统理论的批判

罗马的贵族等级占据着国家的高级职位,对此人们已经形成共识。但霍普金斯表明罗马的贵族并非像以前所认为的那样,是"稳定的世袭贵族,可以一代代追溯到古代"。①他得出的结论是在公元前 2 世纪,富有的贵族精英统治者只是统治阶级的核心部分,这部分人世袭的比例很高。"在他们周围是来自同一社会等级的大土地所有者,这部分人在政治上是成功的,但世袭的比例没有贵族那么高。这些位于外围的元老院议员有很多是其家族几代人中唯一的从政者。"②此外,虽然贵族统治阶级"根据土地多少、消费方式和社会威望而在内部有所分化……外人也是可以进入的"。这些"外人"包括"执政官和元老院议员的后代、骑士和一些外来成功人士"。③

[419]此外,还有一种看法受到质疑,这种看法认为这些贵族对公民大会的影响要依靠他们的受庇护者,而他们通过和其他贵族建立派系和友好关系也壮大了其追随者的队伍。除了自由人,行省和境外属地,还有在法庭上所代理的人之外,在西塞罗和萨卢斯特(Sallust)的 1000 页著作中只有 50 次间接提到受庇护者。④

---

① 例如,公元前 250—249 年,所有执政官中有 30% 的人过去三代祖先中无人担任过执政官,只有 32% 的人的儿子当上执政官,执政官的子孙只占所有执政官人数的 40%,执法官的机会更少。

② Hopkins,《灭亡与复兴:罗马史的社会学研究》,第 117 页。

③ 同上,第 44—45 页。但这肯定是一个极其狭小的社会圈子。在该书第 32 页,霍普金斯使用了这样一个极端的表达,"罗马元老院的大门对外来者是完全敞开的",紧接着他将"外来者"限定为"那些本身不是元老子弟的人"。实际上由于霍普金斯将"贵族"的定义加以扩展,这样政治精英中非世袭的部分肯定要远远多于直接世袭的那部分。而其前的研究者对"贵族"的定义更加狭窄,因此他们认为世袭的那部分人数比例会更高一些。

④ Brunt,《罗马共和国的灭亡》,第 391—392 页。

即使被证实的"真正意义上的"受庇护者也不一定会承担据称是世袭的义务，这种庇护关系也不仅仅限于贵族，还可以延伸到地位比贵族要低很多的元老院议员。一个受庇护者也不一定只有一个恩主，而是可以同时拥有多个。这就是为什么发生内战时受庇护者会感到无所适从，不知应该对哪一方效忠。选举过程一点也不机械，这一点可以从《竞选手册》中清楚地看出来，这个小册子的目的是为了教育西塞罗怎样赢得选举。除了在其老家阿尔皮努姆（Arpinum），西塞罗没有受庇护者，因此小册子的作者建议他一定要拉选票。他对许多包税人，大部分骑士，还有自治市和社会团体都有恩情。这些人必须拉拢过来，除此之外，还要拉拢元老院议员、执政官和各级贵族，还有任何在当地有影响的人物。必须承认，西塞罗是"新人"，没有贵族背景。可以想象，要想成功，他要付出更多的努力。但即使这样，我们的印象也只是他尽量拉拢个体，而不是利用受庇护者集体的投票压倒公民大会里的民众。

派系和友好关系的本质和政治重要性也是很有争议的话题，我们在后面涉及共和国后期的派系斗争时将会对此展开讨论。并不是说因为两个人有裙带关系，在公共生活中，他们就会长期团结一致。个体常常会感到不但要对亲友尽义务，还要对自己尽义务。就像布朗特正确指出的那样，"实际上贵族的野心本身就是组建派系的障碍，这样的派系由某一位杰出个体的追随者构成……每一位个体的野心要求其他人的成功必须受到限制"。①这个原则对整个政治史都是适用的。

"传统"理论的一大诱人之处在于其简洁明了：元老院和公民大会之所以能够维持和谐，是因为元老院的支配地位是通过受庇护者集体投票来实现的，并且还联合了其他类似集体。如果他们之间的和谐不是这样建立的，又是怎样建立的呢？

4.2.3　对公民大会的评价

[420]传统理论认为公民大会处于被支配地位，最多能起到仲裁作

---

① Brunt，《罗马共和国的灭亡》，第 43 页。参见 S. E. Finer，《比较政府》（Allen Lane，London，1970），第 443—449 页。

用。虽然民众能够，有很少的几次也的确对抗了元老院，但这也只是因为他们"被完全激发起来，有坚决的领导者，可以支配公民大会的大多数人"。①由于百人团大会偏向于富人，自然会选举富有的大土地所有者。但在公元前 107 年，它曾经公然反抗元老院，选举一名小小的骑士马略为执政官，而他显然不属于狭窄的贵族圈子。

在行政官的选举问题上，传统的操纵理论呼声最高，因为这些选举是在百人团大会进行的，而百人团大会就是一个富人俱乐部。在立法问题上，这个理论能成立吗？这里我们应该将目光转向部落大会和平民大会。霍滕西亚法已经确立了平民大会决议对全体人民的法律效力。有人认为民众通过法律或者平民大会决议实际上真的确立了公民的权利，明确了行政官的行为和任职条件。但是公民大会又是怎样做到这一点的呢？要知道他们并没有立法创制权，没有行政官的命令，甚至不能召集会议。对于一项提案他们只能表达赞同与否，连围绕该提案的辩论都听不到，更不要说参与辩论了。作为回答，米勒强调了教科书很少注意到的一点，即在正式的公民大会投票表决之前，民众可以举行非正式集会，对问题进行讨论，他们通常会这样做。

这种集会是非正式性的，一般在公民大会通过法律的正式集会之前举行。在行政官的召集之下，民众开始集合。庄严的仪式过后，行政官开始向民众陈述问题。和在公民大会一样，集合的民众无权干预辩论，但是却可以判断一项提案的利弊，因为召集大会的行政官可以让任何一位公民发言。通过政客之间有限的辩论，民众可以获得对问题的初步认识。这样，当提案到达公民大会时，他们就可以正式对其进行表决。不仅如此，非正式会议常常是在野政客表达看法的唯一平台。演讲者登上讲台，此时雄辩能力非常关键，原因有二：第一，要说服民众；第二，可以使演讲者获得雄辩的声誉。罗马文化对口才非常重视，如果演讲者能言善辩，就更有资格作为候选人参与竞选。

[421]我们完全可以这样推测，通过非正式会议，元老院议员可以

① Brunt，《罗马共和国的灭亡》，第 43 页。参见 S. E. Finer，《比较政府》（Allen Lane, London, 1970），第 26 页。

对民意有所了解。同样，民众也可以向元老院传达其观点。很有可能正是这种辩证关系才促成了一种和谐的状况。既然如此，为什么到了罗马共和国后期，甚至更早，在公元前 133 年格拉古兄弟提出新的土地法时，这种和谐会被打破呢？米勒的回答是"公元前 2 世纪前半叶，精英对'人民'的统治并非风平浪静，而是因为民众的权利已经牢固确立，他们对胜利、战利品和土地的要求很容易就可以得到满足"。①

这就是人们提出的四条理论。如果我们因此拒绝"元老院支配公民大会"的观点，这些机构之间的和谐又怎么解释呢？这种和谐是毫无疑问的。不难发现民众选择的总是贵族。就像以前人们说过的那样，"英格兰人都喜欢贵族"，同样，罗马人也都喜欢贵族。在贵族的葬礼竞技等场合，人们会缅怀他的美德。财富是另外一个因素。担任公职不但没有报酬，为了取悦民众，还要资助演出和竞技活动，后来还有粮食救济。为了贿赂选举者，也需要大量的财富。就我们所知，为了抵制贿赂行为，通过了许多法律，但直到公元前 55 年，所有这些都不管用。恐吓的方法可能也使用过，尤其是在共和国后期。和希腊城邦的情况一样，雄辩之才非常重要。

罗马并不是民主政体。直到其结束，罗马一直由民众选举出来的贵族所统治，他们显然不能代表罗马的所有公民。公民大会结构奇特，公民分散在意大利各地，穷困潦倒一无所长者集中在城市部落，还有贫穷的农村流亡者，所有这些因素都使罗马共和国远远偏离了民主道路。罗马政体是一种偶尔被缺乏代表性的公民大会所调和的贵族统治。

虽然如此，在罗马人民眼中，这个体制是合法的，因为它不是简单的寡头统治，也不是少数人的不称职统治，而是非常称职的金权政治。这是一个精心设计的体制，权利和相应的公民义务都依据财产多少进行了分级。公民的权力和责任取决于监察官将其归于哪一个等级。这样一来，最为繁重的军役一般只会落在富有的公民头上。平均下来，这一时期每个公民要有 7 年的时间在战场上，而对于在西班牙作战的人来说，时间还要更长。只有在极其危急的情况下，无产者和其他人才被

---

① Millar，《罗马共和国中期的政治权力：是库里亚还是公民大会？》，第 145 页。

征召入伍。[422]同样,缴纳战争税的也只是有产者。"富人、贵族和有权有势者提供了主要的军事力量和财政支持,在政治决策的制定和实施方面,他们也扮演着主要角色,而那些不幸贫困者却被免于各种义务和责任。"①这没有什么值得大惊小怪的,虽然雅典的情况与此相反,但政治决策应该由那些"和社会利害相关"的人来制定,这种观念至少贯穿了整个欧洲历史。人们想当然地认为在中世纪英国的普特尼辩论中,这种观念是克伦威尔(Cromwell)和艾勒顿(Ireton)的主体思想。它为法国革命过程中和革命后的纳税选举制提供了理论基础。在英国和其他大部分欧洲国家,这种思想以不同形式一直延续到 19 世纪晚期,在有些国家,如普鲁士,甚至延续到更晚。

　　随着元老院和公民大会之间,寡头统治者和民众之间的冲突,共和国中期结束了。这次冲突超过了以前任何一次类似的冲突,暴露了宪制所允许的平民大会决议的最高权力和约束它的惯例之间的反差。这次冲突使罗马共和国陷入一个又一个政体危机,一直到其崩溃。

　　这种危机的基本走向一目了然。公元前 2 世纪后期,突然发生了一场广泛的社会、经济和思想变化。以前财权统治时期权力和责任的平衡被打破。与此相应,民众日益不满,寡头统治者自私自利,两者之间的矛盾开始恶化。他们之间"先前建立的和谐"消失了,可以说寡头统治阶级和理论上拥有最高权力的公民大会之间出现一种僵持局面。前者不能将后者废除,连奥古斯都也没有这样做,而是只好对其进行"操纵"。就像我们马上会看到的那样,为了达到这一目的,寡头统治者采用了各种手段,从说服和贿赂(这两种方法在共和国中期已经相当成熟)到恐吓,最后不惜诉诸暴力。后期共和国从一个合法的财权政体沦为我们今日所谓的"表面民主政体"。

　　表面民主政体是指这样一种体制,其自由民主②的机构、过程和保

---

① 　Nicolet,《公民的世界》,第 385 页。

② 　"自由民主"的说法显然犯了年代上的错误,但是将其细节上做出必要修正之后,我还是选择使用这个词语,用来指代我们前文所述的这一整套制衡机制、自由和权利。此外,这部分上也是为了说明发生在罗马共和国的事情和现代世界常常发生并且依然在发生的事情是类似的。

障都被法律确定下来，但在实践中却被当权的寡头统治者为了延续自己的统治而操纵或者违犯。[423]这种政府的组织结构通常是同僚制的，但有时也可能会被某个独裁统治者所取代，他会利用类似的方法延长自己的统治。从历史上讲，这种统治和某一传统等级的社会地位和经济优势有关，是他们利用公民自由的法律和民众的选举权，为延续自己传统权力服务的工具。①

5. 共和国为什么会崩溃

从罗马共和国的崩溃我们可以对其本质有更深入的了解。实际情况是在公元前 2 世纪时，一系列的变化使社会结构发生了天翻地覆的变化，支撑政体运作的社会结构被一扫而空。随之产生的是旧政体和新的社会现实之间的不协调，这种不协调进一步导致了宪法明文规定和规避制这些规定的惯例之间的冲突。例如，护民官坚决维护自己和平民大会的权力，而元老院则坚持其传统的支配地位。双方都尽力使宪法和惯例为自己的方便服务。于是，轻微的违规行为导向严重的违规行为，当操纵和欺骗不起作用时就诉诸暴力。就这样，罗马共和国陷入了无可挽回的内战之中。

5.1 社会和经济的变化

迦太基、西班牙、马其顿、希腊，一个个敌手被击败，现在该非洲和亚洲的部分地区成为由罗马总督统治的行省了。帝国给罗马带来的无法估量的财富。公元前 74 年，国库从各个行省收到贡奉多达 5000 万第那流（denarii）。到了公元前 62 年，这个数目增加到了 1 亿 3500 万。用这些钱分别足以供养 40 万和 110 万大军。此外，将军和士兵还能够带回大量的战利品。②最重要的是，大批俘虏被卖给罗马公民为奴。据估计，公元前 202 年至公元前 52 年之间被抓的战俘至少有 516130 人，

---

① Finer，《比较政府》，第 441 页。
② Crawford，《罗马共和国》，第 78—79 页。

这还不包括普鲁塔克和阿庇安所断言的高卢战争中的 100 万俘虏。①
到公元前 28 年罗马共和国结束时,意大利约有奴隶 300 万,自由人
400 万。②

财富的另外一个来源是新行省的总督等人大量的"花费"津贴。
[424]西塞罗担任了一年西里西亚的总督,积攒了 55 万第那流,这相当
于 4600 位士兵一年的报酬。另外一项是行省包税人所获的收益。这
些包税人是在骑士阶层中迅速崛起的力量,他们本来是意大利自治市
的富有行政官,理所当然地被授予罗马公民权。在罗马共和国的政治
角逐中,这部分人,实际上是整个骑士阶层,将发挥越来越重要的作用。

这种大规模的掠夺使富者越来越富有,贫穷者则变得一文不名。富
人占据了越来越多的公有土地,超过了 320 英亩的最高限额。这些公有
土地本来由贫穷的农民使用,但这种圈地行为使他们的小农场无以为
继,最终被驱赶出去。在西西里和意大利南部的其他地区,许多这样的
农场被并入大庄园。此外,奴隶劳动取代了自由劳动,这使以偶尔在大
庄园打工为生的自由农生活更加困难。不仅仅是经济上的压力,无休无
止的战争更让人无法忍受。此时一个农民要服 7 年以上的军役。如果
万一不幸被派往西班牙,情况会更为糟糕。当他们服役期满,回到家中
时,可能会发现田园已经荒芜,甚至干脆落到了肆无忌惮的权贵手中。
总之,罗马的统治阶级"为了更好地掠夺本国人民而掠夺境外的附庸"。③

这使穷人更加激进,使富人更加腐朽。前面我们提到过"祖宗礼
制",正是这些传统美德支撑着罗马共和国最终取得了布匿战争的胜利。
罗马兼并希腊并吸收了其文化和风俗,使这些传统价值观遭到破坏。和
波斯黄金对斯巴达人的影响一样,帝国掠夺的金钱更使这些品德荡然无
存。贪婪和腐败总是携手而行,这体现在行省总督的非法勒索之中,体
现在元老院议员的贪赃枉法之中,也体现在竞选角逐中出现的越来越多
的贿赂现象之中。萨卢斯特为我们描绘出了这个"待售之城"令人沮丧

---

① Nicolet,《罗马及其对地中海世界的征服》,第 210—211 页。
② P. A. Brunt,《罗马共和国的社会冲突》,校正版(Chatto and Windus, London, 1982),第
18 页。
③ Brunt,《罗马共和国的社会冲突》,第 40 页。

的景象，"待售之城，准备卖给出价最高者"。他所描述的细节也许和事实有所出入，但他的总体分析已经完全被证实。

担任公职成了轻松简捷的生财之道，本来就很激烈的竞争变得更加疯狂。为了能够当上执政官，以便指挥军队，攻城略地，掠夺战利品和奴隶，然后在人们的欢呼声中凯旋而归，竞选者像着魔一样。[425]在任执政官延长任期的愿望同样强烈，因为这样就能以代行执政官的身份统治一个行省，就像庞培那样，衣锦还乡时身价高达 5000 万第那流。萨卢斯特将罗马共和国的崩溃归咎于贵族等级的"贪婪和野心"，他是正确的。因此，征服战争和新生财富的第二个影响就是腐蚀了罗马以前的简朴理想，将争夺指挥官权力的竞争提升到了疯狂的程度。这就导致了新一轮的竞争和贪婪，因为要想铺平通往更高职位的道路，就要买通选举官员的公民大会，或者作为市政官大方地出资举办各种竞技活动，这样就需要大量的金钱。所有这些开销都是要收回来的，于是争夺执政官职位的斗争变得越来越激烈。

无休止的战争也引发了另外一系列政治上的变化。公民的人力开始出现枯竭。前面说过，除了十分紧迫的情况（如动乱），只有公民中的有产等级被征入伍。在整个公元前 2 世纪，这部分人的数量不断减少，财产方面的标准被不断降低，这样就连有产等级中最贫穷的人也能参军，不到入伍年龄的年轻人就更不用说了。公元前 107 年，执政官马略将参军资格向无产者放开。虽然他只从中征募了 5000 名士兵，但后来这部分人所占的比例不断提高，直到金权政体的支撑者——即军队中的有产者——被为了战利品而志愿参军的贫穷者所取代。①但战利品是不确定的，也不足以回报军役的辛苦。此外，退役之后没有安置费，也没有小农场可以耕种。于是，他们希望从自己的将军那里得到这类报酬，就像曾经从将军那里分到应得的战利品那样。这样，军人的忠诚就从共和国转向了率领他们的凯旋将军。马略并没有以土地回报他的士兵，但苏拉、庞培和恺撒都是这样做的。于是将军成为士兵的恩主，士

---

① 虽然这部分人并没有多到可以不用再强制征兵的地步，人们对征兵制深恶痛绝，尤其是在内战期间。

兵则成为将军的依附者,而不再是"和国家利害相关"的自耕农和共和国政治过程的参与者。

导致这些变化的无休止的战争也是意大利同盟国心生不满的原因之一。公元前 91 年,这种不满情绪达到了高峰。分享战利品时,他们得到的总比罗马军队少。此外,他们也不能像罗马士兵那样对重刑判决进行上诉。[426]这种不平等不仅仅是军事上的。公元前 133 年之后,有些罗马公民开始领到小农场和谷物津贴,这时公民和非公民之间在物质待遇上的差距就很大了。公元前 2 世纪初,在对汉尼拔的战争期间,意大利的同盟军对于成为罗马公民并不在乎。现在,他们急切地想成为公民,并最终提出这样的要求。元老院拒绝了他们的要求,再加上他们的罗马支持者李维·德鲁苏斯(M. Livius Drusus)被神秘刺杀,于是他们起兵反叛。双方从公元前 91 年一直打到公元前 88 年,这就是所谓的"同盟战争"。

这些就是从战胜汉尼拔(公元前 202 年)到公元前 1 世纪之间,罗马社会发生的重大变化。

5.2　统治机构的扭曲

元老等级比大部分罗马人都要富有得多,他们拥有的传统权威使他们成了罗马共和国安全、财富和道德的监护人,成为"幸哉占有者"。作为一个等级,他们最为关注的事情就是能够维持现状。但对于个体家族来说,事情并非如此。在此之前,如果有"新人"当选执政官,①这是因为寡头统治者允许他们这样。除此之外,成为高官,获取名望的唯一途径就是打破等级界限,不顾元老院的反对,直接诉诸选举的源头,即直接获得公民大会的支持。在野心的促使下,有些贵族就是这样做的。贫穷的公民更加贫穷,成为无家可归者,这为这些贵族提供了机遇。

前面提到过,提交公民大会的立法提案要预先经过元老院的同意,这完全是出于惯例,虽然根据霍滕西亚法,平民大会颁布的法律并不一

———————————

① 　直到公元前 102 年的马略时期。

定非要如此。一般情况下，这些惯例还是受到尊重的，但是到了公元前133年，①公民大会的社会构成已经发生了变化。

公民大会在罗马城召开，公民必须本人到场进行投票。即使在公元前50年左右的恺撒时代，罗马城的罗马公民也不到所有公民人数的15%。罗马的疆域越辽阔，公民权越广泛，公民大会就越不能充分地代表整个社会，因为距离使只有极少数人能够参加大会。罗马城本身就是一个穷人的城市，那些最富有的人都住得远远的。因此，选举执政官和执法官的百人团大会被城外的富有意大利人所支配，[427]贵族必须争取他们的选票。但选举护民官并制定大部分法律的平民大会结构与百人团大会不同，其选举单位是35个"部落"，其成员遍布意大利各地，因为随着新公民的出现，他们被分配到不同的部落。公元前89年以后，所有的意大利人都被授予公民权，这种发展就更为突出了。这些边远地区的公民距罗马城越远，他们在平民大会人数上的影响就越小。除非某些政客不惜血本，把他们接到罗马城。结果，从绝对数量上讲，31个农村部落远没有得到充分的代表。但是这个问题因为罗马城人口的大大增加而得到了弥补。一方面，越来越多的奴隶获得自由。另一方面，就像现在埃及的农民涌向开罗，巴西的农民涌向里约热内卢那样，失去土地、无家可归的公民纷纷涌进罗马城。因此，罗马城的人口一部分是原有的城市穷人，注册在4个城市部落。他们贫穷、贪婪，总是争吵不休，随时可以依附于贵族。一部分是自由民，即被解放的奴隶，他们当然还是受原主人的庇护。还有一部分是移民和前面提到的沦为无产者的农民，但他们似乎还注册在原来的农村部落。由于身在选举现场，他们可以参加公民大会，常常可以决定农村部落的投票。总之，此时的部落大会和平民大会被没有财产、无家可归的公民所支配，而这部分人最容易受贵族的煽动和操纵。随着贫者愈贫，而富者愈富，这使某些贵族有可能将复兴的护民官职位用作实现个人野心的跳板。

我们首先介绍一下政治舞台上的五个角色。首先是贵族和元老等

① 见原书第432页。

级,他们提供了行政职位的竞争者。他们都是贵族,了解这一点非常关键。用莉莲·罗斯·泰勒简单的话说,"一帮自称'好人'的贵族"控制了元老院,不让元老院批准其他贵族和元老院议员的法案。在护民官的帮助下,这些遭遇挫折的人就走到了部落大会一边。①除了马略是明显的例外,其他的政客通常也是贵族,[428]但除了格拉古兄弟外,他们往往来自相对不太显赫的家族,因此努力要打进显贵的圈子。除了格拉古兄弟是真正的改革者,双方所有的其他竞争者都一心为自己着想,用萨卢斯特的话说是"试图建立个人权力者"。此时,他们竞争的目标仅仅是帝国的无数战利品。

第二个角色是骑士,他们起着某种调和作用,有时支持寡头统治者,有时支持背叛他们的对手。不少骑士像某些元老院议员那样富有,但他们喜欢休闲和财富胜过政治。这个等级对于有政治抱负的人来说非常关键,原因有两个。第一,前面我们已经说过,他们在选举执政官和执法官的百人团大会里占优势。第二,掌握罗马财政的人属于这一等级。就像我们马上会看到的那样,对于野心勃勃的人来说,这些人有足够的现金,能够架起通向高级职位的阶梯,许多元老院议员都是他们的"伙伴、同盟和拥护者"。②

第三个和第四个角色是指失去土地的贫穷农民和城市里的流氓无产者。我们已经提到过,在平民大会和部落大会上,前者被过度代表,后者的选票只限于 35 个部落中的 4 个,因此并不重要,但一旦到了大街上,就是另外一回事了。这些恶棍无赖,和那些来自农村,既为了投票,也为了打架的人一起,共同构成了罗马的"暴民"。他们时刻准备着打架斗殴,造反闹事,甚至在没有警察的罗马城滥施私刑。③第五位角色登台较晚,一直等到公元前 80 年左右,那就是苏拉、庞培和恺撒的个人军队。

敌对双方的"追随者们"分别自称贵族派和平民派。今天,我们有时称他们为派系,有时称其为"党派"。后一个说法是完全误导的,因为

① L. R. Taylor,《恺撒时代的政党政治》(加利福尼亚大学出版社,Berkeley and Los Angeles,1961),第 13 页。

② Syme,《罗马革命》,第 14 页。

③ 见 Brunt 在芬利《古代社会研究》第四章中的精彩分析,"罗马暴民"。

它不可避免地会让人想起当今有延续性、有组织的政党。我们这里说的是暂时团结在某个政客周围的家族和团体的集合。他们没有延续性，是流动的，更重要的是，他们追随的是某一个体。贵族派和平民派的说法显然是模仿希腊，前者相当于希腊语里的"贵族"，后者相当于"人民"，但平民派不能翻译成"民主派"，平民派的个人和措施依赖于公民大会，而不是元老院，关注的是民众利益。要想克服元老院的反对，就要从本源着手，直接诉诸公民大会，以土地改革、谷物津贴、扩大选举权等许诺赢得他们的支持。平民派的对手贵族派更愿意维持现状。[429]面对四面围攻，他们更加团结一致，也更加稳定。他们赞同严格控制公款，保护财产权（不管财产是怎样得来的），要求严格执行债务法，限制选举权。为了维持在公民大会里的影响，他们也能推出比平民派更为诱人的措施。

想要担任公职者首先从家族内部开始建立自己的追随者队伍，然后是尽可能多地争取同一氏族其他家族的支持，还有就是和其他家族结盟，通常是以婚约的形式进行确定。这里的"家族"不是指"核心家庭"，这些家庭的个人投票数量微不足道，而是指整个家族，包括所有的依附者，如被解放的奴隶和受庇护者。实际上，家族、氏族和同盟都必须被看作依附者群体的核心。建立追随者队伍的一个方法就是吸收尽可能多的受庇护者，无论是个人的，还是同盟的。从严格意义上讲，应该效忠的受庇护者①包括：第一，那些每天早上不辞辛劳爬上罗马的山丘向其恩主致以问候的人。第二，那些接着追随恩主到广场的人，这些人最值得尊敬。第三，那些随他到处拉选票的人。最后这部分人数量更多，几乎全部来自城市平民，其中许多非常贫穷。因此，恩主会将自己的受庇护者租借给朋友帮助其作战或街头斗殴，这种事情并不少见。到了共和国后期，这种租借变得更加简单，因为许多城市贫民已经加入各种团体，如殡葬协会、宗教协会和贸易协会。例如，公元前 64 年，喀提林就曾经利用这样的团体恐吓其对手。结果，元老院将其中一些解散。②虽

---

① 就像原书第 417—419 页所定义的那样。

② Taylor，《恺撒时代的政党政治》，第 43—44 页。

然严格意义上的受庇护者人数不多，并且也不像以前认为的那样对恩主忠心耿耿，[1]但作为受庇护人的整个群体是被确证存在的。贵族的受庇护者可能会包括整个城镇，甚至地区，因为他们都受过这位贵族或其家族的恩惠，例如被授予罗马公民身份。对于"受庇护者"的概念，我们在使用其宽泛意义时，就像许多现代学者所做的那样，不仅包括严格意义上的受庇护者，还包括被解放了的奴隶，依附的佃农，家臣和私人军队。他们共同构成有政治抱负的贵族的"追随者"。后来，到了公元前 90 年左右的苏拉时代，事情发展到整个军队成为其指挥官的受庇护者，形势变得险恶起来。[430]本来，士兵对执政官宣誓服役一年，但此时这种誓言变得在其整个服役期间长期有效。作为回报，这些士兵希望退役之后能够从指挥官那里得到一小块田地。苏拉、庞培和恺撒都兑现了自己的承诺。当然，军队壮大了政客的依附者队伍，他们可以被送到罗马参加投票，但也可以全副武装到那里。

到了公元前 1 世纪，这种宽泛意义上的受庇护者队伍庞大。恺撒和庞培拥有大量这样的受庇护者，甚至可以组建一支私人军队。庞培的情况比较能够说明问题。他从作过执政官的父亲那里继承了一批退役军人，这些人都已得到了丰厚的回报。他还继承了父亲在亚得里亚海沿岸皮西努姆（Picenum）的大块地产，这里生活着许多世袭的受庇护者。此外，他还拥有意大利人、波河流域的高卢人和西班牙人的支持。这分别是因为他安抚了同盟战争[2]中的意大利人；向高卢人的一些城镇授予拉丁公民权；还向西班牙人授予公民权。后来，就连东方被他征服的"蛮族人"都成了他的受庇护者。[3]

到了公元前 1 世纪的 80 年代，形势就像下面塞姆所描述的这样：

> 罗马宪制只不过是屏障和幌子，在其背后的势力中间，除了贵族世家，骑士最为重要。通过和掌管财政者的联合，通过在法庭的庇护关系和社会各个领域的效忠关系，政治巨头的势力范围不仅限于罗

① 见原书第 418—419 页。
② 见原书第 433 页。
③ Taylor，《恺撒时代的政党政治》，第 44—46,48 页。

马,还蔓延到意大利的农村市镇和与罗马的政治生活没有直接关系的地区。无论他是否拥有元老院的授权,都可以自行组建军队。

此时的士兵是从意大利最贫穷的等级中征募的,他们不再效忠于国家。参军只是为了生计,或者是被逼无奈,而不是理所当然的履行公民义务。为了维持一个世界帝国,为了实现将军的野心,将军在其行省拥有极大的权力。他们必须同时是政客,因为军团士兵就是他的受庇护者,士兵们期望着从他那里分到战利品。战争结束时,他们希望能够在意大利得到一块属于自己的土地。忠诚于将军事业的不仅有老兵,通过在行省的权力,将军还可以赢得整个市镇和地区、行省和民族、甚至是王侯的忠心。

[431]要想在罗马赢得权力,以执政官或其他高官的身份指导共和国的政策制定,做到上述这些就够了。①

元老等级和他们的平民派对手想方设法争夺对国家的控制权。由于公民大会的构成很不合理,从一开始操纵就不可避免。在争夺选票的过程中,让大众了解候选人家族的悠久历史和赫赫声威非常重要。为了达到这个目的,当一个家族的名人去世时,竞选者就会在葬礼上将祖先的半身像展示出来,还会登上演讲台,发表对死者的颂词,通常还会不惜巨资举行葬礼竞技活动。这种竞技活动的规模越来越大,花费也越来越多。公元前 264 年,要有三对角斗士进行角斗,到了公元前 183 年,角斗士的数量增加到了 60 对。这种活动不仅限于葬礼,如果通过投票决定为一位将军举行凯旋仪式,那么他也要出资赞助竞技活动,这种活动有时会持续数日。②

无论是围绕立法提案的争执,还是竞选时的争夺,贿赂之风都十分盛行。我们已经提到过,法律对此也束手无策。到了共和国后期,贿赂更是大行其道。此时,通过各种行会和团体,贿赂已经成为一种有组织、有系统的活动。这些组织在每个部落都有分部,负责发送贿赂,还

---

① Syme,《罗马革命》,第 15 页。
② Cary 和 Scullard,《罗马史》,第 178 页。

有专门的机构掌管贿款,其成员以 10 人为一个单位。①

当一项法案被提出时,全城的大街小巷都会张贴。行政官很可能会召集非正式的会议,向民众解释该提案的大意,还可以让任何公民对其发表看法。即使他不找自己的反对者,其他的行政官也很可能会召集自己的非正式会议,提出相反的看法,因为行政官有很多。

这只是第一个障碍。提案的反对者还可以利用程序上的各种漏洞,延迟或者阻止对其展开讨论。顺从贵族的执政官会将提案否决掉。他还可以延迟召集公民大会,直到提案的支持者离开投票现场,例如回家收获庄稼时。此外,他还可以突然召集大会,让提案的支持者措手不及。这种延迟会议的最佳借口就是罗马的官方宗教。这是一种相信占卜、凶日、日食和其他异常现象的宗教。担任祭司职务的官员能够借口某日不吉利,推迟竞选或推迟对法律提案进行投票。[432]如果这些计谋都不管用,还可以诉诸恐吓和暴力。起初这些只是针对个别政客的单独行为,后来发展成为利用军队甚至军团进行武力威胁,最后干脆直接宣布敌对派系为国家公敌。

事实很简单,公元前 133 年左右,平民大会所要求的和元老院准备给予的差距悬殊,不可调和。在制度分明的政体里,也许这种冲突可以找到和平解决的方案,用我们现在的话说是“政治”方案。但就像我们看到的那样,罗马的制度既不清晰,也不精确。罗马共和国的机构之间缺少协调,互相抵消,只有通过各方的默契,才能起作用,而严格的法律是不考虑、甚至是反对这种默契的。低级贵族想要通过公民大会(平民派)取得某种变化,而抵制变化的人会通过元老院(贵族派)进行反对,只要双方拒绝遵循这些惯例,这种政体就对解决政治分歧无能为力。诉诸法律要经过激烈的斗争,诉诸先例也要如此。法律和先例都被违背,接着又都被打破,直到这种违背行为愈演愈烈,这种政体也最终被废除。

5.3 祸乱的深渊

共和国政体的崩溃开始于公元前 133 年提比略·格拉古当选护民

---

① Brunt,《罗马共和国的灭亡》,第 425 页。

官时。此时农民缺乏土地的问题变得非常突出，通过严格执行有关公有土地占有权和所有权的法律，提比略想使问题得以缓解。这些公有土地大部分都被最富有的土地所有者非法占有，土地面积超过了法定的最高限额。如果提比略严格执行法律，这些大土地所有者占有的土地就要被收回，因此他们利用元老院拒绝执行，这就是祸根所在。

元老等级的贵族不但抵制土地改革，对粮食的价格也不关心。廉价谷物是食不果腹的无业游民的必需品，这部分人占罗马人口的大多数。提比略的弟弟盖乌斯于公元前 123 年和前 122 年任护民官，他对这些人给予粮食补助，但此后元老院限制了接受补助者的人数，还提高了价格。最后苏拉干脆废除了这项政策，但他死后，这种补助又被恢复。公元前 58 年通过法律，免费向贫穷公民发放粮食救济。军队也同样因为元老院的吝啬而受害，很快成为由无产者构成的雇佣军。[433] 这些人和国家的利害没有密切关系，参军只是为了挣钱。他们的薪酬很低，退伍老兵也得不到妥善的安置。对此，元老院没有采取任何措施。部队不得不仰仗他们的将军，期望维护自己的利益。另一方面，将军也需要部队的支持，只有这样才能将自己的意志强加给元老院。不仅如此，元老院还拒绝同盟者获得罗马公民身份的要求，为以后可怕的"同盟战争"埋下了祸根。

布朗特对这种情况进行了精彩的总结：

> ……共和国后期的巨大冲突源自利益和观点上的重大分歧，分歧的一方是元老等级的贵族，另外一方是意大利同盟者、骑士等级、城市平民和农民。还有就是因为元老院没能赢得大量农村人口的民心，因此，从中征募的士兵对政府缺乏忠诚，会毫不犹豫地听命于叛逆将军的指挥。他们对将军的依附关系不同于受庇护者和其恩主之间的关系，而是雇佣军和其队长的关系。他们期望退伍之后能够从将军那里得到一块土地，继续做农民……①

① Brunt，《罗马共和国的灭亡》，第 386 页。

领导反对元老院的也是贵族,其中许多就是元老院议员。由于在元老院无法取得政治上的进展,遂转向公民大会,领导起罗马社会中所有被疏离的力量。从此以后,用布朗特的话说,"元老院搬起石头砸了自己的脚,他们最早诉诸暴力,最后也亡于暴力。提比略·格拉古被私刑处死,其追随者也遭到迫害,这件事本身就嘲弄了法律的公正性。他的弟弟为军事镇压提供了借口,但对于其拥护者的屠杀却没有明显的理由"。①

贵族派和平民派之间,元老院和公民大会之间的冲突越来越频繁,也越来越激烈,共和国的宪制也在此过程中解体。对宪制的违犯体现在三个方面。首先,元老院议员和护民官对宪制有各自不同的解释,这样他们必然会发生冲突。其次,对每一位行政官或护民官权力的约束被一点一点地放弃,例如同僚制和一年任期制。最后,起初偶尔的唇枪舌剑愈演愈烈,为了通过法律,不惜长期动用暴力,最终沦为全面内战和大规模屠杀,苏拉则干脆抛弃了古老的宪制。

这段历史充满了议会式的阴谋诡计、尔虞我诈,充满了贿赂和腐败,[434]随之而至的是暗杀、叛乱和激战。只有通过波利比乌斯、萨卢斯特和阿庇安这些罗马历史学家的详细描述,我们才能真正体会到罗马共和国的政治过程是怎样逐步衰退的。要想说明其细节,实际上就是写作共和国最后 100 年的历史,这里显然是不可能的。下面仅仅是主要事件的大致梗概,重点注意其中对法律和传统的违背。

大 事 年 表

公元前 133 年　　　　　　提比略·格拉古任护民官。重新颁布法律,限制私人占用公地的面积。根据公元前 287 年的霍滕西亚法,这是完全合法的行为,但这却对元老院构成前所未有的挑战。于是元老院让另外一位护民官否决这项法律。格拉古使平民大会免除这位

---

①　Brunt,《罗马共和国的灭亡》。

护民官的职务，这是史无前例的，却不一定违背宪法。土地法得以通过。格拉古让公民大会制定另外一条法律，将波格蒙王国赠与罗马的国库财产用于土地改革。元老院抗议，声称这样做侵犯了他们决定外交政策和财政的传统权力。作为反击，提比略决定史无前例地连任护民官，这样做可能违背了公元前180年的维利亚法。结果，提比略的拥护者与元老院的拥护者发生冲突，提比略被杀。

公元前123年	提比略的弟弟盖乌斯·格拉古任护民官。继续采取激进的反对贵族的措施。
公元前122年	盖乌斯第二次当选护民官，一年任期的原则被最终打破。提议授予拉丁同盟罗马公民身份，授予意大利同盟拉丁公民身份，这些提议没有被平民接受，未能成功。
公元前121年	盖乌斯第三次竞选护民官，失败。有抗议要求废除他的一些立法。武装冲突促使执政官欧皮米乌斯（Opimius）说服元老院颁布所谓的元老院紧急决议，这又是一个史无前例。决议宣布国家面临危险，让行政官确保"共和国不受伤害"。执政官欧皮米乌斯追击盖乌斯，双方发生武装冲突，盖乌斯被杀，他的3000位拥护者被处死。
公元前119年	不是贵族出身的马略当选护民官。
公元前118—前108年	罗马军队在非洲不断遭遇失败，在和高卢和波河流域的凯尔特人作战时也是如此。
公元前107年	公民大会不顾元老院的反对，选举马略为当年的执政官，还打破原有的行省分配，[435]让马略负责非洲的行省。

公元前 105 年	马略再度当选执政官，打破了两次任职之间要有 10 年间隔的限制。从此以后每年当选，直到公元前 100 年。
公元前 100 年	马略第六次担任执政官。其政治同盟、煽动家萨图尼努斯（Saturninius）起兵造反。元老院再次颁布元老院紧急决议，命令马略进行镇压。马略镇压失败，未能阻止萨图尼努斯和其支持者的屠杀。
公元前 91 年	德鲁苏斯（Drusus）任护民官，打算进行土地改革，授予意大利同盟公民身份。元老院宣布这项法律不合法，因为它和占卜相违背，因此是无效的。后来德鲁苏斯被杀，于是同盟发起叛乱。
公元前 91—前 88 年	同盟战争，造成大规模破坏，250000 人入伍服役。公元前 88 年，同盟军队在军事上失败，但在政治上却胜利了，因为他们赢得了罗马公民身份。
公元前 88 年	苏拉任执政官，握有对米特里达提（Mithridates）战争的出征权。为了获得部落大会的选票，以得到东征的机会，马略支持护民官萨尔皮西乌斯（Sulpicius）。作为反击，苏拉动用"中止一切执法活动"（iustitium）的紧急法令。萨尔皮西乌斯撤销这条法令，苏拉逃向他的军队，然后率兵向罗马进军，马略出逃。
公元前 86 年	当苏拉还在东方作战时，在罗马的执政官西纳（Cinna）和马略联合，占领罗马。他们让公民大会选自己为执政官，开始了为期五天的恐怖统治。马略死于胸膜炎。
公元前 83 年	苏拉返回罗马，联合逃离恐怖统治的流

	亡者和庞培从皮西努姆征募的 3000 人私人军队。
公元前 82 年	苏拉夺回罗马，实行更为糟糕的恐怖统治，发布公敌宣告，排除异己。
公元前 79 年	抛弃了原有宪制，制定了新的宪制，苏拉退位。

5.4　公元前 82—前 79 年，古老宪制的结束

公元前 79 年，苏拉认为自己总算解决了宪制问题，就从位子上退了下来，此后不久就去世了。实际上他并没有解决问题，内战还在继续，而且规模越来越大，一直到公元前 31 年，屋大维（后来的奥古斯都）成为罗马世界不容置疑的主人，这也是传统上罗马共和国结束的时间。其间的几年是多事之秋，苏拉的副官庞培权力上升，统治了中东地区，而苏拉的另外一个副官恺撒则征服了高卢。接着二人闹不和，引起了整个帝国范围的内战。恺撒获胜，后来被贵族派刺杀。然后是这些贵族派和恺撒的政治继承人之间的内战，结果被恺撒收为义子的屋大维和马可·安东尼消灭了贵族派。[436]最后一场内战在屋大维和马可·安东尼之间爆发，这场内战以屋大维的胜利而告终。

虽然如此，我所描述的共和政体在苏拉时代就已经结束了，上面列举的可怕骚乱不过是其临死前的阵痛而已。

首先，苏拉的军队已经不再是共和国的军队，而是他个人的，这些人追随他是为了得到战利品和奖赏。此后内战中所有角逐者的军队都属于这一种。因此，无论此后元老院和公民大会形式上的权威有多大，它们都已经沦为附庸。

其次，在对待被击败的对手方面，苏拉不同于马略，而是以一种更加系统化也更大规模的方式排除异己。"正式列出被他判死刑者的名单，给刺客提供奖赏，给通风报信者提供奖励，以惩罚威胁那些敢于藏匿列上名单者，（他是）第一个这样做的罗马人。"苏拉将 40 位元老院议员和 1600 名骑士判处死刑，后来更多的议员遭此命运，城中还有些人则被出其不意地就地杀害。奴颜婢膝的法庭将他在城外，乃至整个

意大利的敌对者判刑。苏拉不仅惩罚个人,还惩罚整个团体。利用没收和扣押的财产,他将退伍的士兵安置在军事殖民地,这样既回报了他们的受庇护人身份,还驻防了半岛。①从此,这样系统化地将敌对者宣布为公敌并没收其财产的做法就成为常规。等级之争以来,共和国在政体秩序框架内成功调和对立的努力被抛弃,取而代之的是简单的灭绝政策。

第三,胜利派系的领导者为自己赢得了史无前例的权力任期。我们已经见识到护民官是怎样获得连任两年的资格的,也了解到马略是怎样七次当选执政官的,但这些对法律和传统的违背至少尊重了一年任期的原则,因为任职者在一年任期结束时必须重新参加竞选。通过百人团大会的投票,苏拉被任命为"制定法律,重建共和国的独裁官",这就创下了一个致命的先例。和古代的独裁官一样,苏拉成为最高行政官,[437]但传统的独裁官任期只有 6 个月,而苏拉的独裁官职位却是无限期的。在后来的公元前 67 年,庞培被委以打击海盗的重任,被授予"无限统治权",即不受地理约束的权力,可以任意结盟或议和,这种权力他可以拥有 3 年。恺撒先是被授予 5 年在高卢的指挥权,到了公元前 49 年,他成为内战中唯一的胜利者,被宣告为终身独裁官。

苏拉"重建"共和国的一个有趣之处在于他实际上抛弃了共和国的根本原则,即通过执政官的"君主"权力,公民大会的"民主"权力和元老院的"贵族"权力这三者之间的对立所取得的权力制衡。就像我们看到的那样,在共和国中期,这些不一致的三部分之间还是和谐的,但只要其中一部分暂时落到反对元老院的人手中,要想取得必要的协调,就只能通过越来越多的操纵和腐败,然后是强迫,最终是公开的血腥武装冲突。我们不知道苏拉为什么要改革宪制,但是我们可以推理。在我看来,苏拉当时一定认为要想使各个机构之间协调运作,就必须彻底取消权力制衡机制,将最终权威交给一个机构。对于苏拉来说,这个机构就是元老院,其他机构都要服从于它。

---

① 阿庇安,转引自 N. Lewis 和 M. Reinhold,《罗马文明》,第一卷,罗马共和国;第二卷,罗马帝国(Harper,New York,1966),第 267—271 页。

护民官和公民大会的地位降低。不预先经元老院同意，公民大会不能通过法律。部落大会失去了授予行政官特别指挥权的权力。护民官的权力被削弱，不经元老院批准，他们的平民大会决议不再有法律效力。此外，他们还失去了否决执政官的提案和元老院决议的权力。不仅如此，护民官职位曾经是竞争执政官职位时获取民众支持的一种方式，但由于护民官被禁止继续担任其他行政官，这一职位也失去了其吸引力。

普通行政官的权力也被削弱。监察官职位虽没有被废除，却失去了选举或淘汰元老院议员的权力。执政官和执法官职责的分配权力重新落到元老院手中。苏拉似乎想让执政官继续以抽签的方式接管行省，但要到次年才能以代行执政官的身份前去赴任，而执法官当选之年必须留在罗马，次年才能同样以抽签的方式接受管理行省的任命。此外，执法官的数目被增加到了 8 位，财务官则被增加到了 20 位，重新严格按照晋升阶梯决定官员的升迁，[438]还再次规定执政官两次任职之间必须有更长的时间间隔。所有这些措施都降低了行政官职位的重要性。

通过新的宪制，元老院以前的"传统"地位被以法律形式确定下来，成为核心机构，实际上成为最高权力机构。元老院议员中新增了 300 名骑士，这一定意味着很多意大利人的加入。监察官失去了选拔元老院议员的权力，所有 20 位财务官以后都可以进入元老院。苏拉还规定，7 个常备法庭的陪审团只有元老院议员才能参加，这就进一步强化了元老院的权力，因为此时 7 个常备法庭已经基本上接过了百人团大会的刑事审判权。

在苏拉看来，权力制衡原则已经不再起作用，必须取而代之，将权力集中到一个最高机构。显然，这种看法是正确的，但其错误之处在于将这种权力授予元老院，因为他本人已经创下先例，成为颠覆元老院的始作俑者。这种颠覆行为体现在前文罗列的事件中：拥有一支个人军队，通过劫掠政敌的财产供养这支军队，还授予自己终身独裁统治权。最高权力不再像苏拉所希望的那样归元老院所有，而是落到了指挥军团的人手中，此后共和国所遭受的所有磨难都证明了这一点。

6. 评价

我们可以从三个事实来为共和国辩护。首先,从公元前 509 年到公元前 133 年,罗马共和国保持了很强的稳定性,中间只发生过很少的几次"骨折",有时十分激烈的内部冲突也得到了和平解决。由此可见寡头统治者不仅仅是被服从,而是基本上受到了人民的尊重。如此多的罗马农民能够拼杀疆场那么多年,虽然这中间也有过明显的厌战情绪和对征兵制的不满,但这本身就说明了三点。第一,他们之间有一种真正的纽带关系。第二,从某种意义上说,罗马共和国是一个真正的政治共同体,而不是一家股份制公司。第三,根据权力和责任的平衡,将领导权交给富有家族的做法是被人们所接受的。蒙森所说的元老院对人民权利的"篡夺"可能会被夸大其词。对于权力和责任的分配建立在理性基础之上,直到公元前 133 年基本上都符合民意。在强大凝聚力的背后,有公民浓厚的爱国主义情感和对外敌侵略的过度恐惧,对此我们不能低估。[439]第二个辩护在于罗马共和国基本上接近于一个意大利国家。从一个个语言不通,文化不同,又处于不同发展阶段的部落,罗马城邦最终缔造了一个基本统一的社会,有共同的公民权,共同的语言,共同的法律,还有共同的生活方式和世界观。第三个辩护在于罗马对已知世界的征服方式,其军队是由自由公民组成的,而不是被驱赶的奴隶,也不是雇佣军,将军则由非专业化的贵族每年轮流担任。这再次证明了共和国品格中的忍耐力、顽强性和自我约束精神,尤其是自愿精神。虽然我们无法完全理解这些品格的本质,但它们一定是存在的。

在我们考察过的所有政体之中,除了亚述人之外,罗马共和国的军国主义色彩最为浓厚。在共和国的整个历史上,没有战争的年份加到一起也许还不到 10 年,罗马军队总是在南征北战。军事上的光荣对统治阶级成员实现抱负至关重要,在以前的社会中很少有像罗马这样的。罗马的军法最为严酷,统帅可以判处部下死刑,被判刑者根本就没有申诉权。到了公元前 2 世纪后期,法律终于将申诉权授予罗马公民士兵

（注意同盟士兵没有这种资格），但是这条法律却可以被绕开，只要长官将一根指头指向被判刑的士兵，他就必须要遭受两列士兵的棍棒夹击，死于乱棍之下。战败的连队也会受到类似的待遇，他们被游街示众，还要从 10 人中任选一人，被就地处死。征兵制严酷无情，特别是在人力短缺的时候，军人连续 7 年不能离开部队，有的要连续服役两个 7 年。

连罗马士兵都要遭受这样的惩罚，他们的敌人就更不用说了。在罗马的战争中，尤其是在和西班牙的部落作战时，变节、屠杀、勒索和劫掠司空见惯。读者的同情往往会倾向于西班牙的维里亚图斯（Viriathus）和高卢的维钦托列（Vercingetorix），而不是罗马军团。

对于被征服者，罗马共和国几乎一毛不拔，这一点很像亚述人，但不像波斯人。我们后来会看到，罗马帝国就完全不是这样了。无论其本来动机何在，这些远征都是大规模的掠夺战争。虽然先前的国家也都同样掠夺过，但是罗马的掠夺性比它们都要强很多。罗马的军队大肆杀戮，席卷战利品，索取大量赔偿，使成千上万的被征服者沦为奴隶。在罗马历史上的共和国阶段，他们回报给这些人的只有一个又一个贪婪成性的总督。[440]利用拥有行政大权的罗马指挥官职务之便，这些总督总是在想方设法聚敛财富。

罗马人还被指责过于残忍，这是真的，但我并不认为他们比当时的其他民族更加残忍。在斯巴达克斯起义中，罗马人将成千上万因失败而被俘虏的奴隶钉在十字架上处死，但迦太基人也干过类似的集体屠杀，就像亚述人曾将敌人集体刺死一样。整个古代世界已经对残忍之举司空见惯，而我们对此只会感到深恶痛绝。

最后我要回到本章的主题，即共和国的宪政和政治过程。前者是不好的，而后者在最后阶段是致命的。

共和国的宪政与理性相违背。如果只看其法律条文，这种政体是行不通的。但它却发挥了作用，公正地说，直到公元前 133 年，它都相当成功，而这种成功是不由自主的，而不是它自身所取得的。之所以能够起作用，就是因为有不成文的惯例，即实际上避开了其法律条文。对于民众和贵族来说，这都是极大的恭维，他们必须要接受这些惯例，而对于宪政本身来说就不是这样了。

公元前 133 年之后,尤其是在公元前 82 年之后,要想赞扬这个政体的操作者就不可能了。恰恰相反,罗马的政治行为完全是堕落的。我们不能被"伟大"、"帝国"、"希腊化文明"、公共浴室、排水系统和公共建筑①之类冠冕堂皇的话语所迷惑,我们这里讨论的是统治,不是丰功伟业,也不是文化。无论怎样,这些词语适用于罗马帝国,而不适用于罗马共和国。同样,我们的注意力也不能因为共和国灭亡的悲剧因素而转移。萨卢斯特、阿庇安、普鲁塔克、西塞罗、恺撒和卢坎等人已经向我们展现了这场大悲剧中的人物和他们的动机。他们为莎士比亚、拉辛和高乃依等文学家提供了创作的主题。毫无疑问,苏拉、庞培、马可·安东尼、恺撒,这些人物都高于现实生活,尤其是恺撒,是历史上最为杰出的政治家之一。但如果你撇开这些伟大人物,如果你忘了陷入危险的是"巍巍的帝国大厦",如果你抛开戏剧性因素,而是只关注政治过程本身,就会发现所有这些尔虞我诈也好,大公无私也好,高贵庄严也好,并不比一个拉丁美洲的香蕉共和国多多少。如果把崩溃中的罗马共和国看成是弗里多尼亚共和国(Freedonian Republic),②将时间设在 19 世纪中期,[441]将苏拉、庞培和恺撒想象成加西亚·洛佩兹、佩德罗·波多瑞拉(Pedro Podrilla)和哈伊姆·维列加斯(Jaime Villegas),你会发现他们有许多相似之处,如由受庇护者构成的派系、以个人为中心的党派、私人军队和对最高职位的武装争夺。

---

① 此时的建筑是砖木结构。我们还没有到奥古斯丁时代。

② 马克斯兄弟主演的《鸭羹》(1933)里一个虚构的独裁小国。

第五章　华夏国家的形成

[442]在第二个千年前后,位于伊朗东部 3500 英里之外的黄河盆地,形成了一个完全独立于地中海世界的自给自足的文明与政治制度。①在有组织的政治活动方面,中国是一个相对的迟到者——商王朝(这个原始帝国是模糊不清的)开始政治活动之时,苏美尔和埃及的政治体系已经存在了 1500 年之久。虽然这只是一个政治体制的前奏,但此后直到法国大革命前,它在工艺、财富、疆域,以及在延续性和完全的自给自足等方面都遥遥领先于世界。

中国的政治制度和希腊以来的西方传统完全不同。事实上,二者是截然相反的。它的政治制度、社会结构与主流的社会价值体系相辅相成,这在早期美索不达米亚和埃及政府后再也没有出现过,在西方更是不曾出现过。因此,中国稳定、持久的社会政治体系与躁动不安的西方相比,后者更依赖于自由行动与个人责任;而前者则依赖于集体,每一个人都要为其他人的错误承担责任。后者孕育出了公民,前者却只有臣民。西方传统体现了人类在法律和上帝面前平等的概念。而华夏

---

① 双方存在通过中亚进行技术上联系的可能性。比如,两地似乎不大可能同时发明了四轮马车。

国家则与之相反,它一开始就强调年轻人要遵从年长者,女人遵从男人,男人遵从父亲,父亲遵从祖先,然后一切都要遵从皇帝。

在中国的政治体制中,所有这些不平等都被导入一个总体上和谐的有机社会。它通过规定人们的行为规范和繁琐的日常礼仪来实现这一特定目标。这一世俗礼仪的核心概念就是孝悌,即尊敬父母。[443]这也是中国人不断为传统所困的一个根源。它把对父亲的忠诚等同于对君主绝对统治的忠诚。中国被当作"国家",一个"家庭的国家":简言之,国家就是家庭的放大。这正是中国社会与西方价值相悖的地方之一。在希腊,整个城市都会为运动员的胜利而欢呼;在中国,只有通过科举考试的文人才能赢得这一殊荣。罗马人会庆贺在战争中的胜利;但在中国,士兵总是被人鄙视。四种社会职业分工也是体现社会尊重程度的排序:其中商人位于最底层;在其上面是手工业者;再往上是农民;最顶端是知识分子。这种划分并非一无是处。国家治理被托付给大约 15000 名通过了科举考试的知识分子,他们都是熟读经书的饱学之士。官员们在社会中的财富、声望和权力是无与伦比的。与西方社会不同,中国这种尚文的传统只有过少数几次短暂的中断,也只有在这个时候才会被军事贵族所统治。大多数情况下,文化精英中的贵族官僚统治着中国。

东西方社会的另一个不同就是宗教。和希腊、罗马一样,中国并不是一个由教会人员来主导的社会。从宗教角度来看,中国社会和亚洲的穆斯林、欧洲的基督徒完全不同。中国容忍了许多宗教教义,特别是道教和佛教。但是其官方信仰体系,不同于具有救赎性质的基督教和伊斯兰教。它是世俗的伦理符号,尽管它并非西方意义上的宗教,但由于它完全入世,从而能够长期扮演一个和基督教、伊斯兰教相同的政治文化角色。这种儒教戒律证明并规定了社会政治秩序的正当性。它一开始更像是智慧而非哲学,经过精细的阐释,融合了宇宙学中的个人伦理、公共管理、社会现象,最终成为包罗万象的哲学。国家和人被当成自然秩序的有机组成部分,是人与自然之间和谐的重要内容。这一方式被精确地称为"法"或者"道"。它平衡、协调弥漫于宇宙间的两股力量:"阴(地)"和"阳(天)"。二者既相对立,又相辅相成,因此必须建立国家和法律以体现两种宇宙力量之间的平衡。

[444]西方哲学家们曾对此做过类似的推理。但是在中国，人们只是描述了这一思想，而不是用希腊和西方思想中的逻辑理性和分析模式来加以证明。而且，这些做法对于我们所谈论的西方传统来说是陌生的，正如西方对中国的音乐、建筑，特别是书面语中的汉字和句法非常陌生一样。

直到公元 18 世纪的清朝前期，中国文化才达到了完全成熟。它的原型在公元前 206 年到公元 220 年的汉王朝时期就已正式确立，此后的历史只是对它的进一步发展和完善。汉代政治传统中的大多数要素则在早期华夏民族的部落传统和公元前 221 年秦王统一六国的漫长过程中确立下来；这就是此后这个国家，及其民族与文明被称作"中国"的缘由。①在本章中，我们将尝试去概括这一时期的主要历史脉络。

1. 华夏早期大事记

中华文明和美索不达米亚与埃及一样，通常被认为起源于大河盆地。此处的大河就是"黄河"。看一下地图就会知道，黄河横穿今日之华北，孕育并开化了广袤的现代中国。黄河盆地之所以能够成为中国第一个文明中心，根本原因在于它的土地，这里沉积的黄土颗粒适宜谷物生长。由于土地是"黄色"的，因此被称为黄河，也因此而有了中国"黄色帝国"的传奇，后来黄色也成了中华帝国的颜色。在黄河盆地，黄土层厚度从 10—30 米不等，堪称是世界上最为肥沃的土地。

根据中国古代的历史传说，长寿到令人难以置信的古代先贤们发明了耕作与灌溉技术。这些王朝世代相传，最早是夏朝，其后是商朝，也被称作"殷商"，然后是周朝。即使根据传说中的纪年，华夏文明也难以追溯到公元前 2500 年以前。[445]即便是商朝也一度被当作历史传奇，直到 20 世纪早期商王墓中那些被刻在龟甲和兽骨上的铭文被发

---

① 参见《剑桥中国史》(以下简称 CHC)，第一卷(剑桥大学出版社，Cambridge，1986)，20. 注释 23。

现，历史学家们才据此描绘出了完整的商代世系表。直到公元前 841
年后，中国人才有了确切的纪年。在此之前，大事纪年说法各异。因
此，商朝的时间应该是在公元前 1766—前 1122 年，但也有人认为应在
公元前 1558—前 1031 年或公元前 1523—前 1027 年。

　　商文化建立在农业人口的基础之上，他们的工具和生活方式仍然
停留在旧石器时代。其中，平民和统治者的对比非常明显，统治者筑房
而居，平民则过着半穴居的生活。①

　　中国历史始于商朝，原因有三：他们拥有文字；能够铸造青铜器；他
们修建了城镇并居住其中。三者当中最值得一提的就是文字。他们修
建的城镇遗址位于今河南省的郑州市和安阳市附近，是一个包含了宫
殿、庙宇、军队与工匠住所的综合性社区中心。在郑州商城遗址中，有
大量用土夯砌的墙体，每一面约有一英里长。这也见证了中国历史上
的一个长期特征，即劳役。这些墙体需要 10000 个男子，每年工作 330
天，18 年以上才能完成。②这些城镇看上去是农业生活中不可或缺的
宗教礼仪中心，统治者和军队住在中间，普通百姓居住在郊外的村落
中。这里还体现了中国历史的第二个长期特征，即城镇往往是军事和
政治中心。因此，这里几乎没有可能发展出像希腊—罗马或中世纪欧
洲城市那样的公社生活（commune-life）。

　　在河南安阳，最令人称奇的发现是用以祭祀的青铜器皿。它的装
饰和造型无疑是中国式的，但它的制造工艺极其先进，令人拍案叫绝，
其工艺水平甚至远胜于今日的中东。这些器皿的制作方法与中东和古
典世界的技法完全不同，其工艺被称为"中国脱蜡铸造法"。商人把熔
化的金属倒入土制的模具之中，然后再用衔套沿缝线将其连接起来。

　　青铜祭器只是商人制造的金属器具的一部分。[446]除此之外，他
们还用青铜制造武器，比如矛头、箭头，特别是他们的特殊装备——两
轮战车。正如我们早已看到的，中国和安纳托里亚似乎不大可能同时
发明了它。众所周知，武器的发明比其他任何技术传播得都要快。商

---

①　19 世纪 30 年代发现的建立在泥土夯筑平台之上的房屋可以佐证这一点。

②　P. Wheatley，《四方之极：中国古代城市与起源特点初探》（Edinburgh UP, Edinburgh,
　　1971），第 76 页。

人所拥有的这一先进武器使得他们能够侵占并征服黄河盆地其他仍处于新石器时代的农耕部落，并确立其作为统治部族的地位。

"中国人"的占领和随后的控制、渗透，以及对本地人的汉化，正是华夏国家的形成之路。周、秦、汉、唐、宋、明的做法本质相同：汉化民族的核心，就是那些不断扩展的说汉语的民族，其南部边界在 15、16 世纪时到达今日中国的疆域所在，包括长江流域在内的整个中国都被华夏文明覆盖。简言之，生活在被我们称为"中国"的领土上的本土民众，是多少个世纪以来被我们称为"华夏"的民族不断拓殖的结果。商朝是第一波，周朝其次。

因此，什么是"中国人"？这是个很有意义的问题。对于汉学家而言，谁是"最初的"中国人是个伪命题。我完全认同戴维·霍克斯的看法，"中国人就是那些说汉语的人"。[①] 其中第一个具备读写能力的文化就是商朝文化。人们在安阳发现了数以万计的作为王室文献的龟甲和兽骨。这些甲骨一面记载着原始的提问，另一面是占卜的答案。商人使用了大约 3000 个汉字和表意符号，其中半数以上已经可以释读。

中国汉字不仅有着独特的文化意义，而且有着政治上的重要性。其重要性远远甚于口头语言。为什么这样说？因为即使在今天，中国各个地区的人虽然说着相同的语言，但他们的话未必就能被听懂。比如，一个广东人会发现一个北方人说的话很难理解。相同的话发音往往大相径庭，有时候词汇的应用也完全不同。因此，"3"这个词在北方官话中是"三"（San），在广东话中就是"卅"（Sam）。北方话中的"2"被读做"二"（Er），在广东话中就变成了"耶"（Yi）；北方话中的"5"是"五"（Wu），广东话就是"呃"（Ng）等等。[447] 但是尽管发音各异，书面汉语的内涵却大体相同：因此，在古代，北方人和广东人都可以"用毛笔说话"。通过这种方式，他们可以阅读并理解对方的文本。

中国汉字非常奇妙，也非常古老，极为复杂。正如埃及象形文字今天仍被用于书写古埃及语一样。汉语包含了单个的表意文字，这一文字体系需要大量汉字。阅读报纸大约需要 2000 个汉字，普通的生活交

---

① D. Hawkes，《南方歌曲：屈原和其他诗人的诗作》（Penguin, Harmondsworth, 1985）。

流大约需要 3000 个汉字。官员和学者至少需要 6000—7000 个汉字，而且每一个汉字都需要逐个学习。

因此，汉字具有重要的政治意义。首先，它在发音各异但含义相同的方言之间充当了沟通媒介，由此而成为建构国家的有力工具。其次，它引导人们把演说艺术从词藻华丽的希腊—罗马雄辩术转变为书面文献，加上中国古代政治家大都是专制官僚，这使得中国文明成为至高无上的书面文化而非雄辩者的文化。最后，由于它需要长时间的学习，克服许多困难才能掌握读写能力，从而在有文化的统治阶层和目不识丁的大众之间形成了一道无法逾越的鸿沟。①

商王国算不上很大，它从建立之日起便与居住在其周边的其他当地部落作战。它可能只拥有一些据点和"殖民地"，分布在土著居民当中，通过部落结构连接在一起。这一结构被基尔科夫（Kirchoff）称为"锥形宗族"（Conical Clan）。它按照出生顺序将家族进行等级划分：首先是从主要宗族分离出来的支派，然后是支派宗族继续派生出来的二级分支，依此类推。大宗族的首领就是"王"，是绝对的神学意义上的君主，其权威来自于和祖先及部落神灵相交之后的专断性。外围的商部落由旁系宗族统治，根据部落传统的惯例，他们等级较低，因此只能作为从属。

1.1 周

［448］公元前 1122 年，根据传统（也可能在大约公元前 1045 年），商王朝被另一部落——周人所推翻。周人居住在西部，这里后来被称为"交通要道"，是黄河从北部和鄂尔多斯地区右转的拐角。周王通过庶出宗族和外围关系，包括投降的商贵族或是归顺的当地部落来实施统治。其基本结构和商朝一样，也是"锥形"的家族等级结构。

周朝使用和商朝相同的文字。然而，周朝和商朝又有明显不同，他们发起了一系列对后来影响深远的改革。周人看上去是更具侵略性的勇士，他们成功地扩展了中国人的垦殖区域：从都城（现代西安附近）向

① 通过儿童教育和学校义务教育实现较高的识字率是可能的：香港在 1971 年之前达到了 77％的识字率，中华人民共和国在 20 年后也达到了 65％（UNESCO 年鉴，1990）。

西扩展到甘肃，东部从西京（洛阳附近）扩展到了北京。不过，它们的扩展模式都是相同的。周人建立了有城墙的城镇，通过这些城镇控制周边的卫星村落和当地部落。这些城镇会通过一个授权仪式被委托给他们的统治者治理，这些人通常是部落后裔，这种授权和中世纪欧洲封建骑士从领主那里依法占有财产不同。这是它的一个独特之处，许多学者由此将其描述为"封建"体系。[①] 统治者也会委任他们的族人和家臣去统治次要地区，通过这种"分蜂进程"（Swarming Process），殖民化得以持续。最终，整个领土就好似一个拥有超过 1700 个周朝堡垒、要塞和据点的群岛，其周围就是由潜在的村民和异族部落组成的汪洋大海，看上去有点像英伦三岛上的诺曼底人。随着时间推移，通过与土著人互相通婚、同化和文化调适，"华夏民族"得以不断扩大。

周王朝及其从属部落之所以能够控制整个王国，部分原因是他们的战车和青铜武器在军事上更胜一筹；其次是他们在结成反对土著人的联合阵线方面具有共同利益。周王国（无论我们是否称其为"封建"）和所有非集权的多元政治体系一样，诸侯个人受制于王，后者通过两种方式来实现这一点：首先是军事上的优势；[②][449]其次，他是周部落权威的源泉，这一点和商朝相同。商人崇拜一个至高无上的神祇，一个被叫做"帝"（Ti）的高度抽象化的保护神。周人崇拜的保护神被称作"天"，也被翻译为"上天"。为了证明他们推翻商朝神圣国王的正当性，他们诉诸于"天"，自称"受命于天"。"上天"为惩罚商人的罪恶，剥夺了其统治权，代之以道德广厚的周人。"上天授命"成为有效统治的条件，这一原则成了后来所有统治者的标杆。"上天"收回成命的证据就是推翻统治者。因此，反叛被证明是正当的，这就为后来的继任者提供了一种简单的循环思想。[③]这时候，它还可以用来巩固新王朝，王是"天子"，也即"上天之子"。同样，王还可以与"上天"交流，向他的祖先们献祭并

---

① 见原书第 864 页。

② H. G. Creel，《古代中国国家的起源》第一卷《西周帝国》（University of Chicago，Chicago，1970），第 306—307 页。

③ 这种循环变得很普通，参见卷三第一章"拜占庭帝国"；我们在埃及一章里也分析了这一问题（第一部分，第二—三章）。

咨询,这些祖先是整个部落的神祇。因此,整个部落的运势与繁荣都系
于天子一人。王在祭祀仪式中的角色非常重要,因为在规范自然秩序
方面,他是上天与人类的合作者。葛兰言①为我们留下了一幅关于王
室仪礼细节的场面,王穿过王宫的"九室明堂",向各个不同的方向祭
拜,以便使四季万物各按其序,各尽其能。当然,他对上天的崇拜也是
其祖先崇拜的一部分,因为这些祖先也是"上天之子",所以"周朝的'敬
天'仪式也是王室祖先崇拜仪式的升华"。②由于这些仪式包括了关于
土地和丰收的内容,由此而与目不识丁的普通百姓也发生了联系。王
制定历法,使农民可以据此来决定播种和收割的时间,而不必去费力地
计算天数,否则他们很容易混淆。

农民对土地怀有强烈的情感。他们把土地当作衣食父母和全部生
活的承载者。当他们埋葬了逝者,一切都会随之入土为安。因此有了
他们对于家族死者和土地的祭拜仪式。③这些农民的信仰也是他们对
于王的祖先崇拜的一个组成部分,[450]只是更为宽泛,它使得周朝的
整个政治秩序得以确立并发挥作用。祖先崇拜跨越了祖辈和孙辈。拥
有子嗣成为一个人的义务,只有这样才可以长期祭拜先人。供奉亡灵
的辈数与一个人的现行社会地位相对应,而这一地位取决于君主的恩
赐! 君主可以允许级别高的家族供奉八代祖先,低级别的家族只能供
奉四代祖先! 通过这种特有的中国方式,传说中的周朝"封建"等级就
和"锥形宗族"血缘地位关系紧密地联系在了一起,二者对统治者和被
统治者都有着深厚的宗教性认同。

因此,周王至高无上,令人敬畏。他是臣民与自然界关系的枢纽,
周王据此获得了对各个宗室分支发号施令的权力和威严。祭祀仪式的
重要性可以从一件小事中看出来。公元前771年,一支蛮族之师突袭
了都城镐京,王室军队被打败,都城被毁。诸侯国的贵族们出动军队,
在洛阳另立新王。虽然新立的周王需要这些诸侯的怜悯,但是这些诸

---

① M. Granet,《中华民族的宗教》,M. Freedman 翻译并序(Blackwell, Oxford, 1975),第
   68 页。
② 正如葛兰言所指出,同上,第 69 页。
③ 同上,第 50—53 页。

侯仍将其世系奉为国王长达三个世纪之久，因为周王在祭祀中的角色不可替代。

1.2　春秋时期（公元前 722—前 481 年）

根据"太史公"司马迁（大约公元前 145—前 86 年）记载："于是诸侯乃即申侯而共立故幽王太子宜臼，是为平王，以奉周祀。"[①]祭祀中的地位几乎是周王当时拥有的全部，因为贵族们赠予他的属地非常小。军事权力由贵族们掌握，他们很快就开始了休无止的征战。成百上千个大小诸侯国被卷入其中，[②]大一点的诸侯国拥有上万人的军队。中国在战争艺术方面算不上有名，但这一时期却是个例外。早期由平民操纵的战车，现在开始被年轻贵族把持。这是另一个荷马时代，[451]士兵的武艺备受推崇。中国军事中并不常见的骑兵制度，在这一时期也发展到了空前的高度。[③]

这就是中国历史上有名的"春秋"时期。根据成书于公元前 722—前 481 年的鲁国（位于山东）编年史。在这两个半世纪中，殖民化的区域不断扩大。在弱肉强食过程中，一些好战的小国大大减少；贵族们自相残杀，或者效命于那些更为幸运、也更有能力的新家族的指挥官；当各个庶出分支越来越疏远周王室时，"锥形宗族"分支之间的血缘纽带也就越来越淡化。但是，所有这些独立的诸侯仍然将周王作为政治体制的首脑：把周王看作"上天之子"，只有他才可以祭祀上天，其他诸侯都不能这样做。因此，周王仍旧是一个看得见的符号，是合法性的最初来源，也是王室家族纽带中必不可少的祭祀仪式的枢纽。

齐国是当时的诸侯国之一，位于山东半岛。在公元前 6 世纪早期，齐国统治者召集其他诸侯国团结在自己周围，抵挡了来自北方和南方的蛮族人的压力。但齐侯仍然尊周王为宗主，自己只是拥有"霸"的名

---

① 司马迁，《史记》，Burton Watson 翻译（Columbia UP，New York，1961），i. 285。

② 徐中约，《古代中国的转型：公元前 722—前 222 年社会动员分析》（Standford University Press，Stanford，1965），第 62—63 页。

③ 比如，参见 D. Bloodworth，《中国人的镜子》，（Secker and Warburg，London，1967），第 35 页。

号。这样，他可以召集诸侯国间的会议，解决各国分歧，领导反对蛮族人的斗争。"霸主"地位非常管用，事实上也是不可或缺的，而且很快就被制度化了。诸侯国会议开始定期召开，自愿性朝贡开始变成义务性进贡。结果，大的诸侯国之间为了"霸主"之位而争斗。经过长期战争，秦国取得了"霸主"之位，但其影响力却被最为古老的楚国抵消。后者位于南方的长江流域，远离中国文明开化的中心。战争使得原来的众多诸侯国只剩下半打小国，和七个从战争中脱颖而出的大国。这些幸存的国家也并未带来和平，它们只是让战争进入到了一个更为激烈的阶段，中国历史学家称之为"战国"（公元前481—前221年）。

在战国时期之前，《诗经》与《尚书》已经出现。与此同时，中国的政治和道德哲学也诞生了。孔子（大约公元前551年）的出现略微晚一些，他是一个像柏拉图一样的老师。[452]孔子周游于各个诸侯国的统治者之间，兜售他的良政处方，但并不成功。据说，更为模糊，或许也更为传奇的老子也生活在这一时期。老子是与儒学相匹敌的道家学说的创立者。由此，中国成熟时期的两种形式哲学都在这一时期发端（第三种是佛教，至少在公元100年时才传入中国）。

第二个巨大变化是完成了黄河流域非华夏民族地区的同化，在长江以北开始出现了一个同质的汉文化民族。第三个重要变化就是社会结构的转型。

和先前一样，这些"争战中的国家"仍然建立在农业人口的基础之上，最顶部是没落的贵族。古代的贵族世家或者绝嗣，或者被屠杀，或被掌握军队的新当权者驱逐。对于接受教育的知识分子来说，当时社会在管理祭祀仪式、经营产业方面的机会很多，而且需求各异。满足这些需要的阶层通常被称为"士"，也就是那些出身良好但地位低下的贵族后裔。在英格兰这种人被称为"绅士"（esquire），在中国就是"士"（shih）。

最后一个值得一提的变化，是中国社会在向着自给自足、理性建构中央集权国家方面的发展成就。其标志便是公元前6世纪中国地方政府开展系统性征税的实践，包括专业化的宫廷官员以及"郡县制"的引入。作为地方政府的"县"由享受俸禄的官员直接管理，官员则由中央政府任命。在公元前4到3世纪，这一特征又出现了新的发展趋势，主要体现在一个又一个诸侯开始僭用"王"的头衔。"周王"名号是周朝国家宗教的一部分，普天之下只能有一个"王"。通过自称为"王"，这些诸侯剥夺了周天子在仪礼方面的余威。诸侯们通过宫廷学者来捏造自己的家谱，以显示他们并不晚于周王室，或者表明他们自己就是当地神祇的后裔。

"战国"与"春秋"的区分是人为的，因为它是根据孔子在《春秋》中的传统做法来划定的。尽管有很强的个人色彩，"战国时期"确实给人以不同的印象。这是因为社会变化在加速，周朝古老的国家宗教的瓦解为自由的治国之术开辟了道路。

1.3　战国（公元前 481—前 221 年）

[453]在战国时期，那种由贵族实施统治，通过给予支系宗族俸禄来间接统治的做法已经彻底结束。新政体大多是像铁拳一样的集权专制统治。旧国家曾经因循了往往非常离谱的骑士传统；而新国家的唯一考量就是如何谋求国家间的相对优势。治国术的时代到来了。

国家转型的驱动力来自军事竞争，并伴随两个相互联系的现象：铁器的大规模生产和军事指挥领域的革命。中国在公元前 6 世纪已经出现冶铁术，时间上要晚于中东和希腊地区。然而冶铁术传入中国之后很快就远远领先于欧洲，直到中世纪，欧洲还不能与中国相提并论。中国人在制作陶瓷方面的经验使得他们能够让炉火达到很高的温度。中国人发明了具有双重作用的风箱，能够持续吹风并保持较高的温度。因此，中国人能够制造出犁头这样的铁制器具。在大约公元前 400 年，这样的工具还是非常稀少的。于是，新的铁矿开始被开采出来，冶炼铁的作坊拔地而起，商人们用船转运并销售这些货物。统治者直接控制着炼铁的全部过程，以扩大其潜在的军事能力。由此产生了一种重商主义，就像 17 世纪德国被同样的动机所驱使一样。

古代贵族在战车中的角色开始消失，就像公元前 7 到 6 世纪的希腊一样。战国时期的军队可能包括了装备有铁剑和新发明的弓弩的步兵，以及效仿北方草原游牧部落建立的真正骑兵，他们骑马上阵而不是使用马拉战车。由于诸侯国的君主动员了经济资源来扩充武备，军队发展初见规模。为了丰富兵源，各国君主支持并鼓励自耕农向其他地方垦殖，这又会进一步削弱拥有土地的传统贵族的政治经济地位。古代的封建家族日益瓦解。这些家族的祭祀仪式也逐渐消失，他们在宫廷的地位也开始被侍臣和管家取代。由于传统贵族在政治和军事权力方面对"士"的制约在减少，后者逐渐变得更加自给自足和官僚化。在战国时期结束前，他们都是掌握至高无上的绝对权力的官僚，其权力主要依赖于军事威力。他们也不再依赖地方贵族掌控的传统习惯，而是通过其自身官员掌握的严酷法律直接治理臣民。民众在公共工程和服务方面仰仗于他们。[454]民工们修筑水渠和堤防，并在前线修筑巨大的城墙以避免国家遭受入侵。

虽然各个诸侯国会有所不同，但法律作为至高无上的准绳开始在战国时期出现。法律开始被公之于众，可能还存在一些不公正，但它不再是根据个人决断的贵族秘密，而是依罪量刑。它建立了社会等级秩序，以决定每一个等级在服务国家方面的义务。这一情况最早出现在西部边境地区的秦国，随后开始在其他诸侯国出现，并被不断完善。

各个诸侯国的改革无不体现了理性的治国之道。在秦国，这些改革主要反映了法家学派的理论。"秦国在排除任何非正义和徇私的原则下，建立了国家军事和行政机构，以及奖惩体系，尊贵的头衔只会被授予那些作出了相应贡献和担负重任的人，包括那些义不容辞地告发家族内犯罪的人。"①这就是秦的制度。正像谢和耐所指出的，由于秦国后来征服了其他所有的诸侯国，它建立的中央集权国家在中国历史上至关重要，就像城邦制的建立对于希腊和西方的意义一样。②二者都确立了未来的政治模式。

2. 先秦时期中国的连续性

中国从一个部落结构的国家发展成为一个封建贵族国家，并最终

---

① J. Gernet,《中华文明史》(剑桥大学出版社,Cambridge,1982),J. Foster 译,第 81—82 页。

② 同上,第 80 页。

在秦朝形成了集权化的政府。这些变化的广泛性和深刻性，可以从社会秩序的一系列长期特征上体现出来。事实上，每一个后来的国家形态都以这些特征作为基石。首先是集体高于个人，在这些集体中，家庭曾经并且一直是最为重要的。而在维系家庭关系的所有制度中，祖先崇拜极为重要。家庭、阶级和村落被强加给个体，并在此基础上确立了政治关系模式。祖先崇拜仪式包含了父权制和家长式的作风。父权制在早期罗马同样存在，但是在新的法律规范之下逐渐消融。相比之下，[455]中国引入新的法律是为了让祖先崇拜固定化。家族和血缘关系的固化外显促成了另一项人为的集体活动：连坐制度。比如，家族集团要为其中某个人的行为承担责任，①修筑堤防、城墙和驰道的劳役队伍也同样如此。

　　另一个特征就是：在中国，个人没有希腊意义上的那种"自由"（eleutheria），也即绝对"自决"。个人要受到家族和同侪的制约：从孩提时代就要顺从长者，这种成长经历促使其慢慢地适应了各种权威。同样，也使其适应了不平等的社会地位：从家族关系等级到更大范围的社会等级无不如此。而且，家族是一个义务而非权利的网络。即便是族长也有其义务所在，他们要对祖先承担义务。

　　因此，在整个国家形式变革中，某些特征依然流行。这些特征和希腊、罗马共和（不包括君主制的斯巴达②）的特征完全相反。它强调集体与相互责任而不是个人主义；强调专制主义、威权主义和家长式的作风而不是自决；强调法律面前的等级和不平等而非平等；强调臣民而非公民；强调义务而非权利。

　　没有什么地方比秦国更能体现这些特征了。秦国吸收了法家的政治思想，这些特征也是儒家政治思想的基本组成，而儒家思想与法家思想又是完全对立的。这一明显的自相矛盾之处强调了一个事实：即上述特征嵌入中国文化的程度是如此之深，以至于成了所有公共政策构

---

①　这方面最好的例子是"保甲"制度，根据《剑桥中国史》观点，这一制度在公元前4世纪时候出现，其基本思想在帝国时代被反复采用，直到近代的中华民国时期（第一卷，第37页）。

②　参见上文，第二部分，第二章。

成要素。这也再一次解释了在后来的中国历史中,名义上统治中国的思想是儒家学说,但实践中却是儒家与法家的结合。法家和儒家思想被证明是此后两千年中中国国家政治理论与实践的核心。法家和儒家都产生于贵族统治日趋腐朽,中央集权政治正在自发形成的时代,二者代表了对这种趋势的竞争性回应。这一时期大约在公元前 500—前250 年,其标志便是"诸子百家"的崛起。这是中国政治思想史上第一个具有伟大创造性的时代。[456]如果我们不先了解一下这些相互竞争的哲学思想,我们就无法正确理解华夏国家的发展。

3. 儒家与法家

春秋与战国时期刺激了政治的理论化发展,社会对于它们的宽容也是前所未有的。旧的社会秩序已经崩溃,新的秩序尚未建立。相反,到处都是残忍的阴谋和篡权:"李兑用赵,饿主父于沙丘,百日而杀之;淖齿用齐,擢闵王之筋,悬于其庙梁,宿夕而死。"①尽管这些描述来自虚构的文学作品,但还是展现了当时政治斗争的残忍。

在日薄西山的旧秩序和即将诞生的新秩序之间,只有三种立场是符合逻辑的:一个是消极避世的态度,这就是道家学派所提出的主张。自公元 2 世纪以降,道家开始成为大众宗教中非常重要的一派,道家学派的理论家还影响了后来的一些皇帝,但它从未长期代表过中国的政治理念和信条。当时的另外两种态度要么主张回到过去,要么主张拒绝旧时代。儒家学派属于第一种,它是一个伤感的模式,对早期的周文王、周武王和传说中的"黄金时代"抱有一种非历史的看法,特别是对于辅佐侄子摄政的周公(公元前 1042—前 1036 年)更是如此。相比之下,法家模式所倡导的残酷的集权化专制国家开始崛起。②

---

① 刘向,《战国策》(Chinese Material Center,San Francisco,1979),J. I. Crump 译,第108 页。
② 第四个思想学派就是墨子(公元前 479—前 438)。其指导思想就是"兼爱"与"非攻",它是一种捍卫实际利益的实用主义思想。但是在公元 3 世纪后墨家思想消失了,因此我们后面不再就此作进一步的讨论(See W. - T. Chan,《中国哲学资料汇编》,Princeton UP,Princeton,1963,第 311—231 页)。

3.1 孔子与儒家学说

"儒学"的发展远远超出了孔子自身的说教，在他去世1500多年后，[457]宋朝朱熹的注疏使之获得了最负盛名的权威。在先秦时期，除了孔子之外，另外三位对儒家学说作出贡献的思想家分别是孟子、荀子和邹衍。

孔子（又称"孔夫子"或"孔圣人"）大约生活在公元前551—前479年，是一个典型的"士"，即一个没落贵族的后裔。他来自古老的鲁国，这里依然保存着许多旧的政治传统。他看上去是中国历史上第一位有记载的私人教师。孔子在50岁时离开鲁国周游列国，向各个诸侯国统治者兜售他的政治建议，希望有人会采纳他。他主动提供的这些建议并不受欢迎，最终徒劳无功。10年后，孔子返回鲁国，在73岁时驾鹤西去。

孔子的著作至今存在很大争议。正如《雅歌》和《传道书》确信为所罗门之作一样，因此孔子也可能是某些作品的作者，比如《易经》。[①]关于他的思想和行为的真实记录都包含在《论语》之中，《论语》是孔门弟子编纂的并不系统的言论思想汇编。孔子确实有可能撰写了《春秋》，因为这是关于其故土的记载，而且只是干巴巴的大事记。他也可能撰写或编辑了其他作品。但是，这类说法颇具争议。《诗经》和《尚书》（书经）包含了可以追溯到很远古时期的材料，孔子正是从这些时代获得了灵感。

孟子大约生活在公元前371—前289年，是有名的"亚圣"。他的《孟子》一书与孔子的作品并肩齐名，在形式上类似于言论集，但在内容上是《论语》的三倍。

荀卿（在公元前371—前289年）的说教被整理成《荀子》一书。最后一位是邹衍（公元前305—前240年），尽管并非儒家学派，他却是"阴阳理论"和"五行学说"的集大成者，汉代儒生将他的思想融合到了儒家思想当中。

---

① ［译注］一般认为，《易经》为周文王所作，此处疑为作者之误。

区分孔子与其追随者之间的贡献并不容易。其中最大的问题就是关于孔子自身的贡献。如果《论语》是孔子立场的核心,看上去孟子的贡献就是让民众的福利成为统治者的主要关注。孟子所强调的是,在什么样的情况下才会"天命所归"。孟子似乎也坚持学者型官员的义务是行"孔孟之道",而不是无条件地服务于统治者。荀子详细阐述了"礼"("社会制度"或"礼节")在政治过程中的角色。[458]如前所述,邹衍使"五行学说"与"阴阳理论"与基本的儒家立场相符合。这就是汉帝国的儒生们所推崇的综合了上述各种要素的儒家学说。

关于孔子本身,也存在着非常激烈的争论。清王朝为纪念孔子,在每一个州县都建立孔庙,将其推崇为"半神之人"。一些现代学者,比如顾立雅将其描绘成知识渊博的仁慈者,在某种程度上甚至是一位"民主人士"。孔子访问过的各个宫廷都把他当作老谋深算的阴谋家,挖空心思以谋取权位。其他人把他当作一个多愁善感的人,一个不切实际又毫无希望的传统主义者,或是一个只会记录些稀松平常的评论的纨绔子弟。毫无疑问,孔子所创立的意识形态中的教条和方法已经成为中国文化的同义语;一些人把它当作中国文化的荣耀,另一些人却将其视为中国的诅咒。

孔子的目标是"克己复礼",特别是恢复他所宣称的西周封建贵族统治的虔诚标准。他所编纂的《春秋》就是如此。孔子的方法就是解释事实,并从这些事实中提炼出关于"正确的"政府的格言。对于"正确"的标准、目的和程序而言,孔子说,"吾从周"。①关于一切事物都会随时代和问题的改变而变化的概念令他生厌,事实上也和孔子格格不入。孔子或许是在通过一个玻璃幕来观察西周和尧、舜、禹时代。在他看来,这些历史英雄们的活动都沐浴着金色的光辉。总而言之,孔子是他那个时代的产物。也许有人会说,他是时代之前的产物:他通过求助于历史权威使所处时代的某些概念合法化,而不是更为激进。

在孔子眼中,这些黄金时代的政府的实质是什么?我们很难在不窜改儒家教条重要内容的情况下对其做出概括,我将其浓缩为四个方

---

① [译注]见《论语》八佾篇第三:子曰:"周监于二代,郁郁乎文哉!我从周。"

面：共同的"仁爱"概念；教育在实现这一目标方面的重要性；家族关系高于一切；所有这些都与更为宽泛的国家和社会有关。

尽管大多数人并非"完人"，但任何人无论其地位如何，都有可能成为"完人"。成为"完人"，也就是成为自然的"绅士"："绅士"一词是我们对"君子"的翻译，它在严格意义上意味着"大人"，也就是贵族阶层的后裔。任何言行举止像真正"大人"的人就是"君子"（superior man）。[459]所有其他的人都是微不足道的"小人"。"君子"的条件与上天和精神无关：它只能通过自省、自律、自强来实现。像"君子"一样行事的实质是诚心诚意地践行"仁"。"仁"就是慈爱，或者是《新约》中的"博爱"（caritas），相当于将心比心，推己及人。

这里包含了一个重要的推论：人可以通过教育而非胁迫来获得仁爱之心。经过一段时间后，就形成了另一种特征（虽然这一特征不一定在后来所有的政府中都有体现）：那就是建立精英政府。这既是衡量教育成就的标准，也是反对土地贵族统治的方法。这种精英政府具体表现在"士大夫们"身上，他们在科举制度的保证下可以自由地进出（至少原则上如此）统治阶层。

家庭不仅是最初的基本社会机构，也是至高无上的。家庭的义务和责任由自然所规定。但是家庭和自然之间不存在任何契约。仅仅因为出生的缘故，父亲顺从祖先并向他们禀报。儿子要绝对顺从父亲，并承担赡养义务；妻子要顺从她的丈夫；弟弟要顺从兄长；年轻的朋友要顺从年长的朋友（包括在兄弟之间）；整个家族要顺从统治者，就像顺从他们的父亲一样。这就是"五伦"关系，它设定了不平等并使之永久化。年长者比年轻人拥有更多权利，男人比女人拥有更多权利，级别高的人比级别低的人拥有更多权利。

然而，在家族和统治者之间存在着一个很大的情感矛盾：在对父亲的虔诚和对统治者的义务之间出现冲突时，哪一个应当占主导？家族应当如何与范围更广的社会相适应？孔子，尤其是孟子更关注政府。他们不是在用毕生精力告诉君主们如何行事吗？孔子的答案可以概况为两句话："天下归仁"和"君子不器"。政府应当是一个善良者的政府，而非依赖法律的政府。统治者唯一的重要责任首先是做到完全"仁慈"，其次是挑选"仁慈"的官员。做到了这一点，他就可以构建一个好的政府。君主本人也就可以无忧无虑地端坐于王位之上了。作为统治者，君主在国家中的角色微不足道。国家应当通过轻徭薄赋支持生产粮食的农民（而不是受人轻视的寄生的商人）。除了防卫，不应再有战争，也不应有官营企业。[460]在这些小国（儒家看法之一）之中，孝道要优先于统治者的法律。因为，原则上这里无需法律，光教育就足够了。有一个著名的儒学典故，一个儿子向当局报告说他父亲偷了一只羊，统治者以违背孝道为由制裁了他，实际上他才是正确的。①

家族原型的概念也决定了孔子对于理想中的国家结构的看法。被孔子理想化了的西周不仅仅是封建国家，还是一个家族形式的契约制政府。

> 它并不是纯粹的政治机构。国家像是一个放大了的家庭；统治者当政，但并不管理。阁僚们无足轻重，因为他们只是各尽其责：由于他们是统治者的近亲，或者是重要家族的头领，所以他们才会拥有职权。君主制通常都是等级制，统治者可以通过对统治阶层的控制来维系统治。然而，家族关系中的内在因素导致了封建体系的崩溃，那就是统治者的权威并不总是至高无上的。与家族头领对应的权威是个人的，而非制度上的：贵族、兄弟，以及近亲关系等并不受统治者的命令辖制，事实上，这些人和统治者一道分享了权力。因为，人们无法将一个人与来自其家族成员的助手分离开来。②

但是，在一些情况下，比如在春秋晚期，特别是战国时期，新的集权专制国家由篡位者统治。这些篡位者会通过严酷的公共律法来统治，

---

① 这种真实的法律案例发生在 1000 年之后的武则天统治时期。当时，一个孝子刺杀了两名法官（按照此人的说法是因为腐败），因为这两人宣判了他父亲的死刑。一半朝臣认为他作为孝子应当被原谅；另一半认为他由于谋杀和违反国家的基本法律应被处死。作为一个折中的办法，有人建议把他处死，之后予以褒奖（并未执行！）。

② 徐中约，《古代中国》，第 79—80 页。

官员们则提供各种服务。儒生们通过重提周朝旧制来拒绝新的国家，这就是他们成为秦始皇牺牲品的原因所在。同样，这也是为什么在秦帝国被推翻之后，汉代的儒生们反对重建集权化的帝国，要求皇帝在皇室家族内分封诸侯的原因。私有家庭的首要地位；像管理家庭一样来治理国家；虚弱的非集权化国家；统治者无所事事，只是挑选仁慈的官员处理全部政务；[461]所有这些概念互相融合，最终形成了儒教国家的范式。

然而，有一个问题依然存在：为什么会有国家？正如麦迪逊在《联邦党人文集》中所言，"如果人人都是天使，政府便无必要"①。但事实并非如此，所以必须容忍政府存在。孔子也一样。因为他很清楚，真正的"君子"是非常少的，"小人"是绝对的大多数。尽管孔子曾说过，如果遇到品德高尚的圣明之君，这些"小人"也会摒弃邪恶。在孔子看来，统治"小人"的方式应当是道德教化，而非刑事制裁。不过，孔子最后也不得不承认，榜样和教化是失败的，必要要使用武力。所以我们在《礼记》（这是公元前 213 年秦始皇焚毁儒家作品之后重新恢复的作品之一，它可能包含了真正的儒家思想）中可以发现这样的名言："礼不下庶人。刑不上大夫。"②这里的"礼"（rites）是"社会约制"（social control）——接受是非标准所后形成的约束力。"刑"意味着"惩罚"，包括残损肢体。孔子的理想社会只有一个：即在拥有两个阶级的社会中，对贵族用"礼"，对贫困者用"刑"。

需要指出的是，就所有这些内容而言，首先它没有丝毫关于政治和社会平等的概念；其次，它也不存在一丁点儿关于民主和大众政府的概念。当顾立雅和其他人在孔子身上发现民主的时候，他们所看到的其实只是孔子宣称的一些主张，比如人人都可以成为"君子"，人人分享共同的"仁爱"，"天下一家"。这只是宣扬照顾所有人的义务，以及生活中的美德。孔子推崇普世性的"仁"，但还是要服从于"仁慈"的家长式权

---

① J. Madison，《联邦党人文集》（Penguin, Harmondsworth, 1987），no. 51。

② 《礼记》（"仪礼之书"，被排在"儒家五经"的第四位），第一章，或参见萧公权，《中国政治思想史》第一卷，"从发端到公元 6 世纪"，牟复礼译（Princeton UP, Princeton, 1979），第 397—408 页。

威统治之下。这并不是民主。

孔子死后 150 年,孟子在综合儒家理论过程中扩展并强调了一些儒学内容。这些内容在 12 世纪新儒家复兴的过程中变得非常重要,《孟子》也因此而进入"四书"之列,和"五经"一道成为科举考试的核心教程。[462]孟子使"民"成为核心。在孟子看来,百姓的"福利"——教化和生计——才是国家存在的根本,人们对于统治者的褒贬和评价,主要取决于他在实现这些目标方面的努力。在孟子的理想中,政府必须是民有、民享的;但需要强调的是,孟子从未暗示过可以实现民治。相反,他认为"劳心者治人,劳力者治于人";"无君子莫治野人,无野人莫养君子"。①即使百姓不满意,也没有权利反抗。他们可以而且应该收回对统治者的支持,同时拒绝为统治者的官员卖命;但是在暴君受到制裁之前,他们必须耐心等待"受命于天"的人出现。②(这里,又一次借助了天命理论来论证王朝更替。叛乱后的继位者是上天的代理人。在反叛者掌握权力之后,对他的这种顺从也是合法的。但是它没有事先表明,反叛本身是否属于"天命所归",因此也就没有证明民众支持叛乱的正当性。)③

如果说这就是百姓和统治者之间的关系,那么官员们又是如何看待统治者呢?孔子认为,统治者是民众的老师。但是孟子走得更远:官员是统治者的老师。官员不仅是君主的臣子,还是民众的仆人。他们的义务就在于正直行事(根据儒家思想中的道德和规范),而且"孔孟之道"的义务是绝对的。孟子通过在面对君主错误时所应采取的态度,把宗室官员和其他官员区分开来。二者都应规劝君主的错误;但是前者可以做更多,包括废黜君主;后者最终也不必继续效命于君主。④孟子拥护官员们拒绝效命于错误君主的权利。通过援引古代的先例,孟子告诉学生,官员接受新君主并继续工作的条件就是能够遵守和践行"礼"。⑤在这一点上,孟子坚持修身养性是一个人的最高目标,服务权贵只是附带性的。

---

① 引自《孟子》,萧公权,《中国政治思想史》,第 161 页,注释 47。

② 同上。

③ 参见原书第 465 页"征兆与标示"。

④ 引自萧公权,《中国政治思想》,第 162 页。

⑤ 同上,注释 51。

[463]孟子关于官员和统治者关系的这些看法在帝国时代变得极富影响力。这些说教使官僚机构的雄心合法化，并不断降低君主们的角色，最终只剩下在祭祀仪礼中的角色。正如我们将要看到的，那些放荡不羁的君主们对于这些说教的应对也成了帝国政治进程中的主题。①

前文已经谈到，对于儒学来说，"礼"是如何成为"君子"们必须遵守的道德规范？同时，道德制裁又是如何让人们遵守"礼"的？荀子详尽地阐述了"礼"的角色，并使之成为儒家学说的重要组成部分。

根据《荀子》的说法，"礼"的目的是在不平等社会中规定并建立等级差别。贵贱有别，长幼有序，贫富轻重，各得其所。等级地位并不是随意获得的，比如贵族世袭。邪恶者必不得显贵，无能者不可授爵，卑鄙者必不得嘉奖，无辜者必不能受罚。没有遵守"礼"的贵族应当成为平民，而遵守"礼"的平民也可以尊为显贵。据此，基于"礼"之上的社会机构也就确立了社会中的不平等秩序，包括根据《礼记》原则人们应当互相承担的义务。②先贤指出："夫礼者，所以定亲疏、决嫌疑、别同异、明是非也。"③因此"礼"规范了社会：荀子强调说社会必须是不平等的，因为两个贵族无法互相服侍，两个平民难以相互支使。同理，只有统治者才是至高无上的，唯有他处在不平等社会的最顶端。最后，统治者还是"控制社会分配与任命的不可或缺的代理人"。④

邹衍的思想特征与此截然不同。他之所以成为儒家学说的代表，是因为他与孔子类似，"他的所有教条都依赖于仁慈的美德，统治者和侍从之间的合适的上下级关系；包括六伦关系之间"。⑤[464]他的工作就是将这一体系嫁接到现存的自然秩序和历史哲学之上。在他著名的五行系统中，每一个阶段都会根据一个循环超越并取代前者。其中，"木"生于"土"，"金"生于"木"，"火"克"木"，"水"克"火"。五个元素中

---

① 参见 J. R. Levinson，《儒学中国及其现代命运三部曲》。
② 《礼记》，第 553 页。
③ 引自萧公权，《中国政治思想》，第 189 页，注释 98。
④ 同上，第 192 页。
⑤ 同上，第 62 页。

的每一个都有自己与众不同的特征、颜色和时间,以及对应的活动。其驱动力来自宇宙间最基本的两种元素,也就是"阴"和"阳"之间的互动。这两种平等与对立的力量——男人和女人、天和地——之间的互动与交融诠释了宇宙间的和谐,并统治着世间万物。在人与自然的互动中,统治者必须与上天和谐。否则,上天就会以奇迹和自然灾难的形式发出征兆。这一点与儒家学说紧密相连,在 11 世纪成为"四书"之一的《中庸》就指出:"国之将亡,必有妖孽。"①人与自然被共同的宇宙法则统治,而自然的特征就是和谐。

这些理论在佐证儒家的人文道德和宇宙神秘主义方面提供了最为有力的帮助,特别是征兆和避讳方面的研究更是如此。从秦帝国时代开始,"五行"的哲学思想可能就已经被采纳。秦人自视为水的时代,并以黑色作为制服和旗帜的颜色。此外,关于秦人的信仰,在当时儒生们对皇帝的抗议和争辩中也有所体现。

所有被我们提到过的哲学家(除朱熹外),都生活在春秋晚期或者战国时代。他们在思想和行为方面的直接影响或许是微不足道的。正像释迦牟尼死后 500 年佛教才传入中国,并在另一个 500 年之后才开始产生影响一样,孔子与其门徒学说的命运可能也是如此。

至此,我们已介绍了这一时期的思想家,包括他们生活与传道的时代。值得一提的是,这些思想家的影响力直到很晚才被人们所认识。而且,这些繁杂理论中的优秀成分随着时代的发展也在不断变化。关于其中最为重要的变化内容,我们将在唐朝和明朝的有关章节中进行介绍。[465]在讨论公元前 221 年到公元 220 年的秦汉帝国之前,我们有必要强调以下几点:

首先,公元前 213 年秦始皇下达了臭名昭著的"焚书令"。这一法令证明了孔子思想的影响力,不过此时距孔子之死已有 250 年,儒学已经经历了长期的发展。大约 100 年后,汉武帝(他个人是反对儒家的)在公元前 136 年颁布法令,使儒学成为帝国的官方学说,并于公元前 124 年建立了太学。但是在实践中,儒家学说在与被暗中践行的法家

① 引自 Chan,《原始资料集》,第 246 页。

学说的激烈斗争中停滞不前,①直到西汉末年才占据主导地位,在东汉才成为被完全接受的官方学说。

在这一时期,"五行学说"以及在逻辑上曾独立于孔子思想的征兆与符号意义等,一起被合并到了儒学思想之中。这一点在西汉之后的几十年中变得非常有影响力,因为它可以作为一个政治催化剂。我们前面提到,"天命"公式是循环的,"天命"是统治者可以继续统治的证明,一旦失去大统,说明"天命"的支持已经收回。②而五行学说与谶纬神学则提供了"天命"被撤回的客观验证。灾难和征兆性的事实成为上天发怒的表现。后来,特别是在东汉,皇帝的儒臣就会利用这些征兆来威胁或警示皇上,以便使君主遵从他们的建议,否则"天命"就会被收回。同样,这一理论一旦被民众掌握,他们就会习惯改朝换代的概念,公元140年遍及帝国全境的农民起义最终导致了汉朝皇帝的退位。③

在汉朝之后的400年大分裂时期,儒学的创造性下降了,而道教和佛教变得活跃和富于创新起来。在这一时期,事实上一直到唐朝,儒学都不再是支配性的意识形态。不过,尽管道教与佛教在民众和文化精英中都很显赫,但儒学还是被坚持了下来。儒家的道德规范已经成为中国社会结构的一个组成部分,[466]儒家经典依然是书面文化的基础。首先,儒学价值观成为官僚系统的主流,并成了后者的招募方式。在宋代,儒学在朱熹(公元1190年)对孟子的注疏中得以系统化,并作为新儒学得以全面复兴,朱熹对儒学的阐释使之变得规范起来。在17世纪的清王朝,经过进一步重新评估,儒学意识形态成为深入整个社会的至高无上的信条。这就是19世纪西方所遭遇的完全儒学化的中国,整个社会已经彻底被儒学浸润。

因此,在不同朝代和不同时期,儒学中的某些内容会被凸显于其他内容。但是其核心的政策立场从未改变。它代表了一个至高无上的统治者,一个由管理精英构成的贵族阶层,一个不平等的社会,一个拥有

---

① 见下文。
② 见原书第449页。
③ B. J. Monsvelt Beck 着力于廓清这一点,可参见他在《剑桥中国史》第一卷"汉代的衰落"中的分析,参见第357—362页。

族长制和家长式作风的社会结构；它还代表了一个衰弱的守夜人的国家，一个偏爱社会约制和礼教，以及和平主义和反对扩张主义的国家。最为重要的是，孝道和家庭的首要地位优于其他所有的道德和制度性考虑，对皇帝的忠诚则是其最高体现。

3.2　法家

法家学派与三个人紧密相连：商鞅（大约公元前 385—前 338 年），曾经是云游学者，后来成为秦国宰相。李斯（大约公元前 280—前 208 年），曾在秦国为相 8 年；韩非（大约公元前 280—前 233 年），是李斯的同学，曾在韩国为官。李斯留下的作品简要地表达了法家的哲学思想。它与儒家思想是完全对立的。法家学派中的国家模式并不是西周的封建家族式国家，而是战国时期出现的专制主义国家。法家的思想家具有前瞻性、务实性和残忍性。法家思想与儒家思想完全不同，它曾在秦王国和短命的秦帝国内被付诸实施。作为一种哲学派别，它与秦帝国相始终，但是它在实践中的影响贯穿于整个中华帝国时代。在我看来，如果不了解汉律，特别是唐律中①的法学假设的话，几乎是不可思议的。[467]事实上，针对各种各样犯罪的每一个公共法律概念都不属于儒家思想，而这些法律都含有固定的惩罚。

在所有中国哲学中，法家是最为激进、清晰并且没有神秘性的哲学。它与儒学格格不入，完全对立。在我看来，对法家的批评是深刻而切中肯綮的，并具有很大的讽刺性。因为法家学说依赖于吝啬伦理的假设，由此引申出冷酷无情的逻辑。在西方人看来，法家思想比其他所有中国哲学都要有说服力。因为它严格排除了个人伦理因素，把所有的伦理考虑都排除在外。在社会治理问题上，它使国家理性成为独一无二的原则，这就会不可避免地导致与马基雅维利的《君主论》进行比较。说得露骨一点，法家学派认为民众的愚蠢、卑贱和易改变性几乎是不可救药的，只能用大棒和胡萝卜来对待。在法家的哲学中，权力属于绝对的君主，而君主则通过严厉的刑罚和铁一样的法律来统治。人们

---

①　参见第三部分，第三章。

在法律面前没有高下之分，除了国君，没有人可以例外。因为君主自己制定了法律，所以只有他可以得到法律的宽恕。

法家认为过去一无是处，新的社会问题需要新答案。至于儒生们在旁征博引时颂扬的尧舜先贤，人们对于这些生活在 3000 多年之前的人，到底有多少确切的认识？任何伪称此类知识的人要么是一个傻子，要么就是一个骗子！美德和善良的本性在阻止社会混乱和无序方面是远远不够的。"君子"是如此之少，以至于根本无法建立一个与之相应的政府体系。以家庭和孝顺作为社会范式来拒绝井然有序的政府，是何等荒谬！就像要求所有的孩子都中规中矩一样，这是绝对不可能的，整个民众又怎么能够如此呢？

相反，使民众顺从的根源并不在于榜样和教育，而是使用强制性武力。国君的统治能力并非来自仁慈，而是来自其统治地位的权威和使用军队（师）的能力。臣仆们要对他绝对顺从。国君通过"法"与"术"来统治。法律是公开的，并由野蛮的惩罚来支撑，对于贵贱高下都是如此。韩非因为一味地依赖刑罚而备受诟病，但商鞅并不是这样。法律是公之于众的，但是治国之道则应隐藏于君主心中：[468]它包含了君主的选吏之道，包括如何使他们感到畏惧和顺从的方法。

就法律的本质而言，应当在整体上对国家有益的情况下独立地执行。个人及其良心都不能与法律相提并论。事实上，个人的顾虑和政治需求是不可能得到真正调和的。政治与伦理没有多大关系，政治是一个私利王国，它致力于力量、资源与国家内部的总体稳定。政治没有为私生活预留多少空间，即使是那些遁世者也没有理由不与统治者合作。就国家利益而言，所有的生活也许都应受到辖制。国家应当采用重商主义，以增加国家资源；农业也应当得到积极培育。男人、女人、儿童和老人都应当被动员加入军事或非军事组织，所有的异己分子都应当被镇压。哲学与文学不仅脱离实际，而且百害无益：它们破坏了对法律的尊重，因此必须消失。只有法律才是指导人们明辨是非的唯一东西。

这一切非常清晰，并富于逻辑性，今天的大多数人可能会认为它非常可怕。然而，即便我们相信那些反对者的观点，它仍被大规模地运用于秦王国和秦帝国的实践。为了给法家学说一个简要的总结，我们引用韩非对儒家的讽刺也许再恰当不过了：

> 为故人行私谓之"不弃"，以公财分施谓之"仁人"，轻禄重身谓之"君子"，枉法曲亲谓之"有行"，弃官宠交谓之"有侠"，离世遁上谓之"高傲"，交争逆令谓之"刚材"，行惠取众谓之"得民"……畏死远难，降北之民也，而世尊之曰"贵生之士"；学道立方，离法之民也，而世尊之曰"文学之士"；游居厚养，牟食之民也，而世尊之曰"有能之士"；语曲牟知，伪诈之民也，而世尊之曰"辩智之士"；行剑攻杀，暴憿之民也，而世尊之曰"磏勇之士"；活贼匿奸，当死之民也，而世尊之曰"任誉之士"；此六民者，世之所誉也。赴险殉诚，死节之民，而世少之曰"失计之民"也；寡闻从令，全法之民也，而世少之曰"朴陋之民"也；力作而食，生利之民也，而世少之曰"寡能之民"也；嘉厚纯粹，整穀之民也，而世少之曰"愚戆之民"也；重命畏事，尊上之民也，[469]而世少之曰"怯慑之民"也；挫贼遏奸，明上之民也，而世少之曰"谄谗之民"也。①

4. 秦

就中华文化礼仪而言，秦国是一个后来者。直到公元前 361 年后，它才应邀参加霸主国家领导下诸侯国大会，并在宫中引入了"华夏习俗"与祭祀仪式。它的音乐（在"真正"的华夏国家中孕育而成的艺术，"士"阶层必须学习的"六艺"之一）早已存在，据说是"叩缶击瓮、弹筝拨髀，并呜呜而歌！"秦国之于华夏中国正如马其顿之于希腊：它是一个残暴的、半野蛮的、好战的边疆国家，掌握着抵御西部蛮族的前哨。秦国地处中国人所谓的"交通要道"：即渭河流入黄河时所形成的夹角的肥沃谷地。这块土地是周人先祖的故乡，他们从这里推翻了商王朝。周

---

① 引自萧公权，《中国政治思想》，第 387—388 页。[译注]引自《韩非子》八说第四十七、六反第四十六。

朝在这里建立了他们的第一个都城。公元前 771 年，西周王朝被蛮族洗劫之后，周朝余部逃往东都洛阳，秦人紧随其后迁徙至此。在春秋时期诸侯国的争斗中，秦国是一个被边缘化的角色。与华夏国家相比，秦国的社会与政治结构比较简单，它是在非华夏土著居民土地上建立的半蛮族人国家。在这些华夏国家之中，家族封建痕迹依旧，国君通过旧的礼仪控制朝政，贵族宗派也还在发挥作用。但是在秦国，这些王室宗派已经不是那么重要了。而且，秦国的君主制也是在春秋乱世中幸存的为数不多的王朝之一。它并不复杂，但是非常尚武。

在公元前 3 世纪中叶，来自卫国的商鞅使秦国的力量发生了转变。前已提及，商鞅是法家学派的政治家。他与秦孝公（公元前 361—前 338 年）建立了亲密无间的关系；在他成为秦国宰相后，推行了一系列革命性变革，使这个中国的"马其顿"变成了中国的"斯巴达"。在秦国，法家学派的所有思想几乎都得到了展示。[470]历史学家司马迁留下的伟大著作《史记》中对此有专门论述（《商君列传》）。

4.1 法律

法律被公布于众，除了制定法律的国君外，没有人可以逍遥法外，甚至太子也不能法外开恩。惩罚极为严酷。[①]为了强化内部秩序，商鞅设立了"连坐制度"，[②]民众被按照 5 户或 10 户的规模组织起来以相互控制，共担惩罚。如果有人知情不报，其他人也要承受相应的惩罚。如果有人揭发了其他人的罪行，将会得到相当于杀敌之功的奖赏。

4.2 军功贵族

商鞅颁布了 18 条法令，以奖励那些为国家做出相应贡献的人，他们或是立有军功，或是生产有方。与这些法令相伴随的就是特权，比如各种各样的土地权利、减轻刑罚、免于法定的兵役。宗室贵族的权力被剥夺，代之以纯粹的服务型官僚贵族。诸侯贵族从自由农身上获得的

---

① 关于节选，参见《剑桥中国史》第一卷，第 58 页。

② 在盎格鲁—萨克逊和诺曼时期的英格兰，十口之家被绑定在一起，并对其中某一个人的善行负责。

封建俸禄也被废除。国家被分成许多"县",由国君直接派员统治。由于此前享受俸禄的人失去了对农民的控制,农民们开始从属于国家及其官员。一般来说,这种封建性的更替也就是创建官僚化中央集权国家的代名词。与封建国家相比,这样的国家在供养军队和征集税收方面能力更强。秦国正是通过这种方式,开始变得比对手更为强大。

4.3 军队

整个民众都在统治者辖制之下。他们基于军事目的而被组织成三类:身强力壮的男性被组织起来参与战斗;[471]青壮年女性被组织起来运送补给,修筑防御工事;年老与年幼者,主要负责照看牲口和采集食物。战斗部队已放弃了使用战车,它们由持枪步兵、弓弩手、马上骑兵和射手组成。懦夫和逃亡者将会被就地处决。凡取得敌人首级者将会被奖以"黄金"。至于抓获来的俘虏,我们就不清楚如何处理了。我们还知道在战斗中被斩首的敌人数量,不过史书提供的数字并不可信。比如,司马迁告诉我们,在公元前 331、318、312 年的几次战斗中,每次都有大约 80000 人被斩首。他还谈到,在公元前 293 年针对韩、魏的臭名昭著的战役中,被斩首的人数不低于 240000![1] 尽管这些数字被严重夸大了,但它们还是给人留下了一个关于无休止的大规模战争暴行的景象。

4.4 经济

在贵族对农民的特权被取消的同时,国家对于土地的强制征税和无偿劳役也开始了。商鞅规定,凡有两个以上儿子的家庭将会被课以双倍税收,他通过这种办法分解了传统的大家庭。商业贸易与手工业都受到限制,司马迁指出,那些从业者甚至会被贬为奴。国家的所有精力都被集中在耕织方面,善于耕织的人将会被免于劳役。农民们被鼓励去开发荒地,同时鼓励邻国百姓移民以弥补劳动力的不足。后来,还

---

① 司马迁,《史记》,Chavannes 译(1897),ii. 69,71,74,82。Bodde 在书的有关章节中的附录统计数字中否认这一数字。

修建了规模巨大的工程：一个是位于成都附近的灌溉工程；另一个是连接泾水与洛水的郑国渠。这些工程使中部的陕西成了中国当时可能最为富足的粮仓。

4.5 秦的扩张

公元前 316 年，秦攻占了今天被我们称为"四川"的地区，之后再无动静。公元前 247 年，年仅 13 岁的嬴政登基为秦王，他就是历史上著名的"始皇帝"。[472]他是中国的统一者，他短暂、野蛮，精力超常的统治塑造了华夏国家后来的整个历史。他的统治是决定性的，也是不可逆转的。

从公元前 230 年到公元前 221 年，秦王嬴政逐一吞并了其他华夏国家。按照司马迁的说法，"六王咸服其辜！"胜利的秦王为自己创造了一个全新的头衔，那就是"秦始皇"或"始皇帝"。

在组织管理新疆域问题上，秦始皇对于传统的方式了然于胸。也就是说，他可以像先前的周朝一样，通过向宗亲分封诸侯的办法来统治，这正是儒家学者们想要他做的事情。相反，他像祖先对待秦国一样来看待这些被征服的领土。秦始皇把全国分为 36 郡，郡下设县，每一个郡县的三名统治者都由皇帝直接任命，并对皇帝负责。在一系列影响深远的改革过程中，他统一了货币和文字。商鞅此前已经统一了的度量衡体系，此时开始在整个帝国范围内推广。

新帝国只是一个扩大了的秦国，而且非常之大。它使用严格的法家传统来统治全境。因此，中华帝国的框架通过一系列过程得以逐步确立，它的社会结构、社会传统和思想文化与罗马帝国完全相反。我们对罗马和秦汉帝国的描述只能从这一令人吃惊的比对开始。

第六章　汉　帝　国

1. 汉朝的建立

[473]尽管战国时期各个诸侯国因循了同样的统治模式,但它们仍有其各自不同的特征。除了行政管理上的差别外,各国还拥有自己的货币与法律。尽管他们都说着或多或少相近的语言,但每一个诸侯国都发展了各不相同的书面文字。所有这些差异,在公元前221年秦王嬴政完全征服六国时被一扫而空。

在中国3000年历史上,没有人能够像秦始皇一样肩负如此伟大的历史使命;在世界历史上,也没有哪一个人能够像他一样在政府体制方面留下如此伟大而不可磨灭的印记。尽管他作为皇帝只统治了11年,但他对于中国政治制度的变革却是决定性的。好大喜功、精力充沛且野蛮残忍的秦始皇以秦王国为原型,把征服而来的新领土建成了一个共同体,所有后来的帝国都采纳了这种基本框架,并以此为基础建立新王朝。而且,秦始皇所建立的帝国模式——独一无二的、统一的、中央集权化的中国,也即"中央王国"——直至今天还激励着每一代具有爱国心的中国人。无怪乎当代中国的历史学家们将秦始皇视为英雄,对这些历史学家而言,秦始皇是一个无情的、反对贵族和儒学传统的革新派原型。

1.1　秦帝国的成就

秦始皇在称谓（他自己发明的）中意味深长地将"皇"和"帝"结合在一起，这两个关于远古神话中君主的词汇蕴含着神圣的意义。因此，"皇帝"也被翻译为"帝王"。"始"仅仅是指"永远第一"的意思。

始皇帝嬴政拒绝了儒生们关于恢复周代家族封建主义的请求，而是采取了相反的做法，到处推行均衡与标准化政策。因此帝国之内只有一种文字，[474]一种刑律，一种货币，包括标准的度、量、衡，甚至帝国修建的 4250 英里公路的宽度也是统一的。①秦帝国向各地派出了庞大的军队，其版图从高丽拓展到昆明，从海南延伸到蒙古。始皇帝修补并延长了先前夯土而筑的长城，建成了长达 1500 英里的万里长城（其明代的形式至今犹存），②这是迄今为止，我所见到的令人印象最为深刻的不朽建筑。

尽管奴隶与奴隶主阶层在战国时代已经开始逐渐消失，秦帝国则让这种改变进一步标准化。农民获得了土地所有权，避免了手中的小块土地被转让的命运。但是，他们必须用现金或其他等价物缴税，每年必须承担一个月的强制劳役。所以，尽管奴隶制被取消了，但农民的依赖性却并未消失。其关键之处在于，这是对帝国的直接依赖，没有奴隶主阶层的居间协调。各个诸侯国的统治阶层及其亲属，约 120000 个家庭（总数大约有 50 万人，也许还有更多数量的仆人与家眷），被强制流放到边境地区。③

被流放的普通百姓为数更多，规模庞大的工程吸纳了大量强制劳工，其中许多是罪犯。据估计，大约 300000 人被用来修建万里长城。司马迁记载说，首都的阿房宫大到可以容纳上万人，是由遭受过宫刑的

---

① 吉本估计从安东尼斯（Antoninus）到耶路撒冷，罗马帝国的整个道路长度约为 3740 英里。

② Loewe，《剑桥中国史》第一卷，62—63，认为秦长城（墙面用砖砌，内部用土夯成，而不是像明代一样用石头垒砌而成。）没有传统意义上说的 10000 里长（1500 英里）。

③ Lewis，《斯巴达与波斯》，第二章。

100000 名劳役建造而成。司马迁估计,秦始皇用了 700000 人来修建其陵墓,这一数字看起来是合情合理的,因为陵墓的占地面积大到可以容纳整个剑桥城。

帝国统治之初,知识分子基本上鸦雀无声。知识分子中的儒生们惊愕于秦始皇根除诸侯,污辱性地拒绝周礼,大规模征召劳役,富于侵略性的军事扩张,以及推行严厉的刑罚等举措,所有这一切都与他们的原则完全背道而驰。公元前 213 年,在一次宫廷宴会上,一个儒生对秦始皇的抗议激怒了他。这位皇帝下令,除秦国以外的历史书都必须被焚毁,[475]除了官员和宫廷"博学之士"外,其他人收藏的儒学经典都必须上缴官府,否则将会被罚做劳役。而且,任何"借古讽今"或公开谈论儒家历史与经典的人都会被处以极刑。只有农业、医药、占卜的书可以保留。那些打算学习"法令"的人则被建议向官员学习。而且,根据流传下来的故事,这位帝王凭借一时之怒,还活埋了 460 名儒生。①

1.2　秦的衰落与汉的建立

在公元前 210 年秦始皇死后的几个月里,反对长期劳役、流放、从军和严酷刑罚的民众起义不断扩散。知识分子由于被迫害而震惊和反抗,古代贵族则震怒于他们的家族被流放。

当一个掌管奔赴边疆劳役的长官②认识到,他因为没有按时赶到目的地将会被斩首时,起义爆发了。他自称"楚王",很快便聚积了数千名士兵和其他各种役工。尽管此人不久后战败被杀,但贵族们很快就推选出项羽作为指挥官,项羽是楚国贵族的后裔。当项羽与刘邦发生矛盾时,二者在纷乱中继续争斗,直到公元前 202 年刘邦击败对手项羽。刘邦登基后(庙号"高祖"),将新王朝命名为"汉"。

---

① 司马迁,《史记》,第 171—174,180—181 页;尽管学者们最近接受了"焚书"的说法,但是对于"活埋"一事仍存在疑问。《剑桥中国史》第一卷,第 71—71,95—95 页(鲁惟一提供了一些解释)。

② [译注]此处是指陈胜。下文提到他自称"楚王",疑为作者之误,陈胜应为"陈王"。

1.3 公元前 206 年，从秦到汉

刘邦是一个粗野的无赖。据说他曾对着一位学者的帽子撒尿，以此显示他对知识的蔑视。然而他有着魔鬼般的能量，他所建立的汉王朝持续了大约 400 年，期间只有短暂的中断。[476]不过在一个关键问题上，刘邦采取了与秦帝国的制度和法律截然不同的做法。由于必须要奖赏部属，汉高祖就把东部半个帝国作为封地分封给他的子孙和部属们。但是在实际统治中，他的政府由帝国官员掌管，领土继续被分为"郡"和"县"，依照秦制来统治。①同样，民众依然要承担税收和劳役。在改变大兴土木、穷兵黩武的扩张主义政策的同时，汉代的人口政策也发生了转换，不过根据 24 个等级形成的法家奖惩体系仍被继续推行。公元前 192 年，将近 150000 男女劳工被征召去修建新都城——长安；132100000 名士兵被征召去修建黄河大堤；102 名士兵和劳役去扩建最西部的玉门关长城（甘肃西部）；黄河和渭河被一条长 90 英里的新建运河连接了起来。

这些特征并非一成不变，譬如小的王国和封地开始逐步减少。因此，秦始皇对于统治制度的变革在整个汉帝国时期被制度化，并被保留了下来。这些长期特征主要有：

通过公众权威直接进行面对面管理，而不是通过中间人；

官僚机构；

中央集权；

地方之间的互相制约，其权限和功能自上而下渐次减少；

家长式的经济统制，比如通过公共指挥和强制劳役修建公路、运河、城墙等；

整个民众文化的标准化、同一化和汉化，因此文化民族得以创建；

两个阶层的分野与多等级的社会。

任何不同于儒家的封建制度和非集权制守夜人国家都是难以想象

---

① 第三种行政单位是自治性的"国（王国）"，"王国"后来逐渐被削减，直到最后变成和"郡国"一样。

的。然而在汉代,[477]正如我们将要看到的,隐藏在儒家外衣之下的却是法家的政治结构。

1.4 汉帝国

大　事　记

西汉

公元前 201—前 195 年	高祖刘邦在长安(今西安)建立新都。
公元前 191—前 187 年	放宽刑律,撤销反对商人的法律。
公元前 195—前 188 年	惠帝时期。
公元前 188—前 180 年	吕后时期。
公元前 180 年	吕后死去,家族被诛。
公元前 180—前 157 年	文帝时期。
公元前 167 年	取消刑律中残损肢体的刑罚。
公元前 157—前 141 年	景帝时期。
公元前 154 年	七国之乱爆发,并被镇压。
公元前 141—前 87 年	武帝时期。
公元前 136 年	置五经博士。
公元前 124 年	设立太学,以儒家经典培养行政官员。
公元前 121—前 119 年	击败匈奴。
公元前 111—前 110 年	灭越国(从浙江到越南),边界扩展到现代的"中国本部"①。
公元前 110 年	武帝主持"祭天"仪式。
公元前 102 年	西征至费尔干纳。
公元前 99 年	东部地区爆发民众起义。
公元前 51 年	召开讲解经学的宫廷会议。
公元前 46 年	征召阴阳学术士。
公元前 41 年	太学学生达到 1000 人。

---

① ［译注］也称"中国本部"或"中国本土",是指中国历史上汉族人口大量聚居,汉文化占统治地位的地区,大致上对应明朝的十八行省。

公元前 14 年	农民起义。
公元前 8 年	太学学生增加至 3000 人。
公元前 3 年	西王母的祆教在山东出现。
公元 1—8 年	王莽代小皇帝摄政。
2 年	第一次人口普查，总人口达57671400。
9 年	王莽称帝，建立新朝。

新朝

9—23 年	土地制度、高利贷等领域的激进改革，贵族等级被废除。
11 年	黄河泛滥。
17 年	农民起义。
22 年	赤眉起义，旧帝国贵族起义。
23 年	王莽在宫中被杀。

东汉

[478]25—57 年	光武帝时期，镇压赤眉军，根除对手。建都洛阳，恢复帝国在中亚的权力，收复交趾。
58—75 年	明帝时期。
82 年	窦皇后家族篡权。
105—121 年	邓皇后代替两个幼子摄政。
大约 140 年	法令开始中断，财政危机加剧，零星的起义爆发。
135 年	宫廷太监成功抵制了官员的阴谋。
157 年	人口普查，统计数字达到 56486856。
175 年	太监权力的扩大。
184 年	黄巾起义，人数达到 300000 人；洛阳被起义军洗劫一空。
189 年	袁绍屠杀太监。
190 年	军阀曹操崛起。
190—220 年	汉代最后一位帝王——汉献帝时期，

	长期被军阀挟持为人质。
208 年	赤壁之战：曹操被两个对手所败。
220 年	曹操之子曹丕废汉献帝自立，是为魏帝。
221 年	汉室后裔刘备在四川自立为蜀国皇帝。
222 年	军阀孙权自立为吴国皇帝。
220—264 年	三国时期：长达四个世纪的分裂开始。

2. 统治制度的评述

　　汉帝国与罗马不仅处于同一时代，而且在人口、地域和耕作基础方面有很多相似之处。公元前一世纪中国的"十八行省"，或我们所谓的"中国本部"，涵盖了大约 150 万平方英里的土地，与吉本描绘的罗马帝国相当。罗马帝国的人口据估计大约为 5000—6000 万。[1]根据公元 2 年的普查，中国的税丁人口为 57671400，不过实际数字肯定会更大一些。[2]

　　二者的最大共性在于其决策来源都是单一的个人，都通过官员来实施直接的绝对统治。（地方自治或许存在，就像罗马的市议会一样，只是帝制独裁的一个让步而已，而且能够被控制和监管。）[479]二者都未在民众中委派任何独立的角色，都不存在能够自治的有组织祭司阶层，哪怕是世袭的僧侣阶层。而且，世袭贵族也没有被委以制度性角色。事实上，也不存在这样的贵族，尽管确实存在着一个享有特权的上层阶级。因此，二者都属于广泛的"宫廷"政权阶层，通过与富裕阶层的不稳定关系和祭司的补充作用，顺利地实施统治。

---

[1]　M. I. Finley，《西西里到阿拉伯征服（西西里史）》（Chatto & Windus，London，1968），第 30 页。

[2]　Gernet，《中华文明史》，第 68 页。

图 2.6.1　中华帝国的政体

不过,我们还是要列出二者的不同所在。关于中华帝国的基本划分可以从图表 2.6.1 中看出来,也就是说,它本质上是一个宫廷政权,皇宫是政治过程中的唯一场所。但它又是一个具有特殊性的宫廷政权。首先,其官僚机构是地主阶层的一个重要组成部分,而且也是地主阶层活动的一个层面。中国的官僚机构还一度扮演了与中世纪欧洲教堂相似的角色;尽管儒学并非宗教,也没有对于个人的救赎功能,但儒家的说教还是行使了类似于教堂在欧洲的社会功能。因此,中国的官僚政治还同时扮演着地方贵族与宗教的角色。汉帝国第二个与众不同的特点在于:军队通常完全屈辱性地从属于行政权力。只有当这种情况发生中断时,军队才会参与政治。它并不是"战时无法可言",而是恰恰相反,"法律只是在战时归于沉寂"。

2.1　统治架构的轮廓

与罗马相比,汉政府更为官僚化。在罗马及其行省中,几乎没有官僚机构。即使在公元 4—5 世纪,其职官数量也只有大约 30000 个;然而在中国,公元前二年建立的官僚机构职位总数已达 130285 个。[1]而且,帝国的领土被一次又一次地划分成更小的行政区域,以适应如此众多的社会机构。[480]汉帝国和早期罗马元首制统治下的凌乱安排截然不同,比戴克里先(244—311)时期的政治安排还要系统化。

图表 2.6.2 显示了汉代政府的正式架构。位于最顶端的是天子,他是天、地、人之间的枢纽,是荣耀之源,也是所有不可挑战的权威的最终来源。图表还显示了"三公"辅佐皇帝的情况。实际上,在公元前 1 世纪之前,真正辅佐皇帝的只有两人。因为"太尉"之职时断时续,最后被彻底取消。丞相是宫廷内至高无上的皇帝顾问,也是皇帝的首席部

---

① 　H. Bielenstein,《汉时期的官僚机构》(剑桥大学出版社,Cambridge,1980),第 156 页。

长,控制着中央九部的所有事务。他们的头衔体现了最初的家族起源。不过,这一时期太傅等官职也开始负责有关事务,比如骑兵的马匹。宫廷内掌管对外事务的是传令官;大司农则是皇帝的主要出纳员。

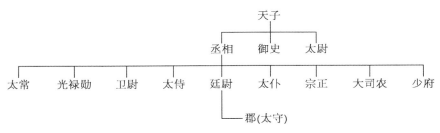

图 2.6.2　秦与西汉的政府管理体系

　　国家被分成不同的郡,由太守统管;郡下又划分成不同的县,由县令统辖。他们及其下级官员都是国家管理机构的一部分,由中央政府任命。县令与其上级一样拥有各方面的权限,通常下级官员都会复制与上级相同的权限,只是范围更小,也更为简单。因此,"县"的辖区又被分成乡、里等,由"三老"统辖;乡下置亭,由"亭长"管理;亭下置"里",由"里正"管理。自"乡"官以下,一律由郡守或县令任命;由于他们不是中央政府所任命的官员,因此不属于行政体系内的官僚。简单地说,他们不在已列出的 130000 名官僚名单之内。最后,在最基层的"里"层面,家庭被编成 5—10 个一组,每一个人都要为其同伴的犯罪行为负责。

3. 皇帝

　　[481]2000 年来的中华帝国史见证了一个长期的跷跷板游戏:那就是皇权通过自身人事安排所追求的政策目标与外戚、宫廷官员及中央大员利用手中权力追求自身利益之间的长期拉锯战。有时候皇帝是积极有为的统治者,有时候他的臣子占据上风。作为内战结果,新王朝在建立之初,官员们的权力往往处于最低谷。[482]随着统治秩序的恢复,他们手中的权力会逐步达到顶点。有两个因素帮助官员们成功地

维系了这一点：首先，官场和拥有土地的大家族之间存在着有机联系。在秦朝给予农民自由之后，这些拥有土地的大家族发展迅速。多数情况下，高层官员都来自这些拥有大量土地的名门望族。其次，在汉王朝统治下的公元 1 世纪，官僚机构的培训和价值取向开始变得越来越儒家化，并在公元 2 世纪彻底完成了这种转换。儒家意识形态降低了皇帝在军事方面的重要角色，在理论上将皇帝的角色局限于国家仪式、官员任命和"美德"展示。

因此，汉朝的帝制和罗马有着根本不同。首先，无论如何，帝王在仪礼方面是不可或缺的：阴阳平衡和天、地、人之间的完美和谐都无一例外地取决于皇帝的行为。中国皇帝角色的巨大作用远非罗马所及。其次，在罗马皇帝中，除了涅尔瓦和帕提纳克斯外，他们自己首先都是军事战争的领导人。中国则与之相反，文官不仅占据着军事机构，而且支配着领兵打仗的将军们，并对他们不屑一顾。最后，罗马皇帝被认为是积极统治，而不是简单地当政。比如，像台比留之所以受到责难，是因为他在卡普里岛（Capri）留下了一些无聊的轶闻趣事。但是，正如我们所看到的，一个无所事事的中国皇帝也会在仪礼方面平静地发挥作用，并把国家大事交给臣子们去打理。

鲁惟一认为，"只有很少几个例子"可以表明汉朝皇帝对导致帝国命运的一些政策负有责任。"一旦王朝被建立，皇帝在严格意义上的政治角色就会受到限制———但是小皇帝的加冕证明———皇帝对于维持统治极为重要。"①在鲁惟一所看来，这种重要性在于所有的政府权威都来自皇帝一人。司马迁笔下的刘邦就是一个极好例子，[483]这位汉朝开国皇帝在和部属一起赢得内战之后，称帝之路已经铺平。"诸侯及将相相与共请尊汉王为皇帝"，其借口是"有功者辄裂地而封为王侯。大王不尊号，皆疑不信"。②官僚们的技巧在于通过皇帝的合法性罩衣来实现自己的目的，这就是他们操纵皇位继承的原因所在。鲁惟一指

---

① 很明显，鲁惟一在这里并不包括汉武帝（《剑桥中国史》第一卷，151—153），但是根据 H. H. Dubs（翻译编纂）《汉书》三卷本（Baltimore，1938—1955）。我并不信服鲁惟一在汉武帝问题上的证明方法，武帝如果要像鲁惟一所说的积极有为，就不得不采取一些措施。

② 司马迁，《史记》，ii. 106。

出:"皇帝必须被说服扮演消极角色,而不是更加积极有为的角色;他应当通过头衔的力量而不是人格的实践来实施统治;他在形式上的存在是必要的,但在实践中其个人影响又是微不足道的。"①正因为如此,在撇开宫廷和官僚机构的背景下去谈论汉朝皇帝几乎是不可能的,特别是皇帝与宗室及其对手之间的关系;包括他与新生的官僚机构以及与之相关的土豪之间的关系。

3.1 皇位继承

汉代皇位继承采用世袭制。原则上,皇帝可以指定任何一个儿子作为储君。但实际上,由于后宫妃嫔众多,立储问题极其复杂。皇帝可以指定他的任何一个女人作为皇后,按照惯常的理解,皇后的儿子才会被立为东宫太子。但是这一原则经常被打破,因为皇帝随时可以废黜现有皇后,在宫中另立其他女人为后。另一个不确定性在于有时候皇帝驾崩后并未留下儿子。这时候,高级官员就会碰面商谈,以决定如何立嗣;还有的时候,宫廷中的利益集团会捏造先皇遗诏,以支持特定候选人。第三个不确定性在于庶出皇子的继位。这种情况下,作为摄政者的皇太后会被授权以皇帝之名颁布法令。理想情况下,这是基于高级官员建议之上的一个正式程序;但是,中国历史上充满了意志坚定的皇太后,她们或其家族会亲自掌权。在最为仁慈的情况下,他们仅只是通过皇帝对于母亲的孝道来影响朝政,但有的皇太后并不满足于此。汉朝历史上曾两度出现皇后干政情况,[484]她们利用自己的地位废除继任者,使自己的亲戚加冕为帝(唐朝,皇太后武则天最终成为皇帝②)。

皇帝继位规则上的模糊性刺激了皇族内讧的不断增加,这也是帝国心脏地区不稳定的主要来源。在罗马,通常是在营帐中裁断此类事务。在中国,这种事情的定夺往往是在宫廷,甚至后宫。罗马和中国的主流价值中还存在另外一种差异:在罗马,其主流价值是中国人所谓的

---

① Loewe,《剑桥中国史》第一卷,第53页。

② 参见原书第一部分第三章,埃及哈吉普苏提王后的统治。

"武"，也即"战争"；在中国，国家与社会的主流价值是"文"，也即"教化"或者"文化"。

3.2　皇帝的仪礼角色

无论怎样，中国皇帝都是一种"祭司之王"。我们早已指出商代国君在祭祀中的神圣功能；周王室在政治权力尽失之后，周王何以被继续奉为"天下共主"，因为他在执行主要的祭祀仪式时是不可或缺的。

在汉代，这一神圣角色得以延续，但是在极具影响力的董仲舒学派的影响下被重新定义和修改。①董仲舒非常强调我们前面提到过的两个思想学派，②即五行学说和宇宙萌生的阴阳学说。阴阳两股力量的失衡会通过迹象、征兆、自然灾难显现出来，而皇帝则是通过个人的审慎和正确行为来保持这种平衡的个体。各种迹象和征兆是上天对他没有尽到职责的一种警告。③

因此，作为天子的皇帝是神圣的，因为他向"上天"奉上了至高无上的祭品，并维持着宇宙与尘世间万物秩序的平衡。葛兰言指出："他同时还是每一个错误的肇始者，每一次赎罪的使者，每一次赦免的受益者，也是所有权力的来源。"④在董仲舒影响下，汉武大帝在"太一"坛旁为"太乙、地母、天父"举行了神圣的献祭仪式，同时在"五帝坛"献牲设祭。[485]武帝还在泰山举行了盛大庄严的祭"天"仪式，并在此建造了明堂。⑤

3.3　孤家寡人的皇帝

西汉在长安建都，也就是今天的西安附近（所以被称为西汉），东汉则建都于东部的洛阳。尽管布局并不规则，但长安拥有中国历史上所有各种都城的共同特征。整个城市都被护城河和城墙所环绕，城墙中

---

① 正是他深得汉武帝的信任，从而使儒学在公元前 136 年成为官方学说。他是太学的教授，并两度担任丞相。

② 参见原书第 458 页。

③ 关于董仲舒，参见 Chan，《原始资料汇编》，第 271—288 页。

④ 引自 Wheatley，《枢纽》，第 117 页。

⑤ 参见司马迁，《史记》ii. 第 13—69 页，关于封禅祭祀的条款。

建有 12 个城门，每一个城门都与宽阔的通道相连，这些通道又把城市分割成不同区域。城市北部是民居和市场区，整个城市被厚厚的城墙所包围。南部，矗立着一些宫廷建筑，形成了"白厅"区，^①再往南则是皇太后居住的宫殿所在；只有在西南角才可以发现由巨大的方形城墙所环绕的宫殿建筑——未央宫。它包含了诸多宫殿，比如图书馆、皇后与妃嫔居所、宗庙，以及皇帝自己居住的寝宫。

"未央宫"是内廷，其东北部的管理区是"外廷"，这是个非常重要的地方。在未央宫，皇帝是唯一真正意义上的男性。他的一生都被太监和妃嫔们包围，他甚至被切断了和朝臣们的联系。事实上只有很少一些男性访问者：比如，一些重要官员、皇后的亲戚、为数不多的几个私人朋友。皇帝当然也有很多公开的露面，比如祭祀和宫廷会议，但很多情况下他是一个隐遁者。政府事务由城市的另一端来处理，政府的高级官员们，比如丞相和御史大夫都要穿过办公区域，来到未央宫觐见皇帝并交换意见。一旦皇帝本人的政策与官员们相对立的时候，也就是历史学家描述的"内廷"和"外廷"发生冲突的时候，我们就必须正视作为孤家寡人的皇帝与官员们之间在物理意义上的孤立，因为后者往往以他的名义发号施令。

3.4 世族豪强

[486]秦朝使农民从诸侯手中解放了出来，农民们开始可以自由买卖土地。在古代原始农业经济中，这通常会导致一个土地集中过程。这些自由农在税收、洪水、歉收或类似灾难的压力下要么失去依靠，要么被迫对较为富有的土地所有者形成新依赖。这些被边缘化的农民经营者为了度过灾荒之年，被迫举借债务，最终失去自己的土地。希腊和罗马共和国中都曾出现过这一情况。在中国历史上这一情况也多次出现，它表现为一个周而复始的轮回：富有的地主阶层在内战中被损坏，然后会出现一个自由农占主导地位的经济；紧接着自由农经济不断被

---

① ［译注］英文"Whitehall"，伦敦的一条街道名称，又被称为"怀特霍尔街"，为英国政府所在地。

侵蚀，土地再一次变得日益集中起来。

土地被集中的过程在秦征服六国之后迅速开始，但是在刘邦建汉后又获得了新动力。高祖皇帝必须要奖励他的功臣和亲戚们，他把许多村落的税收变成了后者的俸禄，通过不授予管辖权的方式让他们获得好处。高官要员也大多通过这种办法获得报酬。一些商人、冶铁者和盐商不顾官员的敌视而聚敛了大量财富，他们又会加速投资于更为保险也更受人尊敬的土地市场。于是，地主豪强势力在西汉时期开始兴盛，在东汉时变得更为富有，对政治也更有影响力。正是在他们的支持下，刘氏家族才得以从篡位者王莽手中光复汉家天下。

我不同意著名汉学家谢和耐和艾伯华的说法，他们认为这一阶层是"贵族"（gentry）。这一词汇在英语社会史中有其特殊内涵，用在中国的社会环境中就会产生歧义。他们应当被称作"世族豪强"或"大家族"。在中国传统中，首先也是最为重要的一点，就是世族豪强拥有盘根错节的联系，他们在很多地方都根深蒂固。正如中国榕树，它将枝条插入地下就会长出新榕树来。所有这些间接的联系都坚定地相互支持。这些家族把最为聪明的孩子送到各地接受教育，通过他们进入中国最具声望的职业，也就是官僚阶层。这些人接受了儒家经典训练后，就获得了进入中央和地方各级政府的入场券，[487]他们一旦扎根就会帮助其族人获取新职位。这些官员一旦被剥去公职，他就会返回家族中；如果豪强地主家族遇到困难，这些官员也会运用政治影响力来帮助其渡过难关（汉帝国历史上，并未记载一个家族同时失去公职和土地的情况）。

因此，这些宗族是一个个被扩大了的家族，其中包括大土地所有者、儒家知识分子和行政官员。尽管那些居住在城市的宗族分支过着诗人、画家、学者、哲学家一样优雅体面的生活，但"他们的主要活动却是政治，努力进入中央或地方政府，不管是行政还是军队"。①同样，这也在一定程度上满足了政府的相应需求。开国皇帝刘邦曾发现官员短缺，下令郡守们举荐贤能进京候遣。汉武帝（公元前140—前87年）大

---

① W. Eberhard，《征服者与统治者：中世纪中国的社会力量》（Brill，Leiden，1952），第15页。

大地拓展了官员征募体系,使官员招募程序系统化,根据儒学经典知识来选贤任能。这就导致了政治野心、家族联系、土地财富和儒家意识形态的综合。由此产生了一个循环:功成名就的京官会在官员资格考试中对自己的族人徇私舞弊,地方上的郡守通常也是这些世族豪强的成员,所以被提名的候选人往往也还是他们的族人。除此之外,其他候选人要想获得提名,就必须攀附这些家族。

3.5 外戚

还有另外一条更为冒险、便捷,但回报更为丰厚的入仕之路,那就是通过皇后的家族关系。我们前面已经提到了皇后的影响力,特别是那些皇太后。[①]对于汉朝帝王来说,对宗室至亲授予高位并不常见。[②]但是,对于皇后的亲戚却并无限制。

因此,豪强士族们都渴望能攀龙附凤。[488]在最坏情况下,他们会给皇帝的后宫提供一个美人。不过由于西汉后宫的妃嫔数量约为6000人(东汉为3000人),[③]皇帝与之接触的机会也是比较渺茫的。然而,一旦她能够博得皇帝一夜欢愉,得到皇帝封赏,或是生下一名男婴,她在皇宫的地位就会大幅提升。因为,皇帝有权废黜皇后,以其他的女人取而代之,后者的儿子就可能成为太子。

不过,许多情况下这种精心计划和等待都是不必要的。如果皇帝挑选了家族中的某一个女人作为皇后,这个家族就可以跟着"鸡犬升天"。因为一旦她当了皇后,皇帝和朝廷都希望她的家族占据一些高位,于是产生了臭名昭著的"外戚"传统。而且,这将会直接导致不同派系之间对皇帝和宫廷主导权的争夺——皇太后(皇帝母亲)和新皇后之间的斗争。两个派系都会遭到来自对方家族的挑战,女儿在宫中的一方往往更有机会在斗争中胜出。

---

① 参见本书第483—484页。

② 参见王毓铨,《西汉王朝的政府外部轮廓》,《哈佛亚洲研究杂志》12(1949),第161页,认为皇亲可以担任的职位只有宗正一职。Bielenstein,《官僚机构》,第204页,认为到公元169年只有7个这样的例子。

③ 但是鲁惟一称,2世纪中叶后宫人数为6000,西汉为3000,《剑桥中国史》第一卷,第259页。

3.6　官僚机构

我们会在后面讨论政府机构的组织、招募、规模等细节问题。这里想要说的是在共同的意识形态之下，官僚机构的数量与分工何以增长如此之快。公元前 2 年，它已经拥有超过 130000 个职位。其指导原则就是中国传统的对称和分级思想：[1]即便是后宫的妃嫔们也被分成 18 个等级，薪俸（名义上）与政府机构中的官员们相对应。[2]不过，现实并非如此井然有序。因为现实中的等级结构不仅会受到各方面的影响，还会存在重叠交叉现象，不可能是整齐划一的。而且，官员、部门、机构的详尽细节极其复杂。

高级官员的任命通常由丞相举荐，其他级别稍低的官员由公卿们根据自身权限来任命。[489]尽管汉朝被确信是科举制度的开始，但只有很少一部分官员是通过科考被招募而来的。

官员们都具有相似的社会背景，身后都有举荐他们的世族豪强。在汉代建立后的大约 50 年内，这些官员们开始受到儒家"君权天命"思想的影响。[3]不过，儒家学说依然笼罩在阴霾之下——对其作品的限制此时依然有效，我们也可以从刘邦对儒家圣贤的蔑视中看出来。[4]然而，对儒家思想的破坏在惠帝时期已被取消，儒家学者们恢复了被秦始皇破坏殆尽的"五经"，部分是根据记忆，部分是根据散佚的版本。公元前 136 年，汉武帝听从贤良方正文学之士的建议，禁止了其他学派的哲学思想，树立了儒学作为官方学说的地位。他还在公元前 124 年，为 50 名儒家学者创立了太学。尽管这是为了培养官员而设立的，但事实上并没有几个官员由此入仕。但是，这一制度却在不断向前发展，到公元前一世纪末，太学学生已达 3000 人。此时，儒家学派和法家学派第一次在宫廷相遇，儒家思想的影响最终超越了法家。到东汉时期，儒家

---

① 　Bielenstein，《官僚机构》。

② 　因此，光武帝将等级减少到三个，但是有一些后来又重新出现（《剑桥中国史》第一卷，第 259 页）。

③ 　参见原书第 462 页，孟子关于官员是君主教育者的概念。

④ 　参见原书第 474—475 页。

学说已经非常成功,太学学生人数增至 30000 人。

我们前面已经谈到,在董仲舒看来,皇帝是一个完美的道德领袖,其唯一的政治任务是挑选"睿智厚德"之人以便和他共同治理天下。"结果,没有人看到皇帝干什么,却可以实现成功的管理。"①事实上,汉代的官员们并没有达到这样的程度。但是,他们却是皇帝的天然顾问,他们坚持维护儒家的道德规范,哪怕会引起皇帝的不悦;在现实中,他们会为皇帝准备一些可供替换的政策被选项,以便于其从中取舍(皇帝自己并不提出倡议);最终,一切都是通过商议来完成的:比如,通过大型朝会,或者小型跨部门会议,或是皇帝与部长们的对话,特别是与丞相的对话。丞相通常被看作是整个帝国的代言人。

4. 宫廷内的政治过程

4.1 行政管理发展的评析②

[490]表面看来,中国古代历史学家(特别是司马迁和班固)着墨其多的宫廷事务都是纠缠不清的宫廷阴谋与冲突,并且涉及世族豪强、皇后、太监、将军和妃嫔等;但是细察下来就会发现,两个联系紧密的主题其实是互不相干的。它们是世族豪强与皇帝所抵制的官僚机构之间争夺主导权的斗争。汉帝国是第一个资料详尽的伟大的宫廷政体,它使我们有足够的资料去认识其宫廷争斗的内情。它展示了在其他类似政体中一些不断修正的倾向,譬如在中世纪欧洲,君主在名义上是至高无上的政策权威来源。汉帝国也因此成为一个范例,这也是我们对它进行评析的原因。

在君主制政权中,制度与行政机构的发展和汉帝国类似,其进展有如珊瑚的形成。珊瑚是一个活的有机体,也就是珊瑚虫。珊瑚虫不断生长,其枝杈附着在最初的珊瑚虫上,随着不断发展,原来的珊瑚虫会死去,但是会留下一个骨架。因此,代代相传之后,这一生物就会在越

---

① 引自王毓铨,《西汉王朝的政府外部轮廓》,第 163 页。
② 这一评论最初是为绪论的概念而准备的(编者)。

来越大的骨架上繁衍昌盛起来。

在宫廷政体中，包括美国的总统制和中世纪英国的君主制，这种"珊瑚礁"的类比都可以体现两个法则：首先是"接近律"：在"接近律"中，统治者的个人意志越具有决定性，那些容易接近他并且离他最近的人就越具有影响力。如果他们的靠近是专享的，这种影响力就会更大，因为许多人都会致力于对统治者施加影响。因此，中世纪英国的男爵往往是国王的"天然顾问"。

然而，统治者倾向于选择自己的顾问，而不是被迫接受他们。因此，他们通常会解除这些"天然的"和"官方的"顾问，转而依赖于自己挑选的更为亲密的顾问。外部"天然的"和"官方的"顾问们往往会和新的内部小集团爆发公开冲突。有时候前者能够控制这些内部职位，夺回权力，因此统治者就不得不像以前一样面临同样的限制。[491]在这种情况下，他就会像先前一样，重新建立一个决策咨询和执行中心。

这一过程还会导致第二个问题，也就是"头衔膨胀律"。头衔通常产生于名声显赫的内部圈子，于是许多人会争相加入这个圈子。这样最后它就不再亲密了！根据前面所谈到的"接近律"，统治者会把他的信任转向一个更为亲密、更容易接近的私人圈子。他希望自己制定政策。因此，先前那些与帝王亲密无间的职位就会日益庞大。它们依然保持着极富声望的头衔，但是影响力却不断递减。他们变得愈发受人尊敬，但却手无实权。在多数情况下，头衔越华丽炫耀，其功能的重要性就越低；同时，那些真正的功能性职位则只拥有卑贱的头衔。比如，波斯帝国的斟酒人；中世纪英格兰国王的秘书，等等。这时候，这些卑贱的头衔反而变得名声显赫，并成为人们竞逐的目标，于是又开始了周而复始的循环。

4.2　西汉王朝与"内廷"的建立

丞相及其副手，包括帝国的顾问们，实际上扮演着整个官僚体系监管人的角色，并在皇帝面前代表了整个体系的看法。在公元前140年之前，与其说是皇帝指挥着这些高官们，倒不如说皇帝在与他们合作。不过，汉武帝与众不同，他脾气暴躁，果断而好斗，试图以自己的方式行事。

这对于此前帝国所追求的国内外政策来说,无疑是一种完全的逆转。先前的帝国政府和顾问们都采纳了和平主义和反对干涉主义的国内政策,武帝结束了向匈奴纳贡的政策,这一政策曾让匈奴不费吹灰之力就南下占领了汉朝领土。为了发动这些代价不菲的战役,汉武帝被迫增加税收,并采取了扩大税基的重商主义政策,特别是由官府专营盐铁。

除了对皇帝政策表示异议之外,一些高官和顾问们还卷入了外戚家族之间的争斗。由于各方面原因,武帝直接整治了一批高级官员,6人被处决或赐死,其余的人也很少能保得住官位。

这些内阁要员及其随从在远离皇宫的"外廷"[1]工作。这里曾是收发并处理朝廷公文的地方,也是草拟圣旨供皇帝参阅的地方。[492]在皇帝的宫殿之内还存在着一个小型办公机构(被称为"尚书台"),汉武帝重组并扩大了这一机构,以图绕开"外廷"的官员。汉武帝还将其划分为四个部门,分别掌管外交、处理奏折、监管百官以及宫廷内务等。这些机构处理着和丞相及其秘书机构对应的工作。汉武帝统治晚期,它又开始处理各中央机构呈递的奏折,拟定皇帝的诏书和法令,公开地参与皇帝与臣子们的讨论。

武帝死后(公元前 87 年),大将军霍光摄政,继续沿用尚书制度作为秘书班子,但这些机构此时已在事实上控制并主导着丞相府和其他顾问机构。它拥有第一流的官员,因为这些官员需要掌握 9000 个汉字(今天汉字已达 60000 个,其中常用的约有 10000 个)和 6 种不同的书写。公元前 46 年,班固的伟大历史著作《汉书》中曾有一个总体评价:"尚书是其他机构的基础,是国之要器。"[2]但尚书机构的设立并未削弱外戚势力,他们仍能出将入相,占据其他高级职位。由于这些职位都由尚书台来控制,于是他们一步步成功地控制了这些机构。由此形成了另一个传统,即被授予"大将军"头衔的高级官员(比如霍光)依照职权可以控制尚书台,从而掌管其他所有的人事任命权。占据这一职位的人当然都是名门望族的代表。

---

① ［译注］也称"外朝"。

② 引自王毓铨,《西汉王朝的政府外部轮廓》,第 170 页。

在把"内廷"当作个人控制工具的努力被打乱后，皇帝开始转向了只对他个人效忠并且更为亲密的仆役阶层——太监们。直到帝国结束之前，太监一直在中国历史上扮演着非常积极的角色。因此，他们的特点和起源也值得探讨，而不是简单地照搬中国传统历史著作中的观点。稍后我会继续讨论这一问题，这里想要说的是，在所有宫廷人群中，他们可能是宫廷内对皇帝最为顺从，[493]最为忠诚，也最为亲密（由于他们接近皇帝，除了偶尔的宣召外，宫殿内不允许男人进入）的人。①汉武帝发现，与尚书台阁中的官员相比，和他们打交道更为方便和隐秘，就安排了一些太监作为联系人。头衔为"中书令"的高级太监不仅领导着由所谓的"尚书仆射"组成的机构，还领导着由使节和信使组成的另一个机构。不久之后，这些与皇帝亲密无间的联系人直接主导了尚书机构。到公元1世纪中期，皇帝对他们言听计从的程度已经超过了其他中央部门。

在这一时期，职业官僚中出现了两个相互联系的重要发展：首先，"领尚书事"的官员们形成了自己的官僚传统；其次，儒生们反对汉武帝时期"现代主义"观点②的行为占了上风。官僚机构此时已经非常完备，分工有序，协作紧密，高级官员则多由儒生担任。

汉元帝统治时期（公元前48—前33年），皇帝与官僚机构发生了正面冲突。根据《汉书》记载，当时皇帝依赖官至中书令的太监石显，"遂委以政，事无大小，因显白决。贵幸倾朝，百僚皆敬事显"。③曾经领尚书事的辅政大臣萧望之，是名噪一时的学者和杰出官员，因为抗议此事而最终丢掉了性命。不过，他的观点最终被采纳。随后继位的汉成帝（公元前32—前7年）在具有强烈儒学思想背景的皇太后的影响和劝说下，废除了中书令之职，并解散了这一机构。

4.3 东汉太监阁台的兴衰

王莽政权只是西汉后期的一个短暂插曲，然后便是历史的轮回。

---

① 参见原书第494—495页。

② 参见 M. Loewe，《汉武帝的运动》，F. A. Kiermann 和 J. K. Fairbank 编，《中国人的战争方式》（Harvard，UP，1974）。

③ 引自 Chü，《汉代社会结构》（University of Washington Press，Seattle，1972），第431页。

公元 25 年,刘秀登基为帝,重建了汉王朝,是为东汉。东汉的政权架构和先前一样,但是强调的重点有所变化。[494]首先是拥有土地的世族豪强。刘秀的辅佐者大多来自黄河盆地南部,这是一个由豪强地主控制之下的半殖民化区域,他们往往拥有庞大的产业和庄园。这里有很多三代同堂的家族,成员往往多达上百人之众。他们拥有大量奴隶和护卫家丁,农民是依附于他们的"客"。刘秀就是这些大家族中的一员:他在南阳①附近的庞大产业由围墙所环绕,只有大门可以出入,内部拥有自己的市场和私人武装。这些家族继续为朝廷举荐各级官员,与西汉相比,他们卷入宫廷政治的程度更甚。不过,和西汉皇帝不同的是,东汉的帝王们只从极其富有的大家族中挑选皇后(只有一个惊人的例外②)。因此,外戚们的争斗更为激烈,控制皇帝和宫廷的斗争也更加令人不可思议。

儒家机构也同样强大。儒学的正统地位已经到了无可挑战的地步,这一点从太学的发展中可见一斑(当然因此被进一步强化),太学学生的数量在东汉末年已达到 30000 人。在当时,有文化者何其寥寥,因此学者在所有职业中的声望无与伦比。太学等同于"公共舆论",由于学生和老师之间的尊崇关系,他们变成了强大的压力集团。

与此同时,太监们也开始出现等级分化,变得更有组织起来;在东汉末年,太监们开始成为中央政府的重要代理人。我们不妨来花一点时间看看太监们是如何变得如此重要,其原因又是什么?

值得一提的是,虽然也有不少太监在皇宫外("黄门"之外)工作,但皇宫内的太监数量依然非常客观,他们是在皇宫内提供服务的唯一男性。还有一部分太监在"后宫"听差,专门伺候皇帝的妃嫔们,但这部分主要在皇宫的外围。如果像许多学者所说,招募太监是为了服务于后宫,那么皇帝的宫殿内似乎不必要使用这些人。但是,东汉却制定了太监守卫内宫的制度,这似乎更加印证了上面的疑问。[495]"侍中"本身

---

① [译注]今河南省南阳市附近。

② 汉灵帝的妻子何皇后是一个来自屠夫家族的后裔。

就是经常参与朝政的皇帝私人仆从。最后形成了一个很小的政治集团，一开始只有 4 人，从未超过 20 人。这些人被称为"中常侍"，他们是处理国家大事的高级政治集团。东汉末年，太监总数约为 2000 人，他们在"中常侍"的领导下建立起有组织的机构，并以后者作为领导和代言人。

在我看来，中国皇帝如此广泛地使用太监有两层含义：首先是在仪礼方面。皇帝高居众人之上，如果让普通人存在于皇宫之中，势必会玷污皇帝的圣洁；但太监们则被认为是完全低人一等的物种。第二个原因在于太监们没有家族关系，也没有尊严和职业地位，其职业和升迁完全依赖于皇帝个人。①皇帝在这方面的判断是准确无误的，除了几个少数的例外，太监们对于主子的忠诚和自我牺牲都是始终不渝的。许多太监也因为忠诚而得到了丰厚的奖励，但这并不是他们忠诚的主要动力。

最后，我们无法认同中国古代历史著作中对于太监的价值判断。这些历史著作无一例外地都由儒家学者编纂，对他们来说，作为政治"暴发户"的太监往往是被仇视的对象。在他们描述的历史中，太监往往表现为贪婪而邪恶（当然比不上那些官居相位的人）、目不识丁（这方面明显是错误的）、优柔寡断，而且不善征战（事实上有一些太监还担任了将军）。对他们的偏见非常复杂，他们被认为是没有家庭，也没有接受过儒家经典教育的政治暴发户，而且取代了二者兼有的大地主和儒家官员。

东汉初期的两个皇帝精力充沛，容不得任何涉政行为。大约在公元 75 年之前，无论世族豪强还是太监都没有独立的影响力。这很容易理解，通过征战起家的皇帝自己可以发号施令，因此光武帝时期的中常侍尚书也只有 4 人。

"外戚"只是在章帝与和帝时期（公元 75 年之后）才开始掌控朝廷。在此后大约 50 年的时间里，窦、邓、梁等大家族相继成功地控制了内外

---

① 我们参考了色诺芬著作中关于波斯人使用太监的原因，《居鲁士劝学录》，I. Viii，第 540 页，书中第 300—301 页曾引用过。

朝廷。[496]外戚的规模非常庞大,他们富可敌国,极尽铺张。集体承担罪责的传统扩展到了家族,但再没有比对外戚的惩处更为残酷的刑罚了。他们的政敌并不满足于将其逐出政治圈子,而是要诛灭其整个家族,其余的人则被贬为奴。

历史还表明,有一些皇帝对自己的权力弱小表示了不满。①它反映了一个社会现实:社会财富过度集中于世族豪强手中,特别是外戚家族手中。

这一时期,太监机构不应当被看作是和"外戚"与官僚体系相对立的东西。它仅仅是皇帝的附属机构,在宗族派别之间的斗争中他们又会分属不同的宗族派系。对于一个谋求独立的皇帝而言,他们是唯一可以依赖的力量。和帝通过他手下的太监组织了一场政变,消灭了外戚窦氏家族。更有戏剧性的是汉桓帝(公元前 146—前 68 年)的谋划,他"对执掌朝政 27 年的梁氏家族心怀恐惧与压抑已久"。②我早已说过,所有国家的王子、君主、国王们都会依赖于更为密切的顾问,以便帮助他们推行自己的统治,甚至会选择在寝宫议事。正是在汉桓帝的寝宫之中,四名太监"常侍"和其他太监一起被召入宫,向汉桓帝立下毒誓,他们根据皇帝的指令逮捕并根除了整个梁氏家族。③

皇帝向心腹太监慷慨授予贵族头衔并肆意赏赐他们的行为惹怒了当时的窦氏家族,窦氏是恒帝皇后的宗亲,后来曾扶持灵帝登基;而且这种前所未闻的行为也激起了太学中士大夫的不满。于是,窦氏家族和士大夫官僚之间开始结盟。当恒帝驾崩后,灵帝被已是皇太后的窦妙提名登基,窦氏家族的一批人命令他拘捕身边的高级太监,以便夺回权力。但是,这一信息被中途截获,为首的 17 名太监立下毒誓并斩杀了报信人。[497]太监们通过伪造圣旨,秘密调集军队,接管了拱卫京畿的北军五营。整个窦氏家族被铲除,家属、亲戚、扈从全部被诛。一百多名参与"朋党"的儒生也被处决,另有 700 余

---

① 《后汉书》,转引自《汉代社会结构》,第 476 页。
② 引自《后汉书》,转引同上。
③ 同上,第 476—480 页。

人被流放。因此，在灵帝统治的其他时间里，他主要通过太监实施专制统治。

不幸的是，公元189年灵帝驾崩之后，只留下两个婴儿继位。当时，整个帝国已被卷入一场来势凶猛的大规模农民起义（黄巾军）之中，领命去镇压农民起义的外戚舅舅将其视为自己夺权的好时机。皇太后试图仰仗几个心腹太监帮助儿子夺取大位，而这位舅舅为了自己登基，把皇帝外甥晾在一边，并威胁说要铲除太监们。太监们闻风后，为了报复，先发制人地将其置于死地。这时候地方郡国的武装已经应召开进京城，其中一个残暴的领兵将军袁绍闯入皇宫，屠杀了2000多名太监，只留下手无寸铁的皇太后。皇太后很快就被另一位将军董卓所杀，董卓自立了一个傀儡皇帝，并通过这个傀儡来统治。他的对手曹操采取了更为成功的做法，即"挟天子以令诸侯"。公元220年，汉献帝被迫宣布退位，汉朝由此终结。汉帝国成了儒家官僚和世族豪强与皇帝及其宦官亲信之间斗争的一个牺牲品，其时帝国已为农民起义所撼动。

前面讲述王朝衰落的"宫廷层面"，主要是为了说明在农民起义之时，当时还存在着一个权力真空。这是否是一种偶然的巧合？有争论说，像黄巾军这样的农民起义是对财富过度集中的一个反映，事实上在整个中国历史上这种头重脚轻的财富积累结构并不少见，大地主们拒绝接受任何让农民受惠的改革。西汉、东汉，初唐和晚唐，元和明都伴随着农民起义，其威胁性在于它们的千禧年特色，半教堂化的组织和秘密会社的领导。但这并不是一个完整的解释，因为头重脚轻的财富积累是经常性的，与这些能够导致王朝毁灭的农民起义相比，非致命性的农民起义并不少见。要解释王朝被毁灭的原因，我们必须得考虑偶然因素，[498]这些偶然因素才是王朝崩溃的直接诱因。其中一个偶然性因素就是自然灾害，比如饥荒，有时候是长江下游盆地的洪水。当然，还会有其他因素，比如前面谈到的高层权力真空。但是，一个强大有为的皇帝能够击退和打败农民起义，因此，只有结合权力真空和农民起义两个因素才能解释帝国崩溃的根源。

表 2.6.1　地方管理区域，大约公元 140—153 年

单　位	数　量	平均面积（平方英里）	平均人口
郡与王国	99	15551	606000
县	1179	1271	47169
乡	3611	407	16300
亭	12443	120	4821

来源：Bielenstein，《官僚机构》，第 90—109 页。

5. 地方行政架构

汉朝与罗马帝国的地方管理制度存在很大差异，至少在戴克里先重组之前是如此。相比之下，汉朝是一个更加对称并且更为等级化的管理模式。中国与罗马的首要区别在于：汉代地方行政体系具有统一性和对称性，中央政府任命的地方官员无处不在，不仅数量庞大，而且缺乏任何形式的自治政府。另一个显著不同是，中国依赖于书面文字而不是面对面的实地考评。不过，和罗马帝国不一样的是，中国没有留传下来多少描述汉代政府实际运作的文献。因此，我们必须参考历史中的散佚片段来分析这一问题。[1]

在已经列出的地方统治体系中，[2]值得一提的是其相对规模和人口，由于我们具有关于公元 140—153 年的珍贵数据资料。我们假定帝国的这些地区是"中国本土"，也就是大约 150 万平方英里的区域，其人口大约为 6000 万（参见表 2.6.1）。

在开始论述之前，我们必须分析一下"王国"的存在。[499]"王"的头衔只能属于皇室家族成员，或者所有受到藩封并享受俸禄的皇子（除了太子），大约有 8—25 位，其数量取决于皇室子孙的数目。起初，每个"王"都建立了自己的府邸，并根据同样的规模建立了管理机构，任命了

---

[1]　A. F. P. Hulsewé，《1975 年河北云梦县出土的秦律残片的翻译释读：公元前 3 世纪的秦朝律法制度》（Brill，Leiden，1985）。

[2]　参见原书第 479—480 页。

自己的官员。只有丞相是例外，因为丞相是由皇帝来任命的。然而，这些王爷和卿大夫都要遵守"汉律"。他们之间的小范围反叛与摩擦最终酿成了有名的"七国之乱"。公元前154年叛乱被镇压以后，中央政府开始在王国内任命地方官员，减少了王国的数量，降低了王国的地位，这样王国和郡国的差别很快开始消失。这就强化了帝国的集权特征，结束了可能与国内封建因素相妥协的任何因素。也正是这一点，使得汉武帝这个征服者可以推行骇人听闻的剥削政策。

郡国由"郡守"来治理，他们是被调任而来的行政官员，往往随着任期不断转移。他们属于高级官员，级别为俸禄2000石。[1]郡守身兼行政与军事双重使命，对任上地方的一切负责。他们负责征税、人口和土地的造册登记，镇压强盗，军事动员和训练（仅只是在自己的郡国内，并且得到了帝国的授权），审判罪犯，公共工程与劳役，可能还要提供骑兵使用的马匹（因地而异），谷仓和市场，等等。从根本上说，郡守是一个监管者，而不是直接的管理人员；管理者被要求每两年赴各县巡视一次。为了完成这些工作，其机构多达上百个。[2]太守府中的工作人员包括录事掾史、主记事掾史、少府史，以及兵曹（东汉时期，这一机构被取消）等。其官僚机构包括一系列部门：主要有功曹、贼曹、决曹、议曹、督邮等。最后一个部门"督邮"是由5个地方巡检人员组成的团队，负责巡视下级机构的工作。

[500]太守和中央政府之间的关系令人困惑。太守们没有足够的资源豢养军队，或是发动叛乱。快速的任命、循环调任等使之鲜有机会采取这样的行动。但自始至终，中央政府在掌控地方活动方面都存在问题。王朝建立之初，主要是通过不定期派出官员来监察地方。公元前106年，中央政府设立了固定的监察官员——刺史（后被称为"牧"），并辅助以低级别的官员。当时设立了13州刺史，每人掌管一个省份，其职责就是检查太守辖区内的各项工作，然后回到京城向丞相提交年度报告。这些刺史的级别只有600石，远低于郡国太守2000石的级

---

① 参见原书第508、519页关于等级秩序的内容。
② 河南郡府总数为892人，但这完全是个例外。

别。东汉时期将刺史的级别提升至 2000 石,但是他们已经不再是巡回地方的官员,而是端坐于都会治所的衙门之中,依旧通过书面形式传递报告。这种依赖于书面文件而不是面对面考察的形式在中国历史上将反复出现。我们能够证明这一制度在明王朝时期是如何效率低下,错误百出,我们也无法相信它在汉代能够高效到哪里去。值得一提的是,许多罗马皇帝倾向于在帝国内不断走动,但是大多数中国皇帝是恋家的,许多人甚至终身未曾跨出宫禁半步。

每个郡内大约有 10—12 个"县",①县制被保留至今,并依然是当今中国的基本地方政府单元。大的"县"(大约超过 10000 人)由县令来治理,小的"县"由"县长"来治理。其职责与太守相似,主要有:法律秩序与犯罪案件、税收与土地登记、组织劳役与公共工程、日常工作的监管,征税。县衙的组织和太守一样,但是规模上要小一些,主要有县尉(包括两名门下贼曹)、功曹史、县丞、少府,等等。他们属于级别较低的官员(薪俸以"斗",而不是"石"来衡量②)。县令被要求每年在辖区内巡视两次。其属下的职员同样为数众多,洛阳令雇佣了大约 800 名下级官员。但洛阳是当时首都所在,这应该是一个例外。[501]普通县的雇员一般应在 400—500 左右。

通常一个"乡"的辖区大约为"县"辖区面积的三分之一,其官员由"县令"或"太守"任命。在"乡"辖区内,由"三老"提供"道德领导",但并不负责管理社会秩序,具体工作则由啬夫、有秩、游徼来完成。其中啬夫和有秩负责征税、组织劳役和司法,游徼是事实上的警察首长。

"乡"之下又分为许多"亭",由"亭长"来管理。其首要工作是维持法律与秩序,管理帝国在其辖区内设立的驿站(像罗马帝国一样),包括其中的驿馆与警察站功能。关于"里",我们没有更多信息,只知道它们是由头人来管理的基层机构。

由此可以得出这样的印象,即汉政府是一个高度官僚化和集权化的管理体系,是按照"边沁主义"的对称性(经常以同样的名称和同样的功

---

① 参见本书第 504 页。

② 一"斗"相当于十分之一"石"。

能称呼同样的事情）排列的，它没有给地方上的灵活性留出任何空间。它在实践中也的确如此，与罗马相比，它是高度官僚化的机构。公元前117年，中国的丞相府雇佣了382人（其中262名为职员）。①因为这是所有部门中最为庞大的一个，如果其他部门也依照这一规模的话，整个中央政府的人数将会达到4202人。②而且，汉代官员的实际数量远远超过了130,285，因为这一数字仅指那些有一定级别的官员。我们只能推断地方官员的数量。据说，河南郡府当时雇佣了892名官员，郡府所在的洛阳令雇佣了796名官员，二者都超标了。因此，我们作一个保守的假设，平均每一个太守和县令雇佣上述官员数量的一半（假设A），或者雇佣上述数量的三分之一（假设B）。那么在公元前140到公元43年，全国99个郡和1179个县的全部官员的数量将会是下表中的数字：

区划 估算	郡	县	官员总数
假设A	44154	469242	513396
假设B	29436	312828	342264

[502]这一计算没有符合130285的官方数据，因为很难准确区分究竟哪些是有级别的官员，哪些是没有级别的官员。如果按照假设A的估算，"县"的官员数量是"郡"的10倍还多，而各"郡"的官员总数又是京城官员总数的11倍。

把汉朝与罗马的民事官僚机构相比并不合适，或许会被认为是"巧合"。首先，两个帝国可能对各自"官职"的界定并不相同。其次，中国的政府体制中很少有奴隶，他们不到总人口的1％。在罗马，几乎所有的杂役工作都是由奴隶来完成的，这些奴隶们并未被统计在内。第三，罗马军队从事了一些中国官员们处理的行政工作。③

---

① Bielenstein，《官僚机构》，注释22。

② A. H. M. Jones（《拜占庭帝国》）估计，拜占庭帝国的宫廷官吏约有5000人。

③ Jones对罗马官员的估计不包括那些管理地方的十人长委员会的雇员（许多是奴隶）。

由于几乎没有文献证据，我们无从得知中国地方政府在现实中是如何实施治理的。首先，他们能够在多大程度上违背中央政权的指令。一项猜测显示，他们的行动模式会比较灵活。郡守必须非常明确地实现税收、劳役、剿匪方面的目标，这些目标的实现与否都是很容易看到的。但实际上未必如此。在中央和地方政府的联系环节，地主豪强的利益和郡县官府指令之间可以进行有效地协调。东汉正是如此：各级政府不仅拥有一批可以与豪强地主利益相调适的殷勤官员；同时还有一批"严酷的官员"，可以突然采取有力的措施在这些豪强地主中间制造恐慌。郡县官员不敢蔑视中央政府命令，但他们可以在不同地方决定这些政策实施的程度。各种各样的历史传记，地方铭刻中的个人传记信息都可佐证这一点，并且还提供了不止一个关于"地方士绅"担任地方政府官员和民众之间不可缺少的中间人的范例。[1][503]"对于广大民众而言，地方精英是唯一重要的权力行使人。"[2]这些地方精英，包括受过教育的"士"阶层，具有良好教养的士绅阶层，名望鼎盛的世族豪强领袖，以及略嫌卑微的"乡绅"们。这些乡绅"饮食简陋，拥有四轮马车，或在郡中担任职员，或者照看家族坟墓，或者被当地社区誉为良人"。[3]这些家族继续为郡县和京城提供官员，代复一代地保持了和普通民众的差距。一般来说，在县衙中服务的官员进入郡府的机会并不多，但是郡府官员被提拔到京城为官者倒是大有人在。[4]

这些地方精英形成了一个关于庇护人与宗族家庭之间的庞大网络，二者联结在一起又会反过来在中央和地方上对政府行为产生影响。血缘关系决定着大部分地方官员的任命：文职官员、郡守县令，每一个官员都有义务和权利任命自己的代理人，而太守则是担任京官的候选

---

[1] 参见本书"概念性序言"，第 66—70 页。这一点表明，在所有的前工业社会中，"集权化"和"官僚化"的首要功能就是使行政结构系统化。它无法取代地方精英，而是在组织结构中保留了他们。正如我们所看到，在罗马、哈里发国家、西欧封建国家，以及后来 19 世纪之前西欧的专制主义国家中，都可以看到这一点。同样，一些亚洲的政权比如奥斯曼帝国、莫卧尔帝国以及日本德川政权也是如此。

[2] 《剑桥中国史》第一卷，第 637 页。

[3] 《剑桥中国史》第一卷，第 638 页。引自《后汉书》。

[4] 《剑桥中国史》第一卷，第 638—639 页。

人。东汉"外戚"角色拓展了以后,官员的任命权又开始和这些家族的宫廷之争联系在了一起。控制宫廷的家族就会自然而然地任命其亲属担任太守,以这种庞大的庇护关系作为他们在宫廷和地方权势的根基。其结果便是,一旦他们被对手打倒,他们自身连同被保护人和被举荐者都会受到牵连。

但是,亲戚本身的数量并不足以让一个家族压倒对手。于是就会需要另外一种支持来源,也就是寻找代理人,因此家族之间竞相招募代理人。在中国,代理人关系的产生有两个途径:一个是师徒关系,这一传统在中国延续至今。[504]另一个就是官员对于曾经提拔或举荐他的上级官员的忠诚。大家族之间为了实现在宫廷内的野心而激烈竞争,以至于他们需要选择潜在的代理人作为依附对象。①

所以在地方层面上,世族豪强让一些"士人"在县令衙署等担任职员。中央政府为避免这种依赖,会经常调任"太守"和"县令",使他们从一个地方转到另外一个地方任职。这又会导致另外一个问题,因为在新的职位上,他们总是陌生人,这就会不可避免地依赖下级官员,而后者往往是久居于此的土著居民。

需要指出的是,当时的政府管理非常不完整。尽管假设过官员的平均数量,但是整个帝国境内的官员分布并不均匀。像大多数前工业社会时期的农业帝国一样,汉代的疆域也包括广袤的荒漠和政府公文难以送达的地方。被治理了数个世纪的黄河谷地不仅人口密集,而且政府控制严密。但是在西北和西南地区,不仅人烟稀少,地方政府治所也相对松散,并且远离中央,官员数量也不足以覆盖整个管辖地域。②

由于这些大家族不断扩展他们的代理人数量,并把产业转变为带有围墙的庄园,他们逐步开始取代中央政府成为当地社会中的道德领袖。一些地方上农业状况的恶化使农民财产被剥夺,从而导致"流民"滋生,③"盗贼"横行。不断增加的砖瓦堡垒和巡逻家丁以及高墙围成的庄园无不证明了这一点。到大约公元 140 年为止,政府已经无力维

---

① 有关方面的内容,请参见《剑桥中国史》。
② 《剑桥中国史》第一卷,第 471 页。
③ 参见原书第 523 页。

持地方上的统治秩序。黄巾军叛乱很快造成了农民军、世族豪强和帝国中心之间的三头竞争格局，宫廷权力真空使得帝国的心脏失去了权威，留下了大家族之间的权力争斗，以及这些大家族与威胁其生存的农民起义军之间的斗争。①

6. 中央政府

6.1　皇宫

我们前面已经提到，皇帝是居住在内宫里的唯一真正男性，内宫之外是外廷，外廷又位于京城之内。[505]我们可以跳过那些掌管后宫的太监们，集中讨论皇帝的宫殿。郎中令掌管皇宫各部，这些"郎官"主要是被公卿们举荐的行政候选人，而且都曾在内宫担任侍卫。此外，还有两支由满怀升迁期待的"郎官"所组建的部队，每一支都拥有上千人的骑兵。郎中令管理下的组织被称作"中大夫"、"太中大夫"、"议郎"，后者还要回答皇帝的问题，并在一些仪式上代表皇帝，比如在葬礼上。最后，他还控制着使节官员（西汉 70 名，东汉 30 名）；由于他们执行的是代表皇帝威严的工作，因此据说要"美髯朗声"者才能担任。②

内宫之外，仍有一些卫兵，同样在上述"郎官"的统辖之下，他们是守卫皇宫七门的正卒。他们采用令符体系，即便是获准觐见者，也必须留下另一半"令符"，只要令符未被收缴，就可以判知来访者仍在内宫。

第三部分主要由仆役组成，他们主要由来自外廷的少府官员管理。这些仆役包括后宫的杂役、园丁、作坊，以及乐队、医师、运粮人和裁缝等。

最后便是与上述所有职能都重合的太监。我曾经谈到过他们在东汉时期扮演的重要角色，并且强调他们是 2000 多名太监中的一部分。太监中的一部分只是负责内部杂役；另一部分在后宫提供服务；第三部分非常重要，其工作不亚于太监侍卫。他们被称为"黄门侍郎"，黄门令

---

① 参见《剑桥中国史》第一卷，第 620—627 页。
② Bielenstein，《官僚机构》，第 26 页。

责无旁贷地跟随皇帝在宫廷内外走动,并时刻保证有三名太监侍卫相伴随。[506]除了这些卫兵之外,还有一队卫兵被称作"黄门副郎":他们是皇帝的贴身护卫,也是唯一在其宫殿内守卫的侍卫,并且在皇帝巡游时不离左右。

在谈论完前面所有这些组织之后,我们开始讨论具有政治敏锐性的皇帝顾问,也就是前面提到的"中常侍",他们掌控着两千多人的太监机构并为之代言。

6.2 三公

"三公"通常被西方学者称为"内阁",这是一个极大的误导。丞相和御史大夫在西汉只是一个二头政治,二者的职位都被不断降低,并在东汉被废除。

在西汉的第一个世纪中,丞相确实是一个真正重要的角色。丞相编制国家预算,负责账目与舆图、人口与土地的统计等。他还负责军粮供应和其他军备;通过披阅年度报告监察百官,并把每一个官员的表现记录在案;包括官员的任命与补缺等。事实上,他的一位幕僚专门负责向他汇报官员违法事宜。丞相在行政事务中有很大庇护能力。因为他不仅仅就官员们的升迁提出建议,他自己还直接任命 600 石及其以下的官员。①

御史大夫协助丞相处理上述事务,同时在司法审查和行政监管方面负有特殊责任。②这两位级别最高的官员在皇帝的政策商议、建言和执行方面负有重要责任。

6.3 九卿

"公"的级别为 10000 石,但是"卿"的级别为 2000 石（和太守一样）。我们前面已经谈到,这里做进一步分析。

[507]1. 卫尉,公元前 145 年后大约率领 10000 名宫廷卫兵。

---

① 引自王毓铨,《西汉王朝的政府外部轮廓》,第 143—146 页。

② 同上,第 148—149 页。

2. 宗正，其成员多根据血缘、爵位而定。

3. 太仆，其最初职责是作为宫廷欢迎仪式上的主持人，后逐步发展为负责帝国境内的蛮夷事务。

4. 太傅，比先前的光禄勋更为重要，此时开始重新负责武装骑兵，骑兵的供应在应对北部匈奴和突厥游牧部落时至关重要。有资料称，西汉保持了 36 块大的牧场，以便放养 300000 匹马。①

5. 廷尉，解决其他部门无法处理的事务，自身不能处理的问题转交皇帝裁决。

除了上述 5 个职位外，我们还提到了"光禄勋"、"少府"与"太常"。其中"太常"非常重要，负责皇帝在太庙的祭祀仪式，包括祭祀天地的仪式。同时，他还记录一些征兆提供给皇帝，作为上天的看法以供皇帝反省自身行为。他辨别吉日，一旦候选官员到达京城，将由他主持做书面测试。"太史令"是一个非常博学之人，他负责考查领尚书事的官员在熟知 9000 个文字和六种不同汉字文本书写方面的能力。他为帝王制定出年月日历，这对于帝王而言，是件非常重要的神圣工作。

然后是"大司农"或"治粟内史"。当然，农业构成了整个社会的基础。这位官员首先是司库。他掌管着征收来的钱粮器物（丝绸、银两），通过他的地方分支机构管理着价格平衡，以及交通运输设施等，②在公元 82 年以前他还掌管着帝国境内的盐铁官营事务。③

7. 政府人事制度

7.1　行政官员

[508]关于公元前 2 年 130285 名行政官员的数字并不能让我们推断出高级官员的数量到底有多少，我们也无从知道大量没有名份的地方官员数量。④

---

① 引自王毓铨，《西汉王朝的政府外部轮廓》，第 159 页。

② 不过，第二项工作后来被取消了。参见 Bielenstein，《官僚机构》，第 45—46 页。

③ 见原书第 514 页。

④ 见前文估计，原书第 501—502 页。

7.1.1 级别与俸禄

帝国的行政系统被分为 18 个等级，每一个等级都用薪俸的数量概念来标明，也就是"石"，从 10000 到 100"石"。[①]这一传统只能用于前 16 个级别的官员，最后两个级别的官员包括：薪俸以"斗"来衡量的官员和其他辅助性职员。130285 名的总数包括了上述 18 个级别。实际的俸禄与这些等级有关，但并不成正比。其中半数的薪俸以现金支付，半数以去皮的稻米支付。除了最低两个级别外，所有这些薪俸足够一个人生计之用。[②]

7.1.2 招募与晋升

汉朝行政系统在三个方面不同于罗马晚期：这一时期官僚体系开始受到儒家意识形态的渗透。其次，训练、招募和监管体系的完善使之变得更为职业化。最后，它被认为是个人野心膨胀的鼎盛时期，也是合法性行政权威的典范。因此，汉代官僚体系高度统一，非常完备。其最基本的资质就是识字，最好是熟知儒家经典。高级官员的任命要通过考试，低级官员的任命主要是基于上级官员信任。对资格上的限制就会引出教育问题。汉武帝要求各个郡国设立学校，这一设想通过公元 3 年的一个法令得以强化。该法令要求每一个县都设立学校，不过看上去不大可能被完全执行。[③]

在汉朝统治的四个世纪中，有 300 万人成为"公"、"卿"、"太守"、"县令"等各级官员，[509]其中 100 万是根据经过授权的官员的举荐而被招募来的。[④]这些人遍布各个低级官员的职位，大多数人在同样的位置上终其一生，或根据资历升迁。只有那些最为聪明的人才有望从上级那里获得一个高级职位。

---

① 一些权威引用此作为"担"（piculs），但是 Bielenstein 认为不可信，见《官僚机构》，4，n.2。

② Bielenstein，《官僚机构》，第五章，一"石"大约相当于 20 升（干物）：每英制蒲式耳等于 36.7 升。

③ Bielenstein，《官僚机构》，第 101 页。

④ 同上，第 201 页。

进入这些高级职位的路径各不相同：比如皇帝直接召见（非常罕见），"士"的特权（2000 石官员任职三年后可以推荐一名人选，但只是作为见习官员），从太学借调（最有声望的学者，但是不常见），大量官员来自高祖在公元前 196 年建立的"举荐"制度。帝国内的高级官员和名门望族提名候选人，然后在京城参加考试。但是这并未产生足够的官员。因此，公元前 130 年汉武帝命令每位太守每年都要举荐两位候选人（因此，每年会有 200 个提名）。公元 92 年，这一法令被修改，越受欢迎的太守，可以举荐的候选人名额就会越多。候选人通过京城的考试之后，就会作为宫廷"郎官"度过三年的试用期。公元 132 年，对官员资质的要求进一步具体化：被推荐的候选人必须在 40 岁以上，通过"三公"、"九卿"主持的关于儒家经典和筹划能力方面的考查（后来，这一考查改由尚书主持）。

在 500 年之后的唐朝，这些制度得到进一步完善，发展成为非常有名的科举制度。在早期，它是没有竞争因素的，有的只是资质问题。这一制度作用有限，反倒是提供了一大批世族豪强和公卿贵族们的庇护人。教育机会的缺乏使入仕机会局限于"士"阶层。当然，带有社会偏见地批评汉朝的官员招募制度未免会有些愚蠢。在中国的官僚体系中，即便是在最早期，它也要求最基本的教育。事实上，对于官员读写能力的要求并不是一个障碍，而是农业社会的一个主要特征。

7.1.3 行政管理风格

隐士王符（90—165）评论说，各级官员或者紧盯下级官员，或者对于上级的反应紧张不安，[510]相应地就会延误决策。①行政机构效率低下。县令以书面形式向太守汇报，太守再以书面形式汇报到京城，中央官员很少亲自衔命到地方办公。同样，"三公"与"九卿"之间的交流，以及他们与尚书之间的来往和交流都是以书面形式完成的。

① E. Balazs，《华夏文明与官僚机构》（London，1964），A. F. Wright 编，H. M. Wright 译，第 203 页。

中央与地方官员之间的上传与下达也是如此，这对于那些偏居一隅的地方政府而言，信息交流就会变得非常缓慢和困难。这是一个保守、审慎、中规中矩并且存在腐败的行政体系，关于下级官员的情况更是难以知晓。来自北部艰苦边区的崔寔（大约110—170），曾提到下级官员的薪俸不足以糊口，进而会与供应军需物资的官员相互勾结，贪污腐败。[①]可是，即便是对于公卿这样的高官，历史上也不乏关于他们贪污腐败的记载。梁氏家族的梁冀，[②]积聚的私人财富达300万银两之多，相当于整个帝国税收的一半。[③]据说，大司农（国家的司库）曾经窃取黄金3000万两，太傅的非法收入为1000万两，等等。[④]最为根本的一点，这些高级行政职务都由世族豪强的代理人担任，他们自然会阻止任何干涉其利益的政策动议。比如，这就是他们激烈反对王莽改制的根源之所在。[⑤]

7.2　军队

西汉和东汉一开始都是高度军事化的政权，随着内乱结束，四海承平，二者都逐渐变得平民化。常胜的军队通常会得到赏赐（战败的将军会被处死），除了一两个臭名昭著的例外。但是皇帝们都没有将军队据为己有，而且鲜有像罗马那样的军事胜利，更不要说去成为政治生活的焦点了。当时没有成规模建制的常备军，一直到东汉都是如此。[511]儒家机构反对向外征讨，儒家的历史学家对于尚武的汉武帝也没有几句好评。

唯一的常备军是各种宫廷侍卫和驻扎在京郊的"北军"，大约有3500人。军队由"正卒"构成，他们接受一年的训练之后，开始在禁军或城防部队服役，或是接受紧急征召。其规模是推测性的，一般认为守卫城墙需要10000人，还有数不清的后勤保障与辅助队伍。抗击

---

① E. Balazs，《华夏文明与官僚机构》，第212页。

② 参见原书第496页。

③ Chü，《汉代社会结构》，第471页。

④ 参见 A. F. P. Hulsewé，《汉律残篇》，第一卷（Brill, Laiden, 1955），其中有大量其他的例子。

⑤ 见原书第477页，公元9—23年大事记。

匈奴的队伍一度达到 100000 人,但是武帝时期更为常见的数字是
50000—100000 人,实际投入战斗的人数通常在 3000 人左右。①这些
数字在社会动荡时期有所上升。在抗击匈奴过程中,最大的问题在
于物资运输。我们可以想象,除了数量有限的战斗部队之外,还应当
有一个庞大的辅助性队伍。在和平时期,皇宫和城防战斗部队总数
约为50000人。

不管是在西汉还是在东汉,一旦内乱结束,军队就会被置于行政官
员的严格控制之下。在西汉,"大将军"之职并非常设,公元前 87 年之
后开始变成一个荣誉性职位。②东汉只有早期的两个"大将军"出身行
伍,此后的继任者都是文职官员。③这一职位实际上变成了对武装力量
进行日常管理和军需供应的机构,其官僚化程度令人震惊。一些幸存
的文献足以佐证这一点。④

各个郡国的太守也一样具有军事功能。起初,由一名都尉来协助
太守的军事工作,公元 30 年东汉取消了这一制度。如同在西汉一样,
太守需要获得上级的许可后才能招募军队,或者在其辖区外开展军事
行动。只有在特别紧急的情况下,政府才会任命军事指挥官,一旦危险
过去,马上就会解除任命。⑤

尽管设立了统领北军和禁军的官职,但是当时并没有固定的军事
职业。一旦发动大规模战争,作为预备役的农民就会被动员起来,同时
也会任命一些将军来指挥他们。[512]一旦危机消失,这些将军就会被
免职。在历史上,人们可以看到许多拥有军事头衔的人,实际上在和平
时期这些头衔基本上都是荣誉性的。因为无法补足将官的数额,只能
采用这种特殊的任命。

东汉时期的征兵体系一度中断,因为越来越多的自由农成了大地
主的附庸。他们开始变得有点像罗马的"隶农",既不能缴税也不能应

---

① A. F. P. Hulsewé,《汉律残篇》,第 94 页。

② 参见原书第 481—506 页。

③ Bielenstein,《官僚机构》,第 12—13 页。

④ M. Loewe,《汉府实录》(剑桥大学出版社,Cambridge,1974)。

⑤ Bielenstein,《官僚机构》,第 96 页。

征入伍。东汉王朝通过自愿入伍和大地主提供武装的方式，特别是借助外族辅助部队来弥补这一不足。正是借助这些"蛮夷之师"，大将军窦宪在公元 89 年给了匈奴决定性一击。①

所有这一切都在行政系统控制之下。中国军队是强大的，它的组织、装备、给养与罗马晚期以及拜占庭帝国一样先进。士兵们身披铠甲，使用着中国古老的发明——非常精准的重弩。中国军队还拥有规模庞大的攻城武器。通过从游牧部落手中夺回河西走廊和西康地区，汉朝拥有了大片牧场以豢养骑兵的战马，这是击败北部草原马上游牧民族不可或缺的东西。当然，他们面临的困难也不容低估。军队只能推进到荒野地带才能追上敌军，因此所有的补给必须通过原始的道路转运到北方。其最首要的工作就是静态防御，也就是修筑长城。他们偶尔也会冲出城墙，深入敌后突袭，通过掠夺其牛马的办法搞垮这些部落，迫使他们最终达成协议。基于这一使命，骑兵非常关键，这也是为什么汉朝急于招募部落人士作为附庸兵的原因。

有时候对方也会深入突袭汉朝领土。比如，羌族人就曾在公元 114 和 141 年突入陇西，迫使汉王朝撤出了两个郡；鲜卑人曾在公元 158、160 和 166 年进犯北疆。然而总的来说，汉朝不仅守住了北部边境，还大大扩展了这一地区。真正的威胁是匈奴联盟，他们曾在西汉早期深入汉地，在东汉时候才停止骚扰，而汉朝则成功地保持了一个通往中亚心脏地区的通道。

对于这一切，儒家的公卿和圣人们不断谴责军队抵抗入侵的政策。他们更倾向于西汉文帝时期原有的轻徭薄赋政策。然而，汉武帝时期反击匈奴的战争耗尽了民力，以及国库之藏，②开辟的贸易商路多数只是用于进口奢侈品。[513]但是轻徭薄赋的土地税政策同样代价不菲。在公元前 1 世纪到公元 30—40 年，提供给蛮族人的所谓"贡品"占到了公共财政的 30％—40％。（如果把皇帝的私人财政收入放入公共财政收入之中，这一比例会降到 16％—20％，这依然是很高的比例。）不幸

---

① M. Elvin，《中国以往的模式》（Eyre-Methuen，London，1973），第 33—34 页。
② 参见司马迁，《史记》ii. 第 79—106 页。

的是,对中国而言,这种"进贡"政策并未成为军事政策的可替代性选择,二者必须同时展开。①

我们可以与罗马进行一个简单的比较。两个帝国在遏止北部蛮族人方面都是成功的,但是军民关系却非常不同。罗马军队更为庞大:戴克里先之前是 300000 人,在他之后约为 600000 人。他们由职业军官统领,军队是政治活动的中心,也是通向王冠的必由之路。在中国,鼎盛时期的军队数量约为 400000 人,平时军队规模只有 100000 人。汉帝国没有职业军团,只是挑选有经验的高级士兵充任将官;军队完全被置于文官的控制之下,整个社会厌恶军事暴力。

不过也有例外的情形,那就是在王朝面临民众反叛的时候,武装力量在政治上才会开始变得非常重要。②为了粉碎叛乱,国家会紧急招募军队,任命一批新的校官和将军。这通常都会伴随着京城的混乱,甚至是权力真空,而这些将军和校官们也会成为宫廷政治中的权力经纪人。在一些极端的例子中,比如秦始皇死后的秦朝,王莽篡位时期的西汉,或是灵帝死后的东汉,军人们无不将其作为自己夺权的机会。这可以解释导致中国王朝兴替的内战。然而,一旦新王朝建立,天下太平,新王朝就会使军队退出政治舞台,使之重新回归到文官的控制之下。

8. 国家行为

8.1 税收、专营与公共工程

汉代大量的财政收入来自农民。相比之下,对于车船等所征收的货物税数量很小。正如我们所看到的,在汉武帝统治时期,政府通过盐铁官营增加了税收,[514]东汉沿袭了这一做法。除了缴纳税收之外,百姓每年还要提供为期一个月的无偿劳役。

两个最为主要的税种是土地税和人头税,前者部分是交纳现金,部分是谷物;后者通常只交纳现金。二者都依赖于全国性的人口普查,我

---

① Gernet,《中华文明史》,第 132 页。

② 例如唐代的安禄山反叛,可参见后面第三部分第三章。

们前面已经提到，关于土地和人口的记录汇编是太守们的首要职责，与之对应的是下面的县令们，随后这些结果会被上报至京城。由于税收之故，根据产量的估算，土地被分成三种，税收通常是土地产出的1/30，但是会根据情况调整。人头税通常是成人120钱，7岁以上儿童每人每年23钱。这些税收，以货币或其等价物的形式上缴，由大司农掌管收支。从太守到县令的各个等级都对此负责，在乡一级负责税收的人通常是"有秩"，或者"啬夫"，这些人还同时负责征募劳役。太守和县令会将所收取的税收记录在案，每年如数转运京城。

这些税收并不足以支持汉武帝大兴土木和发动抗击匈奴的战争，所以政府不得不广开财源。一开始是出售荣誉性职位，没收逃税地主的土地，然后又把注意力转向了盐、铁。①政府禁止个人用锅煮盐、铸造铁制容器与厨具，然后由政府来租用这些器具进行炼铁与煮盐。为了回应儒家官员们的尖刻批评，整个帝国境内都设立了盐铁官，由以前的盐铁工厂管理。司马迁曾这样描述其短期效应：新税收增加了，老百姓的抱怨也在增多，物价很高而质量却很差。②

儒家官员还反对另一项干预经济的行为。不过，这一政策很明显是为了帮助而不是掠夺百姓。在瓦特森（Watson）翻译的司马迁著作中，这一政策被称为"平准法"，或是"永丰仓"。其要义就是把一些地区的丰裕物产重新分配到短缺之处。[515]整个帝国内建立了20个这样的机构。他们低价购买谷物，运送到京城并储藏起来，然后由官方向物价高的地方出售。司马迁（一个具有独立思想的观察家）指出，中央的粮仓很快就满了，边境的丝织品和粮食也有了盈余，"民不益赋而天下用饶"。③除了儒家知识分子的阻挠外，这一政策一直到帝国末年还在推行，不过后来负责这项工作的地方官员变成了太守。

除了抽取税收与货物之外，国家还榨取劳役：每一个成人每年都要提供一个月的无偿劳役。罗马不存在这种情况，在罗马我们看到的大多数是为公共目的而进行的强制性劳役（交通方面的义务帮助），以及

---

① 司马迁，《史记》ii. 第80—89页。
② E. Gale，《盐铁论：古代中国工商业国家控制的辩论》（Brill, Laiden, 1931）。
③ 司马迁，《史记》ii. 第104页。

邮政体系的辅助性工作。罗马拥有大量奴隶,而中国奴隶数量甚少,不得不依赖强制劳役完成各项公共工程。在东汉,负责工程的公卿官员需要监管所有郡国内的治所,并掌管征募劳工、罪犯以及运输等各项工作。①在地方上,县令的职责是动员劳工、监管工程,同时他可能还要依赖有秩、啬夫等官员。对劳工的依赖在公元前 7 世纪春秋时期即已存在。②

8.2　公共秩序

汉政权一直受"盗贼"的困扰。在中国历史上,"盗贼"这一词汇是指任何"反叛"之人。从农民的生活标准来看,反叛经常发生。在某些特定时期,比如世族豪强剥削加剧的情况下,反叛的人数就会急剧膨胀。

镇压叛党的指挥链一直从太守府的贼曹延伸到县知府的贼曹,以至乡里的游徼,[516]然后是每个驿站的官差和社区的里长,5 到 10 个家庭被编为一组,每一个人都要对其他人的行为负责。

一些零散的证据表明,这一体系在公元第二个世纪时并不那么有效;可能部分原因是由于农民受压迫太沉重,以至于他们都不得不转向了盗匪,部分原因则是郡国内缺乏训练有素的军队,仓促征召而来的队伍很容易被打败。③这方面的一个迹象就是泥砖城堡不断增多,这些城堡据点要么是官府所建,要么是由大地主豪强私人建造。这也和汉代的司法体系与刑律密切相关。

8.3　司法与刑律

汉政府严酷而无情,几乎和儒家历史学家厉声谴责的秦王朝不相上下。汉律已经遗失,但是其大多数内容可见之于其他的历史学著作。④秦代法律传统中的核心内容与案例,树立了中国 2000 年来的司

---

① Bielenstein,《官僚机构》,第 100 页。
② 参见原书第 474 页。
③ 援引 Chü,《汉代社会结构》,第 33 页。
④ Hulsewé,《汉律残篇》。

法模式：中国的法律中几乎没有民法和"当事人双方对立的概念"。一个人如果想对另外一个人提出诉讼，就只能向当局提出控诉，然后希望后者执行。这是中国律法与伊斯兰、罗马律法的显著差别。事实上，它潜在地拒绝了个人的合法个性。其所关注的只是行政管理与违法行为，包括一系列命令和对于违背者的适当惩处。这种法律没有面对面的水平层面，只是一个垂直的、政府与臣民的上下级关系。相应地，也就不会有引导诉讼的私人法律职业。司法由太守和县令实施，作为其日常管理职责的一部分。正如在唐代和以后的朝代中，这些文职官员在衙门之中充当了检举人、侦探、法官和陪审员的角色。

至少原则上正义还是可以实现的。太守们有义务对郡国内所有在押犯人进行复审，并有权取消县令判处的死刑，修改原判。[517]州刺史或"州牧"①有权控制太守，因此太守们对下面的行为必须要加倍小心：不管是有疑问的案子，还是草菅人命、屠戮百姓，乃至在世族豪强的压力下徇私舞弊等。②这些训诫说明，中央政府清楚司法会在哪些地方出问题，以及如何出问题；但令人难以置信的是，一个薪俸只有 600 石的官员如何会与薪俸为 2000 石官员相冲突。司法体系的最顶端是京城的"廷尉"。他处理各郡太守递交来的案子（廷尉不能处理的案子会提交给皇帝）；同时他还有义务审查刑罚体系，并使之规范化和系统化。③精细的上诉体系看上去令人印象深刻，但事实上从未被用于"盗贼"和"叛匪"，二者一般会被就地处决。④

审理程序是残忍的。关键在于法官只能基于认罪来定案。就像中世纪以及后来的许多欧洲国家一样，这会对被告造成很大压力，包括使用酷刑。庭审程序通常会导致固定的结果：指控，下牢，然后审讯拷打。审讯者会记下问答的要点。证人也会被关入狱中，并有可能遭受酷刑。审讯者会把审讯内容写成供状的形式，然后请被告确认。如果被告拒

---

① 参见原书第 500 页。

② Hulsewé，《汉律残篇》，第 87—88 页。

③ 同上，第 86 页。

④ Bodde 和 Morris，《中华帝国的律法》（Harvard UP，Cambridge，Mass.，1967），第 142 页。原书所指的是清代的法律实践，但汉代历史也证明了这一点。

绝,就会继续遭受酷刑,直到认罪为止。

"法典"很难用来指称汉代的"法律",因为它是一个含糊不清且充满矛盾的法律条款。其中的死刑不少于 409 款,为了解释这些条款,有 1882 宗案例和 13472 名可以判处死刑的犯罪案例。著名历史学家班固说道,到处都堆满了文献卷宗,主事的官员几乎忙不过来。①因此,案件判决差别非常大,官员们可以援引某些法律条款使一些人无罪开释,也可以利用另外的条款将某些人置于死地。②

对于罪犯的惩处非常严厉。秦朝曾采用了"五刑":大辟、宫刑、劓刑、剕刑、墨刑(作为犯罪的凭证)。③汉代废除了墨刑和劓刑,代之以杖刑。[518]其行刑用的工具是一个五尺长、顶宽一寸、底部宽半寸的竹棍,犯人通常要光着屁股被抽打 300—500 次。挨打者大多毙命,其在人道主义方面的进步就是取代了能够导致死亡的残损肢体的酷刑。这些刑罚后来逐渐减轻,但是至少还要被打 100 次,多者可达 200 次。④

另外两项标准的惩罚:死刑和劳役依然被毫不留情地执行。据说⑤执政 38 年的亨利八世就因为死刑率高而臭名昭著,在他统治期间有 72000 人被判处死刑。但是,在汉朝每年有 10000 人被处决,30000—40000 人被判处劳役。还有一个可能被严重夸大了的数字,认为京城每年有 50000 人被判处死刑,150000 人被判处劳役!⑥ 当然,我们在比较这些数字的时候,应当考虑到中国的人口规模。

这些可怕的酷刑并不只是针对平民。我们已经谈到过大家族之间的宫廷斗争,历史学家们描绘了很多无休止的宫廷审判与指控,一些人

---

① 引自 Hulsewé,《1975 年河北云梦县出土的秦律残片的翻译释读:公元前 3 世纪的秦朝律法制度》,第 338 页。

② 同上。

③ Bodde 和 Morris,《中华帝国的律法》,第 76 页。

④ Hulsewé,《1975 年河北云梦县出土的秦律残片的翻译释读:公元前 3 世纪的秦朝律法制度》,第 336—337 页。

⑤ 《不列颠百科全书》(第 11 版,1910),s. v. "Capital punishment"(W. F. Craies),第 279—282 页。

⑥ Hulsewé,《1975 年河北云梦县出土的秦律残片的翻译释读:公元前 3 世纪的秦朝律法制度》,第 406—407 页。根据最低的估算,亨利处决的人口占总数的 0.05%,而汉代中国为 0.018%;但如果按最高数字估算,汉代为 0.096%,是亨利八世的两倍。

被迫自缢（当皇帝要显示仁慈的时候），最为严重者可能会被凌迟处死，全家抄斩，乃至诛灭九族。

8.4 从属关系

汉代国家并非"极权主义"。一方面，政府的国家机器不足以如此；另一方面，它从未试图控制思想。山野庙堂继续在民间兴盛，并与官方的仪礼并肩而立，即使在文人、教师和官员中间，争论与抱怨也从未停止。汉代国家引人注目的地方在于它把所有这些放在同一个社会之中，就像提奥多修一世之前的罗马一样，这使得汉帝国境内的宗教宽容与中世纪的欧洲、拜占庭和哈里发都大不相同。在这一时期（包括晚些时候），道教开始兴起，祆教也开始在民众中传播。

汉代社会也并不是整齐划一的。事实上，[519]它是一个建立在广大农民支持之上的社会，朝臣、官员和大地主只是一个狭小阶层。虽然官员们并不提倡工商业，但是这些经营者们还是取得了成功。汉朝之于罗马的显著不同在于，其城镇数量和规模都比较小（洛阳作为首都也只有 250000 人口），并且首先是地方官员的治所，完全缺乏自治。

尽管没有极权主义，汉朝也是一个没有自由的国家，只有不同程度的顺从。汉语中没有希腊语中的"自由"（eleutheria）概念，也没有条顿人的"自由"和拉丁语中"自由"（libertas）的内涵。它只有可被翻译成"准许"或"放纵"这样的表意文字。巴拉兹援引马克斯·韦伯的话说，根据自然法则，个人自由没有范围限制。贝雷兹评论说，"自由"一词与汉语毫不相干，"当他们谈到'自由'时，脑子中会有一些负面思想，比如放任自流，听之任之，不受约束等。在一个等级森严的专制社会中，这是唯一自然的事情。从主导日常生活的传统习惯向自由的每一个进步，都会被理所当然地视为是对道德律法的背叛"。①

我们也许会对"专制"一词抱有疑问，但是对"社会等级森严"的说法应当毫无异议。这一社会层级制度的突出之处在于，它并非是天生

---

① Balaz，《中华文明》，第 247 页；M. Weber，《中国宗教》（Collier-Macmillan，Glencoe，Ⅲ，1951），H. H. Gerth 译，第 147 页。

或自发地对贵族血统、财富、勇猛、美人,或者大众文化价值的尊敬,而是官方的和人为制造的行为。它是一个由政府创造并由政府来强化的社会等级秩序,社会等级中的每一个人都要以一种显而易见的形式敬重上级。富有的地主一旦与县令发生矛盾,就会袒露臂膀,以箭穿透左耳,来到衙门请罪以示顺从。"叩头"是问候上级官员的通行礼节。妇女跪着给男人提供食物。衙门中的原告要向地方官员叩头,每个人都要向高于他的人叩头致敬,包括皇帝也要向祖先和神祇磕头。

汉代社会被正式地划分为 20 个等级。[520]最高的第 20 等级包括诸侯、王公、王子、统治者家族,或是接受俸禄的贵族。第 19 等级包括其他的贵族,和京城中依靠政府退休金度日的官员。第 18—10 等级是相当于"九卿"地位的人。第 9—5 等级是"大夫",也就是高级官员。最低的 4 个等级是"庶人",也就是平民,他们的等级次序是士、农、工、商。这些等级包含了特定的特权和限制。第 20—9 等级可以免除军事义务,商人则必须遵从禁止奢侈的法律。

社会等级秩序中的最大差别在于普通民众和政府官员之间。法律为不同的等级规定了不一样的服饰、仪礼和车辆标准,民众与作为一个阶级整体的官员之间存在着很大的社会差距。每逢官员的轿子到达村子,包括长者在内的居民都会奔走躲藏。①一个级别为 100 石的低级官员也要优于一个拥有 100 亩(11.39 英亩)田地的农民。如果皇帝恩赐,高级官员收入会更多:比如,被封为侯爵者的收入将会是 2000 石官员的两倍②(像大多数农业社会一样,几乎所有的官员都会把盈余财富用来置办田地;在中国,有一点值得强调,那就是学者—官员—地主之间的联系被一次又一次地强化)。

官员们不但富有,而且拥有社会威望,同时还享有特权。他们可以为子女或普通亲戚获得一个在政府机构见习的职位。没有皇帝的事先同意,他们不能被逮捕、审判或惩处。因此,官员们组成了一个规模相对较小,且高度组织化的阶层,"飘浮于农民社会的汪洋大海之中"。在

---

① Chü,《汉代社会结构》,第 88 页。

② 同上,第 88—89 页。

他们之上，就是皇室和外戚。在他们之下，就是普通百姓，其中绝大多数是农民。正如赖肖尔指出所，我们"早已看到等级贵族与平民之间的分野被转换成官员与普通纳税人之间的差异，这一差异在后来所有的中国社会中都有体现"。①

8.5 生活标准

[521]农民们生活水平低下，而且很不稳定。在饥荒和自然灾害情况下，政府和大地主会使其生活状况更糟，这是因为政府要征税，而地主则要继续收取田租。大约五分之一的税收被"进贡"到北部的"蛮夷之邦"，供养劳工和军队也需要同样多的税收。军事防御和公共工程对于统治者来说是不可或缺的。如果把所有官员的薪俸等级降至 100 石，其节余仅相当于135000 户农民家庭，6000 万人口的收入。②当然，"结构主义"历史学家们会争论说，节余是可以实现的，但是大家族会阻止这一情况发生，他们会引用王莽改革和唐代初期的"均田制"政策作为例子。这些都是不好的例子，前者因为地主的反对和政策不连贯而归于失败；至于唐代，我们在后面的章节会谈到，"均田"制推行得并不平均，在许多地方也并不成功。

农民的真正敌人是自然灾害和极端恶劣的交通；一旦灾荒和洪水发生，他们就会无所依靠，整个农民社会就会变得一贫如洗。由于同样的原因，希腊、罗马也曾出现了同样后果。③在 19 世纪早期，地方性饥荒和随后的食物骚乱曾是西欧社会的地方性特色。④

我们这些生活在极其富足的西方社会中的城市居民，对此情境很难有所体会。在农民社会中，农民依赖他们小块土地上的产出过日子。如果没有收成，他们就会挨饿。他们没有保险，他们对自身的依赖甚于对村落社区的依赖。摩西·芬利爵士关于希腊、罗马是所有前工业时

---

① E. O. Reischauer 和 J. K. Fairbank，《东亚：伟大的传统》（Modern Asia edn.；Houghton Mifflin，Boston，1960），第 96—97 页。

② 关于等量物，参见本书第 508 页。

③ de Sainte Croix，《阶级斗争》，第 13—14，219—221，313 页。

④ C. Tilly 编，《西欧民族国家的形成》，（Princeton UP，Princeton，1975），第 380—445 页。

代农业社会的真实写照的话完全适用于汉代中国（事实上适用于整个中国历史）：

> 古代农民通常处于安全的边缘。加图给予他那戴枷锁的奴隶的面包也会多于希腊、罗马统治下的普通埃及农民，因为面包可以成为奴隶们期待的固定食物来源。[522]农民的一个经常性辅助收入来源就是去附近大地主那里做短工，特别是在丰收季节……这里存在着一个深刻的矛盾，农民在政治上越自由，他的地位就会越不稳定。佃户和隶农也许遭受各种压迫，但庇护人却保护他们免于被剥夺财产，免于债务和兵役……真正的自由农在义务兵役、灾荒年以及无休止的内外战争面前是没有任何保护的。①

大多数民众生活在勉强糊口的边缘。鲁惟一计算每个人的谷物产量大约在 21.05—42.1 石②之间，因此每个家庭成员的税前收入大约在 3.7—7.4 英镑之间。他们当然能够以此为生，但他们还必须要有衣物、宗教捐献和税收方面的开支。而且这一数字是丰年和荒年、贫穷的地方和富足的地方，地多者与地少者之间的一个平均值。一旦考虑到这些变量，生存与彻底的灾难之间的边界就非常有限。班固在《汉书》中多次提到饥荒：甚至有 6 个地方出现了人吃人现象。③书中还谈到，政府会在洪水过后安置灾民。书中也指出了贫困的农民和富足的地主，以及钟鸣鼎食、腰缠万贯的商人之间的对比。④

不管收成如何，农民都必须缴纳人头税和土地税。年景不好的时候会驱使他们去举借利息高达 20% 的高利贷，个别情况下利息甚至高达 100%。⑤要么，他必须卖掉土地，去大地主那里做佃农；要么，

---

① M. I. Finley，《古代经济》第二版（Hogarth Press，1985），第 107—108 页。
② 一"石"大约等于 65 磅，N. L. Swan，《古代中国的食物和金钱》（Princeton UP，Princeton，1950），第 140 页，注释 108。
③ N. L. Swan，《古代中国的食物和金钱》，第 398 页，注释 108。
④ 同上，第 390—391 页。
⑤ 同上，第 392 页。

他就得落草为寇。①这一情况在索伦时期和罗马晚期都有出现。税收迫使被边缘化的农民深陷债务，他只能离开土地，而实力较为雄厚的富裕地主则会从他手中买走土地。一方面，这会导致自由农减少；另一方面，土地又会集中到少数人手中。这就是西汉末年所发生的事情。[523]经过后来内战中成千上万农民的死亡，这一情况得到了纠正。许多田地因此而荒芜，从而又有足够的土地流转重组，形成新的自由农。在东汉，这一循环重新洗牌，公元 2 世纪末期，土地危机变得非常尖锐。

小农的贫困变成了严重的社会问题，迫使他们中的许多人迁徙到南方，成为无依无靠的"流民"。政府通过重新安置工程试图阻止这一趋势。大约在公元 140 年，政府向社会中最为脆弱的群体，比如鳏、寡、老、弱，以及没有子嗣的家庭提供补贴，但不能指望这些救济能支撑家庭生存。政府还对遭受自然灾害的地区提供了大规模帮助，特别是容易遭灾的黄河地区。这种赏赐在和帝时期（大约公元 106 年）达到高峰，随后由于连续不断的自然灾害，最终耗尽了国库积累，一些地区出现了大面积饥荒。但是在这些年里，就总体而言，农业还是非常繁荣的，大家族则更为繁荣。正是繁荣富足的世族豪强和失望的农民之间的反差成了爆发农民起义的背景。

接下来我们讨论汉帝国与罗马帝国之间最为显著的差别：这些遍布各地的农民起义一次又一次地毁坏着皇朝统治。威胁汉帝国生存的中国式农民起义，在罗马却从未发生过。②与中国经历最为接近的也不过是巴考底（Bacaudae）起义。③为什么会出现这种差别？难道是因为中国农民遭受到了更多压迫？还是因为中国军队比不上罗马军队？抑或是因为中国的起义者受到了千禧年思想的影响，而罗马叛乱者对此却一无所知？中国起义运动的前锋往往是强盗，也就是被边缘化了的一无所有的农民，这一现象贯穿了 2000 年的中国历史。但是罗马也有许多关于强盗的例证，即使是在意大利，也出现过罗马的"罗宾汉"布拉

---

① 参见 Chü，《汉代社会结构》，第 110 页。
② de Sainte Croix，《阶级斗争》，第 474 页。
③ 参见原书第 598 页。

(Bulla)。[①]然而,除了巴考底起义之外,罗马的反叛都是地方性的,所以成效不彰。也许有人会争论说,农民起义往往帮助推翻了处于危机之中的朝廷统治,也就是说宫廷冲突已经使中央政府瘫痪。但是也有许多农民起义并没有推翻朝廷。

这一现象的背后有很多原因,但如果简单地认为中国频发农民起义是因为中国农民比罗马遭受了更多压迫,并且更为贫困的说法未免过于草率。[524]虽然如此,公元 11 年(赤眉军)和公元 184 年(黄巾军)撼动帝国统治的两次大叛乱及其信仰分别证明了农民们对于传统文化的疏远与抵制。赤眉军受萨满教巫师吕母等的激励,在洗劫京城的途中屠杀了沿途所有的官员与贵族。激励黄巾军的是道家"太平"思想,也就是人人在物质上平等的黄金时代。在黄河盆地,在治病的方士(张角)及其两个弟弟的带领下,黄巾军建立了一个宗教等级制度,其大规模聚会的方式与今天五旬节派教徒组织的活动有些类似。在四川,道教的"天师"建立了抛弃私有财产的社区,女人也可以像男人一样加入其中。

汉代农民的生活标准是否低于罗马的小自耕农已经无可考证,不过我们确信汉代 95% 的人口都挣扎在生存的边缘,因此在某些特殊时期,许多人会低于这一标准。我们还确信,庞大的农村并未被干瘪的儒学说教所触动,官员与普通纳税者之间的价值鸿沟,可以从帝国官员的儒学理念与农民们对社会黑势力的崇拜中反映出来。这些势力大多数情况下都是无害的,也是潜在的。他们也是不可忽视的,但他们只有在遭受极端的自然灾害时才能赢得民众。在赤眉军和黄巾军的案例中,黄河决堤并且改道,乡村中上百万绝望、饥饿、贫困的人纷纷加入了起义队伍。根据史书记载,经过很长时间以后,乡村情况才开始好转。

9. 评价

后人已经对汉帝国做出了定论。汉帝国为后来的中国政府树立了

---

① 公元 206—207 年,Dio Cassius,引自《罗马文明》ii. 第 432 页。

范式。正如后面的章节所述，后来的王朝和征服者不过是扩大、完善、提炼、深化汉代所创立的制度。汉帝国是中国的帝国原型。直至今日，被我们称之为"中国"的民族依然自称为"汉族"。

[525]我们不应当被汉帝国勾称的地方政府机构，整齐划一的中央政府组织结构图，华美的名称和头衔，还有通行的鞠躬和叩头等蒙蔽。政府文书在中央和地方政府之间的上传和下达，税收、司法和劳役等的递送服务，粗糙而快捷。考虑到落后的通讯状况，相对于其规模而言，官僚机构承担着超负荷的工作，乡村生活的原始性和遍布各地的文盲都是不可避免的。汉代社会残暴而不平等，但它组织严密；其法律严酷无情，地主剥削沉重无比；但这些都是汉代社会的不同侧面。汉代是一个由两个阶层构成的社会：行使权力的官员和只剩下义务的臣民。

虽然如此，这个帝国依然是国家建构方面的巨大成就。从秦统一到汉武帝统治的短时间内，这个面积相当于今天美国三分之二的庞大地区，从互相纷争、自我分裂的战国变成了一个中央化的、文化同质的民族国家。令人注目的是，它开始有了统一的机构，规范且对称的地方政府，精细而完善的行政机构，稳定的中央政府和文官严格掌控之下的军队。

对"帝国"的辩护通常都是霍布斯式的，也就是认为帝国带来了和平；而反对者则认为"它们（帝国）制造了荒芜，却将其称之为和平"。在中国，这种嘲笑或许可以被用在帝国对北部游牧地区的征服，或是对于南部地区的无情殖民上面，但是却无法令人信服地用于秦汉的统一。战国时期的被征服者全部都是华夏民族。也没有证据表明民众在帝国权威之下情况更为恶化，或是遭受的剥削更为沉重。即使他们被秦汉帝国课以重税、征发徭役，也不会比战国时期诸侯国的所作所为坏到哪里去。因此，停止无休止的征战是一个真正让百姓受益的事情。考虑到"中国本土"的规模，在技术层面上新"帝国"根本不是一个帝国，它是一个庞大的、单一的乡村国家。

尽管汉帝国的律法与实践是严酷的，但另一方面它又是宽容的，它并未干涉或迫害不同的宗教观点。汉帝国和其他国家（比如基督教的罗马，包括罗马之后的欧洲国家、拜占庭帝国、波斯萨珊王朝，以及哈里发帝国)截然不同。汉帝国也不同于在它前后的其他国家与帝国,特别是罗马,它蔑视军事荣耀。[526]它是一个衷心地反对军国主义的帝国。其特点在于"教化",也就是中国人所说的"文"。综合起来,这种宗教上的宽容(也许只是漠不关心)以及对文明教化的倡导构成了帝国的光荣理想。

最后,秦汉帝国标志着统治理论与实践的巨大创新。当然,它首先是一个宫廷政权,但它与宫廷政权又有着明显不同。只有在被独裁者统治时期,这一传统才会中断。除了有时候会冒出像秦始皇、汉高祖、汉武帝一样积极有为又好战的帝王外,其标准模式是一个由官僚实施统治的政府模式。

也许有人会反驳说这不是一个真正的创新,类似的话或许可以用来评价埃及法老,但对于汉帝国并不适用。汉代的创新也许有限,而且国家是被一些厚颜无耻的官僚所统治,但是这些官僚都是学者、文人和知识分子。从另一个角度来看,永久性法人统治下的国家是一个特殊意识形态灌输下的官僚机构,这种国家的概念非常新颖。与哈里发国家中的伊玛目和基督教欧洲中传教士的角色相比,它是一个具有双重功能的官僚机构。其贵族功能是双重的,而且是以其特有的方式:因为汉朝的贵族和等级是作为官员的结果,而不是其他方式。

汉代这些特征仅只是一个政府治理的架构和开端。唐宋时期,儒家官僚机构重组为士绅统治阶层。但是在汉代衰亡之前,它完全被制度化了,并成为汉之后400年分裂时期后续国家不可或缺的组成部分。被当作蛮夷的征服者也认识到,只有接受这一制度,中国人才能接受其统治的合法性。于是,出现了三个后果:首先,官僚化的中央集权国家幸存了下来,没有出现向封建分封制的逆转;其次,在接受官僚机构的过程中,新的统治者们接受了儒家传统,所有的仪礼都需要儒家学说。儒家传统使中国人成为"中国人",因为它包含了中国的诗赋、历史以及中国的宇宙论和政治科学。"五经"成为与西方《圣经》一样的经典;最后,一切以"上天"为中心的概念被保留了下来。因此,"天下一统"成为帝国的理想。

这就形成了一个错综复杂的现象:汉帝国是一个一元的、中央集权

的、官僚的、家长式的、独裁的甚至是专制暴虐的国家模式；它还是一个
包含了官员与纳税人、政府与臣民构成的二元社会；同时还是一个等级
森严，由仪礼来规范制约的社会。[527]所有这一切都来自建立在秦朝
之上的汉帝国。帝制时代的历代中国政府都只是它的进一步发展和完
善。因此，新中国的历史学家们也把秦始皇看作是中国封建制度最初
的起源。①

---

① Y. N. Li 编，《中国第一位皇帝》(White Plains, New York, 1975)。

第七章 罗马帝国:元首制
(公元前 27—公元 284 年)

[528]传统上一般认为罗马共和国结束并被"罗马帝国"取代是在公元前 31 年或公元前 27 年。前者是亚克兴海战的时间,通过这次战役,恺撒的义子屋大维成为罗马世界的实际统治者。后者是屋大维被称为"元首"(Princeps)即"国家第一公民"的时间,因此这种新的政体也被称为"元首制"。元首制繁荣了两个世纪,在公元 3 世纪时,由于外界的蛮族压力和内部的动荡不安,遭到重创。公元 284 年戴克里先即位之后,对统治机构进行了重大调整,这段时间有时被称为帝国晚期或多米那特制(Dominate)时期。

1. 奥古斯都·恺撒和元首制

前面提到苏拉以自己的新宪制取代了古老的宪制,但新宪制并没能发挥作用。此后的局面更加混乱,选举过程中充斥着贿赂和腐败现象,政治高压,内战愈演愈烈。公元前 27 年,屋大维(也就是后来的奥古斯都)实行独裁统治,结束了可怕的政治谋杀、放逐、叛乱和战争。此后两百年的政治实践表明,他统治帝国的方案是成功的。

亚克兴海战之后,随着安东尼和克里奥佩特拉的去世,屋大维成为世界的军事主宰者。他不善征战，却富有政治天才。他的天才之处在于将自己的无上权威制度化，而这是在保留共和政体原有形式和机构的情况下完成的。表面看来，元老院依然很重要。历史悠久的元老和贵族世家自相残杀，已经所剩无几。在 200 年的时间里，可以寻根溯源到共和国时期的元老家族就只剩下一个，其他硕果仅存的几家只能上溯到一两代。古老的贵族世家消失了，取而代之的是下层的贵族，即骑士家族。[529]这部分人最早的来自意大利乡村市镇，后来有的来自西部行省，再后来还有部分来自阿非利加行省，最后一部分来自说希腊语的地区，他们是奥古斯都宪制革命在社会和经济上的代表者。从这种构成，我们也可以理解为什么这种政体能够得以确立。

苏拉对宪制的调整（见原书第 436—438 页）大大削弱了公民大会的权力，将其转移到了元老院手中。奥古斯都对宪制的调整则大大削弱了元老院的权力，将其转移到了自己和继承者手中，事情的本质就是如此。此时，罗马的政府所体现的不再是不同权力之间的平衡，而是其融合。这些权力集中于一个人手中，元老院则变得无足轻重，至多不过是一群指手画脚的乌合之众，既胆小怕事，又不团结。奥古斯都对政体的"调整"主要内容如下：

元首制的主要特征

公民大会
丧失的权力：

1. 立法权　起初其作用只是使元首的措施合法化。公元 96—98 年涅尔瓦在位期间，可以证实的最后一次行使此权力。

2. 选举权　选举行政官和其他官员的权力，奥古斯都在位时被削弱，后来被提比略废除。

元老院
成员遭到清洗，数量减少到了 600 人。对成员财产资格的要求提高到了 100 万银币。能否被提名进入元老院实际上取决于元首个人的好恶。

保留的权力：

1. 在外交事务方面　（1）为元首提供建议，但只有他要求时才能这样做；（2）接待外交使节。

2. 司法权　（1）对政治犯罪来说，是最高法庭；（2）对元老院成员来说，是刑事法庭。

3. 任免权　通过抽签决定各行省总督的人选，这些人由元首亲自任命，这样的行省就是"元老院行省"，其中多数没有军队。

丧失的权力：

1. 制定外交政策的权力　实际上转交给了元首。

2. 立法权　元老院决议被赋予法律效力，因为只有经元首提议或者认可方能通过。

3. 任免权　任命帝国行省总督和埃及总督的权力。军队主要驻扎在帝国行省。

各级行政官

丧失的权力：

1. 执政官　其任免取决于元首的好恶，任期缩短到了6个月，有的甚至更短。因此，其人数大大增加。

2. 执法官　只保留了纯粹的司法权。

3. 低级行政官　原有的各种行政职能落到由元首任命的元老或骑士官员手中。此时护民官已没有任何政治权力的空间。

元首

[530]得到的权力：

1. 行政大权　军队的最高指挥，还负责任命帝国行省的总督，这些总督大部分是以前的执政官或执法官。

2. 统治大权　凌驾于其他所有行政大权的拥有者之上。

3. 外交事务　决定和平与战争。

4. 任免权　(1) 见上文行政大权；(2) 提名参加竞选的候选人。

5. 立法权　(1) 召集并主持元老院会议；(2) 在元老院提出立法；
(3) 以法令、训示和司法决议的形式改变法律

6. 司法权　只要他愿意，可以就任何案件做出判决，无论是针对
上诉还是初次诉讼。

7. 宗教权　是国家的最高祭司。

8. 效忠宣誓　全国人民都要宣誓效忠于他。

2. 戴克里先即位(公元 284 年)前的罗马帝国

大事年表

公元前 31 年　　　亚克兴海战，屋大维的军事权威得以确立。

公元前 27 年　　　采用奥古斯都的名号。对原有的政体进行
调整。

公元 9 年　　　　亚米纽斯在条顿堡森林击败瓦卢斯，莱茵河边
界得以稳定。

公元 14 年　　　　提比略即位。

约 30 年　　　　　耶稣被钉上十字架。

31 年　　　　　　塞扬努斯(Sejanus)策划阴谋，被处死。

37 年　　　　　　卡里古拉被刺杀。

41 年　　　　　　克劳迪斯即位。

43 年　　　　　　入侵不列颠。

54 年　　　　　　尼禄即位。

61 年　　　　　　布狄卡(Boudicca)率领不列颠人发动起义。

66 年　　　　　　犹太起义开始。

68/9 年　　　　　尼禄被废黜，自杀。四帝之年，分别为加尔巴
(Galba)，奥索(Otho)，维特里乌斯(Vitellius)
和维斯帕芗。

弗拉维王朝

公元 69 年　　　　维斯帕芗即位。

70 年	犹太起义被镇压,耶路撒冷神殿被损毁。
79 年	提图斯即位。
81 年	图密善即位。
96 年	图密善·涅尔瓦被刺杀。

安敦宁王朝

[531]罗马帝国的黄金时代。整个社会经济繁荣,政治稳定,公共精神达到高峰。此时的帝国疆域最为辽阔。

公元 98 年	涅尔瓦的养子和指定继承者图拉真即位。
117 年	哈德良即位。
132/3 年	犹太地最后一次暴动。耶路撒冷被夷为平地,犹太地人口骤减,大量人口移居外地。
138—161 年	安敦尼努斯·比乌斯在位。
161—180 年	马克·奥勒留在位。斯多葛思想影响的高峰时期。多瑙河上游的马克曼尼人和下游的萨尔马提亚人对边境的骚扰被击退。
180—192 年	马克·奥勒留之子康茂德在位。受到元老院和罗马人民的憎恨,被刺杀。

晚期罗马帝国（193—284 年）

塞维鲁王朝

公元 192/3 年	禁卫军杀掉皇帝佩蒂纳克斯(Pertinax),将皇位卖给出价最高者。狄第乌斯·犹利安(Did-ius Julianus)即位。三位将军卷入内战,分别是佩斯塞尼乌斯·尼格尔(Pescennius Niger)将军率领的叙利亚兵团,阿尔比努斯(Albi-nus)将军率领的不列颠尼亚兵团和塞普提姆斯·塞维鲁(Septimius Severus)将军率领的多瑙河兵团。
193 年	塞普提姆斯·塞维鲁即位。
211 年	卡拉卡拉即位。

212 年	安托尼亚那敕令将公民身份授予几乎每一位自由人。
217 年	卡拉卡拉被刺杀。马克利努斯（Macrinus）即位。
218 年	一位名叫埃拉伽巴卢斯（Elagabalus，即黑利阿加巴卢斯 Heliogabalus）的青年成为皇帝。他是一名同性恋者，曾当过叙利亚某个教派的祭司。实权掌握在其母朱莉娅·米萨（Julia Maesa）手中。
222 年	埃拉伽巴卢斯在家族内部斗争中被谋杀，其弟塞维鲁·亚历山大（Severus Alexander）即位。
227 年	萨珊王朝的阿达希尔（Ardashir）重建了强大的波斯帝国，侵略性十足，对罗马的东部边境构成重大威胁。
235 年	在莱茵河被日耳曼人击败之后，塞维鲁·亚历山大被属下部队杀死。
235—284 年	军事混乱，帝国解体：十八位"合法"皇帝中有十四位被杀害。各处边境皆受到蛮族入侵的压力。东部受到波斯的威胁。经济和社会危机：通货膨胀严重，罗马帝国不得不放弃货币交易。
284 年	伊利里亚兵团司令戴克里先即位。对罗马帝国的政体进行调整，实行多米那特制。

3. 罗马帝国的特征

[532]罗马帝国疆域辽阔，面积达 150 万平方英里，人口众多，约 5600 万，[1]他们共同构成了一个多民族多语言[2]的大帝国。他们崇拜

---

① 关于罗马帝国的人口，我们无证可查，这个数字只是推测，但为许多学者所接受。

② 罗马帝国有两种通用语，而不是一种，在西半部是拉丁语，在东半部是希腊语。这即使不是独一无二，也算是非比寻常了。

的神灵多种多样，文明发展的程度也不相同。不列颠岛上的部落民族原始淳朴，尚未开化，刚刚从阿格里科拉（Agricola）那里学会洗热水澡和建立公共集市（公元 80 年左右），而此时在罗马的安提阿和亚历山大这些国际化大城市里，则到处都人流熙攘，人们见多识广，老于世故。帝国绝大多数人从事农业生产，以耕地为生的人大概占十分之九。同样是耕地，境况却有所不同，有的是意大利南部和非洲大庄园上的奴隶，有的是埃及备受剥削和压迫的农民，还有各种各样的自耕农，尤其是在东部地区。在一个农业社会，能有十分之一的人从事商业和制造业，其影响不可小觑，这种情况和罗马帝国独特的地理特征密不可分。虽然对于早期征服的地中海地区来说，欧洲的西北部、巴尔干地区和安纳托利亚东部地区都已经成为内陆，但地中海依然是"地中之海"，海上运输相对便宜一些。此外，无论是在埃及，还是在北部和西北部地区，都有适宜航行的水路，如尼罗河和多瑙河。这和我们前面所提到过的帝国形成鲜明的对比，因为亚述帝国，波斯帝国和中华帝国都是大陆帝国。

　　从结构上讲，罗马帝国是许多自治市的集合。仅在东部地区，这样的自治市就多达 10000 个。其中很多都很小，但就像我们可以从庞贝城废墟所看到的那样，这些自治市生机勃勃，十分繁荣。对于"自治市"的定义和本质，我们将在后面展开讨论。这一阶段的罗马帝国只不过是一个负责协调和管理的上层结构。大政方针的确是由上层制定，但日常事务的具体管理却由自治市自己负责。①这是罗马帝国和汉帝国的第一个重大差异，可能也是最为突出的差异。地方自治政府是罗马帝国所长期依赖的基础，而在汉帝国，这种现象是不存在的。

　　从社会和政治上讲，罗马帝国和汉帝国有一点相似之处，即基本上都是由少数有产的精英阶层统治着大多数农民和其他劳动者。但罗马统治阶层的本质和汉朝大相径庭，[533]这反映了上文所述的社会结构，即罗马帝国的基础是地方性的自治机构。我们应该还记得，

---

① "罗马帝国就像是一个有机体，成千上万的自治城邦就是其细胞。"见《私人生活史：从异教的罗马到拜占庭》（P. Ariès 和 G. Duby 编，哈佛大学出版社，Cambridge，Mass.，1987），第 2 页。

早期的罗马共和国授予意大利的部落和城邦公民身份和某些公民权利，以此赢得了他们的忠诚。罗马帝国的精英统治者（此时实际上就是意大利的精英阶层，包括新生的元老等级和骑士等级），利用同样的方法，获得了城市里骑士等级和更为低级的市议员等级的支持。这部分人成为罗马公民，获得了和地方民主力量进行对抗所需要的政治支持，因为有些地方还有公民大会，民主势力还有很大的影响。罗马帝国并没有沿着地域、种族或宗教的界线进行分化，最起码没有长期这样做过，而是按照等级将社会进行水平分隔。阿留斯·艾瑞斯提（Aelius Aristides，117—185 年）是一个专门歌功颂德的人，却也看到了问题的根本所在：

> 你们已经把帝国的所有人民分成两个等级……。一个等级有文化，出身好，有权有势。你们称其为罗马公民，甚至将其当成同宗同族的人来看待，而其他的人都是臣属和附庸……。按照这种划分，每个城市都有许多人，既属于自己的种族，也同样应该是（罗马）公民，虽然其中有些人从来没有来过罗马。他们的城堡不需要你们来驻防，每个地方的名流显贵都会为你们守卫好自己的家园。对这些城市你们有双重的控制，一方面是从此处（罗马），一方面是通过每个城市的罗马公民。①

罗马化的过程壮大了地方寡头统治者的力量，也强化了他们的权威。从本质上讲，罗马文明是一种城市文明。从表面来看，罗马的魅力体现在其广场、公共浴场、马戏场和剧院，还有就是出人头地所必需的拉丁语（在东部就是希腊语）。在掌握拉丁语的同时，还要对希腊罗马的艺术形式、宫廷的繁文缛节（一种公开的表演）和文学有所了解，无论这种了解是多么肤浅。罗马化的过程是自上而下完成的，从地方寡头到人口更为广大的城市居民，然后向城市的周边蔓延。这种罗马化往往也是肤浅的，随着帝国的消失，这种生活方式也不复存在，就像在不

---

① 引自 Lewis 和 Reinhold，《罗马文明》，第 2 卷，第 136 页，楷体为作者强调所设。

列颠那样，其传播也速，其消失也快。虽然如此，当时在整个帝国辽阔的疆域之内还是出现了一种共同的城市生活模式，形成了一种共同的"罗马精神"。①在我看来，这很像我们在美国所观察到的共同模式，因为美国也同样是由种族和宗教背景截然不同的民族构成的。

在政府方面，安敦宁王朝和中国的汉朝大相径庭，主要体现在如下四个方面：

[534]首先是军队的作用。在罗马，不仅在元首制时期，而是直到最后，军队都一直是核心力量，是至关紧要的机构。它不仅仅是边境的守卫者和国内秩序的维护者，还是确保社会流动性的最强大力量。此外，只要军队驻扎在一个地方，就会大大促进附近地区的经济发展。在有些地方，②军队是罗马化过程中最有力的媒介。不仅如此，罗马的政客和官员既要作文职官员，还要能够以军事指挥的身份领兵打仗，在现实中他们常常这样做。罗马人从小就接受这样的教育，即征服就是他们天生的使命，而军队就是实施征服的工具。"记住，罗马人！这些就是你们的技能：通过你们的帝国统治万邦，维护和平。放过俯首称臣者，战胜桀骜不驯者。"③"根据神灵的旨意，罗马应该是世界之都。因此，罗马人应该研习战术，并传之于后人。只有这样，罗马的军队才能所向披靡，战无不胜……。"④

"皇帝"只是我们对于"统帅"（imperator）一词的译法，现在它已经获得了新的意义，军队为凯旋而归的将军欢呼时也用这个词。奥古斯都选其作为自己的第一个名字，紧随其后的继承者没有人敢继续使用，直到后来维斯帕芗和所有的元首用其作为名号。对于皇帝来说，最重要的事情就是取得战争的胜利，无论他本人是否上战场。没有军队的支持，其统治就不会长久，因为军队是拥有最终决定权的政治力量。第一个向提比略宣誓效忠的是禁卫军长官。在卡里古拉被刺杀时，阴谋者中也有一位军官。在此之前，卡里古拉曾经是士兵们的最爱，他们亲切地称其

---

① 这并不是一个古典词语。
② 并非所有的地方，例如在西班牙部分高度罗马化的地区就没有驻扎军队。
③ 维吉尔，《埃涅阿斯纪》，第 6 卷，第 851—853 行。
④ 李维，《罗马史》，第 1 卷，第 16 章。

为"小靴子"。克劳迪斯能够成功即位，士兵功不可没。并不好战的克劳迪斯竟会率军入侵不列颠，这一点意味深长。尼禄是朱莉娅·克劳迪王朝第一位对战争没有兴趣的皇帝，他为此付出了沉重的代价。此后不好战的皇帝并不多，但他们全部都付出了代价。因此，涅尔瓦不得不赶快将士兵图拉真收为义子，并将其确定为帝国继承者。

也许除了亚述帝国和秦帝国之外，以前的帝国再没有像罗马帝国这样具有如此浓厚的军国主义色彩，就像诗人维吉尔和历史学家李维所证实的那样。所有对凯旋仪式的描述都很好地说明了这一点。在25万观看者的叫喊和呵斥声中，战利品和带着镣铐的战俘被游街示众。在紧挨着卡匹托尔山的神圣大道的终点，皇帝的战车停下来，他要观看俘虏首领被扔进马梅尔蒂尼地下监狱的臭水坑中。这些人赤身裸体，披枷带锁。如果能够被绞死，就算是幸运的了。[535]否则，还要忍受冻馁的折磨。要想深入理解罗马帝国的军国主义，我们最好看看约瑟夫斯对维斯帕芗和提图斯的胜利是怎样描述的：

> 对战争各个片段的描写使我们对战争中的事件有了栩栩如生的了解。这里是一片繁华沦为废墟，那里是大批士兵集体被屠杀；这里是仓皇溃逃，那里是中计被俘；有多少巨大的城墙轰然倒地，有多少坚固的堡垒灰飞烟灭，又有多少守卫森严的城池全线崩溃，大军长驱直入，城中顿时血流成河。听一听那些无助者的苦苦哀求吧！众多的庙宇被焚毁，众多的房屋被推倒，而主人就在其中。灾难过后，满目萧条。河水依旧流淌，但田园不再，人畜皆无，只有两岸一片火海……。①

罗马和汉朝的第二个重大区别在于其对皇帝的看法，罗马帝国的元首和中国的"天子"截然不同。当然，作为"最高祭司"，元首要主持对罗马传统神灵的祭祀活动，但他这方面的作用要远逊于中国的皇帝。在中国，天地人三者之间的和谐完全取决于皇帝。我们不可能期望罗

---

① 引自 Lewis 和 Reinhold，《罗马文明》，第 2 卷，第 91 页。

马的皇帝会像中国的皇帝那样终日忙于各种各样的仪式。两者之间的主要区别在于罗马皇帝实际上是一个公众人物。例如他要参加各种竞技会，还有要巡游各地，通常是在南征北战的过程中。他是可以接近的，而不像中国的皇帝那样与世隔绝，只有太监、嫔妃、皇室成员和高级官员才能接触。最重要的是，无论在战场上，还是在朝廷上，他都要很活跃。他是最高法官，最高司令，还是帝国政策的制定者。例如，提比略曾受过这样的批评，说他不敢走出罗马城一步，没有去各个行省巡视。①后来他离开首都，到了卡碧岛，结果同样受到批评，这次的罪状是"怠于国事"②。

　　第三个不同在于罗马几乎没有领受俸禄的专职官僚，③到了哈德良统治时期，这种情况有了很大改观，但是和汉朝12万左右的官吏比起来，其数量还是微乎其微的。在中国由官吏所从事的工作，在罗马帝国是由不领薪酬的行政官和城市议员来完成的。除了战时，军队也从事许多民事工作，如修路和维持治安。[536]和中国的情况一样，无论从什么意义上讲，那些真正将决策付诸实施的体力劳动者都算不上是"官吏"。在行省内部，总督的"公务员"队伍只有很少几个随员，有些是士兵，还有些是个人助手。的确，有些人十分重要，如由中央政府任命并对中央政府负责的财政官。各个地方的许多行政事务都是由被解放的奴隶和皇室的奴隶来完成的，但即使算上他们，总的数目还是很小。

　　第四个主要区别是罗马帝国的私法越来越细化，专业化的法律人员越来越多，这部分上和没有领受薪酬的专业官僚队伍有关。必须承认，在压制性法的领域，罗马帝国和汉朝差不多。"刑法系统从来就没有经过严格法律这一阶段，而在这个阶段精确的区分和定义是必需的。"④针对叛逆罪的法律被肆意扩大，到了无所不包的程度。但是通

①　苏维托尼乌斯，《罗马十二帝王传》（Penguin, Harmondsworth, 1979），R. Graves 译，"提比略"，第38节。除了哈德良巡游整个帝国之外，其他的皇帝很少有到行省去，除了是因为出征。

②　同上，第41节。

③　关于高级政府官员的"多面手"本质，见下文第五节，"行省"。

④　H. F. Jolowicz 和 B. Nicholas，《罗马法研究历史导论》，第三版（剑桥大学出版社，Cambridge, 1972），第404页。

过各种方式，罗马帝国的民法得到了细化。从共和国那里，它继承了十二铜表法。此时的十二铜表法已经被后来的法令所修改。在元首制时期，铜表法又受到元老院决议的改动。此外，执法官的实践也对十二铜表法进行了修正。就这样，原有的法律被细化。在很多情况下，一旦某些法律原则行不通，这些法律就要被诏令、元老院决议或某些特定案件的判决所改动，而法律专家会在修正法律时将这些改动结合进来。此外，这些渊博的法律专家会将法律条文里模棱两可的内容明确化，这对后来的判决也有约束作用。就这样，民法发展成为关于法人、家族继承权、所有权、合约和不法行为（"侮辱罪"就是其中之一）等相互权利和义务的大全。这个大全如此浩大，如此复杂，基本上是由从具体法规中提取出来的原则构成的系统，而不是互不相关的法规的集合。因此，皇帝即使能够改变法律，也只能改变一些细枝末节。这样的法律系统在汉朝是不存在的，也是不会存在的。实际上，在此后 2000 年的时间里，除了西欧和伊斯兰国家之外，①世界上其他地方没有出现过，也不会出现。对于罗马的法律和其他国家之间的这个重大差异，后面我们会再次讨论，因为这不仅仅是一项独一无二的或者说后无来者的创新，它并没有随着罗马帝国的灭亡而灭亡。和犹太人关于受法律约束的君主概念和希腊人关于公民的概念一样，[537]它在以后西欧政体的发展过程中产生了深远的影响。

4. 自治市

前面在讨论"罗马化"时，我做了一个非常宽泛的比喻，提到美国文化是怎样将这个大陆上其他民族的文化覆盖的。这十分鲜明地体现在美国每个城市的典型布局上，如主要的街道，殡仪馆，药店，购物中心，二手车交易市场等。如果今天非要说什么最能够让我们想起罗马文明的荣光，有人也许会说是文学，但这样回答的人在逐年减少，更多的人也许会说是罗马的法律，但几乎每个人都会提到罗马的道路，同时也都

---

① 关于伊斯兰教法和其与罗马法律系统的差异，见本书第三部分，第二章，"哈里发帝国"。

会承认一点，即一条路，无论修得多好，对于帮助我们了解一个文明帮助并不太大。但是，罗马城市的废墟对于我们理解罗马文明实在是大有裨益。我想如果中国人用石头建造他们的宫殿和庙宇，中华文明的光辉一定会更加灿烂夺目。可惜的是，他们用的是木头，古都长安、开封、南京、广州和其他一些城市的宫殿和公共建筑早就灰飞烟灭了。和中世纪的欧洲人一样，罗马人建筑所使用的是坚固持久的石头，"无论是风雨侵蚀，北风肆虐，还是岁月轮回，都不能将其摧毁"。正是沉吟于罗马帝国的废墟之上，吉本才构思出了他的杰作，这并非偶然。今天任何一个到过这个伟大城市的人都无法不深受触动。这些废墟诉说着这里曾经的富庶和权势，赞颂着使这一切成为可能的能工巧匠。但是真正能够传达帝国繁华和财富的是这样一幅景象：从帝国的一边到另一边，到处是一模一样的公共浴室、广场、商铺、水渠和圆形露天剧场，在列伯提斯马格那（Leptis Magna）、在尼姆（Nimes）、在奥兰治、在凯撒利亚和巴尔米拉（Palmyra），还有其他无数曾经十分繁荣的城市。这些城市有的很大，如庞贝，有的很小，但同样热闹非凡。

这些公共建筑中有不少来自皇帝的馈赠，他是整个帝国最为富有的人，但其中的大部分来自地方慈善家。为了建造这些公共建筑，富有的公民和城市争先恐后。有些人贡献的同样多，但已经湮灭于蛮族的入侵和时光的侵蚀，他们捐赠给了城市的财库和信托基金，这种基金可以救助贫穷者，有时也可以用于救助儿童和资助教育事业。

我们说过，罗马帝国是由众多自治市所组成的一个庞大的控股公司，[538]但自治市不同于普通的城市。从统治的意义上讲，自治市是指占据一定区域的自治共同体，通常拥有一个中心城市。在东部，罗马人建立了希腊式的城邦，这样的城邦有自己的公民大会和议事会，还有任期一年的行政官。在其他地方也有这样的城市，如意大利，西班牙南部的贝地卡（Baetica）和除迦太基之外的非洲。在部落民所在地，如西部的部分地区，罗马人按照自治市的形式把他们组织起来。构成当地市民生活中心的城市或永久性的军事驻地往往会变得越来越像意大利的城邦。到了公元前二三世纪，那些关于议员和行政官责任和义务的规定变得同样适用于其他古老的机构。这就是城市得以形成的方式之一。其他的城市是在军团驻扎地附近作为贸易站发展起来的,因此在英国就有了很多城市名字中带有这样的字眼,如"查斯特"(Chester,来自于 castrum,意为"要塞"),"塞伦塞斯特"(Cirencester)和"沃塞斯特"(Worcester)等。在这些城市,罗马人对意大利人实行的是行政官和议事会制度,而不是像希腊那样公民大会权力很大。实际上,他们想方设法对公民大会的权力加以限制。他们设定地方议员和行政官候选人的财产限制,甚至不愿意举行选举,而是由地方的监察官任命任期终身的议员,然后再由这些议员任命行政官。但是这种寡头式的统治方式并不是到处都能行得通。在元首制早期,围绕行政官职位所展开的选举竞争依然十分激烈。例如,在庞贝就有成百上千的竞选传单到处流传。在那里,水果商为赫尔维乌斯·维斯塔雷斯(Helvius Vestalis)竞选助威,还有一个人为盖乌斯·库斯皮乌·潘沙(Gaius Cuspius Pansa)拉选票,因为"他能让大家填饱肚子",而"邻居们"却支持卢奇乌斯·斯塔提乌斯·雷塞普图斯(Lucius Statius Receptus),如此这般,不一而足。①

自治市政府的主要特点是强大的地方自治和权力的高度集中。权力集中在地方富豪的手中,这部分人通常拥有罗马公民身份。②现有的规章要求议员和行政官必须在职权之内行事,否则就要受到惩罚。例如,在西班牙的赛尔潘萨(Salpensa)自治市,惩罚是"向该自治市的市民付一万银币的罚金,并且该自治市的任何市民都可以对其进行起诉,只要根据规章,该市民有这样的合法权利"。③这样的规定给了普通市民起诉其统治者的权力,在中国,无论是在当时还是其他任何时期,这都是难以想象的,这一点已经无需强调。[539]在世界上其他任何地方,除了罗马、拜占庭和罗马帝国以后的欧洲之外,这也同样是不可能的。我们必须强调两点,一个是罗马政府受法律约束的本质,另一个是个人权利和公民权利观念的长期共存。只有在西方,这种共存才成为可能。

---

①　转引自 Lewis 和 Reinhold,《罗马文明》,第 2 卷,第 326—327 页。
②　参见原书第 533 页阿里斯底德对他们的说法。
③　转引自 Lewis 和 Reinhold,《罗马文明》,第 2 卷,第 326—327 页。

议员和行政官领不到任何薪酬。不仅如此，就像我们前面提到的那样，他们实际上还要为自治市捐款。他们热切地谋求公职，既是为了荣耀，无疑也是为了能够成为罗马公民。此时，罗马公民的身份越来越成为一种社会地位的象征，而不再代表法律上的特权，因为至少从安敦尼努斯·比乌斯时起，公民和非公民之间的区别变得还不如上等人和下等人之间的区别那么重要。对于同样的罪行，后者所要遭受的惩罚会更重。地方显贵构成上等人。从公元212年起，根据卡拉卡拉的法令，几乎帝国的每一个自由人都已经成为公民，但此时，这个身份已经没有多大意义。

就这样，政府的日常管理不是由官僚来执行的，而是由地方富豪出于尊严和爱国主义义务完成的。他们自愿选择为城市提供各种服务，如教育、粮食、日常用水、公共建设、街道和建筑物的维护、市场管理和城乡治安。他们还为中央政府提供某些至关紧要的服务，负责征兵，有时还要修路架桥，维护交通要道上的驿站。所有这些都是普通百姓应该负担的公役，是没有报酬的，但行政官必须负责执行过程中的组织工作，最重要的是要落实行省内部财产税和人头税的征收工作。

5. 行省

5.1　罗马城：帝国之都

罗马城有居民100万，人口密度比紧随其后的亚历山大城和安提阿都要高三倍。这么大的一个城市，社会治安和粮食供应是很大的问题，这就需要一个特殊的体制。对于政府来说，这里的街道构成一种政治威胁。城市暴民并没有随着罗马共和国的结束而消失，依然是一触即发。因此，要想维持社会的安定和秩序，就必须确保廉价粮食的持续供应。奥古斯都采取了非常独特的应对措施，任命一位城市长官，负责罗马城的治安和稳定，有专门的队伍受其指挥。他控制着剧院、市场和行会组织，[540]还拥有十分广泛的刑事司法权。到了公元3世纪时，这种权力已经到了无所不包的程度，其管辖范围也延伸到了罗马城方圆100英里的地方。除此以外，他还拥有某些和维持治安有关的民事司法权。只要皇帝身在罗马城，他多达一个半兵团的禁卫军也可以用来镇压城内和其附近的动乱。奥古斯都还任命了一位守卫长官，他率领着由近 9000 人构成的军队。罗马城被分成 14 个区，这部分人被分派到各个区。他们要负责应对火灾，因为在罗马城火灾经常发生，还要维持治安，在街头巡逻。另外一位行政长官负责粮食供应，但并不负责其免费发放，粮食发放的工作由其他官员来完成。

5.2　意大利

罗马城的地位与众不同，同样，意大利也很特殊，由于它不是行省，也就不用缴纳贡税，因为此时所有的意大利人都已经成为罗马公民。这里很少动用军队，只是偶尔用来维护或者恢复社会秩序。

5.3　行省

元老院行省和帝国行省的区别①并不重要。元老院行省只有很少的军队维持治安，如西班牙南部的贝地卡行省、阿非利加行省和比西尼亚行省。这些行省的总督都被称为资深执政官，②是以抽签的方式从原来的执政官和执法官中选举出来的。他们任期一年，负责的完全是民事和司法事务。元首可以（实际上也这样做过）"推荐"自己的候选人，任命自己的特使负责税收，审理来自总督法庭的上诉。此外，他还可以将行省的身份由元老院行省改为帝国行省，例如伊利里亚行省。

由于种种原因，大部分帝国行省都需要更多的军队介入。一般说来，这些行省由皇帝特派的行政长官和其属下进行统治，这些人都是元老，和他们一起的还有财政特使。特派行政长官拥有行政大权，拥有军事和民事方面的权力。和元老院行省的总督不同，特派行政长官的任期是不限定的，平均下来大概有 3 年，但有些任期要长很多。对于广大人民来说，两种行省之间最主要的区别就是职位的延续性。有的行省

---

① 见原书第 529 页。

② ［译注］"proconsul"最早是指统治权超过职位任期的执政官，译为"代行执政官"；到公元前 2 世纪时，开始指那些结束在罗马的任期，前去统治行省的执政官；在元首制时期，又指元老院行省的总督，译为"资深行政官"。

比较特殊，如埃及行省是由一位骑士等级的行政长官统治的，还有些小的行省是由来自骑士等级的皇帝特使统治的，如犹太地。

　　［541］此时总督已经开始领受俸禄。他要受到皇帝专门指令的约束，没有元老院或者皇帝的专门授权，不能募集军队，征税的数目不能超过根据评估所设的标准。①任期结束时，总督可以受到起诉，理由可以是徇私枉法，也可以是敲诈勒索，但在此之前，一切都在他掌控之中。和共和国时期一样，总督的下属就是他的个人"内阁"，但人数并不多。这些人是他出来任职时从罗马城带出来的，任期结束后再带回去。由于总督的军事权力受到限制，他就必须要和地方要人与市议会搞好关系，这一点非常重要。除了边境的行省之外，其他行省总督的主要职责就是维护社会安定。这就要求他沿着固定的路线对整个行省进行巡视，并在主要的城市开庭审理案件。总督常常要受到行省法的约束。②总督要以布告的形式告诉人们自己打算怎样就特定事件采取行动。他还要将地方性的法律和各个自治市的特权考虑进来。因此，总督的大部分时间都被用来处理地方对城市行政官合法权力的挑战，要么就是花在调解某个自治市和其邻居的争端上。由于自治市有权派代表直接找到皇帝那里，总督必须步步留神。在履行其他职责时情况也是如此。例如，税收要由总督负责，但是到了公元2世纪，纳税者和元首私库的纠纷通常由皇帝特使来解决。同样在这个世纪，很多民事和刑事审判都在判决之后被上诉到皇帝那里。

　　在此范围之内，总督要负责所有的事情：治安、司法、防御（在帝国行省）、低级官员的行为、道路，还有整个行省的总体福利。阿格里科拉曾任不列颠行省的总督，在塔西佗为他写作的传记中，我们可以看到一位总督所要履行的职责。除了征战沙场之外，阿格里科拉还要"纠正"其前任强征粮食的做法，要集合军队进行操练，要鼓励城市和自治市的文化建设，还要为当地要人的子女提供罗马化的教育。

　　和直到19世纪时任何非欧洲国家不同，在离职之后总督和其他官

---

① 　Dio Cassius，转引自 Lewis 和 Reinhold，《罗马文明》，第2卷，第33—34页。

② 　见本书罗马共和国部分。我们并不确定是否每个行省都有行省法。

员都可以受到起诉。通常是由其他的元老对其进行审判,在这种情况下,元老之间的确常常会官官相护。①虽然如此,原来的总督还是不得不为自己进行辩护,[542]他们中绝不是所有的人都能逃脱判决。据我们从书本上所看到的,从奥古斯都到图拉真,其间有 40 场审判是关于徇私枉法和敲诈勒索的,但证据并不充分。对于图拉真之后的情况,我们几乎连一点证据也没有。显然,这样的审判还有很多。②但是,布朗特教授认为在奥古斯都和图拉真之间的年代,要想把犯法者送上法庭并且做出判决,并不像人们通常认为的那样简单。③虽然如此,在我看来,最重要并不是执行好坏的问题,而是是否执行的问题。在希腊,公民不仅能够投诉官员,还能够在法庭上对其进行起诉。这里我们看到了罗马对希腊这一做法的继承和发展。统治者与被统治者之间,统治者与公民之间,这两种关系之对立在此得到了最为充分的体现:在罗马,公民,也是被统治者,在官员面前拥有属于自己的权利。前面我们曾经提到自治市的公民可以起诉行政官滥用职权,这和我们此处注意到的是一脉相承的,即罗马社会的守法性。

总之,"(罗马)政府……远非现代意义上的官僚政府。除了首都的居民之外,普通百姓接触中央政府官员的机会要比今天任何一个现代国家都要少得多……帝国的官员只是附加到遍布帝国的自治共同体之上的上层结构"。④正是地方行政官才将被统治者和国家联系起来,对于情节较轻的犯罪和民事诉讼,他们是初审法官。同时,就像我们前面提到的那样,他们也是收税人和公役的组织者。

6. 皇帝

作为统治大权的拥有者,皇帝也成为军队的最高指挥。此外,他还

---

① 参见普林尼书信中关于对柏萨斯和比西尼亚前总督鲁弗斯的审判:普林尼,《小普林尼书信集》(Penguin,Harmondsworth,1963),B. Radice 译,第四卷,第 9 页。

② C. Wells,《罗马帝国》(Fontana,London,1984),第 146—149 页。

③ P. A. Brunt,《罗马帝国论集》(Clarendon Press,Oxford,1990),第四章。

④ M. Rostovsteff,《古代世界史》,2 卷本(Clarendon Press,Oxford,1928),第 2 卷,第 259 页。

是国家元首、最高法官、最高行政官、最高祭司。在行省，他则被奉若神明。所有这些身份都源自于元老院授予奥古斯都的权力，但是随着时间的推移，每一个身份都变得更加根深蒂固，其范围也变得更加广大。结果，皇帝的专制色彩越来越浓厚。这种发展到了最后，就发生了公元284年戴克里先对帝国的重组。从此以后，帝国政体就变成了多米那特制，因为皇帝不再被称为"元首"，而是被称为"主人"（dominus）。

[543]关于欺君罪和叛逆罪的法律本来仅限于叛国企图和针对行政官（其中自然也包括元首）的阴谋或反叛，但是这条法律越来越多地被滥用。随着这条法律的延伸，对皇帝稍有不敬就会被扣上这条罪名。有时在证据很少，甚至没有证据时就将人判为叛逆罪。还有时没有经过适当的法律程序就将人定罪。提比略和尼禄（尤其是后者）所实行的恐怖统治就是以这条法律为幌子而进行的。判罪所要求的证据是灵活的，审判常常就在皇宫之内进行，因此判决是极其武断的。

虽然如此，这个时代的罗马皇帝还是和我们前面提到的所有皇帝都截然不同。他不是上帝的化身，不是上帝之子，也不是上帝的代理。他也是一个人，只不过被元老院和人民赋予特别行政官的权力。①的确，作为最高祭司，他要提名祭司的人选，还要管理祭司团，但这些祭司都是专门负责城市崇拜仪式的世俗人士。他本人还要主持许多祭祀活动，这些都是传统的祈求守护神保佑的仪式。和近东、埃及与中国的情况不同，这种仪式没有任何决定天地人之间和谐的意味。罗马的皇帝的确受到人们的崇拜，希腊化的君主被奉作神明，罗马人继承了这一点。从其个人统治之初，在帝国东部，奥古斯都就和"女神"罗马一起被当作神来崇拜。公元前12年，在高卢形成了官方的崇拜。我们今天很难理解在当时的情况下"神"究竟意味着什么，不过肯定和今天的意义不同。这种崇拜一点也不排他，不指导人们的行为，也不提供救赎。在西方，这种崇拜变得和罗马的传统更为协调，被崇拜的不是活着的皇帝本人，而是他的灵魂。皇帝（只能说有些皇帝）只有在驾崩之后才能被"神化"。我之所以要强调是有些皇帝，而不是所有的，是因为决定是否

---

① 实际上根据罗马的法理，只有人民才能赋予权力。

可以授予皇帝这种地位的是元老院，通常由在位的皇帝提出来。即便如此，他也不能成为"神"（deus），而只能成为"圣"（divus）。与其说他被"神化"，不如说是被"神圣化"。这是为了表达对皇帝功绩的认可和感激。无论细节如何，西方的这种皇帝崇拜与中东和中国君主的神圣本质绝不可同日而语。实际上，罗马人虽然深信征兆和仪式，但是却缺乏我们现代意义上的宗教情感。

罗马皇帝获得权力的方式和这种权力的性质也与其他地方的皇帝不同。[544]这种权力不是生来就有的，也不是继承的，而是被授予的。奥古斯都的大权是元老院授予的，图密善和其继承者监察官的权力也是元老院授予的，这样做的结果是每一位皇帝都可以任意往元老院安插自己的亲信。不仅如此，这种授予仪式还是元老院以颁布正式法令的形式进行的，此后还要像通过立法那样经过公民大会。我们有仅存的一份铜表法的片段，其中包括授权给维斯帕芗的法令的最后几段。①上面有一条尤其引人注意，它授予皇帝"处理和从事任何事务的权力，无论是宗教的还是世俗的，无论是公共的还是私人的，只要他认为这样做符合国家的最高利益"。

皇帝的权力是"绝对的"。元老院授予奥古斯都和其后的皇帝不受某些法律约束的权力，这就是"专制"，而不是文艺复兴后期意义上的"专制"，即不受任何法律的约束。实际上许多皇帝声称自己是受到法律约束的，就像我们后面会看到的那样，《查士丁尼法典》对此有专门的规定。②后来关于皇帝"专制"的法律准则是对前面刚刚引述过的法律的概括，它使皇帝能够将法律抛在一边，也是对一个客观事实的概括，即有些皇帝干脆无视法律的存在，还不用为自己的行为负责。

起初，我们还不能称皇帝为最高立法者，这是因为虽然他能够任意而为，并且也常常这样做，却还是要经过元老院这一关。在奥古斯都去世后的一个世纪里，法学家们认为皇帝的确能够自行制定法律。怎样

---

① 见 Lewis 和 Reinhold，《罗马文明》，第 2 卷，第 89—91 页。

② 见本书第三部分，第一章，"拜占庭"。

才能为此找到一个令人满意的法律依据呢？这让他们感到为难。在我看来，这是因为他们没有像我们今天这样将立法和法官造法区分开来。皇帝的立法权来自于他同时作为最高行政官和最高法官的身份。他可以发布三种敕令。和共和国的任何其他行政官一样，他也可以颁布告示，但是由于他的职权范围是不确定的，凡是国家事务无所不包，他所发布的告示也是如此。他还可以就具体案件做出"裁决"。最后，他还可以就官员、自治市或个人提出的某一问题做出回答，这就是"批复"，包括"诏书"和"复文"。这样的批复有时可以对法律做出解释和变更。乌尔庇安说"皇帝的决定具有法律效力"，实际上应该理解为"凡是经皇帝许可的都具有法律效力"。这方面我们要再次提到前面关于总督部分讲到过的一点，即皇帝向总督发布指令，这些指令后来就发展成为长期有效的行政法规。

[545]总之，罗马的皇帝和我们到现在为止所谈到的专制君主比起来，既有类似之处，也有诸多不同，主要体现在四个方面。首先，为了满足实际需要，依照法律，罗马皇帝被授予某些具体权力，这些权力使其成为我们现代意义上的专制君主。他既是最高立法者，又是最高法官，能够凌驾于现有的法律约束之上。这种专制甚至有点暴君的味道，因为皇帝可以任意地利用针对叛逆罪的法律排除异己。其次，和其他国家的皇帝比起来，罗马的皇帝是世俗化的。第三，即使其任意裁量权也要在人性法的框架之内进行，这样我们就又回到了罗马政府的永恒主题。第四，他是统帅，是军队的总指挥，军队宣誓效忠于他和他的继承者。最后，他不用对任何人负责，因为此时已经没有什么行政官的权力可以与其匹敌，而公民大会也已经形同虚设，不再起作用。

罗马共和国的政体充斥着漏洞和矛盾之处，元首制政体也是如此。其中有两点非常关键，第一，没有明文规定的继承法；第二，奥古斯都的"元首制"概念本身就模棱两可。他的一些继承者自认为是君主，而元老院却认为他们的观点应该得到他的尊重，还反对他任用来自低级阶层的人为官。对于尼禄、康茂德和埃拉伽巴卢斯的不公和不当行为，他们更是深恶痛绝。

6.1　对皇帝权力的约束

图拉真和以前的多数皇帝都生活在对敌人的恐惧之中。让他们惶惶不可终日的威胁有的是实际存在的，有的则是无中生有，凭空想象出来的。他们的残暴举动和滥杀行为大多可以归因于这种恐惧。苏维托尼乌斯为我们详细描述了提比略、①卡里古拉、②克劳迪斯③和尼禄④的强烈恐惧。他们对可疑分子进行秘密审判，然后就将其处决，有时甚至不需要任何审判。一人受罚往往要株连全家，这样做的结果是人人自危，害怕不知哪一天灾难就会降临到自己头上。这部分人主要是元老，但也有不少是军事指挥官。

和深居简出的中国皇帝比起来，罗马的皇帝要常常暴露于宫廷和家族之外的各种势力，即街头暴民、士兵和元老院。

街头暴民对于政治的威胁在于他们能够怂恿或支持其他两种势力发起反叛。他们从来没有独自拥立过一个皇帝，也没有独自废黜过一个皇帝。[546]在有些情况下，他们甚至会为被其他两种势力废黜的皇帝而哀伤，如尼禄。虽然如此，罗马的暴民仍然是一头桀骜不驯的猛兽，无论是在街头，还是在竞技场，皇帝都不得不去面对他们，除非他也像提比略那样选择隐退。在皇帝主持竞技会时，观众可以对他进行高声赞美，也可以大肆辱骂和诅咒，这个传统由来已久。克劳迪斯曾经因为食物供应没有到位而受到街头民众的叫骂，还向他扔石头，最后他不得不通过后门逃到宫中。"面包和马戏"的说法虽然已经是老生常谈，但实际上非常恰切。这次事件之后，罗马的皇帝们吸取教训，采取了专门措施，对运输粮食的船主实行优惠政策，通过新的欧斯提亚（Ostia）港口确保粮食的供应。共和国时期开始的免费面包供应这时要养活整个罗马城四分之一的人口，对于市场上的面包也给予相应的补贴。塞维鲁王朝的皇帝和其继承者向人们免费

---

① 苏维托尼乌斯，《罗马十二帝王传》，"提比略"，第 63 节。
② 同上。
③ 同上，"克劳迪斯"，第 35 节。
④ 同上，第 49 节。

发放食用油，奥勒良还曾免费发放咸肉。至于竞技活动，就连生性峻刻的奥古斯都也将每年中的 66 天设定为活动时间。到了公元 4 世纪，专门用于竞技活动的时间竟多达 175 天，这还不算其他的专门节日。①

　　真正拥有政治决定权的是军队和元老院，但两者针锋相对，并且势力并不均衡。除了一次例外，双方斗争的获胜者总是军队，更准确地说是其指挥官。②从提比略时代起，莱茵河附近区域的军队就声称只有他们才能够决定皇帝的人选。③在四帝之年，即公元 68 年，其中一位皇帝在硬币上刻上了"千军共识"几个字，维斯帕芗、涅尔瓦和后来的皇帝在铸币时也刻上了这样的字眼。④军队声称自己可以决定皇帝的人选，这一点很能说明问题。对于军队来说，我们所说的"皇帝"其实就是他们的"统帅"，是凯旋而归的首领。对于帝国东部的人民来说，皇帝可能就是神灵，对于罗马人来说，皇帝就是元首，但是对于士兵来说，皇帝就是他们的总司令。

　　如果认为军队总是在不停地推翻原有的皇帝，取而代之以自己的人选，这也是有违事实的（公元 3 世纪除外）。一般说来，皇帝都会指定自己的接班人，如果可能，还会在自己在世时就授予其法律和军事上的权力。此外，王朝情感也是根深蒂固的，如果皇帝没有儿子，他可以收纳养子，并将帝位传给他。军事政变和内战一般发生在被杀的皇帝没有指定继承人，又无人为其复仇时。

　　[547]在形式上，皇帝的权力是元老院赋予的。对于元老院来说，皇帝是最高行政官，是"元首"。的确，一旦军队宣布要废黜某一个皇帝，元老们就只能表示赞同，但他们之间的关系要更加微妙，更加复杂。元老院已经基本上失去了对元首的政治主动权。从克劳迪斯时代起，要想以古老的集体统治取代一人统治已经不现实了。虽然如

---

① 　M. P. Nilsson，《罗马帝国》(Schoeken Books，New York，1926)，第 246—256 页。
② 　直至今日都是如此。这个地区在过去的二十年里发生过几次军官领导的叛乱，但都发生在极其原始的社会。见 Finer，《比较政府》。
③ 　苏维托尼乌斯，《罗马十二帝王传》，"提比略"，第 29 节。
④ 　C. G. Starr，《罗马帝国：从公元前 27 年至公元 476 年》(牛津大学出版社，Oxford，1982)，第 44 页。

此，元老院依然希望能够得到自认为应该得到，却一直得不到的尊重。例如，卡里古拉曾让身着沉重长袍的元老跟着自己的马车一路快跑，有时还让他们等候几个小时才出现。对元老们来说，尼禄的行为更加荒诞不经，他竟然登台演戏，还让他们出场观看。元老院的许多权力都落到了元首手中，也没有任何的军权，还不受无产者的欢迎，但是它依然和皇帝一起构成罗马政体的最高统治机构。毕竟，元老院的 600 位成员是整个罗马帝国最为富有的人，并且在等级森严的罗马社会，元老等级是地位最高的阶层。每一位元老都是以前的行政官，他们一步步攀登晋升阶梯，最终成为执法官或执政官。此时，随着补缺体制的出现，每个执政官只能任职两个月，而不是原来的一年，以便为补缺执政官让出位置，而后来的补缺执政官也要以此类推，这就使更多的人可以得到担任执政官的机会。即使如此，他们，也只有他们才有资格指挥军团，以资深执政官和帝国特使的身份统治行省。因此，他们既有带兵作战的经验，也有行政管理的经验，再加上巨额的财富，自然也很有尊严。从皇帝的角度来看，只有元老才有可能会让自己感到威风扫地，只有元老院才能构成自己的反对势力，更进一步，只有从元老院中才能选出一位可以与自己分庭抗礼的皇帝。第一位不是元老的皇帝是马克利努斯，公元 217 至 218 年在位。最后，作为将军和总督，只有元老才能真正有机会取而代之。看一看公元 68 年四位帝位竞争者的履历，情况一目了然。加尔巴：元老，执政官，曾任日耳曼北部地区军队的司令和西班牙行省的总督；奥索：元老，曾任卢西塔尼亚（Lusitania）行省的总督；维特里乌斯：元老，执政官，曾任日耳曼南部地区军队的司令；维斯帕芗：元老，执政官，原阿非利加行省的资深执政官和犹太地的总督。

皇帝对元老院软硬兼施，要么就讨其欢心，要么就加以威胁。提比略对元老院最为恭敬，他自称是"元老院的仆人"，一切事务都要递交元老院，经其正式同意。在一两个无关大碍的问题上，甚至接受元老院的否决。①后来，他对元老院既怀疑又不满，双方的关系才紧张起来。克

---

① 苏维托尼乌斯，《罗马十二帝王传》，"提比略"，第 29 节和第 31 节。

劳迪斯定期出席元老院的会议，甚至责备元老没有主见，唯唯诺诺。虽然如此，他还是根据叛国法，将35位元老处死。①[548]针对皮索的阴谋活动，尼禄实施了彻底的恐怖统治。②经验表明这种做法是不明智的，因为四位公开恐吓元老院的皇帝没有一位得到善终，他们是卡里古拉、尼禄、图密善和康茂德，安敦宁王朝的几位皇帝积极配合元老院，结果，他们的命运要好很多。

6.2　皇帝的职责

皇帝要为帝国之内的一切事务负责。看一看传记作家苏维托尼乌斯和历史学家塔西佗的作品，我们会发现皇帝所做的决策多种多样，无所不包。但是至于这些决策究竟是怎样制定的，是否完全为个人所为，我们就不得不知了。显然，皇帝需要顾问和特使，而这些人通常是他根据事情的性质专门从元老等级或骑士等级中选拔的。

有几点是明确无误的。首先，所有官员的任命都要由皇帝来决定。其次，仅靠个人威信有时是不够的。从公元14年起，所有的皇帝都发现用馈赠来讨好军队不失为一个良策。作为国家元首和最高法官，皇帝所要处理的事务越来越多。从苏维托尼乌斯朴实无华的传记中可以看出，皇帝要花很多时间审理诉讼。从小普林尼致图拉真的信件中我们也可以看到同样的情况。正是皇帝的这个角色才促成了许多行政命令和判决，即我们前面提到过的"敕令"。由于这些敕令都是对申诉和个人之间或社区之间矛盾所做的回应，人们往往会有这样一种印象，即皇帝的作用仅仅是反应性的。这并不意味着他们只会消极地签署文件，恰恰相反，有些皇帝的确会阅读这些信件和诉状，并做出批复。同样，他们还会亲自开庭审理各种上诉。军团的部署，附庸国的兼并，出征，宣战，议和，排犹，等等，几乎所有这些决定都是对具体形势做出的反应。③对法律的变更主要是以"缝隙"立法的形式实现的，而这种立法是针对法律中的一些漏洞和矛盾之处而进行的。在整个元首制时期，

---

① 苏维托尼乌斯，《罗马十二帝王传》，"克劳迪斯"，第12节，第29节。
② 塔西佗，《编年史和历史》（Sadler and Brown，Chalfont St. Giles，1966），第15卷。
③ 克劳迪斯入侵不列颠是明显的例外。

奥古斯都之后的所有皇帝没有一个想过要对法律做出重大改动。①虽然如此，多数重大决定都是反应性的。对于这些决定是怎样做出的，例如，是由皇帝首先发起的，还是由其他人以其名义预先策划的，这些决定是通过什么样的程序得以通过的，[549]是否先被通过才能起作用，所有这些我们都一无所知。至少有一个结论是可以确定的，即作为帝国官僚统治胚胎形式的元首制时期，皇帝如果想要做某事，他不会遇到任何困难。

6.3　帝国的"文官制度"

如前所述，罗马共和国的行政官在其私人顾问团、被解放的奴隶和奴隶的帮助下履行职责。作为最高行政官，奥古斯都日理万机，乐此不疲，因为他擅长此道，但是他也要借助家臣的帮助。作为第一位将这种做法系统化的皇帝，克劳迪斯也是如此。这和汉帝国形成十分鲜明的对比。

克劳迪斯的助手（我宁愿称其为"助手"，而不是"官员"）主要是被解放的奴隶，也就是他原来的奴隶。行政部门包括三部分，分别是财务总监，负责财务，最为重要；国务秘书，负责回复呈交给皇帝的所有请求和申诉；还有一个部门负责管理公文和信件。此外还有其他的部门，但相关证据并不充分，可能并非常规部门。

由于这些主要的官员都选自皇帝的家臣，他们的意见就不可能和皇帝发生冲突，但是似乎他们的权力很大，以至于苏维托尼乌斯写道："克劳迪斯似乎成了他们的仆人，而不是皇帝。"②其中一位名叫纳西索斯（Narcissus）的家臣成为帝国首富，拥有 4 亿银币的家产。

这些皇室各个部门的首领实际上将这些部门变成了公共部门，他们可以影响克劳迪斯的政策制定，权力已经超出了其部门职责。在此后的半个世纪，取而代之的是被解放的奴隶，这种情况依然存在，只是程度有所减轻。他们的权力使元老和其他社会地位较高的人深为不

---

① 　在戴克里先和君士坦丁结束元首制，开始实行专制君主制之前一直都是如此。
② 　苏维托尼乌斯，《罗马十二帝王传》，"克劳迪斯"，第 29 节。

满,这部分上是因为他们出身卑贱。到了公元2世纪,这些部门被交给骑士等级负责,这种做法也成为定规。专门由骑士等级任职的职位逐渐增多,这意味着常规的等级制度已经形成。这个等级制度有确定的晋升阶梯,不同的头衔表示职务的高低,如特出者(低级骑士),最完备者(中级骑士)和卓越者(高级骑士)等。不参军就可以获得职务升迁成为可能,虽然这种情况并不常发生。更低层次的行政服务是由被解放的奴隶和奴隶提供的,他们隶属于骑士等级,[550]很少会对政策产生影响。但也有例外,这部分人是照顾皇帝生活起居的内侍。和克劳迪斯家族内部各部门的首领一样,他们近水楼台先得月,影响不可小觑。这里和汉朝的情况有点相似。被解放的奴隶对恩主皇帝和中国的太监对天子一样,他们要尽同样的义务,事无巨细都要忠心耿耿。正如中国的太监因为身体的残缺遭人鄙视,被解放了的奴隶也会受到出身高贵者的鄙视,因为他们曾经是奴隶。两种文化,同一现象,其中有嫉妒,也有势利。两种皇家附庸原本低贱卑微,后来都身价倍增,地位在一人之下,万人之上。两种情况都体现了"近水楼台先得月"的原则,正是因为这条原则,这些新贵们才能使统治者疏远其"天然的顾问",对自己言听计从。

到了公元2世纪,真正意义上的常规的帝国官僚机构出现,但是就像小普林尼致图拉真的信件所表明的那样,皇帝依然大权在握,想咨询谁就咨询谁。

7. 公共服务

7.1 军队

在罗马帝国的所有机构中,军队最为重要,也最为成功。内战结束后,奥古斯都将一半士兵遣散,并给予他们土地,并将军队的编制确定在28个军团。公元9年,日耳曼人消灭了瓦卢斯的3个军团,还剩下25个。后来,弗拉维王朝的皇帝又将军团增加到了30个,士兵的总数约15万人,这还不包括由罗马城的禁卫军和城防士兵组成的12个步兵大队,他们有相当于两个军团的兵力。此外,还有大约15万从非罗马公民中征募的辅助兵。从奥古斯都时代起，这部分兵力就被部署来保卫边境的行省。最后，这些士兵构筑了一道边境防线，沿线分布着许多临时或永久性的军营和堡垒。哈德良从地方征募士兵，组成正规军，取代了辅助兵。

供养这 30 多万大军构成帝国最大的支出。奥古斯都把军队的编制定在 28 个军团，可能是因为他觉得罗马帝国只能供养这么多。他这样做实际上就确定了帝国疆域的大小，据说他曾经告诫后继者不要继续扩张。事实上后来除了对边境的一些调整之外，只增加了不列颠、达契亚（Dacia）和美索不达米亚（即伊拉克北部地区）三个行省。到了公元 2 世纪，兵力可能已经增加到 40 万人左右，[551]但是对于捍卫北部和东部的漫长边境来说，人数并不算多，因为这两条边境之间的区域有半个美国那么大，人口在 5000 万至 6000 万之间。虽然如此，他们还是非常成功地完成了保卫边境的任务，因为边境之外的民族没能发起联合攻击，并且在 4 世纪之前他们也无心占领罗马的领土。3 世纪之前的外来侵略并不多，仅有的几次大规模入侵发生在马可·奥勒留在位期间，入侵者是萨尔马提亚人和马克曼尼人。这几次入侵被击败之后，犹太人又发起了几次暴动，分别是公元 66 年至 73 年的犹太战争，公元 115 至 117 年发生在塞浦路斯、埃及和昔兰尼的流亡犹太人暴动，公元 132 年至 135 年巴尔·科赫巴在犹太地发动的起义。罗马军队经过浴血奋战才将犹太人镇压下去，并没有其他的行省加入犹太人的队伍，本来可以帮助他们的帕提亚人也没有采取任何行动。犹太人和整个帝国之力相抗衡，自然难逃失败的命运。

军队同时也是公共秩序的维护者。两个军团被派驻埃及，因为亚历山大城的犹太人和希腊人之间经常发生流血冲突。有时相邻的城市之间也会打起来，这种事情即使在意大利本土也有发生，此时就需要军队的介入，起到防暴部队的作用。交通要道上的驿站也要有小分队驻守。有时税官下去收税时也需要一些士兵随行。军队并没有被用来维护城市治安，虽然有压力要求当权者允许士兵这样做。

由于军队是其获得并稳坐皇位的决定性力量，每一位皇帝都努力加强对军队的控制。例如，百人团团长以上的所有军官都要由皇帝直接任命,虽然他也要听从将军的意见。由于文官和武官的官阶可以互换,皇帝可以很容易地将军团指挥调离其队伍,辅助军骑兵指挥的任期被限制在几年,军事护民官的任期更短。①行省总督不能自行征兵,也不提倡和相邻行省的总督进行合作。军饷对于队伍的士气和忠诚十分关键,由独立的财政官负责,他们和总督的关系常常并不和睦。所有的士兵都要宣誓效忠于皇帝,随着时间的推移,对皇帝的崇拜得以确立,军营的神龛里要供奉皇帝的塑像。在四帝之年(68—69年)后面的几年里,直到康茂德死后,这些措施都很有效。[552]弗拉维王朝和安敦宁王朝能够成功地将军队驯服,这既表明了这几位皇帝的杰出才能,同时也是帝国早期出现安定繁荣局面的一个主要原因。

我们已经提到过,罗马的军队是社会流动性的主要途径和罗马化的主要力量。在社会流动性方面起关键作用的是军衔结构。每一位百人团团长指挥一个百人团,每个百人团实际上是由80人组成的小队。百人团团长是长期服役的职业军官,通常是行伍出身。作为老兵,他们经验丰富,是军队中不折不扣的中流砥柱。关键在于他们能够一步一步往上爬,上升到骑士等级。校级军官(如皇帝特使和护民官)只限于两个贵族等级:指挥一个军团的皇帝特使通常属于元老等级,而军团和辅助军中的其他高级军官属于骑士等级,常常来自自治市的行政官等级。任何罗马公民都可以担任百人团团长,普通士兵可以被提升为低级百人团团长,即后矛手,以后还可以被提升为步兵大队里最高级的百人团团长,即前矛手。一个步兵大队包括6个百人团,而第一步兵大队是个例外,只有5个百人团。从所在步兵大队的高级百人团团长的位置,他还可以继续高升,直到成为所有百人团中最为高级的百人团团长,即第一矛手,指挥第一步兵大队的第一个百人团。这个职位在所有军阶中级别最高,责任也很大,威望高,报酬也很高。第一矛手的薪水是其他步兵大队矛手的两倍,而矛手的薪水是低级百人团团长的两倍,而百人团团长的薪水则是普通士兵的5倍。除了个人积蓄和战利品,第一矛手在退役时还可以领到40万银币的

---

① 见下文。

退役金，这笔钱足以使他获得骑士地位。罗马的城镇到处都有这样的碑刻，说此地谁家的孩子从第一矛手的职位上退役，在此定居，成为当地的大人物。从原则上讲只有罗马公民才能加入兵团，但实际上从来就不是这样，随着时间的推移，情况更是如此。公元前 27 年，军团里主要是意大利人，到了公元 100 年，意大利人已经很少，此时的新兵大多来自已经被罗马化的行省。不是罗马公民的当地人参加辅助军，这部分人在罗马化的过程中起到了最为重要的作用。这些新兵往往是尚未开化的部落民，他们接触到的几乎是最原初意义上的罗马氛围，即军营。他们要成为繁华热闹的社会生活（如殡仪协会、宗教团体等）的一部分，会看到最具罗马特色的设施，如澡堂和下水道，甚至还有圆形剧场。此外，他们还不得不学说拉丁语。这样，到他退伍的时候，就已经成为一个十足的罗马公民。据估计每年约有 5000 人退伍，其累计效果是相当可观的，这种增长是指数式的，[553]因为这些公民的后代通常也是罗马公民。

军队在罗马化过程中起作用的另外一种主要方式是其永久性的营地和要塞。军团所到之处，成群结队的人尾随而至，每当军团把营地安在一个地方，他们就在其附近定居下来。营地周围的普通百姓也会聚拢过来，因为对于农村的原始部落民来说，拥有一两万人口的永久定居点就是一个巨大的市场。这些地方实行的依然是一种自给自足的自然经济，而军队则会以很好的价钱消费他们的食物、酒类、娱乐和女人。这样的平民定居点如雨后春笋般出现在营地附近。在一些永久性定居点，土地所有者会将土地出租，租期一般为 5 年。有些定居点发展得越来越大，甚至主动申请并获得殖民地特许权，约克、美因茨、科隆和奈梅亨这些城市就是这样建立的。此外，每一个这样的营地都会将拉丁语和罗马的风俗与技术向附近的乡村传播，罗马的商人和放债者也会随之而至。我们还要记住一点，即在帝国行省，"公民政府"实际上是军事政府。总督是皇帝特使，在履行行政职责时会使用军人。

当然，有些行省罗马化的过程与此大相径庭，是通过意大利人的殖民来完成的，如南部高卢，西班牙，阿非利加和诺里库姆（Noricum），但是这个事实并不能减损军队的重要性。综合考虑军队在防御、治安、政治、社会流动性、文明化和罗马化这些方面的作用，不难看出它的确是帝国早期的核心机构。也许只有一个方面可以与军队的成功相媲美，即罗马的法律和司法体系。

7.2　司法

在同等情况下，富有者和善于机变者比穷人更能够从司法体系中获益。无论在什么时间，什么地点，这方面的例外都很少，今天依然如此。如果仅仅因为这一点就贬低罗马的司法体系，或者因为罗马的私法过于关注私有财产，和大多数人无关，[①]就将其一笔勾销，这都是有违历史原则的。[554]罗马的私法被现代的法学家看成是罗马的最高荣耀。这似乎有点"敝帚自珍"的味道，但是如果认为对于穷人所有权的法律保障没有意义，这也是对理智的嘲弄。穷人能否将其法定权利"兑换"成实际好处，这和法庭系统有关，我们的批评应该指向这里。例如，对于多数小土地所有者来说，巡回法庭是遥不可及的，自然也就无法寻求公正。

此时的法庭正处在过渡阶段。在行省，总督对每一个人拥有刑事审判权，对罗马公民和选择使用其法庭的非罗马公民拥有民事审判权。在此罗马法是适用的，但此时这两类人的区分越来越模糊，直到公元212 年，随着卡拉卡敕令的颁布，两者的界线彻底消失。虽然如此，非罗马公民依然可以选择以当地的方式按照当地法律接受审判。现在我们已经比以前更加清楚地认识到，在埃及和东方的行省，当地的法律仍然被继续使用。[②]

到达总督的民事案件通常由总督任命的法官来决定，他们会详细说明做出判决所依据的原则。如果总督亲自判决，他会得到其顾问团的协助。对于刑事案件，法庭会严格审问。根据一种被称为"非常审判"的法律制度，法庭享有广泛的裁量权。毫无疑问，如果总督腐败，不

---

① 德·圣·克鲁瓦，《古代希腊世界的阶级斗争》，第 328 页。M. S. Anderson，《彼得大帝》（Thames and Hudson，London，1978），第 65—66 页。

② W. Kunkel，《罗马法律和宪法导论》，J. M. Kelly 译（Clarendon Press，Oxford，1966，1975年重印），第 79 页。

讲道德，就会颠倒是非，扭曲公正。弗拉维王朝和安敦宁王朝的皇帝都对此防范甚严，例如虽然元老院厌恶图密善，苏维托尼乌斯还是能够做出如下评价："他对城邦的行政官和行省的总督控制很严，他在位时，诚实和公正的总体标准都达到了史无前例的高度。这一点只要看看当时有多少这样的大人物被控告贪污腐败就行了。"①作为例子，我们可以提一下阿非利加行省的总督马略·普里斯库斯（Marius Priscus），他收受贿赂，将无辜之人判罪，甚至判处死刑。②另外一个是贝地卡行省的总督凯奇利乌斯·柯拉西库斯（Caecilius Classicus），他因为私人账本泄露被判罪，上面记录了他从每一个案件和交易中所获不义之财的具体数目。③

同时，在意大利本土，共和国时期的陪审法庭也在让位于非常审判制度。很多原本由陪审团处理的诉讼转移到了禁卫军长官和行政长官手中。[555]他们比陪审团享有更多的自由裁量权，更加快速，也更加渊博。元老院依然是元老们的刑事法庭。也有人会努力让皇帝本人亲自审理，在博学的顾问团的帮助下，只要他愿意，任何诉讼他都可以审理。

除此之外，还有其他的法庭、行政法庭和辅助法庭，如粮食供给法庭、消防法庭、财政法庭、治安法庭、军事法庭和宗教法庭。此时这些法庭之间还不存在权力的重合和竞争问题，但是到了帝国晚期，这些问题开始浮现出来。

无论是从复杂程度和合理性，还是从细节和司法的自由度来看，压制性法律和私法之间都有天壤之别。我所说的压制性法律是指针对犯罪、暴动、叛国罪等的法律。压制性法律是最基本的，私法则是"罗马人最具创新性的发明……是完全科学的，是精心制定的原则系统，而这些原则是从构成法律原材料的具体法规中提炼出来的"。④那些批判罗马

① 苏维托尼乌斯，《罗马十二帝王传》，"图密善"，第 8 段。但是 Brunt 教授在和我私下交流时说他不相信这一点，对于图密善的统治我们有所了解的只有一个负责引水道的部门，虽然这个部门就在他鼻子底下，但是却腐败低效。
② 普林尼，《小普林尼书信集》，第 2 卷，第 11,12 页。
③ 同上，第 3 卷，第 9 页。附加注意一点，行省的公民并非无力反抗。
④ B. Nicholas，《罗马法导论》（Clarendon Press，1962），第 1 页。

的法律是一种"压迫"的人①一直在说压制性法律是多么粗糙，多么严酷。他们这样说不是没有原因的，这一点我们后面就可以看到。虽然如此，压制性法律也和民法一样，依然要符合某些基本的程序原则和推定原则。只要法官按照这些原则办事，这些原则就可以为被控告者提供一些保护。当然，法官究竟在多大程度上遵循这些原则，这又是另外一个问题，由于证据缺乏，我们难以做出回答。

根据无罪推定原则，被告有权和原告当面对质，也有机会为自己辩护。②取证的任务落在原告的头上，而不是被告。③仅仅靠怀疑，不能判处任何人有罪。④"父亲的罪过和惩罚对儿子不构成任何耻辱，因为每一个人都要为自己的行为受到相应的对待，任何人都不必继承他人的罪过"。⑤

压制性法律是政府系统的一部分，构成维护社会安定的法律框架，因此我们会在社会治安部分对其展开讨论。[556]私法的内容不是我们关注的对象，但罗马私法新颖独创，值得我们思考。一方面，它反映了自由个体的概念。在刚刚引用的原则里我们就可以注意到这一点，个体本人应该为自己的罪过受到惩罚，而不是其家人。法律还为个人的财产权和法律地位提供了保障。但是，对上等人和下等人的区别对待使两者都无法真正得到保障，共和国时期法律面前人人平等的原则也大打折扣。对此我们下面将会做出解释。

从很大程度上讲，罗马的法律相当独立，即独立于皇帝的权威。这就是这个专制帝国的部分自相矛盾之处："法学家只关注和个体有关的事件，只要涉及到国家和国家利益，法律所起的作用很小。"⑥"罗马是由最为专制的皇帝所统治的……而正是在此时，私法的发展达到了顶峰……"⑦正因

①　例如德·圣·克鲁瓦，《古代希腊世界的阶级斗争》；A. H. M. Jones，《罗马帝国晚期史》。
②　《使徒行传》25：16。
③　查士丁尼一世，拜占庭帝国的皇帝，《学说汇纂》，英语文选（Penguin Classics, Harmondsworth, 1979），23. 3. 2。
④　同上，48. 19. 2。
⑤　同上，48. 19. 26。可以将这些原则和汉朝的法律相比较，在汉朝，一人有罪，株连全家。通常的做法是在审讯之前就对被告施以重刑。
⑥　P. Stein，《法律制度：争端解决的发展》（Butterworth, London, 1984），第107页。
⑦　同上，第107页。

为没有涉及到国家，罗马的法学家才能够制定出独立于皇帝的私法。同样，当诉讼人选择就某一条法律上诉到皇帝那里时，他所得到的答复是由为皇帝服务的法学家起草或者建议的，和已经确定的法律相一致，即使有所改变，也只是细枝末节。就这样，很多法规的制定和统治者无关，是独立形成的。与之相对应，当关系到"国家事务"时，皇帝拥有绝对的自由裁量权。其实事情不一定非要如此，政府本可以通过行政手段处理所有这些事务的，另外一个选择是留给个体自行解决。中国努力想走第一条路，结果却走到了第二条路上。就像我们看到的那样，在中国，个人要想伸冤只有一个办法，那就是诉诸行政官，希望他能够主持正义。总之，民事诉讼不得不变成刑事诉讼。在中国，有些属于私法的事务总是被行政官忽视，如契约，有些只是以刑事的模式进行有限的处理，如财产、继承和婚姻。最后连这也嫌麻烦，康熙皇帝曾说过这样的话，大意是如果老百姓不害怕上法庭，自以为总能得到公正，则一定会诉讼纷起，这是很可怕的。因此，对那些动辄上法庭的人应该毫不手软，[557]这样他们才会讨厌法律，见官就怕。①

既有专制统治者，又有广泛的独立于统治者的私法，这种情况并不仅限于罗马，古代以色列也出现过，当然，在私法的细节上有很大的差异。在以色列，摩西律法和传统法支配着个体之间的民事关系，国王不能也不敢干预。反过来，凡是关系到国家的事务，如战争、税收、治安和外交，则完全是君主的取权范围。②我们后面会看到，在哈里发国家，情况与此一模一样，③但是所走的路线却大不相同。

7.3　治安

对待完全是个人之间的事务时充满仁慈和宽容，常常通过调解和仲裁程序进行解决，可是一旦涉及到国家利益，马上就变得十分峻刻，这样的政府是很多的。对待涉及到公共利益的犯罪，如挪用公款，盗窃国家财产，货币犯罪等，惩罚非常严厉，有时甚至相当残酷，罗马帝国就是如

---

① 　P. Stein，《法律制度：争端解决的发展》(Butterworth, London, 1984)，第 57 页。

② 　见本书第一部分，第五章，"犹太王国"。

③ 　见本书第三部分，第二章，"哈里发帝国"。

此。除了奴隶，帝国的自由居民只要不犯罪，不造反，不是政治嫌疑犯，就可以安全无事。最后一条尤其重要，因为政治嫌疑犯会被扣上叛逆罪之外的各种罪名。罗马的和平和宽容只限于愿意服从的人，仅此而已。

我们先从包括拦路抢劫这样最无伤大雅的犯罪活动说起。在安敦宁王朝统治之下，帝国的道路是足够安全的，因为每隔25至35英里就会有驿站，有军队防守。但是在远离驿站的地方，可以说是无法无天，暴力横行，只有流动的军事分队才能对情况有所控制。这种分队在队长的率领下，负责增援城市的防卫力量。①

刑事审判要按照非常审判程序严格审问。在刑事领域，法律面前人人平等的原则并不适用。罗马公民的地位要高于非罗马公民，实际上这就意味着诉讼程序开始之前，他们不会受到法庭的残酷对待。他们还有权上诉到皇帝那里。[558]这时总督就必须要把审讯记录和上诉书一起呈交给皇帝。此外，进行惩罚时对公民会更加手下留情。除了公民和非公民之间的区分，人们还被分为"上等人"和"下等人"。公元212年后，公民身份已经在整个帝国普及，"上等人"和"下等人"之间的区分就成为唯一起作用的了。在司法过程中，后者可能会受到折磨，而前者则不会。后者可以被判到矿井中服劳役，而前者只会被放逐。同样是死刑，后者会死得非常悲惨，而前者则可以迅速赴死。

总体说来，普通罪犯不会遭到极其残酷的惩罚，通常是放逐、到矿井服劳役和死刑。但是对于暴动和骚乱的制造者，统治者要严厉很多。无论出于什么理由，对抗统治者的行为是万万要不得的。

"根据其级别，煽动暴动和骚乱者要么被钉死在十字架上，要么被扔到野兽群中，要么就被放逐到荒岛之上。"②因此，就像威尔斯指出的那样：

（圆形剧场）就是一场恐怖剧的一部分。通过痛苦和死亡，它教给人们命运之无常，社会之分化，权力之专制……死于圆形剧场者实死于既定的社会秩序。使人们安分守己的绝不仅仅是娱乐，

---

① 　Starr，《罗马帝国》，第119页。

② 　Paulus，转引自Lewis和Reinhold，《罗马文明》，第2卷，第548页。

虽然娱乐也起到了这方面的作用……更为重要的是，这是一种震慑人心的表演，看看那些不努力取悦主人的人，那些不服从社会既定秩序的人的下场，无论他是奴隶、罪犯、基督徒，还是其他什么人。一个嘲讽图密善的观众被从人群中拉出来，扔到斗兽场上的狗群之中。①康茂德一手拿着用于祭祀的鸵鸟的头，一手拿着杀死鸵鸟的祭祀用刀，昂首阔步走向元老席位。②

命运最糟糕的是那些真的敢于起兵反叛的人。前面我们提到过维斯帕芗和提图斯在成功镇压犹太人之后的凯旋仪式。③有多少城镇被焚烧，有多少生命被屠戮，而他们竟能够这样沾沾自喜，这是十分可怕的。但更为可怕的是胜利者在其家乡对失败者的所作所为：近50万被杀，97000名俘虏有的被卖为奴隶，有的被扔到野兽群中，还有的被逼自相残杀，这样的例子不胜枚举。④

这就是安敦宁和平的另外一面。

8. 结果

8.1 物质繁荣

[559]罗斯托夫斯泰夫写道："在自治城市，地方富豪为行政官职位展开激烈竞争，不惜血本为当地承担公役。就这样，城市里有了澡堂、马戏、市场和水道，计划周全、整洁有序、干净卫生。"⑤在城市里，即使穷人也能享用这些公共设施。当说到占人口90%的农民时，他说"即使我们没有听到幸福的欢呼，至少我们也没有听到怨声载道"。⑥最近的研究只是从部分上证实了他的说法。随着皇帝对大肆勒索的限制，

---

① 苏维托尼乌斯，《罗马十二帝王传》，"图密善"，第10节。
② Wells，《罗马帝国》，第277页。
③ 见原书第535页。
④ Flavius Josephus，《犹太战争史》（Penguin，Harmondsworth，1959），第6卷（9.2.3）和第7卷（3.1）。
⑤ Rostovsteff，《古代世界史》，第2卷，第286页。
⑥ 同上，第294页。

流向意大利的财富逐渐减少。另一方面,元老等级在行省拥有大片土地,收到的地租越来越多。当外省人也变成元老并且移居罗马时,收到的地租就更多了。这个等级财富惊人,其中最富有者银币多达1亿,2亿,3亿,甚至4亿。①行省本身比共和国时期更为繁荣,从地方议员捐资兴建的建筑和赞助的公共竞技活动可以看出,由于长治久安,勒索减少,行省的贵族已经相当富有。

这种繁荣是否像一些学者所认为的那样,应该归功于总体的低赋税水平呢? 关于赋税我们可以做出一些合理的猜测,但猜测终究还是猜测。一方面,他们把帝国的人口认定在五六千万,但就像我们曾经指出的那样,并无相关证据。另一方面,即使我们知道帝国的总人口是多少,还是没有证据可以告诉我们帝国的总预算是多少。要想算出帝国的平均赋税负担,我们需要这两个数据。根据一个军团的花费(这个我们是知道的),斯塔尔大致计算出帝国的一个总预算,然后将军队的花费估计为这个总预算的60%。②但是这个比例本身是根据坦尼·法兰克的著作所做的估计,而这个著作是60多年之前出版的。③

[560]事实上证据非常缺乏。④此外,帝国不同地区之间也有税收水平和模式上的差异。意大利的公民是不用上缴人头税的,埃及的佃农上缴的不是税金,而是农产品的50%,而在西西里行省和撒丁尼亚行省,还有其他很多地方,人们缴纳的是什一税。

问题在于所有这几种税收都来自于勉强能够维持生存的农民,一旦连年歉收,他们就要饿肚子。耕种者的身份也在发生着变化。在整个安敦宁王朝,意大利行省和西西里行省大庄园上大规模使用奴隶的现象正在减少,但是自由农民沦为大庄园隶农的转变才刚刚开始,因

① A. H. M. Jones,《罗马经济》(Blackwell,Oxford,1974),第126页。公元164年一个银币可能相当于1988年的1.2英镑。这个数字是通过计算一磅面包的价格得出的,在罗马帝国时代,要用0.25个银币,在1988年的牛津,要花30便士。

② Starr,《罗马帝国》,第75—78页,第84—89页。K. Hopkins,《罗马帝国的税收和贸易:公元前200年至公元400年》,《罗马研究》,第70期(1980),第101—125页,使用了不同的计算方法,但得出了同样的结论,每人15个银币。

③ Tenny Frank,《罗马经济史》,六卷本(Pageant Books,NY,1933—1940,重印版Paterson,1959)。

④ Brunt,《罗马帝国论集》,第十五章,第531页。

此,此时的趋势是向自由农民转变。①多数自由农民靠一小块土地维持生计,过着"可怕,短暂,极其贫穷"②的生活。在行省,税收制度对他们非常不利,因为这是一种递减税,无论土地面积大小,所缴赋税的百分比都是一样的。此时农业技术尚不发达,远远落后于同一时期的中国,因此田地的收成甚少。这些小块的土地不得不养活过多的人口,承担过多的劳动力。由于商业和制造业对于国民生产总值的贡献只占10%左右,再加上各地的有产阶级在政治上的主导地位,要想对赋税负担做大的调整是不可能的。就像芬利指出的那样:"没有什么办法可以提高整个帝国的生产效率或者重新调整赋税负担,因为这样就要求彻底地改变社会结构。"③

8.2　自由

政权所不允许的三种活动包括对皇帝的威胁,对抗行为和对神灵的不敬。对于最后一条,实际上所有"祖先传下来的崇拜"都受到尊重。对于第一条限制前面我们已经提到过。第二条限制的重要性也不可低估。当权者所要求的是绝对的服从,就像我们已经看到的那样,拒绝服从者将会受到可怕的惩罚。罗马社会的严酷不容忽视,[561]这和司法上的非常审判程序是相联系的。这个程序授予行政官极大的自由裁量权,无论是在处理案件的方式方面,还是在给被告定刑方面。人们也许还不知道"无法律则无犯罪,无法律则无刑罚"的原则。④残暴的总督或皇帝特使有时就像一个暴君,尤其是当受害者不是罗马公民时。西西里行省的总督维勒斯(Verres)就是这样一个典型的恶棍,曾遭到过西塞罗的公开谴责。虽然没有我们刚刚引述的法律原则,但是西塞罗希望罗马的法庭能够同情受害的一方,这一点是值得注意的。

---

① 　Starr,《罗马帝国》,第 84 页。如果没有利用奴隶,这些大地主就一定利用了自由佃农为自己劳动,这些佃农的境况可能不会比后来的隶农好多少。

② 　同上,第 94 页。

③ 　Finley,《古代经济》,第 144 页。F. Schulz,《罗马法的原则》(牛津大学出版社,Oxford,1936),第73 页。

④ 　F. Schulz,《罗马法的原则》,第 73 页。"无法律则无犯罪,无法律则无刑罚"。

据说在元首制时期，曾有总督因为过于残暴被判刑。有个例子讲一位总督获得了哈德良皇帝的同意，允许他通过非常审判对一个人进行惩罚，因为他认为这个人犯的罪是不可容忍的。同样，罗马的法庭有时也会因为没有被法律明文禁止的行为而将人判刑，原因是这种行为和罗马人的精神背道而驰。这些例子似乎只是例外。总督为什么认为自己必须要得到皇帝的许可呢？当然有些总督是邪恶的，当他们行为不端时无法对其进行约束，但这并不能说明武断的"司法"不被看成是滥用职权，也不能说明这种现象很多。

叛逆法本来是针对威胁国家安全的行为而制定的，后来被扩大化，被广泛用来震慑元老等级和知识分子对皇帝的反抗，压制这些阶层的言论自由。为了避免普通百姓的叛乱和颠覆行为，还可以诉诸其他法律。此时普通百姓已经被解除武装，根据奥古斯都任元首时通过的尤利乌斯法案，携带武器本身就构成犯罪行为。①这个法案对于结社自由也进行了限制，规定所有的社团必须经过许可才能成立。殡仪协会、宗教团体和手工业者行会由于深受人们欢迎，得以豁免，但政府还是很有顾虑的。比西尼亚行省总督普林尼要批准在尼科米底亚（Nicomedia）建立一个由 130 人组成的消防队，结果遭到图拉真的禁止。皇帝说比西尼亚人多次扰乱治安，无论怎样，"不管我们给予他们什么样的帮助，不管是出于什么目的，一旦他们聚集到一起，[562]不用多久就会变成一个政治性的组织"。②图拉真曾允许亚米苏斯（Amisus）的公民建立一个互助协会，这是因为根据起初和他们的协议，这个自治市有权保留自己的法律，皇帝别无选择。他写道："我们无法阻止他们，"接着他又补充说，"但是在受我们的法律约束的城市，这类组织必须禁止。"③

---

① Brunt，《罗马帝国论集》，第十一章中收集了大量零散的证据，表明人们的确是携带武器的。但是，在我看来，这些主要都是随身武器，如佩剑、匕首和棍棒。此外，他还指出很可能每个村庄都有自己的铁匠，他们能够制造武器。但是普通百姓即使携带着武器，也没有接受过军事训练，因此并没有多少证据表明能够聚集起来并接受检阅和训练的地方民兵的存在，无论是此时还是此后。

② 普林尼，《小普林尼书信集》，第 10 卷，第 34 页，但是在我和 Brunt 教授私下交流的过程中，他认为图拉真这样做是专门为了镇压一个行省的叛乱。其他地方的消防协会很常见，也是被鼓励的。

③ 同上，第 10 卷，第 92—93 页。

有个谚语说得好，"有多少奴隶就有多少敌人"。担惊受怕的不仅仅是统治者，所有的富人也都害怕奴隶会图谋不轨。有个故事说一个被解放奴隶的儿子发家致富以后，对奴隶非常残忍。有一天在他洗澡的时候，奴隶们群起而攻之，把他打死。①塔西陀还讲过这样的故事，说有个城市的行政长官被家里的一个奴隶杀害，而根据元首制早期的一条法律，他家里的所有奴隶都要因此被处死，虽然有很多人反对这样做。②

服从是最为重要的，除此之外，罗马统治者似乎对其他事情都视若无睹，而在别的国家，这些事情足以让政府将人剥夺权利，或没收财产，或驱逐出境，或囚禁，或折磨，或烧死，或钉死，或杀死。罗马的统治者不在乎人们说什么语言，也不在乎他们持什么观点，只要不煽动暴乱就行。他们不在乎肤色和种族，也不将我们所理解的宗教教条强压给任何人。他们希望人们能够尊重传统的罗马宗教，崇拜皇帝，但并不要求每一个人都崇拜皇帝，只是当他们不这样做时，就撤除其职务。他们允许犹太人为皇帝祈祷，而不是向皇帝祈祷。他们讨厌犹太人，但是却对犹太人很宽容。从很多方面来讲，这都是难能可贵的。大量犹太人遍布整个帝国，在很长时间里，他们成功劝说人们信奉犹太教。由于在饮食方面的禁忌，犹太人既不能招待非犹太人，也不能接受非犹太人的招待，这一点使他们与众不同。虽然犹太人在犹太地的两次起义被残酷镇压，大量人口有的被屠杀，有的沦为奴隶，人民的生活遭到破坏，虽然公元 115 年散居各地的犹太人暴动结束了犹太人在亚历山大城的上升地位，但此后不久帝国的统治者就放松了犹太地（现在的巴勒斯坦）之外地区的反犹太人法，又回到了以前的宽容政策。在这种开明态度的背后是一个长期确立的传统，即允许被统治者保留自己的信仰，犹太人就是受到了这个传统的保护。[563]统治者认为他们信仰的是祖先流传下来的宗教，因此他们的宗教是合法的。

对于信仰基督教的人来说，情况就不一样了。恰恰相反，罗马统治

---

① 同上，第 3 卷，第 14 页。
② 转引自 Lewis 和 Reinhold，《罗马文明》第 2 卷，第 265—266 页。

者认为他们抛弃了祖宗的信仰。他们和犹太教徒一样，对其他的宗教一点也不宽容，但是却没有犹太教的理由，可能比犹太教更加极端，因为他们拒绝为皇帝做祈祷。基督教早期所遭受的迫害似乎是由于一种流行的看法，认为基督徒在秘密集会时会从事一些凶残可怕的活动。尼禄对基督徒进行迫害之后，统治者反对基督教的主要理由是基督徒对帝国之内的每一个宗教和教派都不能容忍。事实上对于受过教育的非信仰者来说，基督教不过是一种自负而荒谬的迷信而已。诺斯替教徒愿意向其他的神灵和皇帝表达口头的尊敬，因此并没有遭到迫害，但基督徒就不一样了，因为他们冒犯了罗马的守护神，会带来厄运，这就构成了一种政治威胁。①

罗马统治阶层的这种观点倒是有利于帝国的稳定和长治久安。凡是希腊精神和犹太教发生激烈冲突的地方，无论是在亚历山大城，还是在凯撒利亚，统治者都很难维持治安。罗马帝国是一个多宗族，多文化，多语言的社会。公元212年的卡拉卡拉敕令颁布之后，除了上等人和下等人之间的区别，被解放的奴隶和奴隶之间的区别，所有的人在法律面前都是平等的。如果统治者有所偏向，过于尊崇某一个种族、语言或宗教，帝国很快就会四分五裂。虽然在政府的高级官员中意大利人的比例要高许多，在中央使用拉丁语的人比使用希腊语的人享有更多的优先权，这只是因为拉丁语是中央政府的语言，丝毫没有什么意识形态的作用，并没有将一个种族和语言抬高于其他的种族和语言之上。这也不是彻底的实用主义，如果认为罗马的统治者采取宽容的政策仅仅是出于对帝国分裂的恐惧，这是完全不符合历史的。事实很简单，对于让现代人为之疯狂的事情，他们视若无睹。虽然对于罗马帝国的军国主义和威权主义我们说了很多，武力只是维持帝国统一的必要条件，而不是充分条件。"帝国"的原本意义是指一种人对其他人（通常是族群、地区或者共同体）所进行的特殊主义式的支配，共和时期的罗马帝国就是如此。有时，就像我们即将在中国和哈里发国家所看到的那样，[564]这样的帝国

① 德・圣・克鲁瓦，《古代希腊世界的阶级斗争》；A. N. Sherwin-White，《古代社会研究》，Finley编，第210—249，250—255，256—262页。

变成我所说的"二号帝国"。在卡拉卡拉统治时期,帝国之内所有的自由人都成为罗马公民。后来,到了戴克里先时期,意大利失去了其特权的"宗主地位",沦为众多行省中的一个。与此同时,一种共同的帝国文化已经形成,对于任何想加入统治精英集团的人来说,这种文化都是一种入场券。到元首制结束时,各个地方的精英分子都已经接受了罗马人的统治,因为它带来了和平与繁荣,巩固了他们在当地的统治地位,还逐渐将他们吸纳到中央统治集团。对于普通大众来说,起初的抵抗已经是两个多世纪之前的事情,即使记忆还在,但激情已逝。总之,此时的帝国已经不再是一种特殊主义式的支配,而成为了一种生活方式。

9. 安敦宁时代:评价

公元 96 年图密善去世,公元 180 年康茂德即位,其间的一个世纪,引用吉本的名句,是整个世界历史上"人类境况最幸福最繁荣"[1]的时期。我们也许想以当今的价值观来证实这种说法,但人们一致认为按照当时的价值观,安敦宁时代标志着罗马帝国的巅峰:"一个彬彬有礼的强大帝国……其政治和文化上的成就都已经发展到了举世公认的高峰";[2]"毋庸置疑的辉煌壮观";[3]"罗马的创造力似乎已经发展到了顶峰"。[4]同样,这些学者做出这些相同判断的理由也是一致的:"辽阔的疆域,稳固的边境,一个统一的、几乎自给自足的经济体。"[5]它安享"罗马和平所带来的福祉……海盗已经绝迹,广大人民不用担心战争,也不用承受战争的负担"。[6]"无论从文化还是从政治上讲,帝国都是一个单位"。通过"罗马公民"的法律概念,帝国使其被统治者的政治地位超越了边界和种族。[7]罗

---

[1]　吉本,《罗马帝国衰亡史》,第三章。

[2]　T. Cornell 和 J. Matthews,《古代罗马地图集》(Phaidon,Oxford,1982),第 102 页。

[3]　Rostovsteff,《古代世界史》,第 2 卷,第 280 页。

[4]　同上,第 240 页。

[5]　F. W. Walbank,《可怕的革命:西罗马帝国的衰落》(利物浦大学出版社,1969,1978),第 20 页。

[6]　同上。

[7]　同上。

斯托夫斯泰夫补充说"帝国为希腊罗马的文明所浸润"，是一种"由文明国家的秩序所指导的……更高级形式的生活"。[1]罗马帝国欣欣向荣，[565]贸易发达，农业兴旺，每个城市的富有公民争相为社区造福。

在我们讲述统治史的过程中，有一点变得越来越清楚，即在一个国家的某些阶段，它想要做的和能够做的刚好能够达到平衡。国家越大，这种情况就越明显，因为面积越大维护统一就越困难。中国也有过这样一个阶段，是在唐朝初期。罗马帝国的这一阶段出现在安敦宁王朝统治时期，它取得的是中央专制统治和城市自治权之间的平衡，还有国家的财富与资源和所要完成的任务之间的平衡。

这些活动中最重要的是防御。边境已经得到加强和稳定，在莱茵河和多瑙河沿线，北方的部落民刚刚开始构成压力，萨珊王朝统治下的波斯尚未复兴。罗马的人力、战术、通讯网络和公共财政都能轻松满足防御系统的要求。威权秩序和个人主义之间也达到了类似的平衡，因为人民有行动自由、转让财产的自由、居住自由、宗教自由和言论自由，当然，煽动性和革命性的言论除外。与此同时，原有的掠夺式帝国的概念正在消失。控制"没有法律的低等民族"的支配民族、支配地区和支配派系的概念也消失了，取而代之的是希腊和罗马化的支配等级概念。利用其财富和法律特权，他们掌控着庞大的多民族国家。这个等级包括和中央的元老等级联合，共同统治整个帝国的城市和附近乡村的上等人。这个等级之所以是"罗马人"，和他们来自哪里无关，也和他们的种族无关，而仅仅是因为他们承载了"罗马精神"的传统，这并非基于血缘、地域、家族、语言和宗教的自然共同体，而是一个文化产物。

所有的伟大事业都有其缺点，"罗马和平的无限荣光"也不例外。对于富有者、城里人和寂静主义者来说，罗马帝国是一个好地方。生活在边远地区，勉强维持生存的农民和不自由者的生活则很悲惨。虽然如此，受益者的范围和他们所享受的法律保护比以前任何大国都要广泛得多。在这方面，希腊的城邦，尤其是雅典，还有几乎是神权统治的犹太共同体是例外，因为它们都很小。和罗马帝国的受益者群体比起

---

[1] Rostovsteff，《古代世界史》，第 242 页。

来，汉帝国无法望其项背。

[566]安敦宁时期之所以会给人一种盛世的印象，就是因为当时的人民已经心平气和，彬彬有礼，已经被罗马化，遭受过巨大痛苦和苦难的是他们的祖先，而不是他们。如果不忽略罗马军团所进行的大规模野蛮战争，例如对犹太地的镇压，如果认识到最少在这件事情上罗马和平实际上相当于是政治屠杀，吉本所描绘的盛世局面就要大打折扣。的确，一个文明的诞生就和一个国家的诞生一样，其中必然会有消极的一面，但是我们同样也可以问这样一个问题：蚯蚓会原谅犁铧吗？

罗马和平本身也含有自我灭亡的因素。这是一种"御降人以柔"的和平，因此要尽可能地解除民众的武装，①将防御的任务全部交给士兵。首先是意大利人，接着是行省里爱好和平的人不再参军。这样一来，军队里只剩下新近合并的、更为野蛮的边境居民，最后干脆来自帝国外面的蛮族人也可以参军了。这虽然解决了帝国的燃眉之急，可以阻止暴动和反叛，但是从长远来看，帝国的百姓会丧失自卫的兴趣和能力。一旦蛮族人脱离军队，他们就会一筹莫展，无能为力。与此类似，由于全部的权力都落到了极少数贵族等级手中，地方议事会和民众对城市事务的参与受到限制，罗马和平使普通百姓和政府更加疏远。即使这种疏远不是有意为之，至少他们已经变得冷漠。当帝国需要他们保卫时，他们不但缺少能力，还缺少热情。

"罗马和平的无限荣光"这个名句也给人一种海晏河清的感觉，但实际上这种状况是不存在的。罗马帝国并不是一台润滑良好的机器。在远离城市和军事道路网的地方，常有强盗和拦路贼出没。在贪婪和为所欲为方面，收税官和军需官的行为有时和他们没有什么两样。我们听说过这样一位收税官，他将一位外出逃税者的家人带走，折磨他们，甚至将他们杀害。还听说过士兵抢人家的船只、牲口和物品，连钱也不给。②小规模的贿赂和腐败更是司空见惯。一页莎草纸上列有这样一份行贿清

---

① 见原书第 543 页。
② Lewis 和 Reinhold，《罗马文明》，第 2 卷，第 399—402 页。

单，受贿人不详，上面写着给军用道路驿站 2 个德拉克玛和 1 个奥卜尔，给一个卫兵 20 个德拉克玛，2200 个德拉克玛用来应付勒索者，给两位警卫 100 个德拉克玛，等等。①[567]这份清单有这样一条："给士兵，应其要求，500 个德拉克玛。"②可见，帝国并不是固若金汤，但难道 18 世纪时的英国不也如此吗？罗马帝国是掠夺性的，但是就像我们看到的那样，它统治下的人民受惠颇多。罗马帝国的贪污腐败很普遍，但除了近代的西方，公职不是一直再被看作是个人利益的合法来源吗？在整个现代世界，有多少城市、政府部门和警察部门等充满了腐败啊！

　　虽然罗马帝国的确存在这样那样的缺点，但这并不是因为弗拉维王朝和安敦宁王朝统治者的无能或邪恶，事实恰恰与此相反，是因为他们无法对这个辽阔帝国的事情面面俱到。只要他们能够做到的，他们马上改正。他们并没有将广大人民仅仅看成是剥削的对象，而是根据当时的最高标准，感到对人民负有一种责任。从小普林尼和图拉真的通信可以看出帝国最好的一面。例如，小普林尼打算让市议员借城市的过剩资金，他们当然会不乐意，因为这样一来他们就要付利息。皇帝的答复是："在人家不乐意，也不需要钱的情况下强行借钱给人家，这不符合我们时代的公正。"③当小普林尼问皇帝怎样处理被控信仰基督教的人，图拉真回答说："匿名流传的传单在任何控诉中都不能起作用。"④还有最后一个例子，亚米苏斯的地方检察官控告一个市民，要他将市议会表决通过给他的 4 万第那流交出来。他的理由是此时皇帝已经禁止此类授予行为，但是当这个案子到了皇帝那里时，他并没有自动站在检察官的一方，而是说由于这项授予是在禁令颁布之前做出的，必须成立，还补充说："在每一个城市，个人的利益都和公共利益同样重要。"

———————————

①　Lewis 和 Reinhold，《罗马文明》，第 2 卷，第 402 页。

②　同上，第 2 卷，403 页。

③　普林尼，《小普林尼书信集》第 10 卷，第 33 页。

④　同上，第 10 卷，第 97 页。

第八章　晚期罗马帝国:从戴克里先到 狄奥多里克(284—526 年)

[568]公元 235 年,塞维鲁王朝最后一位皇帝亚历山大被杀,罗马帝国一下子陷入危机之中。北方的蛮族和东方的波斯人已经突破了帝国的边界,而帝国的军队却在自相残杀,把一个个短命的皇帝推上宝座。此时,货币系统已经崩溃。经此劫难,这时的罗马帝国和安敦宁时期有天壤之别。传统上认为多米那特时期开始于公元 284 年戴克里先即位,这个时期的罗马帝国正在努力适应长期被包围的境况,其主要特征是通过官僚机构不断地大规模动员帝国的人力和物力。这些举措是不够的,无论怎样,帝国政府缺少足够的行政技能对其进行协调。但是,每一项措施都只会促使它强化官僚机构的干预,而这种干预只能使帝国的人力和物力更加减少。

这个过程结束时,罗马帝国变得越来越像中国的汉帝国,虽然此时汉帝国已经结束。皇帝被抬高,变得遥远而神圣,成为法律的唯一源头。他是宫廷的中心,而宫廷也成为迷宫般的官僚机构的中心。越来越多的自治市沦为中央权力的附庸,市议员也沦为不情愿的代理,没有任何报酬。实际上,在有些自治市,地方显贵实际上构成了非正式的统治机构。原本有点混杂的地域管辖权只剩下逻辑上的等级分化。对很多人来说,行动自由和居住自由都受到限制。君士坦丁皈依基督教之后，宗教自由也受到了限制。

　　此时，所有的自由人都已经成为罗马公民。根据财富和地位，社会等级被重新划分。不同等级在法律面前是不平等的，对下等人的惩罚要更为严重。成千上万本来出身低微的人得以豁免，被算作上等人，其中包括官僚和士兵。值得注意的是，这两个曾经集中在同一个人身上的职业现在分开了，[569]这和中国的情况一样，虽然在西罗马帝国，军队和以前一样起着主导作用。随着基督教被定为国教，又导致了另外一种分化。作为一个排外的、不妥协的宗教，基督教和汉朝的儒教不同，后者是世俗的，多变的。基督教在政治上的最终影响是赋予皇帝一种神圣性，像中国的皇帝那样以此强化皇帝的专制权，但同时也削弱了民众的忠心。儒教对于不同的人有不同的意义，而基督教对所有的人都必须一模一样。对于基督教到底包括哪些内容，人们和皇帝之间是有争议的。这样，罗马帝国就多了一个导致自我分裂的因素，即不同教派之间的斗争。

1. 晚期罗马帝国及其终结

大事年表

公元 235 年	亚历山大·塞维鲁被杀。
235—284 年	军事上的无政府主义，蛮族入侵，货币体系崩溃。22 位皇帝和觊觎帝位者各有军队支持，其中只有两位自然死亡。
268—270 年	克劳迪斯二世（戈西库斯）在巴尔干击退哥特人。
270—275 年	复兴帝奥勒良击溃日耳曼人对巴尔干和意大利北部的入侵，这些人包括汪达尔人、哥特人和阿勒曼尼人。平定发动分裂叛乱的高卢、巴尔米拉和埃及等行省。加强了罗马的防御。从达契亚撤军。
284—305 年	戴克里先在位。将罗马帝国分为东西两

	部分，实行"四帝共治"。改革行省系统、货币和军队。任命马克西米安为副帝。
305 年	戴克里先和马克西米安退位。
306 年	君士坦丁一世称帝，受到挑战，内战爆发。
312 年	君士坦丁入侵意大利，米里维安桥战役，取得罗马城和整个西罗马帝国。
313 年	颁布米兰敕令，授予基督教合法地位。
324 年	阿德里安堡战役，击败李锡尼，确立了对帝国东半部的统治。
324—337 年	君士坦丁成为帝国重新统一后的唯一一位皇帝。
325 年	主持召开基督教会的尼西亚会议。
330 年	将君士坦丁堡定为第二个都城，即东都。
337—351 年	君士坦丁的儿子们将帝国瓜分。
351 年	经穆尔沙战役，君士坦提乌斯（Constantius）成为唯一的皇帝。
361—363 年	背教者尤里安在位。
379—395 年	狄奥多西一世禁止其他宗教的传播。
395 年	两个皇帝共同统治，西边是阿卡迪乌斯，[570]东边是洪诺留。
406—407 年	汪达尔人和苏维汇人侵占高卢，后来又入侵西班牙。
408 年	哥特人阿拉里克（Alaric）入侵意大利。
409 年	不列颠从帝国分裂出去。
408—450 年	狄奥多西二世成为东部帝国的皇帝。437 年颁布狄奥多西法典。阿拉里克洗劫罗马城。
418 年	西哥特人定居在高卢。
439 年	汪达尔人在 429 年从西班牙入侵阿非利

	加之后，夺取迦太基。
450 年	匈奴王阿提拉入侵高卢。
451 年	沙隆战役，阿契斯（Aetius）击败阿提拉。
455 年	西罗马帝国的皇帝瓦伦提尼安三世被杀，狄奥多西家族的统治结束。
455—472 年	西罗马帝国的傀儡皇帝。
475 年	罗慕路斯·奥古斯都成为西罗马帝国皇帝。
476 年	奥多亚克废黜罗慕路斯，但并没有指定其继承人。芝诺（Zeno）成为帝国唯一的皇帝，在君士坦丁堡进行统治，承认奥多亚克为总督。传统意义上西罗马帝国终结。

2. 皇帝

在多米那特制时期，奥古斯都加在皇帝个人权威之上的共和国装饰被拿掉，皇帝开始公开地以独裁者的身份出现。继承的原则没有什么变化，从理论上讲，皇帝是选举产生的，选举权在元老院和军队手中，直到最后都是如此。两者任一方都可以宣告皇帝即位，宣告行为本身就授予这个头衔合法性。至于个人能否自立为帝，那就是另外一回事了。虽然元老院通常会接受军队的选择，但并非总是如此。无论怎样，军队有好几支，他们可能会提出不同的候选人。在这种情况下，就只有通过战争来决定。在军队和元老院都表示同意之前，新皇帝的登基仪式是不完整的，只有皇帝卡鲁斯（Carus）是个例外。

实际上，这是一种间接的世袭制，皇帝可以从其儿子中指定共同执政者，如果没有儿子，就从家族选择。这样，皇权的继承基本上是以王朝的形式出现的，只有在不同王朝之间的间隔，元老院和军队才会推选皇帝。除了皇帝本人授予的权力之外，元首制时期的共同执政者并没有统治权，而戴克里先最惊人的创新之一就是"四帝共治"。他坚信一个人、一个中心无法有效防御被围攻的帝国，因此就和其他三人分权。

[571]两人一组，最上面的两位是正帝，称为奥古斯都，由他和马克西米安担任，两人每人配一位副帝作助手，称为恺撒。每人都有自己的军队和职权范围。戴克里先依然是实际上的最高统治者，重要决定由他来负责。内战时期，这个体制崩溃。从此以后，直到476年西罗马帝国结束，帝国常常由两个（有时更多）拥有同等权利的皇帝共同统治，但两个皇帝的资历有所不同。这并没有阻止他们继续指定共同执政者，他们也可以直接指定继承人，而不用先任命他为共同执政者。

在戴克里先时代，为皇帝歌功颂德的传统被牢牢确立下来，此前这种做法只是断断续续地进行，但从来没有停止过。元首的概念消失了，皇帝被授予早期希腊化的东方君主所拥有的神圣特征。戴克里先自称"朱维厄斯"（Jovius），意指他是朱庇特在世间的代表。作为整个世界的皇帝，他此时拥有金球和权杖。绘画上的他头顶环绕着一圈神圣的光环，穿着镶有金线的紫色长袍。他不和普通百姓混在一起，而是离群索居，久居深宫，即使偶尔露面，也神情严峻。由于他是神圣的，一切和他有关的都变得神圣起来。他的宫殿是神圣宫殿，他的内阁是神圣内阁，他的政府部门是神圣部门。觐见他的人必须拥抱他的膝盖，亲吻他长袍的吊边，这就是敬拜礼。他不再被称为"元首"，而是被称为"主人"。随着基督教成为国教，皇帝皈依基督教可能强化了这种神圣性，因为现在皇帝被看成是上帝的仆人或副手，是上帝亲自将统治世界的任务委托给他的。

和以前一样，皇帝是最高法官，低级的法官以他的名义进行审判。他依然要任命历史悠久的行政官，如执政官和执法官等，虽然这些职位已经仅仅成为一种荣誉。同样，他还要任命其他的所有高级官员，虽然通常他都要听从禁卫军长官的提议。①作为军队的总司令，他一人决定是战争还是议和。基督教成为国教之后，他有时指定同使徒或十三使徒，以此表明他消除异教，捍卫基督教会的责任。

以前的皇帝虽然也制定法律，但不是严格意义上的立法者，②而此

① 见原书第581—582页。
② 见原书第544页。

时皇帝被正式认定为立法者,可以制定各种各样的一般法律,并且只有他才有权对法律做出解释。和奥古斯都及其继承者一样,他也拥有执行法律的权力,[572]甚至可以对自己进行执法,但正因为如此,他才认为自己是受法律约束的。虽然皇帝无论是遵守法律还是违背法律,都是对这个原则的尊重,但对于帝国和其代理受法律约束这一概念①来说,这是很大的贡献。②

2.1 对皇帝的约束

2.1.1 元老院

此时元老院的势力降到了最低点,原有的权力所剩无几。君士坦丁在君士坦丁堡设立了一个元老院,其影响力随着情况的变化而变化,有时只不过是君士坦丁堡的市议会而已。西罗马帝国的皇帝很少到罗马城,而东罗马帝国的皇帝却长期居住在君士坦丁堡。在西罗马帝国,君士坦丁尤其注意将官员吸收到元老院,他们的加入使元老院急剧膨胀,从原来的 600 人增加到 2000 人左右。这些新元老中很多人家境一般,但其中也有很多极其富有,他们在阿非利加、西班牙和高卢拥有大量的地产。作为统治机构,这个元老院再也没能恢复以前的权势,但元老等级(不一定是元老)中最富有的成员垄断了西罗马帝国的所有高级职位。到了公元 4 世纪末,由于"头衔膨胀"法则的作用,原来的骑士等级已经消失。所谓"头衔膨胀",是指那些称职的官员因为职位的关系逐渐获得元老身份,要么是在接受任命时,要么是在退休后。这样,高级职位和元老身份就发生了重合。小皇帝洪诺留之后,除了安提米乌斯(Anthemius)和墨乔里安(Majorian)之外,西罗马帝国的多数皇帝都生性懦弱,笃信神灵但不喜征战。军事上的权力真空被野蛮的将军所填补,而行政上的权力真空则被拥有大量土地、富可敌国的元老贵族所填补。从此,他们就占据了朝廷,垄断了所有的高级职位,对帝国的指挥官起到一种制约作用,这种作用主要是让他们难以从农村募集人力

---

① 但也有其局限性,见原书第 595—596 页。
② 《查士丁尼法典》(公元 529 年),引自 J. B. Bury《晚期罗马帝国史》2 卷本(Dover Publications,New York;1958 年重印),第 13—14 页。

和财力资源。

2.1.2 军队和官僚阶层

[573]从戴克里先到狄奥多西一世之间所有的罗马皇帝都是军人出身，他们的即位离不开军队的支持，下台也是因为军队。军团的驻地基本上比较固定，往往在边境附近，因此和皇帝本人距离遥远。这些驻扎在边境的队伍现在只起到屏障或绊网作用，他们背后是大量的机动野战军。有人提出这种新的战略安排与其说是对蛮族威胁的理智反应，不如说是为满足皇帝想要众军环绕保卫的心理需要，但要想证实这一说法很难。事实是帝国此时遭遇到前所未有的压力。在边境的不同地方，危机不断，一个紧接着一个，因此机动部队十分关键。

虽然如此，皇帝和军队之间的关系依然和以前一样不稳定，但是皇帝和行政官僚机构的关系并非如此，后者对皇帝构成一种新的制约。和罗马的历史标准比起来，官僚的人数大大增加，根据估计，确定的职位多达 30000 个。值得注意的是，官僚机构的神经中心和顶点都在朝廷。这里再次体现了"近水楼台"法则和与此相关的"头衔膨胀"法则，前者我们在中国的朝廷已经见识到。的确，和中国的皇帝比起来，"每一位有一定能力和人格魅力的皇帝都是专制的，不仅理论上如此，事实上也是如此"。①虽然这样，"近水楼台"法则依然适用，官僚机构越大，负责的日常事务越多，和皇帝比较接近的那部分人权力就越大，这部分人要么在皇宫之内，要么就在皇宫周围。

首先，从皇帝的咨议会就可以看到这一点。通过它我们还可以同时看到"头衔膨胀"法则的作用。咨议会是元首个人内阁的继承者，这个内阁起初是非正式的，后来变成正式的了。和内阁一样，咨议会对皇帝没有制约作用。皇帝决定其成员的人选，他们只能就皇帝交给他们的议题进行讨论。皇帝在场时，所有的咨议会成员都要站立，从这一点就可以清楚地看出其从属地位。直到君士坦丁去世，重要的事务都是在这里进行讨论的，重大的决定也都是在这里做出的。咨议会的威望吸引了大量

---

① A. H. M. Jones，《古代世界的衰落》（Longman，London，1966），第 133 页。

野心勃勃之士,于是皇帝相应地增加了其人数。咨议会越来越大,它负责的事务却越来越少。这样,到公元 5 世纪时,它已经完全变成了形式上的机构。由于"近水楼台"法则的作用,实质性的事务转移到了内部核心。值得注意的是,这个核心被称为"宫殿",或者是"名人殿",[574]它不再是一个集体机构,而仅仅是一群官员的集合,供皇帝咨询。①

同样由于"近水楼台"法则和"头衔膨胀"法则的作用,随着成员人数的膨胀,其实际权力减少。"神圣咨议会议员"的称号成为一种高级荣誉,其中最为低级的官员影响越来越大,地位也越来越高,就连负责记录咨议会议程的速记员也是如此。由于他们对事务非常熟悉,皇帝常常会派他们去执行一些秘密的任务,然后就会被升迁到高级职位上,地位也会大大提高。因此,很多高等级的人为获得这份回报丰厚的职业展开激烈竞争,这就更加抬高了这个职位的地位。到公元 381 年,其高级成员和帝国特使(即管辖着大量区域的行省总督,见下文)站到了同一级别。"头衔膨胀"法则继续发挥作用,直到 5 世纪中期,这个职务完全变成了装饰性的闲职,可以买卖,而实际的记录工作落到了本来出身更加卑微的宫廷官员头上。这部分人被称为"秘密稽查使",他们本来是官方的信使,奔波于帝国的各个地方,自然可以获得很多信息。由于帝国疆域辽阔,通讯又不发达,中央政府热切地希望得到这些信息。于是,这些信使就成为得到授权的特务和通风报信者,并进而成为密探。到了帝国晚期,这个阶层的职业模式已经很规范,也很复杂,但是回报也很丰厚,从信使到帝国邮政的审查者,然后回到朝廷作执事长官(行政服务的最高官员,见下文)的助手。后来,他们从这个职位再成为帝国高级官员的参谋。罗马帝国重新进行区域划分(见后文)之后,这些高级官员负责对这些新的区域进行统治,而他们所有的正式命令都要由这些原来的密探签署。这样,通过这些密探,地方部门的一切行为都在帝国中央政府的监督和掌控之下。②

---

① A. H. M. Jones,《古代世界的衰落》(Longman,London,1966),第 129—130 页。
② 同上,第 205 页。

　　下面这个例子最能说明"近水楼台"法则的作用，从大约公元 320 年起，甚至更早，皇帝将太监用作亲密顾问。这一阶段我们遇到三个由太监担任的重要职位，它们分别是"神圣大总管"，他的副手"神圣内侍总管"，还有排名第三的"皇室总管"。这三个职位都由太监担任，每个职位都有大量的办事人员为其服务，①并且其级别似乎是随着资历的增加而上升的。

　　[575]下面几位太监大总管的职业生涯表明他们都是各自皇帝的主要大臣，他们是优西比乌斯（Eusebius）、欧特罗皮乌斯（Eutropius）、克里萨菲乌斯（Chrysaphius）和优特里乌斯（Eutherius）。他们的确声名显赫，但就像霍普金斯指出的那样，"更加卑贱的例子有很多"，他谈到"宫廷太监对一连串的皇帝重大而深远的影响"，"他们占据的职位越来越多，级别也越来越高"。②

　　只要想一下中国的类似情况，就不难理解为什么会出现这种现象。首先，和元首相反，皇帝是神圣而遥不可及的，这就要求有人在皇帝与想与其交流的人之间起到媒介作用（不一定非要是太监）。其次，帝国的行政服务不再由皇帝的私人助手（顺从的被解放的奴隶③）来完成，而是由众多例行公事的官僚来完成。因此，皇帝也需要有更加灵活的亲信为自己提供信息，并传达自己的命令（这也不一定非要由太监来完成）。第三，皇帝总是感到很没有安全感，事实的确如此。君士坦提乌斯二世"害怕他的将领，也不信任大臣"，④每个皇帝都是这样，只是程度不同而已。但是，忠心耿耿的太监却是可以信任的，他们是皇帝的家奴，照顾其生活起居，而这种事情其他人是不敢过问的。最后，由于这些太监终日在皇帝身边，他们能够获取皇帝的信任，还可以给皇帝提出建议。

　　太监最适宜从事这些工作，但这个事实并不能告诉我们太监是怎样出现的，以及为什么会出现，因为更早的皇帝并没有太监为其照顾后

---

① 　K. Hopkins，《征服者与奴隶》（剑桥大学出版社，Cambridge，1978），第 175 页和注释 12。

② 　同上，第 176，179 页。

③ 　见原书第 549 页。

④ 　吉本，《罗马帝国衰亡史》，第 19 章。

宫。事实上，图密善、涅尔瓦、君士坦丁和尤里安都对太监没有好感，也不信任他们。[1]罗马人使用太监的做法似乎是从波斯帝国学来的，在帝国的东部，将太监用作宫殿仆人的传统由来已久。实际上除了两个非常特殊的例外，罗马皇帝的太监一般都是蛮族奴隶，他们有的来自波斯、有的来自亚美尼亚，还有的来自高加索地区的其他地方。[2]

正因为他们是奴隶，是太监，又是外邦人，因此完全依赖于皇帝，其他的人对他们只有仇恨和蔑视。[3]皇帝允许他们成为自己内室的亲密伙伴，[576]由于这种亲近关系，大总管得以控制哪些人可以觐见皇帝，这种控制起初是非正式的，后来成为正式的了。为了能够得到面见皇帝的机会，人们竞相付钱给他们。高级太监这种非比寻常的位置引起了同时代的贵族、作家和后来教会人士的嫉妒和敌意，他们感到自己的虚荣受到伤害。这里要顺便说一下，所有这些情感，吉本都有。不难看出太监为什么会如此遭人憎恨，但他们并不像其批评者所描绘的那样，实际上他们应该被视为神圣皇帝本人获取信息和建议的工具。皇帝周围充满了潜在的敌人，虽然有一个庞大的官僚机构为其服务，但这个机构是匿名的。通过太监，皇帝可以提前知道正在酝酿中的阴谋，可以委派亲信完成秘密使命。这里罗马和中国有一个对比值得注意，就像我们前面看到的那样，在中国，太监有时能够实际上取代皇帝的权力，但在4世纪的罗马，太监并不像在中国那样构成一个有组织的团体，他们的影响是以个人的形式，通过和皇帝的接触来实现的。只要皇帝是成年人，并且控制着军队，一切事情都是皇帝做主。[4]霍普金斯对这种情况做了如下总结：

专制君主和国家其他权力集团之间关系紧张，神圣皇帝躲在高度形式化的宫廷礼仪背后，与世隔绝，双方都需要交流中介。

---

[1]　吉本，《罗马帝国衰亡史》，第19章。

[2]　Jones，《晚期罗马帝国》，第567页。关于和波斯的联系，见Hopkins，《征服者与奴隶》，第192—193页。

[3]　参见原书第495页关于汉帝国部分。

[4]　见Hopkins，《征服者与奴隶》，第四章，"太监的政治权力"。

太监正是利用这一点，控制了皇帝恩宠的分配。太监是不可能融入贵族等级的，他们之间很团结，但是缺少组织性。由于长期从事同样的工作，他们对自己的领域非常熟练，而贵族则缺少职业性，喜欢争强好胜，又充满个人主义色彩。所有这些因素结合起来，互相作用，造成太监的权力越来越大，持有权力的时间也越来越长。[1]

3. 新的疆域结构

戴克里先将帝国的疆域进行了全新的划分。在此之前，长期沿用的是行省和自治市的双层结构，但这种结构遭遇到越来越多的困难。曾经将帝国凝聚在一起的军队现在已经地方化，士兵们关注的是自己所在的行省，而不是整个帝国。边境地区和中部行省的经济纽带也更加薄弱，[577]以前本来需要进口的一些物品现在可以自给自足了。因此，中央政府加强了对自治市的控制。这种加强是通过两种措施来实现的，一个是缩小其面积，另外一个是让行省总督搬迁到城市附近。到公元117年，奥古斯都时代的28个行省已经增加到了42个，到公元4世纪后期，则增加到了119个。此时统治波斯的是萨珊王朝，他们野心勃勃，试图收复古代波斯帝国的边境。应对这个威胁需要在东西两边常驻军队，戴克里先以他为首的四帝共治概念就是针对这个新的战略问题而产生的。

戴克里先的整个部署包括：帝国分为两半，每一半有一位皇帝，一位恺撒，即副皇帝，4人每人都有一位禁卫军长官作为其参谋长。每一半又被分为6个大区，每个大区都由禁卫军长官的代理人负责，管理大区内大约4位行省总督的工作。君士坦丁使这种重组更进一步，在皇帝和大区之间插入了行政区这一层。起初是4个大区组成一个行政区，后来是3个，5个，甚至是6个，每个行政区由一个禁卫军长官统治。这只是十分简化的说法。戴克里先和君士坦丁出行时，

---

[1]　Hopkins，《征服者与奴隶》，第191页。

禁卫军长官可能依然要随从。由于帝国实际上已经被分为东西两半，到 4 世纪后半期，禁卫军长官成为帝国永久分区的统治者，这些分区包括东方大区，意大利、伊利里库姆和阿非利加大区，最后是不列颠、高卢和西班牙大区。东方大区成为东罗马帝国，但公元 395 年后，伊利里库姆成为第二个东方大区，虽然其行政中心还是在第一个东方大区。

公元 330 年，君士坦丁建立了君士坦丁堡，戴克里先通过四帝共治将帝国的划分永远确立下来。君士坦丁堡是按照罗马城的样子而建的，不仅有巨大的公共建筑，还有属于自己的元老院。从原则上讲，罗马的皇帝和副帝共同构成一个集体，统治着整个帝国。帝国的敕令、法律和宪法都要以这个集体的名义颁布，并且在整个帝国，贸易和行动都是自由的。实际上，这些皇帝中有一个地位高于其他的皇帝。当然，戴克里先和君士坦丁也和其前的所有皇帝一样是帝国的主人，但君士坦丁堡的建立和繁荣发展将这种分割制度化，这是其他任何手段都无法完成的。狄奥多西一世去世时，他将帝国在两个儿子之间进行了分割，[578]洪诺留得到了西半部，阿卡迪乌斯得到了东半部。希腊元老贵族等级的兴起意味着从此以后东西两部分开始分道扬镳。根据公元 438 年的《狄奥多西法典》，一个皇帝制定的法律要想适用于另外一个皇帝的统治区域，必须要由后者通过。东半部说的是希腊语，西半部说的是拉丁语，这个事实也加深了两部分的差异。但是西罗马帝国的末日还没有到来，到 4 世纪时，它还是一个政治单位。

4. 中央行政

皇帝在哪里，帝国的一半就要从哪里进行统治。因为皇帝常常到处巡游，他的家眷和将近 2500 位官员也要随之到处奔波。旅途上用来装载帝国文书的盒子叫"scrinium"，因此，其复数形式"scrinia"后来就被用来指代帝国的文秘机构。

从塞维鲁王朝时期开始，行政机构已经发生了重大变化。帝国两部分的行政人员队伍由原来的两三千人增加到了三四万人，其中约有

2300 人在各自的中央政府工作。①除了很少的例外，军事和行政职能分别由不同的人来履行，他们的职业模式也大相径庭。

士兵出身的皇帝以军事组织作为其常规，因此行政人员队伍也有自己的等级分化，层层管理，待遇不同，头衔也分得越来越细，最高一级和元老等级重合。整个中央政府的活动都围绕皇帝和朝廷展开，因此他们被称为"亲兵"（comitatus）②，朝廷官员和朝廷部门。其核心是内廷，由此延伸出不同的机构，首先是前面已经提到过的咨议会，接着是四个大的行政部门，分别由执法官、执事长官和两位财政大臣领导，这两位财政大臣中一位是帝国司库，另一位是皇帝的财务代理官，所有的工作都由各种专门的官员来落实。最后是军官，包括统领皇帝宫廷卫队的军事长官和其他野战将领。

4.1　内廷

[579]我们已经提到过，内廷有两种人，一种是照顾皇帝和后宫生活起居的内侍，另外一种是普通的仆人。此外，内廷还包括负责皇家私库与地产的官员和保管服饰的官员。就像我们看到的那样，神圣大总管和其副手内侍总管都是由皇帝亲自选拔的，通常是太监。文秘部门没有集中到一个单一的职位，这和中国的情形差不多。咨议会本来可以发展成为一个联合内阁的，但是由于其规模太大，越来越变成一种摆设。由于这些原因，皇帝需要一个人能够作为他的个人代表，确保各个部门能够顺利而迅速地执行其意愿，因此就出现了执事长官。他宁愿选一个总是在他身边，又别无依靠的人来担任这个职位，因为这样他就可以授予其大权。

皇帝身边有皇家卫队和御林军保护其安全，后者由士官生中的精英分子组成，其指挥由皇帝任命。从斯提利科时期开始，西罗马帝国的所有武装力量都由一个总司令统一指挥。③

---

① 见原书第 585—586 页。

② "护卫，随从，同伴"，来自英文"comes"，意为同伴或伙伴。

③ 这一职位是君士坦丁设立的，直到此时都是由禁卫军长官负责。

4.2　咨议会

前面我们已经讲过。[①]

4.3　行政部门

4.3.1　执法官

[580]君士坦丁对财务官这个古老的职位进行了改革,使其成为主要的执法官,负责起草立法,审理诉讼,对其他文秘机构难以裁决的问题做出决定。到了5世纪,他和禁卫军长官联合,共同负责皇帝本人的司法权。

4.3.2　首席书记员

作为书记员的首领,他保管着高级官员的百官志,负责颁布皇帝对文武官员的任命。

4.3.3　执事长官和文秘部门

执事长官责任重大,因为他可以说是整个公共行政的主要负责人,只有一些非常特殊的部门除外。除此之外,他还有很多其他的责任。他控制着各个文秘部门工作人员的人选,还要应执法官的要求向其提供适当数量的人手,还要管理和约束皇家卫队的成员,同时还是秘密稽查使的行政首脑。他还负责和皇帝的日程与接见有关的两个部门,实际上控制着觐见皇帝的机会。因此,他在外交事务上扮演着越来越重要的角色,这一点并不奇怪。

三个文秘部门都很小,即使到了公元5世纪后期,总人数也没有超过130人。但是这些人才能出众,接受过良好的教育,常常是行政人员或者地方议员（十人长）的子弟。每个部门都有自己的长官。档案部处理对公民个人的回复,通信部处理对法官和自治市或行省代表的回复,而书记部负责皇家高等法庭审理案件的准备工作。

---

① 　见原书第573—574页。

前面提到过的秘密稽查使已经成为集权化过程中最为重要的工具，人数约 1000 人。秘密稽查使可以步步升迁，直到成为执事长官的助手。君士坦提乌斯二世在位时，级别最高的稽查使可以先当一两年助手，接着就可以统领大区禁卫军长官副手、行省的禁卫军长官和城市长官。[581]没有他们的连署，任何法令都无法颁布，这样执事长官就掌握了整个帝国行政的管辖权。

4.3.4　两个财政部门

财政部门有两个，分别是内库和国库，所有的货币交易都由后者负责。实物形式的税收由禁卫军长官负责。

皇帝的地产很多，在阿非利加和比塞西纳（Byzacena）的一些地方，他拥有大面积的土地，分别占这两个地区总面积的 18.5％和 13％。当然，如果只算可以耕作的土地，这个百分比还要大很多。内库依靠其在各个大区的官员运行，他们控制着各个行省的帝国财政官。帝国财政官通过执事对皇帝的地产进行管理，而执事下面又有监工为其从佃农那里征收地租。

在大区和行省有大量国库的实地工作人员。[1]帝国货币形式的财政收入中，有 10％是他们征收的。主要的税收有三项：12.5％的从价关税，被承包给个人；"皇帝献金"本来是城市偶尔献给皇帝的礼金，此时每四五年就任意征收一次，由城市负责收取；最后是被人们深恶痛绝的营业税。这一项主要是针对商人，教师和医生免交，征集的税额占土地税的 5％，[2]由此不难看出农业在整个帝国经济中所占的比重。营业税由禁卫军长官负责评估，但是由商人协会负责征收。简而言之，国库就是国库，不是征税者。它的其他功能也体现出这个特点，一方面，它在帝国各地都有金库，储有钱币、金银和其他贵重物品。另一方面，它还负责"货币的生产和管理"。[3]

---

① Jones，《晚期罗马帝国》，第 428—429 页。

② 同上，第 163 页。

③ 同上，第 428 页。

5. 大区和禁卫军长官

在关于安敦宁王朝的章节,我们追溯了禁卫军长官这一职位的崛起之路,在 3 世纪的多事之秋,这一职位不断膨胀。戴克里先在位很早之前,禁卫军长官就已经是皇帝各个方面的参谋长,无论是军事和司法,还是行政。他拥有非常广泛而重要的司法权,[582]著名法学家乌尔比安就曾经担任过这一军职。他统领着禁卫军,通过副将,控制着军队的征募和训练。通过军需长,他向军队提供定量供给。每逢通货膨胀,经济回复到实物税和实物交易时,他也向行政人员提供定量供给,以取代货币工资。公元 4 世纪,赋役制产生时（这也是因为实物交易而产生的）,自然也是由他负责。他还负责帝国的公共邮递服务。对于行省总督,他行使一般管辖权,可以将其撤职。他实际上扮演着总理大臣的角色。戴克里先为四个皇帝中的每一位都配备了一位禁卫军长官,这是合乎情理的。

君士坦丁设立军事长官这一职位,指挥其新的机动野战军。这个官职是怎样成为帝国最大的财政机构的? 过程是这样的:这个官员一直在为军队提供军需物品,公元 3 世纪时,货币体系崩溃,政府转向征收实物税,对军队的报酬也以实物进行。实物税据财产评估报告而征收,戴克里先使这种征税方法更加规范化。因此,直到君士坦丁将货币稳定下来,大部分赋税都是实物税,对军队和行政人员的报酬也是实物形式的供给,要么是为马匹提供草料,或是为公共建设提供人员和物质,要么为政府的兵工厂提供原材料。由于禁卫军长官一直是粮草分发的执行者,而财政只是这一职能的延伸,因此他就顺理成章地负起了这一责任。

赋税一直是土地税,后来君士坦丁在此基础上增加了人头税。根据以下情况,每年赋税的数量都会有变化。首先,禁卫军长官会计算其辖区的需求,要多少小麦、大麦、人力和物力,等等。这就要求军事长官们递交报告,说明其供给能力,所承担的公共工程需要多少工匠、劳动力和原材料。这些工作需要大量非常专业的财务人员。[①]

---

① 　Jones,《晚期罗马帝国》,第 70 页。

这样统计出来的物质和服务的数量就意味着必须要征收多少税，应该由谁来征收。这里使用了一个非常巧妙的原则。通过逐渐遍布全国的财产评估，对各地的土地、粮食和人口都做了登记。然后，根据评估出的土地产量，确定一个土地单位，每个土地单位生产的粮食大致相同，这个单位通常被称为"轭"，但是在不同的地方，有不同的叫法。[583]简而言之，每个单位都是一个"等产区"。这样一来，从原则上讲，税额的分派就变得非常简单。禁卫军长官的手下只要用等产区的总数量去除需求的总量，得出的结果就是辖区之内每个等产区要缴的数量。通过加权，这个数字还可以为人头税的评估提供依据。①

从原则上看，这样做非常简单，但事实并非如此。赋税是这样征收的：每年的 9 月 1 日，禁卫军长官的下属将财产评估单下发给禁卫军长官的各个代理人和地方长官，他们再将其下发给征税的基本单位，即自治市。此时的自治市已经将周边所有的乡村结合起来。每个行省地方长官的文员计算出每个纳税人所要缴纳的税额，将其交给市议会。这里有选举出来的官员组成的委员会，分别负责不同税种的征收，如粮食、葡萄酒、肉类和劳动力。这些官员负责从土地所有者那里征收应该缴纳的税额，然后再负责将其运送到国家的仓库，而村民则委派自己的人负责征税。如果征税人没能征够应缴的数额，市议会的议员就不得不自掏腰包，补足差额。事实上，这些征税人常常行动不力，禁卫军长官要派出自己的代理征收拖欠税额。通过这种复杂的机制所征收到的税额占国家财政收入的十分之九，甚至更多。

6. 中央行政职能：总结

通过上文的讲解，我们很容易就可以看出中央行政几乎仅仅局限于以下几个领域：皇帝的宫殿、军队、司法和税收。道路通常由军队负责修建和维护，而文明生活的基本服务，如公共建筑、学校、消防和治安，依然是各个自治市的责任。

―――――――――――――

① Jones，《晚期罗马帝国》，第 454 页。

　　帝国官僚机构的急剧膨胀引起了当代评论者的注意，这种膨胀和帝国的两个发展趋势相一致。首先，它体现了帝国要动员整个社会投入持久战的巨大努力。军事包围的威胁从来没有消失过，到了 4、5 世纪，3 世纪时的那套权宜之计变成了常规体制。[584]在统治者看来，比以前更加必要，当然，随着帝国资源的逐渐减少（虽然当时的威胁要求至少应该保持原有的投入），这个体制也变得更加复杂。

　　其次，它是帝国对自身社会和政治变化的一种无意识反应。从很大程度上讲，这种变化并没有被注意，但事实上却非常巨大。在安敦宁王朝的统治下，帝国还保留了起初共和国时期的多样性，但是此时，罗马化和希腊化的进程，商业网络，市民法和万民法的融合，帝国法庭的干预，宗教的兴衰变迁，所有这些，再加上许多其他因素，都使其成为一个国家，而不再是原初意义上的帝国。公元 212 年，卡拉卡拉颁布敕令，授予所有自由人公民身份，这至少也应该是这种变化的表征。恩斯林（N. P. Ensslin）说戴克里先的改革是为了通过官僚机构，把"疆域辽阔的帝国内部各种不同因素"团结起来，"以建立一个统一的国家"。①这个过渡还没有完成，帝国的西半部就被攻占，但我们所说的官僚化过程表明这种过渡正在进行。

　　实际上，就像前面提到的那样，现在很难理解我们为什么一开始就将罗马帝国称为最原初意义上的帝国。没有哪一个城市，也没有哪一个行省、部落、种族、教派或其他任何社会分支对其他人拥有统治权。这个共同体是由一个拥有相同帝国文化的等级所统治的，这就是"罗马精神"此时的意义。要想在社会上发挥积极的作用，就必须要掌握这样的文化。这与伊斯兰文化和中华文化的情况是类似的。

7. 文官制度

　　和中华帝国一样，罗马帝国的文官制度包括两个等级。对于级别较低的一级，我们知之不多。较高的一级如行省总督和各部门的首脑，

---

① 《剑桥古代史》，第 12 卷，第 390 页，原文为斜体。

这些职位的担任者由皇帝任命。

除了几个例外，高级职位的任期都不长。这些职位被分为不同级别，每个级别都有自己的荣誉称号，例如，禁卫军长官和两个首都的行政长官，还有主要的廷臣，被称为"杰出者"（illustres），禁卫军长官的代理人和代行执政官是"可敬者"（spectabiles），行省的总督是"著名者"（clarissimi），[585]而级别最低的是"最完备者"（perfectissimus）。能够由低到高连续担任这些职位而步步高升的人并不多见。

实际上，只有贵族才有资格担任这些职位。他们把这些职位看成是应该追求的荣誉，而不是应该提供的公共服务，为此他们展开激烈的竞争。到了 4 世纪末，西罗马帝国很多极其富有的元老等级成员垄断了所有的高级职位，无论是在罗马，在意大利，还是在阿非利加和西西里。①他们做官不是为了发财，因为他们已经富可敌国，也不是为了政治势力，而是为了荣誉，为了一个适合他们的身份，虽然他们向来不惮动用政治势力来谋取官位，进而确保自己在当地的利益。②为了满足人们对于荣誉的渴望，使尽可能多的人都能得到任职的机会，5 世纪的皇帝们缩短了职位的任期。③除了专业性要求很高的律师之外，在所有这些高级文官中，没有一个是需要专门资格的。④但是低级文官却由专业的人员担任，他们终身任职，晋升完全按照资历。他们薪酬并不高，可以从所执行的服务中获得一些额外报酬，此外他们还可以得到一些小费。这种小费无处不在，无法根除，最后官方不得不正式接受其存在，制定价目表，使其更加规范。如上文所述，对于其征募情况，我们不甚了了，只知道其中许多人都是通过荐举进来的，再后来则要花钱才行。

同时期的中国汉朝和罗马帝国形成鲜明的对比：按照后来的标准，汉朝的体制还很不成熟，但是他们曾设法举荐真正可靠的人选，有资格测试，决定提拔某人之前要审查其表现，服务是终生的。与汉朝相比，

---

① J. Mathews，《西罗马帝国的贵族和朝廷：公元 364—425 年》（Clarendon Press，Oxford，1975）。

② 同上。

③ Jones，《晚期罗马帝国史》，第 355 页。

④ 同上，第 388 页。

罗马的做法有点敷衍塞责，甚至可以说是过于草率。

虽然拉克坦提乌斯（Lactantius）认为这部分人队伍庞大得惊人，但实际上只是中国的四分之一。要知道，双方的人口大致相当。琼斯估计罗马有三四万官员，而汉朝却有 130285 人。但是，任何比较都必须记住一点，那就是在罗马帝国，城市官员的服务是义务性的。此外，罗马的军队也履行民事职能。我们无法确定在统计双方的常设职位时，所比较的是否是同一回事。[586]虽然如此，有一点是可以肯定的，那就是汉朝的朝廷官员比罗马帝国要多。

罗马帝国的行政系统效率低下，行动极其拖沓：

> 一个普通的官司要花几年的时间。在米兰颁布的法律，12 天之后才能到达罗马，有时会拖到 3 周，甚至 6 周。冬天航运停止，秋天颁布的法律通常要到次年春天才能到达阿非利加……。人们已经习惯了长期的拖延。法庭的官员要擅离职守达 6 个月之上才能对其实施惩罚。对离职一年的惩罚是减去其 10 年的资历，只有当其离职 4 年之上时才能将其撤职。①

8. 军队

到了 4 世纪末期，罗马帝国的军队已经发生了重大的历史性变化。总体战略战术和指挥结构与以前完全不同。不仅如此，许多精锐部队的战士和高级将领也成了外邦人。此时的罗马帝国利用匈奴人和日耳曼人防御其他匈奴人和日耳曼人的入侵。在西罗马帝国，这种做法没能起到作用。帝国的统治者已经失去了对军队的控制，其灭亡只是时间问题。

我们后面再讨论军队的作战能力，但这里要关注一下其兵力、结构和构成。戴克里先将军队的人数增加了一倍，多达 45 万左右，其中包括辅助部队，后来又增加到了 60 万人。对战略做出重大调整的是君士

---

① Jones，《晚期罗马帝国史》，第 355 页。

坦丁，他减少了边防军的人数，把士兵驻扎在固定的地点，其功能只是拖延敌人，等候机动野战军到来和敌人展开战斗。这支野战军叫巡防军，包括骑兵和被称为辅助兵的步兵。此时的边境军团只有 1000 人，而不是以前的 5500 人，其作用越来越小。

指挥结构反映了这种新的战略。这支野战军（或者说这批野战军，因为后来的皇帝决定保留多个这样的队伍）由军事长官指挥，其中的一部分是禁卫军，构成皇帝的扈从。[587]每个边境指挥官负责守卫边境的一部分。

塞维鲁王朝的皇帝很早以前就制定政策，让士兵更容易获得军衔，此时这种做法成为一种常规。表现突出的士兵经推荐可以参加士官兵团，非军事人员也可以获得军衔，就这样士官兵团后来完全变成一种荣誉。因为这个兵团是通向军衔的阶梯，高级军官和市议员的子弟很容易就可以加入其中。简而言之，和文官职位的情况一样，这里"头衔膨胀"法则也在起作用。①

戴克里先扩充军队时，人力严重短缺。新兵依然是从以前的征兵地征募的，这些地方包括高卢，伊利里亚和色雷斯。在安敦宁王朝统治时，除了来自这些地方的新兵外，大部分士兵是原军团士兵的子弟子承父业，但这些人是不够的。虽然戴克里先颁布命令要求他们必须参军，但这个命令并没有得到系统地执行。于是统治者引入征兵制，人民对此一直既深恶痛绝，又提心吊胆。为了能够免于兵役，人们不惜自残，还有的在前往营地的路上就设法逃跑。此外，征兵的方式也和以前不同，以前是由统治者选拔士兵，此时是根据征税时所做的土地评估征募士兵。小土地所有者几家共同提供一位新兵，而大土地所有者则要提供多个新兵。显然，他们只会选择那些体质最弱，品德最差的人，这样一来，军队的素质就下降了。与此同时，有的纳税人宁愿以多缴税取代军役，统治者用这些钱征聘志愿者，就像我们后来会看到的那样，这部分人大多是外国人。

但是无论哪种征兵方法都无法满足穷兵黩武的需求。对于这一时

---

① Jones，《古代世界的衰落》，第 225，227 页。

期的罗马帝国，我们可以毫不留情地说其兵力上的不足大多是自己造成的。为了争夺帝位，互相敌对的军阀之间动辄展开鏖战，许多军队精英就这样葬身沙场。公元312年君士坦丁在都灵击败马克森提乌斯（Maxentius）时，成千上万的士兵丧生。在罗马城的米里维安桥血战中，作战双方伤亡更大。更糟糕的是公元323年君士坦丁和东部皇帝李锡尼之间的战役，在阿德里安堡，34000名士兵丧生，在克力所波利斯（Chrysopolis），李锡尼的13万人中只有3万人幸存。[①][588]公元351年的穆尔沙之战据说是那个世纪最血腥的战役，战争一方失去了30000名士兵，而另一方则有24000名士兵丧生。由于这些战争，罗马帝国走上了一条自取灭亡的道路，而帝国的敌人并没有闲着，他们给帝国造成更大的人员伤亡。最具灾难性的是378年瓦伦斯在阿德里安堡的惨败，其对手是哥特人。帝国的野战军溃不成军，4万人丧生，占总人数的三分之二。但是如果百官志提供的数字可以相信的话，直到5世纪的前20年，帝国的军队依然相当庞大。

通过从边境撤回边防军，政府可以尽可能快地把损失的人数补上，而这样做不仅削弱了野战军的实力，也将边境暴露于外。除此之外，还有一个增援士兵的来源，即那些由于种种原因和罗马帝国保持良好关系的蛮族部落。这个来源很有吸引力，因为从某种程度上讲，它是长期性的。此外还有其他的一些办法，例如和位于边境外的部落缔结条约，这已经成为一条既定方针。根据条约，他们承诺尊重某一个行省，并在必要时出兵保卫这个行省。作为"盟邦"，这些部落民是常规部队的补充力量，但是随着时间的推移，他们变得越来越重要。公元450年之后，他们成为唯一起决定作用的队伍，虽然常规军可能还在，如在卫戍部队里。野战军渐渐成了一支主要由日耳曼人和盟邦构成的部队，后者此时不是在罗马司令官的指挥下作战，而是由各自的首领和国王指挥，也不按照罗马的方式进行训练，而是各行其道。最高总司令都是日耳曼人，如包托（Bauto）、阿波加斯特（Arbogast）和斯提利科。总之，在不太长的时间里，也许不超过半个世

---

① J. Burckhardt，《君士坦丁大帝时期》，M. Hadas 译（1880，1949，1983），第281—282页。

纪,在"罗马"军队从罗马化程度最低的社会渣滓中征兵的同时,帝国的军队也在吸收越来越多的部落民。他们性格粗暴,最重要的是他们不是罗马公民。也许有人会认为这样帝国的军队就无法继续履行其最为重要的历史使命,即罗马化。①事实与此恰恰相反,在罗马化方面,它比以前任何时候的作用的都要大,这是因为盟邦的军队学会了拉丁语,成为基督徒。军队生活没有灌输给他们的是作为罗马人的国家意识和爱国主义情感。

最终,帝国的军队无法守卫边境。面对蛮族的压力,作为外交上的应对,政府答应让大批的蛮族人定居到帝国内部。358 年,撒利族法兰克人定居到了高卢的东北部。382 年,西哥特人的部族定居到了莫西亚(Moesia)和色雷斯。[589]在各自首领的领导下,他们形成蛮族聚集地。的确,这样的事情以前也发生过,但是在公元 4 世纪的最后 25 年,这样的迁入过于频繁,人数也太多,再加上他们紧密团结在一起,帝国无法将其罗马化。公元 406 年的新年之夜,大批的苏维汇人、汪达尔人和阿兰人越过冰冻的莱茵河,蜂拥而至,到了高卢。在此之前,已经有部落民渗透到许多边境行省。边境已经被突破,此后就是对行省的渗透和割裂,这个过程虽然是逐渐的,但一直就没有停止过。西罗马帝国的崩溃用了将近 75 年的时间,这种过程先是缓慢,接着就是土崩瓦解。

9. 公共服务及其履行

迪奥·卡西乌斯(Dio Cassius)写道:马可·奥勒留死后,"我们的历史从一个黄金王国堕落到一个铁和锈的王国"。②他的结论下得过早,卡拉卡拉和戴克里先时期的公共浴室再次表明帝国可以动用的资源是巨大的。真正的"铁和锈的时代"是戴克里先之后的世纪,即所谓的"帝国恢复期"。在这个世纪,人力和自然资源都减少了,而军事上的

---

① 见原书第 534,552 页。

② 转引自 Lewis 和 Reinhold,《罗马文明》,第 2 卷,第 419 页。

威胁却加剧了。为了让前者能够满足后者的需求，政府开始控制原本属于个人和地方的领域，利益的天平越来越倾向于中央政府。这个办法失败了，但失败只能导致更多类似的控制，于是天平再次倾斜。帝国陷入一个恶性循环：搜刮，资源减少，继续搜刮，资源继续减少，就这样循环下去。所有这些都是为了供养军队，最终西罗马帝国再也无法为这种巨大的耗费辩护。当蛮族人突破边境时，他们看到的是一个病入膏肓的国家：傀儡皇帝遥不可及，军纪涣散，行政腐败，司法混乱，经济贫瘠，整个社会千疮百孔。

军队，行政人员，城市，农民，这个悲剧中的所有因素都相互作用，有时作为因，有时作为果。在本章结束时，我们将把这些因素综合起来考虑，这里有必要对他们分别展开讨论。

9.1　军队：战略、士气和花费

[590]罗马军队是现代之前西方最卓越最先进的军队。[①]其专业化的指挥结构、管理、军需供给和后勤基础设施都是无法超越的。16 世纪欧洲有一位伟大的军事指挥官，即"拿骚的莫里斯"（Maurice of Nassau），他总是随身携带罗马军事评论家维吉修斯（Vegetius）的著作，这并不奇怪。无论是军事训练和武装，还是后勤支持和行政管理，在当时的世界，只有汉帝国的军队才可以与之媲美。

戴克里先的扩军，君士坦丁的大战略，让边防军作为绊网，巡防军作为机动作战部队，还有帝国为了能够东西两边同时应对敌人而进行的行政划分，的确，公元 378 年帝国东部的军队在阿德里安堡的灾难性失败之前，在保卫边境方面，这些措施都取得了成功。但是这些措施真的比以前（如戴克里先在边境防御问题上的灵活性）更先进吗？对边防军的削弱建立在这样一种假设之上，即无论敌人从哪里入侵，巡防军都能沿着边境移动，从侧面攻击敌人。这和一个建立在直觉之上的理论是相照应的，即"内线作战"更为经济，更为有利。如果罗马帝国沿着莱茵河和

---

① 在军队的后勤保障方面，也许直到 18 世纪后期的欧洲才能与之相提并论，并且规模要小很多。

多瑙河全线有一条铁路，这个理论就成立了。但是在当时的情况下，巡防军不得不沿着边境每日步行 15 英里的距离，而敌人却可以从缺少防卫的开阔乡村攻进来。一旦巡防军追上他们，的确能够施以重创（除了在阿德里安堡那次），但与此同时，乡村也要遭到烧杀抢掠，就像阿米亚努斯对尤里安出征高卢所生动描写的那样。因此，一切都取决于巡防军遭遇敌人的速度。和西罗马帝国比起来，东罗马帝国在这方面占有决定性的地理优势，因为后者的边境线是前者的三分之一。此外，一旦莱茵河多瑙河一线被攻破，西罗马帝国没有第二条防线，而东罗马帝国却可以安全地撤退到君士坦丁堡坚不可摧的城墙后面，一躲就是 8 个世纪。[1]比较起来，如果西罗马帝国的军事力量集中保卫意大利和罗马，敌人就会压向高卢，而在公元 406 和 407 年，敌人正是这样做的。因此，大战略最终没能保住西罗马帝国。但是，这种比较切中要害了吗？[591] 除了他们所采取的措施之外，君士坦丁和其继承者还有其他的选择吗？

　　暴露于外的边境行省尤其容易遭到入侵。在国内，对于皇帝、指挥官和国民来说，军队依然是一种威胁和麻烦，这和元首制时期一样，也许过之而无不及，但我们无从判断。[2]有很多十分生动的证据表明他们桀骜不驯，掠夺成性，动辄谋反。偷盗，抢劫，打架斗殴，他们样样精通，却将武器和装备丢到一边。[3]他们拒绝军纪的约束，因此杀害了皇帝普罗布斯（Probus）。[4]阿米亚努斯说他们"对平民百姓总是很野蛮，充满敌意"。[5]他们动不动就发动兵变。尤里安被饥饿的士兵称为是"劣种人"、"骗子"和"傻瓜"。[6]他们反复无常，说翻脸就翻脸，就像瓦伦提尼安发现的那样，他刚刚在人们的欢呼声中称帝，马上就要面对愤怒的士兵。[7]他们对赏赐贪得无厌，无论是决定皇帝的立与废，还有决定追随一个人反对另一个人，这都是一个十分重要的原因。

---

① 见本书第三部分，第一章，"拜占庭帝国"。

② Jones，《晚期罗马帝国》，第 1036 页。

③ Historia Augusta，转引自 Lewis 和 Reinhold，《罗马文明》，第 2 卷，第 3 页。

④ 同上，第 426 页。

⑤ Ammianus Marcellinus，《历史》，第 14 卷，第 10 章，第 4 节。

⑥ 同上，第 18 卷，第 9 章，第 3、4 节。

⑦ 同上，第 26 卷，第 2 节。

军队还要耗费大量金钱。虽然 3 世纪初士兵的军饷实际上只是其表面价值的三分之二,但军队的书面人数几乎翻了一番。此外还有将近 3 万行政人员需要养活。按照琼斯的计算,仅这两项就要比以前的帝国多收至少 40％的税。但是,所有这些数据都太大了。在计算军队人数时,琼斯对不同兵种的人数做了过高的估计,因此他得出的总数太大。他对税收的估计是依据很少的文献而做的,一定也过高。①虽然如此,税基依然几乎全部来自农业,而耕作技术并没有重大的改进,这样分摊到个人头上的税就更多,因为在西罗马帝国,被耕作的土地更少了。

9.2　经济、税收和控制

在西罗马帝国的一些地方,被耕作的土地减少了 10％至 15％左右,②人口也减少了,这也许是因为贫穷的农民养不起更多的孩子。遇到饥荒,他们习惯于蜂拥到城市里,希望能够得到政府的食物救济,③其贫穷程度由此可见。[592]城市里的纪念性建筑年久失修,其颓败之状恰恰反映出经济之萧条。造成这种情况的原因有外敌的入侵,也有内战和困扰帝国的瘟疫,但是最主要的原因可能是过度征税。

在历史上,每当需要增加对每个人的征税额度时,政府一般会采取如下几种措施:强化征税方法,扩大税基,当然还有增税。罗马帝国的统治者也不例外,但是累积的效果却是限制甚至扼杀了安敦宁王朝时人们享受的自由,导致了制度的僵化。

第一个受到影响的领域是税收,主要征税对象是自治市。征税工作一直由市议员负责,但是到了戴克里先时期,他们要为短缺的税额负责任。担任议员的资格要求曾经很高,但这个要求一降再降,在有的自治市,只要有 15 英亩的土地就够了。由于害怕税额短缺会给自己带来经济后果,这些议员开始拒绝任职。对此,政府的对策是让这些职位成

---

① Jones,《晚期罗马帝国》,第 208—209 页。

② 同上,第 1039 页。

③ 同上,第 1043—1044 页。

为一种强制性义务。儿子必须填补父亲留下的空缺，任何议员都不准离开所在的城市，也不能从事其他的职业，包括参军，甚至不能卖掉自己的土地。当所有这些措施都不起作用时，皇帝禁止他们担任其他的文职，限制新生的寄生阶层即基督教牧师的人数。就这样，议员最终成了一个世袭的阶层。不经明文允许，不能离开所在地，①虽然有些人得以脱身，也是多亏了其同僚睁一只眼闭一只眼。

这些议员本人自然也会对同僚的搜刮和压榨睁一只眼闭一只眼，只要他们能够凑够政府要求的税额。此时，欺诈勒索，违法乱纪自然是司空见惯的事情。向他们要收据，他们要么支吾推诿，要么开出无效的收据。他们会在称重时动手脚，会有意过高评估财产，还会索要已经丢失的收据。违背者就糟糕了，会受到"监禁，鞭笞"和其他的折磨。②

从市议员的遭遇中，我们可以发现法团主义的所有原则：个体在名义上是自由的，但是却要集体负责提供物质和服务。就像我们看到的那样，在中国，从史前开始，集体负责制就已经是社会和政治责任的基本特征。③[593]晚期罗马帝国的个人负责制到法团主义的转变是其政府和汉朝政府的又一个相同之处。④法团主义的第二个原则是义务的世袭，它和第一个原则密切相关。这个原则强迫着子承父业，这样法团就可以永远延续下去。我们已经注意到这一原则对市议员的使用，戴克里先还颁布命令，要求在役士兵和老兵的子弟也必须从军。⑤不仅如此，这个原则还被越来越多地应用到其他的职业。

很长时间以来，罗马帝国一直经营着一些企业，这些企业对军队和税收十分重要，尤其是铸币厂、采矿场和军工厂，但是大部分行业

---

① 参见 Lewis 和 Reinhold 的《罗马文明》，第 2 卷，第 481 页，对狄奥多西法典的摘引。必须注意，这些法律在狄奥多西法典出现之前就已经生效了。对此的详细讨论见 Jones，《晚期罗马帝国》，第 737 页。

② 参见 Lewis 和 Reinhold 的《罗马文明》，第 2 卷，第 427 页对狄奥多西法典的摘引。

③ 见原书第 455 页。

④ 见原书第 503 页。

⑤ 见原书第 587 页。

都是按照传统的同业行会组织的,这些行会要经政府授权。随着经济的总体衰退,为了确保关系国计民生的行业能够继续存在下去,政府制定法律,禁止这些行业的成员及其子弟转行。①对罗马的食物供应对整个帝国十分关键,从罗马共和国时期起就一直如此。君士坦丁使负责向罗马运送粮食的海船管理人也成为世袭的阶层,免去了他们其他各种公共义务。简而言之,整个群体,包括他们的子弟,都被法律捆绑到自己的职业之上。这个原则甚至扩展到低级的公务员队伍。

要想多收钱,一个办法就是扩大税基,这就再次用到了法团兼世袭的原则。这里的问题和困扰中国历朝历代的问题是一样的。两个国家的巨大财政收入都来自土地税,而不是个人税。因此,要想维持税收水平,就一定要让个体耕种土地。②公元 3 世纪,庄稼歉收,强制兵役,入侵者的毁坏,土匪的劫掠,再加上帝国军队的强取豪夺,独立的农民难以为继,只有逃离土地,成为附近大土地所有者的佃农。大规模的动产奴隶制已经衰落,取而代之的是隶农制,这种情况主要发生在西罗马帝国。简而言之,隶农就是依附在土地之上的佃农。随着时间的推移,隶农的境况越来越接近于农奴。他们终日在大庄园上劳动,这种庄园和拉丁美洲的大庄园相似,是一块包围起来的地产,其劳动者是佃农,庄园主和佃农各得收成的一半。[594]庄园主向佃农提供所有的必需品,同时使其远离当局,扮演一种中间人的角色,如果需要,还会起到保护人的作用。

庄园主声称如果劳动力来源无法得到保障,他们就无法经营自己的地产,而失去农业则意味着失去税源,于是戴克里先规定佃农必须留在人口普查时所登记的地点。到了君士坦丁时期,不仅他们,就连他们的孩子也要永远依附在这个地方,这样他们就沦为隶农。公元 332 年的一条法律甚至允许地主将隶农锁起来,以免他们逃跑。但是此类法律究竟效力如何,那就是另外一回事了。那时候没有侦探,也没有能够

---

① 但这个措施只适用于西罗马帝国。

② 中国的朝廷千方百计采取措施安置流民和没有土地的农民,关于他们解决这个问题的方法,见本书第二部分,第五、六章,第三部分,第三、四章。

证明身份的文件，要想证明一个人是否是逃跑的隶农是很困难的，尤其是当其他的地主对逃跑的隶农来者不拒时。

增加国家财政收入的另外一个办法就是提高总体赋税水平。安敦宁时期的税务负担并不重，而这一时期的赋税几乎让人无法承受。这还不算公役，即义务性地提供的物质和服务。按照惯例，人们要为军队提供船只、马车和负重的牲畜，此时他们还要负责修桥补路，为士兵磨面烤饼，为公共设施建设烧石灰，提供木材，等等。此外，他们还要服军役。总之，为数众多的"下等人"等级要负担各种徭役，这是帝国晚期和古代中国的又一个共同之处。

9.3 强制和逃避

政府越是要加强控制，法令的执行就越困难。面对严重的通货膨胀，每一个军事政权的反应基本上都是一样的，今天依然如此。公元301年，戴克里先颁布法令，设定整个帝国的最高物价和工资，违者要么处以死刑，要么被流放。[1]但这个法令形同虚设，没有起到什么作用。

和戴克里先控制物价的法令一样，前文所述的许多其他调节措施也很少有成功的。这些措施并没有得到全面深入的执行，同样或类似的法令不得不一遍遍地重复。虽然有那么多的限制，社会和职业的流动性依然很大。个中原因有内在的，也有人为的。所有的刑事诉讼都必须由私人提出，[595]没有侦探，没有身份证，行政部门效率低下，执行的标准从元首制时期就开始下滑。公元3世纪的恶性通货膨胀使行省总督和行政人员的薪酬大大缩水。行省总督的职位被视为肥差，因此争夺这一职位者不惜重金，收买皇帝身边的大臣，以得到他们的举荐。为了能够快点完成诉讼程序，公民支付的小费越来越多。当然，就像我们已经提到的那样，这种做法在过去并不少见。可能新颖之处在于，随着职位的增多，其任命变得更加非个人化，更加官僚化，因此，金钱的重要性也越来越大。严格的行政意味着官员可以有更多的机会向公众敲诈勒索，因为人们无论做什么都要得到他们的允许。

---

[1] 见 Lewis 和 Reinhold，《罗马文明》，第 2 卷，第 463—473 页。

　　执法过程的支离破碎还有其他外来的原因。历史学家吉本罗列了某些"倾向于减少(君士坦丁统治下老百姓的)苦难的有利情况"，其中之一就是"罗马法律体系中的智者原则维护了一种秩序和公平，这是东方的专制政府所没有的"。①在一定程度上，这种说法是正确的。这很了不起，例如，罗马官僚机构中的精英是律师，他们的确接受过良好的训练，十分胜任自己的工作。在查士丁尼统治下的东罗马帝国，要想在司法领域任职，必须接受法律训练，要把查士丁尼法典背下来。②虽然法律体系中的"智者原则"依然很明显，但此时也一塌糊涂。法律和政令要么重复，要么互相矛盾。律师在进行辩护时习惯于依据法学家对法律的解释，但法学家之间的观点同样互相矛盾。律师可能会引用某一位名不见经传的法学家的著作，将其奉为权威，这样就会使法官晕头转向，因为他从来没有听说过这位法学家的名字。此外，随着行政机构的增多，产生了大量的专门法庭，③结果，常常会导致司法权之争。

　　高级法院行动极其拖沓，对法官的选择不是根据其法律知识，他们的任期很短，不但贪污受贿，还很容易对压力和恐吓低头。最重要的是，诉讼费用让人望而却步，特别是在最高法院。审理费、律师费、长途往返的路费都很高。在下级法院，诉讼双方可以行贿，可以威吓法官。[596]被告可以频繁上诉，将原告拖垮。即使在下级法院，诉讼的费用同样很高。④

　　无论怎样，我们已经看到"罗马法律体系中的智者原则"几乎不能适用于刑法领域。比起民法，刑法的执法要重要得多。刑法效率低下，缺少公平，而且越来越暴虐。和中国汉朝的百姓一样，下等人会受到鞭笞和折磨，即使罗马公民也无法获得豁免。和上等人不同，下等人动辄会受到体罚，还有的被判处死刑。死刑的方式惨无人道，受刑者毫无尊严，如将人活活烧死，或者是扔进狮群。在公元4世纪和5世纪早期，死罪的种类增多，很多惩罚方式骇人听闻，如砍掉四肢，挖出双眼。被

① 吉本，《罗马帝国衰亡史》，第十七章。
② 见原书第649—650页。
③ Jolowicz 和 Nicholas，《罗马法研究历史导论》，第448页。
④ 同上，第432页。

捕的嫌疑犯日子很悲惨，他会被投入监狱，如果没有亲戚朋友前来送饭，他就有可能活活饿死。在监狱里，他一等就是几个月，然后总督才会抽出时间对案子进行审理。即使如此，法庭也不会仔细地审查证据。君士坦丁规定只有当见证人意见一致，犯人招供时，法官才能判处死刑。为了使口径一致，法庭不仅对犯人刑讯逼供，对见证人也一并折磨。①

惩罚越来越残暴，这并不说明法律得到了更有效的执行，恰恰相反，其目的是为了制造恐怖。这也是对逃避的一种应对。逃离原居住地并改变身份是逃避方法之一，另一种方法是沦为强盗。强盗一直就存在，但到了4世纪中期，他们如此肆虐，以至于在意大利的中部和南部，任何人都不允许骑马。②还有其他的证据可以表明社会治安之败坏，这实际上也是文明生活的败坏，如饥荒之年，父母卖掉自己的孩子；坟墓被挖开，为的是其中价值不菲的大理石。普通百姓又可以携带武器了，因为只有这样才能应对强盗以自保。406年的一条法律将逃离者和土匪强盗列在一起，同等对待。地方居民被授予全权，可以对他们执行"公共判决"，禁卫军长官有权将其处决。③宽广的驿路和驿站年久失修，送信的牲畜也无人照料。

经济学家赫希曼对公司之间的竞争做过独创性的研究，这也适用于帝国晚期的政治。[597]他分析了消费者坚持使用一个公司产品的可能性，认为其中有三个因素的作用。消费者可能会表达自己对公司的不满，希望其做出反应，这就是"呼吁"。还可能会转向另一家公司，这就是"退出"。还有一种可能就是，虽然他对产品不满，但出于"忠诚"，还是选择继续使用。因此，这三个因素就是"呼吁"、"退出"和"忠诚"。④

在元首制时期，除了居住在罗马城的平民，普通百姓没有正式的

---

① Jones，《晚期罗马帝国》，第194—195页。

② S. Dill，《西罗马帝国最后一个世纪的社会》(Macmillan，London，1898)，第201页。

③ 同上，第200—201页。

④ A. O. Hirschman，《退出、呼吁与忠诚：对企业、组织和国家衰退的回应》(哈佛大学出版社，Cambridge，Mass. and London，1970)。

"呼吁"渠道。相对说来，从个人地位来看，元老等级中最富有的那部分人变得比以前任何时候都要有权有势，特别是在4世纪末和5世纪的西罗马帝国。①其中那些选择在意大利生活的人经常到朝廷。此时，这个等级沐浴在富有和自豪的光辉里。作为庄园主他们统治着农村。在这些行省，他们对总督和法庭的影响力使其能够逃税，而在公元5世纪，也就是西罗马帝国的最后一个世纪，在意大利和高卢，就像我们已经看到的那样，他们垄断了所有的高级职位，影响着朝廷的政策。他们的弱点是没能拥有为数众多的武装追随者。尽管所有其他社会阶层的"呼吁"要么减弱，要么消失，元老等级地主的声音却变得最为重要。

对于那些沉默的社会阶层来说，他们有两个选择，要么"退出"，要么"忠诚"。以离开帝国的方式"退出"是不现实的，但是"内退"意义上的退出还是可以认真考虑的。②饱受骚扰的市议员等级如果足够富有，就会想方设法进入元老等级，因为这样一来就可以免于公役。5世纪时，这种做法被一再禁止，有些已经担任行政职务的人被赶回原来所在的城市，继续担任市议员。穷一点的市议员则想办法水平移动，寻找一个地位相当的职业，或者向下移动，宁可选择一个地位更低的职业。就像我们看到的那样，他们要么加入军队，要么进入教堂。后者是一个很好的避难所，因为作牧师就可以免于市议员的义务。③这个等级最穷的那部分除了一小块土地什么也没有，他们则努力成为大地主家的佃农。这样累积下来，市议员等级的"退出"方式一定是相当多的，因为公元438年的狄奥多西法典中"涉及市议员"的条文不少于192条。

普通百姓"退出"的方式前面已经提到过：逃离军队，或者沦为强盗，或者成为当地庄园主家的佃农。[598]做出最后一种选择的人更多，影响也更大。也有少数人成为基督教的牧师，但教会还提供了另外一种逃避的途径，那就是修道院生活。

---

① 本章我们重点讨论西罗马帝国，东罗马帝国的命运会在后面关于拜占庭帝国部分进行讲述。

② S. Finer，《国家建设、国家疆界和边境控制》，《社会科学信息》，第13期(1974年)，第79—126页。

③ Jones，《晚期罗马帝国》，第925—927页。

"呼吁"无门，"退出"的道路也遭到骚扰，部分上被封锁，现在唯一的选择就是不忠。在此情况下，这意味着某种反叛，但这里有很大的一个谜，那就是为什么在中国历史上农民起义十分盛行，而在罗马帝国，这种事情几乎不存在呢？圣·克鲁瓦[1]最为全面地收集了帝国发生的所有暴动和起义，他收集的资料即使不是完全彻底的，也一定差不了多少。其中大部分都和强盗与土匪有关，如公元 186 年马特努斯（Maternus）在西班牙的叛乱。马特努斯劝说其战友和他一起离开队伍，后来越来越多境遇相似的士兵加入他们的队伍。最终，他们一路打进意大利，显然想要除掉当时的皇帝康茂德，让马特努斯取而代之。[2]这看起来有点像中国秦朝末年农民起义[3]的罗马版，其发展轨迹和中国一再发生的农民起义模式完全一致。[4]这里需要强调一点，参加这次起义的不是农民，而是已经被剥夺土地的农民和没有土地的劳动者。和中国的农民起义一样，他们的政治目标也很有局限性，那就是把现在的皇帝赶下去，重新立一个好皇帝，而不是要建立一个新的社会秩序。

如果我们将发生在阿非利加的多纳图派起义主要看成是派系之争，那么西罗马帝国最严重、持续时间最长的人民起义就是发生在卢瓦尔河和塞纳河之间的巴考底帮起义。[5]第一次起义发生在 286 年，被镇压下去。另外一系列的地方性起义始于 407 年，一直持续到该世纪中叶，这和发生在西班牙的起义很类似，但我们没有理由认为 286 年至 407 年之间起义不断。实际上，这种可能性似乎极小。巴考底帮是农民构成的，他们反对的是地主，目的是要从帝国分裂出去，还有就是要夺取大庄园。除此之外，我们不知道他们还有什么其他的社会目标。

在罗马帝国，只有巴考底帮的起义能够算得上是大规模的农民起义（和土匪起义相对）。为什么和中国比起来，罗马帝国的起义如此之少，

---

① 德·圣·克鲁瓦，《古代希腊世界的阶级斗争》。

② E. A. Thompson，《晚期罗马帝国高卢和西班牙的农民起义》，载于 Finley（编），《古代社会研究》，第 306—308 页。

③ 见本书第二部分，第六章。

④ 见 Eberhard，《征服者和统治者》。

⑤ J. Drinkwater，《古代高卢的庇护关系和巴考底帮的问题》，载于 A. M. Wallace-Hadrill（编），《古代社会的庇护关系》（1989），第 189—203 页。

又如此的地方化呢？在中国，农民起义如星火燎原，很快就蔓延开来，他们和皇帝的军队展开激战，并且能够攻克首都，将其洗劫一空。这不可能是因为罗马的治安队伍更有效，[599]因为他们没能镇压巴考底派。如果起义是全国性的，情况就更不要说了。因此，原因只能有两个，要么是百姓缺少足够的理由造反，要么就是没有足够的动机造反。这样我们就又回到最初的探讨，即忠诚的问题。现当代的学者一致认为虽然有些人对蛮族入侵者有过一些合作，帝国的大多数人对帝国既没有不忠，也没有忠诚，他们只是消极被动。罗马帝国没有体现任何理想，人民仅仅视其为自然秩序，"一直就存在"。即使面对蛮族的入侵，他们依然相信它会永远存在下去。此外，在长达400年的时间里，他们没有接受过任何甚至是最原始的军事训练，他们学会了将防御的任务留给士兵。最后，他们学会了把操心的事情交给统治者和更高等级的人。除了俯首听命，他们无事可做。简而言之，在几个世纪的时间里，普通百姓被系统化地阉割了，这种阉割体现在军事和政治上，也体现在爱国主义情感上。

10. 结论

公元4世纪，即从戴克里先到迪奥多西一世之间的时期，仍然是士兵皇帝的时代，帝国仍然统一，不可分割。很重要的是，下个世纪里西罗马帝国皇帝对宗教的仰仗还不可预见。

关于这一时期政府的一切讨论都从军队开始，最后还要回到军队。皇帝的废立完全取决于他们。他们守卫着边境，维持着国内的治安。但与此同时，他们也构成极其沉重的财政负担，这种负担不但催生了巨大的官僚机构，而且导致了对行动和职业自由的限制，还有税额的大幅上升和对下等阶层强征的徭役。所有这些都有一位独裁者来支配，但是却没有什么可以对他加以制约。政府的主要目的就是维持军队，这就是为什么要加强中央集权，控制人们的生活和职业。在努力这样做的过程中，政府超越了自己行政能力的界限，苛捐杂税让原始的农业经济无法承受。安敦宁时代的平衡被打破，越来越从城市自治和个人自治倾向于中央官僚机构的权威。

时间，距离，缺少训练的业余行政人员，更不要说他们贪婪无能的下属，所有这些因素结合起来，导致了统治的失败。帝国的臣民没有反抗，也无能为力，但他们可以设法逃避。他们寻找脱身之计，寻求躲避之处。［600］他们发现统治者的严密机制实际上充满了漏洞。

这种机制无法真正解决问题，但也能勉强应付。"虽然税收常常缓慢而不彻底，要周期性地将欠款勾销，但大部分的税收都能完成。新兵被征募，军队有吃有穿，也有武器和军饷。社会秩序总体上得到了维护，法庭的判决也得以执行。公开对抗政府的行为并不多见，即使有反抗，只要政府手腕硬一点，也可以毫不费力地将其镇压下去。"①就这样，第三个世纪的灾难过后，罗马帝国不但延续下来，而且有所复兴。

但是其中含有可怕的，甚至可能是致命的弱点。最糟糕的是军队，由于其本质及其与民间力量的关系，他们是皇帝的制造者。但队伍有很多，他们各为其主，于是互相之间展开殊死斗争。到这个世纪结束时，军队的人数和作战能力都已经无法守卫边境。越来越多的士兵来自蛮族，他们和罗马精神最后的也是最顽强的守护者之间产生了隔阂。在西罗马帝国，这部分人是复兴起来的元老等级地主，他们比共和国后期最富有的人还要富有四倍。

这个等级对士兵和士兵皇帝都毫不关心，历史上他们就从来没有关心过，这是罗马帝国的第二个弱点。帝国晚期的贵族元老等级全部被非军事化，实际上，在被罗马化的城市里，所有受过教育的上层阶级都被非军事化了。这是帝国时期一个逐渐发展的过程，这个过程完成于 4 世纪初。从此以后，这些人既不参军担任军官，也不作为将领指挥军队。第三个弱点是大力鼓励所有的平民不要参与政府事务。后来就是市议员等级的毁灭，而他们过去一直是中央政府在各个行省内惟命是从的监督员。

4 世纪时，这些弱点还是隐蔽的，因为皇帝还是士兵皇帝，对边境的压力已经缓解，当时的帝国还是安全的。这已经不再是安敦宁时期的国家，而是在很多方面都越来越像汉帝国。统治者遥不可及，神圣不可侵犯，掌握着绝对权力，有一个庞大而复杂的官僚机构为其服务。原

---

① Jones，《罗马经济》，第 406 页。

来的机构末端已经成为其延伸部分，成为中央机构的分支，被划分成合乎逻辑的等级，有单位和亚单位。社会被分成不同的地位等级，社会流动和行动自由都被有意识地冻结。

[601]在此后的5世纪，这三个政治上的弱点变得更加明显。在西罗马帝国，这些弱点被证明是致命的。虽然有人会夸大皇帝个人在帝国逐渐崩溃过程中的作用，许多皇帝已经不再是通过内战的激烈竞争而产生的军事将领，而是和平主义的虔诚基督徒。他们很年轻，因此注定要被指挥其军队的外国人所左右，成为傀儡，因为军队是由外国人组成的。有两个好战的皇帝是例外，他们是墨乔里安和安提米乌斯，二人都是军事指挥官。西罗马帝国的民间力量掌握在元老等级手中。出于贪婪和私心，他们从来没有为军队提供过罗马人的新兵。这是一种不明智的自私行为。就这样，西罗马帝国的最高统治者放弃了军权，使其落到半罗马化的蛮族雇佣兵手中。当这些雇佣兵无法守卫边境时，长期习惯于消极服从的普通百姓使帝国裸露在敌人面前。

11. 对罗马贡献的评估

罗马之前就有过多语种的帝国，也有过由许多自治城市构成的帝国，如塞琉西帝国。罗马的中央政府从破产的共和制偶然走上元首制之路，最后又成为个人专制，这是一条老套而简易的道路。就像本部统治史表明的那样，个人专制是常规，而不是例外。罗马人也没有发明出领薪酬的专业官僚的概念，他们只是以自己的方式偶然这样做了。就像我们看到的那样，官僚机构是所有政府机构中最为古老的。它是苏美尔城邦最重要、最突出的特征，也是埃及法老统治时期的伴随物。无论怎样，随着西罗马帝国被日耳曼诸王国所取代，他们的行政技术慢慢失效了，还不如帝国的物理框架更为持久。其城市的基础后来成为科隆、特里尔、萨拉戈萨、巴黎、里昂和米兰等地方。直到现代，罗马的道路依然是西欧的主干道。而这些又远不如源于拉丁语的全民通用语更持久，更广泛。在除了不列颠之外的整个西欧，在日耳曼人定居之后，这种语言依然延续下来。让人吃惊的是，虽然罗马尼亚（当时的达契亚）只被占领了 165 年，但这种语言也在那里被使用。

但是，在其他非常重要的方面，罗马做出了巨大的创新，其重要性是无法衡量的。第一个创新与帝国的本质有关。和波斯帝国一样，罗马是一个多民族、多宗教、多语言的帝国。其统治建立在相对幼稚的基础之上，中央政府将全部的军事和行政大权托付给全权的在任总督。[602]这并不新鲜，波斯帝国的总督也差不多这样。但有两个方面，罗马帝国的确很有创新。首先，通过全国范围的地方寡头网络来加强统治，我们几乎可以说其中央政府就建立在此网络之上。这些地方寡头被一步一步地纳入到帝国统治机构本身。这是一种早期形式的"协作式"国家。这样的国家有多个种族和宗教共同体，这些共同体和平共处，互相之间没有什么联系。他们通过各自的首领，关心并参与政府事务。首领会和其他共同体的首领达成协议，共同组成中央政策制定机构。① 从开始到结束，从城市到世界，从意大利城邦到世界帝国，罗马和其盟邦结为一体，行省和城市也是走同样的路线。它从来没有形成"代表"的概念，实际上我们看不到这个概念的任何痕迹。非常矛盾的是，这个概念是西欧头脑简单的蛮族人发明的。罗马在整个帝国创造并维持了一个统治等级，这个等级不管成员的种族、民族、语言、肤色、宗教和文化，只看其财富和在当地的影响。

罗马帝国的第二个创新是它超越了"帝国"一词狭隘具体的意义，起初是处于统治地位的"城邦"，然后是处于统治地位的"行省"（意大利）。从哈德良时期开始，意大利就开始失去其特权地位，这个过程是由戴克里先完成的。他规定从 212 年开始，所有的自由人都是罗马公民，从政治上讲，没有什么地方、行省或民族优越于其他人。帝国之所以被称为帝国，仅仅是因为罗马对其拥有"统治权"（imperium）。同理，还因为统治帝国的独裁者被称为"最高统帅"（imperator）。普通百姓实际上开始称其为"罗马尼亚"，并且自称为"罗马人"。

罗马的第二个发明与帝国的上述特征是有联系的，那就是对后来从 16 世纪起被称为"国家"概念的首次详尽阐述。比起英国、美国和英

---

① 参见 A. Lijphart，《多元社会的民主》（耶鲁大学出版社，Conn. 1977）。

联邦国家,欧洲大陆国家和原罗马帝国的附庸可以更好地理解这个词语,因为后者是按照罗马的民法生活的。我的意思是说罗马人形成了抽象的而不是人格化的政治权威的概念,其宪政的发展也体现了这一点。在希腊的城邦,权威是具体的,那就是公民集体,它融政治权力和行政权力于一体,是人格化的。在另一种伟大的政体类型,即帝国,权威是神秘而神奇的,这种权威的行使者就是其化身,他和臣民有本质上的不同。[603]对他来说,政治权威归他私人所有,这常常会导致"普天之下,莫非王土;率土之滨,莫非王臣"的想法。罗马人最早想到"共和制"的概念,这是属于普通大众的物质、活动和机构的联合体。他们所构想的政治权威是对权威执行者的抽象化,因此不受政权和当权者变更的影响。它并不体现在罗马的自治市制度上,而是自由地遍及整个帝国。它暗示了政治权力和行政权力之间的区分。它是可塑的,因此能够容纳越来越多截然不同的地区和各种各样的政体。简而言之,权威不是其行使者,也不是权威行使者所采用的政体模式。共和制经历了当权者和政体的变化而岿然不动,是上述一切抽象的非人格化的特征。在中世纪早期的黑暗时代和封建时期,这个概念将遭遇挫折,直到16世纪王权重新复兴,才再次出现。

第三个创新我们前面已经不止一次提到过,那就是公共和私人生活中法律无所不在。自治市有自治市的法律,行省有行省的法律,帝国有帝国的法律。罗马公民爱打官司,诉讼的场面十分壮观,律师和辩护人是专门的职业。我们已经看到,刑法授予总督和法官巨大的自由裁量权,尤其是针对威胁到统治和社会秩序的案件,这种自由裁量权到了登峰造极的地步。虽然如此,此时诉讼只能围绕某一个具体指控才能展开。许多刑法和民法可能是有缺陷的,但无论怎样,帝国和皇帝都要受到法律的约束。

这就把我们带到第四个创新,即这种法律的本质,尤其是民法,或者说私法的本质。在西罗马帝国,随着蛮族的入侵,这一切都将消亡,直到中世纪才复苏,但我们现在的法律范式就是他们发明的。罗马的法律和以前所有的法律法典都不一样,差异体现在三个方面。首先,无论是法律的源头和程序,还是对具体案件的应用,都没有什么超越人性的因素在里面，而是完全存在于人性的维度中。其次，罗马的法律是理性的。法典可能仅仅是一系列单个的司法判决，此前的法典都是如此。罗马法经过最后的精心阐述之后，形成了一个完整的系统。它源自形式推理和逻辑推理，而不是源自主观的道德迸发。它是一套总体原则，还有将这些原则应用于具体案件的司法技术。最后，它还是一套相互连贯的范畴。随着蛮族诸王国在西罗马帝国扎根，所有这些都湮灭无踪。但在东罗马帝国，在拜占庭，它们不仅延续下来，[604]还被查士丁尼收集到一起，成为《查士丁尼法典》。在中世纪和文艺复兴时期的西欧，这部法典构成了"接受"罗马法的基础。它在不同的阶段都被采用，12 和 13 世纪的法律注释者，14 和 15 世纪的法律评论者，直到 16 和 17 世纪西欧和中欧对它的全面"接受"。①

我们已经探讨了私法的一些最为重要的领域，即私人财产、法人、契约和义务。在这方面，世界上任何地方都没有做到像罗马这样详细、精致。这里只要再次强调一点，即私法创造了一个由拥有自由意志的平等个体组成的法治世界。不仅如此，它还规定必须要有个人提起控诉诉讼才能成立。法律不是由国家强制执行的，而是由个人提出请求。最后，罗马帝国的法律使个人能够把政府官员和机构如国库告上法庭，借助法律赋予的权力与其展开当事人之间的诉讼，而不是哀求恩典。直到中世纪和其后的西欧，这种做法都是独一无二的。当然能够这样做的只能是那些富有而又有权有势的人，普通百姓是负担不起的。但联合起来，他们是可以的，也的确这样做过。公民可以控告议员，议员可以控告政府机构，村庄可以控告总督，等等。无论这种做法在现实中是多么有限，在未来的欧洲，这种可以控告当权者的原则将会变得万分重要。在罗马对统治史的所有贡献中，这一点最为伟大，最为持久，影响最为深远。世界上的大部分地方大部分时间都在实行独裁制度，过去如此，现在依然如此。在独裁制度之下，我重复一遍，在独裁制度之下，能够保护个体不受专制压迫的是法律，并且只有法律。

---

① 见 W. S. Holdsworth，《英国法律史》(Methuen, London, 1924)，第 4 卷，第 217—218，240—252，289—291 页。

随着西罗马帝国的逐渐崩溃，其国家的概念，法律本质的概念，还有很多有实质性内容的东西都湮灭了。罗马的做法停止了。除了很少几个特殊领域，这些并没有从一代人直接传到下一代。但无论怎样，有一点得到了传承。虽然道路、圆形剧场、城市的根基、水渠和市场都是其丰功伟业的实物见证，但罗马帝国的遗产和希腊民主时期或罗马共和国时期的遗产一样，是观念性的。没有这笔遗产，无论是欧洲，还是其后的整个世界，都绝不会是今天的样子。

参 考 文 献

AMMIANUS MARCELLINUS, *Rerum Gestarum Historia*, 2 vols. (1591); Loeb edn., ed. and trans. J. C. Rolfe, 3 vols. (Heinemann and Harvard UP, 1935).

ANDERSON, M. S., *Peter the Great* (Thames & Hudson, London, 1978).

ANDREWES, S., *Enlightened Despotism: Readings, Problems and Perspectives in History* (Long-mans, London, 1967).

ARIÈS, P., and DUBY, G. (eds.), *A History of Private Life: From Pagan Rome to Byzantium* (Harvard UP, Cambridge, Mass., 1987).

ARISTOTLE, *Nicomachaean Ethics*, trans. D. Ross (The World's Classics; OUP, London, 1966).

——*The Constitution of Athens and related texts*, trans. with a note by K. Von Fritz and E. Kapp (Hafner Press, New York, 1974).

ARRIAN, *The Campaigns of Alexander*, trans. A. de Selincourt, notes by J. R. Hamilton (Penguin, Harmondsworth, 1971).

BALAZS, E., *Chinese Civilization and Bureaucracy*, ed A. F. Wright and trans. H. M. Wright (New Haven, Conn., 1964).

BARKER, E. (ed and trans.), *The Politics of Aristotle*, (Clarendon Press, Oxford, 1946).

BIELENSTEIN, H., *The Bureaucracy of Han Times* (CUP, Cambridge, 1980).

BLOODWORTH, D., *The Chinese Looking-Glass* (Secker & Warburg, London, 1967).

BODDE, D., and MORRIS, C., *Law in Imperial China* (Harvard UP, Cambridge, Mass., 1967).

BRISCOE, J. 'Rome and the Class Struggle in the Greek States 200—146 B. C', in

M. I. Finley (ed.), *Studies in Ancient History*, 53—73.

BRUNT, P. A., *Social Conflicts in the Roman Republics* (Chatto & Windus, London, 1971).

——*Socral Conflicts in the Roman Republic* (corrected edn. Chatto & Windus, London, 1982).

——*The Fall of the Roman Republic and Related Essays* (Clarendon Press, Oxford, 1988).

——*Roman Imperial Themes* (Clarendon Press, Oxford, 1990).

——'The Roman Mob', in M. I. Finley, *Studies in Ancient Society*, 74—102.

BURCKHARDT, J., *The Age of Constantine the Great*, trans. M. Hadas (first published 1880; 2nd edn., University of California Press, Los Angeles, 1949; paperback edn., Pantheon, London, 1983).

BURKE, E., *Letter to the Electors of Bristol* (1774).

BURN, A. R., *The Living Past of Greece* (Herbert Press, London, 1981).

BURY, J. B., *History of The Later Roman Empire from Arcadius to Irene* (395 to 800 A. D.), 2 vols. (Dover Publications, New York; rept. 1958).

Cambridge History of China, vol. 1 (CUP, Cambridge, 1986).

Cambridge Ancient History. vol. 12, *The Imperial Crisis and Recovery A. D. 193—324*, ed. S. A. Cook, F. A. Adcock, M. P. Charlesworth, and N. H. Baynes (CUP Cambridge, 1939).

Cambridge History of Iran, 2 (Cambridge, 1985).

CARY, M., and SCULLARD, H. H., *A History of Rome*, 3rd edn. (Macmillan, London, 1979).

CASSIRER, E., *The Myth of the State* (Yale UP, New Haven, Conn., 1946).

CASTLE, E. B., *Ancient Education and Today* (Penguin, Harmondsworth, 1961).

CAWKWELL, G., *Xenophon: The Persian Expedition* (Penguin, Harmondsworth, 1972).

CHAN, W.-T, *A Source Book in Chinese Philosophy* (Princeton UP, Princeton, 1963).

CHÜ, T., *Han Social Structure* (University of Washington Press, Seattle, 1972).

COOK, J. M., *The Persian Empire* (Dent, London, 1983).

CORNELL, T, and MATTHEWS, J., *Atlas of the Roman World* (Phaidon, Oxford, 1982).

CRAWFORD, M., *The Roman Republic* (Fontana/Collins, London, 1978).

CREEL, H. G., *The Origins of Statecraft in Ancient China*, vol. 1, *The Western Chou Empire* (University of Chicago Press, Chicago, 1970).

CRONIN, V., *The Last Migration*, ed. R. Hart-Davies (London, 1957).

CULYER YOUNG, Jr., T, 'The Persian Empire', *The New Encyclopaedia Britannica*, 15th edn. (1974, reissued 1979), ix. 829—39.

DANDAMAEV, M. A., and LUKONIN, V G., *The Culture and Social Institutions of Ancient Iran*, trans. P. L. Kohl and D. J. Dadson (CUP, Cambridge, 1989).

DE SAINTE CROIX, G. E. M., *The Class Struggle in the Ancient Greek World* (Duckworth, London, 1981; paperback edn. 1982).

DILL, S., *Roman Society in the Last Century of the Western Empire* (Macmillan, London, 1898).

DIODORUS SICULUS, *Library of History*, trans. C. H. Oldfather (Loeb edn., London, 1935, repr. 1961).

DOVER, K. J., *Greek Homosexuality* (Random House, New York, 1980).

DRINKWATER, J., 'Patronage in Ancient Gaul and the Problem of the Bacaudae', in A. M. Wallace-Hadrill (ed), *Patronage in Ancient Society* (1989), 189—203.

DUBS, H. H. (trans. and ed), *Pan Ku: The History of the Former Han Dynasty*, 3 vols. (Baltimore, 1938—55).

DUDLEY, D., *Roman Society* (Penguin, Harmondsworth, 1975).

DVORNIK, F., *Early Christian and Byzantine Political Philosophy: Origins and Background*, 2 vols. (Washington DC, 1966).

EBERHARD, W., *Conquerors and Rulers: Social Forces in Medieval China* (Brill, Leiden, 1952).

EHRENBERG, V, *From Solon to Socrates*, 2nd edn. (Methuen, London, 1973).

——*The Greek State*, 2nd edn. (Methuen, London, 1974).

ELLUL, J., *Histoire des Institutions*, vol. 1 (Presses Universitaires de France, Paris, 1955).

ELVIN, M., *The Pattern of the Chinese Past* (Eyre-Methuen, London, 1973).

Encyclopaedia Britannica, 11th edn. (1911); 15th edn. (1974).

FINE, J. V A., *The Ancient Greeks: A Critical History* (Harvard UP, Cambridge, Mass., 1983).

FINER, S. E., *Comparative Government* (Allen Lane, London, 1970).

——'State Building, Boundaries and Border Controls', *Social Science Information*, 13 (415), (1974), 79—126.

——*Patrons, Clients and the State in the Work of Pareto and at the Present Day* (Proceedings of the Accademia dei Lincei, no. 9; Rome, 1975).

FINLEY, M. I., *Ancient Sicily to the Arab Conquest* (*A History of Sicily*) (Chatto & Windus, London, 1968).

——*Aspects of Antiquity*, rev. edn. (Penguin, Harmondsworth, 1977).

——(ed.), *Studies in Ancient Society* (Roudedge &; Kegan Paul, London, 1974; paperback edn., 1978).

——*Politics in the Ancient World* (CUP, Cambridge, 1983).

——*The Ancient Economy*, 2nd edn. (Hogarth Press, London, 1985).

FRANK, T., *An Economic Survey of Ancient Rome*, 6 vols. (Pageant Books, NY, 1933—40; repr. Paterson, 1959).

FREEMAN, E. A., *History of Federal Gavernment from the Foundation of the Achaian League to the Disruption of the United States*, vol. 1, *General Introduction: History of the Greek Federations* (Macmillan, London, 1863).

GALE, E., *Discourses on Salt and Iron: A Debate on State Control of Commerce and Industry in Ancient China* (Brill, Leiden, 1931).

GELZER, M., *The Roman Nobility* (Blackwell, Oxford, 1969).

GERNET, J., *A History of Chinese Civilization*, trans. J. Foster (CUP, Cambridge, 1982).

GHIRSHMAN, R., *Iran* (Penguin: Harmondsworth, 1954).

GIBBON, E., *The Decline and Fall of the Roman Empire* (David Campbell, London, 1993-4).

GRANET, M., *The Religion of the Chinese People*, trans., ed., and introduction by M. Freedman (Blackwell, Oxford, 1975).

GREENIDGE, A. H. J., *Roman Public Life* (Macmillan, London, 1930).

HAMILTON, A., MADISON, J., JAY, J., *The Federalist Papers* (Penguin Classics, Harmondsworth, 1987).

HAMMOND, N. G. L., *A History of Creece to 332 B. C.*, 2nd edn. (OUP, Oxford, 1967).

HANSEN, H. M., *The Athenian Democracy in the Age of Demosthenes* (Blackwell, Oxford, 1991).

HAWKES, D., *The Songs of the South: Poems by Qu Yuan and Other Poets* (Penguin, Harmondsworth, 1985).

HEGEL, G. W. F., *Lectures on the Philosophy of History*, trans. J. Sibree (Bell &. Daldy, London, 1872).

HERODOTUS, *The History*, transl. G. Rawlinson, 2 vols. (Everyman edn. ; Dent, London, 1940).

HINZ, W., 'Achämendische Hofverwaltung', *Zeitschrft für Assyriologie*, 61 (1971),260-311.

HIRSCHMAN, A. O., *Exit, Voice, and Loyalty: Responses to Decline in Firms, Organizations and State* (Harvard UP, Cambridge, Mass. and London, 1970).

HOLDEN, B., *The Nature of Democracy* (Nelson, London, 1974).

HOLDSWORTH, W. S., *A History of English Law*, vol. IV (Methuen, London, 1924).

HOPKINS, K., *Conquerors and Slaves* (CUP, Cambridge, 1978).

——'Taxes and Trade in the Roman Empire, 200 BC/AD 400', *Journal of Roman Studies*, 70 (1980), 101—25.

——*Death and Renewal, Sociological Studies in Roman History*, 2 (CUP, Cambridge, 1983).

HORNBLOWER, S., *Mausolus* (Clarendon Press, Oxford, 1982).

——*The Greek World*, 479—323 BC (Methuen, London, 1983).

HSIAO, K. -C., *A History of Chinese Political Thought*, vol. 1, *From the Beginnings to the 6th Century AD*, trans. F. W. N. Mote (Princeton UP, Princeton, 1979).

HSU, C. -Y, *Ancient China in Transition: An Analysis of Social Mobility*, 722—222 BC (Stanford UP Stanford, 1965).

HULSEWÉ, A. F. P., *Remnants of Ch'in Law: An Annotated Translation of the Ch'in Legal and Administrative Rules of the Third century BC, Discovered in Yün-Meng Prefecture, Hu-Pei Province, in* 1975 (Brill, Leiden, 1985).

JEFFREY, L. M., *Archaic Greece: The City-States*, c. 700—800 B. C. (London, 1976).

JOLOWICZ, H. F,. and NICHOLAS, B., *Historical Introduction to the Study of Roman Law*, 3rd edn. (CUP, Cambridge, 1972).

JONES, A. H. M., *The Decline of the Ancient World* (Longman, London, 1966).

——*Athenian Democracy* (OUP, Oxford, 1960; repr. 1969).

——*The Later Roman Empire*, 284—602, 2 vols. (Blackwell, Oxford, 1964; repr. 1973).

——*The Roman Economy* (Blackwell, Oxford, 1974).

JOSEPHUS, *The Jewish War* (Penguin, Harmondsworth, 1959).

JUSTINIAN, I, *Digesta* ('English Selections', Penguin Classics, Harmondsworth, 1979).

KIERMANN, F. A., and FAIRBANK, J. K. (eds.), *Chinese Ways in Warfare* (Harvard UP, Cambridge, Mass., 1974).

KENT, R. G. (ed.), *Old Persian: Texts* (Yale UP, New Haven, Conn., 1950).

KUNKEL, W., *An Introduction to Roman Legal and Constitutional History*, trans. J. M. Kelly (Clarendon Press, Oxford, 1966; repr. 1975).

LARSEN, J. A. O., *Representative Government in Greek and Roman History* (University of California Press, Berkeley, 1955).

——*Greek Federal States* (Clarendon Press, Oxford, 1961; repr. 1967, 1968).

LEVI, P., *Atlas of the Greek World* (OUP, Oxford, 1980).

LEVINSON, J. R., *Confucian China and its Modern Fate: A Trilogy* (University of California Press, Los Angeles, 1964).

LEWIS, D. M., *Sparta and Persia* (Brill, Leiden, 1977).

LEWIS, N., and REINHOLD, M., *Roman Civilization, Sourcebook*, vol. 1, *The Republic*, vol. 2, *The Empire* (Harper, New York, 1966).

Li Chi (The Book of Rites or 'Records of Rituals': being the fourth of the so-called Five Confucian Classics).

LI, Y. -N. (ed), *The First Emperor of China* (White Plains, New York, 1975).

LIJPHART, A., *Democracy in Plural Societies* (Yale UP, Ithaca, Conn., 1977).

LIU HSIANG (attributed to), '*Chan Kuo Ts'e*' or '*The Intrigues of the Warring States*', trans. J. I. Crump, 2nd rev. edn. (Chinese Materials Centre, San Francisco 1979).

LIVY, *History of Rome* (Penguin Classics, Harmondsworth, 1960; repr. 1971).

LOEWE, M., 'The Campaigns of the Han Wu-Ti', in Kiermann and Fairbank (eds.), *Chinese Ways in Warfare*, 67—122.

——*Records of Han Administration*, 2 vols. (CUP, Cambridge, 1974).

MATTHEWS, J., *Western Aristocraries and the Imperial Court*, AD 364—425 (Clarendon Press, Oxford, 1975).

MEYER, E., 'Persian Empire, History of' (in part), *Encyclopaedia Britannica*, 11th edn. (1911), XXi. 202—24.

MILLAR, F., 'The Political Character of the Classical Roman Republic, 200—151 BC', *Journal of Roman Studies*, 74(1984),1—19.

——'Political Power in Mid-Republican Rome: *Curia or Comitia?*': Review Article, *Journal of Roman Studies*, 79 (1989), 138—50.

MOMMSEN, T, *The History of Rome*, trans. W. P. Dickson, 4 vols. (Dent, London, 1911).

MURRAY, O., *Early Greece* (Fontana, London, 1980).

NICHOLAS, B., *An Introduction to Roman Law* (Clarendon Press, Oxford, 1962).

NICOLET, C., *Rome et la conquête du monde mediterranéen*, vol. 1, *Les structures de l'Italie Romaine*, 2nd edn. (Presses Universitaires de France, Paris 1979).

——*The World of the Citizen in Republican Rome*, trans. P. S. Falla (Batsford Academic &. Educational Ltd , London, 1980).

NILSSON, M. P., *Imperial Rome* (Schoeken Books, New York, 1926).

PASCAL, B., *Pensées* (Dent, London, 1932).

PLINY, *The Letters of the Younger Pliny*, trans. B. Radice (Penguin, Harmondsworth, 1963).

PLUTARCH, *Lives*, trans. Dryden (Dent, London, 1948; rev. edn. Everyman, 1973).

OLMSTEAD, A. T, *History of Assyria* (University of Chicago Press, Chicago, 1923; repr. Midway, 1975).

REISCHAUER, E. O., and FAIRBANK, J. K., *East Asia : The Creat Tradition*, vol. 1 (Modern Asia Edition; Houghton Mifflin, Boston, 1960).

RENAULT, M., *The Last of the Wine* (Longman, London, 1956).

RHODES, P. J., *The Athenian Boulé* (OUP, Oxford, 1972).

ROSTOVSTEFF, M., *History of the Ancient World*, 2 vols. (Clarendon Press, Oxford, 1928).

SCHULZ, F., *Principles of Roman Law* (OUP, Oxford, 1936).

SHERWIN-WHITE, A. N., 'Why Were the Early Christians Persecuted? An Amendment', in Finley (ed.) *Studies in Ancient Society*, 250—5.

SIDGWICK, H., *The Development of the European Polity*, 1st edn. (Macmillan, London, 1903).

SNODGRASS, A., *Archaic Greece* (Dent, London, 1980).

SSU-MA CH'IEN, *Records of the Grand Historian of China*, trans. from the *Shih Chih* by Burton Watson (Columbia UP, New York, 1961).

——*The Shih Chih*, trans. Chavannes (1897).

STARR, C. G., *The Roman Empire*, 27 BC-AD 476 (OUP, Oxford, 1982).

STEIN, P., *Legal Institutions: The Development of Dispute Settlement* (Butterworth, London, 1984).

SUETONIUS, *The Twelve Caesars*, trans. R. Graves (Penguin, Harmondsworth, 1979).

SYME, R., *The Roman Revolution* (OUP, Oxford, 1939; paperback edn., 1960).

TACITUS, *The Annals and The Histories* (Sadler and Brown, Chalfont St Giles, 1966).

TAYLOR, L. R., *Party Politics in the Age of Caesar* (University of California Press, Berkeley and Los Angeles, 1961).

THOMPSON, E. A., 'Peasant Revolts in Late Roman Gaul and Spain', in Finley (ed.) *Studies in Ancient Society*, 304—20.

THUCYDIDES, *The History of Peloponnesian War*, the Text of Arnold, with his argument (John Henry Parker, Oxford and London, 1850).

TILLY, C. (ed.), *The Formation of National States in Western Europe* (Princeton UP, Princeton, 1975).

TOYNBEE, A., *A Study of History*, 10 vols. (OUP, Oxford, 1934—54), vol. vii.

UNESCO Yearbook, 1990.

VIRGIL, *The Aeneid*, with notes by R. Sowerby (Longman, Harlow, 1984).

WALBANK, F. W., *The Awful Revolution: The Decline of the Roman Empire in the West* (Liverpool UP, Liverpool, 1969; repr. 1978).

WANG, Y-C., 'An Outline of the External Government of the Former Han Dynasty', *Harvard Journal of Asiatic Studies*, 12 (1949), 134—87.

WEBER, M., *The Religion of China*, trans. H. H. Gerth, with an Introduction by C. K. Yang (Collier-Macmillan, Glencoe, Ill., 1951).

WELLS, C., *The Roman Empire* (Fontana, London, 1984).

WHEATLEY, P., *The Pivot of the Four Quarters* (Edinburgh UP, Edinburgh, 1971).

XENOPHON, *Hellenica* ('A History of My Times'), transl. R. Warner, with introduction and notes by G. Cawkwell (Penguin, Harmondsworth, 1981).

——*The Cyropaedia*, trans. W. Miller (Heinemann, London, 1914).

修订版译后记

本书是在 2010 年《统治史》(第一卷,下同)基础上的修订版。与初版《统治史》相比,修订本着重从以下几个方面进行了修改:1.重新统一了全书的翻译体例,特别是对翻译过程中的人名、地名、制度器物等专用名词,以及注释体例等进行了规范和统一;2.重新对全书的翻译语言进行了统一和调整,以保证各卷之间翻译风格的协调;3.修改并完善了初版中存在的一些疏漏、讹误或不准确之处。我们衷心希望,经过精心修订后的新版《统治史》在以全新面貌呈现给读者朋友的同时,也能给各位读者带来焕然一新的阅读体验。

众所周知,塞缪尔·E·芬纳(Samuel E. Finer)先生是享誉西方学界的学术大师,而三卷本《统治史》正是他学术生涯中的巅峰之作。这部皇皇巨著共分三卷,计 34 章,百万余字,在芬纳先生去世时,全书后两章仍未完成,成为学术界的千古憾事。英国著名《经济学家》杂志曾放言,如果政治学领域存在诺贝尔奖的话,芬纳先生完全能够以三卷本《统治史》而获此殊荣。事实上,恰如赵鼎新教授在中译本序言中所说,芬纳先生的学术成就已经超越了诺贝尔奖所能承载的内涵。

在这部经典巨著中,芬纳先生以时间为线索,系统详实地考察了人类历史上不同地区的各种统治形态和社会政治结构,其研究深度和广度令人叹为观止。在国内外政治学研究中，《统治史》是迄今为数不多的一部贯通古今中西的学术巨著。曾在芬纳之后担任英国政治学会主席的另一政治学家杰克·海沃（Jack Hayward）教授指出："和同时代其他政治学家不同，饱受牛津大学熏陶的芬纳具有对统治史中的异同现象进行跨时段和跨地域比较研究的自信和远见。"如果没有非常渊博的学识和深厚学养，没有毕生为学的信念和执着，很难想象芬纳能够在离休后完成这部难度如此之大的长篇巨著。《统治史》虽然是一部政治学著作，但其在社会学和历史学方面的价值和方法论同样毫不逊色，它是一部名副其实的跨学科研究的史书。芬纳的政治学研究极为强调历史传统和实证研究，完全传承了欧洲历史学派务实求真而决不妄言的优秀传统。尤其值得一提的是，芬纳先生在研究中没有拘泥于西方中心主义偏见，对先秦、汉唐一直到明清时期的中国社会政治制度进行了系统分析和研究，并给予了较为中肯的评价。我们坚信，无论对于史学者、社会学者，还是政治学者，《统治史》都是一部值得放在案头仔细品味的学术佳作。

本书翻译修订工作由我和马百亮共同完成，各章节翻译分工如下：第一部分第一、二、三、四、五章，第二部分第五、六章由我翻译；本书前言，第二部分第一、二、三、四、七、八章由马百亮完成。美国芝加哥大学教授赵鼎新先生在百忙之中为本书赐序，他的序言高屋建瓴，为本书增色不少。序言不仅能够使读者对芬纳和《统治史》的概况与学术地位有一个总体把握，而且对于那些入门者或没有足够时间通读全书的人来说，序言不失为一窥大师思想风采的捷径。此外，上海社会科学院信息研究所王兴全副研究员、世界中国学研究所梅俊杰研究员、潘玮琳博士，以及上海犹太研究中心张忆南女士、张榕女士等在本书的翻译和修订过程中也提供了不少有益的帮助和建议，我们谨借此机会向他（她）们表示最为诚挚的谢意。

华东师范大学出版社六点分社的倪为国先生和责任编辑彭文曼女士为本书翻译出版也付出了大量心血。没有他们的策划与督促，本书的面世也许还要经历更长时间，我们也要对他们付出的努力表示由衷感谢。

　　本书翻译工作历时多年，我们在翻译和修订时曾多方求教，以求保持不失原著本色。由于水平和学识所限，书中仍难免会有一些讹误或不尽如人意之处，恳请读者批评、指正。

王　震

2014 年 5 月于上海

图书在版编目(CIP)数据

统治史.第1卷,古代的王权和帝国:从苏美尔到罗马/(英)芬纳(Finer,S. E.)著;王震,马百亮译. -- 修订版.
—上海:华东师范大学出版社,2014.8
ISBN 978-7-5675-1467-6

Ⅰ.①统… Ⅱ.①芬…②王…③马… Ⅲ.①政治制度史—西方国家—古代 Ⅳ.①D59

中国版本图书馆 CIP 数据核字(2013)第 286638 号

华东师范大学出版社六点分社
企划人 倪为国

The History of Government from the Earliest Times Volume I: Ancient Monarchies and Empires
By S. E. Finer
ISBN:0198207891
Copyright © C. J. Finer 1997,1999
Ancient Monarchies and Empires was originally published in English in 1997. This translation is published by arrangement with Oxford University Press through Andrew Nurnberg Associates International Ltd. ,and is for sale in the Mainland of The People's Republic of China only.
Simplified Chinese translation copyright © 2010 by East China Normal University Press Ltd.
ALL RIGHTS RESERVED.
英文原版出版于1997年。中文简体字版由牛津大学出版社授权华东师范大学出版社出版,仅限中国大陆地区销售。
上海市版权局著作权合同登记 图字:09-2007-737号

统治史(卷一):古代的王权和帝国——从苏美尔到罗马(修订版)

著　　者　(英)芬纳(Finer, S. E.)
译　　者　王　震　马百亮
责任编辑　倪为国　彭文曼
封面设计　吴元瑛
出版发行　华东师范大学出版社
社　　址　上海市中山北路 3663 号　邮编　200062
网　　址　www. ecnupress. com. cn
电　　话　021-60821666　行政传真　021-62572105
客服电话　021-62865537　门市(邮购)电话　021-62869887
地　　址　上海市中山北路 3663 号华东师范大学校内先锋路口
网　　店　http://hdsdcbs. tmall. com
印 刷 者　上海盛隆印务有限公司
开　　本　787×1092　1/16
插　　页　1
印　　张　42.25
字　　数　505 千字
版　　次　2014 年 8 月第 2 版
印　　次　2023 年 11 月第 7 次
书　　号　ISBN 978-7-5675-1467-6/K·396
定　　价　118.00 元
出 版 人　王　焰